本书为客家学研究系列特辑。

谨以本书的出版，向参与和关注客家学研究系列书籍的诸位学者与读者致敬！

本书出版得到以下研究机构和项目经费资助：

嘉应学院客家研究院

梅州市客家研究院

中国侨乡（梅州）研究中心

广东客家文化普及与研究基地

广东省特色重点学科"客家学"建设经费

嘉应学院第五轮重点学科"中国史"建设经费

广东省客家文化研究基地—嘉应学院客家研究院

广东省非物质文化遗产研究基地—嘉应学院客家研究院

理论粤军 · 广东地方特色文化研究基地—客家文化研究基地

广东省普通高校人文社会科学省市共建重点研究基地—嘉应学院客家研究院

张榕轩张耀轩家族与梅州侨乡社会研究

上

肖文评　冷剑波　主　编

暨南大学出版社
JINAN UNIVERSITY PRESS

中国·广州

图书在版编目（CIP）数据

张榕轩张耀轩家族与梅州侨乡社会研究. 上册 / 肖
文评，冷剑波主编. -- 广州 ： 暨南大学出版社，2024.
9. -- ISBN 978-7-5668-4007-3

Ⅰ. D634.1-53

中国国家版本馆 CIP 数据核字第 2024ZN6185 号

张榕轩张耀轩家族与梅州侨乡社会研究（上册）

ZHANG RONGXUAN ZHANG YAOXUAN JIAZU YU MEIZHOU QIAOXIANG
SHEHUI YANJIU（SHANG CE）

主　编：肖文评　冷剑波

· ·

出 版 人：阳　翼
策划编辑：杜小陆　刘宇韬
责任编辑：刘宇韬
责任校对：刘舜怡　黄晓佳　王燕丽　许碧雅　陈皓琳
责任印制：周一丹　郑玉婷

出版发行：暨南大学出版社（511434）
电　　话：总编室（8620）31105261
　　　　　营销部（8620）37331682　37331689
传　　真：（8620）31105289（办公室）　　37331684（营销部）
网　　址：http：//www. jnupress. com
排　　版：广州良弓广告有限公司
印　　刷：广州市友盛彩印有限公司
开　　本：787mm×960mm　1/16
印　　张：28.25
字　　数：440 千
版　　次：2024 年 9 月第 1 版
印　　次：2024 年 9 月第 1 次
定　　价：198.00 元（全二册）

前　言

　　梅州是举世闻名的"华侨之乡"，祖籍梅州的客家华侨华人有近千万之众。其中祖籍梅县松口的张榕轩、张耀轩昆仲，是饱含爱国爱乡爱家之情的近代客家华侨的杰出代表。张煜南（1851—1911），家名爵干，字榕轩；张耀轩（1861—1921），名鸿南，家名爵辉，两人均为晚清著名爱国侨商、印度尼西亚华侨领袖、中国第一条商办铁路潮汕铁路创办人。2021年12月23—26日，为隆重纪念张榕轩先贤诞辰170周年暨逝世110周年、张耀轩先贤诞辰160周年暨逝世100周年、潮汕铁路通车115周年，由嘉应学院和梅州市侨联主办、嘉应学院客家研究院和梅州市华侨历史学会承办、印度尼西亚客属联谊总会和印度尼西亚苏北客属联谊会协办的"客家华侨与梅州侨乡社会"学术研讨会在梅州隆重召开。此次研讨会的举办，旨在"以侨架桥"，广泛凝聚侨心、侨力、侨智，团结动员广大归侨侨眷和海外侨胞继续为改革开放和社会主义现代化建设贡献力量；加强梅州与海外客家华侨华人聚居区的互联互通和人文交流，为地方政府和海外客家华侨华人参与"21世纪海上丝绸之路"建设凝练历史文化资源。本书的内容即从此次会议收到的论文中遴选而来。

　　本书内容主要分为"张榕轩、张耀轩与南洋华侨史""张榕轩、张耀轩生平与家族历史文化""张榕轩、张耀轩与梅州文史""张榕轩、张耀轩与中国现代化""客家华侨社会组织研究""客家华侨经济活动研究""客家华侨教育与文化""客家华侨与侨乡"八大专题。通过这些论文，可以较为全面地呈现张榕轩、张耀轩昆仲筚路蓝缕、开拓进取的奋斗历程，以

及报效祖国、情系桑梓的伟大情怀，进而更加深刻理解客家群体在华侨华人史中的突出地位。

"张榕轩、张耀轩与南洋华侨史"专题主要通过解读海内外大量的公藏和民间史料，探讨张榕轩、张耀轩在南洋社会经济、文教、公益慈善等领域的主要贡献。其中，肖文评的《清末梅州粮食问题与海外华侨的救荒之策——以松口张榕轩家族为中心》一文，通过大量地方文献，论证了随着梅州侨乡社会的形成，以张榕轩、张耀轩等为代表的海外客家华侨，如何成为解决近代梅州粮荒问题的主力。王琛发的《个人思考：怎样研究张煜南》，认为在海外有大量张煜南自身撰写或编写的文字书籍、张煜南和各方面来往的书信、奏折，以及英荷殖民政府有关张煜南的中外文字材料、新闻等都有待挖掘，只有广泛搜集这些材料，才能通过张煜南的视角，重新审视那个他所属的时代，去发现许多未被发现的历史真实。杨金川的《"考中外、稽时势"——〈槟屿纪事本末〉与晚清槟榔屿及华人生活》，以张煜南所辑《海国公余辑录》中的《槟屿纪事本末》为中心，分析了张煜南是如何从清廷驻槟榔屿副领事这样一个为官者的视角，记述早期南洋华人在槟榔屿的生产生活情况的，并提出《槟屿纪事本末》是我们了解18—19世纪槟榔屿华人社会最为重要的材料之一。张英明和张翔的《"无非欲返中国于富强"——张煜南与〈海国公余辑录（附杂著）〉》一文，以张煜南所著《海国公余辑录（附杂著）》为重点，论述了张煜南在立德、立功、立言上的"三不朽"之功，同时认为《海国公余辑录（附杂著）》是晚清专题研究南洋问题的草创之作、晚清"谈瀛学"的承续之作，也是晚清"海洋意识"的启蒙之作，具有极为重要史料价值。夏远鸣的《〈张母徐太夫人七旬晋一寿言集〉所见之张耀轩与北洋政治势力的关系》一文简述了张榕轩、张耀轩昆仲"兄先弟后"亲密无间的合作关系，重点分析了张耀轩在兄长去世后，如何登上家族权力的中心，并利用给嫂子做七旬大寿的机会，广泛动员并亲自编撰《张母徐太夫人七旬晋一寿言集》，借此拉近与北洋权力集团的关系，从而为未来事业开辟新的道路。

　　"张榕轩、张耀轩生平与家族历史文化"专题从多个角度介绍了张榕轩、张耀轩的生平事迹及个人精神品质，深入分析了张氏家族长盛不衰的历史文化渊源。其中，饶淦中的《政绩斐然光祖德　鸿才卓越振家声——民国驻棉兰总领事张步青先贤传略》，利用大量第一手资料，简明扼要地介绍了张榕轩长子张步青的主要个人事迹，认为他很好地继承了父亲的遗志，在爱侨护民、保工惠商、振兴华侨教育等方面，政绩斐然。饶淦中的《印度尼西亚棉兰"张榕轩街"的缘起及复名》一文，介绍了张榕轩如何遵循客家人"取之社会，用之社会"的慈善理念对棉兰进行全面开发，并对当地公益、文化、教育等社会福利事业作出巨大贡献，深度揭示了张榕轩曾孙张洪钧先生推动并实现棉兰"张榕轩街"在 2013 年荣耀复名的感人事迹。郑一省的《张洪钧与印度尼西亚苏北客属联谊会》，概述了张榕轩的曾孙张洪钧先生秉承刻苦勤劳、勇于开拓的家族品质，在赈灾、扶贫、教育等社会公益事业中作出突出贡献，重点介绍了 2000 年前后，张洪均先生发起成立"印尼苏北省客属联谊会"的前因后果，及其在联络乡情、融入主流社会、团结本地各华族社团、与各族群和谐相处等方面的主要功能。周云水的《张榕轩家族对客家传统善行义举家风的传承实践》简述了张榕轩昆仲的主要义举，指出他们的慈善理念与客家优良家风一脉相承，认为张榕轩家族的善行义举体现了儒家文化对海外客家华侨的深刻影响，展示了海外客家华侨对优良家风的坚守和传承。

　　"张榕轩、张耀轩与梅州文史"专题主要分析了张榕轩、张耀轩对梅州文史发展、历史文化建构的贡献。其中，罗可群的《张榕轩、张耀轩昆仲与梅州文脉》一文认为，张氏昆仲对家乡文化教育事业的贡献，最突出的是通过辑刊《梅水诗传》和赞助《光绪嘉应州志》的出版，赓续了梅州文脉。刘奕宏的《张榕轩与梅州地方历史文化的重构》主要分析了张榕轩的家庭文化背景、梅州文化圈的交往人脉、参与地方文化工程的角色，以及所起到的实际作用，探讨其对梅州地方历史文化重构所做出的主要贡献。认为张榕轩通过参与家乡梅州文化事业的重构，改写了当时社会对客

家、客商的认识观念；其支持修纂的《光绪嘉应州志》、辑刊的《梅水诗传》及其续集等则成为研究梅州文学史的重要原典。郭锐的《新见张榕轩奏牍信札探析》，通过广东梅县松口新发现的一批关于张榕轩奏牍信札抄件的解读，分析了其在履行侨领职责、开展商业经营、修桥筑路、热心教育等方面的主要事迹，认为这些材料较为真实地呈现了作为侨领、实业家的张榕轩在1902—1907年的生活片段，显示了其"身处重洋，心怀君国"的爱国情怀，彰显了客家族群认同意识的自觉。

"张榕轩、张耀轩与中国现代化"专题主要以张榕轩、张耀轩发起修筑潮汕铁路为重点，讨论他们对中国近现代工业化发展的贡献。其中，黄晓坚的《客家华侨与潮汕地区现代化进程——以潮汕铁路为中心的考察》，以张榕轩、张耀轩为例，认为晚清民国时期，客家华侨在潮汕铁路等交通建设、工商贸易、侨批侨汇、文化教育等诸多方面都扮演了重要角色，是潮汕地区现代化进程中一股不容忽视的重要力量，指出近现代潮汕地区引以为傲的发展历史，铭刻着客家华侨的荣耀。陈嘉顺的《移动的景观：潮汕铁路影像研究》通过大量有关潮汕铁路的珍贵影像资料，将中国人、西方人、日本人镜头下的铁路影像进行对比分析和解读，分析影像背后所传递的内容，指出无论是在日本人还是西方人的笔下或镜头下，都没有强调潮汕人与客家人的族群身份，认为这体现了经由潮汕铁路所展现的客家人和潮汕人的文化融合。曾丽洁和夏登武的《晚清华侨与潮汕铁路建设》一文，认为近些年在弘扬乡邦文化潮流的推动下，关于潮汕铁路的研究出现片面化、简单化倾向，文章通过大量文献的爬梳，认为潮汕铁路建设夹杂着政治、经济、民情风俗、利益诉求等多方面的纠葛，张榕轩、张耀轩昆仲为其建成确实付出了极大努力。

"客家华侨社会组织研究"专题探讨了近现代客家华侨华人群体在海外开拓时的社会组织时如何发展演变的。其中，张应龙的《世界视野下的海外粤籍客家华人》，认为广东客家人在海外的移民活动，是海外华人移民史的重要组成部分，指出我们应从世界的视野，审视客家人的世界移民史，比较他们的特点，只有在扎实做好国别和地区客家华侨华人史的基础上，才能推进世界客家华侨华人史的整体性研究。曾玲的《凝聚嘉应社群与维系广客帮群：新加坡嘉应五属义山研究》，论述了新加坡应和会馆设立与管理的嘉应五属义山，在处理嘉应先人丧葬与祭祀的同时，所扮演的凝聚嘉应社群与维系广客帮群的基本功能，并认为通过义山功能的变化，从中可以窥探海外华人社会的变迁。叶丽萍和付宇珩的《印度尼西亚客家社会的早期组织形式》一文，深入阐释了公司制度、侨领制度和同乡会馆制度这三种印尼客家社会的早期组织形式。认为通过这些组织形式，印尼客家人实现了内部的整合，有力地促进了印尼华人社会与原住民社会共存共荣，从而为印尼经济社会发展乃至民族解放与主权独立事业做出了巨大贡献。

"客家华侨经济活动研究"专题从多个角度探讨了客家华侨华人在海外侨居地和故土中国的经济活动和对经济发展作出的贡献。其中，魏金华的《侨批档案"活化"大有可为》指出侨批档案是爱国主义教育的好教材，是进行传统文化教育的孵化剂，是进行诚信故事教育的重要载体，认为我们应该更加重视侨批等民间档案文献的挖掘与研究，可以通过侨批档案专题展馆，展现广大华侨浓浓的家国情怀，广泛传播侨批背后的故事，弘扬侨批特色文化，让"侨批档案"在新时代焕发新的生机。秦云周的《华南抗战时期广东省银行与梅州地区水客经营关系研究（1939 年 6 月—1941 年 12 月）》，以广东省档案馆、广东省孙中山文献馆藏史料为依据，重点考察了 1939 年 6 月汕头陷落至太平洋战争爆发前私营水客经营关系的发展演变，认为水客参与侨汇经营，有力地策应了华南抗战，既维护了梅州地区侨眷生计和社会稳定，也为争取海外抗战资源创造了有利条件。

"客家华侨教育与文化"专题着重探讨了客家华侨华人的文化活动与特点，以及对海外侨居地和故土中国教育发展的影响。其中，杨宏海和吕莉的《滨海客家与客侨文化》一文，通过阐释深圳滨海客家的历史渊源和深圳客侨文化的主要特点，指出深圳客家是清初以来形成的滨海客家地区

的代表，亦是客家人第四次大迁徙的一个典型，认为挖掘滨海客侨文化，将有助力大湾区的人文建设。

"客家华侨与侨乡"专题重点论述了客家华侨华人对侨乡经济社会文化发展的主要影响。其中，房学嘉的《旅马华侨谢氏昆仲清末在粤东的"民主革命实践"述略》一文，论述了谢逸桥、谢良牧等民族意识较强的客家华侨知识分子代表，在孙中山革命救国思想的影响下，走上民主革命之路，在推翻清封建王朝的斗争中作出的极大贡献，指出新一代客家华侨华人应知古鉴今，积极为侨居地和家乡社会发展做贡献。

总之，本书所收录论文较为完整地呈现了以张榕轩、张耀轩昆仲为代表的客家华侨华人群体在拓展海内外商业版图、支持侨居地开发、促进中国近现代工业化发展、支援家乡建设、推进文化教育事业进步等方面作出的不可磨灭的杰出贡献，可以视为近年海内外有关张榕轩、张耀轩及其所代表的海外客家华侨群体研究的集大成者。希望本书的出版能为推进广东华侨史研究、客家华侨华人研究、客家华侨与海上丝绸之路研究、梅州侨乡研究等提供一定的助力。

编　者

2024 年 5 月 30 日

目 录
Contents

张榕轩、张耀轩与中国现代化

张榕轩、张耀轩与南洋华侨史

清末梅州粮食问题与海外华侨的救荒之策

——以松口张榕轩家族为中心*

肖文评[①]

梅州地处粤东北山区，山多田少，人多地少，自清代以来，梅州一直是缺粮地区，尤其以梅县、大埔、蕉岭为最。关于梅州粮食问题的解决方法，前辈时贤有不少研究。[②] 但随着近代梅州侨乡社会形成，解决粮食问题的方式发生了很大变化，这方面的研究较少。本文以松口张榕轩家族为中心，探讨梅州侨乡形成期前后，梅州粮食问题解决方式的变化。

粮食短缺，生存资源有限是梅州人下南洋的重要原因之一。晚清温仲和纂的《光绪嘉应州志》载："州俗土瘠民贫，山多田少。男子谋生，各抱四方之志……自海禁大开，民之趋南洋者如鹜。"[③] 近代以来，梅州客家人纷纷下南洋谋生，"依南洋为外府"。梅州为粤东山区，一直以来山多田少，土瘠民贫，粮食严重不足，"一岁所收，仅备三月"[④]。民国年间梅县县政府所编《梅县概况》载："全县土地面积，约九千七百二十七方里，山地面积占八千余方里，可耕作之地，仅一千方里，约计五十四万亩……

---

* 本文为教育部项目"晚清民国时期粤东北客家侨乡民间文献收集整理与研究"（项目编号：18YJA770017）和 2020 年广东省人文社会科学重点研究基地嘉应学院客家研究院招标课题"梅州侨乡民间文献整理与研究"（项目编号：20KYKT15）的阶段性成果。

① 肖文评，江西泰和人，历史学博士，嘉应学院客家研究院院长、研究员，南昌大学硕士生导师，广东华侨历史学会副会长，梅州华侨历史学会会长，主要从事客家社会、历史与文化和华侨史研究。

② 代表性研究如陈春声：《市场机制与社会变迁：18 世纪广东米价分析》，北京：中国人民大学出版社，2010 年等。

③ 温仲和纂：《光绪嘉应州志·礼俗》，台北：成文出版社，1968 年，第 54 页。

④ 温仲和纂：《光绪嘉应州志·丛谈》，台北：成文出版社，1968 年，第 16 页。

但农产品除副食粮供足供应用外，主要食粮，约足四个月之需。"① 有人统计，仅梅县"每年约缺一百余万担"②。本地粮食等生活物资严重缺乏，只好通过外出来谋求外部资源以弥补。所缺之米，在近代以前，依靠梅江上游和江西地区供给。一遇水旱灾害，粮价飞涨，严重影响社会生活，产生诸多不稳定因素，成为地方官、绅必须解决的问题。

近代以后梅州人大量下南洋，随着客家华侨在海外的崛起和发展，他们与家乡的联系越来越密切，以松口张榕轩家族为代表的客家侨领支持家乡经济文化建设，使梅州逐渐发展成为著名的侨乡，解决梅州粮荒问题的方式发生明显变化，华侨成为救荒的主力。

一、传统救济：官、绅主导

在 1842 年中国沿海开埠通商以前，梅州一遇水旱灾害，农田失收，米源缺乏，米价飞涨，社会局势紧张。《乾隆嘉应州志》载："合境所产谷，不敷一岁之食，藉资上山之永安、长乐、兴宁。上山谷船不至，则价腾踊。故民尝艰食而勤树艺。"③ 梅州的粮食命脉，掐在梅州上游产米之永安（今紫金县）、长乐（今五华县）、兴宁等县人手里。一遇灾荒，为求得到粮米来源，社会各界可谓是动用各种资源，买米回州救济。

道光十二年（1832）春，嘉应州一带遭遇旱灾，粮价飞涨，一斗米卖到八九百钱，比平时贵一倍以上。原来供应粮米的兴宁、长乐和潮州，都不让粮米出境卖到嘉应州本州。嘉应州绅商只好从佛山一带买米回来，但在长乐罗湖桥、河口、转水阁一带，被当地人以闭籴为由拦路哄抢，嘉应米源被生生掐断。为此，嘉应州知州特意打报告给广东巡抚。巡抚下令禁止拦截，严令放行。而当时在广州粤秀书院担任山长的吴石华，听说家乡米源在长乐被拦截后，借他与长乐县知县沈芗泉的私人关系，特意修书一

---

① 梅县县政府编纂：《梅县概况》，梅县：梅县县政府，1942 年，第 27 页。
② 熊志怀：《梅县建设》，梅县：梅县县政府，1941 年，第 21 页。
③ 王之正纂：《乾隆嘉应州志·风俗》，清乾隆十五年（1750）刻本，第 38 页。

封，名为《与长乐县沈芗泉明府书》，详细说明嘉应州需米之急、长乐闭籴之弊等，希望长乐县放行，并开籴卖粮给嘉应州。为分析方便，特录全文如下：

正月接奉手书，言长乐风土民情，胥役利病，甚悉。且殷殷于仆，期有所陈，以裨益于阁下。仰见虑衷求治，意恳辞溢。而久无以复阁下者，以酬应简札，非阁下所望于仆也。

三月以来，嘉应州属米斗八九百钱。闻阁下开仓，令各乡父老分局平籴，不假胥役，民无向隅，米无秕粒，良法美意，可谓周矣。顾闻阁下禁米出境，此唐济武所谓似为仁人君子之事，其实无益而大有害者，是犹惑于奸民之说也。请为阁下陈之。

葵邱之会五命曰：无遏籴。赵岐注曰：无止谷不通邻国也。董煟《救荒活民书》曰：嘉祐四年，谏官吴及言春秋诸侯相倾，然同盟之国犹有救患分灾之义。秦饥，晋闭之籴，春秋诛之。圣朝视民如伤，而州县官司各专其民，擅造闭籴之令。一路饥则邻郡为之闭籴，坐视流离，甚于春秋之世，岂圣朝所以子育兆民之意者。由是，诏诸路转运司，凡邻郡灾伤而辄闭籴者，以违制论，是遏籴不可以为法明矣。窃谓阁下行于长乐，则更不可。何者？

长乐风俗勤俭，农无遗力，野无旷土，一岁之耕，足二年之食。比闻米禁一出，游食之徒嚣然并起，下河之米抢，出乡之米亦抢。乡米日闭，民食愈艰。夫富户者，贫民之母也。一家出粟，则十家不饥。十家闭籴，则百家待尽。今阁下不设策以导其出，而立法以坚其闭，抑有余为不足，窃为阁下不取也。

嘉应、镇平不下三十万户，一岁所收，仅备三月，必仰给于潮州、兴宁、长乐。今者兴、长遏籴，潮州米弗时至，则远籴于佛山。闻佛山之米，接踵度岭矣。而长乐之罗湖桥、河口、转水阁等处，皆无赖奸民啸聚拦截。乡米必抢，客米亦抢。无米则货，无货则钱。于是度岭之米，畏缩不前。断炊之民，旦夕待毙。是何异饥者得粥，扼其吭而夺之？此阁下所不忍闻也。

尤可虑者，海滨莠民，椎牛酾酒，以豪侠相矜负。其畜睢眦，玩法律非一日矣。所恃者，岁稔则人心固，食饱则民气靖耳。今者青黄不接，尚有五六十日。四邻遏绝，告籴无由。此平籴所不能周，而赈粟所不能继也。不幸攘臂一呼，揭竿四应，甘棠之下，击柝相闻，其能晏然而高枕乎。此又不得不为阁下危也。

然则奸民所以笔阁下者，不过曰外籴日甚，则市价益高，民食愈拙矣。夫长乐之米，非不足于食也；富户之藏，非不足于粜也。伏望阁下布令邑中，劝谕富户，乡粜其七，外粜其三。过境米船，放行如故。有横索一钱、强夺一粒者，罪无赦。如是则富户之米日出，境外之米日来，不兼旬而米价平矣，民食济矣。施及于邻封，惠周于宇下，此功此德，虽饮食户祝，犹不足以相报也。

前月吾州父老请于大吏，已奉严檄，禁止拦截，此特为客米言之。窃谓过粜之禁不开，则抢米之弊不绝。是在阁下权其轻重，审其得失，破众心之惑，施无量之仁。则阁下所殷殷于仆，期裨益于毫末者，在是矣。①

在这封书信中，吴石华引经据典，详细论述了长乐对嘉应州闭籴、禁止米粮出口的危害。同时指出禁米出口被"奸民"利用，"罗湖桥、河口、转水阁等处，皆无赖奸民啸聚拦截。乡米必抢，客米亦抢"，加上"四邻遏绝，告籴无由"，可能会造成社会动乱，"不幸攘臂一呼，揭竿四应"。为此，要求长乐知县取消闭籴，允许富户粜米出口，放行过境米船。

这一书信所说，虽纯为私人意见，但反映了梅州在成为侨乡之前，当

---

① 温仲和纂：《光绪嘉应州志·丛谈》，台北：成文出版社，1968年，第15－17页。

遇到灾荒之时的救济方式。米粮主要从长乐、兴宁、潮州、佛山等周边地区接济，主持人为地方官府和地方绅、商。一旦米粮输入路线遇到麻烦，就得动用公、私等各种关系进行疏通。

二、海米平粜：华侨成为救荒主力

自汕头开埠后，尤其是南洋客家华侨巨商崛起后，每当家乡发生自然灾难、出现米荒时，他们关爱家乡，利用所建立的商业网络，从暹罗、越南、仰光等地购回海米，平价粜米，平抑米价，为稳定社会发挥了积极作用。对于这种灾荒救济方式，《光绪嘉应州志》有详细记载：

> 自海禁大开，华洋互市。旁海州县，遇水旱偏灾，小有饥馑，电报顷刻可通，轮舶应时而至。昔资上山及江西之米者，今则海米为多。海米者，内地则采办于芜湖，外洋则采办于暹罗、越南、仰光、台湾等处。但使除运费外有利可图，不须官绅董劝，自然趋之如鹜。其大贾，则从产米之地由轮船转运至汕头，而州中采办者，则从汕头由本地船转运至州，故曰海米也。

> 自光绪甲午、乙未以后，连年米价腾贵，而地方晏然者，良由南洋诸巨商大发善心，筹款运米平粜。除转运脚费外，不多取余利，则米商不敢高抬时价，而米价自平。不故为减价以倾米商之利，则米商贩米如故。而运米自多，米多则价亦平。平则邻近各地皆来采米，则销流愈广。消流广，则周回转运。米舟连樯而至，人心自安。米商转因多而取利，自然鼓舞。故平粜诚经理得人，则本不折阅而消祸于无形，诚为不费之惠，而惠莫大焉者。以视昔人救荒之策，其难易不可以道里计矣。[1]

---

[1]　温仲和纂：《光绪嘉应州志·丛谈》，台北：成文出版社，1968年，第15页。

自光绪甲午（二十年，1894）、乙未（二十一年，1895）以来，梅州连年遭遇水旱灾难，米价虽贵，但有米可买，社会稳定。这得益于在海外经商的梅州华侨。"二十一年至二十三年，频饥。各堡殷富，买米平粜。"①他们从暹罗、越南、仰光等海外地区，直接买米回梅州平粜，"除转运脚费外，不多取余利"，"本不折阅而消祸于无形"。

这是成为侨乡后，梅州地区在遇到灾荒时的主要救荒方式。米源不再受制于上游和潮州等地，而是主要来自"海米"，主持人为南洋巨商，救济方式是筹款从海外直接买米回梅平粜。既平抑了米价，又解决了灾荒之年的米粮问题，稳定了社会。这与道光十二年（1832）的灾荒救济相比，"可知今昔异势也"②。这六十年间的变化，可谓相当大。"以视昔人救荒之策，其难易不可以道里计矣。"

三、华侨巨商的救荒之策

由传统依靠官绅被动救荒到近代华侨巨商主动救荒，这种救荒方式发生巨大变化的背后，地方士绅、南洋诸巨商具体采取的措施和承担的责任，值得进一步考究。

光绪二十年至二十三年灾荒的成功救济，给梅州的官绅和华侨巨商很多启示。梅州经常发生灾荒，每次都要靠"南洋诸巨商大发善心"，显然这不是长久之计。为使救灾制度化，华侨巨商和地方士绅进行了不少尝试。

1. 筹建嘉应米公司

首先提出倡议的是梅州地方著名士绅黄遵宪和梁诗五。

1895 年以来，梅州水、旱灾难不断，农田失收，本已缺粮的梅州，粮食问题更趋严重。为解决缺粮问题，因参与戊戌维新变法失败而被革职、

---

① 温仲和纂：《光绪嘉应州志·灾祥》，台北：成文出版社，1968 年，第 4 页。
② 温仲和纂：《光绪嘉应州志·丛谈》，台北：成文出版社，1968 年，第 17 页。

赋闲在家的梅州巨绅黄遵宪，与举人梁诗五商议，决定利用梅州海外巨商的资本和关心桑梓的情怀，于 1899 年秋起草了《拟办嘉应米公司招股启》，计划筹集资本，组建嘉应米公司。招股启示内容摘录如下：

敬启者：吾州近年来，水旱迭遭，饥馑洊臻。所赖经商南洋诸善士，关心桑梓。各家分起，办米平粜。成效彰彰，在人耳目。凡属乡里，同声感颂。兹接保安总局来函，顷因天时亢旱，冬收失望。潮郡江西，米源复缺。故米价骤增，斗米贵至千钱。若不设法挽回，深恐日贵一日，因饥致乱，大局将不可问。业经寓港绅商，先行集款，照旧办米平粜，以济眉急。窃思平粜固属善举，惟势散则事例纷歧，价低则商贩裹足。且自今伊始，来日方长，尤恐亏累太深，势成弩末。某等再四筹商，拟合众人之力，招集一公司，购米发售，悉随时价。但使源源接续，市无缺米，即米商不能居奇，米价不至腾贵。必俟州中告急，始为一切权宜之计，终虑贻误事机，抑且难垂久远，何如？即使贸易之中而行赈恤之意，无平粜之名，而有平粜之实也。昔人谓以工代赈，为救荒善策。兹则寓赈于商，其利尤薄，其功益伟。凡我同志，幸速图之。谨拟章程条列如下：

一、此公司名曰永丰公司，专办米回州发卖。如遇邻境丰收，亦可采买谷石积贮。

二、公司之设，势聚乃可以一事，权力厚乃足以资周转。今拟纠集股本十万元，每百元为一股，计共一千股。此股本以办米为主。每股拟先收一半，俟后推广银号、轮船二事，再行布启收足。

三、拟能认百股以上者，即举为总董。五十股以上者，举为分董。凡公司一切应办事宜，由总理亟商，总董、分董酌行。

四、总公司拟设在松口，缘此地下连潮郡，上达州城，水陆通衢，转输为便。分支则设于州城。凡各属荒歉，有到公司购米者，均无遏粜。

五、总公司拟请梁君芑田、饶君芙裳为总理，总管公司中一切要务。另雇司事三人，一理银钱，一理簿书，一理收发米石，其人由梁、饶二君择用。州城分局总理、司事，俟总公司办成后再拟。

六、芜湖、镇江等处，为内地米来源；暹罗、安南等处，为外洋米来源，皆由汕头、香港两埠入口。其收支采运之事，由梁、饶二君托友办理。

七、股票除存总公司外，香港则拟寄存安记，汕头则拟寄存长茂源。凡入股者，其银听便寄交各处，以速为妙，以多为贵。随收银随办米，务其踊跃集事，以应急需。票用二联，一交股友收执，一存总公司查核。现未设银号，汕港所收股本银，如办米外，尚有余款，即暂交银行生息。

…………

十七、从古灾荒寇盗，莫不相因。吾州属县，如长乐、兴宁，邻境如永安、龙川，数年之内，土匪迭起。虽经解散，伏莽犹滋。设若复遭荒歉，势必乘机窃发。居家者固罹荼毒之惨，在外者亦深内顾之忧。公司之设，防饥正所以防乱，利人实兼以利己。至因果报应之说，无俟某等喋喋也。凡属同志，宜鉴此意。

右招股章程十七条，仅将大概情形，恳切布告。其公司开办详细条款，另由各商公同订议。[1]

由公启可知，因"水旱迭遭，饥馑洊臻"[2]，嘉应州属米价日贵，海外

---

[1] 梁居实：《拟办嘉应米公司招股启》，谢伟昌编：《梁诗五先生遗稿集》，1960 年，第31 - 34 页。

[2] 梁居实：《拟办嘉应米公司招股启》，谢伟昌编：《梁诗五先生遗稿集》，1960 年，第31 页。

巨商连年集资买米平粜。1899 年的秋旱，寓港绅商"照旧办米平粜，以济眉急"。黄遵宪、梁居实等人认为平粜只是一时之策，而嘉应州缺米则是常态。为彻底解决缺粮问题，黄遵宪、梁居实等人经过再三商议，"拟合众人之力，招集一公司，购米发售，悉随时价"，并草拟章程十七条。

根据章程，所发起嘉应米公司，具体名为"永丰公司"，计划集资股本十万元。总公司设在"下连潮郡，上达州城，水陆通衢"的松口，分公司设在州城。拟请海外富商梁芑田、松口举人饶芙裳为总理，负责公司具体动作。以芜湖、镇江等处为内地米源，暹罗、安南等地为外洋米源，由汕头、香港两埠入口，运米返州，照本发粜。目的是"但使源源接续，市无缺米，即米商不能居奇，米价不至腾贵"。

公启、章程起草好后，黄遵宪、梁诗五、饶芙裳等分寄海内外绅商，广为发动。由于总公司所在地松口是翰林、梅州大绅温仲和之家乡，海外富商较多，黄遵宪将招股启事寄给温仲和，请他协助募集股本。温仲和收到启事后，认为方案很周密，也很迫切。"前接读公启，所计最为周密。旋与芙裳、芑田诸公商酌，欲在局先设二三席，择请各富老到场，或由本家先函知外洋认股，然后再由弟（温仲和——笔者注）等或发公函，或各自为函告急于南洋诸巨商。"并表示"虽知其难，以今日保卫桑梓而论，无要于此，不敢不勉也"[1]。虽然难度很大，但为了家乡安定起见，还是希望尽可能促成此事。

为此，温仲和不仅在松口与饶芙裳、梁芑田一起，召集当地富商商议筹办，还动用自己的私人关系，先后写信给张榕轩等南洋富商进行动员。这在温仲和写给黄遵宪的信件中，多有体现：

> 公度我兄同年大人阁下：初五墟前接前月晦日手书，询及海
> 外之信，弟只发谢、张、伍三函。据芙裳言，则大北坜、吧城等

---

[1] 温仲和：《与黄公度书（一）》，《求在我斋集》（卷 5），1928 年刻本，第 10 页。

处，共发有十余函，想不久即有回信也。深思办理此事，亦望大局早定，如久延时日，则南方未勉风波而人情观望，未肯多出资本。……谢益卿封翁阅公启，深叹切实可行。惟家中亦不能从容筹措大股。已有信与谢领事矣。①

温仲和先后把招股书寄给了马来西亚的谢春生、印度尼西亚的张榕轩、泰国的伍佐南等巨商，并写了信，希望他们参股。饶芙裳也将招股书寄到了客家人较多的马来西亚、印尼，同时写了十多封信，一心想促成这件事。

梁诗五亦专门致信南洋，即《劝谢梦池张榕轩张耀轩倡集米公司股份书》。②

张榕轩等人收到信后，认为办法可行，但事关重大，牵涉面广，难以统筹。"昨接榕轩信，言运米公启条理精密，若集股有头绪，渠愿附骥尾云云。昨晤梁芑田，言接其弟映堂来函，大意亦略相同。"③

最终，他们倡办永丰公司的良好愿望，由于"商情涣散"，人人"观望疑阻"，"竟无踊跃争先出巨款以为倡者"④，只好不了了之。

因为种种原因，梅州南洋巨商没有按黄遵宪等的提议出资成立嘉应米公司。但他们为救济家乡灾荒，创设、捐助义仓，并多次捐巨资买米平粜，为家乡的社会稳定和发展作出了积极贡献。

2. 创设义仓

梅州山多田少，每年所产之米，仅够三个月之需。因此即使是丰年，还须从外面大量输入。"近数年来，五谷不登，人心浮动。然幸不至于饥

---

① 温仲和：《与黄公度书（四）》，《求在我斋集》（卷5），1928年刻本，第13页。

② 梁居实：《拟办嘉应米公司招股启》，谢伟昌编：《梁诗五先生遗稿集》，1960年，第143－145页。

③ 温仲和：《与黄京卿公度书（十六）》，《求在我斋集》（卷5），1928年刻本，第24页。

④ 温仲和：《与黄京卿公度书（十六）》，《求在我斋集》（卷5），1928年刻本，第24页。

馑者，义仓及各善堂平粜之力居多也。"① 因此，救济灾荒，平抑粮价，民间所设义仓作用很大。传统年代，义仓多为乡绅所倡设。至近代以来，华侨巨商在创设和捐助义仓方面，发挥了积极作用。

平远县大柘乡连年遭受灾荒。光绪二十九年（1903），马来西亚巨商姚德胜回到家乡后，为救荒乡民，特意出资设立义仓，散谷救济，并办米办赈。当时的《岭东日报》以《好行其德》为题报道了此事：

> 平远大柘乡，素称殷沃。近几迭遭荒歉，十室九空，遍野哀鸿，嗷嗷待哺。乡人姚峻修观察，南洋巨商也。今春锦衣旋里，恻然念之，即倡设义仓，散谷千余石，以资乡之贫民。复自捐银千余两，买米办赈，于五月初一日设厂赈济。是日，乡人到厂报名领米者，不下三千人。类皆菜色，相形凄凉。共话观察乃将仁浆义粟，倾倒而出之。一时欢声雷动，莫不行歌饱德云。②

姚德胜不仅出巨资在家乡大柘墟设立了太平义仓，而且在全县 15 个乡都设了太平义仓，购粮救灾。每遇灾荒，即开仓放粮。丰年则储粮，作为备荒之需。直到 1923 年，大柘太平义仓还有粮食 300 余石，转拨给景清小学作为办学经费。③ 姚德胜独资在家乡所办义仓，成为制度性的救荒之策，为平远县的救荒起了重要作用。

1903 年 5 月，梅县发生饥荒，又遇青黄不接之际。马来西亚槟榔屿侨商松口人谢梦池，捐资 2 000 元给梅州义仓买米平粜。当时《岭东日报》有报道：

---

① 《襄办平粜》，《岭东日报·潮嘉新闻》，1903 年 6 月 2 日。见肖文评、夏远鸣、王濯巾等编：《〈岭东日报·潮嘉新闻〉梅州客家侨乡史料选编》，广州：广东人民出版社，2018 年，第 47 页。

② 《好行其德》，《岭东日报·潮嘉新闻》，1903 年 6 月 9 日。见肖文评、夏远鸣、王濯巾等编：《〈岭东日报·潮嘉新闻〉梅州客家侨乡史料选编》，广州：广东人民出版社，2018 年，第 49 页。

③ 广东省《梅州市华侨志》编委会、梅州市华侨历史学会编：《梅州市华侨志》，内部发行，2001 年，第 156 页。

　　嘉应谢梦池方伯关心桑梓，连年饥歉，由槟榔屿汇银二千圆，函托温慕柳太史转寄州城义仓，以助平粜。现已兑交本埠郭协丰号购米运州，辘轳周转，源源接济。查州地山多田少，民食不敷，收成稍歉，即现饥象。虽有义仓平粜，藉资补救。而储积未丰，时虞竭蹶。今得谢公慨捐巨资，维持仓务，即所以安奠民生。州人士闻之，均感颂不置云。①

谢梦池通过梅州大绅温仲和捐助义仓平粜，对梅城义仓的平稳运作、平抑粮价、安定民生起到了积极作用。

3. 运米平粜

虽然黄遵宪等人倡导的嘉应米公司因投资额太大没有办成，但并不影响南洋客商平粜家乡米市的活动。

从南洋捐资运米平粜，始于梅县松口富商李九香（1828—1895）的倡导。李九香早年随父经商于松口，但所获无几，很不甘心。因此在海禁开放之初的1851年，即下南洋来到巴达维亚（今雅加达）经商。他自己在1895年所撰分家序言中，特意讲到自己下南洋经商的事：

　　予当少时，束发受书，辄有志于科名。奈吾父生意不顺，长兄又无力匡扶，家用浩繁，时形支绌。不得不改士为商，抱歉实甚。于是随吾父在松口，经营者十余载，却获利甚微。不甘屈此，至二十三岁（1851）翻然变计，遂舍此而往吧达维亚，创三盛油米店。迄今，垂四十余年矣。②

013

---

① 《捐助平粜》，《岭东日报·潮嘉新闻》，1903年5月18日。见肖文评、夏远鸣、王濯巾等编：《〈岭东日报·潮嘉新闻〉梅州客家侨乡史料选编》，广州：广东人民出版社，2018年，第46页。

② 李步南：《分拨田产簿序》，李柏存：《李九香先生义行集》，汕头：汕头印务铸字局，1935年，第24页。

他在巴达维亚所创的"三盛"号以经营食用油、大米为主，主要是认为食油、大米是每个人日常生活所需，销量大，流通广，即使利润薄也能赚钱。"以油米为生人日用要需，流通广而转贩多，遂业焉。"由于经营得法，"不数年间，获利倍蓰，寝至巨亿"。①

由于其经营买卖数量巨大，他对南洋各地出产大米情况，以及荷属东印度各埠销售情况了如指掌，因此全巴达维亚米商的米价以李九香所定为准。他所得利润丰厚，因此成为当地著名富商。

> 所经营者，米业。轮舶往还，运输各埠，起落仓储，水流山积。全埠米商，皆奉所定价格为标准，而各商翕然服从。其貌伟然，其神穆然，其言蔼然，而察商界之大势，预计某埠之盈虚，无不了如指掌。故能亿中多财，金融流衍。非若今之矿业起家，得一锡穴，便可巍然自尊而称为富家翁者。②

他的族人李倬汉认为，在众多于南洋经商发家的梅州人中，在噶啰巴埠（即巴达维亚）影响最大的当属李九香：

> 吾梅人之游南洋，远服贾以商战称雄海外者，大不乏人。其噶啰巴埠，默计百年以内，当推吾族少香兄之尊人九香公为最著。③

李九香经商致富后不忘家乡，每隔数年即回家乡一次，买田置产，小孩长至六七岁，即带回老家接受文化教育。他对家乡影响最大的主要是经

---

① 李柏存：《李九香先生义行集》，汕头：汕头印务铸字局，1935 年，第 35 页。
② 李倬汉：《少香先生八十晋一寿序》，李柏存：《李九香先生义行集》，汕头：汕头印务铸字局，1935 年，第 43 页。
③ 李倬汉：《少香先生八十晋一寿序》，李柏存：《李九香先生义行集》，汕头：汕头印务铸字局，1935 年，第 43 页。

营公益事业。先后出资修建了瑞兴桥、久远桥、广福桥，设立了永定县峰市的救生船，赞助梅州育婴堂、梅东书院增课、李氏大宗祠月课等经费。对于李九香的善举，《光绪嘉应州志》有详细记载：

> 李步南，字九香。自海禁大开，中外通商，步南即往南洋，致巨万。念积而能散之义，凡道路之有崎岖不平者，水步之无桥梁与渡者，长途之无茶亭者，人或有不告，告则未尝不以自任也。如水兴之瑞兴桥，丙村之久远桥，松口小河之广福桥，上坝头之河堤，峰市之救生船，皆捐千金与数千金，无吝色。又若育婴堂之经费，梅东书院之增课，李氏大宗祠之月课，均拨田店为永远之费。又拨峰市店租，助新入学者两斋老师赞见之费。①

而其中影响最大的，还是在光绪十二年（1886）、光绪二十一年（1895）两年，梅州遭遇大旱，米价飞涨，社会即将陷于动荡之时，李九香从南洋所买平粜之米运到，使得梅州的紧张局势得以缓解。得此启示，此后凡是家乡遇到水旱灾害、米价飞涨之时，梅州的华侨富商即从海外集资，买米回梅平粜。而首倡之功，则非李九香莫属。对此，方志等文献多有记载。

> 光绪十二年丙戌及光绪二十一年乙未两年，地方苦旱，米价腾贵，伏莽欲发，人心惶惶。九香时客南洋，前后捐赀万数千元，买米平粜，乡里赖以安靖。其后凡遇米贵之年，梅属诸善士购米平粜，源源接济，所由消患于无形者，皆本九香倡之也。②

---

① 温仲和纂：《光绪嘉应州志·人物》，台北：成文出版社，1968 年，第 85 – 86 页。
② 温仲和纂：《光绪嘉应州志·人物》，台北：成文出版社，1968 年，第 86 页；李柏存：《李九香先生义行集》，汕头：汕头印务铸字局，1935 年，第 8 页。

由于李九香的倡导，1902—1907 年，张榕轩等侨商曾多次购海米回乡平粜。其中在《岭东日报》上登报表彰的，就有数次：

筹资运米

○嘉应今夏平粜，多藉各商家并各善堂协力捐助，购米来州，以资接济。其商于暹罗者，资伙尤多。乃自七月至今，早魃如前，晚稻又归乌有矣。刻闻州中绅士函致南洋巨商，筹借资本，运米回州，以惠桑梓，想亦南洋诸公所大愿也。[1]

关怀梓里

○嘉应郑君安寿，南洋巨商也，关心桑梓，近数年来，州中早荒米贵，曾屡出资购米平粜，以济民艰。顷又闻月之十八日在大北墟，电汇银一万元，交某号在汕买米，运州平粜，诚善举也。念嘉应今年早冬两季，收成俱歉，粒食维艰，较前尤甚。杯水车薪，安能普救？所望南洋诸善士解囊伙助，多多益善焉。[2]

新近发现的张榕轩书信也印证了当时张榕轩参与家乡米粮平粜的诸多细节。

张榕轩 1902 年农历八月二十三日《致笃初信札》中载：

笃初仁兄大人阁下：

昨接惠函，备聆种种。所云本年平粜，因米船有失，以致资本稍亏。弟份下两千大元，除派助壹百六十四元外，仍长之银，祈即交回草舍为荷。至草舍五百元之则单，业已叩贵号支出应

---

① 《岭东日报·潮嘉新闻》，1902 年 10 月 2 日。见肖文评、夏远鸣、王濯巾等编：《〈岭东日报·潮嘉新闻〉梅州客家侨乡史料选编》，广州：广东人民出版社，2018 年，第 14 页。
② 《岭东日报·潮嘉新闻》，1902 年 10 月 21 日。见肖文评、夏远鸣、王濯巾等编：《〈岭东日报·潮嘉新闻〉梅州客家侨乡史料选编》，广州：广东人民出版社，2018 年，第 21 页。

用。感甚！感甚！蒙寄来关树三牧伯一缄、恒安月册两张、平粜征信录五本，均收到，请勿介怀。兹附去关树翁、吴质翁各一函，祈代为转致。[1]

由此信可知，1902 年夏从海外运米回梅平粜，张榕轩出了 2 000 银元。嘉应州知州关树三等特意致信感谢。

张榕轩 1903 年农历闰五月二十五日《致笃初信札》载：

笃初仁兄大人阁下：

昨接五月廿四日惠书，详悉一切……至弟余下平粜之款，俟六月后交文修兄收存亦无不可也。耑此，顺问近祉。[2]

这表明张榕轩参加了 1903 年梅州的平粜活动。

1904 年 8 月，梅州遭受洪灾，其中丙村受灾非常严重。这一年张榕轩、张耀轩组建的潮汕铁路公司成立，即以铁路公司的名义捐资从汕头买米回梅赈济。当时的《岭东日报》载：

张京卿捐款赈济

〇嘉应水灾，州人士关心桑梓者，皆踊跃募捐赈济，迭纪前报。兹闻张榕轩京卿与乃弟耀轩观察及铁路公司捐银，由汕办米一船，载往丙村，交局绅散赈。京卿见义必为，于此略见一斑。虽然，潮嘉此次水灾，为从来未有之惨，而并不闻守此土者之一

---

[1] 肖文评、饶淦中主编，郭锐、刘奕宏点校：《海峤飞鸿——晚清侨领张榕轩奏牍书信集》，香港：大中华文化出版社，2021 年，第 185 页。

[2] 肖文评、饶淦中主编，郭锐、刘奕宏点校：《海峤飞鸿——晚清侨领张榕轩奏牍书信集》，香港：大中华文化出版社，2021 年，第 387 页。

议捐赈，抑独何欤？①

在官府还没有行动之前，张榕轩、张耀轩就行动了，可见侨商对家乡的关心和厚爱！

1907 年 4 月，梅州久旱不雨，粮价飞涨。梅州海外富商张榕轩、谢梦池、潘翔初、黎子和、刘梅君等，纷纷出资买米平粜。《岭东日报·潮嘉新闻》以《嘉应绅商举办平粜之踊跃》为题予以报道：

> 嘉应米价昂贵，前经本埠延寿善堂致函各埠绅商，劝办平粜。张榕轩京卿已先在汕办米回州。兹谢梦池观察复在香港与潘君翔初、黎君子和、刘君梅君暨各行绅商酌议，先行买米五百包，运回嘉应松口分粜。而暹罗、吧城、北槟埠各处，尚源源而来，以资接济云。②

根据报道，这次平粜由张榕轩、谢梦池、潘翔初、黎子和、刘梅君等共同商议，先在汕头、香港买米回梅，再从暹罗、巴达维亚、北槟埠等海外地区买米回梅平粜，可以说是海外华侨对梅州家乡的一次联合行动。

为保证平粜活动顺利进行，在香港的富商潘承先等，特意发函给嘉应州曹知州，报告平粜缘由、平粜办法等，恳请官府派巡警、差役保护米船运输、维护米粮平价发卖秩序等。《岭东日报》以《函请州官示谕平粜》为题，刊于报端。全文如下：

> 嘉应旅港绅商，筹款办米回州平粜一节，曾纪前报。兹职商

---

① 《岭东日报·潮嘉新闻》，1904 年 9 月 3 日。见肖文评、夏远鸣、王濯巾等编：《〈岭东日报·潮嘉新闻〉梅州客家侨乡史料选编》，广州：广东人民出版社，2018 年，第 180 页。
② 《岭东日报·潮嘉新闻》，1907 年 4 月 1 日。见肖文评、夏远鸣、王濯巾等编：《〈岭东日报·潮嘉新闻〉梅州客家侨乡史料选编》，广州：广东人民出版社，2018 年，第 541 页。

潘承先等，以议定办法，函请曹牧伯出示晓谕。原函略谓：

职商叠接州函报称，天久不雨，旱象已呈。莳插愆期，米价飞涨。兴、长、镇三县逼枭，米源已绝。加以各乡年谷不登，盖藏空虚。平时之所挹注者，专恃潮汕芜湖之米，以为接济。去岁徐、淮，灾区甚大，又复禁米出境，是汕芜米未足为恃。迩者省城四乡，旱荒一辙，遂使汕、港价益腾贵。各善堂、各行筹款四十余万元，犹恐平枭未足。继以官款。官商分办，运米至省。众议按照市价，不必亏折，但求源源接济，米价自平。不至市面有居奇之虑，复不至商贩思裹足之虞。然其惠，不及外府。

职商眷怀桑梓，瘠土穷乡，为日久长，隐忧弥切。适谢梦池方伯省亲内渡，向在香港，奉商此事。亦深以荒旱急切，事不容缓。已一面分别飞函驰告南洋富绅张榕轩京堂、张耀轩、姚峻条两观察、梁碧如都转暨吧城商富，肩任救荒。一面由职商急切筹款，在港购米，先行运州，分给松、丙。仿照省章，但求源源接济，米价自平之旨，按照办理。即有亏折，事竣之后，外而南洋，内而香港，由各富绅，共认摊派，以尽义务。

枭米之事，由殷实商号，在州则振大、公记、致安堂三号，在松则梁省成号，分头办理。银元亦专责成，商办商捐，由出于乐认，不必报销。但刊征信录，分送同志，以省繁冗。

惟运米途长，恐不肖船户或有盗窃。州城、松、丙等地发售，更虑人多拥挤，或致滋事端。务乞公祖大人，多派巡警差役，弹压保护。并恳出示晓谕州民，须知运米救荒，出于善举。如兹事端，从重惩办。多缮晓谕，张贴各乡。咸知善举，出自宪恩，实为公便。所有运米回州救各缘，专肃具禀，云云。①

---

① 潘承先：《函请州官示谕平枭》，《岭东日报·潮嘉新闻》，1907 年 4 月 11 日。

根据这一函件可知，1907 年的春旱为全省范围的。广州一带已在筹款平粜，粤东一带米源缺乏。而江淮一带上年灾害，没米出售，因此平时所买的汕、芜米没有货源，这次平粜主要靠海外买米回梅。由南洋富商张榕轩、张耀轩、谢梦池、姚德胜、梁碧如及巴达维亚商富等牵头承担救荒任务，由潘承先具体筹款，从香港、海外买米回梅。在梅州则由州城的振大、公记、致安堂三家殷实商号，在松口则梁省成商号，负责粜米，平卖给州民。

侨商巨贾从海外购米回州平粜，看起来是在家乡遇到灾荒时临时起意的一时之事，实际上自李九香倡导以来，只要家乡一遇灾荒，海外侨商随即主动作为，这已成为"制度性"的习惯了。正是由于这些侨商巨贾的大力支持，利用自己所经营的商业网络和社会网络，主动捐巨资购海米回家乡平粜，清末民国时期梅州的米荒得以大大缓解。

四、修筑潮汕铁路初心：解决家乡粮食问题

1904 年 4 月，张榕轩、张耀轩兄弟及松口侨领谢梦池等，响应大埔客家侨领、闽粤农工路矿大臣张弼士号召，成立潮汕铁路公司，投资 300 余万银元，修筑了一条连接梅州客家人出海口、新兴城市汕头与老府城潮州之间的铁路，于 1906 年 11 月通车，成为中国第一条侨办铁路。该铁路的开通，对于促进潮汕地区经济社会文化的发展起到了极大的推动作用。但张氏兄弟修建该铁路的初心，实际是为了解决家乡的粮食问题。

1903 年 10 月 26 日，张榕轩在北京向慈禧太后和光绪皇帝上奏修筑潮汕铁路的缘由时，特别指出修筑潮汕铁路的目的是方便从海外进口米粮，解决家乡的粮食问题。

> 至于广东潮汕铁路，臣非为一己之私，实为地方起见。因潮州所属九县、嘉应州所属四县，向来山多田少，一年所出米粮，不敷民食，全靠安徽之芜湖并暹罗国贩米进口接济。但是汕头以

上河道太浅，春夏之间船尚可行，一到秋冬河水干涸，船只难
行，两边又是山路，肩挑负贩，均多不便，因此往往办米接济不
及，人心由此摇动，地方因之不甚安靖。所以这段铁路，关系甚
属紧要。皇太后说好，这才是利国便民的事，汝当赶紧认真
办理。①

梅州的主要河流梅江，流经大埔三河坝时名为韩江，到潮州后分东
溪、西溪、北溪等七条支流入海，一到秋冬季节，难以行船。因此张榕轩
等侨领从海外接济家乡的"海米"无法按时运回梅州，成为梅州社会稳定
的重大隐患。为解决这一"卡脖子"问题，张榕轩等人下定决心投入巨
资，修建了潮汕铁路。

结语

梅州山多田少，地瘠民贫，利用近代中国对外开放和西方殖民者开发
南洋之机，梅州客家人大量下南洋谋生，梅州因之华侨、侨眷多，比重
大。随着梅州侨商巨贾阶层的出现，传统灾荒救济方式发生变化，华侨成
为救荒的主力。自近代以来，梅州人"倚南洋为外府"，至1911年前后整
个社会发生很大变化，标志着梅州侨乡社会已经形成。

关于梅州侨乡的形成与海外华侨的关系，正如清末民初嘉应州革命党
人钟动在《失败》中所说："粤东东部诸州，社会经济皆仰南洋诸岛为之
奥援，风气因以转变。余波所及，且足以风动全省。"② 梅州社会经济的发
展，仰赖南洋各地的客家华侨。松口张榕轩家族对梅州社会缺粮这一重大
问题，投入巨资，表达了重大关切，反映了他们爱国、爱乡的深厚家国
情怀。

---

① 《张京卿第二次奏对纪实》，饶淦中主编：《楷范垂芬耀千秋——印尼张榕轩先贤逝世一百
周年纪念文集》，香港：香港日月星出版社，2011年，第148－149页。
② 长啸：《失败》，1915年，第10页。（注：长啸为梅州人钟动的笔名）

个人思考：怎样研究张煜南

王琛发①

一、研究张煜南的时代意义

我们想要研究张煜南，不单是由于这位前辈的身份是多面向的，还由于他的情怀，代表20世纪中华民族面临的悲壮与未竟的理想。他作为晚清政治人物，原本不是官僚背景出身，而是有着实务经验的实业家。他在大清王朝风雨飘摇的时代，便出钱出力，接任了必须自行筹措许多经费的驻槟榔屿等处副领事，从此身在经略南洋、保护华民的前线。他原本是可以依赖英荷殖民政权的企业人物，却带动回国投资与捐款的热潮，成为实业报国的先驱之一。而他在南洋、故乡和本身投资大陆各地，都得与各色形态官僚打交道，也都在当地有过投入时务改革的事迹。由此，他无疑是中国主张实业救国的思想先驱，当然关心洋务。而若论外交，清朝南洋外交官员当中，最能主动观察西方列强与日本在马六甲海峡活动，并曾公开组织报章文字与出版文献叙述世界时势，向南洋华人传播国际情况，亦首推张煜南。

张煜南的苦心，可见于他任职副领事期间，在光绪二十四年（1898）退任那年刊印的《海国公余杂著》。该书收录了根据前人《推广瀛寰志略》重新编撰的版本，是以各国为题，从中分出相关国家之各条陈述。从张煜

① 王琛发：闽南师范大学闽南文化研究院"闽江学者"讲座教授，嘉应学院客家文化研究院"广东省海外名师"特聘教授，英国欧亚高等研究院－马来西亚道理书院院长、韩江传媒大学中华研究院特聘教授。

南选编颇多俄罗斯政经概况与风土民情，可以理解他的眼光犀利。张煜南引用的"俄人兵舰游历太平洋"条，是从国际关系观点去讨论当年俄国海军印象的，文字写："诸国皆侧足而立，时时防患之不暇，固无有敢加兵于俄者。俄则用远交近攻之法以图之。远交故通问偏于东西洋，近攻则蚕食急于邻国。太平洋无属地，而兵舰百余，周巡不倦，无非欲求谙习海线，宏此远图。"① 另外，张煜南对 19 世纪末的俄罗斯海军又是评价极高，书中指出俄军特征"所用水师员弁皆习格致学、读万卷书，行万里路，博览洽闻，多方取益，士尽能谋，将无不勇，兵威所及，无坚不破"②。

同时，从张煜南的人际网络和社会活动中，我们可以发现，张弼士对于张煜南成为他的商务代办，是十分信任的。后者是前者担任过"槟城等处副领事"的继承者，又是前者担任驻新总领事的属下官员；他们在晚清至民初，本身经济事业辉煌的年代，也是为了支持张之洞等新政大臣提出的理念，投入推动民族觉醒，包括在各处劝学办学、推动海陆商务，鼓励儒家神道设教，以及改革迷信，因此也就顶着殖民者情报单位跟踪的风险。但究其现实，他们那时所带领的南洋华人社会，虽然继承着先民跨海跨境组织网络，各地继续流传着开埠的开拓主权叙事，但是这网络，面对风涛西紧，再难维续先辈唐宋元明贡献南海多民族共同体的光荣，正是李鸿章说的中华民族面临"百年未有之变局"。各地华人自 17 世纪各地的武装自治经济开发区，还有海洋贸易网络，许多是他本身所属客家群原来拥有的，还有与他有家室渊源的婆罗洲兰芳公司，都已逐渐消失，被英荷殖民政府重构新话语，逐渐磨灭后人记忆和改造印象。

1909 年，张弼士于槟城海珠屿大伯公庙，以"嗣伯祖父"尊称首任

---

① 张煜南辑：《海国公余辑录·槟屿纪事本末·槟榔屿流寓诗歌》，梅州：张洪钧伉俪影印本，2005 年，第 100 页。原书是张煜南任职驻槟榔屿副领事期间辑编。据作者自序，初版于光绪二十四年。现版由张煜南曾孙张洪钧按旧版影印。

② 张煜南辑：《海国公余辑录·槟屿纪事本末·槟榔屿流寓诗歌》，梅州：张洪钧伉俪影印本，2005 年，第 101 页。原书是张煜南任职驻槟榔屿副领事期间辑编。据作者自序，初版于光绪二十四年。现版由张煜南曾孙张洪钧按旧版影印。

"大伯公"张理，又代表清廷以"头品顶戴考察商务大臣"身份署名，为原来是天地会"义伯"的华人先驱"大伯公"，献上"丕冒海隅"匾额，肯定其苦守海疆，为民族存大局，以定位先贤为未来呼唤。① 与此同时，张煜南以"钦加头品顶戴侍郎花翎"的潮汕铁路督办大臣身份，在庙前大柱题联，其上联说大伯公，是说"君自故乡来，魄力何雄？竟辟榛莽蕃族姓"，下联说景，是直指马六甲海峡向着印度洋出口，连思带想"山随平野尽，海门不远，会看风雨起蛟龙"，留下了他对民族未来的寄望。

1911 年，张煜南去世。南洋最大规模的汉传佛寺槟城极乐寺，张煜南原来也是发起支持的商绅之一；而现在寺中至今尚存光绪三十一年（1905）《张煜南颂德碑》，其中记载了张煜南另外又布施水源土地给寺院，因此本寺承诺特为张公建立生祠，有规定说，是每年"过年元旦日、元宵日、清明日、端节日、七月初七日、七月十五日、八月十五日，以上七期，历代接手职事人，年列依期照章备办素菜、果品、香烛，并虔诚诵诸品经咒，以为永远报答之敬"。

研究张煜南的意义，首先是回到他的情怀，通过他的视角，重新审视那个他所属的时代，去发现许多未被发现的事实。

二、研究张煜南的可能方式

我们研究张煜南，问题不在于张煜南的直接或是间接史料太少。其实，张煜南个人的史料相当多。这包括过去至今，我们所知道的，张煜南自身撰写或编写的文字书籍、张煜南和各方面来往的书信、张煜南留在清朝的各种奏折文献，以及英荷殖民政府有关张煜南的材料、历年各种书写张煜南的中外文字，还要从 19 世纪起，历年有各种语文报章都报道过张煜南。这些都是基本的材料，可让我们基本理解，张煜南在哪一时间做过什

---

① 王琛发：《客家先贤与马来西亚槟城海珠屿大伯公探析》，《八桂侨刊》2014 年第 3 期，第 30 – 39 页。

么，还有对一些事情，是如何表态？但问题是，我们是超越时空对话历史上的张煜南，后人若只看一种语言的文献，或者一个地方的文献，或只是有他或他家人名字的文献，是否能理解直接记录他事迹和言论的文献内容？是何情境？何以在那样情境要如此表达，而不是另有选择？所以，单从这些材料去设想，定位在张煜南和他的时代研究，比起张煜南研究，前者可能比后者需要阅读更多张煜南个人材料以外的资料，可能更加让我们能够理解和接近那个时代的张煜南，通过他理解他的时代。

人物研究，最后都要研究人和事，得通过搜集史料并正确解读这些史料，才能正确讨论这个人生平和事迹。讨论张煜南这个人物的历史很有意义，不单是他个人的生平，还在于他的生平是由他遇上的一切事件的组合；简而言之，就是不谈个人事迹，而是谈个人事迹的连贯性，以及一切与其历史文化背景或当时社会情况的各种关联。由此才是让后人通过认识他，根据他的事迹的引领，走入他之前和之后的历史。换言之，也即是说，研究张煜南就和研究一切人物一样，不能仅仅评价张煜南个人还要关注我们自己。在整个历史流程当中，我们这一代，是他那一代人的延续，是因他和其他人曾经思考、参与、主导、回应的那一切，形成各种因果，连续衍生出互动互变，演绎出现在的世界。

不论历史学、历史人类学，或历史社会学，方向和目标虽然不同，研究的都是史料。但是，对象既然是历史人物和历史事件，就是我们无从访问和观察的，只能运用现存文献，还有一些零星的文物材料，试图接近我们想要描述的过程。能掌握多少史料是一码事、是否能正确解读史料是一码事，如何赋予清楚而全面解读史料之间的连贯性和系统性，又是一码事。要能看到多维的人与人、事与事、人与事的关联结构，才基本能够做成一件事。

我会建议有志于研究这一领域的学者做我们道理书院的同仁现在正做着的笨功夫。他们天天在阅读百年前的旧报纸。所以，我就建议把张弼士在槟城担任副领事那段时间，视为张煜南为着协助张弼士，更密切于槟城

025

社会，形成个人交往圈子的起点，重点阅读那个年代一直到 1912 年。至少需要把中文《槟城新报》和英文《亦果西报》逐一细读，如果能的话，再加一份上海《申报》。这其中原因，其实就是为补充阅读直接文献可能缺乏的背景理解，而且按着时间顺序去阅读，久了就会对那个时代的用词、做事表述习惯，还有社会历史元素，都很熟悉，会更贴近那时代人的思考。如此再回去看书信等原始文献，就更能理解书信或文献里的词义，减少解读错误。更重要的是，从《槟城新报》之类的地方报纸，有助发现张煜南不同年份的常态交往对象；而《申报》则有许多报道，又关系着张煜南和其他人在大陆的商业关系、在一起的工商活动，以及捐款等事项。当然，道理书院同仁阅读长时段的报纸，不是为了阅读张煜南一人。只要正在阅读张之洞、张弼士的活动，由此便不能不是遍及张煜南，反之亦然。

史料的最大问题，还在于处理史料的历史基础。许多史料，表面上看似不相干，一旦透过长时间的安排，就不难发现新的解释，其效果是如 Tilly 说过的："许多相关理论都有自身的历史基础，历史基础意味着加深对于时间的观念，集中焦点关注历史的特殊环境或过程。"[1] 在做人物研究课题时，要从历史的角度出发，认识到其行动与当时的社会结构和其面对的历史条件有关。而研究张煜南这样一类民族历史转折时期的人物，我们要关注的，不单是他个人留下的史料多寡，还是要如何掌握之前之后各种语文史料，从长远视角看他如何在社会活动的连续与变动中代表着他的时代和某种回应的观念。

余说

研究张煜南，我们可能得要注意，19 世纪清朝牵涉南洋事务的奏折，常使用"商绅"这个词。"商"在"士农工商"当中的排位最末，而"绅"原本是指称"士"当中的上层，可是第一历史档案馆里头，与张煜

① Tilly, Charles. As sociology meets history. New York: Academic press, 1981, p. 26.

南和他那些同侪相关的文献，将其称为"商绅"，也不改晚清朝廷重视这些人的存在。而这些被朝廷称为"绅商"的，本身也如此自称，显然是以传统儒家知识分子自居，又自觉本身的企业身份。很多时候，这些新兴民族资本，毕竟是从旧学学习各种价值观，所以他们面对着西方资本社会冲击，普遍都是主观上重视"中学为体，西学为用"或"经学为体，新学为用"；甚至曾经一次次为着爱国爱民，把更多设想寄托于清廷。像这些人当中的进步者，又有一个共同特点，除了主张实业救国，就是希望办理经学为体、新学为用的新式学堂。所以，张煜南有很多主张，不仅是他个人有类似主张，他和许多南洋商绅，会很多参与办学或社会福利，往往是各地所作雷同，各自发起，又互相捐款。

历史行当有一个词叫作"历史情境返照"（historical mindedness），人类学者也常说"文化设身处地"（cultural empathy）；我们要研究张煜南，还得理解他的思想与行谊，那是要先有耐心理解他和他所在的时代互相的关系，如此才能以同理同情，试图从理解其人生观念，看到他所在的时代，还有他所遇上的一切偶然性和必然性，以及理解他的回应模式背后的理由和脉络，当然还有相关的因果演变。

海门不远，会看风雨起蛟龙

——张煜南题槟城海珠屿大伯公庙楹联意义浅析

张佑周①

1909 年，英属海峡殖民地槟榔屿著名的海珠屿大伯公庙及槟城大伯公街大伯公行宫同时重修，时任清政府驻槟副领事的张煜南以"钦加头品顶戴侍郎花翎"的殊荣身份替"惠州嘉应大埔永定增城五属"客家题写庙柱颂联，其弟张鸿南则以"二品顶戴"身份撰联。

该二联镌刻于庙门石柱，至今仍清晰可辨。本文拟对张氏撰联及该大伯公庙所代表的中华传统文化意义作粗浅的探讨。

一、关于海珠屿大伯公庙

海珠屿大伯公庙位于槟城海珠屿，虽为面朝印度洋背靠小山的敞口式小庙，但它是整个马来西亚乃至南洋地区最著名的大伯公庙。曾任《槟城新报》主笔的蕉岭人汤日垣在 1921 年冬撰写的《重修海珠屿大伯公庙捐册序》中写道："谁为神祇？大伯公是。大伯公为槟海开山之初祖，生以为英，殁以为神。……余至海珠亦见尚有大伯公墓，墓侧立为庙，乃我惠州、嘉应、大埔、永定、增龙五属之侨槟者所建，以崇德报功者也。五属人之侨于槟，身其康强，子孙逢吉，莫不奉牲奉盛奉酒醴以告曰：大伯公之默佑也。富埒陶白，赀巨程罗，又莫不奉牲奉盛奉酒醴以告曰：大伯公

---

① 张佑周，福建龙岩学院教授，龙岩学院原人文教育学院院长，闽台客家研究院原执行院长，中国华侨历史学会会员。

之庇荫也。五属之侨凡有所获，不自以为功而归功于大伯公之灵。……南洋言神，群颂大伯公。墓碑一张一丘一马，姓而不名，统尊之曰大伯公而已。"① 汤日垣在另作《海珠屿大伯公庙章程序》中则云："大伯公姓张，氏闽永定之宿儒也，至槟训蒙，与同邑丘氏、马氏为莫逆交。丘业铁工，马业烧炭，每晚三人必聚首无间焉。忽数夕，大伯公不至，丘与马往访，至则见大伯公在石岩坐化。岩侧即炭窑。二人乃葬大伯公于窑中。厥后，常显灵于捍蔺御患。胡靖公，始以大伯公羽化之岩，起为庙。庙擅槟海之形势，即今之海珠屿也。丘马已殁，附葬于大伯公坟之左右，亦同为神云。"② 由这些记载可见，海珠屿大伯公实有其人。早期在槟榔屿筚路蓝缕的客家人中有"训蒙"的教书先生教导子弟，有打造各种工具和生活用具的"铁工"，还有为众人提供燃料的煤炭工人，可见华人在该区域已建立较完整的社会形态，各行各业都有人经营，大伯公则是他们的领头人。

据载，1745 年张理、丘兆进、马福春三人和一批永定、大埔人于大埔汀茶阳江码头登船，下韩江、出汕头，登上乌眼鸡船，漂洋过海到达槟榔屿，登岛后即以打鱼、垦殖为生。而英国东印度公司的莱特上尉则于 1786 年 8 月 11 日武装登陆槟榔屿，宣布占领该岛，并将其改名为威尔斯太子岛。虽然该岛一片蛮荒，但莱特等人也见到 58 个渔民，"其中三人即张理、丘兆进及马福春，在丹绒道光过着打鱼生活。后来他们死了，就化身为'大伯公'。今天在海珠屿的大伯公庙即由此而来。他们三人是 1745 年来到槟城，比莱特早了 41 年"③。

自明代永乐年间郑和及闽西人王景弘率船队下西洋起，闽粤客家人下南洋谋生渐成风气。早在宋代就已开通的汀江—韩江航道，是闽粤客家人出海往洋的天然通道。明成化年间（1465—1487）曾有汀州商人谢文彬沿

---

① 傅吾康、陈铁凡编：《马来西亚华文铭刻萃编》（第二卷），吉隆坡：马来亚大学出版社，1985 年，第 521 页。

② 邝国祥：《槟榔屿海珠屿大伯公》，《南洋学报》1957 年第 1 辑，第 54－56 页。

③ 谢诗坚：《槟城华人两百年》，槟榔屿：韩江学院韩江华人文化馆，2012 年，第 17 页。

汀江—韩江航道出海，被大风吹入暹罗。至张理、丘兆进、马福春等人往南洋时，大型乌眼鸡船虽然也像谢文彬那样漫无目的地随风飘去，却登上了荒无人烟的一方宝地槟榔屿。一批客家英雄于是有了用武之地，开始了在一张白纸上书写最新最美的文字、描画最新最美的图景的奋斗历程。

虽然张理等人开辟的槟榔屿新居地后来被英国殖民主义者占领，但他们作为华人开埠之先驱，被当地社会奉为"大伯公"，受到槟城地区乃至邻近所有以槟城港为出入跳板的开拓区民众的共同尊崇，成为南洋地区最为著名的"海珠屿大伯公"信仰，这是很有意义的。这是因为，闽粤客家华人"不但把张理视为大众的开拓祖神，也传颂张理和他的信众其实比英荷殖民者更早到达马六甲海峡，是各地实质开拓者"① 的历史事实。

张理等三人先后逝世后，最早由永定下洋中川银匠胡靖"起为庙"。其后，胡靖又于1810年带领众人在今槟城大伯公街建起被称为"大伯公行宫"的大伯公祠，并挂上典出《尚书·皋陶谟》"同寅协恭，和衷哉"之"同寅协恭"匾额，表达了继承者对于已逝先贤的尊崇。

1902年，时任清政府驻槟副领事的南洋富商、大埔人张弼士认已故"大伯公"张理为"嗣伯祖父"，并提一万两白银至京，奏请清政府封其"嗣伯祖父"张理"得赏一品红顶花翎"，还向海珠屿大伯公庙赠送典出《尚书·君奭》"我咸成文王功于不怠，丕冒；海隅出日，罔不率俾"之"丕冒海隅"匾额，表达海外华侨开疆拓土，心系中华之情。至此，经过清廷追封谥号的原来就是槟海地区华人心目中象征大众开拓主权英灵的"大伯公"，其地位已不再是一般的乡野杂祀，而是国朝信仰的一部分，是神道设教体制认可的先贤崇拜，其神格得到极大的提高，因而也大大加深了人们对大伯公的信仰。

---

① 王琛发：《功德振勋焕南邦》，槟榔屿：马来西亚道理书院，2016年，第70-71页。

二、张煜南兄弟为海珠屿大伯公庙重修撰联

1909 年，历经百年风雨的槟城海珠屿大伯公庙和大伯公街大伯公祠迎来又一次大规模重修，梅县籍南洋富商、时任清政府驻槟副领事张煜南及其弟张鸿南有幸成为重修庆典的最重要嘉宾，并且因为重修后的海珠屿大伯公庙撰联而留名千古。

张煜南（1851—1911），家名爵干，字榕轩，广东梅县松口人，晚清著名爱国侨商。

张煜南青年时代往南洋，先追随大埔籍富商张弼士在巴达维亚（今雅加达）经商，后携弟鸿南往苏门答腊棉兰自主创业，迅速致富，成为荷属东印度棉兰的开埠侨领，被尊为"棉兰王"，并先后被荷印当局授予甲必丹、玛腰等职。张煜南不仅极力维护侨居地华侨权益，而且热心祖国公益事业。如 1903 年，张煜南兄弟就捐资 200 万银元，发起筹资建设潮汕铁路，众侨胞热烈响应，历时两年建起耗资 300 多万银元的中国第一条民办铁路。张煜南还曾捐资办学、捐款给清政府扩充海军实力等。清政府先后授予其四品、三品、二品、头品顶戴等职衔。1895 年，张煜南得到梅县老乡、清政府驻新加坡总领事黄遵宪的推荐，继张弼士之后出任驻槟榔屿副领事。

天降大任于斯人，能竭心尽力在方方面面维护侨胞利益的张煜南被任命为驻槟副领事，自然得到旅槟侨胞的热烈拥护。至 1909 年，已经形成马六甲海峡中北部各埠闽粤华人共同的海珠屿大伯公信仰，经地方华社内部屡次探讨协商，最终确立以客家人为主的惠州、嘉应、大埔、永定、增城五属为全体华人信托大伯公庙的主权（理事权）地位。随后，五属侨胞发起对海珠屿大伯公庙与大伯公街行宫同时进行大规模重修，以期大伯公更加"沐恩惠州、嘉应、大埔、永定、增城五属"并惠及全体华人。大修完成后，主事者在大伯公街行宫大门前的檐底石柱上镌刻长联一副：

031

我公真世界畸人，当年蓑笠南来，剪棘披榛，巫为殖民谋得地；

此处是亚欧航路，今日风涛西紧，持危定险，藉谁伸手挽狂澜？

长联不仅对传说中比英国殖民者更早"蓑笠南来"槟榔屿"剪棘披榛"的大伯公的丰功伟绩高度颂扬，着重声明该地是由华人首先开拓的，当地华人应该拥有生存和经营权利，而且面对"风涛西紧"的险恶形势提出质问："藉谁伸手挽狂澜？"

而在同时修葺一新的直接寄存大伯公英灵、更能寄托旅槟华人哀思的海珠屿大伯公庙，主事者则力邀身份显赫的朝廷命官、与张弼士一样同属大伯公张氏宗亲的张煜南撰联，张煜南也义不容辞地以"钦加头品顶戴侍郎花翎"的身份题写了庙柱颂联而流传千古：

君自故乡来，魄力何雄？竟辟榛莽蕃族姓

山随平野尽，海门不远，会看风雨起蛟龙

颂联不仅点明了大伯公身世，歌颂其率众开辟槟榔屿蛮荒的丰功伟绩，而且表达海外侨胞在大海之滨北望中原，冀望"海门不远，会看风雨起蛟龙"的家国情怀。

与此同时，张煜南的胞弟张鸿南也以"二品顶戴"的身份题写了颂联：

捕鱼闲暇，黄石矶边理桂棹

逐鹿归来，桃源湾里话桑麻

此题联则更侧重于描绘英国殖民者到达槟榔屿之前，大伯公们捕鱼打猎，过着和谐幽静的桃花源式生活，意蕴悠远。

三、张氏颂联的深刻意义

虽然张氏兄弟并非出身书香门第，也不是以功名得仕的"头品""二品"官员，而是出洋打拼、商而优获仕的海外侨民，但从其题撰海珠屿大伯公庙颂联来看，兄弟俩都有深厚的中华传统文化之底蕴。

首先，从楹联的基本要素看，张氏兄弟两副对联均符合要求，其上下联字数相等，断句一致；平仄相合，音调和谐；词性相对，位置相同；内容相关，上下衔接；对联一气呵成，吟咏起来荡气回肠，颇具美感。

其次，二联皆借颂扬大伯公，将海外华侨的家国情怀表达得淋漓尽致。

张氏兄弟所处的时代，正值大清帝国衰落、西方列强步步紧逼的所谓"风涛西紧"时代。面对南洋旧藩一个个落入西方殖民者之手，南洋华人落地生根却又深陷列强割据的殖民统治之艰难困苦的局面，堂堂中华竟难以"持危定险"，作为代表清政府担负弱国外交的副领事张煜南，其爱国之忧难以言表可想而知。

在此之前，清政府一些有识之士也曾注意到槟榔屿在南海诸国的战略地位。张之洞任两广总督期间，就曾在《奏槟榔屿宜添设领事疏》中明确提出："槟榔屿一埠人才聪明，为诸埠之冠，宜添设副领事一职。"[1] 张之洞似乎也注意到大伯公张理"至槟训蒙"及其对于开拓蛮荒的重要意义。他在同一奏疏中建议在槟榔屿"设书院一所并购置经书发给存储，令各该领事绅董选择流寓儒士以为师，随时为华人子弟讲授"，以达到"使习闻圣人之教，中国礼仪彝伦之正，则聪明志气之用得以扩充而愈开，水源木

033

---

① 张之洞：《奏槟榔屿宜添设领事疏》，收于张煜南辑：《海国公余辑录·槟屿纪事本末》，梅州：张洪钧优俪影印本，2005年，第96页。

本之思益将深固而不解，凡有气血未必无观念之思"① 之目标。张之洞还明确建议清廷，应"重回列强所殖民的明清两代旧藩属，经略南洋。其策略是在英、荷属地海域之间，选择紧扣马六甲海峡对西方出口之槟榔屿，规划文化教育长期落地生根，由点到线，带动起南洋华人从文化、思想到国朝认同的归属感"②。其目的非常明确，即认为大清帝国的旧藩属南洋诸国虽然被西方列强侵占，但南洋华人仍应在文化上深耕，发展教育，使中华文化在当地传承，从而实现国朝认同。张之洞在《筹议外洋各埠捐船护商疏略》中提及，"出洋华民数逾百万，中国生齿日繁，藉此消纳不少，各国渐知妒忌，苛虐驱迫接踵效尤"。建议朝廷必须设立领事"以加以抚循"，使海外华民"自然团结为南洋无形之保障"③。他还曾上奏朝廷，建议向南洋华人推售官衔，"奖以虚衔封典翎，专统领事经费"④。

在张之洞、李鸿章等人的奏请和荐举下，南洋大埔籍客家富商张振勋（弼士）于 1893 年担任清朝驻槟榔屿等处副领事。1904 年，张振勋更被任命为"商部奉请供派考察外埠商务大臣兼南洋学务大臣太仆寺卿"，担负起清廷侨务与涉外事务重任。同年农历四月，槟榔屿士绅借平章会馆试办"中华学堂"。同年农历十月，商部奏请由张弼士管理该校事务，并令其带着朝廷赠送的《古今图书集成》及光绪皇帝御笔题写的"声教南暨"匾额返回南洋，巡访各地。1905 年农历五月，张弼士到槟城主持悬挂"声教南暨"御匾及赠送图书。根据张之洞等人修订的《奏定学堂章程》，由南洋闽粤士绅联合创建的中华学堂校内设立孔庙，延续着传统信仰文化的现代化学堂终于在槟榔屿诞生，将中华"声教南暨"，使当地华人子弟"习闻圣人之教、中国礼仪彝伦之正"之重任落在了中华学堂和当地士绅身上。

---

① 张之洞：《奏槟榔屿宜添设领事疏》，收于张煜南辑：《海国公余辑录·槟屿纪事本末》，梅州：张洪钧伉俪影印本，2005 年，第 97 页。

② 王琛发：《功德振勋焕南邦》，槟榔屿：马来西亚道理书院，2016 年，第 17 页。

③ 转引自力钧：《槟榔屿志略》，双镜卢集字板排印，第 4 页。

④ 苑书义、孙华峰、李秉新主编：《张之洞全集》（第 1 册），石家庄：河北人民出版社，1998 年，第 608 页。

时任清廷驻槟城副领事的张煜南与张弼士一起主持为中华学堂赐匾和赠书仪式，义不容辞地担负起"声教南暨"的责任。

张煜南就任驻槟榔屿副领事期间，还在公务及商务之余，搜集当地民情风俗、历史沿革、经济地理等资料以及国内洋务派与改良派大臣所写重要奏章和著述加以编撰，形成《海国公余辑录》和《海国公余杂著》两书。两书不仅内容丰富，为后人留下许多有价值的关于南洋开拓故事和华侨华人资料，而且凝聚了张煜南浓浓的家国情怀，散发出强烈的爱国民主主义思想。表现在其题撰的海珠屿大伯公庙颂联中，便是大伯公们曾"竟辟榛莽蕃族姓"，率领华人先辈"丕冒海隅"，披荆斩棘，落地生根，厥功至伟。作为已经在当地落地生根枝繁叶茂的后来人，应该继承大伯公遗志，"抚危定险""伸手挽狂澜"！正当西方列强竞相东侵、民族彷徨、海外华人盼求团结与复兴之际，若能有大伯公复活或回归，带领全体族群开天辟地，"声教南暨"，则"海门不远，会看风雨起蛟龙"之未来可期！张氏楹联的深刻意义正在于此。

身份认同·强国思考·信息传播

——张煜南《续海国咏事诗》的文化价值

黄春梅①

19 世纪末，清朝政府官员在出使、访问外国期间大多通过诗文、笔记、日记等形式记录所见所闻并带回中国，如黄遵宪著《日本国志》及诗集《日本杂事诗》。这些海外游历诗或赋诗言志，或咏异域风情民俗，别具风格，展现出焕然一新的风貌，成为东西方文化交流的重要媒介。作为清政府委任的驻槟榔屿副领事、南洋商务大臣，张煜南也著有诗集《续海国咏事诗》，但并未引起研究者足够的重视。

张煜南（1851—1911），字榕轩，广东梅县松口人。张煜南幼时家贫，青年时期即远走南洋，来到巴达维亚（今雅加达）谋生，凭着艰苦奋斗的精神和卓越的商业眼光，张煜南逐渐成为富商中的翘楚。因张煜南在南洋商业中具有举足轻重的地位，荷印政府委任他为"甲必丹"，管辖棉兰。同时，他又接替同乡张振勋的职务，成为清政府派驻槟榔屿的副领事，后又被委任为考察南洋商务大臣。由是，张煜南成为清末民初印度尼西亚的著名华侨实业家和地方侨领，在当地华人中拥有极高的声誉，获得"服官中外、恩洽华夷，卓著政声、口碑载道"的赞誉。② 张煜南的另一个重要贡献是和其弟张鸿南一起投资兴建了中国近代史上第一条华侨资本经营的商办铁路——潮汕铁路，为华侨投资者树立了榜样。

① 黄春梅，广东揭阳人，硕士，副教授。主要从事岭南文学史研究。
② 张煜南辑，王晶晶整理：《海国公余辑录（附杂著）》，上海：上海古籍出版社，2020 年，第 4 页。下文中张煜南《海国公余辑录》内容皆引自此版本。

　　《续海国咏事诗》为张煜南在南洋公余所作诗集。其创作缘由，作者在篇首自序做了交代："余业将仙根所著《海国咏事诗》刊刻行世，因擢任马腰，事务简约，暇搜览海国诸书，尤富见仙根所未及咏者，爰仿其例，触景生情，或专收一事，或兼取数事，点缀成篇，得诗若干首。"① 诗集仿照张芝田（字仙根，张煜南同乡）《海国咏事诗》的体例，补充域外各国张芝田所不知道的内容，主要吟咏异域与中国不同的地理政治、风土人情、史事科技等，范围涉及全球 25 个国家和地区，共计 403 首诗。诗集中除了南洋各埠多咏亲身经历的见闻外，其他各国咏事诗的材料源自其所辑录的《槎使游历诗歌》《海国轶事》等各卷，应为作者"触景生情"之作。因此，《续海国咏事诗》所咏的事物是张煜南的亲身见闻或者阅读中感触最深的部分，是作者真情实感的体现，可与作者其他论述相印证。《续海国咏事诗》是近代"西学东渐"思潮的产物，既是张煜南思想世界、价值追求及情感认同的直观反映，也是传统哲学思潮向近代思潮转变的研究文本。

037

一

　　作为被委派在外的使臣，张煜南的身份比较特殊。张煜南并不是通过科举进入清朝的官僚系统。张煜南最初是一名商人，在异域他乡通过自身的努力获得了较高的社会地位，被他国政府委以管理职位，继而才进入清政府的视野得到"驻槟榔屿副领事"的任命，因此在张煜南的身上集合了商人、荷印政府官员、清朝政府官员的三重身份。至 19 世纪 70 年代中期，清政府开始在海外设领事，但囿于认识有限，虽然有识之士如张之洞、薛福成等积极主张，但清政府对设领一事还是比较消极的，对领事馆的经费、人员编制等问题的安排也是采纳驻外使节的意见，按"用无虚糜"的

① 《续海国咏事诗》卷首自序。

期望，从简从俭，领事经费由商民自筹。① 1894 年，张煜南被任命为驻槟榔屿副领事，虽然是一个极小的官，职位不高，且没有俸禄，手下只有一名翻译官和一名书记员（也没有薪水），但是相较于荷印政府任命的值守棉兰的甲必丹，张煜南更加认同驻槟榔屿副领事的身份，这种身份认同表现在张煜南辑录《海国公余辑录》一事上。清政府总理衙门曾饬令出使大臣"将交涉事件、各国风土人情详细记载，随时咨报"②，当时各驻外的使臣皆著有诗集、笔记、日记、杂录等赋诗言志、记时事议论、采异域风谣、录奇技淫巧，以备观风问俗。正是出于对驻槟榔屿副领事这一身份的认同，张煜南也以使臣的身份要求自己，爰仿使臣之例，编辑《海国公余辑录》，特别是在《槟屿纪事本末》中，详细介绍了槟榔屿的山川地理、历史风俗、物产法纪，正如其自言"斯地风俗之繁华、历史货税之增减，一一备载无遗。故言槟事特详，不失在官言官之义"。

如果说张煜南编辑《海国公余辑录》这一行为只是在形式上参照清政府驻外使臣的惯例，是职责所在的话，那么作为内心真实情感流露的《续海国咏事诗》，则从更深层次上体现了张煜南内心深处对驻槟榔屿副领事的身份认同。

张煜南在《续海国咏事诗》的按语和注解中多处流露出对中国文化的认同及对国家命运的担忧，在中国的边防及外交事务上充满了危机感。《续海国咏事诗》里所涉及国家地区有 25 个，作者给每个国家及地区加上一段介绍当地的历史现状、地理风俗等按语。张煜南长期生活在南洋，目睹安南、缅甸、暹罗等国家先后被英法所控，他在按语中有意通过对南洋某些国家沦为西方殖民地的案例分析，为清政府的外交提供借鉴或参考。如他在安南的按语中写道："比为法人所制，法人自同治元年夺据下安南三省，六年又夺得三省，为今西贡等六省。光绪十一年，越南归法国为属

---

① 任云仙：《清代海外领事制度论略》，《中州学刊》2002 年第 5 期，第 105 – 109 页。
② 钟叔河：《从东方到西方——走向世界丛书叙论集》，长沙：岳麓书社，2002 年，第 437 页。

国，国君徒拥虚器，迁地图存，良可叹也。"缅甸国按语有："今为英人所据，南藩尽失。噫！可虑哉。"印度按语："印度，为天竺转音，古称佛国，地大物博，繁庶与中华等。……昔夸佛国，今亦凌夷，兴言及此，可胜慨哉。"张煜南熟悉南洋各国，鉴于当时清政府在与西方国家的交涉中总是进退失据，处于下风，张煜南对此表示担忧，他对南洋各国命运发出感慨，其实是希望借此引起清朝政府的注意，警示清政府不要步这些国家的后尘。特别是他对印度的介绍，提到印度也是一个历史悠久、地大物博的国家，与中国相似，然而最终也沦为西方列强的殖民地，体现了张煜南对国家命运深深的危机感。对于自己没有亲身考察过的国家，张煜南也根据大量的阅读，在按语中对清政府的外交提出建议，如"俄国"的按语："其东都与中国相首尾，延袤二万余里，议边防者，尤宜加意于斯焉。"正如薛福成在《强邻环伺疏》中所言，当时英、俄、法三国已蚕食侵吞中国周边地区。俄国一直是张煜南关注的国家，他在《推广〈瀛寰志略〉》中就指出"俄之患尤甚于英……"[1]，他甚至很具前瞻性地推断中俄围绕东三省必然发生战争："兴言及此，势所必至，不待战而始知也。"[2] 因此，在按语当中提醒清政府特别注意与俄国的边防防务。

张煜南身处南洋，切身感受到域外文化，特别是西方文化的冲击，但在中西方文化的交汇中，他认同的依然是中国文化。如前所述，《续海国咏事诗》诗作主要是吟咏海外见闻、异域风光及作者感触最深的事，在对吟咏对象的选取上，最能体现作者的价值取向。对于久居海外的华人，究竟是选择入乡随俗还是坚持传统，《续海国咏事诗》中的一首诗表明了张煜南的态度："广购田园土克安，岁时仍用汉衣冠。身穿补服来相谒，缱绻情输出使官。"此诗后有注云："王君文庆居此已三世，置田庐，长子孙，而岁时祭祀俱用汉衣。闻前星使过此，顶帽补服曾来谒见，足见其心

① 张煜南：《珲春之让俄人屯师》，《海国公余杂著》卷一《推广〈瀛寰志略〉》。
② 张煜南：《珲春之让俄人屯师》，《海国公余杂著》卷一《推广〈瀛寰志略〉》。

念本朝爱戴不忘矣。"此诗的描写对象是一位叫王文庆的华侨，到印尼之后娶妻生子，子又生子，已有三代，虽然久居印尼，但在过节、祭祀、服装等方面依然使用农历、汉俗。当其得知清朝使臣经过槟榔屿时，特地着顶帽补服前去拜见。张煜南高度肯定了老华侨这种"身处重洋，心怀君国"的情感，也借此说明了包括张煜南、王君庆在内的南洋华侨对中国的文化认同。另外，《续海国咏事诗》还写到了中国文化对南洋诸国的影响，诗中多处出现"中华""中朝""中官""中宫"等词，"缅人情愿属中华，诣阙来朝遣洛霞。从此源源贡方物，牌符冠带赐频加"（缅甸），"持斋素食不加餐，谁似山僧耐苦寒。通国善营三宝寺，至今传说祀中官"（暹罗），"此间地僻获货艰，市肆寥寥只数间。鞋店独开三十载，主人郑姓籍香山"（印度），"坐贾持筹握利权，阛阓交易日中天。地摊亦有华人摆，莫笑区区少本钱"（苏门答腊），"树心酿酒号加蒙，美酿非徒稻秫工。客子宴阑酣醉后，倩人扶掖过桥"（婆罗洲）。诗后有注："爱敬中国人，见中国人醉者，则扶之以归。"南洋诸国很多曾是万里之外向中国进贡的国家，张煜南在对各国历史进行吟咏时有意无意地写到各国与中国的历史关系，对南洋各国受中国文化影响的现象以及中国人在异域取得的成就表现出其作为中国人的自豪感。

二

《续海国咏事诗》也反映了张煜南对中国经济现代化和国家富强的理性思考。

诗集体例虽然爱仿张芝田的《海国咏事诗》，但与张芝田不同的是，张煜南根据国别，在记叙每个国家的诗歌前面增加了一段按语，按语大概介绍该国的历史现状、地理物产，对自己比较熟悉的国家，张煜南还对该国的发展及现状盛衰进行剖析。这些按语不仅对理解诗歌及注解提供了必不可少的背景资料，而且有些从国际关系的角度及发展改革的角度对各国的境况进行分析，颇多精警的见解，可看作张煜南对中国经济现代化和实现国家富强的思考。

其中为首的是富民强国迫在眉睫。张煜南在按语中这样介绍暹罗：暹罗……仿泰西兵法，思步日本后尘。彼实见缅、越为英法所据，唇亡齿寒，行将自及，不得已竭力图存，除此亦无善策也已。这段按语从国际关系的角度，分析了暹罗当时存在的危机及改革图存的方法。张煜南长期生活在南洋，目睹南洋诸国逐渐为英法列强所控制，对中国的形势有着更为清醒的思考，这段剖析虽然是针对暹罗，但其实当时中国的形势与暹罗相仿，正受到西方列强的环伺窥觊，改革图存迫在眉睫。日本是最先向西方学习而且转型成功的亚洲国家，对当时急于寻求强国之路的亚洲各国具有参考价值。张煜南也对日本的改革成果表示羡慕赞叹，"其先恶天主教，今乃宗西夷法，一变其风气，泱泱乎称大国焉"①。

与国内一些崇洋媚外者不同的是，张煜南长期生活在海外，切身处在海外经济政治环境中，而且在实业上取得了巨大的成就，知己知彼，因此，在对待欧美各国及西方文化的态度上，能够做到不迷信，取长补短，始终以平和理性的眼光对待之，这种宽容自信通达的态度使他能够做出符合实际的判断。譬如其在咏日本教育的诗中写道："算光重化四门开，西学人夸创局恢。衍得绪余师墨子，西来法本是东来。"诗后自注曰："此邦专以西学教人，其机巧不出《墨子》一书，彼能窃其绪余而得之耳。"从日本学校的教学观念上，张煜南看到了日本"实用主义"教学与中国《墨子》思想的关系。

张煜南对中国经济现代化和国家富强的思考，还表现在他对修建铁路及商业的关注上。《续海国咏事诗》对意大利、瑞典和比利时等国家的火车都有提及，特别是比利时制造铁轨的技术："铁轨修成万里遐，比人凤昔擅名家。一朝延聘来中国，指日安排走火车。"修建铁路一直是张煜南关注和思考的问题，他在《海国公余杂著》中多次论述修建铁路的必要性

---

① 《海国公余杂著》卷三《续海国咏事诗》之日本按语。

和重要性，认为铁路除了有军事方面的作用，还可以沟通内地，运输物产，达到富国的目的。① 铁路作为军事之关键和关系商业之盛衰的重要作用，或许是张煜南在家乡组织修建中国第一条侨办铁路——潮汕铁路的初衷。除了兴建铁路，张煜南也从新加坡、香港等地的繁荣中看到了技术和商业在富民强国中的作用。在比利时的按语中，张煜南分析了比利时的技术长处"其近年国势骤兴，且与中国立局通商，盖其人长于制造，于炮台工程尤为著名"②，建议清政府在比利时设领事或招商局，有利于采办军械等商业往来："愿中国设领事于其国，即未设领事，或设招商局于其国，以轮船往来运货。而其国商会亦设公司于上海，承办军械，价较各国稍为便宜云。"③

三

早期海外游历诗作主要是吟咏海外见闻、异域风光，关注较多的是与中国不同的奇风异俗及奇技淫巧。张煜南《续海国咏事诗》虽然也受"述奇"诗风的影响，写了许多述奇之作，但因审美趣味及价值取向的不同，张煜南关注到西方的社会发展及文化制度的差异。他在诗中写到了瑞典、德国、比利时的铁路，法国的避雷针、马路、自来火灯，罗马的水渠，普鲁士对结核病的治疗法等先进的工业技术文明和民生事项，但最感兴趣的还是向国人介绍中西方的文化和制度差异。

西方的君民关系是最让国人惊奇的，张煜南在诗中多次介绍西方的"君民一体"现象：

---

① 相关论述见张煜南：《俄人修铁路中国亦宜修铁路》，《海国公余杂著》卷二《增益瀛环近事》；《法人据越南先造铁路以示利》《论西伯路亚之铁路》，《海国公余杂著》卷一《推广〈瀛寰志略〉》。

② 《海国公余杂著》卷三《续海国咏事诗》之比利时按语。

③ 《海国公余杂著》卷三《续海国咏事诗》之俄罗斯按语。

热茶待冷遽倾盘，男女同时笑作团。乡客失仪王代掩，效尤偏易不留难。（注：英主请乡人饮茶，乡人将热茶倾盘，待冷而饮，在座男女无不哂笑。英王见其然，则将己茶倾盘饮之，以遮乡客面目，致旁人不得哂笑）（英吉利）

生辰咸祝老年华，中外倾心合一家。寿享长春人不老，合将名字比名花。（注：维多利亚享国长久，生辰日中外敬祝不忘。又花名维多利亚，国人以女主名名焉，不以为嫌）（英吉利）

怯寒就暖炕工家，一罐倾头水溅花。却取铁锹数枚赠，绝无修怨把恩加。（注：帝微服入炕面工家，就炉取暖，工人妻逐之，把罐水倾帝头上。帝还营，遣侍臣赠铁锹数枚，曰："今朝泼水，聊以相赠。"）（日耳曼）

这种君民关系对晚清时期的中国人来讲都是不可思议的存在。西方不仅君民关系融洽，而且女性也能参与政治，积极争取自身的政治权益：

拣选诸员议院开，不图公举到闺才。一犹未字一出阁，道蕴依然出世来。（英吉利）

居官权势握诸男，巾帼如何不得参。选举大非公道事，上书议院逞雄谈。（亚墨利加米利坚合众国）

在向西方学习方面，张煜南另一个关注点是外国的慈善文化：

赤青气色辨分明，七月生殊八月生。自养无方须共养，出赀堂上育孩婴。（俄国的育婴堂）

时遇偏灾乐助将，王妃国后首为倡。闺房也解捐衣物，市价高抬也不妨。（普鲁士的贵妇间的慈善活动）

广延绅士集多赀，阛阓场中坐美姬。购取一端价三倍，布施半为美人贻。（英吉利的慈善拍卖）

张煜南本身也非常热心公益，所以尤为关注慈善活动。对国外的慈善活动，他不仅关注其现象，而且更关注其运作模式，张煜南的这种思考也表现在《海国公余辑录》卷五《海国轶事·多行善举》一节的评价中："善举不难，难在布置如此之得宜耳。此则西法之可师者矣。"

尽管《续海国咏事诗》是以诗歌的形式出现，但其是"西学东渐"思潮的产物。它不同于同一时期学者系统介绍西方科技文明知识，而是采用了片段式的写作，努力向国人建构一个异域文化世界。诗集涉及很多与中国不同的事物，对此作者都从国人的知识及立场进行了注解，借助自注向国人传递了他关于西方世界的个体视野经验和知识，具有信息传播的作用。诗集与《海国公余辑录》其他各卷的内容一道，共同表达了张煜南对"开眼看世界"的关注和向西方学习的主题。当然，《续海国咏事诗》中一些内容存在不严谨的情况，但是这并不能妨碍这部作品在近代"西学东渐"思潮中的独特地位。

"考中外、稽时势"

——《槟屿纪事本末》与晚清槟榔屿及华人生活

杨金川①

张煜南《海国公余辑录》六卷暨《海国公余杂著》三卷，作者自序云"忆予自服官南洋以来，始则承办洋务"，"检点丛篇，搜集旧闻，详稽时务，并与当世士大夫往来赠答，博访周咨，几阅星霜，辑成《海国公余辑录》六种"，"予乃不辞固陋，遂付剞劂，俾同志者考中外、稽时势，得豁然于心目间也"。题记作"光绪二十四年孟冬月，嘉应张煜南序于南洋别墅"②。光绪二十四年为公元 1898 年，这也是《海国公余辑录》最早的版本。

一、1950 年前汉语文献槟榔屿史料著述

《海国公余辑录》内附有《槟屿纪事本末》，《海国公余辑录》虽付梓刊刻，但并未广泛流传，故姚枏、张礼千《槟榔屿志略》云："汉文之作（笔者按：记槟城事者），亦有两种：一为闽侯人力钧所著之《槟榔屿志》；一为嘉应州人张榕轩昆仲所辑之《槟屿纪事本末》，兹二书问世以来，虽仅四、五十年，然流传绝少。"③ 我们借由行文可推知，早于张煜南辑《槟屿纪事本末》前，已有力钧《槟榔屿志》流传。根据聂德宁《〈槟榔屿志

---

① 杨金川，马来西亚韩江传媒大学学院中华研究院院长。
② 张煜南辑，王晶晶整理：《海国公余辑录（附杂著）》，上海：上海古籍出版社，2020 年，第 9–10 页。
③ 姚枏，张礼千：《槟榔屿志略》，上海：商务印书馆，1943 年，张序第 1 页。

略〉与槟城华侨史料》指出，厦门大学南洋研究院资料室藏有一部十卷本，据力钧本人于该书《自识》中所述：其于光绪辛卯年（1891）南游至新加坡，见到左秉隆所著《海南群岛纪略》，于是"借抄数帙"云云，从其书首"自识"推断，当在光绪辛卯年冬付印。①

张礼千与姚枬有感于《槟榔屿志》及《槟屿纪事本末》之流传不广，二人合议并著《槟榔屿志略》，张序云"梓良（姚枬）有鉴于此，出其所著，并杂余之旧作三篇，遂成斯书"，明言"本书之问世，其旨在引起国人之研究"。② 该书共分为"释名""历史""地志""行政""华侨"五个专题，附录《邻邦考释》《极乐寺记》及《赖德遗嘱》，对槟榔屿推崇备至，赞誉道"东方之瑰宝，半岛之乐园，人间之天堂"③，尤其是对槟榔屿的历史叙事最为详尽。在姚、张所著《槟榔屿志略》前，已有大兴宋蕴璞所著《南洋英属海峡殖民地志略》，乃其有感自明以来所记述南洋群岛艳丽，而心向往之，故于 1925 年，毅然自青岛赴南洋。"于是遵海而南，道香港而至新加坡，更由新加坡而槟榔屿而马六甲，所至结交其人士，调查其事业、物产、教育、文化，浏览其名胜古迹，历时三年有半。"④ 其著《英属海峡殖民地》在 1930 年付印刊行，旨在"冀我国人读之，知南洋之为乐土，而引起向往之心"。一地之历史沿革、人生日用琐事，无不毕载，以作为地志备考。另有英中翻译槟榔屿事迹著书，原书刊印于 1926 年，为由书蠹（Bookworm）编写的 *Penang in the Past*，后由顾因明与王旦华翻译，译作《槟榔屿开辟史》，收录于商务印书馆发行于 1936 年的"史地小丛书"。该书为顾因明"至槟榔屿之第三年某夕，偕友散步槟榔律街头，偶入一小书肆，得见……急购而藏之"，其后顾因明回到上海，"知友刘士木

---

① 聂德宁：《〈槟榔屿志略〉与槟城华侨史料》，《华侨华人历史研究》2000 年第 3 期。力钧《槟榔屿志略》未以现代方式刊印，故而流传不广，海外学者几无缘得见。笔者此据聂德宁所考为据，待日后有缘得见此书，再加详考。

② 姚枬，张礼千：《槟榔屿志略》，上海：商务印书馆，1943 年，张序第 1 页。

③ 姚枬，张礼千：《槟榔屿志略》，上海：商务印书馆，1943 年，张序第 3 页。

④ 宋蕴璞：《南洋英属海峡殖民地志略》，北京：蕴兴商行，1930 年。

偶见此册，爱不忍舍，遂嘱与王君旦华合译成之"。① 相较于汉文文献，此
书是从西方人的视角，更为集中地讲述和记录了槟榔屿开埠时的面貌、策
略与发展，也完好地辑录了莱特②的一些言说与政策，其中也保留了不少
其对当地华人的一些评述，具有极高的文献价值。

由此可知，从清代以来有关南洋群岛之史料，主要有陈伦炯《海国闻
见录》、王大海《海岛逸志》及谢清高《海录》，但未专记槟榔屿事。后
来，槟榔屿方位为时人所关注，才有较为系统地记叙槟榔屿事迹之典籍。
力钧《槟榔屿志》刊于 1891 年、张煜南《槟屿纪事本末》刊于 1898 年、
宋蕴璞《南洋英属海峡殖民地志略》刊于 1930 年，以及姚枬、张礼千
《槟榔屿志略》刊于 1943 年，此四书是以中华本位之视角，较为全面和完
整地记叙早期槟榔屿暨华文与文化的重要著述，具有很高的史料价值和学
术研究意义。有别于力钧、宋蕴璞及张礼千之文人学者视角，张煜南《槟
屿纪事本末》是其以副领事职务记闻所见，对"通商惠工""斯地风俗"
"历年货税"皆"一一备载无遗"，诚如其言"不失在官言官"③"俾同志
者考中外、稽时势"④，据以考述晚清南洋领事，是面向中华本土阐发南洋
华人在工商、文化、生活的重要视角与史料。

二、"考中外"——晚清槟榔屿发展举隅

《槟屿纪事本末》一卷，行文除了辑录中外文献中有关上述事项的考
叙外，并附有"槟榔屿添设领事"条，以辑录薛福成、黄楙材、张之洞等
奏章文字，此举当是专为襄办洋务之人，便于了解槟榔屿在中外发展之重

---

① 书蠹编，顾因明、王旦华译，刘士木、陈宗山校：《槟榔屿开辟史》，上海：商务印书馆，
1936 年，第 1 页。
② 弗朗西斯·莱特，槟榔屿第一任英人总督。
③ 张煜南辑，王晶晶整理：《海国公余辑录（附杂著）》，上海：上海古籍出版社，2020 年，
第 11 页。
④ 张煜南辑，王晶晶整理：《海国公余辑录（附杂著）》，上海：上海古籍出版社，2020 年，
第 10 页。

要地位。故而聂缉椝在其序中，赞此书为"余亦襄办洋务起家，忝居斯位，每思得一同调以资臂助，今阅榕轩书，不禁怦然心动也"①。在"凡例"中，张煜南也强调："迩来洋务最重，事关中外，莅斯土者，尤须讲习，是以名臣疏议、使者日记，不惮兼收博采，以广见闻。"② 由此论及《槟屿纪事本末》辑录薛福成《奏请南洋各岛添设领事疏》之缘由，就在于借助其奏章，让后学知晓槟榔屿增设领事的来龙去脉，以及其在晚清朝廷如何看待海外形势。

薛福成在论及海外商贸侨民与中国之利害关切时，指出："南洋各岛华民繁庶，若不统论全局，则一事之利弊无以明；若不兼筹各国，则一隅之情势无由显……大抵外洋各国，莫不以商务为富国之本。凡在他国通商之口，必设领事以保护商人，遇有苛刻，随时驳阻。所以旅居乐业，商务日旺；即游历之员、工艺之人亦皆所至如归。"③ 再看其《奏调充南洋领事疏》，说丁汝昌巡历南洋"目击华民人数数万，生齿殷盛，既设领事之处尚称安谧，其余颇受欺凌"，言及海外侨民对中土情意时指出"查南洋流寓华民颇有买田宅长孙者，而拳拳不忘中土，叠次防务赈务，捐数甚巨"。从为政者的视角，其关注"流寓华民"的生存境况，进而探知清廷为何要增设领事。

在"槟榔屿生聚"一节对"流寓华民"的历史追溯上，从张煜南对史料的辑存显示出其对华人在马来半岛的涉足，可追溯至"元征爪哇"遗留在南洋群岛的士兵，娶了当地土著所繁衍的后代。进而参与了马来半岛的开发与建设，经过几代人的经营，积累了可观的财富，以至"居处已久，

---

① 张煜南辑，王晶晶整理：《海国公余辑录（附杂著）》，上海：上海古籍出版社，2020 年，第 1 页。

② 张煜南辑，王晶晶整理：《海国公余辑录（附杂著）》，上海：上海古籍出版社，2020 年，第 11 页。

③ 张煜南辑，王晶晶整理：《海国公余辑录（附杂著）·槟屿纪事本末》，上海：上海古籍出版社，2020 年，第 40 页。

半入英籍，几忘其为中国人者"①。顾因明在《槟榔屿开辟史》的序中特别引注莱特对华人的评价，曰"华人以兴利，可不费金钱，不劳政府，而能成功"；"稍有积蓄，即娶妇成室，度其单纯不变之家庭生活，至于终老"②。再从张煜南在"生聚"一则的资料筛选上，有一特别的潜在主题，也是强调了马来半岛的土生华人中的"银商巨富"，是"聚于斯久"，多已"半入英籍"。从张煜南引《日记》（或指《南行日记》）一则云"槟榔屿居民六万一千七百七十七名，而华产居其七八。华产者，亦自称英人，若不知为中国人者，盖生聚于斯久矣"。从"华产据其七八"可见槟榔屿在18世纪以来主要参与开发的居民是华人群体，而在华人群体中又可分为"离华二三十年未归者""有生于外邦而未到中国者""有归英属而不改装者"。"聚于斯久"形成"殷商华民"有颜、邱、胡、辜诸姓，经过几代的经营，久而久之就成了"不知为中国人者"。而这些人在吴广霈、马建忠乃至张煜南的观念中，已然是本土华人，与"中国"已经没有过多的牵扯。在国籍归属上，他们"半入英籍"；在文化认同上，他们"无首丘之情"③；在语言交流上，他们"以英语为问讯"。由此，我们可以看出，在19世纪大批移民南来之前，已有大量的华人参与到马来半岛的开发与建设中，经过几代的经营而积累了可观的财富，已经在槟榔屿构建自己的家园，视斯为家国。

作为一部"在官言官"的书，旨在让境内之为学，乃至为官者，通过其所辑录的史料，以及其按语的提示，考查过去之史料记载及其所指出的现状发展，得以快速掌握当前南洋之发展局势。槟榔屿在1786年开埠以

① 张煜南辑，王晶晶整理：《海国公余辑录（附杂著）·槟屿纪事本末》，上海：上海古籍出版社，2020年，第28页。

② 书蠹编，顾因明、王旦华译，刘士木、陈宗山校：《槟榔屿开辟史》，上海：商务印书馆，1936年，序第3页。

③ 马建忠《适可斋记行》云"因问伊等何无首丘之情？答以彼之祖父偷越至此，本于中国海禁，今则海禁虽弛，而彼等已半入英籍矣。"见张煜南辑，王晶晶整理：《海国公余辑录（附杂著）·槟屿纪事本末》，上海：上海古籍出版社，2020年，第27页。

来，从一个人迹罕见的"荒岛"，快速发展成为占据交通及贸易便利的岛屿，极具吸引力，人口逐年增长。19 世纪初槟榔屿人口快速增长至二万五千余人，其中七千为华人。力钧《槟榔屿志》载光绪七年（1881）居槟榔屿者四万五千一百三十五。再到 1930 年宋蕴璞《南洋英属海峡殖民地志略》所载，槟榔屿市区人口已达十二万三千名，村野人口三万六千名，合计约十六万二千名，内华侨占九万八千五百余名。① 故而《槟屿纪事本末》在"槟榔屿形势"中，辑录十余条不同文献对槟榔屿地势之便利的记载，大多数是从贸易聚集与往来的角度复述。张煜南认为槟榔屿为海中孤岛，并无所谓形势之便利，但有独特的军事战略特点，其特以分析海峡之形势，"以质诸知并者"：

> 中国至屿，屿在西北，则东南风便；英吉利至屿，屿在东南，则西北风便。屿旧属吉德与屿，不啻辅车之相依，盖有存亡与共之理者焉。乃一再让地于英，英于是近取诸岛，远连三埠，海门全境已扼其要，况由锡兰而来，则俨然东道主也。倘群岛铁路一通，如常山之蛇，首尾相应，屿句中而策之，岂西卑利亚之万里长沙所可同日而语哉！②

槟榔屿占据东西航线的重要位置，是欧洲与中国往来船舶的必经之地，扼守马六甲海峡咽喉处，不仅是一个优良的港口，也是一个战略要地。莱特开辟槟榔屿，原意就不是将其作为商港，而是一个军港，为英国东印度公司在东南亚抗拒荷兰人，保护自身的贸易利益提供支持，③ 其后

① 宋蕴璞：《南洋英属海峡殖民地志略》，北京：蕴兴商行，1930 年，第 7 页。
② 张煜南辑，王晶晶整理：《海国公余辑录（附杂著）·槟屿纪事本末》，上海：上海古籍出版社，2020 年，第 27 页。
③ 详见林立文：《槟城对外贸易的演变》，《槟州中华总商会钻禧纪念特刊》，槟榔屿：中华总商会，1978 年。

发展为一个商贸要地，也是其附属价值之一。

《槟屿纪事本末》最能"考中外"之差异者，当属从财政与民生之经营的角度讨论"槟榔屿税饷"。如其所载"税饷"范畴，便有助于考知西人征税之范畴，以作为其时之行政常费。此可为当时不知南洋之本土发展与经营者，提供一个较为可靠的视角，并由此揭示英人在殖民地如何征收赋税，成为殖民行政经费之来源。《槟屿纪事本末》所见包括："水饷"即自来水费；"地饷"指房屋业地在工部局辖内者，每年缴纳两次；"牌饷"，指兆锅生理及货物有气味，每年缴纳一次，从二元到二十四元不等，视经营范畴与规模而定；"马车饷"及"犬饷"则指"马车所以代步，狗所以守夜，二者有饷，则为富人设也"；最为大宗者就是"烟酒饷"，其中烟是指"鸦片"。

关于"烟饷"一事，最令时人深恶痛绝。张煜南特别指出："惟鸦片一项，统贫富而皆受其害。统计槟城男女老幼十二万余人，年输鸦片、酒饷至八十四万元，是每人应匀七元"，"富者耗此千元不足惜，然以之创善举，济贫人，亦种福之道，况贫者流落他乡，归计不果，为鸦片累者比比也"。[①] 宋蕴璞在《南洋英属海峡殖民地志略》对槟榔屿烟馆及烟民之样态记载道：

烟馆

南洋英属各埠，对于吸食鸦片，绝不禁止。不唯不禁止，且于中谋大利，征重税，以为行政之常费……以槟城地面之小，而烟馆已不下数百家，其他大埠可知矣……烟馆不售烟膏泡，亦无从购买烟土，吸烟者须在皇家公烟局购之……每日早晚尚未至售烟时，在门外候者已甚多，既畏人见，又不忍舍去，徘徊想望，

---

① 张煜南辑，王晶晶整理：《海国公余辑录（附杂著）·槟屿纪事本末》，上海：上海古籍出版社，2020 年，第 35 页。

愁苦之状可掬，更有烟瘾大发，涕泪交流，欠申不已者，尤令人可怜可笑也。①

其时有诗云："无钱沽酒置金钟，性癖烟霞兴转浓。阴耗多财混不觉，误人最是阿芙蓉。"② 谢清高《海录》更是一针见血地指出"新埠（槟榔屿）"地无别产，"每岁酿酒、贩鸦片及开赌场者，榷税银十余万两"③，任由鸦片之祸害，以诱人民陷入此万恶之渊，只因为英国殖民者意在税收。

张煜南最重视也特别强调的是当时岛上的水供事业。在《槟屿纪事本末》中特别摘录《工程局告白》加以长篇按语，旨在勾勒与比较供水作为民生之便利，以及"水饷"可作为政府的财政来源之一。也详细记载了当时槟榔屿的水价，如"引自来水入屋，每墩饷银一角""引到码头及各水船，或船澳公司者，每一千宜令纳饷八角""引入制造处者，每一千宜令收饷银五角"④，按民用与商用加以区别。其亦利用按语之方式，揭示当时槟榔屿殖民者是如何经营此业务：

> 西人取水法，先择最洁者，以铁管置地下，随其高校旋折，旁引曲达，吸聚诸池。池必高居，自池达各家户外，各家以铁管引入，皆机器为之。视居人荟集多寡为机器大小，必相称，取之不尽，用之不竭。⑤

---

① 宋蕴璞：《南洋英属海峡殖民地志略·槟榔屿》，北京：蕴兴商行，1930年，第41-42页。

② 张煜南辑，王晶晶整理：《海国公余辑录（附杂著）·槟屿纪事本末》，上海：上海古籍出版社，2020年，第49页。

③ 许云樵：《元明清三代中南贸易演变考》，《槟州中华总商会钻禧纪念特刊》，槟榔屿：中华总商会，1978年。

④ 张煜南辑，王晶晶整理：《海国公余辑录（附杂著）·槟屿纪事本末》，上海：上海古籍出版社，2020年，第32页。

⑤ 张煜南辑，王晶晶整理：《海国公余辑录（附杂著）·槟屿纪事本末》，上海：上海古籍出版社，2020年，第32页。

槟榔屿的水供设施，是在1805年就开始架设与发展，由当时的东印度公司负责。至1867年，水供由市政局接管。李尧庆《历年不断改进的槟州水供》中指出，槟榔屿人口在1804年时已增长到10 000人，由于井水不敷应用，一条从植物园经瀑布路（Penang Botanic Gardens）、歌德路（Kedah Road）、车水路（Burmah Road）和红毛路（Northam Road）等输送山水到坐落于现在依恩奥酒店（Eastern & Oriental Hotel，George Town）附近的水池的输水渠道在1805年建成。最初的架设方式是以砖块堆砌而成，全长约6里，从1823年起输水渠道逐渐被铁制水管取代。随着市区人口的增长，阿依淡（Ayer Itam）的水源在1884年开始被开发，以满足市区水源的需求，"当时大约有二千多水供用户和八十多座公共水喉供应大约七万人口"①。故而张煜南特别语重心长地指出："中国之水赖江湖河井，或澄浊水而饮之，欲不致疾也难矣。故西人居中国者，多往山中取泉以供饮。灌夫刳竹透水，中国山居恒有之，然亦未能高下旋折自如也。"② 张煜南心系的祖国在水源开发方面，无法与当时的海外相比，仅槟榔屿一岛就能将自身的水利发挥得淋漓尽致，值得借鉴。他在《槟屿纪事本末》中特别辑取并加按语提示，便是旨在让阅读者知晓、管窥海外水源之开发与利用之经验。

三、"稽时势"——晚清槟榔屿华人生活举隅

《槟屿纪事本末》即以仕宦、商贾、物产、食货、税饷、名胜，并附槟榔屿流寓诗歌，勾勒出1900年以前槟榔屿的华人生活、商贸及文化轨迹。上文在述及税饷部分时，指出鸦片已对槟榔屿华人的日常生活造成严重的影响。《槟屿纪事本末》在"槟榔屿商贾"共辑录六则文献，除了有意强调当地华商的富庶生活外，也显示出南洋华人的日常生活语言交流当

① 详见李尧庆：《历年不断改进的槟州水供》，《槟州中华总商会钻禧纪念特刊》，槟榔屿：中华总商会，1978年。
② 张煜南辑，王晶晶整理：《海国公余辑录（附杂著）·槟屿纪事本末》，上海：上海古籍出版社，2020年，第32页。

是以方言及英语作为主要沟通用语。如张德彝《四述奇》：

> 余抵槟城，觅万振风铺，以便寄信。上洋见铺，见华商王君，年近六旬，福建人也，因言语不通，以笔谈代之。①

又如马建忠《适可斋记行》云：

> 本埠殷商尽华民。华民来承揽煮烟公司者邱天德，借代理招商局务同知衔胡泰兴，并巨富辜上达、邱忠坡等来谒，言语不通，以英语为问讯。②

又如郭筠仙《使西纪程》云：

> 闽人王文庆经商此地，兼招商局事，遣人问之，则同其乡人谢允协、林汝舟、王澜德、李边坪、万全堂、王文德六七辈来见，皆短衣番语，闻居此已数世矣。③

我们可以看到，随着槟榔屿开埠的日渐久远，迁移至槟榔屿的华人已经形成数代传承，但其教育体系不完整，教育方式亦保留着传统私塾模式，多服务于富裕人家，"随在皆有师傅教诲儿童，亦有遣送男儿回国求学者"④。《槟屿纪事本末》著录两首描写当地教育现状的诗歌：

---

① 张煜南辑，王晶晶整理：《海国公余辑录（附杂著）·槟屿纪事本末》，上海：上海古籍出版社，2020年，第29页。
② 张煜南辑，王晶晶整理：《海国公余辑录（附杂著）·槟屿纪事本末》，上海：上海古籍出版社，2020年，第30页。
③ 张煜南辑，王晶晶整理：《海国公余辑录（附杂著）·槟屿纪事本末》，上海：上海古籍出版社，2020年，第30页。
④ 书蠹编，顾因明、王旦华译，刘士木、陈宗山校：《槟榔屿开辟史》，上海：商务印书馆，1936年。

教册平铺指示忙，学堂开后细参商。笔端俱用鹅毛管，蘸墨横书尽左行。习红毛字者曰教册，用鹅毛管剡其尾，蘸墨横书，行皆尚左。

经书购置备多赀，流寓儒生择作师。子弟聪明征后效，奏章无不诵南皮。设书院购置经书，择儒士以为师长，皆张公奏疏中语。①

在未开办新式学堂以前，当地华人多是前往英人所开办的新式英语学堂学习，或以在各自方言族群为子弟所设置的学堂，以方言教学为主。我们今日所谓的"普通话"尚未成为其日常用语的主流，方言、英语、番语（马来语）应该才是其时的主要沟通用语。1911 年辛亥革命取得成功，1912 年 1 月 9 日南京临时政府正式成立，快速推进现代式教育变革，新思潮、新思想逐渐传播到南洋。此后槟城华人所创办的学校逐渐改为实行中国的教育制度，推行"国语教育"。1920 年 1 月 5 日韩江学校在《槟城新报》刊登的《聘请校长》启事，可为旁证。该启事云：

本校现聘请校长一位，月薪一百元，膳费在内，教授概用普通话，惟须通晓潮音者。完全师范毕业，尝充当高等小学校教授五年或二年以上者（须有该校年限证明书）。有意者，请于本月廿五号以前，将履历住址投函寄交义兴街泰丰栈，门牌二十四号便可。

槟城韩江学校董事部启

（《槟城新报》，1920 年 1 月 5 号）

---

① 张煜南辑，王晶晶整理：《海国公余辑录（附杂著）·槟屿纪事本末》，上海：上海古籍出版社，2020 年，第 50 页。

韩江学校聘请校长，要求其在教学过程中必须用普通话，但也必须通晓潮州话。我们可以据此推测，普通话在当时尚未普及，上至长辈下至幼童，他们的生活用语应该是以方言为主，而跨方言群的交流，非常大可能性，就如张德彝、马建忠、郭筠仙等人所见，以英语或马来语作为对话语言。张煜南在《槟屿纪事本末》中如此强调此现象，当是有意告知阅者，前来南洋群岛参访，若以普通话进行交谈，可能会面对沟通障碍。

"物产""食货""税饷"等部为我们勾勒了当时槟榔屿的商品、物产及贸易往来情况。谢清高（1765—1821）《海录》作于1820年，追忆其18至32岁随船舶出洋的记忆，内容大约反映了1800年以前的南洋记忆。其时"槟榔屿"为"新埠"，谢清高对槟榔屿的记忆为：

> 英吉利招集商贾，逐渐富庶，衣服、饮食、房屋，俱极华丽，出入悉用马车。有英吉利驻防番二三百，又有叙跛兵（Sepoy）千余。闽粤到此种胡椒者数万。每岁酿酒、贩鸦片及开赌场者，榷税银十余万两。然地无他产，恐难持久也。凡无来由所居地有二果，一名留连子（durian），形似菠萝蜜而多刺，肉极香酣；一名茫姑生（mangosteen），又名茫栗（manggis），形如柿而有壳，味亦清酣。①

边防军队驻扎，商贾云集，生活物资丰富，烟、酒、赌不缺，种植商品则以华人所持有之胡椒为主，土产榴莲与山竹则为马来人所持有。至1891年，力钧逗留槟榔屿而撰的《槟榔屿志》所见物产已极其丰富，包括槟榔、胡椒、甘蔗、豆蔻、丁香、咖啡、椰子、棕榈、锡矿等诸产物。②

---

① 见许云樵：《元明清三代中南贸易演变考》，《槟州中华总商会钻禧纪念特刊》，槟榔屿：中华总商会，1978年。

② 聂德宁：《〈槟榔屿志略〉与槟城华侨史料》，《华侨华人历史研究》2000年第3期，第4页。

张煜南更是指出：

> 槟榔屿土产种类纷纭，药材若胡椒、丁香、豆蔻足以调人胃
> 气，日食若槟榔、椰子足以供人口腹，其较著也。米为养生之源，
> 平田万顷，一岁再熟，出之数尤为生意大宗，此皆有益于人者也。①

纵观上述见闻，早期槟榔屿以种植胡椒为大宗，在日后的发展与开发
中，物产逐渐丰富，从商品到日用，皆可在岛屿上自给自足。贸易、药
用、日用、娱乐、商品、土产样样俱全，可谓得天独厚。

再从《槟屿纪事本末》所引《工程局告白》的"牌饷"征集可见，
槟榔屿的民用与工业商贸事业也非常繁盛，领域涵括了"土油大宗生理"
"亚答干草生理""沓劳煎""煤场""染布坊""火炮店""制盐鱼""煤
气火""灰窑""自来火柴""洗涤畜生肠腹及煮熟制血之店""熬油""大
间土油栈""小间土油栈""缸瓦窑""硕峨廊""煮盐""屠户""制雪
文""制糖""煮蜡油""叽牛皮""柴灰块""豢养牛马猪羊鸡鸭之圈
栏"，为今人还原了当时繁花似锦的南洋岛屿生活与生存样态。从其所辑
录材料中，更是为当时还不了解槟榔屿乃至南洋生活的人，勾勒出一幅各
行各业并盛的繁华场景。同时，也让"我们清楚地看到，槟榔屿作为英国
属地，英人是如何以西方制度治理该地的。这里事无巨细，都要依照法律
执行，皆有法可依"②。除却商业的繁盛外，张煜南更是指出"此邦名胜，
不一而足"：

> 居是邦者，寻幽选胜，触景留踪。有山有水，便登眺望；有

① 张煜南辑，王晶晶整理：《海国公余辑录（附杂著）·槟屿纪事本末》，上海：上海古籍出版社，2020 年，第 31 页。
② 张煜南辑，王晶晶整理：《海国公余辑录（附杂著）·槟屿纪事本末》，上海：上海古籍出版社，2020 年，第 11 页。

庭有台，悦心目也；有燕闲别墅，宾主酬酢地也；有山麓别业，抚军休沐也。推之打球场、海珠寺，筑近水旁，俯临海面，为是埠别开一生面。①

又如记叙槟榔屿最早的庙宇——观音亭，引《乘槎日记》云："观音亭建于海滨，上祀观音……每值良辰美日，红男绿女焚香者履舄交错于道，自朝至暮，踵相接也"；记游玩有"打球场为西人休息之所，海珠寺为华人游览之区"；记群众娱乐有"清芳阁，华丽耀眼，雕栏画栋，结构天成，是为闽人演戏地，与粤人郑贵戏院相伯仲。有时二班合演，管弦杂沓，声韵悠扬，坐而听者，不下数千人，亦是一巨观也"②。信仰、娱乐、游览与运动多样化。曾松华写于1978年的《七十五年来的槟城社会》记载：

> 当年，槟榔屿的富豪们大都喜欢看"上海班"（京剧），因为上海班在当时可说是时髦的戏剧。那时，槟榔屿市区内设有许多由富豪们联合组织的俱乐部，如清芳阁、小兰亭、小琅嬛、莲花阁等等。这些俱乐部之间除了搓麻将和玩纸牌一类的娱乐之外，还有包戏班在部中搭台演出的风气。一旦俱乐部中有人提议看大戏，大家便聚资包某一戏班上台演若干日……有些俱乐部，特别是部员多数受英文教育的峇峇们，还经常聘马来孟沙湾戏班或马来歌剧班到内部做通宵的表演。③

---

① 张煜南辑，王晶晶整理：《海国公余辑录（附杂著）·槟屿纪事本末》，上海：上海古籍出版社，2020年，第37页。

② 张煜南辑，王晶晶整理：《海国公余辑录（附杂著）·槟屿纪事本末》，上海：上海古籍出版社，2020年，第36–37页。

③ 曾松华：《七十五年来的槟城社会》，《槟州中华总商会钻禧纪念特刊》，槟榔屿：中华总商会，1978年。

诸多文献的参读，为我们呈现了 18 世纪到 19 世纪初，作为繁华商港的槟榔屿多姿多彩的日常生活。

《槟屿纪事本末》附有《槟榔屿流寓诗歌》，旨在"录中国流寓诸君所作诗，分系时令，见我朝天下一家，正朔犹行于海外也"①，透露出经历几代人的发展，中华传统文化已然根植于此地。元日、元宵、清明、端午、七夕、中秋、重阳、冬至、除夕，中华文化的重要节庆至今依然在马来西亚华人社会中传承。流寓诗的作者，大多是前来游历而短暂逗留的文人墨客，所作诗句多呈现出"每逢佳节倍思亲"的情感色彩。如林诒甘《元宵话旧诗》"知己天涯有几人，相逢何况正新春。灯前月下花如海，相对无言各怆神"；魏望曾《中秋诗》"名士无聊同画饼，海天何处好乘槎。思亲最怕逢佳节，忍听夷歌杂暮笳"；杨毓寅《重阳诗》"异地重阳自不同，登高望远意无穷。思亲泪洒沾衣雨，舒啸声回落帽风"；林振琦《除夕诗》"光阴弹指去匆匆，爆竹惊人沸地红。万里愁牵帆影外，一年事尽漏声中。祭先不废他乡日，守岁犹存故国风。相约明朝团拜去，儿童笑语画堂东"。南洋流寓诗所呈现的不仅仅是作者对故国故人的牵挂与思念，更是中华文化的在地化发展，当地华人对传统节庆的传承，才能让南来的墨客骚人感受到身在异乡，却犹如置身乡土之感。这些文献材料，对于当时通信不便的时代而言，极具价值，阅者得以透过文字感受南洋风采。

《槟榔屿杂事诗》共收录诗作 30 余首，更是对槟榔屿风物与民生的记叙。如：

> 兼司局事任招商，贸易闽人姓纪王。富有田园居数世，久安乐土未还乡。
>
> 大小车轮驾马同，内安坐褥悉毡绒。镶金涂漆分高下，声彻

---

① 张煜南辑，王晶晶整理：《海国公余辑录（附杂著）·槟屿纪事本末》，上海：上海古籍出版社，2020 年，第 47 页。

街衢十里中。屿俗尚华靡，出入俱驾马车。

新街深处好藏娇，大贾时来意气骄。楼内笙歌楼外月，令人那得不魂消。新街为流妓萃居之地。

消渴人来茶馆多，茶香风味问如何。居奇别具加非中，巧觅金钱日本婆。加非似扁豆，洋人用以代茶。

上述数则诗作道尽当地华人极尽奢华，丰富多彩的市井生活，乃至闲暇之余，也可"偕埠中诸商敛赀为之，于庵（笔者按：指今极乐寺）旁作一静室，扁曰'小隐山房'，每于公余之暇，辄往信宿，与寺僧小癫诗酒流连，作蔬笋饭，乐此不疲"①。无怪乎张煜南离开槟榔屿回到棉兰时，"忽忽相近十年，每一念及，辄绻不忘也"②。《槟榔屿杂事诗》所涉及的范畴不仅于此，对商贸往来、民俗信仰、衣食住行、娱乐生活等方面皆有所描写，是我们借以窥探百余年前的槟榔屿华人日常生活的第一手文献。

四、结语

张煜南《海国公余辑录》作为一部本着"在官言官"以掇拾缕析海邦闻见的专书，就如其在"凡例"中所一一言明，旨在为"莅斯土者，尤须讲习"，"兼收博采，以广闻见"。

槟榔屿在过去并未被清廷看重，对其发展的记叙寥寥无几，多以游历见闻所主，随着时间的推移，槟榔屿逐渐发展成一个重要商贸港口，乃至海外华人的重要聚集地之一，实有必要对其加以考察。张煜南以其为驻槟榔屿副领事之职务，对前贤所撰之槟榔屿见闻进行辑录，修正过去"所传故实月异而岁不同"的记载，同时又可作为"详稽时务"的文献进行整

① 张煜南辑，王晶晶整理：《海国公余辑录（附杂著）·槟屿纪事本末》，上海：上海古籍出版社，2020年，第37页。

② 张煜南辑，王晶晶整理：《海国公余辑录（附杂著）·槟屿纪事本末》，上海：上海古籍出版社，2020年，第37页。

理。从为官者的角度而言，张煜南所辑录的内容，明显强调了槟榔屿的
"通商惠工""风俗繁华""历年货税"的记载，以图对历史典籍、前贤游
记、报刊及殖民通告进行整理，设立"天时""地舆""始事""疆里"
"水程""形势""生聚""仕宦""商贾""物产""食货""税饷""名
胜"等专题，对槟榔屿之本末一一备载无遗。

《槟屿纪事本末》不仅为过去的"莅斯土者"提供一部可靠的见闻手
册，也以为官者的视角，记述早期南洋华人在槟榔屿的生活资料，为我们
考究18—19世纪的槟榔屿面貌留下了宝贵的材料。

"无非欲返中国于富强"

——张煜南与《海国公余辑录（附杂著）》

张英明　张　翔①

客家先贤张煜南（1851—1911），字榕轩，广东梅县松口人，近代爱国侨领。张煜南历任荷印政府棉兰地区的雷珍兰、甲必丹、玛腰等职，是棉兰中华商会的创会会长，华侨和当地居民皆尊为"棉兰王"。光绪二十一年（1895）他出任中国驻槟榔屿副领事，嗣后屡获清政府嘉奖，直至擢升三品京堂，并膺办长江实业考察南洋商务大臣等。

一、张煜南的"三不朽"

中国历史上有过"三不朽"的传统信仰，即"大上有立德，其次有立功，其次有立言，虽久不废，此之谓不朽"②。古人说的"不朽"，即指永远活在后人心中，亦即永远活在历史之中。"三不朽"是张煜南追求的人生价值。在立德方面，他博施济众，既捐助棉兰公益与慈善事业，还反哺祖国建设事业以及故乡公益事业，迭助巨款。为了存续乡邦文献，曾先后资助刊印《梅水诗传》《古香阁集》《光绪嘉应州志》等。在立功方面，他功济于时，自19世纪70年代以来率先在苏门答腊棉兰荒岛招工劈土，开拓利源，踵其后者，赓续不辍。他还"应和兰王聘，管辖斯土，财土大

---

① 张英明，江西师范大学历史系教授；张翔，江西师范大学心理学院实验师。
② 左丘明：《左传·襄公二十四年》，上海：上海古籍出版社，2016年，第602页。

辟，商贾辐辏"①。20 余年间棉兰荒岛骤变繁庶巨埠，张煜南堪称开埠功臣。二十世纪初年，张煜南与其弟鸿南投资修筑潮汕铁路，开创华侨回国投资修筑和经营铁路的先河。在立言方面，他著书立说，在担任清政府驻槟榔屿副领事期间，辑录《海国公余辑录》和《海国公余杂著》。张煜南出身贫寒而深怀抱负，其立德、立功、立言俱备，"虽久不废，此之谓不朽"。

张煜南辑录的《海国公余辑录》先后已出版三种版本：光绪二十四年（1898）初版，共六卷：卷一《槟屿纪事本末》、卷二《辨正〈瀛寰志略〉》、卷三《名臣筹海文钞》，卷四《槎使游历诗歌》、卷五《海国轶事》、卷六《海国咏事诗》。这六卷主要辑录相关专题资料，且附有若干按语。光绪二十七年（1901）刊印的第二版，除了对原著有所删订外，还增补《海国公余杂著》三卷。这三卷是：卷一《推广〈瀛寰志略〉》、卷二《增益瀛寰近事》、卷三《续海国咏事诗》，均为张煜南的自著。近年来，复旦大学中外现代化进程研究中心筹划编辑出版《近代中外交涉史料丛刊》，其中包括收入《海国公余辑录》（光绪二十七年九卷本）。该书由王晶晶负责点校整理，上海古籍出版社刊印（2020 年），此为第三种版本，书名定为《海国公余辑录（附杂著）》。

国内学者尤其关注张煜南所立之功德，故而著述较多，但对《海国公余辑录（附杂著）》的专门研究还显薄弱。然而俗话说"千年字会说话"，从这个角度看，"立言"更为历久。阴迎新撰文探讨《海国公余辑录（附杂著）》里的诗作，指出这些诗作不仅有助于世人更好地了解海外世界，而且包含了"近代知识分子特有的理性思考"②。王晶晶在为《海国公余辑录（附杂著）》撰写的"前言"中，对该书各卷内容作了详细的评介，还

---

① 张煜南辑，王晶晶整理：《海国公余辑录（附杂著）》，上海：上海古籍出版社，2020 年，第 5 页。

② 阴迎新：《略论张煜南〈海国公余辑录〉中的诗作》，《韶关学院学报》2017 年第 10 期，第 29 – 33 页。

指出它至少在文化思想史上具有两点独特的价值：一是张煜南以华侨实业家的身份兼任清政府的使臣，自有返哺祖国的独到眼光，故而《海国公余辑录》"荟萃了当时强国的最先进的思想"；二是《海国公余杂著》"并非只是《瀛寰志略》的修订和增续，而是体现了当时对世界形势、东西方文化最新的认识和思考"①。

《海国公余辑录（附杂著）》具有独特学术贡献：其中的《槟屿纪事本末》是晚清中国人专题研究南洋问题的草创之作；《辨正〈瀛寰志略〉》《推广〈瀛寰志略〉》《增益瀛寰近事》等，是对徐继畬的《瀛寰志略》的辨正与续写，在《瀛寰志略》学术史上以成"一家之言"。《海国公余辑录（附杂著）》全书堪称晚清中国"海洋意识"的启蒙之作。

二、晚清专题研究南洋问题的草创之作

张煜南辑录《海国公余辑录》，以《槟屿纪事本末》为其开篇。历史上的南洋是一个散布若干酋邦小国和许多荒岛的海洋世界。早在两千年前，中国南方沿海地区的民众已经和南洋建立了海上贸易联系。同时，南洋从未对中国边界构成威胁，所以历代王朝"把中国与那里的国家关系看得无足轻重，尽管这种关系已经持续了 2 000 年之久"②。这是导致中国人"海洋意识"薄弱的一个重要原因。近代西方殖民者向南洋侵略扩张，英国直接侵占马来地区的槟榔屿、马六甲与新加坡，并且于 1826 年将它们合称为英属"海峡殖民地"。它凭借工业革命带来的经济与军事实力，在控制欧亚主要航线的同时，获得向中国市场扩张的有利地位。"只有到了那时，中国人才为时已晚地开始认识到来自南洋以外的海上威胁。"③

---

① 张煜南辑，王晶晶整理：《海国公余辑录（附杂著）》，上海：上海古籍出版社，2020 年，第 1 – 49 页。

② 王赓武、薛学了：《新加坡和中国关于东南亚研究的两种不同观点》，《南洋问题研究》2004 年第 2 期，第 2 页。

③ 王赓武、薛学了：《新加坡和中国关于东南亚研究的两种不同观点》，《南洋问题研究》2004 年第 2 期，第 5 页。

明清时期，南洋诸岛居民中"华人乃占十之七"①。另据薛福成奏疏所言，光绪年间侨居南洋各岛华民"不下三百余万人"②。他们垦殖开发南洋，厥功至伟。客家人罗大、吴元盛、罗芳伯先后在婆罗洲等地建立华人国家。罗芳伯在西婆罗洲建立的兰芳大统制共和国（1777—1884）历时百余年。罗芳伯曾请求把西婆罗洲纳入清朝的版图，但是遭到大清皇帝的拒绝。然而，南洋多个华人政权都于19世纪被西方殖民狂潮摧毁。

那时清政府将海外华侨视为弃民，任其自生自灭。同时，又墨守成规，不知道也不想了解世界大势的演变，所以"本朝威武所加，偏于西北，而东南沿海自台湾一岛外，均度外置之。……故南洋者，西人之外府也，中国弃之而后西人得而窃之者也"③，南洋成为西方国家尤其是英国挑战中国的战略性基地。正因为如此，所以"中西关键，全在南洋。今欲严防中国门户之防，绝外夷觊觎之渐，必自经理南洋始。南洋之东西诸岛环绕，殆天造地设之险，以保我中夏者也"④。这也是中国遭遇的两千年未有之变局。可是先知先觉者为数极少，又无甚发言权，甚至连研究南洋问题的专书也出现得很迟。如同时人所说，"南洋诸岛，吾中土侨寓于是者，不下数百万，而风土人情，向无专书以记之"⑤。晚至1898年，才有《槟屿纪事本末》问世。

《槟屿纪事本末》中的"槟屿"，即位于西马来西亚西北部的槟榔屿，当时是英国的殖民地。"纪事本末体"与"编年体""纪传体"，合称为古代中国三大史体，其特点是将重要史事分别列目，独立成篇，贯串成书。

---

① 张煜南辑，王晶晶整理：《海国公余辑录（附杂著）》，上海：上海古籍出版社，2020年，第113页。

② 张煜南辑，王晶晶整理：《海国公余辑录（附杂著）》，上海：上海古籍出版社，2020年，第38页。

③ 张煜南辑，王晶晶整理：《海国公余辑录（附杂著）》，上海：上海古籍出版社，2020年，第142页。

④ 张煜南辑，王晶晶整理：《海国公余辑录（附杂著）》，上海：上海古籍出版社，2020年，第144页。

⑤ 张煜南辑，王晶晶整理：《海国公余辑录（附杂著）》，上海：上海古籍出版社，2020年，第6页。

张煜南在该书一则按语中说："英人有事亚洲，自槟榔屿始，由是而满剌甲、新嘉坡、举巫来由部之地，大而柔佛、吉德、彭亨归其保护，小而芙蓉、硕兰莪、大小白腊归其管辖。履霜坚冰，由来渐也。所以辑《南洋岛志》，托始于槟榔屿。"英国是南洋的霸主，而英国在南洋开拓的第一个立足点在槟榔屿，正因为如此，研究南洋问题就要以英属槟榔屿为中心。同样，《槟屿纪事本末》也是立足槟榔屿以探究南洋世界。

张煜南所著《槟屿纪事本末》，"不敢臆说，必确有所据，始足征信于人，是取诸人以为善也"。书中资料来源有四十多种，其中包括历史典籍、中西近人著述和海外报纸等，同时，还对辑录的资料加以按语，或考证，或评说。全书涉及南洋岛屿航线和槟屿的气象地舆、疆域人口、物产食货、商贾税饷、添设领事，华人流寓诗歌、杂事诗等。

《槟屿纪事本末》辑录了南洋华人的情况。张煜南在按语里说："槟榔屿昔不过一片荒土，绝少居民。今则生齿益繁，有加无已。"[1] 1876年郭嵩焘路过槟榔屿，"询知居民十四万，闽广人十万有余，余皆番人"[2]。华人大都世居南洋，或垦殖，或开矿，或经商，或作为佣工，造就了槟榔屿的繁荣。据辑录的资料说："本埠殷商尽系华民"，有人"因问伊等何无首丘之情？答以彼之祖父偷越至此，本干海禁，今则海禁虽弛，而彼等已半入英籍矣"[3]。这些干反海禁法令的人们沦落为"天朝弃民"，故而清政府和他们疏远隔膜，各不相关。但是，他们"祭先不非他乡日，守岁犹存故国风"[4]，依旧承续祖国的时令节气和风俗。张煜南的按语说，据此"见我

① 张煜南辑，王晶晶整理：《海国公余辑录（附杂著）》，上海：上海古籍出版社，2020年，第28页。

② 张煜南辑，王晶晶整理：《海国公余辑录（附杂著）》，上海：上海古籍出版社，2020年，第44页。

③ 张煜南辑，王晶晶整理：《海国公余辑录（附杂著）》，上海：上海古籍出版社，2020年，第27页。

④ 张煜南辑，王晶晶整理：《海国公余辑录（附杂著）》，上海：上海古籍出版社，2020年，第46页。

朝天下一家，正朔犹行与海外也"①。

《槟屿纪事本末》辑录了英国东印度公司在南洋以武力和欺诈开拓殖民地，以及划分势力范围的史事。张煜南在按语中说英国人经略槟榔屿，"设官分职，原以治民，亦以护商。英之官斯土者，小而抚卫司，大而抚军，皆足慑服斯民。至用华官以治华民，以曾为甲必丹者充之，俾资熟手，亦不忘护恤商民之意也"②。还关注英国人以其法律制度和税政治理槟榔屿，重视市政建设等情况。由此可见，英国人开拓殖民地旨在以武力为资本主义打开海外市场大门，以及治民护商，这和中国先民在南洋开疆辟土截然不同。

张煜南目睹英国殖民者在南洋后来居上，颇有感慨。他在按语里说："乾隆四十年，美人推华盛顿为大将以拒英，英不得志于美，遂图南洋。使南洋有如华盛顿者，不知英更如何也。"③ 这里说的是乾隆四十年（1775）美国发生的独立战争。他认为假如南洋华民也出个"华盛顿"，英国人岂能得志于南洋。《槟屿纪事本末》辑录的资料还提醒人们，英国人占据槟榔屿，对我南方海疆造成了严重威胁。

《槟屿纪事本末》辑录了关于"槟榔屿添设领事"的资料，其中包括光绪年间薛福成、黄楙材和张之洞的奏疏。他们请求朝廷在南洋各岛添设领事，保护华商，使"上下一体，中外一气，将见生齿日繁，商贾渐兴，南洋数十岛之利权，一旦尽于中华矣"④。张煜南在按语里说："薛、黄、张三君疏请添设领事，不惟保护华民，兼可振兴商务，非素具公忠体国念

---

① 张煜南辑，王晶晶整理：《海国公余辑录（附杂著）》，上海：上海古籍出版社，2020 年，第 47 页。

② 张煜南辑，王晶晶整理：《海国公余辑录（附杂著）》，上海：上海古籍出版社，2020 年，第 29 页。

③ 张煜南辑，王晶晶整理：《海国公余辑录（附杂著）》，上海：上海古籍出版社，2020 年，第 22 页。

④ 张煜南辑，王晶晶整理：《海国公余辑录（附杂著）》，上海：上海古籍出版社，2020 年，第 41 页。

者，必不能作此救时之论也。"① 1893 年，清政府终于认识到南洋为大清之利薮和海上屏障，故而宣布废除海禁并且保护华侨的政策，但是为时已晚。面对已经被西方殖民者掌控的南洋，要想保护华侨华商，除了学习西方设立领事制度，别无他法。

《槟屿纪事本末》是晚清中国人专题研究南洋问题的草创之作。张煜南在书中充分肯定闽粤民众冒险进取、开发南洋的精神和功绩；介绍了英国人在槟榔屿依法治民护商与税政经验以及市政建设等；希望清政府添设领事，担负起保护华侨和海外工商贸易的责任，以利于国家富强。

三、晚清"谈瀛学"的承续之作

徐继畬是中国近代化的先驱和启蒙思想家。他呼唤清政府和国人向西方学习，改革开放，谋求国家富强。他撰著的《瀛寰志略》是近代中国最早向国人介绍世界大势的一部学术著作，"亦是自其面世后半个世纪国人了解世界、走向世界、树立一种比较正确的世界观的珍贵典籍"②。与此同时，"谈瀛"成为中国人"了解世界、走向世界、力争崛起于世界"的代名词，是志士仁人相接承续的一门学问和一项志业。张煜南称"其书为谈瀛所自祖"③，并且尤其看中它推崇的欧美国家"以商为本"的强国理念。从《海国公余辑录》与《海国公余杂著》的书名看，可知他的著述是对"谈瀛"志业的承续。《海国公余辑录》卷二《辨正〈瀛寰志略〉》，和《海国公余杂著》卷一《推广〈瀛寰志略〉》、卷二《增益瀛寰近事》、卷三《续海国咏事诗》等，是他研究和承续徐继畬《瀛寰志略》的成果。

张煜南 1900 年在《辨正〈瀛寰志略〉》中说：《瀛寰志略》"叙次国

---

① 张煜南辑，王晶晶整理：《海国公余辑录（附杂著）》，上海：上海古籍出版社，2020 年，第 42 页。

② 吴雁南：《瀛寰志略浅议——纪念〈瀛寰志略〉刊行 150 周年》，《贵州社会科学》1999 年第 2 期，第 106－108 页。

③ 张煜南辑，王晶晶整理：《海国公余辑录（附杂著）》，上海：上海古籍出版社，2020 年，第 9 页。

土民风，极其赅洽，卷帙已多，不免有舛误处。兹摘其讹者，随取近人所作诸书互相参考，加以辨正，务期核实。裒而存之，止得八十余条。去其非而存其是，略可为稽古者之一助焉。"由此可见，这是一部考据之作。

《辨正〈瀛寰志略〉》作于1900年。它一是"采取群说以辨原书之非"①。如"辨古赤土非暹罗国"一则，《瀛寰志略》引《天下郡国利弊书》，说"暹罗，古赤土国也"。张煜南援引晚清地图学家邹代钧的《西征纪程》和唐朝史学家杜佑的《通典》，以证古书说的"赤土"不是暹罗国，而是南洋"婆罗洲"。② 二是"自成一说以补原书之阙"。例如，"孟买民数之日增"一则，《瀛寰志略》说孟买"民数无多""无逾十万"。他"补原书之阙"，说孟买人口"至同治年间，增至六十四万五千。越至今，将几三十年，其倍蓰又将何如也"③。他对《瀛寰志略》还有观点方面的辨正。例如，该书说西方耶稣教"亦佛氏之支流别派"。他辨正说："天主教天堂、地狱之说，略似佛书所言，而持论大异。其人（耶稣）与佛为仇，谓是佛氏之支流别派，非也。"④

《推广〈瀛寰志略〉》亦作于1900年。张煜南在卷首说：《瀛寰志略》成书于道光年间，"自是以后，商务迭兴，商情日变，忽忽者将六十年。余宦游海外，购得是书，再三披阅，窃谓作之者经始于前，尚待继之者推广于后，更觉赅洽。爰于公余之暇，拟欲详其所略，即本原书以会其通，参诸管见以恢其说，引而伸之，不厌其烦。虽所著无多，有征必信，谅亦阅者之所心许也"⑤。徐继畬在《瀛寰志略·自序》中，认为日本、越南、

---

① 张煜南辑，王晶晶整理：《海国公余辑录（附杂著）》，上海：上海古籍出版社，2020年，第11页。

② 张煜南辑，王晶晶整理：《海国公余辑录（附杂著）》，上海：上海古籍出版社，2020年，第58页。

③ 张煜南辑，王晶晶整理：《海国公余辑录（附杂著）》，上海：上海古籍出版社，2020年，第66页。

④ 张煜南辑，王晶晶整理：《海国公余辑录（附杂著）》，上海：上海古籍出版社，2020年，第78-79页。

⑤ 张煜南辑，王晶晶整理：《海国公余辑录（附杂著）》，上海：上海古籍出版社，2020年，第359页。

暹罗、缅甸等国情况"历代史籍言之綦详"，故而略写；欧美诸国"从前不见史籍"，故而详写。① 同时，近五十余年形势变化为他目所未见。张煜南在《推广〈瀛寰志略〉》中，"详其所略""以会其通""以恢其说"，进行增益续写。

例如，《推广〈瀛寰志略〉》增补了日本明治维新及其强国的经验。在《论日本变法之易》一则，说日本向西方学习，"发愤自雄"，"举数百年积弊，次第更而张之。向以其（西方）法为不足遵，后又仿其法之善者，凡制度、器物、语言、文字靡然从之，下至易服色，治宫室，焕然一新，亦能酷似。风会所趋，殆有不克自主者乎？亦足异矣"。② 此外，日本善于谋求对华通商之利。"日本之货恃轮船运售（中国）内地，源源而来，民间财力为之益竭。我不能出货以抵之，是自塞利源也。人谓中国向来于言利一节夷然不屑，观于此，益信为然。"他警告国人"苟不急起而亟图之，后将噬脐无及矣"，③ 还说日本善于外交，尤其重视结交英美俄诸国以对付中国。

《推广〈瀛寰志略〉》对英俄特性作了比较，说："按香港、珲春两地，中国视之不甚爱惜，一以于英，一以分俄。英人以香港为重镇，俄人以珲春为重镇。英人以之通商，俄人以之兼并，则俄之患尤甚于英，中国之弃珲春较弃香港尤为失算也。"④ 提及沙皇俄国"疆域日增民数日增"，已"迁农民于黑龙江"，"开辟此土，传之子孙，世守其业"。⑤ 还修筑西伯利亚铁路，"则由俄国京都达我边界，调兵运械不过瞬息之间"，"俄之

---

① 徐继畬：《瀛寰志略》，上海：上海书店出版社，2001年，自序第1页。
② 张煜南辑，王晶晶整理：《海国公余辑录（附杂著）》，上海：上海古籍出版社，2020年，第360页。
③ 张煜南辑，王晶晶整理：《海国公余辑录（附杂著）》，上海：上海古籍出版社，2020年，第362页。
④ 张煜南辑，王晶晶整理：《海国公余辑录（附杂著）》，上海：上海古籍出版社，2020年，第407页。
⑤ 张煜南辑，王晶晶整理：《海国公余辑录（附杂著）》，上海：上海古籍出版社，2020年，第405页。

汲汲为此者，无非思逞大欲，所谓实逼此处也"，"兴言及此，势所必至，不待战而始之也"。① 张煜南一语成谶，不久日俄战争爆发。

《推广〈瀛寰志略〉》论及美国，批评该国对华工"一再燔逐"，对中国政府的照会"不为操切"，"以前各案绝无办凶手者，其恤款不过十之一二耳"。其间，美国发生"横杀"意大利人的案件。那时意大利海军比美国强大，"美自揣兵力不能敌，故不敢始终妄行"，所以向意大利妥协让步。② 相比之下，可谓弱国无外交。《推广〈瀛寰志略〉》介绍了美国经济的勃兴，盛产麦面，出口中国"皆不纳税"；棉花产销全球；1876 年费城世界博览会；修筑铁路、增造军舰等。从中可见美国的崛起。

张煜南在《增益瀛寰近事》卷首说：《瀛寰志略》"所采摘者皆五十年前事也，逮五十年以后之事故实缺如，须赖后贤续之，方征具备。……余不敏，爰取南洋各岛、西洋各国有关实务者，摘录其事于左，略参以己意"③。该书主要评述近代以来世界发生的重大事件，诸如普法战争、俄土之战、俄人争伊犁之举、法国革命、苏伊士运河的开通、开凿巴拿马运河、美国南北战争等。

《增益瀛寰近事》写的多为评述性论文。例如，张煜南评述"普王统一日耳曼"一则，引用中国古代典故，说燕昭王之所以打败齐国、越王勾践之所以能够灭吴，都是因为善用人才。普王威廉一世"举无遗贤，是燕昭王、越勾践一流人也"，所以能够统一德国。④ 西人有一种说法："谓威廉第一无甚本领，不过赖其所用数人以有大功，自以睥睨一世。"张煜南反驳说：西人"不知君人者不必自雄其才智，惟知人善任，而才智乃宏"，

071

---

① 张煜南辑，王晶晶整理：《海国公余辑录（附杂著）》，上海：上海古籍出版社，2020 年，第 407 页。

② 张煜南辑，王晶晶整理：《海国公余辑录（附杂著）》，上海：上海古籍出版社，2020 年，第 410 页。

③ 张煜南辑，王晶晶整理：《海国公余辑录（附杂著）》，上海：上海古籍出版社，2020 年，第 422 页。

④ 张煜南辑，王晶晶整理：《海国公余辑录（附杂著）》，上海：上海古籍出版社，2020 年，第 437 页。

而"德皇正不必自用其本领，斯所以为绝大本领"。①

张煜南辑录《海国轶事》，并加若干按语，对西方礼俗人情多有赞许。例如，"泰西婚嫁之礼"一则，说西方青年男女婚嫁，"父母不能约束，给以赀财，令图自立，所谓人人有自主之权也，婚姻亦皆自择"。张煜南说西方男女婚嫁"不用媒妁，出自两人情愿，胜于媒妁多矣"。② 张煜南的友人张芝田辟居梅县，未曾游历海外，但他参考《瀛寰志略》，作《海国咏事诗》，被收入《海国公余辑录》。事后张煜南"爱仿其例"，作《续海国咏事诗》，描述海外诸国历史、地理、风土人情等，对西方民主政治、妇女参政也有所赞许。例如，美国妇女安妥尼创议妇女应当享有竞选议员权。张煜南作诗一首表示赞许："居官权势握诸男，巾帼如何不得参？选举大非公道事，上书议院逞雄谈。"还说："闻英国亦有妇女进议院同参国事。"③

自道光年间刊布以后，有识之士的"谈瀛学"，在辨正、增益、推广《瀛寰志略》方面承续不断。例如，咸丰年间，何秋涛作《瀛寰志略辨正》，对该书有关俄罗斯的记述错讹进行了订正。佚名《（瀛寰志略）订误》，对徐著中的失考、失实等问题进行订误和疏释。④ 光绪年间，丁日昌、薛福成二人分别辑续《瀛寰志略》。薛莹中在整理其父薛福成遗稿时，收集整理其中有关国外地理知识的资料，然后以《续瀛寰志略初编》为名刊印。包括张煜南的承续之作在内，都是对晚清"谈瀛学"的学术贡献。由此可见，《瀛寰志略》在晚清学术界享有崇高的地位。《海国公余辑录》卷三《名臣筹海文钞》，则是清政府官员将"谈瀛学"运用于治国安邦。

---

① 张煜南辑，王晶晶整理：《海国公余辑录（附杂著）》，上海：上海古籍出版社，2020年，第438页。

② 张煜南辑，王晶晶整理：《海国公余辑录（附杂著）》，上海：上海古籍出版社，2020年，第438页。

③ 张煜南辑，王晶晶整理：《海国公余辑录（附杂著）》，上海：上海古籍出版社，2020年，第530页。

④ 徐继畲：《瀛寰志略》，上海：上海书店出版社，2001年。

四、晚清"海洋意识"的启蒙之作

中国历史上耕织结合的农业文明占据主导地位，养成重陆轻海，"不勤远略"的传统观念和制度惰性。近代以来，中国遭遇的威胁来自西方殖民主义狂潮，它和历史上的陆地边患性质有所不同，造成的是中国千年未有之变局。中国人顺乎世界潮流向海图强的"全球意识"开始觉醒，这种意识又是经由海洋传播来的，所以称之为"海洋意识"。先进的中国人最初的"海洋意识"，是从研究和传播世界地理知识起步的，徐继畬撰著的《瀛寰志略》是启蒙中国人"海洋意识"的杰作。"瀛"即海洋，"瀛寰"指的是大洋及大地。《瀛寰志略》序言释义："海则水之溢出于地者，地尽处复有大瀛海环之，天地之际在焉。"[1] 海洋占地球面积约70.8%，所以地球也可以称为"水球"。"瀛寰"即"全球"。晚清地理学家张穆说《瀛寰志略》"考据之精，文词之美，允为海国破荒之作"[2]。"瀛寰"可引申为"海国"。《瀛寰志略》就是海国志略、全球志略。在《瀛寰志略》的推动下，"谈瀛学"成为晚清中国"海洋意识"的启蒙之学，它是晚清中国的一种进步思潮，对洋务运动、戊戌变法和辛亥革命产生积极影响。

梁启超在《中国殖民八大伟人传》中说的"海事思想"，即敢于冒险、向海图强的"海洋意识"。他认为有无这种"海事思想"事关国民元气的兴衰，国民元气的兴衰又事关国家民族的强弱。在他看来闽粤沿海民众具有敢于冒险、向海图强的传统，所以南洋八大殖民伟人以闽粤人士居多。嘉庆年间，嘉应州客家人叶来称雄南洋，曾经先后统治新加坡和槟榔屿。其后遭遇英国强敌，他不得已乃以领土主权归诸英国，而仅自保其土地所有权，纳租税于英国殖民政府。梁启超评论说：南洋"我先民前此不藉政府之力，尚能手辟诸国，或传诸子孙，及一旦与文明强有力之国相遇，遂

① 徐继畬：《瀛寰志略》，上海：上海书店出版社，2001年。
② 张穆：《复徐松龛中丞书》，《殷斋文集》（卷三），《续修四库全书》编委会编：《续修四库全书》（第1532册），上海：上海古籍出版社，2002年，第269页。

073

不得不帖服于其统治之下。叶氏之不王，以其所遇之敌，异于昔所云也"①。叶来的"海事思想"尚未突破"手辟诸国，或传诸子孙"的传统范畴。时代不同了，梁启超认为"海事思想"也要与时俱进，要顺乎世界潮流向海图强。

张煜南是敢于冒险、向海图强的客家志士，其"海洋意识"也已与时俱进。他"身处重洋，心怀君国"②，撰著《海国公余辑录》和《海国公余杂著》，辨正和增益《瀛寰志略》，同样是晚清"海洋意识"的启蒙之作。其著述"举通商奏议之辞，时务海防之论，舆地之沿革，风俗之异同，以及天文时令、时赋新闻，博采兼收，罔不备举"③。此外，"书中所言战事居多，君之怀抱已可概见"④。他作为实业家在向海图强的"海洋意识"启蒙方面，尤其倡导通商惠工、以商强国；支持清政府保护华侨和海外工商贸易，并且在副领事任职期间身体力行。他辑录的《名臣筹海文钞》，代表着他的"海洋意识"的价值取向，其中包括对外"官商一气，力顾利权"；创办新式水陆师学堂，加强海军力量和"拨兵船保护商民"；广采西学、派遣留学生；重视南洋的战略地位，以保我中华等。⑤

历史的经验告诉我们，向海则兴、背海则衰。了解世界、走向世界，崛起于世界，是"海洋意识"的旨归。改革开放下的中国，正在陆海统筹，建设海洋强国，以及增强全民的"海洋意识"。于是包括张煜南著述在内的"谈瀛学"就具有了当代意义，值得重视和研究。

---

① 梁启超：《中国殖民八大伟人传》，《新民》，1905 年 2 月 18 日。

② 张煜南辑，王晶晶整理：《海国公余辑录（附杂著）》，上海：上海古籍出版社，2020 年，序第 3 页。

③ 张煜南辑，王晶晶整理：《海国公余辑录（附杂著）》，上海：上海古籍出版社，2020 年，序第 4 页。

④ 张煜南辑，王晶晶整理：《海国公余辑录（附杂著）》，上海：上海古籍出版社，2020 年，序第 4 页。

⑤ 张煜南辑，王晶晶整理：《海国公余辑录（附杂著）》，上海：上海古籍出版社，2020 年，第 86 – 221 页。

编外外交官的域外书写：《海国公余辑录》的价值和意义

——以《槟屿纪事本末》为中心

李　玲①

一、南洋副领事之稀有著述

张煜南（1851—1911），字榕轩，广东梅县松口人，祖上有商业，他一边读私塾一边帮助父亲经商。据其自述："少负大志，十余龄，知食指繁，生计绌赡养"，"第嘉属瘠且偏，日虑无进取策"，"会当海禁弛，商战剧，乡里谋洋者盛"，"爰矢志作航海计，初由巴城而槟屿，得晓通行语文"。② 18 岁赴南洋，先在张弼士门下学习洋务，勤劳能干，熟习马来文，深获张弼士的器重，累积一定积蓄后自立门户，到苏门答腊岛棉兰开垦，经营种植园，还叫弟弟张耀南从家乡到日里协助业务。他与张弼士合作创办日里银行、轮船公司等，成为当地华人的首富，深获荷兰东印度公司的赏识，从 1885 年开始被委任为"雷珍兰"，后升任"甲必丹""玛腰"，令闻令望。此时，张之洞、薛福成和黄遵宪为保护华侨和吸引南洋数十岛侨资汇流国内，缓解财政危机，先后向朝廷上奏增设新加坡马六甲槟榔屿副领事，所辖范围有"槟榔屿及其属地威利司雷省，并丹定思等处"③。由

---

① 李玲，广东梅县人，博士，嘉应学院文学院教授。

② 张榕轩：《榕荫堂记》，饶淦中主编：《楷范垂芬耀千秋——印尼张榕轩先贤逝世一百周年纪念文集》，香港：香港日月星出版社，2011 年，第 224 页。

③ 薛福成：《咨总理衙门：派设槟榔屿副领事》，《出使公牍》，清光绪二十年（1894）刻本。

于"中国设领之举将意味着与英国分享对华民的控制"①，海峡殖民地政府不接受来自北京的官员为领事的人选，提出必须是在当地有声望地位的华商担任领事。薛福成等奏议"就近选殷商充副领事"②，槟榔屿马六甲"各有华商一人充当甲必丹，既为华民素所仰望，如饬兼充领事或可允从"，这样既可以减少海峡殖民地政府的阻力，又可使朝廷免负担领事府的维持经费。而荷印政府则不允许清朝设领事。首任新加坡总领事黄遵宪，负有保护南洋马六甲、槟榔屿及其他小岛的侨民的责任，但是管辖范围过大，困难重重。他从华商中挑选张弼士担任槟榔屿副领事（无正领事），张弼士在英国海峡殖民地和荷印政府均有声望和地位，可补黄遵宪所不及。1894 年，张弼士接替黄遵宪出任新加坡总领事，举荐张煜南为槟榔屿副领事。张煜南 1894 年 9 月上任，1895 年 6 月以"家事萦怀"为由辞职，在任的时间不足一年。起初清朝槟埠领事与荷兰棉兰甲必丹两面兼顾，之后棉兰甲必丹由张耀南接替，他才能在槟埠领事署退食之余"检点丛编，搜罗旧闻，详稽时务，并与当世大夫往来赠答，博访周咨，几阅星霜，辑成《海国公余辑录》六种"③。

黄建淳指出："新马华侨绝大部分来自闽粤两省族居的农村社会，他们在'唐山'（中国）最初的社会地位，多是贫无立锥之地的劳苦农民，在困苦的环境中，能有机会接受教育者真如凤毛麟角，故南来侨民绝大多数皆为文盲。"④ 念过私塾的张煜南，知书识字能算，就受教育程度而言，是新马侨民中的佼佼者了。但是，在新马的华侨社会结构中，"财富是构

---

① 黄建淳：《晚清新马华侨对国家认同之研究——以赈捐、投资、封爵为例》，台北：海外华人研究学会，1993 年，第 38 页。

② 薛福成：《通筹南洋各岛添设领事官保护华民疏》，《出使奏疏》，清光绪二十年（1894）刻本。

③ 张煜南辑，王晶晶整理：《海国公余辑录》，上海：上海古籍出版社，2020 年。

④ 黄建淳：《晚清新马华侨对国家认同之研究——以赈捐、投资、封爵为例》，台北：海外华人研究学会，1993 年，第 72 页。

成社会身份与地位的主要指标"①，拥有庞大的财产就能挤进社会上层，财富决定了个人的声望和地位。南洋殷商，情笃桑梓，大手笔支持赞助文化事业，也并不乏见。张煜南出资助印了桑梓文献《光绪嘉应州志》三十二卷、《梅水诗传》十三卷和《古香阁集》等。然而，张煜南却不单纯做金主，也非附庸风雅而已。其自身本性耽风雅，"少时在家塾中，明窗净几，吟咏风月"，为了生计不得已放弃科第业儒的理想，但是商不废学，仕不废学，有搜访掇拾之结习。"奔走南洋，忽宦忽商，蝟务纷扰，诗文之道，几同柄凿，间与内地文人学士相周旋，唱和赠答，每觅句之艰，时惭断髭。""暇日偶获前人名作必手录而谨藏之，虽吉光片羽，珍同拱璧。"②《海国公余辑录》卷一《槟屿纪事本末》、卷二《辨正〈瀛寰志略〉》、卷三《名臣筹海文钞》、卷四《槎使游历诗歌》、卷五《海国轶事》、卷六《海国咏事诗》，既是"检点丛编，搜集旧闻"之产物，也是"观风问俗、朝夕批阅"之成果，他的著述能力已可与文人学士媲美，"创下南洋华人社会领袖留有著述于世的先例"③。

钟叔河主编的"走向世界丛书"百种，收录了长驻国外（主要是西方）的外交官，或者因特殊使命出国考察的官员，以及来华的外国传教士的著述，展现一百多年前中国人走向世界的艰难历程，而张煜南的《海国公余辑录》未被收录。张煜南不是朝廷派驻的外交官，而副领事一职，是清朝政府对外设立使领馆中层级最低的一个小机构，影响力非常有限，无足轻重。④ 且张煜南驻地为南洋岛屿（不是西方和日本），自然不被列入钟叔河的"走向世界丛书"名单中。《海国公余辑录》为搜集前人有关南洋

① 黄建淳：《晚清新马华侨对国家认同之研究——以赈捐、投资、封爵为例》，台北：海外华人研究学会，1993 年，第 71 页。
② 张煜南：《序》，张煜南、张鸿南辑，张芝田、刘燕勋编订：《梅水诗传》（卷一），1901 年。
③ 参见张晓威：《晚清驻槟榔屿副领事之角色分析（1893—1911）》，台湾政治大学博士学位论文，2005 年，第 336 页。
④ 参见张晓威：《晚清驻槟榔屿副领事之角色分析（1893—1911）》，台湾政治大学博士学位论文，2005 年。

及海外的记录汇编而成，疑似原创性内容不多，学术界关注甚少。只有中山大学黄重言等选《海国公余辑录》卷一《槟屿纪事本末》的部分内容编入《中国古籍中有关新加坡马来西亚资料汇编》中①，新加坡学者黄贤强指出"目前所见，最珍贵的一部有关早期槟榔屿华人社会的中文史料"②。

二、身处重洋，心怀君国，观时感世，胸臆自抒

张煜南由新马殷商转变为清朝外交官，这个小官其实是名誉领事，不支薪，但他自身矜重，仰慕张骞和班超之为人，与黄遵宪一样以小行人、外史氏自命，创作《海国公余辑录》的动机和目的是采风问俗以资考览，为时人谈瀛办洋务的参考。《海国公余辑录》卷一《槟屿纪事本末》，"通商惠工先务为急，斯地风俗之繁华，历年货税之增减，一一备载无遗。故言槟事特详，不失在官言官之义"③。采风问俗，是总体了解一个民族和社会的必要方式。中国社会政治重视采风问俗，上可以"观风俗，知得失"，下可以移风易俗，教化安民。清朝以前正史的蛮夷传或外国传里偶见有关异域风俗的记载。清朝海禁大开后，出洋的人较多，文人学士和外交官有关南洋的游记、日记、笔记，所述大都零碎不成系统。那张煜南是如何采辑和编纂的呢？

一方面，广撷博采。槟榔屿在1786年前是蛮荒岛屿，隶属马来半岛北部的吉德（Kdah）王国，英国人到此岛后开埠，将其开发成商港，作为英国海峡殖民地的行政总部，直至19世纪中后期皇家殖民地总督府移至新加坡，槟榔屿的地位才下降。要了解西方列强殖民南洋的历史，应以槟榔屿为始。槟榔屿古无志书，前人记载简单且有错漏，"槟屿仅一隅，所传故

---

① 余定邦、黄重言等编：《中国古籍中有关新加坡马来西亚资料汇编》，北京：中华书局，2002年，第387-392页。

② 黄贤强：《张煜南与槟榔屿华人文化与社会图像的建构》，丘昌泰等编：《客家族群与在地社会：台湾与全球的经验》，台北：台湾"中央"大学出版中心，2007年，第358页。

③ 张煜南辑，王晶晶整理：《海国公余辑录（附杂著）》，上海：上海古籍出版社，2020年。

实月异而岁不同，昔贤志乘本属寥寥，兹篇所辑不过举其大略而已"①。张煜南僻处海外，搜访倍难，但是《槟屿纪事本末》广搜博采，撷取史志（《明史》）、使者日记笔记（《吉德纪略》《满喇甲纪略》《瀛寰志略》《英吉利记》《东行日记》《南行日记》《适可斋记行》《海录》《四述奇》《使西纪程》《淞隐漫录》等）、报章（《每月统计传》《叻报》《星报》）和政府通告（《工部局告白》）等约30种材料，可以想见其藏书之丰富，朝夕批阅之勤。他重视辑录，"尝谓记诵之学，不如辑录之便可备遗忘也"②。

另一方面，综贯材料，条分缕析，令阅者豁然开朗。《槟屿纪事本末》有天时、地舆、始事、疆里、水程、形势、生聚、仕宦、商贾、物产、食货、税饷、名胜等共17则，以史志体例编排，内容先引用各种志乘以及公告、报章，然后以按语的形式参以己意。例如，"槟榔屿形势"一则，在撷录《外国史略》《白腊纪略》《瀛寰志略》《海录》《吉德纪略》《英吉利小记》《海岛逸志》《每月统计》《台湾进呈英夷图说》《槟榔屿考》等有关槟榔屿形势的内容之后，附上按语：

> 槟榔屿，海中孤岛耳，无所谓形势也。然中国至屿，屿在西北，则东南风便。英吉利至屿，屿在东南，则西北风便。屿旧属吉德，吉德与屿不啻辅车之相依，盖有存亡与共之理者焉。乃一再让地于英，英于是近取诸岛，远联三埠，海门全境已扼其要，况由锡兰而来，则俨然东道主也。倘群岛铁路一通，如常山之蛇首尾相应，屿居中而策之，岂西卑里亚之万里长沙所可同日而语哉。备述之，以质诸知兵者。

"以质之知兵者"，提醒中国有识之士槟榔屿居于重要的战略位置上，

---

① 张煜南辑，王晶晶整理：《海国公余辑录（附杂著）》，上海：上海古籍出版社，2020年。
② 张煜南辑，王晶晶整理：《海国公余辑录（附杂著）》，上海：上海古籍出版社，2020年，梁迪修序。

不可看轻。"槟榔屿生聚"一则，也是在撷录《南行日记》《适可斋记行》《四述奇》有关华人侨居情形之后，加按语：

> 槟屿昔不过一片荒土，绝少居民。今则生齿益繁，有加无已。究其所以生聚者，亦非无因，或曰病卒娶土妇所传之裔，繁衍益茂；或曰红巾余党逋逃至此，户口顿增；或曰由琼州偷越而来，居处已久，半入英籍，几忘其为中国人者。非尽谬，不然，何熙熙攘攘者竟如斯之多也。

此则介绍槟屿华人华商的来历并予点评，留下了槟榔屿华侨史的宝贵资料。"槟榔屿添设领事"一则，依次引用了薛福成奏疏、日记，黄楙材的《南洋形势》和张之洞的奏疏，末加按语：

> 薛黄张三君疏请添设领事，不惟保护华民兼可振兴商务，非素具公忠体国念者，必不能作此救时之论也。

以按语的形式"参以己意"，言简意赅，赞同中朝添设槟榔屿领事，对薛福成、黄楙材和张之洞敬佩有加，足见作者怀忧时之念，身在异域，心存宗邦。《槟屿纪事本末》与郭嵩焘、薛福成和黄遵宪有关域外的著述一样，都可视为对出使国家或者地区的考察报告，张煜南的学养和能力，足膺外交官之任。无怪乎《槟屿纪事本末》为黄重言、黄贤强等学者所重视。

张榕轩与槟城极乐寺的倡建

——基于《张煜南颂德碑》等碑铭的考察

冷剑波①

作为东南亚规模最大、建成最早的正统汉传佛教寺院，槟城极乐寺在创建过程中曾得到众多海外侨领和达官显贵的倾力支持，最有代表性的即极乐寺"六大总理"，但唯有张榕轩获得庙方单独刻碑纪颂，即《张煜南颂德碑》，并常年获得庙方固定祭祀，其超然的地位令人印象深刻。关于张榕轩与极乐寺的渊源，学界虽多有论及，但至今仍缺乏专门的分析与讨论。笔者通过相关访谈及对极乐寺现存多份碑刻的考察，推断张榕轩在极乐寺的倡建过程中，实际居于首功。张榕轩在极乐寺建设过程中的突出贡献，以及因极乐寺的发展壮大而促成中华传统文化在海外的传播，其功德值得我们加以缅怀。

081

一、极乐寺简况

槟城极乐寺，又称鹤山极乐寺，位于马来西亚槟城阿依淡（Ayer Itam），是东南亚一座举世闻名的汉传佛教丛林古刹，始建于清光绪十七年（1891）。极乐寺的开山祖师为妙莲禅师，他生于道光四年（1824），福建归化县人（今三明市明溪县），21 岁于福建鼓山涌泉寺出家，咸丰四年（1854）继任涌泉寺住持，为禅宗曹洞宗四十五世传人。1885 年，妙莲长老赴槟城云游教化，并受邱天德、胡泰兴、林花鐕等著名华人领袖的邀请，住持槟城市中心的广福宫，成为第一位驻锡南洋的中国高僧。1891

---

① 冷剑波，博士，嘉应学院客家研究院助理研究员，梅州市华侨历史学会秘书长。

年，妙莲因"感闹市中不宜静修"，于是在阿依淡寻得新址开始建寺，于当年建成一座木结构的大士殿，① "因新刹所在之地，峰似鹤顶，山似白鹤展翅，山明水秀，景色怡人，有如西方极乐世界，因此妙莲禅师便以'鹤山极乐寺'名之"。②

1904 年，妙莲禅师进京朝见光绪皇帝，请来御赐《龙藏经》两部，其中一部藏漳州南山寺，另一部便珍藏在槟城极乐寺。《龙藏经》是清朝唯一的御刻大藏经，也是中国最后一部木刻版汉文大藏经，印刷总数不到两百部，只有皇帝才能颁送，可见清廷对于极乐寺的高度重视。妙莲个人则被"敕赐极乐禅寺钦命方丈，御赐紫衣钵盂杖銮驾全副"，同时光绪皇帝和慈禧还分别题写"大雄宝殿"和"海天佛地"两匾予极乐寺。清光绪三十三年（1907）《槟榔屿白鹤山极乐寺碑》中详细记载了当年极乐寺为"表扬帝德"，举办"敕赐极乐禅寺"大型法会的盛况，"大演金文，四九连宵，三车并驾"③，此次法会在当时的英属马来亚华人社会产生了极大震动，前后皈依弟子近万人。④ 目前这些仪仗牌、法器和匾额均保存在极乐寺内。

图 1　极乐寺内藏仪仗牌（冷剑波摄）

---

① 本忠：《鹤山极乐寺志》，槟榔屿：极乐寺，1923 年，第 83 – 84 页。
② 李兴前：《槟城鹤山极乐寺》，槟榔屿：极乐寺，2003 年，第 1 – 2 页。
③ 见极乐寺内清光绪三十三年（1907）《槟榔屿白鹤山极乐寺碑》。
④ 惟升法师：《虚云老和尚足迹》，槟榔屿：极乐寺，2003 年，第 116 页。

经过多年的建设，极乐寺成为"南洋华侨最宏伟之佛寺"，① 建筑鳞次栉比、富丽堂皇，占地 12 公顷，更有周边大量土地作为寺产，"是一个巨大的地产拥有者"，② 成为槟城首屈一指的名胜，更是马来西亚主要观光景点，每年吸引海内外善信、游客数百万人。极乐寺成就的取得，除了开山祖师妙莲、本忠等诸长老之外，张榕轩等海外侨领同样做出了不可磨灭的巨大贡献。

二、《张煜南颂德碑》所记史实

为了表彰张榕轩对极乐寺的突出贡献，极乐寺于清光绪三十一年（1905），单独立碑"以颂其德"，即《张煜南颂德碑》：

尝思化行南国，民歌召伯之棠；功着会稽，越铸范蠡之像。他如荀勖之于安阳，陆云之于浚仪，杜轸之于池阳，类皆惠政宏敷，庶民钦感，未尝不立生祠，而昭其功；树碑像以颂其德也。梅州榕轩张京卿大人者，为日里玛腰、槟城领事，循声卓著，载道口碑，其功业政绩，方之前人，诚不多让焉。妙莲，闽人也。幼讬空门，勤劬面壁。方丈鼓山涌泉寺者，念余载。上年为募化游历南洋各岛，至槟榔屿之阿奕意淡见其山秀水清，峰排海绕，幽静迥异寻常，最足为藏修参禅之所。爰筑茅舍，为奉佛寺，额之曰极乐。海浪天风，万籁俱寂，晨钟夕梵，五浊皆清。仿佛人世蓬莱也。迩来慈悲灵赫，礼禳者挤拥登堂；惟是院狭广岩，经费支绌，久无以扩充之。彼时适京堂大人权槟领事篆，公暇来此，妙莲夙钦好善乐施，曾邀天语嘉奖者，相与眺览风景，备述情状，遂蒙慨捐巨款，极力设法题倡，始节次创造梵宇，铺张华

---

① 招观海博士：《天南游记》，上海：上海华丰印刷所，1935 年，第 24 页。
② 薛莉清：《晚清民初南洋华人社群的文化建构——一种文化空间的发现》，北京：生活·读书·新知三联书店，2015 年，第 211 页。

丽。于是规模肃焉，庙貌皇焉，都人之获福亦无疆焉，诚资京堂大人之力，非浅鲜哉！

宜乎！玉露浓恩，北阙荷头衔之宠；宝星隆锡，南邦邀特品之荣。中外崇勋，华夷感戴。修德必获报，此理昭然宇宙也。且也，此处山高溪远，如雌雄之泉，时形春涸。虽藉资担荷之力，亦觉维艰。居者苦之。复蒙京堂大人出资购近法门右里许之泉地，施寺为业，置其水管，引至寺。挹彼注兹，正行方便。竟若景泰卓锡于地，仙移南岳之滋；俾得栖禅有赖，尤为妙莲等所感激，亦千百世咒钵此地者所沾恩以靡既也。妙莲等瓶钵清涯，莫答高厚，而尝稽昔人歌功颂德，受恩图报之事，不啻奋然兴，欣然舞之。乃命梓人，作肖公之貌于丈室，藉以昕夕祷祀。并就此清泉洁净之地，鸠工庀材，创设公之生祠，塑公之寿国寿世寿民之像，永上多福多寿多男之辞，祝公受无量寿佛之福，与此冈陵并永焉。爰勒数语于石，以志感戴。并附约章于左，愿后来同志，住持斯寺者，须饮水溯源，仰副施主一番功德，最宜遵照定章，百世馨香，千秋铭感尔。保榕园内，每年出息，以为佛前添香油之用。待张施主百年之后，亦永久作为香油，并奉张施主煜南为祀典。修路造桥，修理功德堂屋宇等件之用。保榕园内有张施主煜南功德堂一座，又寿域一穴每年逐期奉祀日期胪列于左：过年元旦日、元宵日、清明日、端节日、七月初七日、七月十五日、八月十五日。以上七期历代接手职事人，年列依期照章备办素菜、果品、香烛并虔诵诸品经咒，以为永远报答之敬。

大清光绪乙巳三十一年十月／大英一千九百零五年怒民末，鼓山涌泉方丈、开山本寺住持释妙莲，领监院、得如、振光、月境、善处、本忠、弥见，副寺鑫禅、云登同敬立。①

---

① 见极乐寺内清光绪三十一年（1905）《张煜南颂德碑》。

图 2　清光绪三十一年（1905）《张煜南颂德碑》（冷剑波摄）

　　该碑首先记述了立碑的缘起，即"树碑像以颂其德"，同时提到了张榕轩与妙莲住持结识的简要经过，概述了张榕轩不仅"慨捐巨款"，而且"极力设法题倡"，更"出资购……泉地"。为了表达对张榕轩的谢忱，妙莲住持命不仅单独建"功德堂一座"，而且"作肖公之貌于丈室""创设公之生祠""塑公之……像"，更规定每年的"元旦日、元宵日、清明日、端节日、七月初七日、七月十五日、八月十五日"这 7 日，极乐寺的历代"职事人"必须"虔诵诸品经咒，以为永远报答之敬"。笔者访问极乐寺现任主持贤观法师，他表示目前在这些日期仍然会举行上果品、焚香、诵经等纪念活动。可见，极乐寺给予张榕轩极高的尊崇，而且持续至今。

三、张榕轩对极乐寺创建的重大贡献

　　《张煜南颂德碑》只简要记述了张榕轩对极乐寺建设的功绩，通过寺内其他碑铭以及文献资料，可以发现极乐寺之所以给予张榕轩如此崇高的

地位，与他首倡极乐寺扩建工程，以及对于极乐寺后期发展的持续投入有着重要关系。

1. 1895 年张榕轩带头发起极乐寺扩建工程

如前所述，妙莲于 1891 年筹建极乐寺，但只是建成一座木结构的大土殿而已，其规模与今天不可同日而语。《槟榔屿白鹤山极乐寺碑》记载："时僧众仍藉松作荫，踞树谈经也。"① 可见当时极乐寺僧人的生活条件较为艰苦，连基本的学法诵经的条件都不具备，仅仅只是"草架茅舍，藉以蔽风雨"而已。而妙莲住持并非无意续兴土木，但无奈因筹资困难而毫无进展，《槟城极乐寺碑记》记载了妙莲当时的处境："方丈几费心力，谋建筑卒未得人集款，莫能举动为憾。"② 直到张榕轩于 1894—1895 年担任清廷驻槟榔屿副领事，其间到极乐寺游览并与妙莲禅师结识，在了解极乐寺现状以及妙莲禅师的邀请下，张榕轩欣然答应协助扩建极乐寺，极乐寺的扩建才终于出现转机，以至于妙莲住持发出了"公来，寺之幸福耶"的慨叹。在极乐寺内现存的清宣统二年（1910）《槟城极乐寺碑记》与《张煜南颂德碑》一样基本都是记述张榕轩个人的功绩，其内容则更为详细，通过此碑的内容，可以大致了解张榕轩对于极乐寺扩建的重大贡献。

开甘露门，辟鹫岭路，佛之灵奇妙谛利济群生，超度六趣者，由来久矣。衲随方丈妙莲，卓锡斯地，历有年所。寺之创始，扩充而达于完善皆衲躬与其事焉。方丈十余年以佛事自鼓山南来，至槟之阿易意淡旷观山峰挺峙，沧洋回环，蜿蜒百十里，归而不结束。形势之胜，宜作兰若，以助胜概。方丈诚具慧眼也。究之飞锡万里，孑然清净，虽有愿而未易偿耶？方丈竟挺然从事，矢志经营，是又具绝大愿力也。虽然方丈具慧眼愿力，而

---

① 见极乐寺内清光绪三十三年（1907）《槟榔屿白鹤山极乐寺碑》。
② 见极乐寺内清宣统二年（1910）《槟城极乐寺碑记》。

非得张檀越煜南侍郎公好义急公，作无量功德，方丈亦有志其莫伸耶？当创始之秋，草架茅舍，藉以蔽风雨，奉大士焉。方丈几费心力，谋建筑卒未得人集款，莫能举动为憾。适侍郎公权槟领事篆，方丈欣然曰：公来，寺之幸福耶！抑如须达挈布金，使精舍得以有建耶！遂殷殷以此举相属望。公政暇来游，深以地势优美为赞，曰：曷不提倡缔造乎？方丈曰：固所愿也，正有待于公耳。公毅然认巨资，谋厥成。更得张公振勋、谢公荣光、张公鸿南、郑公嗣文、戴公春荣诸慈善暨闽粤绅、商等，好行其德，捐输而襄其事，始渐次扩充，而底以有成也。此公等创始图成之功，为衲身亲而目睹者焉。第山高泉短，谋水殊难，且非人力所能及。堂舍虽成，而饮食艰难，仍无以养僧奉佛。方丈苦之亟，莫能求其术。公悯其情，将已有之寺右泉地，慨施寺为业，进其流于寺后，以资挹注。是他人多金而不获购者，愈以见公之功德宏大也。厥至告藏于光绪三十有一年乙未，方丈特铭泐碑，序受无穷之福，作永远之念哉！岁宣统有二，公回国为督办潮汕铁路事，道经香江，谒洵邸，报效海军巨资返洋。绕槟过寺，见僧徒济济，亦以寺费谋诸衲，衲思公之于寺乃莫大功德矣，奚敢妄有希冀乎？公自出资购赠右泉地，毗连一基，面积载明洋文牙兰以所出为香火资。复殷以门径崎岖为缺点，衲以工费计，公直肩其任，化九曲为荡平。由此观之，公之为国，固尽竭热诚，而余恩及僧，亦觉无微不至也。殆经所谓开甘露门辟鹫岭路，岂特衲等亲沾惠泽，即都人士熙穰登临者，亦莫不同声称颂焉。非公之善愿魄力之大，曷至此哉！公之全终谋远之功，又为衲等身受而心感者焉。噫，公之功德如是，既优且美，仰更种诸无上福田之中，将获之果，奚可以思量拟议哉！大德无名，善施无相，本无俟乎纪泐；然衲等现继住持之职，不纪之恐无以召后也。固将创始扩充而达于完善之原委，铭诸元石以作千载一时之纪念云尔。

087

兹将庚戌、乙未先后两年买送地基列左第八号牙兰七依莴，第十九及五十号牙兰十六依莴，今合作一坵，共计二十三依莴正。

南洋委员前福建宁洋县知县梁兆熙敬撰

大清宣统庚戌二年八月/大英一千九百十年九月，前任鼓山方丈兼掌本寺住持善庆、本忠，领监院宝月、意通、慈恩，副寺云登、隐慧、步扬同敬沏。①

通过碑记所载，张榕轩在了解到极乐寺的困难后，"毅然认巨资，谋厥成"，极乐寺内另一块清光绪三十二年（1906）《倡建极乐寺功德碑》记载了当时认捐的情况。张榕轩带头以"覃恩诰授光禄大夫赏换花翎头品顶戴候补四品京堂前驻扎槟榔屿领事官大荷兰国赏赐一号宝星特授大玛腰管辖日里等处地方事务"的身份捐赠1万元。② 张榕轩除了带头捐巨资外，也利用自身身份极力号召闽粤华侨捐款捐物。

张榕轩在槟城任职的时间虽然不长，但他尽职尽责、慷慨大方的处世原则，赢得了当地华人的高度赞誉，《叻报》评论他"为人光明磊落，慷慨为怀……摄篆以来办理交涉等事，咸得其宜"③。他不仅与商界领袖交好，同时也热心当地文教、慈善事业，编写了《槟屿纪事本末》，参与创建孔圣庙中华学校，在海珠屿大伯公庙、浮罗玄武山玄天上帝庙等都留下了捐款记录，这为他在槟城华人社会中赢得了极高威望，以至于他在发起极乐寺扩建的呼吁时，能获得极大拥护和响应。

在张榕轩发出扩建极乐寺的倡议后，南洋特别是槟城的闽粤侨领随即踊跃捐款，其中尤以客籍富商最为积极，其中张弼士捐款3.5万元、胞弟张耀轩和谢荣光各7 000元、郑景贵6 000元、戴欣然3 000元、胡子春和

---

① 见极乐寺内清宣统二年（1910）《槟城极乐寺碑记》。
② 见极乐寺内清光绪三十二年（1906）《倡建极乐寺功德碑》。
③ 《叻报》，1895年6月4日。

梁廷芳各 2 000 元。① 张榕轩也由此与张弼士、谢荣光、戴春荣、郑景贵和胞弟张耀轩并列为大总理，即极乐寺"六大总理"，张榕轩理所当然地成为六大总理之首，在《槟榔屿白鹤山极乐寺碑》中排名第一。

1895 年极乐寺扩建工程正式动工。至 1913 年，历经近 20 年的扩建工程，极乐寺的天王殿、大雄宝殿、圆通宝殿、五方佛殿、藏经阁、万佛宝塔等极乐寺重要建筑才陆续建成，基本形成了极乐寺当前的布局和样貌。②

2. 张榕轩对极乐寺建成后的持续关注和投入

张榕轩不仅在极乐寺的倡建上居于首功，而且在极乐寺扩建工程基本完工后，他也仍然持续关注着极乐寺的发展，对于后期发展中遇到的资金、饮食、水源、土地等问题，他都全力协助解决。《鹤山极乐寺志》"张公祀期"条记载：

> 本寺创建之初，即苦供亿之乏复短水泽之滋。旋得张公榕轩于乙未、庚戌两年先后资购天福、保榕两园施之于寺，由是饮和食德僧俗咸赖焉。时住持等谋所以报公之道甚殷，卒乃于园中建功德堂一座，以奉公塑像，岁时祝祀，永以为例，其事已见纪德碑。兹将祀期附记于此，藉示不忘云。每年元旦日、正月十五日、清明节、端午节、七月初七日、七月十五日、八月十五日，此七日均与大殿上供同例，公存为之祝福、公殁则以为祀也。③

这段史料记载极乐寺在扩建工程告一段落后，虽然寺庙规模扩大，但僧众却饱受缺水之苦，也没有土地提供食物来源。"堂舍虽成，而饮食艰难，仍无以养僧奉佛"，面对此困难，妙莲一时也无能为力，"方丈苦之

---

① 见极乐寺内清光绪三十二年（1906）《倡建极乐寺功德碑》。
② 李兴前：《槟城鹤山极乐寺》，槟榔屿：极乐寺，2003 年，第 12 页。
③ 本忠：《鹤山极乐寺志》，槟榔屿：极乐寺，1923 年，第 131 页。

亟，莫能求其术"①。这个时候，张榕轩再次站了出来，协助解决寺方的困难，分别于 1907 年和 1910 年将极乐寺后山拥有山泉的咯 19 号、50 号纵横 16 依葛（英亩）的天福园，以及咯 8 号、呀兰第 36 号纵横 7 依葛的山地保榕园，赠予极乐寺，② 由此彻底解决了极乐寺最迫切的饮食问题，而且 "以所出为香火资"，极乐寺通过出租多余的土地获得了稳定的收入，以此解决了后续的发展问题。《槟城极乐寺碑记》记载，这两块土地 "是他人多金而不获购者"，可见，张榕轩为了买到这两块土地，必然是花了很大的精力和巨额资金。

张榕轩与极乐寺第二任住持本忠法师同样私交甚好，《鹤山极乐寺志》记载："其为人也，好善而爱民，以是政声日著，侨士感戴……每来槟屿，辄于极乐寺盘桓，竟日若不忍去，好谈因果，亦通教义，与本忠禅师堪称莫逆，而忠师亦最敬服之。"③ 可见，由于张榕轩对极乐寺的倾力投入，他与前两任住持也结下了深厚友谊。此外，《鹤山极乐寺志》也记载："张公鸿南……方外友唯本忠禅师一人……深信因果，一切公益及于人方便之事知无不为。本寺法堂即其独立捐建者也……兴筑弥陀佛塔，公首捐二万五千元为初层费，其豪情善举大都类此……与乃兄皆于佛门植德崇隆，净善宏厚。"④ 可见，张耀轩在兄长的影响下，同样也与极乐寺结下善缘。

张榕轩与极乐寺的深厚情感，也可从他个人的诗作中体现，"偕埠中诸商敛赀为之，于庵（笔者按：指今极乐寺）旁作一静室，扁曰'小隐山房'，每于公余之暇，辄往信宿，与寺僧小癫诗酒流连，作蔬笋饭，乐此不疲"。⑤ 在张榕轩返回印尼棉兰后，也发出 "忽忽相近十年，每一念及，

① 见极乐寺内清宣统二年（1910）《槟城极乐寺碑记》。
② 薛莉清：《晚清民初南洋华人社群的文化建构——一种文化空间的发现》，北京：生活·读书·新知三联书店，2015 年，第 211 页。
③ 本忠：《鹤山极乐寺志》，槟榔屿：极乐寺，1923 年，第 88 - 89 页。
④ 本忠：《鹤山极乐寺志》，槟榔屿：极乐寺，1923 年，第 91 - 92 页。
⑤ 张煜南辑，王晶晶整理：《海国公余辑录（附杂著）·槟屿纪事本末》，上海：上海古籍出版社，2020 年。第 37 页。

辄绻不忘也"的感叹。① 在张榕轩过世后，其后裔与极乐寺仍保持了密切的联系，并持续关注极乐寺的发展。比如张榕轩长子张步青（张公善）于乙亥年（1935）、丙子年（1936）、丁丑年（1937）、戊寅年（1938）连续为极乐寺印《金刚经》出资。

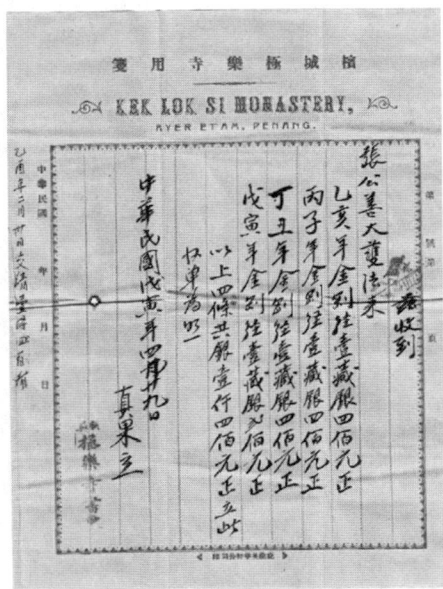

图3　张榕轩为极乐寺捐资的记录

四、小结

通过极乐寺内现存的大量碑铭，以及史志文献的记载，我们可以看到张榕轩在极乐寺的倡建过程中，确实立下了汗马功劳，极乐寺有今日的规模和影响力，离不开他当年的勠力付出。张榕轩虽然基业在印度尼西亚棉兰，但通过带头倡建槟城极乐寺，不仅在极乐寺留下显赫功名，也因此获

---

① 张煜南辑，王晶晶整理：《海国公余辑录（附杂著）·槟屿纪事本末》，上海：上海古籍出版社，2020年。第37页。

得槟城乃至南洋华人社会的高度赞誉，进一步凝聚了客属人群。今天的极乐寺已经成为海外中华传统文化的一块瑰宝，成为在马来西亚这样一个多元族群、多元文明的社会中彰显中华文化的重要载体。在张榕轩诞辰170周年暨逝世110周年之际，我们更加应该深切缅怀他为中华文化的海外传承做出的重大贡献。

《张母徐太夫人七旬晋一寿言集》
所见之张耀轩与北洋政治势力的关系

夏远鸣①

一、"兄先弟后，克笃雁行"：张榕轩与张耀轩的关系

张榕轩 1904 年在《榕荫堂记》中回顾自己一生：

> 伏念我生平缔造维艰，有非尽人而知者。少负大志，十余龄，知食指繁，生计绌赡养。惟祖遗商业，是赖承庭训，学于市既商还读。第嘉属瘠且偏，日虑无进取策。读定远侯句："大丈夫无他志，当如傅介子、张骞立功异域，以取封侯，安能久事笔砚。"不禁奋然兴起。
>
> 会当海禁弛，商战剧，乡里谋洋者盛，爰矢志作航海计。初由巴城而槟屿，得晓通行语文。探宝藏，设公司，篆权领事，于兹其数载矣。凡三历至荷属日丽，拓土作商场，旋召四弟辉，相与辟莽披榛，授廛列肆，课以种植，广为招徕。②

这段自撰的文字，表露了他自己出南洋的心路历程，略述了创业的艰辛与成果，是对自己前半生的高度概况与总结，从中也看出了其中的艰

---

① 夏远鸣，江西横峰人，嘉应学院客家研究院助理研究员。

② 饶淦中主编：《楷范垂芬耀千秋——印尼张榕轩先贤逝世一百周年纪念文集》，香港：香港日月星出版社，2011 年，第 224 页。

辛。除了自己的商业之外，张榕轩还积极参与了国内的事务。

1894 年，张榕轩接任张弼士出任驻槟副领事。这是一份完全义务的职务，需要自己付出。其商业基地在棉兰，而办公地点在槟城，两地隔着一条海峡，张榕轩需要两地奔波，其中辛苦可想而知。张榕轩《造访槟榔屿极乐寺感赋》小序中写道："光绪甲午冬，余于日丽甲必丹署理槟榔屿领事官，两处兼权，徒劳跋涉。"① 张榕轩一生非常忙碌，体现儒家"入世"的积极人生态度。一边要维持自己的商业帝国，一边又要出任朝廷命官，所以光绪二十七年，张榕轩在《梅水诗传·序》中写到自己"贫驱奔走南洋，忽宦忽商，蝟务纷扰"②。

然而，尽管有如此丰富的活动经历，张榕轩的商业与官场事务并没有因此受到太大的影响，这得益于他的得力助手，即胞弟张耀轩。光绪五年（1879），张榕轩在日里事业蒸蒸日上，"旋召四弟辉，相与辟莽披榛，授廛列肆，课以种植，广为招徕"③，张耀轩（即张亚辉）成为张榕轩的得力助手。这让张榕轩得以分身出来，处理一些其他的社会性事务。在张榕轩任职槟城副领事时期，也是张耀轩帮忙打理他在棉兰的生意。张榕轩在履职期间，还辑录了一些典籍与时文，最后编成《海国公余辑录》。张芝田在为《海国公余辑录》所作的序中写到，张榕轩"第事务丛杂，未及广辑，继得弟耀轩分治，始有余闲"④。张榕轩在自序中也提到在公务之余辑录典籍与中外时文时，幸得胞弟耀轩的帮忙，才有时间成就此事。他写道：

---

① 饶浧中主编：《楷范垂芬耀千秋——印尼张榕轩先贤逝世一百周年纪念文集》，香港：香港日月星出版社，2011 年，第 216 页。
② 饶浧中主编：《楷范垂芬耀千秋——印尼张榕轩先贤逝世一百周年纪念文集》，香港：香港日月星出版社，2011 年，第 220 页。
③ 饶浧中主编：《楷范垂芬耀千秋——印尼张榕轩先贤逝世一百周年纪念文集》，香港：香港日月星出版社，2011 年，第 224 页。
④ 张煜南辑，王晶晶整理：《海国公余辑录（附杂著）》，上海：上海古籍出版社，2020 年，张芝田序第 5 页。

忆予自服官南洋以来，始则承办洋务，职守棉兰，继而奉命中朝，篆权槟屿，公事孔亟，暇日无多，卷帙虽富，难时披览。幸迩来有弟耀轩得以分任棉兰事，予遂从槟署退食，检点丛篇，搜集旧闻，详稽时务，并与当世士大夫往来赠答，博访周咨，几阅星霜，辑成《海国公余辑录》六种。[1]

另外，《海国公余辑录》落款署名也是"张煜南辑，张鸿南校"，这说明张耀轩也参与了《海国公余辑录》的编校工作。总之，张榕轩的成就与张耀轩的贡献分不开。

张耀轩成为张榕轩事业上的重要伙伴，无论是公益，还是投资，二人都无法分开。在如捐资修建槟城极乐寺、资助出版《光绪嘉应州志》等家乡的文史作品、投资潮汕铁路、创办棉兰敦本学校等诸事上，昆仲二人都是共同进退。光绪十二年（1886），温树菜曾经在一篇寿文中非常好地概述了这种兄弟关系："兄先弟后，克笃雁行。"[2]

虽然张耀轩自己一生在事业上也有许多的建树，也获得功名与荣誉，如被授予"花翎三品卿衔江西补用知府""四品京堂候补""三品京堂"及"南洋商务考察钦差大臣"；被民国农商部聘为"高等顾问"，"急公好义"，获得"三等嘉禾章"；1912 年，获荷印"阿兰惹拿赍苏"勋章。但在中国传统伦理秩序之下，他一生都掩映在其兄长的光辉之下，社会关系的建立也基本是以张榕轩为主导的。

这种"兄先弟后"的关系，在 1911 年随着张榕轩的逝世而改变。张耀轩开始成为家族里辈分与威望最高的成员。兄长的许多社会职位都开始

---

[1] 张煜南辑，王晶晶整理：《海国公余辑录（附杂录）》，上海：上海古籍出版社，2020 年，序第 9 页。

[2] 温树菜撰，温宗彦书：《恭祝诰封奉直大夫心亭张封翁老伯大人七旬开一暨德配诰封宜人张老伯母李大宜人双寿荣庆大喜》，《张母徐太夫人七旬晋一寿言集》，北京：（北洋政府）财政部印刷局，1917 年，第 227 页。

由他继承，如接任张榕轩成为"南洋商务考察大臣"、华人"甲必丹"、日里中华商务总会总理等。这当然是出于维持原有社会稳定与延续性的考虑，也标志着张耀轩开始代表其家族登上了历史舞台，开始建立起新的人际关系圈子。而这个时间点是北洋政府统治时期，张耀轩尝试与其接触并建立关系。这里，从他为其嫂徐太夫人主持生日一事为例进行探讨。

二、《张母徐太夫人七旬晋一寿言集》的缘起与内容

1. 缘起

祝寿之文，其历史悠久。陆徵祥在前言中考证了此风的由来：

> 至于诞日有贺诗，则见于宋苏子由之生日诗。始自是以后，名公巨卿以及文人学士每过佳辰，辄有撰著。明归震川至以寿序编入文集，而此体遂自成一格矣。有清一代，大臣著有勋绩者，朝廷有赐寿之荣典，厥礼甚重。民国肇兴，凡简任以上官吏登上寿，总统颁给匾额以示褒章，亦此意也。①

这个风习在民国上层社会也颇为流行。

徐太夫人是张榕轩发妻，育有三子，长步青，时任棉兰领事官；次宸青；三铭青。在传统儒家孝悌观念影响下，张耀轩对于兄长非常尊敬，对其嫂徐夫人也非常尊敬，认为她"不啻慈母"。张耀轩在《张府徐太夫人七旬开一荣寿征文启》中深情地回顾了徐太夫人克勤克俭、相夫教子、深明大义的一生。所以1917年10月徐太夫人七十大寿时，"鸿南以太夫人淑慎令仪，宜征文表彰，以为世则"。张耀轩撰写了《张府徐太夫人七旬开一荣寿征文启》，介绍了徐太夫人的生平经历，向社会征寿文。

从这次寿文征集对象而言，似乎有针对性地选择在京城范围。前言中

---

① 《张母徐太夫人七旬晋一寿言集》，北京：（北洋政府）财政部印刷局，1917年，第1页。

写道："京师为先侍郎宦游之地，故交旧好，一时颇有投赠，以申庆祝，典裔辉皇为一帙，固足见先侍郎暨太夫人懿美之行久而益彰，而其令弟耀轩与哲嗣公善昆仲能善继先侍郎之志，亦足令人钦佩不置云。"① 从这段文字来看，当时主要是针对京城的故交而征集寿言。

2. 内容

经过征集，将这些寿言内容编印成册，由当时民国财政部印刷局刊印，命名为《张母徐太夫人七旬晋一寿言集》。寿言集中内容包括匾额、寿序、寿联、寿诗四个部分。

（1）匾额赠送者及内容。

赠送匾额的都是当时的大人物，其中包括：冯国璋，题写"乐善延龄"匾额；财政总长王克敏，题写"婺彩腾辉"匾额；外交总长陆徵祥敬献"华堂燕喜"匾额。陆军总长段芝贵题写"遐龄繁祉"，交通总长曹汝霖题写"期颐锡福"，交通次长叶恭绰题写"庆洽莱觞"，中国银行总裁冯耿光题写"令德高年"。这些匾额题写的内容不重要，重要的是这些人物的身份。熟悉民国历史的人应该对这些姓名不陌生，这些都是部级以上高官，也是北洋时期知名的政治人物。其中陆徵祥出力甚多，除了撰写"前言"，介绍此次寿言征集的部分情况外，还撰写了寿序。

（2）寿序撰写者。

寿序有三篇。第一篇由陆徵祥"拜撰"，外交次长高而谦"拜书"。参与"拜祝"者有：外交部参事袁克暄、参事章祖申、参事刘崇杰、参事严鹤龄、秘书施履本、秘书张煜全、秘书沈成鹄、秘书朱鹤翔、司长王继曾、司长周传经、司长陈恩厚。

第二篇由交通总长曹汝霖"拜撰"，交通次长叶恭绰"拜书"，参与"拜祝"者有：交通部参事陆梦熊、蒋尊祎、雷光宇、姚国桢，司长关赓麟、刘符诚、周家义、胡礽泰，技监詹天佑、沈琪；内务次长于宝轩，秘

---

① 《张母徐太夫人七旬晋一寿言集》，北京：（北洋政府）财政部印刷局，1917 年，第 2 页。

书卫国垣、赵启华、黄宝楠，佥事傅润璋、齐之彪、徐洪四、张恩寿、毕承湘、刘成志、龙学竞，佥事李承翼、许沐荣、冯懿同、张心澂、郭世荣、汪廷襄、叶瑞棻、张竞立、何瑞章、张仁侃、郭则沄、胡先春、杨奎、马文蔚、马振理、尤桐五、余和治、谢镜第、宋真、顾准曾、刘景山、张铸、刘式训、黄赞熙、胡鸿猷、郑咸，视察夏昌炽、萧日昌、陈家栋、陈家鼐，技正华南圭、韦以濮、俞人凤。

第三篇由税务处帮理梁汝成"拜撰"，丽江府知府左霈书"拜写"。

（3）寿联撰赠者。

撰送寿联的人士有：王克敏、梁汝成、詹天佑、陆梦熊、姚国桢、章祖申、袁克暄、张煜全、蒋尊祎、张恩寿。

（4）寿诗撰写者。

撰著寿诗者：曹汝霖、段芝贵、陆徵祥、袁克暄、叶恭绰、高而谦、冯耿光、关赓麟、胡礽泰、章祖申、雷光宇、姚国桢、刘崇杰、刘符诚、严鹤龄、施履本、沈成鹄、周家义、詹天佑、朱鹤翔、于宝轩、王继曾、何瑞章、周传经、陈恩厚、俞人凤、陆梦熊、蒋尊祎。

最后一篇文章是张耀轩撰写的《张府徐太夫人七旬开一荣寿征文启》。

该集子的题名、内容所涉及的人物，在当时都是重量级的。书名是徐世昌所题写，由财政部印刷局印制，所以非常精美。

三、《张母徐太夫人七旬晋一寿言集》所见之人物与部门

以这份 1917 年寿言集上的名单来看，我们发现这次寿言的征集带有非常强的针对性。其征文主要集中于北洋政府的少数人物与少数部门。

1. 主要人物

翻开这份名单，能看到许多当时北洋政府的大人物，有的载入史册，有的名震一时，其中以冯国璋的职位最高。冯国璋是当时的副总统。后黎元洪与段祺瑞发生"府院之争"，黎元洪辞职，冯国璋入京任代理总统。1917 年 12 月初，教育部总长黄炎培、林鼎华调查南洋侨校，获冯国璋

"劝学有方"匾额,可见与张耀轩与冯国璋有一定的交情。

接下来送匾额的是部级官员,包括财政总长王克敏,外交总长陆徵祥、陆军总长段芝贵、交通总长曹汝霖、中国银行总裁冯耿光。王克敏(1876—1945),字叔鲁,浙江省杭州府钱塘县(今浙江省杭州市)人。1900年以清朝留学生监督的名义到日本,并担任驻日大使馆参赞。回国后也于外交部任职。中华民国成立之后,王克敏曾经于1917年段祺瑞执政期间出任中国银行总裁,并且在以后三度出任财政部长。陆徵祥(1871—1949),字子欣,江苏省松江府上海县(今上海市)人。毕业于上海广方言馆和同文馆,随清朝驻俄、德、奥、荷四国钦差大臣许景澄在驻俄使馆任翻译,此后即一直在外交界服务,成为中国第一代职业外交家。"一战"结束后,曾代表中华民国率代表团赴法国参加巴黎和会。段芝贵(1869—1925),安徽合肥人,字香岩。北洋武备学堂毕业。历任陆军第三镇统制、督练处总参议。武昌起义后,被袁世凯委为武卫右翼翼长,旋护理湖广总督。民国成立后,任驻京总司令官,统制陆军和武卫右军,继任拱卫军总司令、察哈尔都统。1913年任江西宣抚使,并任第一军军长。次年改任湖北都督。1915年任奉天将军,旋兼署巡按使。不久,联合十四省将军密呈袁世凯,拥护帝制。1917年随段祺瑞讨伐张勋,曾任京畿警备司令、陆军总长。曹汝霖(1877—1966),字润田,祖籍浙江,民国初年高级官员,"新交通系"首领。早年留学日本。曾任清外务部副大臣、北洋政府外交次长。

徐世昌题写了这本寿言集的名称。徐世昌曾于宣统元年(1909)正月到四月份任邮传部尚书一职。清代的邮传部是1906年新政时期的官制改革中新成立的一个机构。邮传部设立以后,将原来由商部管的铁路事务划入自己的部门主管,所以与张榕轩在业务上有往来,这是他们建立关系的背景。

2. 主要部门

这份名单上,除了赠送匾额的几位重量级人物外,其余的人员主要来自北洋政府外交部和交通部。

1917 年的中国为北洋政府统治，北洋政府是海外侨领打交道的合法政府。当时清朝的外务部已改组为外交部，作为管理对外的单位，其最高职务为总长。中华民国的外交部第一任总长为陆徵祥，其后人事变动频繁。从 1912—1917 年间，任命、署理、代理外交部长的人物有，任命：胡惟德、梁如浩、陆徵祥；代理：曹汝霖、孙宝琦、陆徵祥；署理：曹汝霖、唐绍仪、陈锦涛、夏诒霆、伍廷芳、汪大燮、陆徵祥。清政府的外务部是《辛丑条约》签订后，由总理衙门改组而成立的一个机构，负责外交事务，并列于六部之首。外务部管辖范围极广，除了外交事务外，还包括海防、路矿、关税、邮电、华工、传教、游历等事务，所以与南洋的商人也有密切业务往来。进入民国以后，北洋政府的外交部也位列各部第一，可见其重要性。

交通部由清朝的邮传部改组而来，接过邮传部的主要业务，并且渐渐形成一个势力庞大的部门。

通过对这两个部门历史变迁的梳理，再结合当时张氏家族的业务，可以比较容易理解他们之间的关系。人的社会实践决定人的社会关系网络，有什么样的社会实践，就有什么样的社会关系网络。所以，张氏家族在北京的社会关系网络，与他们的社会实践不可分割。

张步青于 1915 年被派驻棉兰担任领事，负责外交事务。张耀轩此时在国内主要的事业还是潮汕铁路的经营。而在外，张耀轩有一个重要的身份便是日里棉兰中华总商务总会总理。清末时期，清政府在国内外设立商会，在国外的称中华商会。宣统二年（1910）一月，在日里设"日丽中华商务总会"，总理为张鸿南。①

清末到民国初年的中华商会，往往充当领事馆的角色，需要处理一些涉外事务。作为当时中国唯一合法的政府，中国的外交事务都是由北洋政

---

① 江苏省商业厅、中国第二历史档案馆编：《中华民国商业档案资料汇编》，北京：中国商业出版社，1991 年，第 126 – 130 页。

府来负责。所以张耀轩与外交部有密切业务往来也不奇怪。而与交通部的关系，当然与潮汕铁路有关，这点自不待言。但如果认识仅停留在这里，诸多疑点似乎无法解答。

四、交通系的魅影：名单背后社会关系的探讨

如果结合张氏家族的公私业务来看，与外交部、交通部保持密切的关系是一件非常合情合理的事情，也容易理解其中的道理。但仅仅在认识这一层，显然还有许多疑点无法解答。

第一个疑点是为什么只在京城地区征集寿言呢？张榕轩、张耀轩一生交往广泛，有多个朋友圈。张榕轩去世时，各方人士前来悼念，结集出版《张榕轩侍郎荣哀录》。在这份名录中，可以比较清晰地看出张榕轩人际交往圈。根据研究，张榕轩社会网络可分为亲族与社会两大块，前者包括"三亲"，即宗亲、姻亲、乡亲；后者包括政商界与文教界两大类。[1]

事实上，张榕轩过五十岁、六十岁生日时，都有盛大的祝寿活动。这些活动都刊印了纪念册，详细记载了参与祝寿的人的姓名与身份。考察张榕轩五十岁、六十岁生日祝寿名单，祝寿人的身份涵盖了非常广的社会群体，具有多元性，少不了所谓的宗亲、姻亲、乡亲这些传统中国人非常看重的具有亲属关系的人物。[2] 那么为什么这次徐太夫人七旬寿庆征集寿言时，居然没有一个亲戚或同乡参加呢？

第二个疑点是，即使是在京城地区，为什么也只是针对北洋政府里的官员呢，当时旅居北京的嘉应同乡也不少，为什么他们没有参加？即便是针对北洋政府的官员，为什么只集中于外交部与交通部？

当时北洋政府组织架构中，仅各部级机构就有外交部、内务部、财政部、陆军部、海军部、司法部、教育部、农商部、交通部。那么多个部门

---

① 黄贤强、白月：《从〈张榕轩侍郎荣哀录〉看张煜南的跨域人际网络》，张禹东、庄国土主编：《华侨华人文献学刊》（第一辑），北京：社会科学文献出版社，2015年，第55–69页。

② 饶淦中主编：《楷范垂芬耀千秋——印尼张榕轩先贤逝世一百周年纪念文集》，香港：香港日月星出版社，2011年，第204–210页。

中，以张榕轩在京城的人脉关系经营之深厚，其他部门也应该有其故旧，为什么主要集中于外交、交通这两个部门呢？另外，徐太夫人当时身居印度尼西亚棉兰，为什么要到北京去征集寿言呢？这一切都令人感觉蹊跷。

第三个疑问是，张榕轩在京城经营的关系网络为什么没有得到明显的体现？张氏家族在北京的社会关系，是张榕轩最早经营的。1903年，张榕轩应召入京时，便开始布局人际关系的建构。这一年，张弼士已经先到达北京，参与清政府商部的筹建，同行还有张弼士的侄子张缵臣。他们到达北京，已经对各个王公大臣进行了拜访。张榕轩也想沿用这个办法，对北京的王公大臣进行拜访，便于癸卯（1903）六月四日致信张缵臣，请他列一个名单给他。信中写道：

> 缵臣宗兄大人阁下：……方今朝廷广招俊义，凡怀才欲试者，莫不乘时献策，藉抒忧民忧世之心。想令叔熟悉商情，尤为众人所钦慕，是诚当世不可少之人矣。都中仕宦云集，自王公大臣以下，闻令叔拜会者甚多，烦费心将各人姓名详录一单，作速寄来，一览为感。恃在至爱，故敢以此事相托也。[1]

这次进京拜访了哪些人我们不清楚，但必然也会留下一些他的故交。正如陆徵祥在书中所言："京师为先侍郎宦游之地，故交旧好，一时颇有投赠，以申庆祝，典矞辉皇为一帙。"这些故交旧好中除因为修建铁路而结识的詹天佑外，基本没有其他人物。陆徵祥所言之"京师为先侍郎宦游之地，故交旧好，一时颇有投赠，以申庆祝，典矞辉皇为一帙"显然是虚饰之辞。总之，这份寿言集名单充满了诸多不寻常的状况。

要揭开这些疑问，还是要回到名单上来，再结合北洋政府的权力结构来考察，才有可能揭开其中的门道。名单中赫然在列的叶恭绰、曹汝霖是

---

[1] 肖文评、饶淦中主编，郭锐、刘奕宏点校：《海峤飞鸿——晚清侨领张榕轩奏牍书信集》，香港：大中华文化出版社，2021年，第413页。

当时北洋政府的交通系人物。所谓的交通系,是北洋政府时期,一批因为扩建铁路而迅速壮大起来的政治派系。他们安插党羽,培植自己势力,被称为"交通系"。交通系在国内以袁世凯的政治势力为庇护,在国外以英、日帝国主义为后援,掌握铁路、轮船航运、电话电报、邮政等事业的领导权。祝寿名单中的叶恭绰便是交通系成员之一。

交通系又分为"旧交通系"与"新交通系"。新交通系于1916年秋段祺瑞执政时期形成,代表人物为曹汝霖、陆宗舆、章宗祥等。曹汝霖不仅担任交通银行总理,而且在段内阁中兼任财政总长和外交总长,协助段祺瑞经理借款,包办国债,势力空前强大。所以,这份名单上交通部的人员非常多,其实是交通系在政治上强势的表现。而张氏家族之所以能够结识这些交通系的人士,与他们经营的潮汕铁路有密切关系。

作为当时北洋政府势力庞大的两个部门,交通部和外交部特别受张耀轩重视,他利用征集寿文的方式,拉近与这两个部门的关系,靠近最高权力集团,这体现了张耀轩与张步青对权力结构的洞察,也是他们在丛林法则社会中生存的策略。

五、结语

综观张榕轩的经历,采用当时的捐输政策,不断地接近当时中国最高权力者,从而获得特殊的荣誉,进而保护自己在国内的投资。进入民国以后,捐输政策已经没有了。如何接近权力顶峰政治集团,以获得自己的社会地位与商业利益的保障,需要另一套游戏规则。首先要确定权力集团,其次要有新方法与途径。

民国初年,中国政坛权力核心尚未建立。各种政治权力纷争不已,你方唱罢我登台,未能分出高下,直到交通系的出现,权倾朝野,势力空前。张耀轩利用给嫂子做七十大寿的机会,借征集寿言这样风雅的手法,接近这一权力集团。从目的而言,与张榕轩有异曲同工之处。只是时代不同,张耀轩(以及张步青)所采用的手段与途径不同而已。这是寿言集名单背后的真相。

张榕轩、张耀轩生平与家族历史文化

政绩斐然光祖德　鸿才卓越振家声

——民国驻棉兰总领事张步青先贤传略

饶淦中①

　　张步青（1885—1963），字公善，号浩龙，祖籍中国广东梅县松口溪南，系著名华侨实业家、潮汕铁路创办人张榕轩之长子。他出身名门望族，承继兴学育才、行仁乐善之家风，加上天资聪颖、勤奋努力、好学不倦，为祖国和侨居地的文化教育、赈灾济贫等各项公益事业贡献良多。特别是他于民国四年至十八年（1915—1929），出任中华民国驻棉兰领事（共11年）、总领事（共3年）。在任期间，他爱侨护民，保工惠商，振兴华侨教育，政绩斐然，荣膺褒奖。

　　张步青于1885年4月30日出生于松口溪南，曾就读于松口公学，接受中华文化教育。旋由其父亲张榕轩聘请举人杨青为家庭教师，教授古典诗词、书法，文才猛进。

　　他在学习中华文化期间，还努力学习英文、巫文（即印尼文）和荷兰文三种文字。清朝光绪甲辰岁试，朱祖谋学使将他录取入嘉应州学。旋仕途得志，曾任附生顺直赈捐案内报捐主事；光绪二十八年（1902）九月二十八日，验看签分兵部，十月十六日到部派分职方司行走。光绪三十一年（1905）3月，清廷商务部饬委协助其父亲张榕轩、叔父张耀轩创办潮汕铁路督办事宜。光绪三十二年（1906）四月，在奉天赈捐案内报捐道员指分广西试用；是年6月15日，蒙商部以代理潮汕铁路成效昭著，札委为商务

———————

① 饶淦中，广东大埔人，《梅州侨乡月报》原主编。

部路务议员；七月十四日，蒙太子少保、两广总督岑春煊部堂以张步青筹办汕头正始学堂卓有成效，具折奏奖赏给"急公兴学"字样就地建立专坊。八月十六日，奉朱批着照所请该衙门知悉，并出任汕头正始学校校长。十一月月二十五日，中国第一条华侨投资的商办铁路——潮汕铁路竣工通车。清廷邮传部饬委张步青代理潮汕铁路督办事宜。

光绪三十四年（1908）二月，准广东提学使司叚移请张步青兼任广东嘉应州及福建永定等八属旅潮镇海学堂校长。

宣统元年（1909）七月二十六日，邮传部以张步青熟悉路政加札派充该部路务议员。同年八月十五日，清廷派遣亲王大臣出国考察各国海军，23 岁的张步青奉海军部奏调为考察团随员，遍历英国、法国、意大利、奥地利、德国、俄国，得到各国元首颁赠的宝星勋章，并由海军部据情电奏奉旨准其佩戴。

宣统二年（1910）春，邮传部札调张步青为该部丞参上行走路务议员。同年六月十四日，他又蒙考察各国海军王大臣奏调充当考察美国、日本海军随员；七月四日，他奉邮传部札查美洲邮电事宜，遍历美、日两国。他在日本考察期间，得到天皇颁赠的"三等瑞宝勋章"一枚。旋由考察各国海军王大臣据情电奏，奉旨准其佩戴。十二月二十九日，蒙海军部王大臣专折，奏请奖励两次出洋随员，张步青荣获海军部颁授"金盾奖章"，并由宣统皇帝赏赐"三四品京堂候补"。

张步青凭其"年轻有为、谦恭好学"之精神，在晚清及民国期间的政界声名鹊起。且能在时局转折关头，识时务，跟潮流，站在"推翻清朝，建立民主共和"之辛亥革命行列。

光绪三十三年（1907）初，梅县松口同盟会在松口创办"松口体育传习所"，为孙中山先生领导"推翻清朝"的武装起义训练革命军事干部。该所的临时校舍和教室由温靖侯将祖屋捐献使用，办学经费由谢逸桥出面募集，而购置设备则由松口籍的华侨富商张榕轩的长子张步青捐款，师资则聘请广东陆军学堂和日本体育学院毕业生担任教师。

1911年9月11日，著名华侨实业家张榕轩因病在棉兰逝世，享年61岁。其长子张步青在棉兰与叔父耀轩公及母亲徐太夫人和弟弟等亲属料理丧事。

中华民国元年（1912）6月18日，张步青奉民国政府海军部电令任调查员。

民国二年（1913）10月，民国政府工商部向瑞琨总长聘请张步青为该部顾问官。

民国四年（1915）秋，民国政府外交部发电文给张步青饬调外交部任职，审查其出任"驻棉兰领事官"资格。是年11月16日，民国政府外交部陆徵祥总长奉黎元洪大总统令，照准在荷印属地苏门答腊岛棉兰设立中华民国驻棉兰领事馆，任命张步青领事署理，其时，年仅31岁。该领事馆于民国五年（1916）2月23日开馆。次日，发公函分送民国政府驻爪哇欧阳祺总领事、驻泗水唐领事、驻巴东余祐蕃领事、驻新加坡胡惟贤总领事及荷印属地棉兰商务总会、亚齐商会、亚沙汉商务局、廖岛端本学校、占碑育才学校和潮循道尹、厦门暨南局、广东梅县知事、福建财政厅、广东财政厅，并报福建巡按使署、广东巡按使署备案。当时，棉兰领事馆管辖区域为荷印苏岛东岸、亚齐、占碑及廖岛，领事系商业事务官，为其辖区本国人之保护者，为华侨回祖国办理护照以保惠侨民。

民国五年（1916）2月4日，荷印苏门答腊东部巡抚藩利巴勒士给棉兰张步青领事来函，寄有荷印总督1月25日第33号公文，奉荷京殖部大臣1916年1月15日来电"承认张步青为棉兰领事"之执照，案查"中荷两国所订领事条约经登1911年第487号国报商准实行"。

由于张步青自幼随父亲在棉兰熟悉荷印属地之风土人情，并曾学习荷兰文，故其上任后忠于职守，与荷印官员及苏丹总督联系、协调，过从甚密，为辖区内四郡之中华民国数万侨民维护权益，爱侨护侨，排忧解难，保工惠商，兴学育才，功勋卓著。

张步青领事于民国四年（1915）11月16日上任，在任七年，口碑甚佳。民国十一年（1922）12 月 22 日，外交总长王正廷奉黎元洪大总统令，任命"张步青任驻棉兰领事"。民国十二年（1923）1 月 18 日，民国政府外交部黄郛总长奉黎元洪大总统令，颁发"张步青续任驻棉兰领事"之委任状。由民国政府驻荷兰王广圻公使将委任公文转送荷兰外交部呈荷兰女王核发证书。民国十五年（1926）9 月，由外交部蔡廷干总长颁发"张步青驻棉兰领事加总领事衔"之委任状。民国十六年（1927），民国政府拟调张步青总领事出任"中华民国驻荷兰国公使馆代办"，因故未果。民国十八年（1929）冬，张步青总领事辞职。鉴于张步青担任民国驻棉兰领事十一年、总领事三年共十四年的外交生涯，勤劳卓著，外交部于民国十九年（1930）3 月 19 日特别颁授匾额一方褒奖。

张步青在担任民国驻棉兰领事、总领事时期，热心办学，积极推动华文教育，作育英才，贡献良多。

民国元年 2 月，张步青为新加坡嘉属同人创办的"应新学校"捐款，由民国政府教育部张国淦总长颁发"银色三等褒章"。

梅县家乡的松口公学（松口堡高等小学）于戊申岁被毁需重建。民国元年，张步青闻讯当即慷慨捐资二千银元，扶助校舍竣工。按民国政府有关"捐资兴学褒奖条例"，民国六年（1917）由教育部范源濂总长颁发"金色三等褒章"。

民国四年 1 月，广东巡按使李国筠向张步青颁发"六等国旗奖章"，以奖励其认购民国公债一千元之善举。

民国五年 1 月 26 日，国务卿陆徵祥向张步青颁发"五等嘉禾章"。同年 10 月 11 日，黎元洪大总统颁发"四等嘉禾章"。民国八年（1919）3 月 20 日，徐世昌大总统给张步青领事颁发"三等嘉禾章"。民国十一年（1922）2 月，民国驻荷兰公使王广圻奉徐世昌大总统之命，给张步青领事颁发"二等大绶嘉禾章"。是年 11 月，黎元洪大总统还指令给张步青领事的母亲徐太夫人颁发"四等金色慈惠章"一枚。

民国六年（1917）12 月，民国军务院抚军长兼云南都督唐继尧，为张

步青领事寄赠"拥护共和一等奖章"，以表彰其勤劳国事，并惠赠"克光前烈"匾额一方。

民国六年 6 月，民国政府教育部总长特派遣黄炎培、林鼎华调查南洋华侨学校热心办学成绩茂著者，特奖匾额，以昭激劝，而宏作育。张步青领事全程陪同。7 月 9 日，棉兰敦本商业学校举行开学典礼，由张步青领事致辞云："现今教育趋势，注重实用主义，中外教育大家曰讨国人朝夕申儆，皆以此为正鹄。吾侨子弟居留南洋群岛，尤不能不肄习实用技能，为他日发展商业地步。本校总理耀轩先生独立创办本校十余年，学生毕业已有多次，虽具普通智慧，仍须进谋实际效用。旷观大势，默察地方情形，将前时改办普通中学计划，易为同级商科，苦心擘画，全告厥成。深望诸生体察斯意，刻苦研究，俾他日学成皆有所用，不胜欣幸云云。"其勉励学子成为社会有用之才的用心良苦。黄炎培特使在赠言中，高度评价张耀轩总理暨其侄儿公善领事注重职业教育之远见卓识。

民国十年（1921）5 月，武昌中华大学聘请张步青领事为名誉董事。是年 10 月，汕头正始学校聘请前任六年校长的张步青领事为董事。民国十二年（1923）12 月，福建劝业会聘请张步青领事为会员。

民国十二年春，荷属苏门答腊教育会领导暨全体会员呈民国政府教育部，称张步青领事提倡华文教育成绩卓著，锐意振兴侨民教育，应予奖励。当年 3 月 25 日，民国政府公报，教育部彭允彝总长向驻棉兰领事张步青实力提倡华侨教育，给予"教育部二等奖章"。其时，张步青领事在棉兰领事馆所辖四郡努力发展华文学校达五十余所，让中华文化教育薪火相传。

张步青领事在任期内，知人善任。1926 年，他向民国政府驻荷兰公使王广圻举荐棉兰领事馆书记陈振声。身为福建籍华侨的陈振声办事勤勉，人品纯正，旋由王公使晋升为棉兰领事馆主事。

民国八年（1919）2 月，陆徵祥外交总长向驻外使领馆发函，称时逢第一次世界大战期间，法国人士创立"国人报功之爱国协会"，其宗旨在募集会费于法国及各地战场树立各项纪念碑，镌刻法国及协商各国军士或中立国志愿兵士之阵亡者姓名。张步青领事率先回应，加入该会为"嘉会会员"，一次性缴交 6 000 法郎之会费（折京平银 972 两）。

张步青领事对祖国的赈灾慈善事业，不遗余力。不但在棉兰积极向社会贤达募捐，而且自己带头认捐。民国九年（1920），祖国东北五省发生严重旱灾，张步青领事本人带头捐款一万荷兰盾，还以母亲徐太夫人及儿子东寿之名捐款，并商请荷属苏门答腊巡抚出面动员冷格埠巫王苏丹捐助巨款赈灾。此政绩，由外交部上报中华民国徐世昌大总统，向张步青领事颁发"二等大绶嘉禾章"。

张步青领事还先后多次将在棉兰募集的赈灾款，通过香港渣打银行转汇外交部及中国上海红十字会，赈济天津水灾灾区等，其仁风义举，为时人所颂扬。

民国十六年（1927）7 月，棉兰侨众大会公推张步青总领事、丘清德、温发金等 22 人为"棉兰苏东中学建校筹备委员"，向华社商贾筹募建校基金。一年半的时间筹款七万余荷兰盾，其中张步青领事慨捐三千荷兰盾。筹委会购地皮一万五千平方米，1930 年动工建校，年底竣工。1931 年 2 月 25 日，荷属苏门答腊岛第一间华侨中学——苏东中学正式开课。1934 年 6 月，棉兰华侨教育总会属下的敦本学校等八间小学合并于苏东中学，成为该校附属小学。苏东中学自 1931 年开学至 1958 年冬惨遭印度尼西亚当局封闭的二十七年间，为社会培养了大批人才。身为苏东中学创办人之一的张步青领事，先后兼任首届（1931 年）至第五届（1935 年）的董事会董事，还被聘为第六届（1936 年）及第二十三届（1958 年，最后一任）的名誉董事，为推动华文教育不遗余力。

民国二十六年（1937）元月，张步青还热心与 21 位粤籍华商参与创办"棉兰广东会馆"，为联络乡情、维系乡谊作出积极贡献。

民国三十四年（1945）11 月 25 日，棉兰华侨中学创办。1946 年 2 月 21 日，英国联军司令部突然征用棉兰市糖米公会及六号大厦两处驻军，而

以迁出华侨诊病所（即位于汕头街 9 号 B 的敦本学校，校主张步青）作为对换。棉兰华侨中学仍继续免费借用敦本学校作为校舍，直至 1951 年迁往不帝沙新址，借期达五年之久。张步青热心华侨教育事业，永载青史。

民国五年，张步青领事还遵从母亲和耀轩叔父之意旨，与铭青、宸青弟弟一起，在棉兰市郊洼武拉河上兴建一座公路铁桥，以纪念先父。该桥命名为"成德桥"，又称"张榕轩桥"，极大地方便了棉兰市的各族民众，功德无量。

"成德桥"四个桥柱分别镌刻有华文（由张步青领事亲笔撰写）、荷兰文、印尼文、阿拉伯文的纪念碑，碑文介绍了建桥的缘起，见证了棉兰市的多元文化。

2000 年，棉兰市政府将具有八十四年历史的"成德桥"按 1916 年落成的老照片原貌进行重修，2001 年竣工。此桥作为印度尼西亚苏北省棉兰市的历史文物，于 2003 年荣获联合国教科文组织颁发的"2003 年亚太地区文化遗产保存三等奖"，在桥侧竖立"张榕轩事迹"的纪念牌及奖匾，由联合国教科文组织官员及苏北省、棉兰市的政府官员和张榕轩先贤的曾孙、印度尼西亚苏北客属联谊会张洪钧主席一起揭幕。这是印度尼西亚共和国唯一获此殊荣的人，足可告慰榕轩公、耀轩公昆仲及步青公等客家先贤之在天英灵。

张步青的中华文化造诣颇深，擅长古典文学的诗词、文言文和书法，为方家所赞誉。他在 1923 年任中华民国驻棉兰领事期间，为《苏岛大埔同乡会年刊》作序、题签及题词，其题词："维贵会之成立，刚周年之届一；喜厥业之方兴，验成绩之历历；普教育于平民，谋社会之公益；胥积极而进行，尽互助之天职；实任事之有人，赖宏才于毅力；其良好之规模，作社团之正式；爰趋登而陈词，愿永永而不息。"可见其扶持侨团之古道热肠。他在任棉兰领事、总领事十四年期间，还经常与从祖国南来棉兰募款的嘉应州文人唱和诗词，其中广州中山大学著名教授古直先生（梅县梅南人）亦有多首诗稿相赠。

　　民国五年 9 月 9 日，黎元洪大总统向张公善领事赠送一副亲笔七字联墨宝："春山北苑屏间画，秋水南华架上诗。"前内阁总理徐世昌惠赠一副七字联墨宝："海岸楼台青嶂外，人家箫鼓白鸥边。"民国驻星加坡总领事胡惟贤惠赠一幅七字联墨宝："潆回水抱中和气；平远山如蕴藉人。"

　　张步青公于 1963 年 9 月 16 日逝世于印度尼西亚棉兰，享寿七十有九。

印度尼西亚棉兰"张榕轩街"
的缘起及复名

饶淦中①

一、创业棉兰展宏图的张榕轩、张耀轩昆仲

张榕轩（1851—1911），名煜南，家名爵干；张耀轩（1861—1921），名鸿南，家名爵辉。系梅县松口溪南人。

1867年，十七岁的张榕轩随水客到荷属东印度（今印度尼西亚，下文简称"印尼"）的巴达维亚（今雅加达）谋生，开始在大埔籍的华侨富商张弼士（字振勋）门下任职。张榕轩诚实守信，勤劳刻苦，善于经营，深获张弼士信任和赏识，被委以重任，商务往来皆放手由他操办。

三年后，心雄志大的张榕轩稍有积蓄，便与东家张弼士商榷离开，自立门户创业。他离开巴达维亚，来到苏门答腊岛的日里埠（即棉兰）老虎坑创业。当年的日里埠，还是一片荒野地。虽然荷兰殖民当局早已有开发日里埠之议案，但仍未有实施。1870年，二十岁刚出头的张榕轩甫抵该地，见土地膏腴、茂林蔽日，乃发扬客家人"艰苦创业、奋发图强"的精神，胆识过人，创设万永昌公司，经营商业和垦殖业，广种甘蔗、烟叶、橡胶、棕榈等经济作物，披荆斩棘，筚路蓝缕，事业有成。

清光绪四年（1878），在棉兰经商崭露头角的张榕轩雄心勃勃，与老东家张弼士合资在爪哇岛日惹开设垦殖公司，经营橡胶、椰子、咖啡和茶

---

① 饶淦中，广东大埔人，《梅州侨乡月报》原主编。

叶,先后开设橡胶园七八所和茶叶加工厂,园区达百余里,拥有农工数千人。后又与张弼士合资创办日里银行,以调剂全埠侨商的金融。张榕轩经十余年的锐意经营,其资产已达千万荷盾,成为商界翘楚。

其时,张榕轩的事业蒸蒸日上,甚感人手不足,便于清光绪五年(1879)邀约松口家乡18岁的胞弟张耀轩(即棉兰人熟悉的张亚辉)出洋协助商务。天资聪颖的张耀轩也是个杰出的经商奇才,他在兄长的提携下大显身手,他除了协助兄长发展事业,还在西利勿拉湾买下一大片土地,成为当地华侨中的首个种植园主。

张榕轩在耀轩弟的辅佐下,如虎添翼,事业猛进。兄弟俩又进军房地产开发,在日里广建房舍。随后他们兄弟俩又与南来同侨开设商业区,促使棉兰逐步成为繁荣的商业中心。

与此同时,张榕轩、张耀轩兄弟独具慧眼,投入巨资创办了棉兰第一家华侨私人银行——日里华侨银行。既方便华侨富商汇款帮助家乡亲人,或在祖国购置产业,又不再受荷兰殖民当局银行手续繁多且汇费高昂的独家垄断。

日里华侨银行的创办成功,使张氏兄弟萌生进军祖国金融业的计划,借以推动民族工商业的发展,实现其"实业报国"的理想。他们计划集资一千万元在北京创办"华侨同裕银行总行",并在上海、广州、香港以及槟榔屿、新加坡等地开设分行。但是,时局风云变幻,革命党兴起,"推翻清朝,建立民主共和"已成"山雨欲来风满楼"之势,创设银行之计划只好搁置下来。

清光绪二十三年(1897),张弼士应清政府邀请回国商议筹办中国通商银行事宜时,深知张榕轩之弟张耀轩善于筹划经营,十分信任他。张弼士在返国前将东南亚的所有企业均委托张耀轩全权代理。张榕轩、张耀轩声名显赫,一跃成为东南亚实力雄厚的财团之一。随后,张氏兄弟继续投资,与张弼士合股在爪哇岛的巴达维亚和苏门答腊岛的亚齐两地分别创办"裕昌"和"广福"两个远洋轮船公司,经营客运与货运,打破了外国对

海运的垄断。

1910年前后，张耀轩应张弼士邀请前往巴达维亚，会见当地侨商许金安、李全俊等参与筹办中华银行，在六百份总股份中，张耀轩认购了三分之一。自此，张耀轩也把实业进一步扩展到爪哇岛。

二、张氏兄弟惠泽民众献爱心

张氏兄弟致富后，遵循客家人"取之社会，用之社会"的慈善理念。凡侨居地的慈善公益文化教育等社会福利事业，均不遗余力，慷慨捐款。

由于张氏兄弟才华卓越，又对棉兰开埠厥功至伟，荷兰殖民政府乃先后封授张氏兄弟"雷珍兰""甲必丹""玛腰"等官职，以便在华侨小区内部实行自治。张氏兄弟从在棉兰创业至事业有成之时，在华侨、巫人（即印尼其他族群）和荷人中间，声誉鹊起，早期凡巫人与华侨发生争执时，皆由张榕轩出面公正调解，化解矛盾。

1886年，荷兰商人在棉兰的烟草种植园中，雇有来自福建、广东"卖猪仔"的游民，彼此拉帮结派，难免械斗。荷兰殖民当局甚感棘手。张氏兄弟出任甲必丹后，便安抚游民，晓以大义，禁止械斗，市区治安日趋好转。

其时，荷兰殖民当局税收苛刻，侨商苦不堪言。张榕轩为同侨力争减税，均告成功。他升任玛腰后，荷兰殖民当局便委托他评估代收一切华侨税务。张玛腰均悉心落力，侨商凡入息不到定额一半者得以减轻，失业者全数豁免，同侨们实惠均沾。张玛腰的宽怀仁德，深获同侨们敬佩。

张榕轩还带头捐款，在棉兰先后兴建关帝庙、天后宫；在巴烟兴建观音宫，让早年南来的侨民有精神寄托，教化人们顶礼膜拜慈悲为怀的观音、义薄云天的关公、救人危难的天后，潜移默化，功德无量，有所信仰，从而摒弃吐火吞刀的江湖邪术，及愚昧械斗之陋习。

棉地初辟，水积灾氛，山含毒瘴。华侨甫抵该地大多是水土不服，疟疾肠炎频生，以致病故异域，大都草草掩埋。有的为荷兰殖民政府开辟马路、修建铁路而死去的劳工甚至暴尸荒野，惨不忍睹。为此，张玛腰向政府申请划定巴烟等地为华侨公墓，厝葬暴骸，让亡者入土为安。而死者亲属从远道来棉者，尤得有所识别，以时祭祀。侨民对此功德称颂有加。

张榕轩致富后，广施善举，捐助巨款在棉兰创建济安医院，对贫困侨众施医赠药，对老弱病残或无钱就医者，皆免费收留治疗。

张氏兄弟另一大善举是创设收容所，凡无业者，不分种族一律收容。外籍失业者如欲返回老家，由收容所出资助其成行，如不愿返乡者，则安置就业或妥善安排。而华人失业者，收容所则授以一技之长，使之重返社会，自食其力。

与此同时，张氏兄弟还在棉兰勿老湾海口捐资创设麻风病医院，专门收容治疗麻风病患者。此善举亦为荷兰人赞叹。荷兰人经营的十二公司亦出资参与此项慈善事业。该医院还邀请专业医生与护士悉心照料医治麻风病患者，救死扶伤，实行人道主义，让麻风病患者治愈后重返社会，从而杜绝了麻风病的传染流行，安定了民心。

自张榕轩、张耀轩以经济奇才开埠，配合荷兰殖民政府展其鸿业、运其伟策，棉兰工商业日趋发达，南来的华侨亦随之而繁衍，促进了棉兰通商惠工，轮舶辐辏，成为苏门答腊岛东海岸之繁盛区域。

然而，华侨自祖国万里破浪而来，大多数未受过教育，南来棉兰后从事工商业，能生财却未能散财。唯有张榕轩、张耀轩兄弟学识优长，深明"取之于社会、用之于社会"之义，凡属侨胞公益，如设医院、修桥梁、筑道路等种种慈善公益事业，均鼎力捐款襄助。

张氏兄弟还创建了敦本学校，捐建棉兰各埠中华学校校舍，传播中华文化。此外还捐建荷兰学校，让南来的华侨子弟能学习荷文及印尼文，融入社会。还为当地巫人特设一间女工学校。

纵观张榕轩、张耀轩兄弟开发棉兰的事迹，居官（荷印政府先后授为"雷珍兰""甲必丹""玛腰"）恪尽职守，事业恪尽所能，于同侨恪尽爱护，兄友弟恭，敦睦里党，弘扬中华文化，周济贫苦民众，可谓垂名德于

永世，实足以表现"开拓进取，勤奋诚朴，刚毅焕发"之客家精神。

1904 年，张榕轩在苏岛棉兰市荣获爪哇总督颁发"珂士德奖章"。荷印政府还专门把一条繁华马路命名为"张榕轩街"，以纪念他开发棉兰埠的功勋。

三、棉兰"张榕轩街"当年情景

棉兰市"张榕轩街"自 1904—1959 年的 55 年间，是一条繁华的街道。下面一篇回忆文章就可为佐证。

棉兰市张榕轩街是我所熟悉的第一条以中国华侨名字命名的街道。1950 年 6 月，我由印度尼西亚共和国苏门答腊岛亚齐打京岸到苏北（苏门答腊岛北部）首府棉兰上中学，寄宿在广东街亲戚家经营的苏东布店。

广东街与张榕轩街横竖相交，其周边有雷珍兰街、客家街、香港街、汕头街、甲必丹街等。这些街道构成当时的华埠中心。

张榕轩街是著名的餐饮一条街，这里有久负盛名的"中心饮食店"，该店经营云吞面，享誉苏北，它的美味至今我仍然留恋；此外还有"胜利"号等数家中餐厅（以粤菜为主）以及一间西餐厅；这条街上还有我就读的棉兰华侨中学（前身为张榕轩张耀轩1908 年创办的敦本学校校址），1951 年华侨中学搬至不帝沙后，此处改为"华侨成人夜校"；当时唯一传播新思想的"大地书店"，也位于张榕轩街上，与华侨中学隔街相望。

广东街商铺林立，晚上为步行街，沿街中心的摊铺，傍晚才点灯开业；不足千米的广东街上有"国大""晨光""首都"等 4家影院。

每当夜幕降临，华灯初上，张榕轩街和广东街上人声沸腾，熙熙攘攘，热闹非凡。游人在广东街购物、娱乐；在张榕轩街的餐饮店大快朵颐或者消夜，一直到深夜，天天如此，构成一幅美丽的画图。我有幸住在张榕轩街和广东街的交叉中心地带，亲临其境，耳闻目睹这一美妙的胜景，至今仍记忆犹新，令人难忘。

张榕轩在棉兰热心公益事业，对开发棉兰市有颇多建树。因此，当局为了表彰张榕轩，除了授予他各种荣誉之外，又将当时棉兰市商业中心地带的一条街道命名为 "张榕轩街"，可见张榕轩在当时社会上有崇高的地位和广泛的影响。

谨以此文纪念张榕轩先贤逝世 100 周年。①

又据梅州市客侨博物馆魏金华馆长收藏的印有中文及印尼文的 "水客侨批袋"，其第 1 行写有商号名 "日里、棉兰、裕新兴"，第 2 行写着 "张榕轩街 41 号至 47 号，电话：一千五百三十号"。由此可知，二十世纪二三十年代，棉兰 "张榕轩街" 仅一间水客侨批商号就占了 7 间店面，其繁华景象可想而知。

谁料，1960 年印尼当局因政治原因，将 "张榕轩街（Jin. Tjong Yong-Hian）" 改名为 "茂物街（Jin. Bogor）"。直到 2013 年 10 月 2 日，棉兰市政府颁发了《为 "张榕轩街" 复名的决定书》，并于 11 月 16 日举行隆重的复名路牌揭幕典礼，"张榕轩街" 才得以复名。据此，"张榕轩街" 于 1904 年命名，至 1960 年被改名时已存在 56 年，后又经过 53 年再次复名。

20 世纪 50 年代曾在棉兰华文报任记者的沙里洪先生（原名李靖，祖籍梅县松口，后移居雅加达，在唐人街中药房坐堂诊病。业余为印尼《国际日报》副刊《印尼坛论》撰写华侨史、文学作品等）在《棉兰的传说与历史》中写到 "棉兰过去的街名、影院与小食品" 时说："只要是久居棉兰的棉兰老客。当然都会记得，过去棉兰的很多街道都使用中文名，尤

---

① 《忆张榕轩街》文章作者为梅县籍的印尼归侨、中国侨联前副主席兼秘书长、第九届全国人民代表大会华侨委员会副主任委员朱添华先生。文章刊登于 2011 年 9 月中国华侨出版社出版的《华侨之光：张榕轩张耀轩张步青学术研讨会文集》。

其是在华族人口居住比较密集的新街区，以北京街作为起点数一数，就可点到如下许多街名：张榕轩街、甲必丹街、大埔街、广东街……""上述这些街名，在 60 年代都先后被换上了其他新的名称，而老一辈的华人，至今还在口头上使用老街名，感觉比较容易记……""上述道路会取用中国各省市为名，据说是张榕轩当玛腰时所建议者，而那时候的荷印市政府也无所谓，就依照该建议定了街名。"

笔者认同沙里洪先生此说，因为在棉兰市 43 条华文街中，以中国各省市命名者有 27 条，此外有雷珍兰街、甲必丹街，清河街、松口街、客家街、广府街等。① 雷珍兰、甲必丹，曾是张榕轩担任过的职务；清河，是张姓的堂号；松口，则是张榕轩的故乡；客家街，亦是张榕轩命名的。可以说，除了 1904 年荣获荷印政府以"张榕轩街"命名棉兰一条街道的殊荣外，张榕轩还直接或间接地使得当地许多街道以华文命名。这一事实对当地数十万华侨的凝聚作用不可小视，足可证明张榕轩的家国情怀。

四、棉兰市客家先贤"张榕轩街"荣耀复名还原华族先贤贡献国家的历史

2013 年 11 月 16 日上午 9 时，印尼苏北省棉兰市代市长朱尔米·艾丁亲自主持"张榕轩街（Jin. Tjong YongHian）"的复名揭牌仪式。张榕轩先贤的曾孙张洪钧及夫人林素琴全家出席典礼。

本次出席活动的嘉宾有：中国驻棉兰总领事杨玲珠、马来西亚驻棉兰领事艾哈迈德·阿卜杜勒·加尼、日本驻棉兰领事 Yuji Hamada、新加坡驻棉兰领事 Mark Low、荷兰驻棉兰名誉领事王吉兴、棉兰市代市长朱尔米·艾丁、市议会主席阿米卢鼎、警署署长阿菲达、苏北省议员莫妆量、棉兰市地方议员陈莉栗和黄建霖，苏北省各华社领导人。此外，还有来自雅加

---

① 晓影：《棉兰昔日街道、影院多用华文命名》，苏北华侨华人历史会社编：《印尼苏北华侨华人沧桑岁月》（上册），2015 年，第 114－115 页。

达的印尼《国际日报》总裁赵金川、印华百家姓协会前总主席熊德怡退役准将、印尼客属联谊总会副秘书长杨健昌、总务部主席陈国财、印尼梅州会馆理事长江森成、雅加达客属联谊会执行主席张和然、印尼关氏宗亲总会理事长关文友，以及张洪钧乡贤的亲友、棉兰市民共 500 多人出席了"张榕轩街"的复名和街牌揭幕仪式。

是日上午 8 时，"张榕轩街"鼓乐争鸣，鲜花贺匾琳琅满目。红、黄、白、黑色的 4 头醒狮欢腾跳跃，10 位华裔青年高擎彩龙挥舞穿梭，引来了围观的各族市民喝彩欢呼。9 时整，嘉宾们进入帐篷会场就座，在悠扬悦耳的印尼民族乐曲声中，4 位民族服饰装束的少女舞姿翩翩，呈现出中印文艺交融的节日喜庆氛围。

旋即，棉兰市政府法律部代表索利杜瓦·哈拉哈宣读代市长朱尔米·艾丁 2013 年 10 月 2 日颁发的《为"张榕轩街"复名的决定书》。

随后，棉兰代市长朱尔米·艾丁在致辞中，首先向张洪钧及其家属表示祝贺。他强调，此次复名是为了尊重和肯定张榕轩先贤当年对棉兰地区的发展和建设所作出的贡献。他指出，根据历史记载和传记，张榕轩先贤是一位非常值得钦佩的人物。他是棉兰市的开埠功臣，他真诚地不分宗教与种族，建设了棉兰，团结了棉兰族群，在教育、卫生、文化等方面作出了不可磨灭的贡献，是大家学习的榜样。他说，今天的复名仪式象征各民族的和谐共处，希望后辈们不忘过去，牢记历史，学习先辈们在印度尼西亚所创造的伟业，就是珍爱和平、开创未来。他强调，华人是印尼多元社会的一员，让大家携手共同建设和谐、繁荣、民主的印度尼西亚，尤其是棉兰市。

张榕轩先贤的曾孙张洪钧先生在夫人林素琴女士的陪同下致辞。他首先对亲自主持"张榕轩街"复名和街牌揭幕仪式的棉兰代市长朱尔米·艾丁以及全体出席人士和棉兰市民表示感谢，尤其是感谢了张榕轩街的民众对复名活动所提供的巨大的支持与帮助。

典礼结束后，自 11 月 16 日至 11 月 17 日，棉兰的《讯报》《好报》《印广日报》及雅加达的《国际日报》等华文报纸，均大版面刊登祝贺广告和"张榕轩街复名揭牌"相关的新闻，影响深远。

这正是：先贤伟业彪史册，华族丰功谱华章。

华侨精神的杰出典范

——爱国华侨张榕轩、张耀轩昆仲

王明惠①

  张榕轩、张耀轩昆仲在清末为了追求美好生活，不惜冒险下南洋，创业发展。和近代成千上万的华侨一样，他们在扎根南洋、艰辛的创业过程中，经历和承受了难以想象的磨难和凶险，秉持中华民族的优良传统和美德，用血汗、泪水、勤劳、勇敢和智慧，在南洋立足扎根，拓荒垦殖，创办实业，实干进取，开埠建城，终于功成名就，融入南洋主流社会，跻身社会名流，成为中国近代闻名遐迩的华侨实业家、慈善家、外交家、华侨领袖，深受华侨的爱戴，受到统治者的嘉奖和重用，是中国近代史上海外华侨的杰出代表人物。他们及其后人的艰苦奋斗事迹和重大贡献，彰显了令人敬仰的华侨精神。

一、华侨精神，流芳百世

  华侨始于古代秦汉时期的海上丝绸之路，扬帆世界，通商贸易，流寓海外的"唐人""中国贾人"，至近代鸦片战争后被贩卖到西方殖民地，开发建设殖民地的契约华工，再到清末民初，大批粤闽民众下南洋、闯美洲讨生活，融入当地，落地生根，形成海外华侨、华人、华裔群体。为了守望相助，生存发展，他们在侨居地设祠建庙、成立会馆、兴学办报、传播

---

  ① 王明惠，中国博物馆协会华侨博物馆专业委员会原副主任委员，广东华侨历史学会常务理事，广东华侨博物馆原馆长。

中华文化，创业发展。华侨身在海外，心系祖国，根在祖国，建设乡梓，支持祖国和居住国革命和建设，从古代华侨宗亲乡帮抱团，到近代中华民族认同、形成海外华侨命运共同体，再到当代构建世界命运共同体的历史发展过程中，数千万的海外华侨用汗水、血泪和身家性命，承前启后，继往开来，薪火相传，铸就出"敢为人先、致诚守信、崇文重教、爱我家国、大爱无疆"的华侨精神。而张榕轩、张耀轩昆仲堪称华侨精神的杰出典范。

二、华侨精神的杰出典范

客家华侨具有"慎终追远、精忠报国"的家国情怀，"崇文尚武、诚信守约、勇于开拓、克勤克俭"的优良品质，"胸怀广阔、热心公益、独善其身、达济天下"的处世之道，"树立大志、冒险创业、刻苦耐劳、刚强坚韧、团结奋斗、奉献爱心"的客家精神。凭着这样的家国情怀、优良品质、处世之道和客家精神，客家华侨沿着古代海上丝绸之路，筚路蓝缕，一路向南迁徙，逢山开路，遇水搭桥，开埠建城，创业发展，在居住国打拼出一片新天地，传播传承中华文化。在家乡大举捐资兴学，兴办公益事业，造福家乡。清廷解除"海禁"后海外华侨即纷纷回国投资置业，实业兴邦。每当国家民族危难当头，海外华侨就挺身而出，毁家纾难，倾力支持祖国的辛亥革命、抗日救亡、解放战争、抗美援朝。1949年以后，拥护中国共产党，投身祖国的建设。客家华侨素有爱国爱乡爱家人的优良传统，这就是中国人、中国心、中国精神。张榕轩、张耀轩昆仲及其后人在国内外兴办实业、服务社会、造福民众的历史贡献表明，他们既是华侨精神的打造者，也是传承、光大华侨精神的杰出典范。

三、敢为人先，创业兴邦

华侨是中华民族移民海外的先行者，是中国开眼看世界第一个群体，是中华民族工业的先驱，是"一带一路"的带路人。以陈启沅、张弼士、张榕轩、张耀轩、陈宜禧、马应彪、郭乐等为代表的爱国华侨，率先将西方的先进工业技术、商业理念和管理经验带回祖国，怀抱实业兴邦理想，携巨资回国兴办民族工业，报效祖国，引领中国风气之先，为祖国经济社会发展作出巨大贡献。

张榕轩、张耀轩昆仲出生于梅县松口贫苦农民家庭，自幼胸怀鸿鹄大志，因家贫父老，辍学就商，买棹南渡，下南洋创业，在荷属苏门答腊岛披荆斩棘，筚路蓝缕，带领侨民和当地民众垦荒殖业，将荒凉的日里（今印度尼西亚棉兰）建设成为商贸发达、百业兴旺的苏岛省会，被誉为棉兰开埠功臣。张耀轩在棉兰创办了第一家华侨私人银行，方便华侨富商汇款置业，免受殖民当局银行手续繁多、会费高的垄断限制。他与爱国侨领、南洋富商张弼士合资在巴达维亚和亚齐创办"裕昌"和"广福"远洋轮船公司，打破洋人对南洋海运的垄断。为推动民族工商业，实现"实业兴邦"理想，张榕轩、张耀轩昆仲还计划集资 1 000 万元，在北京创办华侨同裕银行总行，在上海、广州、香港、槟榔屿、新加坡等地开设分行，可惜因辛亥革命而搁置下来。张榕轩、张耀轩昆仲认为欲振兴实业，就必须修建铁路，他们选择在广东潮汕修建潮汕铁路，以树全国风气，做全国商办铁路楷模。他们带头率先各投资 100 万银，吸引了许多华侨富商踊跃投资认股，共集资 302 万银元，于 1904 年动工，1906 年建成中国第一条由华侨投资的商办铁路——潮汕铁路，在中国近代史上开创了侨办民办铁路先河。潮汕铁路将海运、铁路运输、公路运输连成交通畅达的枢纽，促进了潮梅地区的经济发展和繁荣。

四、至诚守信，功成名就

华侨在海外的生存发展过程中，始终坚守中华民族优秀品质，诚以待人，信守诺言，遵规守约，生财有道，发展有方，至诚守信是华侨在海外安身立命之本，永续发展之道，功成名就之举，为当地人民所赞誉。

1868 年，18 岁的张榕轩怀着"大丈夫既不以文学致身通显，则当乘

长风破万里浪，立勋名于海外"的鸿鹄之志，随水客下南洋创业。开始在华侨富商张弼士门下任职，因诚实守信，勤劳刻苦，善于经营，深得张弼士信任和赏识，被委以重任，商务往来，皆放手操办。几年后，张榕轩离开张弼士，自立门户，到日里创设万永昌公司，经营商业和垦殖业，广种甘蔗、烟叶、橡胶等经济作物，开设垦殖公司，经营橡胶、椰子、咖啡和茶叶，与张弼士合资创办日里银行，在日里广建房舍，开设商业区，建造棉兰日里河大桥，便捷当地交通。张氏昆仲秉承客家人至诚守信的经营理念，信守契约、勇于开拓、与时俱进，克勤克俭、诚以待人的优秀品德，经过十余年的锐意经营，将棉兰发展成为商贸中心，功成名就，成为当地的商界翘楚人物，因其对棉兰开埠厥功至伟，被殖民政府授予"雷珍兰""甲必丹""玛腰"等官职，负责管理当地华侨一切事务。

五、崇文重教，传承文明

中华文化是维系华侨的精神魂魄，母语教育是华侨在海外保留民族文化的有效之道。华侨在融入当地社会的同时，始终不忘祖宗根脉，不忘中华文化，不弃中华习俗，倾力兴办华文教育、举办华文媒体、举行中华传统节庆，薪火相传，代代相传，生生不息。

19 世纪末期至 20 世纪初期，南来棉兰的侨生日众，侨童亦日增，原有的乡帮私塾已经不能适应华侨子弟教育发展。张氏昆仲洞察海外华侨的人生命运，认为"没文化则难于摆脱卑贱地位"，恪守"宁卖祖宗田，不忘祖宗言"的祖训，在事业有成后，重视发展教育文化事业。1903 年张榕轩回国，奉诏督办潮汕铁路之时，恰逢清廷下令废科举、兴学校，张榕轩欣喜地感到"兴学育才之夙愿将以实现"。回国后，即与耀轩弟商议开办学校计划。1908 年，张氏昆仲合力捐款创办的敦本学校招生开学。暂借木棉天后宫前后堂所先行开课。这是苏岛第一所华侨学校，开苏岛华文教育之新纪元。旋按章呈请清廷学部暨闽粤提学使司主案，继有广东提学使司批准并委派徐贡觉为敦本学校校长。翌年，张氏昆仲捐资 15 万盾择地建筑新校舍落成，学务渐臻发达，同时遵部谕兼办简易识字科两个班，教授失学侨童。张氏昆仲还念及侨民子弟多属贫困，学生上学一律免费，以期普及。对祖国的教育事业，他们更是慷慨解囊，在家乡梅县捐献 5 000 光洋作松口中学建设费用，给广州岭南大学捐建一座二层"耀轩楼"，给香港大学捐赠 10 万元，捐款给槟城等地的大中小学兴建学校、教学楼、图书馆等，发展教育事业，将海外华侨和祖国后代培育成为有中华文化素养的人，成为海外侨社和祖国的栋梁，不再被洋人歧视。张榕轩出任清廷驻槟榔屿副领事两年后离任，在商务之余，亲笔辑录《海国公余辑录》6 卷，撰著《海国公余杂著》3 卷，详细记录槟榔屿古今地名沿革及民情风俗，以及清廷加设使领馆文件和世界各国概况，还收录了许多洋务派和改良派的奏章和一些华侨学者的诗词，为后人留下珍贵的华侨和外交史料。张氏昆仲还出资记录了嘉应五属从宋至清 400 多位先贤的遗诗，刊成《梅水诗传》初集、续集共 13 卷。资助出版《光绪嘉应州志》12 本 32 卷，为嘉应州著名女诗人叶璧华的《古香阁集》捐助印刷费。为后人了解、研究、传承客家文化保存了许多有价值的历史文献史料。

六、爱我家国，赤子情怀

华侨身居海外，心系祖国，拥护和支持祖国的革命和建设，从兴业救国，支持辛亥革命，抗日救亡，拥护新民主主义革命，到建设新中国，投身改革开放，华侨始终以毁家纾难、投资兴业、赈灾恤难、捐办公益事业、引进先进生产技术、管理经验、引进资金等方式，共同致力于中华民族的伟大复兴。

海外华侨华人有两个家乡，一个是祖籍家乡出生地，为第一故乡，另一个是在海外落地生根的侨居地家乡，为第二故乡。有两个祖（籍）国，一个是好比生母的祖（籍）国中国，另一个是好比养母的居住国祖国。他们身居海外，心系祖（籍）国，惦记祖籍家乡亲人，尽管长期生活在异域不同文化背景的环境里，却依然保留着中华传统的优秀文化与民俗，日常

交流一直使用家乡方言或普通话，与祖国和家乡始终保持着千丝万缕的血肉联系。落地生根，加入侨居国国籍的华人、在当地出生的华裔，与祖籍国和家乡的联系也是剪割不断的，他们热爱中华文化，也效忠居住国祖国，投身居住国反帝反殖运动，为争取民族独立而斗争，为居住国建设和革命作出应有的贡献。

张耀轩在受慈禧太后和光绪皇帝接见时，曾说出"臣在外洋多年，身虽在外，心常系念祖国"的肺腑之言。这也是海外华侨华人的共同心声，他说到做到，身体力行，致力报效祖国，当祖国发生自然灾害闹饥荒时，慷慨捐款，赈灾恤难，急祖国所急，捐款筹办京师医局、武备学堂、江南劝业会等，支持家乡出版志书典籍，发展教育文化事业。为孙中山领导的武装起义捐款，支持辛亥革命。投资修建潮汕铁路，发展祖国民办商办铁路事业。为表彰张氏昆仲的善行义举，清政府向张氏兄弟授予三品京堂、槟榔屿副领事、南洋招商大臣等官衔，慈禧太后和光绪皇帝分别召见过张榕轩。张氏昆仲的头像还印制在当时发行的20分纸币上。孙中山先生特为张耀轩亲笔题赠"博爱"斗方一幅，以表彰其对革命的贡献。民国政府成立后，张耀轩曾获得政府颁发的"二等大绥嘉禾章"。由于张耀轩建设棉兰市建树有功，热兴公益，促进族群和谐，殖民当局特授予各种荣誉，还将棉兰商业中心地带的一条街命名为"张耀轩街"，彰显出他在当地社会上的崇高地位和广泛的影响力。1912年，荷兰政府向张耀轩颁发一枚"奥兰治勋章"。这是当时颁发给东印度殖民地社会有功人士的最高荣誉勋章。

七、大爱无疆，乐善好施

华侨华人遍布世界180多个国家和地区，有阳光的地方就有华侨华人，就有华侨华人的爱，根在中国的华侨华人向来胸怀世界，放眼世界，走向世界，造福世界。华侨华人不但是中国连接"一带一路"的纽带，沟通中外人文的桥梁，而且是构建人类命运共同体不可或缺的融合剂。

张氏昆仲及其后人，秉持"取之社会，用之社会，天下大同"的中华优良传统美德，功成名就后，达济天下，不仅报效祖国和家乡，捐资兴办公益事业，而且始终不忘回馈居住国，广施善举，捐巨款在棉兰创建济安医院，向贫困侨民施医赠药，免费接治无钱治病的老弱病残华侨。创设收容所，不分种族，凡无业者一律收容。对欲返原籍的外籍失业者，由收容所资助成行，不愿返乡者，则安置就业或另做妥善安排，收容华侨失业者并授予一技之长，助其重返社会，自食其力。在棉兰勿老湾海口捐资创设麻风病医院，专门收治麻风病人，使麻风病人治愈后，重返社会，杜绝了麻风病的传染流行，安定了民心，稳定了社会。张氏昆仲救死扶伤的人道主义精神感动了荷兰人，使他们也开始参与慈善项目。张氏昆仲还作出和睦族群之举，不单捐助荷兰学校，还为当地特设一间女工学校。张榕轩还带头捐款在棉兰兴建关帝庙、天后宫，在巴烟兴建观音宫，让早年南来的侨生保留中华传统宗教信仰，剔除"吐火吞刀""渔利侨民"的江湖邪说，教化愚昧格斗的陋习。张榕轩还向政府申请划定巴烟义山和广东义山为华侨公墓墓园，厝葬暴骸，让死者入土为安，以时祭祀，让死者南来亲属亦有所识别。侨民对此功德称颂有加。1914年第一次世界大战爆发，荷属各地许多商家深受战乱影响，陷入困境，纷纷倒闭损失。而棉兰在张耀轩玛腰的扶持下，平稳渡过经济难关，张耀轩因而受到荷兰政府嘉奖，被授"政治博士"荣誉头衔。1915年，荷商所属轮船公司商船均被政府收回，运输业一时陷于停顿，致使棉兰地区粮食短缺，米价暴涨，引起恐慌。张耀轩急民众之所急，忧民众之所忧，通电缅甸仰光商家设法寄运一千包大米至日里，以低于成本的价格，平价出售给民众，平息了缺粮危机，张耀轩亏本做生意的善举，为民众称颂。

八、结语

综观张榕轩、张耀轩昆仲一生的事迹，报国恪尽公忠，居官恪尽职守，于事业恪尽所能，于社会恪尽诚信，于同侨恪尽爱护，于家庭恪尽友恭，于里党恪尽敦睦，于中华文化恪尽弘扬，于贫困乡亲恪尽周济，可谓

大仁大义，垂名德于永世，洵足彰显"敢为人先、至诚守信、崇文重教、爱我家国、大爱无疆"的华侨精神。张氏精神、客家精神、华侨精神就是中国精神，他们将永远载入中华民族的丰碑史册。如今，在东南亚各国的绝大多数中国移民后裔已经高度融入当地社会，在地化了，他们与居住国各族人民一起建设共同命运的美好家园。中国人民也已经从站起来，到富起来、强起来，实现了第一个百年奋斗目标，正向着第二个百年奋斗目标迈进，实施"一带一路"倡议，构建人类命运共同体，共同致力于实现中华民族伟大复兴的中国梦。在张榕轩逝世 110 周年、张耀轩逝世 100 周年、潮汕铁路建成开通 115 周年之际，举办学术研讨会，纪念张氏昆仲，学习研究他们的感人事迹和奋斗精神，传承弘扬华侨精神，团结广大海外侨胞、归侨侨眷共同致力于实现中华民族伟大复兴的中国梦，显然具有特别重要的现实意义。可喜的是，张榕轩的曾孙张洪钧伉俪继承先辈的遗志，出资将张榕轩故居——幹荫堂重新修缮，打造成张榕轩纪念馆，成为展示张榕轩家族的良好家风，彰显以张氏昆仲为代表的华侨精神，纪念张耀轩、张榕轩和张步青先贤的主题纪念馆，开展华侨爱国主义教育的基地，此举也令人敬佩。

张洪钧与印度尼西亚苏北客属联谊会

郑一省①

一、张洪钧与其家族

张洪钧，1936 年生于棉兰，为 19 世纪末至 20 世纪初印度尼西亚（下文简称"印尼"）日里（即棉兰）著名的客家籍华侨张榕轩（张煜南）的曾孙。张洪钧的曾祖父张榕轩为广东省梅县松口镇南下村人。资料显示，张榕轩的父母生有兄弟七人，少时家境贫寒，只在私塾念过几年书，辍学后在松口圩帮父亲做米谷、杂货等小生意，因经营艰难，其 17 岁时只身由家乡松口下南洋。松口地处闽粤赣三省交汇处，地理位置优越，水陆交通方便，曾是广东内河港第二大港口。明清及民国时期，客家民系从闽粤赣边区客家大本营向世界各地迁徙的过程中，松口由于是从水路经汕头出南洋的必经之道，是粤东地区联系南洋及其他海外地区的主要港口，成为客家人南渡越洋出海的始发地和中转站，成为中国客家人移民海外开拓的"印度洋第一站"②。

张榕轩于 1878 年从梅县松口下南洋，前往当时的荷属巴达维亚谋生，投靠当时大埔籍张弼士门下任职，因勤俭耐劳，善于经营，诚实守信，为张弼士所赏识，委以重任，商务来往，皆由张榕轩一手操作，其稍有积蓄后自

---

① 郑一省，广东梅县人，广西民族大学教授、广西侨乡文化研究中心主任，研究方向为华侨华人、民族和国际关系。
② 《广东梅州华侨博物馆：集中展现华侨壮丽历史》，中国新闻网，2011 年 9 月 27 日，https://www.chinanews.com.cn/zgqj/2011/09 - 27/3357503.shtml。

立门户创业。

张榕轩离开家乡下南洋时已成婚，其妻子名为徐安荣，原出生于梅县城近镇平村一富裕家庭，幼时家遭"长发匪之乱"，逃离至溪口，为溪口杨家收养为养女，二十岁时嫁与张榕轩，结婚隔年，张榕轩便至南洋闯天下。几年后，张榕轩返乡省亲，并把其妻带往棉兰，当时张榕轩的事业，小有基础，生活舒适，然徐安荣到南洋后未改其勤劳本性，她初到日里，居于民礼，除家务，园艺、饲养家畜之事，都亲力亲为，促丈夫事业日渐昌隆。当张榕轩被委任为棉兰"甲必丹"不久，因乡中老父辞世，遂与其妻奔丧。安葬毕，张榕轩接荷印政府电促返棉兰任"甲必丹"，于是其妻徐安荣便留家乡中侍候照顾家人，一直到年老。

张榕轩共有四子，即张步青、张宸青、张铭青和张翰青（庶出）。步青为张榕轩的长子，也是张洪均的祖父，其为晚清民初闻人，生长在梅县家乡，青少年时就读于松口公学，接受传统文化教育，是清朝最后科取的人才。其曾被清政府派为考察欧美商务军事专使，经由日本到美国、英国再至俄罗斯，最后经西伯利亚铁路回到北京，为晚清"花翎二品顶戴"、广东提学使司、广东汕头正史学校校长、陆军部职方司主事、邮传部丞参上行走、路务议员。中华民国成立后，张步青任国民政府农商部顾问、海军部考察员。光绪三十三年（1907）初，梅县松口同盟会在松口创办松口体育传习所，为孙中山领导武装起义训练军事干部，张步青捐款为其购置设备。民国四年（1915），张步青被委任为中华民国驻棉兰第一任领事。民国十五年（1926），其被升为总领事。从民国五年至民国十九年（1916—1930），张步青任驻棉兰领事、总领事计十五年，在任期间，他爱侨护民，保工惠商，振兴华侨教育，政绩斐然，中华民国外交部于1930年3月特别颁授匾额以示褒奖。分别向其颁发"五等嘉禾章""四等嘉禾章""三等嘉禾章""二等大绶嘉禾章"，以表彰其"拥护共和，勤忠国事"之功，其卸任后主政棉兰敦本学校，热心办学成绩显著。

张洪钧父亲张世良，曾于英国大学学习商学，学成后回印尼打理家中生意，使其家族事业蒸蒸日上。张洪钧于棉兰苏东中学高中毕业后又赴美读完英文高中，28 岁时与林素琴结为夫妻。林素琴祖籍福建安溪，曾就读于苏东中学与棉华中学，婚后后能说一口流利的梅县客家话。在棉兰，林素琴热心于公益事业，曾任独立狮子会主席、专区主席，对救济贫病的同族与友族人均不遗余力。①

在妻子林素琴的辅助下，张洪钧先后创办了"印尼棉兰国际包装工业有限公司"（1972 年）和"印尼棉兰印马印刷厂"（1975 年）。2008 年，在三个儿子和三位儿媳妇的辅佐下，又兴办"印尼棉兰长青国际造纸厂有限公司"等。

图 1　印尼棉兰长青国际造纸厂内外（郑一省摄）

张洪钧除了兴办自己的家族事业，还资助当地的华校，并于 2014 年为印尼当地人民捐建了一所小学。对印尼当地的赈灾济贫无不慷慨解囊，还对祖籍地家乡公益事业捐赠颇多（见表 1）。

---

① 吴奕光：《印尼苏北闻人录》（未刊稿），2009 年，第 49 页。

表 1   张洪钧对家族的贡献及捐资建设家乡一览表

时间	捐赠项目
2011—2018	将在印尼棉兰家藏的大量历史文献整理出版，其中大多属于首次披露的孤本文献、照片，为研究晚清中国外交史、华侨史、铁路建设史提供宝贵的线索和见证，内容涉及慈禧、光绪、袁世凯、黄遵宪、张弼士以及民国早期的众多政商界历史名人。 　　在努力保存传承家族珍贵文献的基础上，多次出资在中国、印尼各地举办纪念张榕轩、张耀轩、张步青的学术研讨会 　　2014 自筹资金 1 200 万元对张榕轩故居这座极具文化和历史意义的客家民居展开抢救性修缮。2018 年 3 月张榕轩纪念馆开馆仪式在梅县区松口镇南下村举行
2015—2017	捐建梅州华侨博物馆印度尼西亚厅、中国客家博物馆黄遵宪公园 捐建松口镇政府门前马路

　　在社会活动方面，张洪钧不仅创办了印尼苏北客属联谊会，还成为印尼苏北清河堂张氏宗亲会创会人，棉兰古城堂炉主，还担任印尼客属联谊总会副主席，全球客家崇正联合会名誉会长等。

二、张洪钧与印尼苏北客属联谊会

　　一些学者研究，客家人在整个印尼的人数较多，在 20 世纪 50 年代约占当地华人的 30%。① 客家人迁移印尼的历史可追溯至 13 世纪。当时，参加南宋抗元义军的梅县松口卓姓与家乡 10 余位青年乘木筏漂泊海上，抵达婆罗洲（今加里曼丹岛）定居，成为历史记载中第一批迁移到印尼群岛的客家先民。② 明清时期，不少客家人远渡重洋至婆罗洲开采金矿。1840 年鸦片战争之后，客家人开始大规模"下南洋"谋生，且在印尼一些地方形

---

① 黄昆章主编：《从落叶归根到落地生根——世界华人研究文集》，广州：暨南大学出版社，1999 年，第 73 页。
② 《华侨名人故事录》，转引自广东省《梅州市华侨志》编辑委员会、梅州华侨历史学会编：《梅州市华侨志》，内部发行，2001 年，第 8 页。

成了大小规模不一的客家人聚居点。[①]

在华侨研究中，曾有一种说法，即"客人（即客家人）开埠，广东人（泛指操广州方言的人）旺埠，潮福人（指操潮州和闽南方言的人）占埠"，这从张洪钧的曾祖父张榕轩在当地经济活动可见一斑。资料显示，在巴达维亚渐渐有了一定的积蓄之后，胸怀壮志的张榕轩觉得应当自己创业，闯出一番天地。于是辗转来到苏门答腊的棉兰地区。那时候，棉兰地区土地肥沃，是典型的雨林气候，荷兰殖民者在登陆后发现这里十分适合发展种植业，于是开始经营垦殖。在张榕轩的眼中，棉兰地区也是一块可以发挥自己优势和能力的宝地。于是，张榕轩在棉兰的老武汉首先成立了一家万永昌公司，在棉兰郊区租借了一大片土地进行开垦、种植。他招徕了一批乡亲和当地的原住民，边开垦边种植甘蔗、烟草和橡胶等高产值的经济作物。在棉兰地区，张榕轩、张耀轩昆仲兴办了 30 个种植园，招徕外来移民垦荒种植椰子、橡胶、胡椒、咖啡等经济作物，这些作物每年的总产量，占了苏门答腊全岛所有作物总产量的 60%。[②] 这些被招徕的外来移民者，大多数是来自张榕轩和张耀轩昆仲家乡松口及其周边的乡亲，也就是梅县的客家人。换句话说，早期开发棉兰的外来移民是客家人，后来才有大量的闽南人（祖籍多在晋江、泉州、安溪一带）及潮州人等籍贯的迁移到这里来发展与定居。

据调查，棉兰的客家人按籍贯可以分为梅县、大埔、兴宁、蕉岭、丰顺、惠州（海丰、陆丰等县）及福建永定县，其来源分为三部分：一是在张榕轩时期由其招徕开辟种植园的梅县松口及其周边的，以及曾居住在日

135

---

① 在印尼有很多客家人集中的地方，如西加罗曼丹的山口洋、苏门答腊岛的邦加、勿里洞。据说在西加里曼丹岛的一个叫"百富院"地方，坤甸市的一边是操梅州客家话的客家人，而山口洋的是操陆丰等地话的河婆客家人。在西加里曼丹的卡江流域的几十个小城镇的华人中，90% 是操梅州客家话的客家人。

② 罗英祥：《印度尼西亚的客家》，桂林：广西师范大学出版社，2011 年，第 184 页。

里昔梨冷勿拉涯县一带当契约华工的惠州府海丰、陆丰两县的客家后裔[①]；二是在 20 世纪 60 年代中期因"亚齐事件"[②]，从亚齐的米拉务（Meulaboh）、打巴端（Tapaktuan）、怡里（Ili）、冷沙（Langsa）、瓜拉兴邦（Kualasimpang）等地迁移到棉兰的亚齐客家人；三是在不同年代到棉兰打工或做生意的客家人。这些来自不同时期和不同地点的客家，因文化的相似聚集在一起，为了共同发展而成立了自己的社会组织。

在棉兰，最早成立的客家社会组织是 1895 年建立的棉兰惠州会馆，当年馆址设在棉兰市商业中心——广东街 58 号，该会馆的前身是惠州公司，由旅居棉兰的惠州十属同乡创建。1965 年之后，惠州会馆被关闭，与其他华人会馆一样停止了所有的活动。1989 年，惠州籍人士积极活动，成立了鹅城慈善基金会，其作为惠州会馆的当然继承者。[③]

作为棉兰的开拓者张榕轩的曾孙张洪钧，除了经营自己的家族产业，也十分热心社会活动。自苏哈托下台后，随着印尼社会进入改革时期，印尼华人社团如雨后春笋般地纷纷成立。1999 年 8 月 8 日，印尼客属联谊会在椰城成立，给棉兰的客家人带来很大的影响。在这种背景下，棉兰客家人张洪钧也开始积极筹备在棉兰建立客家人自己的社会组织。2000 年春，张洪钧、张通南、叶选权、刘嘉良、张广钦、潘平熙、杨德顺、谢礼讯、

136

---

① 棉兰附近有一个县，叫昔黎冷勿拉涯县，有 2 000 多户华裔，其中惠州籍的华裔有 700 多户，绝大多数是海丰、陆丰的客家人。他们散居在各个村庄，包括：万挽、甘光笨、南吧、勿拉涯、沙浪开业、双溪武鲁、新邦帝甲、打那雅罗、甘光实打曼、东姑哺茶和巴东答腊等村庄和小城镇。居住在农村的，大多数以种植农作物和饲养家畜家禽为生，居住在小城镇的，则多数经营小生意，也有一部分受雇于他人，居住在海边的还有不少人以出海打鱼为生。引自曹云华：《印尼棉兰的客家人——海外客家人的社会变迁之三》，《八桂侨刊》2014 年第 3 期。

② "亚齐事件"指亚齐地区 1965 年 9 月 30 日—1966 年 8 月 17 日的排华运动。事件中亚齐地区华侨的商店或住宅被钉上"RRT"字样的牌子或涂上这样的标志，证明这家是亲新中国的华侨。偶有风吹草动，首当其冲的是这群华侨。当地的恐吓分子可随意对他们的商店或住房里投石头，进行恐吓或者攫取财物。除了对上述地区采取了旨在驱逐华人的恐怖破坏行动外，在其他地区如米拉务（Meulaboh）、打巴端（Tapaktuan）、怡里（Ili）、冷沙（Langsa）、瓜拉兴邦（Kualasimpang）等地，也发生了类似的行为，迫使居住在亚齐地区的华侨被迫于 8 月 17 日前离开其世代居住的亚齐地区。

③ 曹云华：《印尼棉兰的客家人——海外客家人的社会变迁之三》，《八桂侨刊》2014 年第 3 期。

叶志宽等假座棉兰俱乐部聚会，决定成立印尼苏北客属联谊会，旨在团结苏北省各地的客家人，以联络乡情，增进联谊，守望相助，融入主流社会，团结本地各华族社团，与各族群和谐相处，为共同建设繁荣、富强的印度尼西亚共和国而多作贡献。

2000年4月，印尼苏北客属联谊会第一届理事会38人，选出了张洪钧为主席，叶选权、黄文淼、刘嘉良、章文化、杨庆德为副主席，并于当年7月8日隆重举行首届理事会就职典礼。印尼客属联谊总会主席张庆寿、副总主席章生辉、丘能干以及马来西亚客家公会联合会会长吴德芳拿督等贵宾参与典礼仪式。

为了建设会所，在印尼苏北客属联谊会永远荣誉会长杨蕴的热心带领下，张洪钧发动众多客家乡亲集腋成裘，购置了两间各三层半的新会所，设有办公室、会议厅、图书阅览室、乒乓球活动室。

图2　印尼苏北客属联谊会会所（郑一省摄）

2002年，印尼苏北客属联谊会第二届理事会共56人，其中张洪钧为主席，饶健民、黄文淼、谢建贤为副主席。2003年春节期间，隆重举行了印尼苏北客属联谊会第二届理事会就职暨新会所启用的庆典，印尼客属联

谊总会永远资深荣誉主席张庆寿、总主席杨克林，印尼梅州会馆荣誉会长熊德龙、会长黄德新，马来西亚客家公会联合会会长吴德芳拿督等出席。

资料显示，印尼苏北客属联谊会自 2000 年成立至 2005 年，会员从创办初期的 100 多人发展至 700 多人。印尼苏北客属联谊会在团结乡亲、联络乡谊的同时，亦积极参与赈灾、助贫、济困、义诊等献爱心的活动，并经常举办文娱、体育和新春、中秋联欢等会员活动，还多次组团参加在印度尼西亚雅加达和中国福建龙岩、河南郑州、江西赣州、四川成都举行的世界客属恳亲大会，与世界五大洲的客属乡亲联情联谊，弘扬客家精神。

2009 年 6 月 21 晚，在印尼苏北客属联谊会第四届理事会会议上，领导该会长达 9 年的张洪钧卸下了理事会主席职，由饶健民接任。[①] 当张洪钧把会旗交到饶健民手中后，意味着为印尼苏北客属联谊会立下汗马功劳的，也是催生该会功臣的张洪钧正式卸下理事会主席职务。正如换届仪式上印尼苏北印华总会主席黄印华形容的，印尼苏北客属联谊会由新一代接过棒子，是值得大家欣慰和高兴的事，因为它反映了社团组织后继有人。印尼客属联谊总会永远资深主席熊德龙也认为，印尼苏北客属联谊会顺利交接，足以成为其他社团的楷模。[②]

为了表彰张洪钧的功绩，新一届理事会推举他为永远资深荣誉主席和辅导主席团主席。新任理事会主席饶健民在交接仪式上说，苏北客属理事会在千人领导带领下，奠定了稳固的基础，会员从刚创会的百多人增加到当前的 1 200 多人，足以凝聚强大的力量，贡献社会。[③]

据新理事会提供的资料，印尼苏北客属联谊会在走过的 9 年中，已经从简单的组织架构过渡到涉及方方面面且完善的社团结构（见图 3）。

---

① 新任苏北客属理事会主席饶健民先生，是当年从亚齐移民过来的，他现在开了几家金店，其经常来往于新加坡、吉隆坡和槟榔屿等地，进行跨国经营，把金店的生意进一步扩大。

② 《卸任主席祝福下顺利接棒 苏北客属联谊会第四届理事会就职》，《讯报》，2009 年 6 月 22 日。

③ 《卸任主席祝福下顺利接棒 苏北客属联谊会第四届理事会就职》，《讯报》，2009 年 6 月 22 日。

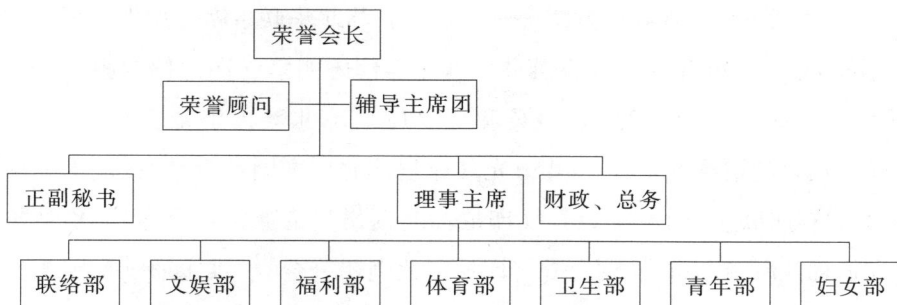

图3 印尼苏北客属联谊会的组织结构

从印尼苏北客属联谊会的功能来看，团结乡亲、联络乡谊是其主要的功能。在该会的发展中，特别是近年来，为乡亲谋福利，开展慈善活动，包括每三个月一次分发大米及医药费，以及分发奖学金。发放大米及医药费予贫困乡亲，目的是减轻他们的生活负担，分发助学金予各位乡亲之子女，鼓励他们求学上进也成为其功能之一。如2020年8月22日，印尼苏北客属联谊会在棉兰的三个地方，即棉兰会所、美达村及星光村总共分发一吨半大米、11人的助学金，以及11人的医药费，获得了乡亲们好评。①

苏北客属联谊会除了团结同乡、联络乡谊外，也注重关心中国和当地的友族。中国武汉新冠疫情期间，由印尼苏北华联倡议发起苏北华社"关爱武汉"捐款周活动，印尼苏北华联的倡议首先获得印尼苏北兴安会馆、印尼棉兰鹅城慈善基金会、印尼苏北潮州公会、印尼苏北客属联谊会、印尼苏北苏氏宗亲会、印尼返老还童气功协会等华团的积极响应，带动了众多华社团体的热烈参与，仅在一周之内就获得39家社团的大力支持，筹得爱心捐款47.2亿卢比，其中印尼苏北客属联谊会捐助善款523万卢比。②又如近期印尼抗击新冠疫情期间，印尼苏北客属联谊会与苏北华社其他社

---

① 《苏北客属联谊会开展慈善活动》，《国际日报》，2020年8月25日第A6版。
② 《苏北华社团结抗疫捐款箱继续收到客属乡亲、庄严及李氏宗亲、印尼韩江校友热心捐献》，《国际日报》，2020年3月27日第A3版。

团一起诚意支持当地政府抗疫。资料显示，苏北华联主席苏用发，执行主席徐煜权于 2020 年 3 月联系苏北华联主席团陈明宗（印尼棉兰颖川堂）、黄印华（印尼棉兰江夏堂）、吴和敬（印尼苏北吴氏宗亲会）、曾启福（印尼棉兰鹅城慈善会馆）、张万光（印尼苏北广肇同乡会）、张洪钧（印尼苏北客属联谊会）、陈慈升（印尼苏北福州三德慈善基金会）、詹达耀（印尼棉兰海南会馆）、刘奕升（印尼苏北潮州公会）、洪志通（印尼棉兰六桂堂）及庄钦华（印尼苏北印华百家姓协会前主席），经商议后，随即由印尼苏北华联发函邀请棉兰华社团体领导，于 3 月 21 日在印尼苏北华联开会协商，公议决定苏北华社一致支援印尼苏北各地方政府防控新冠疫情，协助政府减轻人民疾苦，并组成"苏北华社团结抗疫筹资委员会"及"工作委员会"。截至 2020 年 5 月 5 日，工作委员会已完成的工作有向苏北省政府治疫指挥部、苏北警察厅、第一军区司令部，苏北警察厅机动部队及苏北省政府移交防疫用品，向 57 家医院、88 家医疗中心（Puskesmas）赠送各种防疫和抗疫用品与药品。另外，再向苏北省政府治疫指挥部、第一军区司令部、苏北警察厅、社会团体及 100 个村赠送生活必需品礼包。受赠医院有远自尼亚斯岛、南打巴努里县等地，可谓"相知无远近，千万尚为邻"①。

三、结语

印尼棉兰的发展与华侨华人在当地的长期耕耘分不开。其中，张榕轩家族则是与棉兰开埠息息相关的客家籍华侨华人。作为张榕轩家族的一员，张洪钧秉承其家族刻苦勤劳、勇于开拓、关心社会的精神，为棉兰的发展作出了巨大的贡献。可以说，"团结创业，团结奋进"的客家精神不仅体现在张氏家族成员中，也体现在印尼苏北客属联谊会的产生与发展之中。印尼苏北客属联谊会自 2000 年成立至今，不但赢得了海内外众多客家乡贤的赞誉，而且博得了印尼华族和其他族群的好评。

① 《苏北华社诚意支持政府抗疫》，《国际日报》，2020 年 5 月 6 日第 B7 版。

试析张榕轩、张耀轩对客家精神的建构

苗体君①

在中国近代史上，张榕轩、张耀轩兄弟是闻名遐迩的华侨实业家、慈善家和爱国华侨领袖。他们祖籍广东梅县松口溪南，是地道的客家人。张榕轩（1851—1911），名煜南，家名爵干。张耀轩（1861—1921），名鸿南，家名爵辉。张氏兄弟出生在一个贫苦农民家庭。正是因为家庭的贫穷，兄弟二人便辍学前往荷属苏门答腊岛谋生。凭借客家人的勤劳与智慧，在异国他乡，在人地生疏的环境下，兄弟二人披荆斩棘，悉心经营，领导华侨开设商店，建设屋舍，使当时一片荒凉的日里变为商贸发达、百业兴旺的苏门答腊岛的省会棉兰。张榕轩、张耀轩兄弟也因此成为"棉兰开埠之功臣"，并被荷兰殖民当局委任为华侨领袖。最为可贵的是，兄弟二人富而思源，不忘报效国家，以一己之力来拯救危亡中的国家。"他们慷慨解囊，兴学校、赈灾民、修桥梁、筑道路，以图改善民生；他们敢为天下先，开铁路，办银行，为振兴国家经济竭尽绵薄；他们积极支持孙中山领导的辛亥革命，为中国第一次腾飞尽心尽力。"② 张榕轩先后被清政府与民国政府授予荣誉官衔，并被聘任为中国政府驻槟榔屿副领事、南洋商务考察钦差大臣、农商部高级顾问，还被授予"三等嘉禾章"等。张耀轩也因修筑潮汕铁路，开创了中国近代民营铁路的先河，为国人所熟知。兄弟二人在兴办实业及慈善事业取得成功的同时，也建构出了伟大的客家精

---

① 苗体君，广东海洋大学教授。
② 《富而报国　长怀桑梓——张榕轩张耀轩张步青学术研讨会在京举行》，《海内与海外》2011 年第 10 期，第 22 页。

神，成为中华民族精神谱系中的重要组成部分，张榕轩兄弟建构出的客家精神的内涵包括以下四个要素。

一、"艰苦创业、奋发图强"的奋斗精神

历史上，客家人长期处于迁徙中，当蒙古大军一路追杀，客家人跟随南宋皇帝，经长途跋涉，筚路蓝缕，驾着简陋的车，穿着破烂的衣服，为了躲避战乱，开辟山林，在贫瘠的山区走出了一条艰苦卓绝的发展道路，锻造出了艰苦创业、奋发图强的优良品质。客家人正是以其卓越的人文精神，即"艰苦创业、奋发图强"的奋斗精神而著称于世。所以，用《左传·宣公十二年》中的"筚路蓝缕，以启山林"来形容客家人的艰苦创业和坚忍不拔是再合适不过的。

客家人越过梅岭古道到达广东后，在人迹罕至的边远山区和深山老林里寻找栖息之地。宋元以后，由于中国南方远离中原王朝，王朝变迁的烽火波及不到，南方人口急剧膨胀，各地都面临着人多地少的问题。为了扩大耕地面积，江浙一带主要是围湖造田，湘赣一带主要是筑垸造田，广东、福建沿海地区在浅海地带筑堤围垦，营造沙田，而居住在山里的客家人则只能开辟梯田。特别是张榕轩、张耀轩兄弟祖上所在的广东东部有项山山脉、阴那山脉、凤凰山脉、释迦山脉等。这些山脉的最高峰，一般都在海拔 1 000 ~ 1 500 米。这些山脉与海拔 200 ~ 800 米的低矮起伏的丘陵地带交错，形成了大大小小的盆地。这样的自然环境，给客家人的生活带来了极大的困难。客家先民面对恶劣的自然环境，采用从中原带来的先进农业技术，因地制宜，在发展粮食种植业的同时，利用山区发展经济作物，还利用丰富的资源发展手工业。经过数代人的努力，到了明代，特别是明末清初，粤东客家人聚居区已显露出山区经济的特色。客家先民发扬艰苦创业、勤俭兴家的传统美德，以杰出的智慧和辛勤的劳动开拓自己的家，为后人在这里繁衍生息奠定了坚实的经济基础。

张榕轩小时候读过几年私塾。他在读私塾期间品学兼优，只因家境贫

寒而辍学。随后，张榕轩帮助其父亲张熙亮在松口圩镇经营米谷、杂货等小生意，开始初涉商业。胸怀大志的张榕轩岂能安贫立命，为此，他曾经对他的父亲慷慨激昂地说道："大丈夫既不以文学致身通显，则当乘长风破万里浪，立勋名于海外，安能郁郁久居乡曲间乎！"[①] 张熙亮赞赏儿子的远大志向，便答应年仅 17 岁的儿子随水客到南洋去创业。

　　明清以来很长一段时间里，封建统治者对外实施海禁，张榕轩赴南洋时，正值海禁初开之际。"红头船"是当时沟通粤东地区与东南亚一带航运所使用的帆船，这些船因船头油刷为朱红色而得名。张榕轩与客家先民一样，筚路蓝缕，从汕头港乘坐红头船经 20 多天海上风浪的颠簸后，最终抵达荷属巴达维亚，也就是今天的印度尼西亚首都雅加达。刚刚到巴达维亚的张榕轩举目无亲，只得去投奔大埔县籍客家人张弼士，在其公司任职。张弼士，也就是张裕葡萄酒的创始人，比张榕轩大 10 岁。张弼士 16 岁来到荷属巴达维亚，做过帮工，开过商行，采过锡矿。张榕轩到巴达维亚时，张弼士已是当时海外华侨中首屈一指的巨富。张榕轩凭借诚实守信、勤劳刻苦、善于经营的特质，深得张弼士的信任与赏识，并被委以重任。在商务往来上，张弼士都放手让张榕轩操办。辛勤总会有收获的，慢慢地张榕轩便有了一些积蓄，随后，张榕轩发扬客家先民"艰苦创业、奋发图强"的奋斗精神，开始了自己的创业之路。他辗转来到苏门答腊岛的棉兰地区。当年的棉兰叫日里埠，还是一片荒芜之地，这里属于典型的热带雨林气候，土地肥沃，虽然荷兰殖民当局早有开发日里埠的议案，但迟迟没有实施。20 岁的张榕轩到达该地时，见地广人稀、茂林蔽日，面对恶劣的自然环境，他充分发挥客家先民善耕的特点，把蛇虫遍地、人迹罕至的热带雨林看作自己"英雄用武创业之地"[②]，随后创设"万永昌公司"，

---

　　① 饶淦中主编：《楷范垂芬耀千秋——印尼张榕轩先贤逝世一百周年纪念文集》，香港：香港日月星出版社，2011 年，第 108 页。

　　② 饶淦中主编：《楷范垂芬耀千秋——印尼张榕轩先贤逝世一百周年纪念文集》，香港：香港日月星出版社，2011 年，第 109 页。

经营商业和垦殖业，并开始大规模种植甘蔗、烟叶、橡胶等经济作物，很快便事业有成。可以说张榕轩把客家先民"艰苦创业、奋发图强"的奋斗精神"移植"到了海外，并赋予了新的内涵，在荒无人烟的日里埠进行实践，并取得了巨大的成功。

二、"精诚团结、锐意进取"的创新精神

梅州客家人世代生活在山区，过着艰苦的生活，他们把从中原迁徙时带来的古老生活习俗与当地的生活环境糅合起来，形成自己特殊的生活习俗。清代《广东通志》对此有精辟的论述："民性质实，尚勤俭简素。士敦礼让，喜读书。重本薄末，敬祖睦族。酷信风水，屡葬屡迁……妇人发厉芳蒲，与男子均劳苦。"① 当然，随着时代的发展和文明的进步，这些习俗也发生了很大的变化，但有些则沿袭数个世纪至今仍风行。《周易》中说："节以制度，不伤财，不害民。"② 客家人以勤俭为做人的美德、持家的要诀，其风俗习惯以诚信简朴、精诚团结为本，体现出客家族群的力量。

客家先民从中原南迁广东，需要长途跋涉，翻越千山万水，只有精诚团结才能完成长途迁徙。到了南方后，除了要面对恶劣的自然环境，还要面对当地土著的"围攻"，所以客家人在南方要生存下去，就必须精诚团结。从客家建筑中就可以看出客家人家族内部具有高度的团结性。客家人在建造那些令世人叹为观止的巨大民居时要面对的资金筹措、地点选定、房间分配等方面的困难，如果没有一个高度有效的组织系统和议事程序，是难以克服的。慎终追远、崇敬祖先是客家人精诚团结的一种方式。祖先既有狭义的，即与本宗族有血缘关系的直接祖先，也有广义的，即历史上出现过的有作为、有贡献的客家人，被后人奉为神明崇拜。随着历史的进

---

① 范英、刘权：《广东客家人的风骨》，广州：广东人民出版社，2005年，第117页。
② 范英、刘权：《广东客家人的风骨》，广州：广东人民出版社，2005年，第117页。

步，以宗族关系为纽带的客家人的团结精神，在观念上也发生了很大的变化。到 19 世纪末，客家人中间出现许多非一族一姓的民间组织，这些民间组织在人员构成方面已不限于某一亲族，而是以某地区同乡会的形式出现，而且这种社团组织很快就发展到了印度尼西亚。

年轻的张榕轩到巴达维亚谋生时，在人地生疏的情况下，就是靠客家人的精诚团结，投奔到广东大埔籍客家人张弼士的门下任职。当稍有积蓄后，不安于现状的张榕轩便离开了张弼士，凭借其锐意进取的创新精神，到荒凉的棉兰尝试创业。当创业取得一些成绩后，1878 年，雄心勃勃的张榕轩又靠客家人之间的诚信简朴、精诚团结，与张弼士合资在爪哇日惹开设垦殖公司，经营橡胶、椰子和茶叶生意，并先后开辟了七八个橡胶种植园，还有茶叶加工厂，园区面积大到百余里，拥有工人数千人。而后，还是靠客家人的诚信简朴、精诚团结，张榕轩与张弼士合资创办了日里银行，以调剂全埠侨商的金融。经十余年的锐意经营，其拥有的资产达千万荷兰盾，成为商界的翘楚。张榕轩在事业蒸蒸日上之际，也感到非常缺人手。1879 年，张榕轩邀请在梅州老家的亲弟弟张耀轩来棉兰协助他的事业。从古到今，中国的有些家庭里，亲兄弟之间往往会因为财产纠纷或者其他原因而矛盾重重，有的大打出手，有的对簿公堂。而张榕轩、张耀轩兄弟却秉承了客家人诚信简朴、精诚团结的精神，使事业越做越大、越做越强。张耀轩天资聪颖，也是一个杰出的经商奇才，在哥哥张榕轩的提携下，张耀轩在商界大显身手。他除了协助兄长发展事业外，还凭借锐意进取的创新精神，大胆地在西利勿拉湾买下一大片土地用来种植橡胶，并以此成为当地第一个种植园主。在张耀轩的辅佐下，张榕轩可以说如虎添翼，事业上突飞猛进。兄弟俩又凭借锐意进取的创新精神，开始向房地产业进军，在日里广建房舍。随后，他们又与其他华侨开设商业区，成为后来棉兰的商业中心。

当时华侨富商汇款资助家乡亲人，或在祖国购置产业，只能到荷兰殖民当局的银行里办理汇款手续，所以荷兰殖民当局银行处于独家垄断的地

位，而且手续繁多、汇费高昂。为了方便华侨汇款，张榕轩兄弟独具慧眼，大胆投入巨资，创办了棉兰第一家华侨私人银行，也就是日里华侨银行。借助日里华侨银行的成功开办，张榕轩兄弟决定进军祖国的金融业，并以此推动民族工商业的发展，以实现其"实业报国"的理想。张榕轩兄弟的这一大胆决定，是他们锐意进取创新精神的最好诠释。他们本计划集资千万元在北京创办华侨同裕银行总行，并在上海、广州、香港、槟榔屿以及新加坡等地开设分行。但时局混乱，革命党随时都有推翻大清帝国的可能，大有"山雨欲来风满楼"之势，张榕轩兄弟审时度势，只得暂时放弃了创设华侨同裕银行总行的计划。

1897 年，应清政府邀请，张弼士回国商议筹办中国通商银行事宜。回国时，张弼士已熟知张耀轩善于筹划经营。出于对张耀轩的信任，张弼士将其在东南亚的所有企业全部委托张耀轩代理，很快张榕轩、张耀轩兄弟便一跃成为东南亚实力雄厚的财团之一。随后，张氏兄弟与张弼士以"精诚团结、锐意进取"的创新精神，合股在荷属巴达维亚和亚齐创办"裕昌"和"广福"两个远洋轮船公司，经营客运与货运，打破了外国人对海运的垄断。1910 年前后，张耀轩应张弼士邀请前往巴达维亚，会见当地侨商许金安、李全俊等，参与筹办中华银行，在总股份 600 份中，张耀轩大胆认购了三分之一。自此，张耀轩把实业进一步扩展到了爪哇岛，其经商才华也得到了充分的展示。通过对张榕轩、张耀轩兄弟从事实业、商业经历的梳理，可以清楚地看出，他们成功所借助的正是"精诚团结、锐意进取"的创新精神。

三、"崇文重教、回馈社会"的感恩精神

梅州客家先民来自中原，多出自官宦世家、书香门第，具有较高的文化素养。他们认为读书才能识理、明志，才能有出息。穷则思变，山区贫困、艰苦的生活环境激发了梅州客家人勤奋好学、积极向上的品格。梅州客家人历来重视文化教育，这是梅州客家地区文化发达的重要原因。在现

代教育兴起前，客家地区是以宗族教育来传承文化的。他们聚族而居，为了家族的繁荣兴旺大力创办族学。

梅州地区山多田少，粮食严重短缺，为了节省口粮，男子必须出外谋生。要学习谋生技能，就必须先知书识字，且其祖先是由北方迁来，多为门户清高之人，他们骨子里都存有"万般皆下品，唯有读书高""书中自有黄金屋，书中自有颜如玉"的传统观念。所以，客家男性出洋发了财，都会争着向家乡投资教育，办学堂，捐建校舍和捐献图书、设备等。崇文重教、捐资助学早已成为客家人回馈家乡、感恩家乡的最重要的内容之一。

张榕轩小时候因家境贫寒而辍学，像其他客家男性一样外出谋生。在事业取得成功后，张榕轩、张耀轩兄弟秉承客家人"崇文重教、回馈社会"的感恩精神，曾"捐资五千元光洋给梅县松口公学"①，还捐助过松口高等小学、溪南公立小学等，以支持家乡的教育事业。与同时代其他成功的客家人相比较，张榕轩兄弟站位更高，视野更加开阔，"回馈社会"不局限在出资办学范围之内。为整理挖掘抢救嘉应州的文化资源，1901年、1911年，张氏兄弟先后出资辑录了嘉应所辖五县从宋代至明清400多位先贤的遗诗，刊印《梅水诗传》。1898年，他们还慷慨出巨资印刷了由翰林院检讨温仲和纂的《光绪嘉应州志》，该书共12册32卷。张榕轩还捐资印刷了嘉应州著名女诗人叶璧华的作品《古香阁集》，捐助印刷《张氏族谱》，修缮张氏祖祠及捐助张氏历代先祖祭祀费。此外，张榕轩兄弟还回馈了家乡的多项公益事业，曾为梅县松源河口盘安石桥、松口南岸数百丈河堤等捐资，还斥资设立松口、汕头等地的乐善社，以体恤贫苦乡民。

当然，张榕轩兄弟"回馈社会"的范围并不局限在其家乡嘉应州，而是放眼全国。当陕西出现旱灾、北京发生饥荒时，张氏兄弟虽远在南洋，

① 饶淦中主编：《楷范垂芬耀千秋——印尼张榕轩先贤逝世一百周年纪念文集》，香港：香港日月星出版社，2011年，第114页。

但他们得知消息后，都会及时拿出巨款进行赈济。在教育方面，1902 年，张榕轩慷慨捐出 8 万两白银给粤督陶子方用于筹建"武备学堂"，还捐赠给香港大学 11 万元。张耀轩为广州岭南大学捐建一座两层的"耀轩楼"。此外，福建龙岩见峰桥、五星桥和香港东华医院、广东深水埗医院及孔教会等，张氏兄弟都捐助过巨额资金。

张榕轩兄弟除了以一种感恩精神"回馈"自己的家乡梅县及自己的祖国外，还积极回馈自己创业的发迹地棉兰。"你在哪里立地，就要在那里顶天。"① 这是印尼当地的一句谚语。张氏兄弟深知他们的生存与发展取决于棉兰的社会条件，所以在发展自己事业的同时，以一颗感恩之心，积极回馈棉兰这一方土地，协助棉兰当地政府解决一些社会问题，以顶起棉兰的一片天。当时的棉兰地区，遍布着 200 多座种植园，这些种植园绝大部分为荷兰殖民者所有。而种植园里的劳工都是从广东、福建等地来的，被称为"猪仔"。这些劳工每天要工作 13 个小时，月工资只有 6.5 荷兰盾，而每月的生活费就要 4.35 荷兰盾，还时常遭受处罚，可以说这些"猪仔"十年八载都无法赎身。张榕轩兄弟十分同情这些劳工，慷慨解囊为他们赎身，让他们跳出被奴役的火海。

随着中国半殖民地半封建社会程度的不断加深，广东、福建等地大批民众纷纷涌入印度尼西亚，来到棉兰。又因苏门答腊岛火山爆发，当地的难民也纷纷涌入棉兰，很快棉兰就人满为患，出现了遍地哀鸿的惨状。张榕轩兄弟"秉慈祥之德、怀恺悌之心"②，积极参与赈灾，还建立了收容所，不管是华人，还是印尼难民，一律收容。对于难民中想回原籍而没有盘缠的，张榕轩兄弟主动给他们盘缠。不愿意回原籍地的，就帮助他们找工作，或者培养他们获得一技之长，让他们能自食其力。为了收容患病的

① 黄浪华：《棉兰地区的开发功臣——张榕轩纪念馆巡礼》，《海内与海外》2012 年第 3 期，第 34 页。
② 黄浪华：《棉兰地区的开发功臣——张榕轩纪念馆巡礼》，《海内与海外》2012 年第 3 期，第 35 页。

难民，张氏兄弟还创建了济安医院和一家麻风病医院，免费为难民治疗。此外，为了能让死去的难民入土为安，张榕轩兄弟还修建了一座义山，专门收殓那些无人认领的逝者。

作为客家人的张榕轩兄弟本就有"崇文重教"的文化习俗，所以回馈棉兰社会自然也少不了兴办教育。随着棉兰商业的飞速发展，20 世纪初的棉兰已有华侨 3 万多人，华侨商店已达 1 000 多间，却没有一所华文学校。1908 年，由张氏兄弟捐资创办了敦本学校。敦本学校不仅是棉兰的第一所华文学校，也是整个苏门答腊岛第一所华文学校，可以说他们开了棉兰地区华文教育的先河。敦本学校对入学学生实行免费教育。此外，他们还以更宽广的国际视野，捐款给荷兰人的学校，用以改善他们的教学条件，还为当地土著居民创办了一所女工学校。

可以说，随着张榕轩兄弟创办实业的成功，他们秉承着客家人崇文重教的文化习俗，以一颗感恩之心在回馈家乡教育事业的同时，还积极参与家乡公益事业的发展。难能可贵的是，他们打破传统，以一种全新的视野，不只回馈自己的家乡嘉应州，还回馈整个中国，甚至回馈他事业的发迹地印度尼西亚的各项事业，张榕轩兄弟用自己的实践诠释建构出了"崇文重教、回馈社会"的感恩精神。

四、"与时俱进、光耀中华"的爱国精神

客家民系是中华民族中最为优秀的成员之一，在历史上，客家人曾经是一个有强烈的国家意识、历史责任感、民族自尊自信心的社会群体。可以说，客家人具有极强的家国情怀。当然客家文化意识源自我国民族传统文化，既有对民族文化中优秀精华的继承和发扬，也承受着封建旧文化观念的沉重负担。跟其他民族、民系的文化意识一样，客家文化意识中有其优点，也有其缺陷，有其历史的进步性，也有其一定的局限性。在进入近代以后，客家人逐渐认识到自己在客观世界中的位置和作用，从而树立起自信、自强和主观奋斗的精神，重新调整、更新和确立了自己的价值观

149

念，特别是其家国情怀下的国家观。伴随着近代中国政权的轮番更替，张榕轩兄弟也用实践与行动建构出了"与时俱进、光耀中华"的爱国精神。

1895 年，张榕轩凭借其创办实业的成功，出任中国驻槟榔屿副领事，正式步入仕途，随后便开始参与国事。晚清后的中国，政权更替频繁，而张榕轩兄弟总能顺应历史潮流而动，做到了与时俱进，把自己的拳拳报国之心展示得淋漓尽致。他们"曾热心捐巨款为清廷筹集海军经费，筹办京师医局以及赈济陕西、北京天灾饥荒等，受到清廷嘉奖"①。因为国捐助救济款额巨大，1903 年，张榕轩受赏"加头品顶戴"；1905 年被授为"花翎二品顶戴候补四品京堂"；1907 年，受赏"三品京堂"；1909 年，受赏"侍郎衔"。

1903 年，张榕轩应清政府之邀回国，"清朝光绪二十九年（1903）九月初五日，张榕轩京卿在京城皇宫受到慈禧太后和光绪皇帝的召见，商国是"②。这是当时国家给予个人的一种最高的荣誉。"清朝光绪二十九年（1903）十月二十六日，张榕轩京卿在京城皇宫第二次受到慈禧太后和光绪皇帝的召见……面陈兴建潮汕铁路乃发展潮梅地区经济之利国便民大事，得到慈禧太后嘉勉。"③ 随后，张榕轩向清廷呈请，"方今回家举行新政，首先铁路为大宗"④，正式提出了修建潮汕铁路的计划并获得朝廷批准。潮汕铁路南起汕头，北迄潮安，共 42.1 公里。为此，清廷还派詹天佑到潮汕地区进行实地勘测。后又经英国人估价，潮汕铁路全部预算为 180 万 ~ 190 万元，随后，张榕轩、张耀轩各出资 100 万元。1904 年，潮汕铁路正式开始动工建造。1906 年 10 月，铁路全部干线完工，同年 11 月

① 饶淦中主编：《楷范垂芬耀千秋——印尼张榕轩先贤逝世一百周年纪念文集》，香港：香港日月星出版社，2011 年，第 116 页。

② 饶淦中主编：《楷范垂芬耀千秋——印尼张榕轩先贤逝世一百周年纪念文集》，香港：香港日月星出版社，2011 年，第 116 页。

③ 饶淦中主编：《楷范垂芬耀千秋——印尼张榕轩先贤逝世一百周年纪念文集》，香港：香港日月星出版社，2011 年，第 116 页。

④ 林馥榆：《华侨实业家张榕轩：潮汕铁路的建设者》，《潮商》2012 年第 5 期，第 79 页。

16 日正式通车。潮汕铁路也是中国近代史上第一条由华侨投资兴建的纯商办铁路。为表彰张榕轩、张耀轩兄弟建造潮汕铁路的功绩，清政府授予张榕轩"三品京堂候补"，很快又提升其为"考察南洋商务大臣"，负责南洋商务。张耀轩也先后被清廷授为"花翎三品卿衔江西补用知府""四品京堂候补""三品京堂"及"南洋商务钦差大臣"。

晚清时期，中国政坛复杂多变，张榕轩、张耀轩兄弟总能审时度势，做出准确的判断。他们在支持晚清国家近代化建设的同时，还暗中支持孙中山领导的辛亥革命，秘密捐助巨资给孙中山创办的同盟会，所以张榕轩兄弟对辛亥革命也是有功的。1912 年，中华民国成立后，孙中山曾亲笔题"博爱"两字条幅赠予张耀轩。张耀轩还被民国政府农商部聘为"高等顾问"，民国政府还给张耀轩颁发了"急公好义"的牌匾，赏授"三等嘉禾章"。当时，张榕轩已经逝世。1918 年，张榕轩的遗孀徐太夫人七十大寿，时任民国总统冯国璋、财政总长王克敏、外交总长陆徵祥、陆军总长段芝贵、交通总长曹汝霖、交通次长叶恭绰等民国政要都题匾祝贺，这些都足见张榕轩、张耀轩对国家贡献之大。可以说，从晚清到民国，张榕轩、张耀轩兄弟用行动践行了"与时俱进、光耀中华"的爱国精神。

综上所述，张榕轩、张耀轩通过在印度尼西亚兴办实业及支持慈善事业的实践活动，建构出了伟大而独特的客家精神，其内涵包括四个要素："艰苦创业、奋发图强"的奋斗精神；"精诚团结、锐意进取"的创新精神；"崇文重教、回馈社会"的感恩精神；"与时俱进、光耀中华"的爱国精神。

张榕轩家族对客家传统善行义举家风的
传承实践

周云水①

　　张榕轩家族秉持人本主义办慈善公益，带有浓厚的爱国情怀，传承和弘扬了客家传统的优良家风。张榕轩先贤亦官亦商，满怀实业兴邦报国之远大理想，发动华商投资入股兴办潮汕铁路，殚精竭虑，中外传扬。张榕轩家族的善行义举活动覆盖面广，时间跨度大，内容丰富多样，受惠者众多。在朝觐慈禧太后、光绪皇帝时，奏曰："臣在外洋多年，身虽在外，心常系念国家，每逢需款之时，臣不竭力报效。"② 其身体力行，慨捐八万两白银筹办广州武备学校，为清廷扩充海军、办京师医局捐资，出钱为家乡赈灾济困、兴学育才、建桥修路、出版志书等。

　　张榕轩先贤之长子张步青，承继家风，爱护侨民，保工惠商，振兴华侨教育，政绩斐然。他还热诚为侨居地及祖国的文化教育、赈灾助贫等公益慈善事业服务，贡献良多，充分展示了"艰苦奋斗、开拓进取、博爱慈善"的客家精神，并与客家族群推崇善行义举的传统理念一脉相承。③ 张榕轩昆仲在侨居地乐善行仁、频施义举，行仁有道，大爱无疆，为当地各族民众称颂有加。他为侨商减免税务，兴建华侨公墓、关帝庙、天后宫、观音宫，创设收容所、麻风病医院、济安医院，凡贫困侨众一律免费治

---

　　① 周云水，江西石城人，博士，嘉应学院客家研究院副研究员。
　　② 饶淦中主编：《楷范垂芬耀千秋——印尼张榕轩先贤逝世一百周年纪念文集》，香港：香港日月星出版社，2011 年。
　　③ 周云水：《客家家风家训》，广州：广东人民出版社，2018 年。

疗。特别是 20 世纪初在苏门达腊岛率先创办敦本学校，推行华文教育，学生接受免费教育达十多年之久。其作育英才之甘霖，还涉及荷兰学校、伊斯兰教学校。笔者多年来研究客家传统家风，在各个姓氏的宗祠开展实地调研，并翻阅收集了大量的族谱。在松口南下村的张氏各宗祠走访时，对当地各式各样的客家民居尤其是华侨建筑蕴含的文化内涵印象深刻，其中就有现今修复为张榕轩纪念馆的张氏大围屋。通过翻阅张氏家谱（见图1），笔者得以了解张榕轩家族的传承谱系。另外，在张榕轩留下的《海国公余辑录》及《海国公余杂著》中，可以发现张榕轩昆仲的慈善理念渊源，而张榕轩昆仲及其后裔在国内外诸多的善行义举则与客家优良家风一脉相承。

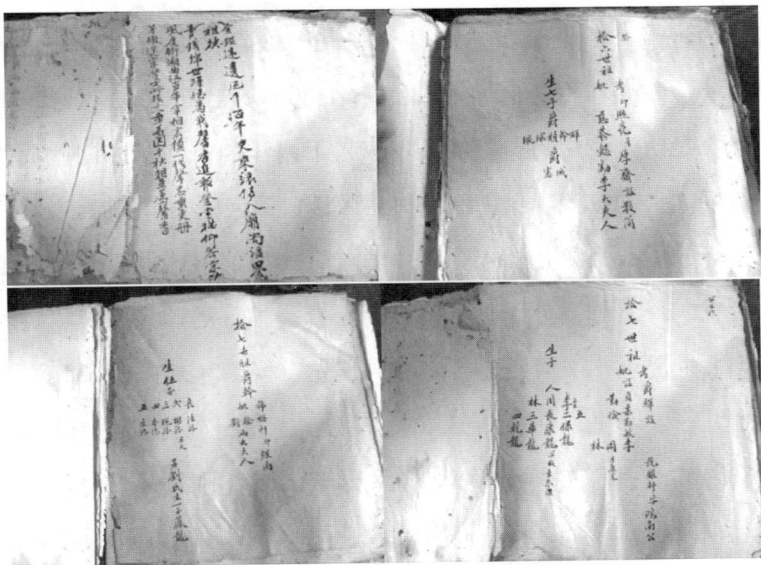

图1　松口《张氏族谱》

一、松口南下村张氏家风对慈善的推崇

宋修《百家姓考略》记载："张，商音，清河郡。黄帝第五子青阳生

挥，观弧星，始制弓矢，为弓正，主祀弧，遂为张氏。"① 清河张氏为天下张氏的始源地，其始祖为黄帝后裔挥。张氏得名较早的堂号有很多，其中包括清河堂、百忍堂、二铭堂、金鉴堂、德远堂、余庆堂、孝友堂、燕贻堂、京兆堂、精忠堂，还有河南固始堂和福建龙岩堂。清乾隆年间的《清河张氏宗谱》和清光绪年间的《清河张氏宗谱》的家训要求"敦孝弟、恤孤寡、重贤能、别尊卑、别男女、慎婚姻、崇祀典、重坟墓、谨丧制、重国课、勤本业、戒争讼"②。在漫长的历史发展过程中，张姓得到了快速的繁衍生息，许多郡望声名显赫人才辈出，对历史的发展做出了巨大贡献。他们引领当时的社会发展航向，对当时产生很大的影响。但是，他们的影响不只局限于在当代，还对后世子孙产生启迪，引领后人不断地向其学习，为社会发展做出贡献。③

近代的岭南有四大名镇：梅县松口、潮汕澄海、顺德杏坛、南雄珠玑。梅县（今梅州市梅县区）松口镇有 1 200 多年历史，地处闽粤要冲，水路发达，是明末清初闽粤赣地区客家人下南洋的首站，亦因此成为中国著名的侨乡之一。按照现今梅州市梅县区松口镇南下村《张氏家谱》的记载，张榕轩的父亲张熙亮，号厚斋，谥敬简，为第十六世，娶了李姓女子为妻，生有 7 个儿子，分别是爵辉、爵干、爵桢、爵球、爵珮、爵城、爵宪。第十七世爵干，字榕轩，名煜南，其先后娶徐、刘氏女子为妻，徐氏生有五个儿子：浩龙、彬龙、现龙、本龙、生龙；刘氏则生有一子丽龙。第十七世爵辉，字耀轩，名鸿南，先后娶李、周、林氏女子为妻，生有四子：康龙、保龙、华龙、乾龙。族谱第二页手写的家风对联为"金鉴远遗风千百年史乘流传入庙尚讴思祖德，青钱绵世泽亿万载馨香坠报登堂犹仰

① 赵杰：《天下张姓出清河》，邢台：清河张氏研究会，2009 年，第 38 页。
② 河北省清河县张氏文化委员会编：《张氏族规家训选编》，石家庄：石家庄市乡依印刷有限公司，2017 年，第 96 - 100 页。
③ 藏明、顿一鸣：《清河张氏的起源与家风文化》，《邢台学院学报》2021 年第 1 期，第 24 - 29 页。

答宗功"；另一副对联为"风度溯曲江当年宰相宏模一代声名垂史册，芳徽遥宗莹士此后文章华国千秋俎豆庶馨香"[①]。

张榕轩少时因家贫中途辍学经商，在梅县松口圩上做米谷生意，后因经营亏损，无奈告别双亲，只身漂泊，抵达巴达维亚谋生。起初，他投奔张弼士，于其门下任职，有了一些积蓄之后，便自立门户，转到当时荷兰殖民者开始经略的苏门答腊棉兰地区发展他的事业。1878 年，他与张弼士合资开办笠旺垦殖公司，垦荒种植橡胶、咖啡、椰子和茶叶，后又合伙开设日里银行，以调剂全埠金融。随后，又开设万永昌商号，经营各种商品。经过 10 余年的锐意经营，张榕轩逐渐成为棉兰地区华侨社会中的首富，成为公认的华侨头面人物。

张榕轩出国后不久，其父在家乡去世，其弟张耀轩也感到在家乡难以施展其抱负，故想前往南洋，投奔兄长。1879 年，18 岁的张耀轩告别了慈母，经过几个月的艰苦航行，于 1880 年抵达棉兰投奔其兄。张耀轩为人敦厚老实，工作细致，到棉兰不久，即被其兄委任为其企业的总管，负责管理账目。由于张耀轩工作勤恳，并赢得当地华侨社会的信任，未及数年，当张榕轩被提升为华人甲必丹时，他也被委任为华人雷珍兰。张榕轩昆仲的垦殖业获得进一步的发展。后来，他们又在西甫兰收购一处荷兰人经营不善的大种植园，并委任一个荷兰人为其 30 多个种植园的总管。张耀轩因此成为拥有橡胶园并委任白人为总管的第一个华侨种植园主。1897 年，张弼士应清政府之邀请回国筹办中国通商银行，因为深悉张耀轩能筹善算，故归国前将其在东南亚的一切企业委托他代管，这使张榕轩兄弟一时成为东南亚举足轻重的华侨财团之一。1898 年，张耀轩随张弼士从巴达维亚前往新加坡办理商务时，因受德国邮船公司推行种族歧视政策的刺激，又合股创办了华侨资本经营的"裕昌"和"广福"两个远洋航运公司。1910

---

① 饶淦中主编：《楷范垂芬耀千秋——印尼张榕轩先贤逝世一百周年纪念文集》，香港：香港日月星出版社，2011 年。

年，张耀轩应张弼士之请前往巴达维亚，参与筹办中华银行，他认购了600 股份中的 200 份，把事业发展到爪哇岛。

张榕轩与其弟张耀轩一起自主创业，成为当地华人社群的领袖，最终被荷印政府授予甲必丹、玛腰等职。因热心祖国的公益事业和维护侨居地华侨权益，张榕轩曾被清政府委任为中国驻槟榔屿副领事。晚清实施新政后，他积极筹划回国投资，主导兴建潮汕铁路，克服重重困难，确保铁路在 1906 年通车，改善了粤东的交通条件。潮汕铁路建成后，为表彰张榕轩的业绩，清廷授予他三品京堂候补。不久，又提升他为考察南洋商务大臣。正当他在花甲之年仍想为振兴祖国实业再献余热之际，却染病不起，1911 年病逝于侨居地棉兰。张榕轩去世后，棉兰华人甲必丹遗缺由其弟张耀轩继任。以后张耀轩升任棉兰华人玛腰，其实业继续获得发展，被时人称为"雄视一方的张玛腰"。1921 年 2 月 8 日，张耀轩在棉兰侨居地病逝。出殡之日，不分种族和国籍，人们从亚齐、巴东、爪哇、槟榔屿、新加坡等地赶来参加葬礼，对这位曾为发展棉兰经济及慈善业贡献巨大的华侨先贤表示哀悼。

二、张榕轩善行义举的理念

张榕轩担任了两年驻槟榔屿副领事，离任后亲自辑录《海国公余辑录》6 卷及撰写《海国公余杂著》3 卷，详述槟榔屿的古今地名沿革及他在任职期间所了解的风俗民情，记录了清政府增设各地使馆文件及世界各国概况，收录了洋务派大臣李鸿章、张之洞、薛福成等人的奏章，还有一些南洋华侨的诗词，为中国了解海外世界以及华侨了解祖国的情况，提供了非常珍贵的参考资料。张榕轩虽然不是一个儒家的文人学士，但认为伟大的儒家文明应当在海外得到发扬光大，中国人传统的价值观，如忠君、笃诚、敬老等应长期保存在华侨社会之中。他还致力于华侨教育事业，力求使华侨更加心向中国。从这个意义上说，张榕轩似乎更像一位对儒家文化推崇备至并愿意倾其财力来帮助中国实现现代化的传统的民族主义者。[①]
张榕轩对慈善公益有自己独特的理解与特殊情感,有自己的体认、感知和
思想。长期身居海外的张榕轩有着强烈的民族认同。他博施广济,对慈善
公益有着独到、成熟的见解,把积极参与国内慈善公益和救助侨社同胞视
为表达民族感情的有效方式。

张榕轩赞赏欧美君民之间"特有"的关系,认为欧美的议会制确保了
上层和下层之间"君民一体"的密切关系,从而加强了国家的内部团结;
而学校教育特别是女子教育给社会培养了大量的人才,从而促进了社会的
进一步发展。为此,他以"多行善举"为题,专门举例并进行了评述:

> 伦敦好善,老幼孤穷、废疾、异方难民,皆建大院居之,优
> 给衣食。有所谓老儒会者,皆读书寒士,虑其就食为耻,则继粟
> 继肉,遣人致诸其居。有所谓绣花局者,世家妇女家道中落,不
> 能自赡,则聚之深邃房屋,供给衣食,使之纺绣而货之,禁男子
> 不得擅入,以远其嫌。有所谓施医院者,院中罗列治病之器,后
> 有铁栅六层,乃学者立,处男女养病。房皆洁净,设矮床三十余
> 架,被褥俱备;每室有舍身义仆一人,甘心扶持病者;其上下楼
> 皆以小车载之。有所谓养老院者,男妇老者日三饭以为常,晨饭
> 一馒、一茶、一牛脂,间以嬗粥;午饭加肉,晚饭有羹,皆丰
> 洁。血气衰者,医士谓宜酒,则酒之。男外服以黑大呢,内以白
> 布,女服杂色衣裙,无异充裕之家,礼拜一易而浣濯,敝则改
> 造。寝所宽舒,男女异处,衾褥随四时为,厚薄咸备。自院中夫
> 妇偕,则共一室。周遭各有院落,可任游憩。其他义塾不可胜
> 记,经费皆绅商所凑,不足则或辟地种花养鱼,或会中演戏弄杂
> 耍,游人往观而收其入门之费、赁座之赏,以资弥补。有贵家妇

---

① 张煜南辑,王晶晶整理:《海国公余辑录(附杂著)》,上海:上海古籍出版社,2020 年。

女陈杂货，邀请国主官绅往游，选女子之美者当肆，货皆百倍其价，必购取数事而后可出，亦以其会充善举焉。伦敦然，推之中国亦然。光绪三四年间，山左右两省大饥，英之助赈者三万余金；前年黄河郑口一决，沿河一带饥民尤为可惨，英人助赈，三月间费银三十四万两。巨款乐输，毫无吝色，真可谓好行义举者矣!? 善举不难，难在布置如此之得宜耳。此则西法之可师者矣。①

另外，他以中国传统文化里非常注重的寓言，分析听来的外国故事《抽水救火蛇》，进一步阐述他对慈善事业的理解：

美国有地名那高打者，在美苏里河下游。西报言其地产蛇如喷水筒式，人呼为抽水蛇。此蛇不知所自来，一千八百八十六年春，始有人在伊门上村落见之，大都身长十六英尺，径三英寸，成群结队，约三百尾。其舌底有一孔如筒，透至尾，孔径三英寸，柔软同橡皮而坚固过之。教养极易驯熟，能为人作工。是处之人，时时掩取。有一农夫在吉地路地方养二千尾，教之工作，用口一吹，其蛇齐至河边，中推一条为首，自沉于水，其尾搭岸上，第二条即含其尾，由是次第接含，长三百尺，接至牛栏灌水给牛饮。农夫云往时有一屋堆积麦秆，忽然失慎，农夫急往扑灭无奈，其人救助正苦无策间，忽闻长林丰草中扑簌有声，视之，则抽水蛇相率往近处小河，推为首者入水，互相含尾，引水拨火，甫十五分时，屋内火已全息。当为首者入水时，救火心急，甚为出力，咸闻其吸水之声，及起，力竭而毙。然则此蛇也，不

① 张煜南辑，王晶晶整理：《海国公余辑录（附杂著）·海国轶事》，上海：上海古籍出版社，2020 年，第 272－273 页。

但有用于农圃，并有义气凌霄，诚千古之罕有者矣。人具灵性，物亦有之。美国产抽水蛇，可以助农功，并可以御火灾。兼此两美，人犹难之，初不意蛇甘为其难而力竭亡身也。录此以为舍生取义者劝。①

20 世纪伊始，丘逢甲与温仲和、何士果、温廷敬等师友就在汕头创办岭东同文学堂，"以欧西新法教育青年，以革命维新鼓励士气"，使过去被封建思想禁锢的青年，初次受到西方自由民主思想的洗礼。1902 年 5 月 5 日，在汕的客家人杨源以及何士果、陈云秋、温廷敬等人，则借鉴和参考国内外所办报刊的经验，以吴子寿的房产"岭东阅报所"作社址，创办了汕头第一家地方报纸《岭东日报》。之后，《岭东日报》在《潮嘉新闻》栏目中多次报道张榕轩的慈善理念及其家族的善行义举。比如：

> 1906 – 5 – 12 大清光绪三十二年丙午四月十九日
>
> 张京卿桥梓热心助学
>
> 汕埠八属正始学堂，由杨季岳大令，张公善驾部等，经营创设，自开学以来，学生日增，进步亦速，近日复扩充校舍，规模益宏，兹闻张公善驾部之尊人榕轩京卿，捐银四千元，为学堂经费，公善驾部，近又备资，自上海购回仪器标本数百种，及化学药品、哑铃等件，捐助学堂。夫潮汕铁路，为中国自办之始，而京卿既开其先，而兹又能独捐巨款，培育人物，京卿桥梓，真新世界中之翘楚。

张氏昆仲信奉"积善之家，必有余庆；积不善之家，必有余殃"的古

---

① 张煜南辑，王晶晶整理：《海国公余辑录（附杂著）·海国轶事》，上海：上海古籍出版社，2020 年，第 277 页。

训，认为赚到了钱，一定要回馈社会。因此，他们对公益慈善事业非常热心。在棉兰，由于华人学校很少，华人子弟要学习中华文化，甚为困难，他们担忧这样下去，不出一两代人，中华文化在海外很可能有本根断绝之忧，于是便独资兴办敦本学校、修建中华学校校舍，实施免费教育，培养莘莘华人学子。从"敦本"这个校名，可以看出张榕轩昆仲树人立德、敦本厚俗的办学宗旨。他们还在棉兰兴建了关帝庙、天后宫、观音宫，每年的关帝诞、天后诞和观音诞，人们都会来举行隆重的庆祝仪式，祈求风调雨顺、国泰民安。张榕轩昆仲是日里中华商务总会的创办人，这个组织专为华侨服务，如代办护照，方便归国省亲，以慰侨胞的乡情，还协调华侨的商务，解决纠纷，排忧解难。他们在棉兰日里河上建造大铁桥，以利交通；创立济安医院、麻风病医院，为贫困者施医赠药、免费治疗等。1904年，张榕轩获得爪哇总督颁发的"柯士德奖章"。荷印殖民当局为纪念他开发棉兰埠的功勋，将棉兰一条繁华马路命名为"张榕轩街"。

三、张榕轩昆仲的善行义举

除了在棉兰行善行义举外，对于祖国，张榕轩昆仲也一片赤诚。他们曾捐款资助清政府扩充海军力量，陕西闹旱灾，顺直发生饥荒，他们都曾捐献巨款。对于家乡的文化教育事业，他们也予多方资助，如捐款4 000元作为松口中学的建校费用，独资捐助出版宋明至清末嘉应历代名人诗选——《梅水诗传》13卷，鼎力资助温仲和纂的《光绪嘉应州志》，出版了《海国公余辑录》6卷10册。他们还给香港大学捐赠10万元；给岭南大学捐了一座二层的"耀轩楼"；1910年，江南开劝业会，张榕轩昆仲带头捐款30万元，以倡导"实业救国"。值得一提的是，在同乡会、同盟会会员谢逸桥的发动下，张耀轩曾捐了一笔巨款支持孙中山领导的革命起义，在其"大力相助带动下，南洋华侨由是踊跃输将"。为此，民国成立后，孙中山先生特为张耀轩亲笔题赠了"博爱"大字斗方一幅，借以表彰其支持革命的义举。

张榕轩昆仲捐巨资在家乡修公路，架桥梁，建学校和图书馆，并因筹集海军经费，筹办京师医局以及赈济陕西、顺直灾荒等有功，受到清廷嘉奖。张榕轩昆仲在国内的各项事业中，贡献最大、影响最深的，莫过于发起修建了潮汕铁路。1895 年，张榕轩继张弼士之后出任中国驻槟榔屿副领事。此后，他由于向祖国捐助了许多救济款项，先后被清政府授予"花翎二品顶戴""四品卿衔""四品京堂候补"等头衔。1903 年，在张弼士的劝说和鼓励下，张榕轩应邀回国，决心参与家乡铁路建设。他进京后不久，受到慈禧太后的接见，这在当时是一种特殊的荣誉。他向清政府提出的在韩江下游修建潮汕铁路的计划和《潮汕铁路有限公司章程》获得了批准。从此，他向"实业救国"的理想迈出了重要的一步。

潮海关税务司马根在《光绪二十四年汕头口华洋贸易情形论略》中称："惟汕至潮州府路出韩江，中有浅沙，小轮至此，恐不能越雷池一步，鄙见极宜建筑铁路一小段，联络潮汕，则陆有坦途，便于转运岂不妙哉。"如果不是张榕轩率先行动，可能不会出现后来华侨对中国铁路建设的大规模投资。1904—1905 年建设的潮汕铁路为华侨投资者树立了榜样。这条铁路的资金主要来自东南亚，特别是英属马来亚和荷属东印度的华侨，资金总额超过 300 万银元。

1903 年，张榕轩的计划得到商部的全力支持，他筹建的潮汕铁路有限公司也得到广东省政府的保护。这种保护是任何现代企业的成功不可或缺的。根据得到清政府批准的《潮汕铁路有限公司章程》，公司共发行10 000 份股票，总金额为 200 万银元。每张股票为 200 银元，先交 50 银元，其余分两次缴付。该章程还规定，政府不参与投资，盈亏概由张榕轩和其他发起人负责。

张榕轩任潮汕铁路有限公司董事长后，为了使工程顺利进行，就主动寻求当地士绅的支持，并委任一名叫萧志山的有势力的士绅当潮汕铁路有限公司总经理。萧志山为"三品卿衔花翎顶戴"，潮州北部的巡回役补，在地方上既有财又有势。张榕轩在给萧志山的一封公开信中，着重强调这

项工程乃着眼于国家利益，有益于当地商贾百姓，并指出建造该工程的目的在于防止外国对中国经济的控制。除用爱国主义对萧氏进行说服外，张榕轩还从他们之间的长期交情和共同关心家乡福利事业的角度动员其协力相助。

潮汕铁路为中国带来了心理上和政治上的成功。在心理上，它给全国人民带来了自信心和民族自豪感。在铁路动工之前，举国上下都注视着这一工程，把它看成一个考验。铁路的建成激励了无数的中国人，使他们相信中国人同样有能力建设现代化的铁路。它为现代私人企业的经营管理树立了一个榜样，说明新的商办形式取代旧的官督商办形式是切实可行的。它也为华侨投资中国铁路建设开了先例。纵观历史，潮汕铁路建成所产生的自信心，对于后来中国海内外资本家从事这一类建设具有很重要的意义。张榕轩由于投资潮汕铁路而名垂青史，潮汕铁路也因华侨投资而在中国经济史册上占有一页。张榕轩建设潮汕铁路的动机代表了许多华侨的追求和愿望；而建设铁路的种种困难和有限的成就则是许多华侨资本家在清朝末年投资中国经济现代化的命运的一个缩影。①

19世纪末，国内有识之士把实业救国的主张高唱入云。光绪二十五年（1899），张弼士被委任为佛山铁路总办，后调任督办闽广农工路矿大臣，上疏《招商兴办铁路》和《招徕侨商兴办铁轨支路》。光绪二十九年（1903），在张弼士力邀之下，张榕轩踏上归国之程。多少年魂牵梦绕的家乡，今日终于衣锦荣归，然而人生易老，世事沧桑，心头难免有无限感慨。张榕轩奉旨进京，两次受到光绪帝与慈禧太后的接见。慈禧向他详细了解南洋的地理与政治情况，华民在南洋的生活情形，询问张榕轩在南洋的经商经历和赈捐数额。在第二次召见时，谈到了兴建铁路的问题。张榕轩向慈禧表示："方今回家举行新政，首以铁路为大宗。"慈禧深以为然，

---

① 颜清湟著，吴凤斌译，柳明校：《张煜南和潮汕铁路（1904—1908年）——华侨在中国现代企业投资实例研究》，《南洋资料译丛》1986年第3期，第133－140页。

嘱咐他特别留意招商回国投资事宜。

张榕轩建议在韩江下游修建潮汕铁路。当时潮州府城与汕头埠商业繁盛，番夷辐辏，红船云集，有"百载商埠"之称，海上航运发达，但对内交通十分不便，阻碍了经济的发展。英商怡和洋行、太古洋行，先后提出在此修建铁路，均未获当局批准。而张榕轩提出用侨资兴建，得到慈禧赞赏，要他"赶紧认真办"。离京后，张榕轩星夜南返，召集广东绅商讨论制定《潮汕铁路公司章程》和筹组公司有关事宜。潮汕铁路，南起汕头，北迄潮安，全长39千米，后来又加筑了意溪支线，共42千米。沿途在庵埠、华美、彩塘、散巢、浮洋、枫溪等地设站，方便沿线民众出行。干线、支线全部工程预计需300万元。

张榕轩怀着一个"铁路救国"的梦想，不辞劳苦，四处奔走筹措，动员亲友集资。张榕轩昆仲各投资100万银元，梅县松口籍华侨富商谢梦池和厦门籍富商林丽生等共认股95万银元，不足之数由张榕轩昆仲包下。众人推举张榕轩为公司董事长、倡建首总理，谢、吴、林为倡建总理。铁路的勘测设计，由著名工程师詹天佑负责。张榕轩等联名呈请朝廷商部批准潮汕铁路立案。商部尚书戴振清向光绪帝递呈《奏请准办潮汕铁路折》，声称"迟之日久，恐有洋人觊觎"。呈上奏折翌日，光绪帝御批："依议。"

潮汕铁路于光绪三十年（1904）动工兴建，至光绪三十二年（1906）全部干线完工通车，成为中国第一条由华侨投资兴建的纯商办铁路。自建成通车之日起，至1939年被日军毁坏为止，共运营了33年。为了表彰张榕轩修建潮汕铁路的功绩，朝廷授予他"三品京堂候补"。光绪三十三年（1907），朝廷委派张榕轩筹办"长江实业"，旋又委为考察南洋商务大臣，负责南洋商务事宜；宣统元年（1909）奉旨赏给侍郎衔。

张榕轩昆仲做生意，除了眼光远大、魄力过人和精于计算之外，还有很重要的一条，就是坚持。做生意如此，做慈善公益事业也是如此，择善固执，决不三心二意。和许多漂洋过海的老华侨一样，张榕轩昆仲童年时接受的正规学校教育不多，凭的是丰富的历练，才能在商界立于不败之

地。他们这一辈人，家国观念、使命感、责任心与忧患意识特别强烈，对国家的贫弱有切身体验。也许这正是他们日后恒以振兴斯文为己任，格外关注教育、乐于资助文化教育的原因之一。

张榕轩曾捐献 8 万两银子给广州一所高级中学作基金，捐资 4 000 光洋给梅县松口公学（今松口中学），又资助溪南公立小学等；曾捐赠 10 万元给香港大学，以耀轩名义捐建岭南大学一座两层的"耀轩楼"（在今中山大学校园内）。光绪二十四年（1898）翰林院检讨温仲和编成《光绪嘉应州志》12 册 32 卷，张榕轩昆仲出资助其刊印。张榕轩昆仲又于 1901 年和 1911 年分别出资辑录嘉应五属从宋代至清代 400 多位先贤的遗诗，编成《梅水诗传》《续梅水诗传》共 13 卷。张榕轩还曾经资助嘉应著名女诗人叶璧华出版其作品《古香阁集》。张耀轩独资创办了《苏门答腊华巫双语日报》，聘请兴宁籍华人学者刘士木担任经理，对促进华巫①文化的交流起到了良好作用。

1917 年，民国政府教育部特派黄炎培、林鼎华到南洋考察华侨办学情况，嘉奖积极热心、卓有成绩者。由大总统冯国璋题颁"劝学有方"匾额一方给张耀轩，以表彰他具有远识，振兴侨学，功绩卓著。

张榕轩昆仲在家乡设立松口、汕头乐善社，扶危济困，帮助穷人；捐资兴修家乡的水利，梅县松源河口、盘安石桥、松口南岸的几百米河堤，福建龙岩建峰桥、五星桥等，他们都捐了巨资；还资助过广东深水埗医院、香港东华医院等。张耀轩先后被清廷授予"花翎三品卿衔江西补用知府""四品京堂候补""三品京堂"官衔并担任南洋商务考察钦差大臣。

1910 年前后，张耀轩与巴达维亚的玛腰许金安、甲必丹李全俊合作，共同筹办中华银行，把生意扩展到苏门答腊、爪哇各地。张榕轩逝世后，棉兰甲必丹由张耀轩继任，他不久后又升任玛腰。这时，张耀轩拥有 5 000 万荷兰盾身家，在棉兰说起"雄视一方的张玛腰"，妇孺皆知，与新加坡

---

① 巫，即巫族，是旧时华侨对印尼原住民的称呼。

的陆佑和中爪哇的黄仲涵并称为"东南亚华侨三大巨富"。

当孙中山在南洋筹集革命资金、发动反清起义时，同盟会员谢逸桥利用松口同乡的关系，找到张榕轩昆仲，请他们伸出援手。张耀轩在了解孙中山的政治主张后，大表赞同，立即捐出大笔资金，供同盟会革命之用。1912年，孙中山就任临时大总统后，特为张耀轩亲笔题赠"博爱"大字一幅，表彰他对革命的支持。1913年，民国政府农商部聘张耀轩为高等顾问，为国事筹策献议，并由民国政府颁发"急公好义"牌匾，赏授"三等嘉禾章"。

四、张榕轩后裔对慈善家风的传承

1936年在印度尼西亚棉兰出生的张洪钧，在《楷范垂芬耀千秋——印尼张榕轩先贤逝世一百周年纪念文集》代序"感恩叩谢"中提道："孩提时代，经常聆听到长辈用客家话讲述先曾祖父榕轩公（字煜南）、先曾叔祖父耀轩公（字鸿南）早年离开松口家乡来到荷属日里艰苦创业，发迹后于侨居地和祖籍地热心捐助赈灾扶贫、兴学育才等各种慈善事业的感人事迹。正如先曾祖父榕轩公在棉兰茂榕园的《榕荫堂记》中所述，'回忆生平经历，此志此心，庶可以上告先灵，下启后昆。尔愿子若孙，念兹在兹，守斯创斯。喜风矩之长存，卜云祉之适行。为世世子孙，永享勿替之休征也'。"他和夫人逐步整理曾祖父、祖父所保存的珍贵遗物，以溯源报本，慎终追远，让子孙弘扬祖训。[①] 张洪钧乡贤是印度尼西亚苏北客属联谊会永久资深荣誉主席和发起人之一。作为著名侨商的后裔，张洪钧先生与夫人林素琴女士自1972年起，凭着夫妻俩过人的胆识和智慧，先后创办了"印度尼西亚棉兰国际包装工业有限公司"（1972年）和"印度尼西亚棉兰印马印刷厂"（1975年）。2008年，在三个儿子和三位儿媳妇的辅佐

---

① 饶淦中主编：《楷范垂芬耀千秋——印尼张榕轩先贤逝世一百周年纪念文集》，香港：香港日月星出版社，2011年。

下，又兴办"印度尼西亚棉兰长青国际造纸厂有限公司"，恪守信用，锐意经营，重振家声。张榕轩后裔继承了其敢闯的拼搏精神、敢想的创新精神、家国情怀、民族气节和使命担当。2011 年 9 月 17 日，由北京国际公益互助协会与中华炎黄文化研究会客家文化研究中心、中国华侨历史学会等联合主办的"张榕轩、张耀轩、张步青学术研讨会"在北京召开，通过缅怀张氏昆仲、父子的业绩，弘扬其爱国爱乡的精神，为振兴祖国服务。

在努力保存传承家族珍贵文献的基础上，张洪钧、林素琴伉俪多次出资在中国、印度尼西亚等地举办纪念有关张榕轩、张耀轩、张步青的学术研讨会，近年在棉兰重修张榕轩墓园——榕荫堂，修建清河堂张榕轩纪念馆。他们还捐资支持梅州市华侨博物馆印度尼西亚展厅、中国客家博物馆、印度尼西亚客家博物馆的建设，支持家乡松口的公益事业。2016 年起，张洪钧、林素琴伉俪又筹资数百万元，历时两年，重修状况破败的祖居幹荫堂，布展成"张榕轩纪念馆"。

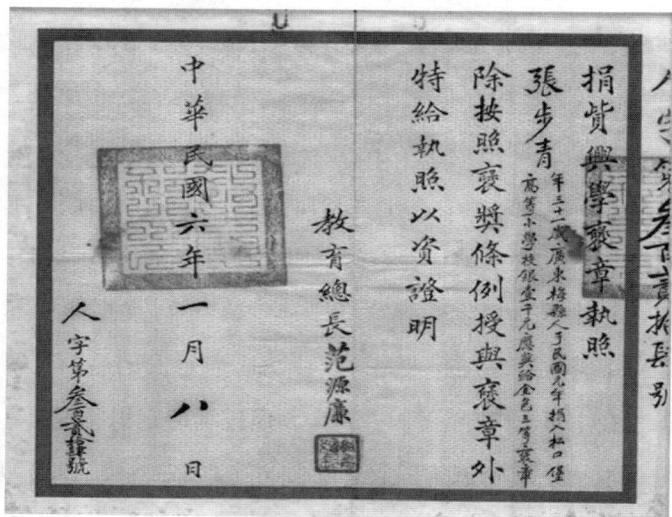

图 2　张榕轩长子捐资教育获得政府褒奖

幹荫堂是一座三堂五横一围龙的客家围龙屋，内有 84 个房间，21 个客厅，10 个天井，建筑面积 4 320 平方米，花园 600 平方米，门坪 1 050 平方米，总面积达 5 970 平方米。斡荫堂采用了大量的石湾陶、雕刻、灰塑等建筑艺术元素，尤其以采用大量的绘画装饰而炫彩夺目。其中，中厅桁梁上 90 幅百余年历史的书画作品保存完好，墙壁上有彩色壁画 150 幅，大部分在近年得到修补或重绘，其中书卷、檐画以及大门内左右墙古画 4 幅等依然保存了原来的风貌。2018 年 3 月 17 日，张榕轩纪念馆开馆仪式在梅县区松口镇南下村举行，开馆仪式吸引了海内外嘉宾近千人参加。在中国故居和棉兰墓园，两座"张榕轩纪念馆"同时用大量珍贵历史照片和实物，图文并茂地展现了张榕轩传奇奋斗的一生，重现了他赤手空拳"下南洋"的创富故事、殚精竭虑维护华侨权益的赤子情怀、实业救国的家国胸襟和崇文重教厚德报本的人生追求。

缙绅世第　商贾人家

——张榕轩、张耀轩昆仲家世小考

梁　威①

　　在人们的普遍印象中，明清时期漂洋过海外出谋生的客家先民，大多是因生活所迫，或穷困潦倒，或触犯法律外逃，或是被人"卖猪仔"拐卖到海外做苦力等。其实并不尽然，不少下南洋闯荡的人，家庭条件并非山穷水尽、难以为继，有些人是因为在海外有同乡、亲戚需要帮忙打理产业或者继承遗产，有些人则纯粹是看中了海外的发展前景和财富诱惑。对于他们来说，下南洋不是九死一生的畏途，而是一条实现人生价值的寻常路，如我们熟知的梅县松口籍侨商张榕轩、张耀轩昆仲就是如此。

一、张榕轩"出身贫寒、年少辍学"说疑端

　　张榕轩（1851—1911），名煜南，字榕轩，广东梅县松口溪南村人氏，其弟张耀轩（1861—1921），名鸿南，字耀轩。兄弟俩同为中国近代史上著名的华侨实业家、慈善家和爱国侨领。据目前比较通行的说法，张榕轩是一个家境贫寒、年少辍学的少年，其父亲在松口镇上经营米谷杂货生意，本小利微，难以养活全家，使得他只能远渡南洋谋生。其实根据一些原始资料，特别是《梅县松口溪南张榕轩家谱》和《梅水诗传》里的相关记载，有关张氏昆仲的家世情况，值得重新探讨。

　　《梅县松口溪南张榕轩家谱》由张榕轩的族亲张东坚先生提供。据族

---

① 梁威，广东梅县人，《梅州日报》社记者。

谱记载可知，张榕轩昆仲的曾祖父为张其邦，祖父为张葆能，父亲为张熙亮。出版于清朝末年的《梅水诗传》，分为《梅水诗传》《续梅水诗传》《梅水诗传再续集》三册，前两册均为张氏昆仲捐资出版，其中收录了嘉应五属地区的先贤从宋末至清末的大量诗作，并附有诗人生平简介，史料价值很高，里面收录有张氏昆仲的曾祖父张其邦、祖父张葆能、叔祖张葆光、父亲张熙亮的诗歌共 23 首。我们从这些原始资料中可以粗略勾勒出张氏昆仲的家世情况。

二、白手创业的曾祖父与喜读书的祖父

张榕轩的曾祖父张其邦，字维昌，号廷弼，生于乾隆癸未年（1763），卒于道光庚子年（1840）。族谱记载他："生平正直，白手创业，买有粮田二十余石，祖置房屋五十余间，又三余斋书室一所，松市大直街铺四间。曾营谋生理，开张油米豆、京果、广杂、布匹于松市，又开酒饼厂一所。在大埔石下坝凑伙开饷当一间，宫前伙开京果米豆二间。至在松市买授之铺业，归二间于继禄公为尝……"《梅水诗传》记载张其邦"善居积，富有田园，筑精庐，读书其中，暇即以诗自课，并课其子弟。故其诗冲淡，自成一家"。《梅水诗传》录有张其邦诗作 6 首，大多为恬静自然的田园杂咏。从以上记载可以看出，张其邦白手创业，善于经营，终使家境富足，留下了大量的产业。他在松口建造房屋，购置大量良田，在松口市购买了店铺并经营果米布匹杂货等生意，在大埔伙同他人开设当铺和杂货店，他还拨出大量产业，为张氏家族设置公尝。据嘉应籍晚清举人、香港电报局总办温佐才回忆，他曾经在三余书室与张榕轩的堂兄弟张政轩一起读书。

张其邦生有五子，长子即为张榕轩的祖父张葆能。张葆能字德才，号子俊。《梅水诗传》记载其"业儒，考授国子监大学生，著有《游燕诗草》"，并录其诗 5 首。其中两首[①]如下：

----

① 《梅水诗传》，梅州：梅县县立图书馆影印本，1943 年，第 354 页。

入监读书喜作（二首）

其一

肆业成均日，曾经考校场。奎垣星共聚，讲艺日方长。

小住容横舍，标名在上庠。会逢京兆试，桂子撷秋香。

其二

督励功无间，频年阅苦辛。人师钦作楷，弟子爱传薪。

槐植百行茂，书看万轴珍。一官期异日，薄俸荷枫宸。

从《梅水诗传》记载的诗中可知，张葆能曾在北京的国子监读书深造。北京距离松口路途遥远，过往路费和平日生活开支是一笔不小的花销，寻常百姓家难以负担。张葆能在北京日夜勤学苦读，希冀早日蟾宫折桂，但无奈最终没能更进一步。

三、舍学就商、操持有计的父亲

张葆能生有五子，第四子即为张榕轩的父亲张熙亮。张熙亮，家名联祥，字绵生，号厚斋，也是国子监学生。《梅水诗传》记载其"少读书，喜吟咏，事母以孝闻，中岁托迹市廛，藉以养亲，兼以勖子。子能光其业，留心商务，以一官乎中外望者有年，而且于从公之暇以著述见，其贻谋远矣"。《梅水诗传》录其诗7首，其中有不少他的生平自述，如在《将母行》诗中，张熙亮自述少年丧父，家里全赖母亲操持，母亲希望自己能勤奋学习，早日出人头地，但自己在学业上却进步不大，只得"幡然作变计，舍学权为商，筑店在墟市，规划殊精详"，后来"生计日益进"。在《示儿辈》诗中，他自述"少承祖父业，业在守田庐。素性爱陶韦，涉猎诗与书。中经食指繁，渐渐稀积储。谋生佐中馈，劳瘁唯身图。托业涠墟里，特创廛一隅。经营肆子母，流布通江湖。儿辈使学习，不令贪嬉娱。仲也勤簿记，季也捆载车。以此年复岁，生意参盈虚。彼仲有远志，万里风乘桴。庇代命予季，亦非长守株。一再赴沧海，兄弟相与俱。载橐归故里，差足慰倚闾……"在《己未遇乱有作》中，他自述被"乱贼"抓住，20 多天后才侥幸逃脱。所谓"乱贼"，实则是当年（1859）进攻嘉应州的太平军石达开部下石镇吉的军队。

从上面的资料可知，张熙亮自幼读书，喜爱吟咏，但在科举道路上没能更进一步，由于家里人口渐多，只能放弃学业，经商持家，并取得不小成就。同时他形容张榕轩、张耀轩昆仲天资聪颖，勤于簿记，特别是张榕轩胸有远志，乘桴南渡，兄弟俩先后远赴南洋打拼，后来满载而归。由此可见，虽说由祖父传至张榕轩父辈时，家里不再像之前那么景气，但通过张熙亮的操持，家里的生意做得还算不错。

四、经商有为的两位叔祖

除了张榕轩的直系亲属外，张榕轩的两位叔祖张葆华和张葆光也分别在商业和仕途上取得了不小的成就。张葆华字德荣，号实庵，是张葆能的二弟，生于嘉庆己未年十二月（1800），卒于丙辰年（1856）十月。族谱记载其"生平以大义为怀，壮年在松市昌盛字号经理大众生理，嗣后历年在潮城办货"。后来张葆华卸任经理，前往苏州等江南地区从事贸易，并集资建设嘉应会馆。其时苏州是前往江南地区经商的嘉应五属商人的一个重要活动中心。张葆华在此赚了不少钱，于是他花了一笔钱，由监生报捐贡生，并在家竖立楣杆，购置田地，建造中堂，甚至还花了数千余两捐了一个福建候补的官衔给长子。之后，张葆华还前往山西、直隶等省贸易，获利不菲。

张葆能的四弟张葆光，字德礼，号愚山，生于嘉庆丙寅年（1806），卒于光绪丁丑年（1877）。他在 1840 年，即 34 岁那年跟哥哥张葆华一样，前往苏州做生意，8 年后也捐了一个从九品官衔。但和张葆华不同的是，张葆光捐得官衔后前往北京"验看"，从基层开始当差，一步步积功，从广西藤县巡检升任藤县知县、浔州府知府等，最后升补为永宁州知州，《梅水诗传》称其"为官清慎，所在俱有政声"。在张葆光一步步的升迁

171

中，他先后为祖父张麟生请封五品官衔，为父亲张其邦请封"奉直大夫"的官衔，为大哥张葆能和二哥张葆华请封"奉政大夫"的官衔。虽非科举出身，但在太平天国运动期间，为清廷"平乱"有功，逐级晋升，也算仕途比较成功，去世后事迹被录入《光绪嘉应州志》的人物传，被人尊称为"愚山太守"。

现今在松口的南下村，有一座大夫第，与张榕轩所建的京卿第相邻。这座大夫第就是张榕轩的祖屋。从琉璃瓦当等材料看，现存建筑可能是由张榕轩兄弟经商发达后在清末进行了重修，但据里面墙上的一块碑记载，祖屋在清中后期道光己酉年间（1849）重修，是由张葆华主持完成的，当时张榕轩还没有出生，属于两堂半的格局。

五、商业天赋，一脉相承

由此可见，张榕轩、张耀轩昆仲的家族，不说大富大贵，但至少也是殷实之家，绝非"一条裤带下南洋"。从他们的曾祖父张其邦白手创业致富开始，他们家族四代很多人都具有商业天赋，往返于松口、大埔、潮州、苏州、山西、直隶等地开展商贸活动。与此同时，张其邦发家致富后，和传统农耕社会里的商人家庭一样，捐纳官衔，并供子孙读书，让他们通过科考等途径踏入仕途，成为当地有名望的家族。

张氏昆仲出身于这样的家庭里，自小耳濡目染，精于簿录。张榕轩少时在家乡私塾读书，后赴南洋荷属东印度（今印度尼西亚），始投张弼士门下任职，因诚实守信，天资聪颖，深得张弼士信任。数年后张榕轩自立门户，创设"万永昌公司"，经营商业和垦殖业。事业初成后，他深感人手不足，于是在1879年邀请张耀轩出洋协理商务。兄弟俩在棉兰开辟庄园，种植甘蔗、烟草和橡胶，开办茶叶、油料、制糖工厂，开设银行商号、轮船公司等，经过十余年的苦心经营，打造出了一个庞大的实业王国，成为富甲一方的"棉兰王"。张榕轩、张耀轩兄弟致富后，怀抱"实业救国"的理想，在祖国大地上兴学校、办公益、开银行等，并修建了中国第一条华侨商办铁路——潮汕铁路。在侨居地，张氏兄弟也非常关注当地民生，致力于社会公益，被殖民政府先后委任以雷珍兰、甲必丹、玛腰之职，协助管理华人事务，成为华人社会著名的侨领。张氏昆仲能够取得如此成就，赚取富可敌国的财富，想必离不开家族的熏陶。

一代侨领张榕轩、张耀轩昆仲成功背后的
性格品质探究

郭新志①

张榕轩、张耀轩是中国近代史上著名的爱国华侨和成功的实业家。经过 20 年奋斗，两个曾经穷苦的小华侨在 19 世纪末的八万多印度尼西亚华侨华人（其中客家人六千多人）之中脱颖而出，成为著名的东南亚华侨实业家和东南亚富豪。无可否认，他们的成功一定程度上得益于同乡张弼士先贤的提携和帮助，虽然得到先贤张弼士帮助和提携的乡亲应该不仅有张氏昆仲，去往南洋谋生发迹的华侨也不少，但能够富甲一方且事业辉煌、德操誉南天之人，恐当推二位。正如资政大夫江苏前先补用温灏在张榕轩五旬进一寿诞之际撰文所说，"南洋华商之富其名震于中土也久矣，然进而观其人品大都不学无术者流，一旦骤获巨资，徒知广其田园，美其宫室，骄其妻妾，沉湎乎声色之中，放肆乎礼法之外，甚且晵其目、皤其腹，夜郎自大铜臭之薰不可向迩。其尤黠者裂冠毁冕，藉外籍为护符挟制长官欺压乡里，凡若此辈虽富堪敌国，非惟无补于世且适足为风俗人心之害。欲求一富而好礼之人几无乎不可得，有之则吾乡榕轩张京卿"②。可以说，张氏昆仲成功的秘诀还是他们的性格品质。本文通过叙述张氏昆仲所经历的各事件，剖析张氏兄弟创业的胆略和气魄，以及勤劳刻苦、诚实守信、自强自立、敏锐应变、巧抓机遇、开明睿智、勇敢进取的优秀性格品质。

---

① 郭新志，安徽东至人，中国客家博物馆文博副研究馆员，主要从事客家学、博物馆学、古建筑学研究。
② 吉隆坡嘉应会馆编：《张公榕轩事功辑存》，中国客家博物馆藏手抄本，第 8 页。

一、自强、自立

张榕轩名煜南、家名爵干，张耀轩名鸿南、家名爵辉，分别于清咸丰元年（1851）和咸丰十一年（1861）诞生于今广东省梅州市梅县区松口镇溪南村的大张屋。就在张氏昆仲幼时，欧洲各国正在东南亚殖民地大力开发生产，劳工日益紧缺，急需大批劳动力，而此时国内人地矛盾日益突出且自然灾害频发，故而大量闽粤乡人改变"安土重迁"的传统固有思想，在亲友的相互牵引下或自行远渡重洋谋生，掀起了移民东南亚的高潮。

年少时张榕轩曾念过几年私塾，后因家境清贫，辍学经商，帮其父在梅县松口镇做米谷、杂货小商生意。因经营惨淡，本小利微，难以维持十口之家的生计。穷则思变，素怀"鸿鹄大志"的张榕轩未安贫立命，在出洋谋生热潮的影响下，他向父亲慨然述说："大丈夫既不以文学致身通显，则当乘长风破万里浪，立勋名于海外，安能郁郁久居乡曲间乎！"[①] 清同治七年（1868），年仅 17 岁的张榕轩便随家乡"水客"漂洋过海，只身前往苏门答腊岛棉兰谋生，开启了自强自立的人生之旅。张榕轩最初经亲友介绍投奔到华侨巨商张弼士门下担任职员。其间，张榕轩工作踏实肯干，勤奋进取，获得张弼士的赏识，在异域他乡的生活逐渐安稳下来。张榕轩从小就接受家族与家乡环境的熏陶，又接受过私塾儒家经典的教育，因而从小就立下要干一番大事业的壮志，"……少负大志……当如介子张骞立功异域，以取封侯，安能久事笔砚"[②]。于是，他以张骞、班超为榜样，在异域另创一片天地。自强自立的种子一旦在心中种下，时机成熟便会发出勃然生机。日积月累，张榕轩手头便有了一点积蓄，他便摆脱"寄人篱下"

---

① 饶淦中：《伟业彪史册 丰功耀宗邦——缅怀印度尼西亚棉兰开埠功臣、著名华侨实业家张榕轩、张耀轩昆仲》，黄浪华主编：《华侨之光：张榕轩张耀轩张步青学术研讨会论文集》，北京：中国华侨出版社，2011 年，第 4 页。

② 吴书剑：《清末现代化先驱——张榕轩昆仲》，黄浪华主编：《华侨之光：张榕轩张耀轩张步青学术研讨会论文集》，北京：中国华侨出版社，2011 年，第 136 页。

的安稳、舒适生活，开始自立门户创业。后来他来到苏门答腊岛的棉兰安顿，不久便在商界立足、崭露头角。清光绪四年（1878），在张弼士的支助下，张榕轩在棉兰开始涉足种植业，开垦荒地种植甘蔗、橡胶、椰子等。清光绪五年（1879），18岁的张耀轩下南洋前来协助兄长张榕轩处理商务。张耀轩的到来，使得张榕轩有了得力的帮手，事业蒸蒸日上。到棉兰不久后，张耀轩并未安享大哥的庇护，而是自立门户，在兄长张榕轩的支持下在西甫兰地区买下一处荷兰人经营不善的大种植园，并委任荷兰人安妮斯为其30多个种植园的总管，经营种植橡胶，历经十余年的锐意经营，企业不断壮大且促进了当地市场的繁荣，张耀轩成为该地委任白人为其总管的第一个华侨种植园主。

自强是不安于现状，勤奋，进取，依靠自己的努力不断向上；自立是靠自己的劳动生活，不依赖别人。自强不息是中华民族生生不息的动力源泉，激励着一代代中国人奋发进取、不懈奋斗。俗语"男儿当自强""好男志在四方"，张氏昆仲正是秉承了中华儿女所具有的自强、自立的优异品质，独闯南洋，最终富甲一方。

二、勤劳刻苦、诚实守信

年少下南洋谋生的张榕轩，早期投奔到华侨巨商张弼士门下，担任职员。在任职期间，张榕轩秉承客家人勤劳务实的精神，勤奋进取，自强不息。张氏昆仲除了聪颖、勤奋之外，更重要的是有诚实守信的品质。诚是信之本，信是诚的内在依据；诚是内在的道德原则，信是外在的行为规范；诚是"愿望的道德"，信是"义务的道德"，由此可见，诚、信正好代表了社会对个人两方面的要求：既要外立信的规范，又要内修诚的境界。《逸周书》载："成年不尝，信诚匡助，以辅殖财。""诚"更多地指"内诚于心"，"信"则侧重于"外信于人"。"诚于信"对于为人处世、企业发展、社会和谐都是根本。诚信被喻为公民的第二个"身份证"，是长时间积累起来的信任。由于张氏兄弟具有勤劳刻苦、诚实守信等优秀的品格，且善于经营，故而被张弼士器重且结为心腹之交。如《张弼士君生平事略》中载："结识英才，又以南洋所识者为最得力。日里港主补授棉兰玛腰张君耀轩乃君结识之心腹交好也。君与耀轩君结识之初，早知其大器，迨合伴营业，更觉其心精力果，故所营商业，无不共获厚利……"①光绪二十三年（1897），张弼士应清政府邀请回国商议筹办中国通商银行事宜，基于对张氏昆仲"其性友孝，其品端庄"的信赖，张弼士归国前就将其在东南亚的所有企业委托张耀轩全权代理。甚至寄命托孤，如张弼士旧交郑观应在其《张弼士君生平事略》中写道："君有知人之明，微时已知耀轩君为大器，预立遗嘱，举耀轩君为总挂沙人，寄命托孤，倚任甚重。"②

张氏昆仲无论在"寄人篱下"还是在自立门户之时，始终坚守"诚待四方、信义天下、诚实不欺"的品质，以德服人，以礼待人，以诚感人。如张耀轩初来棉兰之际，日常被东家派往监狱送货时，即便是对待被囚禁的犯人，也没有低看人一等，而是以礼待人，热心跟他们交流，倾听他们的心声与抱怨，久而久之，那些犯人都十分敬佩其德行，并把张耀轩看成值得托付和信赖的人。渐渐地，张耀轩在社会中的名声传开了，以至于当地发生各种纠纷时，人们总是邀请张耀轩进行调解。那时，荷兰企业的种植园区经常发生骚乱，有时甚至引发流血冲突，造成很大的损失。由于张耀轩具备解决纠纷的能力，后来荷兰人要求他帮助解决各种问题，他提出的许多建议也被种植园方面和荷兰官员所接受，无疑增强了他在各方面的威望，颇受人们尊敬。③ 后来，张耀轩渐渐成为当地各种势力的协调人、各种利益冲突的仲裁人。

177

---

① 陈世涛：《客商的足迹——张榕轩、张耀轩兄弟的致富路》，黄浪华主编：《华侨之光：张榕轩张耀轩张步青学术研讨会论文集》，北京：中国华侨出版社，2011年，第313页。

② 陈世涛：《客商的足迹——张榕轩、张耀轩兄弟的致富路》，黄浪华主编：《华侨之光：张榕轩张耀轩张步青学术研讨会论文集》，北京：中国华侨出版社，2011年，第314页。

③ 陈世涛：《客商的足迹——张榕轩、张耀轩兄弟的致富路》，黄浪华主编：《华侨之光：张榕轩张耀轩张步青学术研讨会论文集》，北京：中国华侨出版社，2011年，第314页。

三、捷于思，敏于行

《论语·里仁》说，"君子欲讷于言而敏于行"，意指君子应该言语谨慎，行动敏捷，也就是说人要注重实干不要空谈，要敏动善行，同时也不要蛮干。当然，敏于行不是无知的盲动，而是理性思考后的智慧选择。张氏昆仲就是这样"注重实干不空谈，不作秀也不忽悠，不蛮干的人"。当初"寄人篱下"的张氏兄弟二人，没有陷于墨守成规和"寄人篱下也芳香"的认知中，而是在异国他乡时刻关注商机，秉着敏于行的精神，利用自身的胆识和智慧，探索出了一系列成功的经验，从而创造了财富。具体如下：

（1）无惧瘴疠，拓棉兰。

棉兰位于苏门答腊岛东北部日里河畔，18 世纪末至 19 世纪初期之际，9 条大小河流纵横于棉兰 2 000 平方公里境内，造就了沃野千里的棉兰冲积平原带。然而，此时棉兰人烟稀少，境内只有一个一二百人的村庄，偌大的冲积平原带处于"芦苇丛杂树交柯，深入常防伏莽多"的原始、莽荒状态。随着荷兰殖民者的入侵，这片虽瘴疠遍野却适宜农作物生长的千里肥沃土地慢慢被发现并随之开发。据史料记载，1869 年，一位名叫尼羽伊的荷兰人最先发现棉兰生产的烟叶具有叶薄味醇的特性，是制作雪茄外皮的最理想原料。于是，尼羽伊在棉兰创办烟草公司，租用 1 000 亩土地并大量招募人力种植烟草。此时，初到棉兰的张榕轩"见该埠森林茂盛，土地沃壤，和（荷）人久议未开辟"[1]，便租借了一大片土地进行开垦，种植甘蔗、烟草和橡胶等经济作物，并于 1878 年成立万永昌公司。"因佐理乏人，故进行迟滞，且金融、粮食转运维艰"[2]，特邀张耀轩前来协助商务，

---

[1] 陈世涛：《客商的足迹——张榕轩、张耀轩兄弟的致富路》，黄浪华主编：《华侨之光：张榕轩张耀轩张步青学术研讨会论文集》，北京：中国华侨出版社，2011 年，第 314 页。

[2] 陈世涛：《客商的足迹——张榕轩、张耀轩兄弟的致富路》，黄浪华主编：《华侨之光：张榕轩张耀轩张步青学术研讨会论文集》，北京：中国华侨出版社，2011 年，第 315 页。

仅两三年后，公司就"收成利市真三倍，赢得洋银十万元"①。经过一段时间的经营，庄园所产烟叶巨丰，正如光绪癸卯年（1903）三月八日张榕轩致张弼士信札中写道："万宝船既经损坏，船头官查明实不堪用。现下载烟仅有万联船，诚恐该轮有事耽延，而各处之烟不能接济，所以飞电嘱舍弟在香港再购一小火轮……"②种植园的发展为张氏昆仲在棉兰掘得了第一桶金，为其后续的发展筑牢了资本。

（2）惜乡友，敏觅乡饮。

随着棉兰的开埠，大批华人来到棉兰谋生，或从事锡矿、橡胶或成为城市力夫、搬运工、车夫等。一方水土养一方人，异国他乡饮食迥异，初来棉兰的华人们难以适应，日日思念家乡可口饭菜。当众人面对这一窘境束手无策时，张榕轩却看到了无限商机。为了解决同乡的乡饮问题，他对棉兰的土壤、气候及蔬菜种植、水产养殖技术进行不断的探索、钻研。后来，他寻找到了一块适宜的地方，并从国内买来蔬菜种子，对土壤改良后进行试种，结果试种的蔬菜长势良好。后来，他又不断把国内的葱、蒜、芥蓝、白菜、黄牙白等种到那里，在满足华人的乡饮之时，获利颇丰。

（3）巧利政策，开发房产。

随着棉兰的快速开发，越来越多的人聚集于此，而棉兰原为蛮荒之地，人民居无定所，随着人口与日俱增，住房紧缺问题日益突出，这同时也蕴含着房产开发的巨大商机。能够吃苦耐劳、锐意进取，敢于接受新事物的张氏昆仲看准这一商机，积极投身于房地产事业中。房产开发是项巨大工程，需要丰厚的资金支持。面对资金的难题，张氏昆仲用敏锐的眼光紧紧把握荷兰殖民政府为开发印尼而向市场提供充裕资本这一契机，用抵押贷款的方式向当地耀亚银行借得大量资金，从而促进房地产开发事业的

179

---

① 陈世涛：《客商的足迹——张榕轩、张耀轩兄弟的致富路》，黄浪华主编：《华侨之光：张榕轩张耀轩张步青学术研讨会论文集》，北京：中国华侨出版社，2011年，第315页。

② 肖文评、饶淦中主编，郭锐、刘奕宏点校：《海峤飞鸿——晚清侨领张榕轩奏牍书信集》，香港：大中华文化出版社，2021年，第199页。

良性循环和蓬勃发展，缓解了市民住房紧缺的难题，同时促进了棉兰的进一步发展。

四、开明睿智、广交良友

张氏昆仲生性活跃，人缘广泛，日常交友并非"谈笑有鸿儒，往来无白丁"，其朋友圈涉及政商界人士、文化界人士、民主革命人士以及最底层百姓，广泛的交际圈为其后来的事业发展积累了丰富的人脉资源，同时一定程度上指引着张氏昆仲的事业发展，使得张氏昆仲在思想上能够与时俱进而不拘泥、固化，故而在不同领域有所建树和影响。如记录张榕轩生平事迹及重大贡献的《张榕轩侍郎荣哀录》（下文简称"《荣哀录》"）就附有参加张榕轩葬礼的人员名录，我们从中可见一斑。

（1）政商界方面。

众所周知，一本著作的《序》和开篇文章在全书中有着举足轻重的作用，著者往往邀请界内名流、高官大宦进行作序、题跋，以增加著作的分量。从《荣哀录》的序和开篇文章而知，张榕轩政商界的密友当推汤寿潜。汤寿潜为开篇文章《诰授光禄大夫钦差考察南洋商务大臣侍郎衔总理潮汕铁路事宜三品京堂张君榕轩别传》的亲撰者。汤寿潜在开篇文章中对张榕轩的一生进行了高度评价："方世之变，道德蔑如，伪夫乘势，猎一时之权势。甚者既猎权势以欺天下，复猎道德以欺后世，逮其身将恐不免于訿害，谓能使人蒙其利，岂理也哉！此非秉信抱悫之人，必不能勤身爱物，以大厥施于吾民。若张君榕轩者，盖其人欤！"[①] 由此可知，汤寿潜不仅与张榕轩互相熟悉，而且关系匪浅。汤寿潜（1856—1917），原名震，浙江萧山人，光绪十八年（1892）进士，清末民初实业家和政治活动家，晚清立宪派的领袖人物，浙江"保路运动"的倡导者。1905年，汤氏致力

---

① 《张君榕轩别传》，https://baike.baidu.com/item/。

于推动全浙铁路建设事业，倡议集股自办全浙铁路，发动"集民股、保路权"的爱国运动，后总理全浙铁路。而此期间，张榕轩也正忙于潮汕铁路的募资、股权、建设等各项事宜，备尝艰辛。作为同道的引路人之一，汤寿潜显然深知张榕轩修建潮汕铁路的艰辛和困难，故在《荣哀录》的别传中特别赞颂其实业报国的辛劳和功绩。

（2）文教界方面。

张氏兄弟为一代著名的客家儒商，"少笃文学，诗词见长"，除了热心支持教育慈善事业外，还积极提高自身文化修养，如《张榕轩别传》载，"自以晚年尤喜读书，有雅人之致"。他在日常生活中与文教界交往频繁，在《荣哀录》也可以看出其多与文人志士交流、学习。如晚清书法家何晋梯在《荣哀录》挽联中感怀"廿年渥荷知交古谊同声称鲍叔，万里惊传噩耗州门遥望恸羊昙"①。足见张榕轩与其相识相知二十载，友情深厚。除国内之外，张榕轩还与外国文教友人朝鲜书法家尹溪石有着深厚的交情。当惊闻噩耗时，"草圣"尹溪石撰写出感人肺腑的祭文"晚生以一介书生远游异地，辱先生知遇，情在肺腑，不敢或忘。别后自度年老多病，后会难期。……呜呼！孤客远来不见先生之面，又不能凭棺一恸，何缘之悭耶"②，深情悼念张榕轩。与文人雅士的交往不仅陶冶了情操，而且对文化领域的深耕起着一定的引导作用，以至于学识兼优的张榕轩在成为巨商富贾之外，富于著述，异于他者。如张榕轩将搜集整理东南亚国家的人文地理和人情风俗刻印成《海国公余辑录》和《海国公余杂著》。张氏兄弟还捐资出版《光绪嘉应州志》和《梅水诗传》等，为保存客家历史文化作出了可贵贡献。

---

① 黄贤强、白月：《从〈张榕轩侍郎荣哀录〉看张煜南的跨域人际网络》，张禹东、庄国土主编：《华侨华人文献学刊》（第一辑），北京：社会科学文献出版社，2015年，第65页。

② 黄浪华：《华侨之光：张榕轩张耀轩张步青学术研讨会论文集》，北京：中国华侨出版社，2011年，第135页。

（3）民主人士方面。

清末西方列强用坚船利炮打开古老中国的大门，为了挽救民族危亡，越来越多的国人开始放眼望世界，一部分先进的中国人开始了近代化的探索之路，仁人志士掀起了救亡图存的浪潮，南洋一度成为反清革命志士在海外的避居地、活动地、募资地，同时南洋华侨中的巨贾一度成为革命经费的募捐对象。张氏昆仲作为南洋巨贾和开明人士毫不例外地成为募捐对象。如革命活跃人物萧惠长和饶集蓉均与张氏昆仲有所接触，并成为密友。其中，萧惠长为《荣哀录》作序，在序文中以"孔子曰，其生也荣，其死也哀，系以荣哀，庶非溢耳"①，表达其对挚友张榕轩深深的哀悼和敬佩之情，足见两人关系亲密。张榕轩与革命志士萧惠长和饶芙裳的情谊则激励了张榕轩对革命事业的同情，使他关怀家国存亡之心有所寄托。

诚然，张氏昆仲日常朋友圈涉及面广，上至官宦士大夫，下到黎民布衣。综观张氏昆仲一生轨迹，可谓良友多多，人生轨迹上每次精彩辉煌均离不开朋友圈中良师益友的引导和助推。

五、小结

虽然一个人一时的成就有着这样或那样的偶然因素，但是终成大事者离不开天时、地利、人和三要素。综观三要素重要性，人和居首，《孟子·公孙丑下》道："天时不如地利，地利不如人和。"对张氏昆仲来说，如若天时指成功之路的伯乐、机遇，那么当推张弼士的知遇之恩；如果地利指成功之路的环境、条件，当指19世纪中叶南洋的开发和国内实业救国的兴起；倘若人和指成功之路的综合实力（成功的关键），当指张氏昆仲与生俱来的禀赋——优异的性格品质。

---

① 黄贤强、白月：《从〈张榕轩侍郎荣哀录〉看张煜南的跨域人际网络》，张禹东、庄国土主编：《华侨华人文献学刊》（第一辑），北京：社会科学文献出版社，2015年，第64页。

跨越时空：张步青人生之路与其时代

夏远鸣①

审视张步青一生的经历时，需要将其放在清末社会急剧变化的背景下。从时间上来看，他经历了从清末到民国的跨越；从空间上来看，他经历了从国内到南洋的转移。其间他经历了政权更迭后制度的变化，也经历了工作性质的变化，个人的经历也随之起伏。本文以晚清到民国变化为线索，来考察张步青的一生。

一、求学与成长

张步青（1885—1963），字公善，号浩龙，祖籍广东省梅州市梅县区松口镇溪南村，为张榕轩的长子。1885年，张步青出生于松口溪南村大夫第，少年时代就读松口公学，接受中华文化教育。旋由其父张榕轩聘请举人杨青为家庭教师，教授古典诗词、书法。在学习中国文化的同时，还学习英文、印尼文及荷兰文。

清光绪甲辰（1904）岁试，朱祖谋学使将他录取入嘉应州学，曾任附生，顺直赈捐案内报捐主事。作为张榕轩的长子，张步青的人生之路自然得到其扶持。家族富贵，也令他从小便有很高的起点。但由于时代的变化，他在科举之路上未能走得更远。1905年，张步青20岁，这一年，科举制度废除了，标志着千余年士人必经之路已经随时代改变被替换了。

但好在清末的捐纳制度仍然存在。在随后的职业生涯中，张步青不断

_____

① 夏远鸣，江西横峰人，嘉应学院客家研究院助理研究员。

捐纳虚衔。其中最高的虚衔是宣统三年由皇帝赏赐的"三品京堂候补"。

二、在清朝时期的职业生涯

在推行新政之际，为了适应新的要求，清政府成立了多个新式机构，以便于革除以前官僚体制的弊病，更好地推动改革。光绪二十九年（1903）九月二十八日，张步青被"验看签分"兵部，十月十六日被任命为"职方司行走"。

兵部是一个传统的机构，属于六部，与现代官僚机构不一样。"验看"是清朝铨选的一种制度。吏部所选的官员，先由特派的王公大臣传见，以考察其年力是否胜任。"签分"是"抽签分配"。因为官职有肥瘦，名义上是由皇帝钦定，但谁都知道，实际上是保荐的人起关键作用。这种制度的好处是避免行贿和猜忌。

"职方司"是明清两代兵部衙门的一个办事机构，类似于今天的总参谋部，长官是兵部郎中，下设从五品员外郎和六品主事，其主要职责是根据军事态势作出判断，拟订军事计划，进行军事统筹，责任风险大，不是肥缺。

这里的"行走"即入值办事之意。清制，临时调充某项职务而尚未给予正式官衔者，即称在某处或某官上"行走"，无定员，如御前大臣上行走、军机大臣上行走、南书房行走、总理各国事务衙门行走之类。北洋军阀统治时期，称额外派充之官为"行走"，如参事上行走、秘书上行走之类，多为闲散之职，亦无定员。

光绪二十九年（1903），张步青仅18岁。这正是张榕轩进京见慈禧太后与光绪皇帝的一年，张步青一同前往。可见这个职位的获得与此次进京有关。从当时的社会实际角度推测，张步青的这个兵部"职方司行走"可能是虚职。

1. 履职商部、邮传部

商部是1903年清政府新成立的机构。《辛丑条约》签订后，外国商品以前所未有之势涌入中国，外商纷纷在中国设厂。清政府在不平等条约的束缚下，已经没有力量从正面来阻遏外来侵略，而且沉重的战争赔款已使清政府的财政发生严重危机。为此，清廷屡次发布上谕，通饬京内外各大臣就变通政治，各抒所见。其间，两江总督刘坤一、湖广总督张之洞于1901年7月会奏建议："赔款极巨，筹措艰难"应"修农政""劝工艺""讲求农工商"。次年1月，山西巡抚岑春煊奏请"振兴农工商业以保利权"。清廷依据这些建议，在1902年2月谕令"特派大臣，专办商务"，并责成各省督抚认真兴办农工要务，初步确定"振兴工商"的大计。1901年4月，督办政务处在开办规条中提出："商务为财政之大端。"1902年7月，江西巡抚李兴锐奏陈："近日时事多艰，各省均有民穷财尽之患，非广开利源，断难自给"；次年12月，清廷亦承认："时局艰难，财用匮乏。"这些议论无非是对决定"振兴工商"大计的补充，说明"振兴工商"的一大重要动因，是谋求解救财政危机。

185

鉴于设立商务大臣、成立路矿总局以来，"一无成效"，而商务、路务、矿务的实权又大都落在地方督抚手中，清廷准备通过设立商部以加强控制，并实施对"振兴工商"的领导。于是，以庆亲王长子、贝子振国将军载振为该部负责人，特派载振去欧美日本考察商务。1902年10月，载振回国，提出设立商部。1903年4月，清廷命载振等制定商律。当此之际，南洋客家侨商张振勋在6月上奏："库款支绌，财力困微，其能凑集巨资，承办一切者，惟赖于商"，并提出"农、工、路、矿诸政必须归并商部一部，否则事权不一，亦非商战之利"。张振勋的主张得到采纳。1903年9月7日，清廷降谕设立商部，把商部在中央行政体制中置于仅次于外务部而列于其他各部之前的地位，任命载振为尚书。26日裁撤路矿总局，将所有路矿事务划归商部办理。

商部内分设保惠、平均、通艺、会计四司，另设律学、商报两馆。1903年10月，商部奏准在各省设立商务局，作为省级振兴工商的机构，商务局的负责人称为总办，一般由道员级的官员充任。

为了进一步完善组织，1904 年 11 月，商部奏定《议派各省商务议员章程》。该章程规定：商务议员由各省督抚于候补道府中择其公正廉明、熟悉商务者报请商部委任。其任务为考察农、工、路、矿，鼓励设立公司，提倡推广商会，调解商务诉讼，保护出洋归国华商。商务议员通常由商务局总办兼任。相应地，也设立了"路务议员"一职。

综上所述，商部权限非常大，所管辖的内容非常广泛。再加上张弼士参与商部的筹办工作，所以张榕轩等与商部能够有密切关系。光绪三十一年（1905）3 月，由清廷商务部饬委协助其父亲张榕轩、叔父张耀轩督办潮汕铁路事宜。这是张步青正式参与潮汕铁路管理工作。光绪三十三年（1907）4 月，在奉天赈捐案内报捐道员指分广西试用；同年 6 月 15 日，蒙商部以代理潮汕铁路成效昭著，委任其为商务部"路务议员"。这里的"路务议员"，是参与铁路管理的职务。

商部职掌铁路，而清政府的官办铁路原由当地督抚兼任的铁路大臣管理，商部计划通过向各官办铁路派遣路务议员来实施领导，便引起了商部和铁路大臣之间激烈的铁路领导权之争，迫使商部修改已经奏定的《路务议员章程》。鉴于商部与铁路大臣的矛盾以及商、工两部在职权范围上的交叉不清，在 1906 年 11 月的中央官制改革中，清政府把路务划分出来，归新设立的邮传部掌管，工部并于商部，改称农工商部。所以，张步青才有后来又转职于农邮传部的经历。

邮传部创设于 1906 年。在此之前，有关交通问题没有专门的机构。当时一些临时性的交通单位，分隶于不同的部门。内地商船隶工部，邮政隶总税务司，铁路、电政另派大臣主管。铁路又曾改隶商部。邮传部设立后，一切并入，置尚书及左右侍郎为主管，分设船政、路政、电政、邮政、庶务五司，各有郎中、员外郎、主事等官。所辖有邮政总局、电政总局及各省分局、电话局、交通银行（包括北京总行及上海、汉口、广州分行）、铁路总局及京汉、京奉、京张、沪宁、吉长、广长、正太等各路局。辛亥革命后，北洋政府改其为交通部。邮传部的设立，暗合了晚清交通发展的需要。

1906 年 11 月 25 日，潮汕铁路通车。清邮传部饬委张步青代理潮汕铁路督办事宜。宣统元年（1909）7 月 26 日，邮传部以张步青熟悉路政，派其充该部"路务议员"。宣统二年（1910）春，邮传部调张步青为该部"丞参上走路务议员"。

1906 年 7 月 14 日，蒙太子少保、两广总督岑春煊部堂以张步青筹办汕头正始学堂卓有成效，具折奏奖给"急公兴学"匾额，建立专坊；8 月16 日，奉朱批着照所请该衙门知悉，并出任正始学校校长六年。

2. 随团外出考察海军，参与清末海军建设

真正开启张步青人生之路的是 1909 年陪同载洵外出考察海军。这是张步青第一次跟随如此高规格的代表团外出考察，也是他第一次有机会接触京城重要人物。

这里的洵邸，即爱新觉罗·载洵（1885—1949），字仲泉，号痴云，满洲镶白旗人，是醇亲王奕譞的第六子，光绪帝之弟。后出继给瑞郡王奕志为嗣，袭贝勒。宣统元年，筹办海军大臣，并赴欧美考察海军。次年授海军部大臣，1912 年 1 月，与载涛等组织宗社党。其在海军期间，制订海军发展计划，曾访问欧美列强。

1908 年，3 岁的溥仪登基，其父载沣为摄政王。载沣上任后，为加强皇权，任用少壮派掌控军队。他自任海军大元帅，派自己的弟弟载洵掌管海军，载洵年仅 22 岁便成为清朝最后一位海军筹办大臣。随着日俄战争之后国防和海权思想的增强，发展海军重新得到清政府的重视。

筹办海军大臣载洵负责设立筹办海军事务处，年轻气盛的载洵甫一出任便宣布了一个雄心勃勃的发展海军七年规划。9 月，载洵与另一位筹办海军大臣、海军提督萨镇冰前往英国、德国、意大利和奥匈帝国等欧洲国家考察，分别向这些国家表达了订购各类战舰的意愿，先后访问了意大利、奥地利、德国、英国的海军学校和船厂。

载洵在日本订了一艘军舰，但不久后清朝就被推翻。袁世凯任中华民

国大总统后，宣布承认与日本的购舰协议。这艘订购于日本的炮舰名为"永丰舰"。1925 年，为了纪念孙中山先生，改名为"中山舰"。后来的"中山舰事件"便是发生在这艘舰上。载洵的海军改革，客观上推动了我国海军近代化的进程。

是年 8 月 15 日，清廷派遣亲王大臣出国考察各国海军，23 岁的张步青奉海军部奏调为考察团随员，遍历英、法、意、奥、德、俄，各国元首各颁赠宝星勋章。

1909 年 6 月 14 日，又蒙考察各国海军王大臣奏调充当考察美、日海军随员；七月初四，奉邮传部刢查美洲邮电事宜，遍历美、日两国。是年 12 月 29 日，蒙海军部王大臣专折，奏请奖励两次出洋随员，张步青荣获海军部颁授"金盾奖章"，并由宣统皇帝赏赐"四品京堂候补"。

为什么张步青会一同外出考察？可能的原因是，张步青的出身以及他的洋务经历。由于这次外出考察级别高、影响大，所以对于张步青而言是一种荣誉，故时常被提起。1911 年 12 月，时任钦差大臣办理南洋通商事务两江总督的张人骏为张榕轩撰写《生词记》时，也提到此事：

> 哲嗣公善京卿随洵邸，考察海军，受各国宝星之锡，邀帝廷异数之荣。他如职掌监司，权操路政，望崇佐贰，学贯中西，济美一堂，诚称有子，尤足为侍郎庆也。是为记。[①]

能够将这段经历写入碑文中，可见当时人们对于出洋考察海军这件事的认可。因此，张榕轩也于 1910 年回国督办潮汕铁路时，绕道香港以拜谒载洵，并报效海军巨款。[②]

---

① 饶淦中主编：《楷范垂芬耀千秋——印尼张榕轩先贤逝世一百周年纪念文集》，香港：香港日月星出版社，2011 年，第 168 页。

② 梁兆熙：《马来西亚槟榔埠极乐寺碑记》，饶淦中主编：《楷范垂芬耀千秋——印尼张榕轩先贤逝世一百周年纪念文集》，香港：香港日月星出版社，2011 年，第 169 页。

三、在民国时期的职业生涯

进入民国时期后，以实业为主的张步青依然被邀请参与国家政务，或任实职，或任顾问。

1. 任驻棉兰领事

1915 年秋，民国政府外交部将张步青调外交部任职，审查其出任"驻棉兰领事官"资格。是年 11 月 16 日，驻棉兰领事馆设立，张步青署理领事。该领事馆于 1916 年 2 月 23 日开馆上任，次日向南洋各大华侨华人机构发函，领事是商业事务官，为其辖区本国人之保护者，以保惠侨民。

1916 年 2 月 4 日，荷兰承认张步青为驻棉兰领事。由于张步青从小随父在棉兰生活，对当地情况非常熟悉，在维护华侨权益方面功勋卓著。1922 年，外交部任张步青为驻棉兰领事。1923 年，民国政府颁发张步青续任驻棉兰领事之委任状。1929 年，张步青辞职。

从民国四年至民国十八年（1915—1929），张步青出任中华民国驻棉兰领事 11 年、总领事 3 年。在任期间，爱侨护民，保工惠商，振兴华侨教育，政绩斐然，荣获褒奖。

2. 海军与工商部的职务

1912 年 6 月 18 日，张步青奉民国政府海军电令，任海军调查员。海军调查员这一任命，应是源自清末张步青曾参与海军创建的经历。承袭清末残存海军的民国海军，依然活跃在民国的海军部门，也是人们对他的一种认可。

1913 年 10 月，民国政府工商部向瑞琨总长聘请张步青为该部顾问官。民国政府工商部，始设于 1912 年，下设工务、商务、矿务三司；次年与农林部合并为农商部。这些有正式科层制度的机构，有固定的职员，外聘者一般为顾问。这也是基于张步青的身份与其在清朝的经历而给予他的一种荣誉。

189

四、在海内外的办学活动

创办新式学堂，以教育救亡图存是晚清至民初的时代主题之一，也是当时有经济实力的社会人士出力较多的一项事业，张步青亦不例外。

1. 出面参与创办松口体育传习所

1905 年，是参加革命团体的留日学生回国高峰期，他们除参与革命团体外，还聚集在体育学校任体操教员。1905—1908 年，是革命体育团体创办体育学校的高峰期，也是留学界革命群体蓬勃振兴的重要时期。[1] 松口便是他们活动的重镇之一。1907 年 1 月，由张步青出面，一批同仁一起在家乡松口创办松口体育传所。梅县松口同盟会在松口创办"松口体育传习所"为武装训练干部学校。该校址为温靖侯祖屋，办学经费为谢逸桥募集，设备购置由张步青捐款，师资则来自众多广东陆军学堂和日本体育学校毕业生。

2. 在潮汕创办学堂

潮汕地区是粤东以及闽西出海的门户，特别是汕头开埠以后，大量韩江上游的客家人到了汕头。在方言畛域分明的时代，子女教育也必须由自己方言群体的人出面办理。

1905 年，汕埠八属正始学堂由杨季岳大令、张公善驾部（即张步青）等客家商绅出面创办。《岭东日报》记载了这一情况。

> 汕头八属两等小学堂，立公所，聘教习，已纪昨报，兹于初九日合八属绅商，公举铁路总办张京堂榕轩之公子步青部郎为所长，以担任义务，会馆两旁副屋，一为集贤，为尚友，皆祀当日倡议捐助诸君禄位，现下公所，即设于集贤，昨经众议，会馆学

① 王颖霖：《晚清体育知识群体的公共交往（1890—1912）》，《中国体育科技》2018 年第 4 期，第 142 页。

堂，闹静各别，今既议会馆及财神宫地借开学堂，宜画会馆中堂及尚友一带右旁地，暂由学堂布置一切，而集贤一带，则为会馆董事办事之所，倘有大会议及视典，则学堂暂令停课一日，似此较规划一，众议允协，现已兴工修葺，将来公所即移设于财神宫右之药局云。①

除了创办外，张榕轩也对正始学堂给予资助。《岭东日报》载：

> 汕埠八属正始学堂，由杨季岳大令、张公善驾部等，经营创设，自开学以来，学生日增，进步亦速，近日复扩充校舍，规模益宏，兹闻张公善驾部之尊人榕轩京卿，捐银四千元，为学堂经费，公善驾部，近又备资，自上海购回仪器标本数百种，及化学药品，哑铃等件，捐助学堂。夫潮汕铁路，为中国自办之始，而京卿既开其先，而兹又能独捐巨款，培育人物，京卿桥梓，真新世界中之翘楚。②

正始学堂后来成为客家人重要的聚集场所。一些客籍同盟会成员也以此为根据地进行革命活动。1911 年，正始小学师生参与组织汕头同盟会，并与各方志士共同操戈推翻清代府县旧政权。1938 年 11 月，为准备武装抗击日本侵略军，中共潮汕中心县委在正始小学举办游击战术干部培训班，潮汕各地青抗会领导骨干 40 人左右参加了学习和训练。1953 小学部迁址并改名为福平路第一小学，后为中学。1991 年 1 月，时任广东省省长叶选平为正始中学题写了校名。现该址一部分已经重新改造，作为学校继续使用，剩下大门口题有"正始中学"的一排校房得以保存。

---

① 《八属学堂公举所长》，《岭东日报·潮嘉新闻》，1905 年 11 月 7 日。
② 《张京卿桥梓热心助学》，《岭东日报·潮嘉新闻》，1906 年 5 月 12 日。

除了在汕头创办正始学堂外，张步青还在潮州担任镇海学堂校长一职。镇海学堂也是由韩江上游八属会馆创办的，光绪三十四年（1908）2月，准广东提学使司假移请张步青兼任八属旅潮镇海学堂校长一职。

3. 在棉兰办学

棉兰，旧时称"日里"，是苏门答腊岛北部一个市镇，由张榕轩、张耀轩昆仲来此开辟，后华侨日益增加，华侨子弟的教育事务需要也日益提上议事日程。加之民国政府时期，驻外领事有推动当地侨教的义务，所以作为驻棉兰领事的张步青责无旁贷。1927年7月，棉兰侨众大会公推张步青等22人组成棉兰苏东中学建校筹备委员会，以募集基金。1930年动工建校，1931年2月25日开始正式上课。

1934年6月，棉兰华侨教育总会属下的敦本学校等8间小学合并于苏东中学，成为该校附属小学。苏东中学从1931年开学至1958年遭封闭，共27年，为社会培养了大批人才。张步青先后兼任首届至第五届董事会董事，还被聘为第六届（1936）及第二十三届（1958）的名誉董事，为推动华文教育不遗余力。1945年11月25日，棉兰华侨中学创办，张步青继续给予支持。

五、慈善、荣誉与社会职务

进入民国以后，张步青由于其工作、慈善事业等原因而不断获得各种荣誉。

1912年2月，为新加坡应新学校捐款，获得民国政府教育部张国淦总长颁发"银色三等褒章"。

1912年，松口公学被毁，张步青捐资两千银元，扶助校舍竣工。获得"金色三等褒章"。

1916年1月26日，国务总理陆徵祥向张步青颁发"五等嘉禾章"。同年10月11日，黎元洪颁发"四等嘉禾章"。

1919年3月20日，总统徐世昌颁发"三等嘉禾章"。

1917 年 6 月，民国政府教育部总长特派黄炎培、林鼎华调查南洋华侨，发特奖匾额，7 月 9 日，棉兰敦本商业学校举行开学典礼，张步青致辞。黄炎培高度评价张耀轩及张步青职业教育远见。

1917 年 12 月，唐继尧，寄赠"拥护共和一等奖章"，以表彰其勤劳国事，并赠"克光前烈"匾额一方。

1918 年 8 月，徐太夫人七十寿辰，获得冯国璋、陆徵祥等题赠的匾额。

1920 年，东北五省旱灾，张步青带头捐款一万盾，并商请荷属苏门答腊巡抚出面动员冷格埠苏丹捐助巨款赈灾，外交部颁发"二等大绶嘉禾章"以褒奖。

1921 年 5 月，武昌中华大学聘请张步青为名誉董事；10 月，汕头正始学校请张步青为董事。

1922 年 2 月，驻荷兰公使奉总统徐世昌之命，给张步青领事颁发"二等大绶嘉禾章"。11 月，黎元洪给张步青母亲徐太夫人颁发"四等金色慈惠章"。

1923 年春，荷属苏门答腊教育会领导暨全体会员，称张步青提倡华文教育成绩卓著，应给予奖励。3 月 25 日，民国政府公报，教育部彭允彝总长给予张步青"教育部二等奖章"。其时，张步青在棉兰领事馆所辖四郡努力发展华文学校达 50 余所，让中华文化薪火相传。

1923 年 12 月，福建劝业会聘请张步青领事为会员。

1928 年 11 月，徐太夫人八十寿辰，由谭延闿、于右任等题写庆寿诗。

1930 年，外交部因办学有成绩而特别发匾额一方褒奖。

1937 年元月，张步青与 21 位粤籍华商参与创办棉兰广东会馆，为联络乡情作出积极贡献。

在棉兰的慈善方面，张步青最为突出的贡献是参与修建成德桥。1916 年，张步青遵母与耀轩叔之意，与铭青、宸青一起，在棉兰市郊洼武拉河上兴建一座公路铁桥，以纪念先父，命名成德桥，又称张榕轩桥，方便了

棉兰市民，功德无量。

除以上功绩与社会活动外，1909 年，张步青还曾计划集股在潮州成立"潮河轮渡有限公司"。《岭东日报》载：

> 张督准邮传部咨，船政司案呈，案查前据广西试用道张步青等禀称，集股设立潮河轮渡有限公司，恳请立案保护一案，当经抄录原禀章程，咨请查复，并批候查明核办各在案。兹据总理潮汕铁路张京堂煜南呈称，据敝公司代理张步青等函禀，潮河轮渡起讫码头处所，潮州则设于公司意溪枝路车站附近，三河泊则靠河堤公路，期于转运便捷等语。据此，伏查敝公司所取车费，时虞不敷，曾呈请援案添筑意溪枝路以期韩江上游，客费能事运载，工竣伊始，正资有心公益之人兴办要举，以利交通。今该公司潮州码头设于敝公司意溪枝路车站附近，使行旅卸车登舟，越日可抵上游各局，快捷安全，洵于车务货商，两获其益。至韩江水浅，春夏秋时，沿河均约深七八尺，冬季稍浅，亦在三四尺上下，由此推测，小轮自当畅行无碍，用敢代行呈请迅赐批准饬办等因到部。又据张道步青禀称，前以创设潮河轮渡公司，当蒙批咨粤督饬查，嗣海阳县徐大令庆元，经据该县李绅芳兰等称，以水道淤浅诸语具覆，殊不知该绅多住潮州下游，闻见不周，由潮下汕，先年怡和洋行曾驶行小轮，时常搁浅，为之停办，潮汕铁路之筑，原因乎此，至潮州上游，则嘉应之水，及闽省永定之水，至三河泊总汇，河身较深，实有不同之势，用特遵照前批，将公司轮船起讫码头处所，及轮船经行地段，所有测量深浅，勘定水线，绘图列表粘呈，伏乞核准批示，并咨粤督饬属出示保护等情前来，查潮河水程，用小轮拖渡直接铁轨，如果行无窒碍，似于十属商民，及意溪枝路，尚有裨益，本部统筹航政，自应查明批准，以利交通，惟前经咨请饬查，尚未见复，相应咨行贵

督，饬属详查，迅速咨复，以凭核办云。①

由于种种原因，这个以改善潮州与韩江上游交通运输问题为目的的一大设想没有落实，但体现了张步青作为一名实业家对改造环境的一种愿望。

六、结语

张步青 1963 年逝世于棉兰，享年 79 岁。综观其一生，无论在清朝还是在民国时期，他都有在政府任职的经历。

在政府中，张步青的任职主要与其家族经营的潮汕铁路有着密切关系。不管朝代如何更替，国家机构如何变化，从晚清到民国，铁路事务都是国家发展的重点。有关铁路管理的机构也一再变化，他的履职经历也跟随着机构改革而变化，这一切经历都可循此找到轨迹。也正因为张步青与铁路有关，故在当时报界尊称他为"驾部"。所谓"驾部"，是一个古老的官职名，其掌舆辇、传乘、邮驿、厩牧之事。从外界对其以"驾部"称呼可以看出，张步青一生与铁路的关系，这也是外界对他身份的一种认定。这是我们探讨张步青人生职业轨迹的一个切入点。

而在政府公职外，他是一个私营铁路的经营者，一个有声望的富商。在国家财政预算不足的晚清民国时期，许多国家的事业都需要以民间的力量来操办，如教育、慈善等，富商往往能够以他的财富为社会作出大的贡献，建立起自己的社会影响力，并获得社会的褒奖与荣誉。这就决定了他的一生经历要比常人更加丰富。

195

---

① 《咨查潮河行轮之利益》，《岭东日报·潮嘉新闻》，1909 年 3 月 15 日。

关于张氏家族研究的过去十年回顾和
未来十年展望[*]

杨　扬

　　关于张氏^①家族的研究，2011 年是一个大年，因为那年在香港，一部图文并茂的史料集^②如期出版，随后在北京也举办了张榕轩（名煜南）张耀轩张步青学术研讨会并及时出版了论文集^③。2021 年，又是关于张氏家族研究的一个大年，因为彼时，在梅州，群贤毕至，少长咸集，我们再一次举办一场由张氏家族裔孙赞助并以张氏家族为主要议题的学术研讨会。站在这个关于张氏家族研究的历史节点，我们有必要对过去十年的研究进展做一番回顾，并对未来十年的研究进程做一番展望，以期让关于张氏家族的研究能够行稳致远。因为交稿紧迫，笔者主要收集了中国内地和香港的出版物，至于其他国家和地区的出版物暂付阙如，而中国内地和香港的出版物仅目力所及，难免挂一漏万，深祈方家补充，以备后期修订。

一、过去十年研究的基点

　　学术研究通常是站在巨人的肩膀上前行的，对于过去十年研究而言，

---

　　* 本文为王东教授主持的国家社会科学基金重大项目"多卷本全球客家通史"（项目编号：17ZDA194）阶段性成果之一。

　　① 为节省篇幅起见，全文提及人名一律不加尊称，望前辈时贤海涵。

　　② 饶淦中主编：《楷范垂芬耀千秋——印尼张榕轩先贤逝世一百周年纪念文集》，香港：香港日月星出版社，2011 年。

　　③ 黄浪华主编：《华侨之光：张榕轩张耀轩张步青学术研讨会文集》，北京：中国华侨出版社，2011 年。

巨人的肩膀就是上文提到的那部史料集和那本论文集。为了更清晰地了解过去十年研究的创新之处，首先要对2011年的这两种带有总结性的研究成果做一简要介绍以作比较。

《楷范垂芬耀千秋——印尼张榕轩先贤逝世一百周年纪念文集》一书的亮点在于整理了一批稀见的张氏家族文献。其中，既有家族史面向的族谱世系、个人玉照、寿庆文献、阳阴宅景等，也有社会关系面向的各界闻人赠答文字、照片，亦有政治史、经济史、社会公益史面向的荣誉实物、奏折、公文、书信、碑文等，还有艺术史面向的张氏墨宝等，可以说是一个关于张氏家族的纸上小型博物馆。特别是其中关于张榕轩长子张步青的史料是以往不多见的。这些史料的来源，据主编饶淦中《后记》介绍，一方面来自各公藏机构，如广东华侨博物馆、潮汕历史文化研究中心、汕头开埠文化陈列馆、香港中央图书馆等，另一方面也是更重要的方面来自张榕轩裔孙张洪钧在印尼棉兰寓所的私人收藏。遗憾的是，因为时间紧迫的缘故，编者未能前往北京、上海、台北等处公藏机构搜集史料，也因为机缘未到，编者在张氏原乡梅县没有斩获新史料。

《华侨之光：张榕轩张耀轩张步青学术研讨会文集》的亮点是搭起了张氏家族研究的议题框架。如果将论文集所收论文的主题作一分类，可以看到，在当时，张氏家族研究已经包含十大议题：传记、历史人物评价、企业家精神、东南亚开发、中国现代化、潮汕铁路、社会公益、客商网络、政商关系、著述。从作者的学科背景来看，历史学出身的居多，且其中多是有客家研究或华侨研究积累的，因为在这两门学问中多少都对张氏家族有所介绍，所以他们临时客串比较容易；另外，值得注意的是还有不少文学出身的作家，这可能和主编黄浪华的中国作协会员身份有关。遗憾的是，论文集所收论文的作者都是在中国大陆工作的学者，至于域外研究张氏家族且有造诣的学者，如颜清湟、黄贤强等未能入列，原因不得而知。

二、过去十年研究的回顾

和 2011 年这个大年比较，过去十年的研究在史料整理和议题精耕上有明显的进展。

在史料整理方面，有 3 部书值得注意。其一，收入《广东华侨史文库》的《〈岭东日报·潮嘉新闻〉梅州客家侨乡史料选编》①。该报是观察清末新政时期广东韩江和梅江流域区域社会情势的绝佳史料，但是目前却没有一家公私藏家收藏有完整版，故而使用率一直不高。整理者从汕头档案馆、广东省立中山图书馆、中山大学历史学系资料室和梅州剑英图书馆等处影印了现存《岭东日报》的主要内容，并从该报"潮嘉新闻"栏目中选出涉及客家华侨和客家华侨原乡的内容，进行简体横排标点整理。由于清末新政时期是张氏家族发展的辉煌期，而张氏家族投资的潮汕铁路也是韩江流域区域社会的一件新奇事，故而可以在该选编中找到非常多的相关新闻，这些新闻因为是当时人记当时事，所以为学界动态研究张氏家族的情况提供了珍贵的史料支撑。

其二，收入《近代中外交涉史料丛刊》中的《海国公余辑录（附杂著）》②。该书以往虽曾由上海古籍书店和张榕轩裔孙张洪钧影印过，但是一直流传不广，正因为如此，在 2011 年的《华侨之光：张榕轩张耀轩张步青学术研讨会文集》中只有一篇关于该书的论文。此次整理，该书以简体横排标点本的新面貌见诸于世，有利于扩大读者群。而整理者撰写的长篇《前言》，从比较的视角出发，很好地阐述了该书的学术史价值，简单地说，就是一个最新和一个第一。所谓最新，即如果说史学史上闻名遐迩的"徐继畬《瀛寰志略》代表了 19 世纪上半期中国士大夫对西方和世界最先进最全面的认识"，那么"张煜南《海国公余杂著》中的两卷续作则

---

① 肖文评、夏远鸣、王濯巾等编：《〈岭东日报·潮嘉新闻〉梅州客家侨乡史料选编》，广州：广东人民出版社，2018 年。

② 张煜南辑，王晶晶整理：《海国公余辑录·附杂著》，上海：上海古籍出版社，2020 年。

体现了 19 世纪末 20 世纪初的中国人对世界各国和国际关系最新的认识"；所谓第一，即《海国公余辑录》开篇之作《槟屿纪事本末》是"第一本关于南洋的专书"，因为虽然郭嵩焘《使西纪程》、刘锡鸿《英轺日记》、薛福成《出使四国日记》、斌椿《乘槎笔记》、张德彝《四述奇》等都曾提及南洋诸岛，但都是一鳞半爪，而《槟屿纪事本末》则以"槟榔屿为中心，折射出整个南洋的世界"。另外，整理者还特别指出，该书有两个版本，一是清光绪二十四年（1898）6 卷本，二是清光绪二十七年（1901）9 卷本，9 卷本除了比 6 卷本多出《海国公余杂著》3 卷本外，在前 6 卷的内容上也有变动。此次整理以 9 卷本为底本进行，并未将 6 卷本作为参校本，为未来从历史文献学的角度作两个版本的比较进而从思想史的视角观察张榕轩在 20 世纪之交的心迹变化留下了研究空间。

其三，以影印加整理模式出版的《海峤飞鸿——晚清侨领张榕轩奏牍书信集》①。该书弥补了 2011 年饶淦中未能在张氏原乡梅县斩获新史料的遗憾。该书所收资料由三部分构成。首先是清光绪二十八年（1902）至二十九年（1903）期间张榕轩致各界人士书信抄件 142 通，收信人既有姻亲乡亲，也有洋务侨务官员，亦有海外文人，还有清廷官员，以客家研究领域为例，温仲和、梁居实、杨沅等知名人物皆是收信人；其次是清光绪三十年（1904）至三十三年（1907）与潮汕铁路有关的往来公函奏牍抄件 39 通，往来者有商部官员、他处铁路机关、地方官员等，其中载振、唐文治、绍英等是近代史学界关注度较高的人物。以上两部分资料是 2014 年张氏家族祖居地梅县区松口镇南下村族人出示给张榕轩裔孙张洪钧的，由于多种原因，当时并未引起后者的重视，2021 年 8 月，后者意识到这批资料的历史价值，委托饶淦中、肖文评、夏远鸣、刘奕宏等前往该族人处拜访鉴定，终于使其重见天光。除了梅县这批资料，该书所收第三部分资料是

199

---

① 肖文评、饶淦中主编，郭锐、刘奕宏点校：《海峤飞鸿——晚清侨领张榕轩奏牍书信集》，香港：大中华文化出版社，2021 年。

张榕轩在印尼棉兰的后人保存的清光绪十四年（1888）至二十八年（1902）张榕轩收存的官方公文 6 通，内容关涉捐纳、赏赐、升迁等。为了达致保真和流布的双重目标，整理者将原件影印版和点校文字对照排版，并对文中出现的人物作了简介，书末还附录《张榕轩生平大事年表》以便读者快速掌握文献生产背景。该书对于研究张氏家族人物关键人生变动和日常社会关系等问题价值匪浅。

至于议题精耕方面，同样有三篇（部）论著引人瞩目。其一，关于客商网络和政商关系两个议题。有学者①首次使用张耀轩于民国六年（1917）在棉兰为家兄张榕轩编印的《张榕轩侍郎荣哀录》，在"跨域"视角的烛照下，梳理出张榕轩的三亲网络（宗亲、姻亲、乡亲）、政商网络、文教网络，这三个网络交织在一起，有力推助了他的人生崛起。该文的亮点有二，一是向学界宣介了张榕轩裔孙张洪钧保存的《张榕轩侍郎荣哀录》这一新史料，并且只作了示范研究，并未将张榕轩的人际网络说尽，为后来人的继续研究留下空间；二是在以往关注到的客商网络和政商关系之外，加入文教网络的讨论，从而为《海国公余辑录（附杂著）》的编撰背景、客家研究中南洋与原乡的互动等问题的深入研究提供了思路上的启发。

其二，关于东南亚开发议题。有学者②出版专书，以时间为经，以重点事件为纬，系统论述了印尼棉兰华侨华人社会变迁的历史，最后特别指出棉兰华侨华人在印尼华侨华人中的独特性，从而对海外华商研究中的常用概念"华人性"③作了细化。在作者的论据中，张氏家族是其关键论据，从这点看，张氏家族研究有可能成为人文学科和社会科学研究中新概念的策源地，如此张氏家族研究就不仅仅是一种事实重建，更是一种方法探

---

① 黄贤强、白月：《从〈张榕轩侍郎荣哀录〉看张煜南的跨域人际网络》，张禹东、庄国土主编：《华侨华人文献学刊》（第一辑），北京：社会科学文献出版社，2015 年。

② 杨宏云：《印尼棉兰华侨华人史》，厦门：厦门大学出版社，2016 年。

③ 张荣苏、张秋生：《改革开放以来中国学界海外华商研究述评》，《华侨华人历史研究》2018 年第 4 期。

200

索。以上所述是张氏家族研究向外的面向，如果就向内的面向来说，因为棉兰是张氏家族的发家地和根据地，该书也为读者了解张氏家族成功的起因和继续成功的秘诀提供了一个中观的具有清晰脉络的区域社会的视角。

其三，关于潮汕铁路议题。有学者①发掘出 9 条台北中研院近史所所藏清朝外务部档案，对潮汕铁路建筑中的"葫芦市案"进行了"深描"，希图了解清末地方政府如何处理中外交涉以及传统社会与现代事物的关系。该文关涉张氏家族的亮点是，一方面如上文所述提供了 2011 年饶浣中未能去台北搜集的新史料线索，另一方面是披露了张榕轩和清朝官员之间的紧张关系，这在以往的研究中是很少见的，这一事实告诉我们，张氏家族跨域人际网络也有功能偶尔失灵的时候，张榕轩的成功不是一贯的，而是建立在无数挫折基础上的，从而使得张榕轩的形象更加生动可触。

以上是对过去十年研究进展的述评。至于其不足，表现为三点。

第一是成果数量有待增加。虽然对学术研究而言，质量是胜过数量的，但是不可否认，数量是某种学问热度的指标，尤其是在中国大陆人文学科和社会科学论著数量几何式增长的当下，其中关于张氏家族的研究成果数量在整个学术界来说还是太少了，即使算上一些介绍性的论著和旁涉性的研究生学位论文②，过去十年的研究成果数量也不到 20，平均每年不到 2，这和张氏家族在环南中国海举足轻重的历史地位是不相称的。当然，

---

① 马陵合：《潮汕铁路案中的地方应对》，《社会科学辑刊》2017 年第 4 期。

② 罗英祥：《印度尼西亚客家》，桂林：广西师范大学出版社，2011 年；黄浪华：《棉兰地区的开发功臣：张榕轩纪念馆巡礼》，《海内与海外》2012 年第 3 期；林馥榆：《华侨实业家张榕轩：潮汕铁路的建设者》，《潮商》2012 年第 5 期；黄浩：《近代华侨在潮汕地区的投资研究》，桂林：广西师范大学硕士学位论文，2013 年；黄浪华：《客家人开埠》，《海内与海外》2014 年第 6 期；韩小林、魏明枢、冯君等：《粤东客家群体与近代中国》，广州：广东人民出版社，2014 年；曹云华：《印尼棉兰的客家人：海外客家人的社会变迁之三》，《八桂侨刊》2014 年第 3 期；黄浩瀚：《我国首条由华侨集资创办的商办铁路：潮汕铁路遭受日军狂轰乱炸》，《潮商》2015 年第 3 期；翁丽珠：《论马来西亚槟城"客家百万富翁街"》，《嘉应学院学报》（哲学社会科学）2017 年第 4 期；阴应新：《略论张煜南〈海国公余辑录〉中的诗作》，《韶关学院学报》2017 年第 10 期；思永：《老照片带你看潮汕铁路沧桑过往》，《潮商》2019 年第 3 期；童林珏：《南洋荷属各埠设领问题研究》，上海：华东师范大学硕士学位论文，2020 年；李童：《广东铁路工业遗产研究》，广州：华南理工大学硕士学位论文，2020 年。

笔者绝不希望关于张氏家族的研究出现低水平的一窝蜂现象，而是希望有质量的研究成果能再多一些，以保持一定的学术热度。

第二是研究队伍有待稳定。很明显，如果将 2011 年那个大年的参与学者和过去十年的参与学者比较，就会发现重叠性很低，这说明多数学者只是张氏家族研究的客串者，而不是守望者（笔者虽然进入客家研究领域多年，但是也没有将张氏家族研究作为主攻方向之一，在这一点上本人首先应该反躬自省）。事实上，不论哪种研究，都逃不了积累式创新的通则，故而游击战式的研究可能会灵光乍现，但是这种乍现的灵光因为没有后续的"接着讲"而往往无法成为有体系的知识或思想，从而被学术界更多的人注意甚至引用，因为它脱离了学术史主脉只是旁支。而作积累式研究的学者，因为学有所本，经年累月之后，往往就会产生新的想法。以黄贤强为例，正是因为他长期关注张氏家族，所以才能在张榕轩裔孙张洪钧赠送《张榕轩侍郎荣哀录》时"识货"并在所撰论文中指出文教网络这一新的研究方向。

第三是讨论议题有待应时。过去十年，中国大陆进入了新时代，整个社会发生了很大的变化，相应的官方战略需求也发生了很大的变化。可是因为研究队伍不稳定导致的成果数量稀少，使得重大时代命题的讨论中很难见到由张氏家族研究而得出的智力对策。实际上，当年张榕轩崛起的秘诀就是应时而动，今天张氏家族的研究者应该继承这一优良传统，在学术规范的框架内多作应时研究，像张榕轩把功绩留在祖国大地上那样，把论文写在祖国大地上。

上述一言以蔽之，是关于张氏家族的研究存在严重的双重纪念性。所谓双重纪念性，就是研究张氏家族的纪念性和张氏家族研究的纪念性。前者指向研究者的目的，后者指向研究内容的选择。因为研究者多是出于纪念的目的而进入研究的，所以一旦纪念目的完成，就会立马抽身，这样就导致了研究队伍的不稳定，从而带来了成果数量在常年份稀少的结果。也

202

因为研究者多是出于纪念的目的而进入研究的，所以往往选择那些"伟光正"的议题，一来这类议题有前人指路比较好写，二来这类议题在纪念性的约稿中不会说错话，这样就导致了讨论议题无法应时，因为很多应时的议题要么是需要发掘新材料才能回应的，要么是需要长期积累才能讲出新话的。

三、未来十年研究的展望

既然过去十年关于张氏家族的研究出现了三点不足，而其不足在于严重的双重纪念性，那么下一个十年，我们就应该尽力消除其不足。消除其不足的方法是什么呢？笔者认为，增强张氏家族研究的日常性就是清除的方法。而日常性如何在研究中体现呢？笔者提出三项倡议：

首先，关于成果数量方面，可以成立张氏家族研究基金会，支援学者建构十大知识产品。具体包括集、谱、丛、传、典、剧、片、品、库、馆。第一，编《张榕轩集》《张耀轩集》《张步青集》（根据文献体量，也可合编）和《张氏家族研究论文集》。前者可以参考《黄遵宪集》① 纳入中华书局的《中国近代人物文集丛书》，后者可以考虑纳入嘉应学院客家研究院的《客家学研究丛书》。第二，编《张榕轩年谱长编》《张耀轩年谱长编》《张步青年谱长编》（根据史料体量，也可合编），参考中华书局出版的《黄遵宪年谱长编》② 进入"客家名人年谱长编系列丛书"的行列。第三，根据史料多寡、学术热点以及应时需要，邀请学有专长的研究者分著专题研究专书，例如潮汕铁路议题可以参考郑德华、成露西《台山侨乡与新宁铁路》③ 和魏明枢《张振勋与晚清铁路》等书④的立意，这些专题研究专书最后统归到张氏家族与近代中国丛书中。第四，在集、谱、

---

① 陈铮：《黄遵宪集》，北京：中华书局，2019 年。
② 林振武、郑海麟、魏明枢等：《黄遵宪年谱长编》，北京：中华书局，2019 年。
③ 郑德华、成露西：《台山侨乡与新宁铁路》，广州：中山大学出版社，1991 年。
④ 魏明枢：《张振勋与晚清铁路》，广州：华南理工大学出版社，2009 年。

丛基本完备的基础上，撰写两部新传，一部为学术性的评传，确立张氏家族的历史地位，另一部为通俗性的小传，可取名《走近张氏家族》。第五，根据上述最新研究成果，全面更新纸质辞典和网络辞典中关于张氏家族的信息。纸质辞典方面，可以追逐国家社会科学基金重大项目《中国近代史大辞典》编纂①的动向，及时向项目组提供样稿。网络辞典方面，要及时更新维基百科、百度百科、搜狗百科等主流信息平台的内容。第六，依照上述学术界最新成果，参考广东汉剧大戏《黄遵宪》，排一部以张氏家族为主题的新剧，在广东汉剧中有机融入广东汉乐、客家山歌、五华提线木偶等各类各级非物质文化遗产，以非遗为载体，展示张氏家族的爱国爱乡爱家之情。第七，也依照上述学术界最新成果，重拍一部关于张氏家族的纪录片，争取在国内和印尼主流电视台播放，并分成小片段无偿在年轻人聚集的哔哩哔哩、抖音、快手等视频平台上播放。第八，基于历史事实，以张氏家族闪光点为元素，体现浓郁客家风情和南洋风貌，开发相关文创产品。第九，将上述知识产品纳入电子数据库中，既可单独搭建，也可加入某个更大的电子数据库，数据库建成后向公众免费开放。第十，在前九种知识产品的基础上，完善等张氏名人纪念馆实体，为了迎接"元宇宙"时代的到来，将实体展馆"复刻"到网上。如果上述十大知识产品能在未来十年如期问世，到2031年再开学术研讨会时，我们可以自信地说，过去十年关于张氏家族的研究做到了"十全十美"。

其次，关于研究队伍方面，可以通过科研项目支持和研究生学位论文奖励的方式，吸引更多学者将张氏家族研究作为主攻方向之一。在当今中国大陆的科研体制下，学者是否有稳定的研究方向往往和能否拿到科研项目挂钩，有了科研项目，可以保证该学者在未来3年、5年乃至10年系统深入研究某一议题，故而可以由张氏家族研究基金会首先自设横向项目，吸引学者进入，然后让学者以横向项目研究成果为前期成果申报纵向项

① 2017年11月15日立项，首席专家为中国社会科学院近代史研究所王建朗。

目，在纵向项目的申报、立项、结项等环节通过在研究者所在学校设立专向配套资金的方式支持学者。另外，可以参考国际潮学研究会设立潮汕历史文化研究博士、硕士论文资助计划的做法，吸引更多研究生早日投入张氏家族研究的行列。如果以上设想能够实现，张氏家族研究就会有一支源源不断的稳定的队伍。

最后，关于议题应时方面，可以鼓励学者在遵循学术规律的前提下密切追踪国家、省、市重大战略需求，从张氏家族研究中汲取智慧，及时回应时代命题。未来，至少在社会主义现代化强国建设、21 世纪海上丝绸之路经济带建设、构建亲清政商关系、粤东粤北振兴发展、客家文化生态保护区建设、创建东亚文化之都等命题上，张氏家族研究应该有所作为。以创建东亚文化之都为例，根据《张榕轩侍郎荣哀录》，有"草圣"之称的朝鲜书法家尹溪石是张榕轩文教网络中的重要成员，因为创建东亚之都的依据是中日韩三国的交流史，故而张、尹交谊的事迹就亟待学者去打捞以为梅州创建东亚文化之都提供更多资料支撑。

综上所述，关于张氏家族的研究，过去十年在史料整理和议题精耕上取得了一些进展，但是距离摹写出张氏家族的全相还有一段相当长的距离。未来十年，需要超前规划，步步为营，努力将纪念性的研究转变为日常性的研究，在日常性研究的新轨上让张氏家族研究的学术"列车"行稳致远。

张榕轩、张耀轩与梅州文史

张榕轩、张耀轩昆仲与梅州文脉

罗可群[1]

一、张氏昆仲，璀璨双星

张榕轩、张耀轩昆仲，广东梅县松口镇南下村人。张榕轩，名煜南，1851 年生，家境贫寒。在私塾只读了几年书便辍学，帮父亲在松口圩做小生意。稍长，即离乡背井，只身前往南洋，到荷属东印度（今印度尼西亚，下文简称印度尼西亚为"印尼"）的苏门答腊岛谋生。先在著名侨领张弼士（张振勋）手下任职，后略有积蓄，便立志自己艰苦创业，在苏门答腊棉兰经营商业、垦殖业，开办银行，红红火火，成绩斐然。弟弟张耀轩，名鸿南，1861 年生，比哥哥榕轩小 10 岁。甫成年，应其兄榕轩之邀，亦赴印尼棉兰，协助兄长管理实业。1897 年，张耀轩又协助著名侨领张弼士，代管东南亚的企业。翌年，随张弼士到新加坡创办两家远洋航运公司。张榕轩、张耀轩昆仲都成了著名的华侨实业家，卓有成就，声名远播。

清光绪十七年（1891）黄遵宪出任新加坡总领事后，十分关注南洋各地的侨领，曾推荐"智计过人，群相推重"的张弼士为驻槟榔屿副领事。而黄遵宪对张榕轩、张耀轩昆仲的了解，也应该是在这一时期。至于说此

---

① 罗可群，广东兴宁人，广东外语外贸大学客家文化研究所教授，主要研究方向为客家文学史、华文教育等。

时张榕轩任驻槟榔屿副领事，则应是将张弼士误为张榕轩的讹传。① 光绪十八年（1892），清政府驻英公使龚照瑗到槟榔屿与张弼士会面后，极为赞赏"才堪大用"的张弼士，并向清廷举荐。光绪二十年（1894），张弼士被擢升为驻新加坡总领事，接替黄遵宪。此后张榕轩才出任槟榔屿副领事。光绪二十三年（1897）张弼士应清廷之邀回国时，将其东南亚的全部企业悉数委托张耀轩代理。由此可见，黄遵宪、张弼士都非常赏识张氏昆仲。

张氏昆仲令人敬佩，不仅仅在于他们靠聪明才智和艰苦奋斗，取得了事业的成功，更为重要的是他们的人品：他们是关心同胞福祉的侨领，是情系华夏的爱国者，是古道热肠的慈善家。

张榕轩、张耀轩被委任荷属的华人官职，他们想方设法保护华侨同胞。发现侨胞受歧视、遭虐待的情况，敢于出面与荷兰当局交涉，据理力争。如华侨工商业者缴纳税金，原由荷兰当局评估计征，往往失实多估，大大加重了华侨的负担。张榕轩担任华人玛腰一职后，要求荷兰当局把税收划归玛腰公署估计代征，做到入息微者减征、失业者免征，使侨胞得到公平合理的待遇。

他们在侨居地乐善好施，创办学校，兴建医院，修筑铁路；在祖国捐资筹办京师医局，赈济陕西、河北灾民，资助海军经费，建造潮汕铁路，为松口公学和岭南大学捐出巨款。他们慷慨解囊，热心发展文化教育事业。

鉴于张氏昆仲的巨大贡献，清朝政府不断为他们加官晋爵，张榕轩后被授予"花翎二品顶戴候补三品京堂"称号，张耀轩被授予"花翎三品顶

209

---

① 据薛福成《出使公牍》卷七"批答"：《批新加坡总领事官黄遵宪禀称出巡各岛由》："据禀出巡南洋各岛，情形极为详晰，足见实事求是之意，至为欣喜。槟榔屿设副领事，既据称查有候选知府张振勋智计过人，群相推重，足膺斯任。应俟与英外部商定后，即行札派，以专责成。大小白蜡等地，各国既未设领事，则中国独设副领事，有无窒碍，亦俟与外部详细妥商，再行知照可也。此缴。光绪十八年五月二十八日。"参见吴天任：《黄公度先生传稿》，香港：香港中文大学出版社，1972 年，第 121 页。

戴卿衔江西补用知府称号"。

当张氏昆仲逐渐认识到清政府的腐败后，他们转为热情支持孙中山先生领导的辛亥革命，推翻清朝，这特别可贵。

在中国近代史上，张氏昆仲不愧为梅州地区璀璨的双星。

张氏昆仲对家乡文化教育事业的贡献，最突出的是赓续梅州文脉，辑刊《梅水诗传》，赞助《光绪嘉应州志》的出版。

二、梅州文脉

由于远离中原，地处偏僻，嘉应州（今梅州）的文献资料，从南齐到隋唐，可谓凤毛麟角，极为罕见。至宋之后才逐渐有所闻，文脉开始显现。

以诗文为例，有据可查的，一是北宋时期"梅州首纪科名录"的镇平（今蕉岭）县人蓝奎，二是兴宁县人罗孟郊，三是南宋末年的程乡县人蔡蒙吉。

镇平县人蓝奎，字秉文、灿斗，宋哲宗元祐三年（1088）进士。文章气节，朝野钦崇，人称"蓝夫子"。《镇平县志》载：其家乡蓝坊，"是奎而得名"。他在梅县东山大东岩留下"石釜灵响"四个大字，其诗《读书东岩》流传颇广：

> 飞瀑悬帘动清响，依岩结屋称幽居。
>
> 懒思身外无穷事，愿读人间未见书。

兴宁县人罗孟郊（1092—1153），宋徽宗宣和六年（1124）进士及第，后被擢为探花（不同于明清时期的一甲第三名），出任太学博士。时蔡京等奸贼当权，罗孟郊授意太学生陈东等上书弹劾；当金兵逼近汴京时，他再次授意陈东，发动百姓数万人，伏阙上书，请留主战派李纲执政。他既忠且孝，写有著名的《京都怀归》诗：

一自题名后，思归何日归？

虽然着宫锦，不及舞斑衣。

故里桑榆晚，他乡雨雪霏。

庭前停玉轸，目送雁南归。

程乡县人蔡蒙吉（1244—1276），字梅庵。生于南宋，梅州地区家喻户晓的"神童"、著名的抗元英雄。其诗《游王寿山》最受推崇：

王寿山头石径斜，不知何处有仙家。

烟霞踏遍芒鞋破，一路春鸠啼落花。

还有名作《游阴那山即景》：

宫阙天悬胜绝奇，况临泉石画中窥。

五峰青翠冠攒玉，二水周回练拂漪。

鱼鸟若能明正定，猿猴一似发菩提。

沉沉钟鼓山闲寂，客亦忘言自得之。

从金、元到明朝初期，由于政治经济条件的制约，梅州地区的诗文创作基本上处于沉寂状态，没有多少作品传世。直至明朝弘治、正德之后，逐渐出现一些诗文，散见于州志、县志等典籍中，文脉才慢慢呈现。

成绩最著者，为兴宁县人王天与（1475—1519），其为正德进士，其文《和山麻石岩记》，入载《广东通志》；其诗《登霍山》，存于《龙川霍山志》，视野开阔，意境雄浑：

特访循州第一峰，仙岩高处近蟾宫。

插天石笋云逾湿，向日山花自在红。

万象包罗归眼底，两仪合辟属胸中。

兴浓直上飞云顶，望见西南山万重。

　　嘉靖年间的兴宁县人张天赋，著有《叶冈诗集》。其《论诗三绝句》，效法杜甫，以诗论诗，颇有特色。如："风雅中衰又百年，西山胜引振南边。高岑沈孟当时体，信是前贤启后贤。"把江西诗派对江南文学的影响，用哲理诗予以肯定。

　　被誉为"父子进士"的大埔人嘉靖进士饶相、万历进士饶与龄皆能诗，饶相的《和州道中见隐者山居有感》被收入温汝能的《粤东诗海》，饶与龄有《新矶题咏》。饶相失题诗："尚有唐音家法在，颇留清誉属儿俦。"这两句诗表明，客家人文化传承的显著特点是家族传承。

　　程乡县的徐嘉祉、徐铿父子亦为一例。徐氏父子皆能诗，徐嘉祉的《游玉石岩》脍炙人口："玉石岩开久，人传小洞天。冽泉飞漱玉，好鸟奏新弦。丹灶凭谁炼，禅床任客眠。红尘浑不染，风月永无边。"其子徐铿的《阴那山纪游》亦为传世之作。

　　到了明清之交，文人迭出，文学逐步走向繁荣，梅州文脉越来越清晰。

　　"与国事相终始"的李二何，是明末清初文人中的翘楚。李二何（1585—1665），本名士淳，字仲垒，号二何，程乡县松口人。崇祯进士，翰林院编修，充东宫讲读，成为太子朱慈烺的老师。李自成攻陷北京，崇祯煤山自缢，清兵入关，李二何趁机逃脱，携朱慈烺潜遁南归，藏于阴那山，秘密进行反清复明活动。无奈大势已去，回天乏术，只好请朱慈烺削发为僧，自己则坚辞"征诏"，以课士育才为务。他著书立说，借诗文言志，著有《三柏轩文集》《阴那山志》《燕台近言素言佚言》《质疑录》《诗艺》等。散文《岭南八十一叟二何自题小影》以"吾乡之松，那山之柏，程江之梅，薯田之笔"开篇叙述平生，语言凝练，感人肺腑；"感怆伤怀"的《登塔记》，言远意深，耐人寻味。其诗《小歇石》更是意味深长："铁桥过去便桃源，石上桃花不记年。寄语中原车马客，风尘暂此一停鞭。"

李二何之子李楩，明崇祯举人，著名书法家。有其父之风，"所作诗文，高古无凡响"，著有《函秘斋文集》《噎吟诗集》。

抗清志士张玿与其弟张琚也是程乡县人，均有文才，工诗。张玿著有《苍苍亭集》《寓闽集》，其《凌风楼怀古》最为著名：

> 箕尾精灵果在无，山河依旧片城孤。
>
> 也应风雨崖门泪，哭到今朝血亦枯。

镇平县人林际亨，抗清节士。其诗《长潭一绝》感人肺腑：

> 负崖倚险聚苍生，心与寒潭一样清。
>
> 任是史官编不到，山灵知道此孤贞。

经历了万历、天启、崇祯三朝的"半僧"何南凤，兴宁石马人，开创佛教"横山堂"派，才华横溢，诗文俱佳，著有《讱堂余稿》。其自传体散文《半僧先生传》语言幽默、个性鲜明，堪与陶渊明《五柳先生传》相媲美。其诗《夜宿神光山》《重游祥云岩》《九日宿丞相峰》等皆为上乘之作。其为丞相峰宝山寺撰联清幽空灵，含义隽永：

> 地僻山高，常引烟霞为主客；
>
> 林深市远，只凭花鸟记春秋。

有清一代，梅州地区的诗文创作繁荣昌盛，文脉大张。康熙时期的程乡县人李象元（1661—1746），功不可没。

李象元，字伯猷，号惕斋，进士，官翰林院检讨。著有《赐书堂集》。

《光绪嘉应州志》称："本朝州属登第者，自象元始。"其学问文章，"为粤东之最"，"性好聚书，手不释卷，后进问业，恒亹亹不倦。郡邑化之"。他以《四时读书歌》赞美读书的乐趣，可谓循循善诱。梅州人喜欢读书，蔚成风气。"耕读传家久，诗书继世长"，成为人们的共识。

在李象元的培育下，其子李端，雍正进士，选翰林院庶吉士；其侄李直，雍正进士，授翰林院检讨；其孙李逢亨，乾隆进士，选翰林院庶吉士，他们都是工诗能文之人。"三代皆进士，一门四翰林"，李象元三代，是家族传承的代表，是文脉延续的典型。

康乾以来的梅州文人，群星璀璨。不少习武之人，亦能诗能文。如乾隆年间的武进士程乡县人颜鸣皋、颜鸣汉兄弟，亦有佳作。颜鸣皋在随巡江西时，有人在宴席上提议即席赋诗助兴，意欲让武科出身的颜鸣皋难堪，其他人也等着看笑话。颜鸣皋当即针锋相对，出口成诗："幼习干戈未习诗，诸公何必苦留题。朝廷爵禄君共享，边塞风霜我独知。剪发接缰牵战马，割袍抽线补旌旗。他日贼兵临城下，空有诸公百首诗。"使那些自命不凡的"高士"十分难堪。

乾隆年间的程乡县人黄岩，不仅有《花溪文集诗集》，还有完稿于乾隆、出版于嘉庆年间的小说《岭南逸史》传世，为客家文学史上小说创作的滥觞之作。

嘉庆、道光年间，梅州（嘉应州）诗文进入鼎盛时期。出现了宋湘、李黼平等大家，许多著名的文人也都有个人的诗文集。如温训的《梧溪石屋诗钞》和《登云山房文集》，黄钊的《读白华草堂诗集》，吴兰修的《桐花阁词钞》和《荔村吟草》等。此外，李光昭、徐青、颜崇衡合刻《程乡三友诗》。

到了近代前期，丰顺人丁日昌的《百兰山馆诗》，何如璋的文集《使东述略》和诗集《使东杂咏》，均有不少名篇。

嘉庆、道光以来的众多诗文集中，宋湘《红杏山房诗钞》和李黼平《著花庵集》的影响最为深远。宋湘、李黼平等前辈的诗歌创作成为后来者效法的典范，并由此逐渐形成了以黄遵宪、丘逢甲、胡曦为中坚的"岭东诗派"，诗人众多，诗作繁富。诗坛的百花园万紫千红，呈现出一片欣欣向荣的景象。

梅州文脉的传承方式，首称"家学"，父亲的"庭训"、长辈的"耳提面命"，直接传授；次为"师承"，主要是塾师的指导；后是"习典"，自学典籍。

大诗人黄遵宪的成才之路，可见一斑。道光二十八年（1848），黄遵宪出生于嘉应州城东门外的攀桂坊。其曾祖母李太夫人，名郴姑，是翰林李象元的裔孙，知书识礼。黄遵宪刚满周岁，曾祖母"即教以歌诗"，"牙牙初学语，教诵《月光光》"。父亲黄鸿藻，举人出身，是"以儒术饬吏治"的知府。黄遵宪成才的基础首先是"家教""家学"。其次，黄遵宪又受到塾师的精心调教。10岁，塾师即以蔡蒙吉诗句"一路春鸠啼落花"命题，黄遵宪作诗"春从何处去，鸠亦尽情啼"。次日，塾师又以杜甫名句"一览众山小"命题，黄遵宪破题以"天下尤为小，何论眼底山"应之。最后，黄遵宪喜爱读书，攻习典籍，对宋湘、李黼平等家乡先贤的著作也十分上心。黄遵宪《岁暮怀人诗》其二十云："百人同队试青衫，记得同歌宵雅三。上溯乾嘉数毛郑，瓣香应继著花庵。"说明他和挚友温仲和受到典籍的影响，从《诗经》及其笺注，直至家乡先贤李黼平的《著花庵集》都铭刻于心。

总之，梅州文脉的传承越来越清晰可见，孕育了大诗人黄遵宪等许多文人学士，梅州成为享誉全国的"人文秀区"。《梅州诗传》真实地反映了这一实际。而在此之前，嘉应州（今梅州）从来没有出过诗歌选集，所以，张氏昆仲辑刊《梅水诗传》，这一赓续文脉的盛举确实是功莫大焉。

三、《梅水诗传》的成书过程、体例和影响

光绪二十七年（1901）辛丑冬，《梅水诗传》付刻。黄遵宪在《梅水诗传·序》中，对嘉应州的语言文化的源流有过深刻的论述：

215

嘉应一州，占籍者十之九为客人。此客人者，来自河洛，由闽入粤，传世三十，历年七百，而守其语言不少变。有《方言》《广推》之字，训诂家失其意义，而客人犹识古义者；有沈约、刘渊之韵，词章家误其音，而客人犹存古音者。乃至市井诟谇之声，儿女噢咻之语，考其由来，无不可笔之于书。余闻之陈兰甫先生谓："客人语言，证之周德清《中原音韵》，无不合。"余尝以为客人者，中原之旧族，三代之遗民。盖考之于语言文字，益自信其不诬也。

黄遵宪坚信：生活在嘉应州的客家人，他们是来自中原的"旧族"，是上古夏、商、周时代的"遗民"，他们懂得汉代扬雄《方言》中的字义，还准确保留着南朝沈约的四声、南宋刘渊的韵略，有悠久的历史文化传统。

紧接着，黄遵宪具体叙述《梅水诗传》的成书过程，赞扬张榕轩继承传统、赓续文脉的历史功绩：

里人张榕轩观察，少读书，喜为诗。钞存先辈诗甚富，近出其稿，托仙根明经广为搜辑，重加编订。余受而读之。中如芷湾、绣子两太史，固卓然名家，其他亦驯雅可诵。嘉道之间，文物最盛，几于人人能为诗，置之吴、越、齐、鲁之间，实无愧色。岂非语言与文字合，易于通文之明效大验乎？

我们知道，编辑《梅水诗传》，断非一日之功，不可能一蹴而就。张榕轩由少年时期起，就认真读书，喜爱诗歌，不断地阅读、抄写，经过长期的积累，才有"钞存先辈诗甚富"的成绩。他自己谦虚地说："晚童时学吟咏，唐宋诗集而外，每欲悉前辈诗人之遗，往往于师友处借抄，或人有数首而仅得一二，或耳熟其名而无从掇拾者。以诗著名者且然，至其人不仅以诗见，或诗未大显于世者，更无论矣。贫驱奔走南洋，忽宦忽商，蝺务纷扰，诗文之道，几同枘凿。间与内地文人学士相周旋，唱和问答，每觅句之艰，时惭断髭。……故暇日偶获前人名作，必手录而谨藏之。虽吉光片羽，不啻珍同拱璧。第睹记无几，况僻处海外，搜访倍难哉！"① 为了使诗钞更加完善，他请托同宗张芝田帮忙，"广为搜辑，重加编订"②，可见他对编辑此书是何等重视！

张仙根，名芝田，嘉应州张家围人。张榕轩对他非常信任："我州之宿儒也，生平著作等身，思广采州属前辈之诗存，都为一集。"③ 二人可谓同道中人，一拍即合。张芝田亦不负张榕轩厚望，兢兢业业，"每辑若干首，辄先邮示"④，虚心征求张榕轩的意见。又邀约家居相距仅百余步的表弟刘燕勋协助，两人朝夕过从，认真切磋，最后再请黄遵宪过目定稿，并撰写序言。

刘燕勋在《梅水诗传·小跋》的最后特别强调："至其卷帙大繁，工赀费大，非寒士所能，则松江张榕轩观察、耀轩太守昆仲力焉。"

光绪二十七年面世的《梅水诗传》共有 13 卷，分订 5 册，每册 2 卷。

过了十年，编订者张芝田已经 85 岁，他感叹："曩于辛丑岁辑刊《梅水诗传》，吾州诗界中人，登是集者，殆得十之七八。诗卷长留，吟魂当为之一慰。今试偻指计之，忽忽已十年矣！其时与商榷选政诸君子，如少尊茂才、公度京卿、子钧骑尉，又皆先后归道山。嗟乎！吟朋寥落，弦绝知音，追思昔游，感深宿草。……州中过去诗人，亦复不少。致身通显者，或有专集行世。余如抱璞之士，伏案苦吟，未能出其蕴蓄，以焜燿一世。其志气所发，往往见之诗歌，安忍听其湮没而不为之传耶？"⑤ 这时，

---

① 张煜南、张鸿南辑：《梅水诗传》，梅州：梅县县立图书馆影印版，1943 年，序。
② 张煜南、张鸿南辑：《梅水诗传》，梅州：梅县县立图书馆影印版，1943 年，序。
③ 张煜南、张鸿南辑：《梅水诗传》，梅州：梅县县立图书馆影印版，1943 年，序。
④ 张煜南、张鸿南辑：《梅水诗传》，梅州：梅县县立图书馆影印版，1943 年，序。
⑤ 张芝田编：《续梅水诗传》台北：张直端影印版，1976 年，序。

刚好张榕轩到访，追谈往事，慷慨捐资，亟谋续刻。于是，由张芝田、张麟寓、黎茂仙编订《续梅水诗传》3卷，汇成1册，又由张榕轩、张耀轩昆仲辑刊，于宣统三年（1911）秋出版。

《梅水诗传》的成书过程显示了张氏昆仲和黄遵宪、张芝田、刘燕勋等文人学士的密切关系，也从一个侧面展现了张氏昆仲尊重客家人文的美德。

《梅水诗传》体例的特点有三：

一是脉络清晰。它以时间为序，由宋、明，至清。有清一代，则由康、乾至嘉、道，迄于光绪；地域先嘉应州的程乡县（今梅县），然后附四县：兴宁、长乐（今五华）、镇平和平远。所以，它以宋朝程乡县人蔡蒙吉的诗开篇。

二是"以诗存人，不以人存诗"①。对山林苦吟之士，虽然名不出闾里，但所录从宽。而对"人非端士，诗乖风雅者"② 则不收录，有的人"文章事业昭然在人耳目，亦仍从阙如"③。蓝奎之诗，未能入选，也许与其家乡蓝坊的传说有关。深受乡人尊崇的蓝奎，其后代却欺压穷人，手段极为残忍，甚至引起报复。春节前，众佃户密商同一天送柴草到蓝家，除夕夜放火烧屋，使蓝奎后代家毁人亡，导致蓝氏后人无传。

三是详略分明。它从清朝嘉应州诗坛鼎盛的实际出发，"自明以前所录从略，国朝较详"④。以程乡县为多，而兴宁、长乐、镇平、平远四县则偏少。"远乡僻壤，尚未搜访周徧"⑤，因编订者是程乡县人，对四县情况不够了解，掌握的材料有限。

嘉应之诗，从未有选刻本，直到《梅水诗传》和《续梅水诗传》的先

---

① 张煜南、张鸿南辑：《梅水诗传》，梅州：梅县县立图书馆影印版，1943年，凡例。
② 张煜南、张鸿南辑：《梅水诗传》，梅州：梅县县立图书馆影印版，1943年，凡例。
③ 张煜南、张鸿南辑：《梅水诗传》，梅州：梅县县立图书馆影印版，1943年，凡例。
④ 张煜南、张鸿南辑：《梅水诗传》，梅州：梅县县立图书馆影印版，1943年，凡例。
⑤ 张煜南、张鸿南辑：《梅水诗传》，梅州：梅县县立图书馆影印版，1943年，凡例。

后面世，才改变了"虽盛弗传"的状况。民国初年，张芝田、黎茂仙选编《梅水诗传再续集》，管又新校订，黄仁荪增补，使内容更加丰富，可惜未能出版。1973年，旅印尼乡贤张直端过访张榕轩曾孙张洪钧后，慷慨解囊，在台北翻印《梅水诗传》和《续梅水诗传》，李大超作《梅水诗传再版序》，张直端、黎任作《重印续梅水诗传跋》。1978年，《梅水诗传再续集》也由张直端出资印刷，在台北出版。《梅水诗传》遂和续集、再续集共汇成7册15卷传世。2005年3月，纪念黄遵宪逝世一百周年大会在梅州举行，张榕轩曾孙张洪钧从印尼带回7册15卷的《梅水诗传》影印本，重新翻印，使之广为流传，惠泽士林。

笔者亦是《梅水诗传》的受惠者。20世纪末，笔者编写《广东客家文学史》时，有幸在黄火兴兄家拜读到《梅水诗传》，获益良多。后来复印了一份，成为笔者编写文学史的重要参考书。嗣后，李尚行教授借去阅读，他还特地做了一个封面，恭恭敬敬用隶书写上"梅水诗传"四个大字，让笔者珍藏。2005年，笔者得到了张洪钧先生7册15卷《梅水诗传》的赠书，时时翻阅，更方便自己进行研究。前些年，李黼平从孙李国器先生编辑《李黼平集》，他知道笔者藏有《梅水诗传》，多次来电，核对其家族诗人李黼平、李黼章、李绚卿的材料。《梅水诗传》对赓续梅州文脉的作用，彰然在目。

对于《梅水诗传》的出版，张榕轩既谦虚又自信："我州文献，藉是以资考证。辑成之后，俾子侄辈有所步趋；我州人士，得免蒐集之劳。庶几不无小补云尔！"

诚哉斯言！

黄遵宪与张煜南

张应斌①

　　黄遵宪与张煜南的关系是一个被忽视的话题。的确，除了黄遵宪在《海国公余辑录》题写书名和在他人书信中间接提到张煜南外，没有二人间直接联系的资料。但是，二人的真实关系到底如何呢？黄遵宪（1848—1905），字公度，清末广东嘉应州人。张榕轩（1851—1911），名煜南，家名爵，字榕轩，后以字行，清末广东嘉应州松口松南乡南下村人。黄遵宪与张煜南是晚清嘉应客家同乡，他们的人生道路本南辕北辙：一个在城市，一个在乡村；一个读书做官，一个经商致富。但是，他们在走向世界的历程中彼此遇合，他们的人生际遇对于认识广东嘉应人在中国近代历史风云中的应对策略有重要意义。

一、黄遵宪的一篇佚文

　　黄遵宪与张煜南的际遇，可从黄遵宪的一篇祭文谈起。光绪二十四年（1898），黄遵宪作《公祭张母李太夫人文》云：

　　　　于戏！荆钗志俭，尚留一节之光；彤管留徽，不掩千秋之美。夫人之礼范，秉自京陵；韩康伯之髫龄，称为国器。家有孝子，方知获训宏深；天报善人，每藉坤仪福荫。恭惟太夫人，萼楼衍系，绍世德于郇侯；金鉴成家，比齐眉于京兆。德周乎四，

---

① 张应斌，湖北利川人，岭南师范学院文学与传媒学院教授，从事中国古代文学研究。

女史足奉为箴；从协于三，天伦聿敦乐事。阶前玉树，共美七龙；膝下斑衣，同称三凤。慰婚嫁于夫子，信向平之愿能完；志弧矢于贤郎，谓夷邦之基可创。榛芜独辟，合中外以成家；金窑宏开，大河海以为润。捐资报国，即陵母成就之功名；广厦容人，即陶母扩充之惠爱。泽及枯骨，沟中不滞幽魂；厄度荒年，桑下绝无饿客。徽音难再，令人思周；机训迁三，令人忆孟。门容驷马，卜世德之必昌；福备箕畴，宜大年之永享。然而德者悠扬之事，福者修远之称。铸金石于千年，才是敬姜之寿；衍睢麟于奕禩，斯为大姒之光。

遵宪等，或桑梓同恭，或瓜绵共衍；或通家孔李曾拜高堂，或结好朱陈敢忘仪轨。嗣宗号举，宜含裴楷之悲；有道亲丧，空致徐稚之痛。潘安虽陈诔笔，莫阐幽光；蔡邕如作哀文，宜无惭色。敢奏招魂之曲，表壶范于人伦；薄陈不腆之仪，拜仙灵于上界。

尚飨。

钦差出使大臣前署理湖南按察使长宝盐法道姻侍生黄遵宪顿首拜。[①]

此文不见于《黄遵宪全集》，是黄遵宪的一篇佚文。

文章以骈体文写成，对仗工整，用典精巧，这种华丽典雅的文章在黄遵宪的散文中少见，可见黄遵宪对此文注入了大量的心血。文章没有注明时间，但写作时间从李太夫人去世和《张母李太夫人哀挽录》刊刻可以推断。李太夫人去世于光绪二十四年八月，《张母李太夫人哀挽录》刊刻于光绪二十四年十一月。在此之间，黄遵宪书写文章的时间，只有九月或十月。考黄遵宪这期间的行踪，他在此年六月以三品京堂候补充中国出使日

---

① 清张氏敬德堂编：《张母李太夫人哀挽录》，清光绪二十四年（1898）本。

本国大臣后，七月在赴日途中到达上海。因病滞留在上海期间，八月戊戌政变发生，他被免去使日大臣职务，被贬回家。九月一日，他从上海启程，九月底到达家乡嘉应州。因此，此文的写作时间，当在光绪二十四年十月。当时，黄遵宪刚回嘉应便不巧遇上李太夫人的丧事，于是他与赐进士出身四品衔特授嘉应直隶州知州关广槐、特授潮州镇标左营冯兆玉、特授嘉应州儒学学正举人黄禹襄等嘉应州文武官员一起，到离州城一百余里的松口乡下，吊唁张母李太夫人。在治丧过程中，黄遵宪被推举为主祭人，于是创作此文。

李太夫人是谁的母亲？《张母李太夫人哀挽录》并无明载。但从李太夫人葬礼的规模，以及出席官员的规格看，她当是四品京堂张煜南的母亲。在《张母李太夫人哀挽录》第三部分"诰封夫人张母李太夫人挽联"中，有饶集蓉的"挽联"云："潘舆养志，陶馔茹慈七十年，富贵康强于氏大风徽，此福定知桑梓少；饥效输秦，寒思赠范千百户，舞歌饱暖有人评月旦，流恩最感葛罗多。"署名为"愚外甥婿饶集蓉"。此联还见于饶集蓉的《饶芙裳诗文集》，题作"挽诰封夫人张母李太夫人"，注云："张母李太夫人为广东梅县松口籍著名南洋侨商张榕轩（煜南）之母。"①《公祭文》："志弧矢于贤郎，谓夷邦之基可创。榛芜独辟，合中外以成家；金窑宏开，大河海以为润。"与张煜南在苏门答腊棉兰地区开发创业的事迹相符。因此可以确知，李太夫人确是张煜南的母亲。

李太夫人（1828—1898），名不详。她的生年，一说生于道光四年（1824），到光绪十九年时举行七十大寿庆典。②但是，此说误。清温仲和《诰封夫人张母李太夫人诔文》："维皇清光绪二十四年八月庚申，诰封夫人张母李太夫人以疾卒于里第，春秋七十有一。"记载明确可靠，当可信

---

① 饶芙裳著，刘奕宏、郭锐校辑：《饶芙裳诗文集》，广州：羊城晚报出版社，2018年，第221页。

② 尹德翔：《张芝田〈海国咏事诗〉与张煜南〈续海国咏事诗〉》，《梅州侨史》2019年总第11期，第46页。

从。据此，李太夫人生于道光八年（1828）。"比齐眉于京兆"，指其夫张熙亮。张熙亮，字绵生，国学生，有《己未遇乱有作》等诗。张熙亮的生卒，一说张熙亮在光绪十二年（1886）举行七十寿庆，那么他当生于嘉庆二十二年（1817）。但此说不可信。张熙亮早年读书，中年弃学从商，"幡然作变计，舍学权为商"，从而为张煜南经商打下了基础。李太夫人是张家的顶梁柱，张熙亮有"吁天资健妇"的赞誉。"家有孝子"，即指张煜南兄弟。据黄遵宪《公祭张母李太夫人文》，李太夫人有七子三女。张熙亮《示儿辈》载："仲也勤薄记，季也捆载车……彼仲有远志，万里风乘桴。"① 仲子即张煜南，季子即张鸿南。张煜南在光绪二十四年五月为母亲举行了七十大寿庆典，不料三个月后母亲病逝。

黄遵宪署名"姻侍生"，表明他与张煜南家是亲戚，这是因为黄遵宪三叔黄鸾藻的长女黄新玉，是张煜南幼弟张寿轩的妻子、李太夫人的儿媳。因而黄遵宪对于李太夫人的葬礼高度重视，"眼中酒化杯中泪，拜手今承主祭人"。他除了担任主祭人泣读《公祭张母李太夫人文》外，还赠送署名为"姻侍生黄遵宪"的挽轴《钟礼郝法》。在《祭礼签名录》中，除了黄遵宪外，还有"姻愚侄黄遵楷、五品衔江西候补县丞姻愚侄黄遵谟"。可见，黄遵宪亲率五弟黄遵楷、二弟黄遵谟，一起参加过李太夫人吊唁和葬礼。

二、黄遵宪与张煜南的际遇

黄遵宪的《公祭张母李太夫人文》蕴藏着丰富的历史信息，主要有四方面：

第一，张煜南的巨大影响。张煜南母亲李太夫人的葬礼，在嘉应州历史上盛况空前。葬礼由嘉应州知州关广槐亲自主持，清朝钦差铁路大臣鸿胪寺正卿盛宣怀到场，出席的中国官员还有：二品顶戴署理广西盐法道吴

---

① 张煜南、张鸿南辑，张芝田、刘燕勋编订：《梅水诗传》（卷七），1901 年。

庚辛、二品衔补用道代理星加坡总领事刘玉麟、翰林院编修前山西学政杭州府知府林启、布政司理问衔广西庆远府穿山理苗厅巡检张麟宝、癸巳恩科解元联捷进士钦点蓝翎侍卫乾清门行走房殿魁等。嘉应州的普通民众无法统计，仅文武官员就多达百余人。此外，还有外国官员大和国理士连缎高劳满、大和国副淡缎士辣丹、日里东姑邦愚兰、勿捞捱东姑文力捞也等，形成一次国际性的盛大典礼。葬礼的场面隆重，留下的诔文有赐进士出身翰林院检讨温仲和、特授顺德县儒学教谕乙亥恩科举人夫宗弟张莘田《诰封夫人张母李太夫人诔文》。祭文除黄遵宪外，还有温仲和，赐进士出身签分四川即用知县杨沅，拣选知县乙酉科解元童其俊，己酉科举人补用都府萧思成，钦加四品衔升用同知遇缺尽先补用知县举人张思敬、张莘田，候选李载谟，世袭云骑尉前授和平营都司李载明，生员李钧、李公彦、李载华，诰封奉政大夫江苏候补巡检李邦基，候选教谕乙酉科拔贡生饶云翔、附贡生张仲熙等人所作十多篇。这样盛大的葬礼，在嘉应州历史上空前绝后。故张莘田《诰封夫人张母李太夫人诔文》说："海外言旋，为母介寿；荐绅牧伯，百里来祝。松江士大夫，以为二百余年未有胜事。"光绪二十四年，张煜南仅曾任棉兰甲必丹、驻槟榔屿副领事，任江西同知是一年后的事了，但其在中国和东南亚的影响已非同一般。

第二，黄遵宪与张煜南的历史际遇。黄遵宪《公祭张母李太夫人文》是黄遵宪与张煜南交往中不可多得的文字。黄遵宪得知张煜南的名字，在光绪二十年（1894）。此年十月，朝廷调中国驻新加坡总领事黄遵宪回国，到两江总督张之洞署中襄赞洋务。在黄遵宪离任前，驻英、法、意、比等国公使龚照瑗请黄遵宪推荐接替人选。于是，黄遵宪举荐驻槟榔屿副领事张振勋接任新加坡总领事，推荐棉兰甲必丹张煜南接替张振勋的驻槟榔屿副领事。黄遵宪《致张振勋书》："惟榕轩不审能否于此三个月内暂驻槟埠，其和兰甲政一缺，是否暂行觅人代理？"这是黄遵宪第一次提到张煜南，此时二人尚未谋面。光绪二十四年戊戌政变，黄遵宪被贬回家后，二人才得以在嘉应州面晤结识。这篇《公祭张母李太夫人文》当是二人在嘉应首次相见时，应张煜南恳请而作。当年黄遵宪新贬回嘉应，张煜南因母亲新逝回嘉应奔丧，他们相会于这样特殊的历史环境中。见面后，他们寒暄亲戚佳话，追忆新加坡往事，讨论李太夫人的葬礼程序。虽然此时被罢官的黄遵宪已是下山的太阳，而张煜南则如日中天，但张煜南不忘黄遵宪的提携之恩，不避被朝廷放逐的忌讳，毅然请黄遵宪主持自己母亲的祭礼。

　　第三，黄遵宪与张煜南的《海国公余辑录》。光绪二十四年十月，黄遵宪还在嘉应与张煜南讨论了张煜南编的《海国公余辑录》。在张煜南《海国公余辑录》封面上，有"黄遵宪署检"五字。"署"即题写书名；"检"即校阅审核文章。六卷本的《海国公余辑录》刊于光绪二十四年冬月，黄遵宪的"署检"当在此年十月，与黄遵宪撰写《公祭张母李太夫人文》同时。可见，在光绪二十四年十月，黄遵宪与张煜南在嘉应州的初次相会上，张煜南首先请求黄遵宪为自己母亲葬礼的公祭人。然后，鉴于黄遵宪"海国闻见，抉择尤精"的特点，向黄遵宪呈上自己的《海国公余辑录》，请黄遵宪题写书名和审阅，表现出极大的尊敬和信赖。二人的人生道路虽然不同，但是黄遵宪素来具有经济头脑，而且他高度肯定华侨"以海国医山国"的经济报国道路。黄遵宪《己亥杂诗》："海国能医山国贫，万夫荷臿转金轮。最怜一二虬髯客，手举扶余赠别人。"自注云："州为山国，土瘠产薄。海道既通，趋南洋谋生者，凡岁以万计，多业采锡，遇窖藏则暴富。近则荷兰之日里，英吉利之北蜡、槟榔屿，法兰西之西贡，皆有积赀至百数十万者。总计南洋华商，客人居十之三。"① 这里，荷兰之日里、英吉利槟榔屿的华侨事迹，均指张煜南。可见，在光绪二十四年十月嘉应的聚会上，黄遵宪与张煜南相见恨晚，二人一见如故，惺惺相惜。彼此的欣赏和信赖使张煜南对黄遵宪赋予重托。光绪二十七年（1901），黄

225

----

① 黄遵宪著，钱仲联笺注：《人境庐诗草笺注》（卷九），上海：上海古籍出版社，1981年，第816页。

遵宪为张煜南、张鸿南辑，张芝田、刘燕勋编订的《梅水诗传》作序云："里人张榕轩观察，少读书，喜为诗，钞存先辈诗甚富。近出其稿，托仙根明经广为搜辑，重加编订。余受而读之。"其实，除了编纂《梅水诗传》外，在赈济嘉应饥荒和编纂出版光绪《嘉应州志》等家乡事业中，黄遵宪与张煜南还多次联手。其中，光绪二十四年金秋十月在嘉应的契阔谈宴，是他们人生际遇中最耀眼的华章。

第四，黄遵宪戊戌政变被贬后的生存状态。黄遵宪在戊戌变法时期署理湖南按察使，他积极协助湖南巡抚陈宝箴，与谭嗣同、唐才常、梁启超等维新派人士一起推行新政，成为戊戌变法的先锋。戊戌变法后，在镇压维新派的运动中，黄遵宪被冠以推崇西化、诋毁朝政、主张民主宪政的罪名。清廷令两江总督刘坤一秘密关押黄遵宪，刘坤一随即令上海道蔡钧派兵包围黄遵宪的住所，大有杀之而后快之势。黄遵宪《感事》："五洲变法都流血，先累维新案尽翻。"他已做好"三寸桐棺待死归"的准备。幸有国际友人的救援，黄遵宪才死里逃生。《光绪实录》四百四十四卷载，在光绪二十五年（1899），朝廷还在追查曾任职湖南保卫局的左宗棠之子候选道员左孝同"从前是否钻附革抚陈宝箴，交结黄遵宪、梁启超，有无主张民权"的罪行。但是，黄遵宪在被革去使日大臣、放归原籍后，朝廷并未剥夺其人身自由。被革职后的黄遵宪回到家乡后，十月初即参加了张母李太夫人的葬礼。这次葬礼是他回嘉应后的第一次公开的社会活动，他与嘉应州知州关广槐一起前往松口，在治丧前台主持葬礼。同时，与到场的文武百官、中外友人一起打躬作揖，周旋应酬。可见，黄遵宪在戊戌政变后虽失去政治前途，但还有个人尊严和人身自由。当然，黄遵宪也懂得收敛，他此处的署名为"钦差出使大臣前署理湖南按察使长宝盐法道姻侍生黄遵宪"，而光绪二十九年（1903）恭祝诰授光禄大夫头品顶戴榕轩先生京卿大人六十一岁大寿的署名则为"花翎二品顶戴三品京堂前候补署湖南按察使司长宝盐法道黄遵宪"。二者相比，意味深长。

三、黄遵宪与张煜南的历史启示

中国的近代史是一部排外情结下的被迫开放史。乾隆五十八年（1793），天朝皇帝对世界茫然不知。乾隆皇帝《敕谕英吉利国王书》："咨尔国王，远在重洋，倾心向化。特遣使恭赍表章，航海来廷，叩祝万寿，并备进方物，用将忱悃。朕披阅表文，词意肫恳，具见尔国王恭顺之诚，深为嘉许。所有赍到表贡之正副使臣，念其奉使远涉，推恩加礼。"他称世界第一强国为"英夷""红毛英吉利"，对国际外交全然不通，以天朝上国恩赐远方蛮夷的姿态颁布外交《国书》，成为国际笑柄。思想封闭保守的人必然盲目排外，道光二十年（1840），大清皇帝仍奉行闭关锁国的国策："勿与通商，以绝其逗留之念，消其叵测之情。庶几大害永除，勿贻后患。"① 然而，"满族王朝的声威一遇到英国的枪炮就扫地以尽，天朝帝国万世长存的迷信破了产，野蛮的、闭关自守的、与文明世界隔绝的状态被打破，开始同外界发生联系"②。马克思《中国革命和欧洲革命》认为，外界隔绝是保存旧中国的首要条件，但是英国的大炮迫使天朝帝国与世界接触。被迫的世界接触，使"世界上最古老国家的腐朽的半文明制度"在抗拒世界潮流中不得不开放，呈现出"世界上最古老的帝国的垂死挣扎"的状态。

黄遵宪与张煜南均生长于这种底色中。黄遵宪生于道光二十八年（1848），其时距中国近代史揭幕的鸦片战争仅八年，太平天国的领袖洪秀全、冯云山等在广西山中已传教四年。张煜南生于咸丰元年（1851），其时洪秀全已在广西金田村起义，建立太平天国。黄遵宪比张煜南大三岁，他们在中国近代化的历史风云中，与朝廷的抗拒抵制不同，而是以开放的胸襟走在变法维新的前列。

---

① 贾桢、周祖培等编：《道光实录》（卷三百三十），北京：中华书局，1986年。
② 中共中央马克思恩格斯列宁斯大林著作编译局：《马克思恩格斯选集》（第一卷），北京：人民出版社，1972年，第691页。

227

228

黄遵宪走传统儒生读书做官的入仕之路，但同治四年（1865）他在《感怀》中已尖锐地批判传统儒学和科举。同治六年（1867）的《杂感》中，他提出改革中国教育文化制度的三大新思想：一是抨击中国的语言与文字相分离的弊病，提出了言文统一的思想，启发了五四时期的白话文运动；二是在抨击言文不一的基础上，提出"我手写我口"的主张，启发了光绪末年的"诗界革命"思想；三是提出创造让不识字的工农也能懂的新文字，启发了五四时期的拼音文字思想。此时的青年黄遵宪，已具有改革中国旧的文化教育制度的思想家的特点。出使日本后，其《日本国志》说："维新以来，设官分职，废置纷纭。若各官省所隶之局，因革损益，随时变更，尤不可胜载。"① 该书宣传日本明治维新在政治、经济、外交、军事、文化、教育等领域的改革经验和成就。他关注自由和民权学说，提出"开议院""开国会"等主张，阐述政治制度改革的新思想，成为中国维新思想的先驱。光绪二十年（1894）中日甲午战争中国败于蕞尔小国的日本后，国内维新思想高涨，黄遵宪与汪康年等创办《时务报》大力宣传维新变法，影响渐达朝廷。光绪二十二年（1896）十月，光绪皇帝两次召见黄遵宪。黄遵宪《己亥杂诗》："尧天到此日方中，万国强由法变通。惊喜天颜微一笑，百年前亦与华同。"自注："召见时，上言：'泰西政治何以胜中国？'臣奏：'泰西之强悉由变法。臣在伦敦，闻父老言，百年以前尚不如中华。'上初甚惊讶，旋笑颔之。"他当面向皇帝宣传制度变法的思想。经过不懈努力，黄遵宪"日本模式"的改革开放已被社会广泛接受。光绪二十三年（1897）七月，黄遵宪任湖南长宝盐法道并兼署理湖南按察使，在湖南巡抚陈宝箴的领导下，黄遵宪与江标、徐仁铸等一起，在湖南的经济、政治、文教、治安警察等方面推行变法改革，在实践中成为戊戌维新的领袖。此时的黄遵宪已是中国制度设计的伟大思想家，他企图给清政府的政治道路指引方向。

----

① 陈铮编：《黄遵宪全集》，北京：中华书局，2005 年，第 1104 页。

被迫的消极改革带有明显的官僚主义和盲目特点，它终归失败。中国近代的改革比日本早，因在鸦片战争中吃了坚船利炮的亏，1842 年魏源《海国图志》提出"师夷长技以制夷"的功利主义的救国方略，开启了中国的洋务运动。"洋务"初名"夷务"，基于魏源"师夷长技"的思维逻辑。同治六年（1867），清朝设立南洋、北洋通商大臣，从国防、商业、外交、教育等"洋务"上开始"中体西用"式的国家投机主义的肤浅改革。日本的改革从同治七年（1868）始，但他们推行从物质到文化思想、制度的全方位的真改革，故 20 多年后在甲午海战中一举击败庞然大物的大清。甲午海战的失败彻底宣告拒绝现代制度文明的功利主义改革的破产，从而倒逼出由光绪皇帝主持的戊戌变法。但变法仅仅百日，慈禧太后等反改革者发动戊戌政变，屠杀变革者，深层次的制度变法胎死腹中。黄遵宪也被反改革者革职，贬回嘉应。这当是大清从反面对黄遵宪的变法维新思想和实践给予了高度肯定。道光二十八年（1848）出生的黄遵宪，似是上天专为中国近代改革而降的天才。黄遵宪被誉为"近代中国走向世界第一人"，在思想文化和体制改革上，尤其如此。

在重农抑商的传统农耕文明中，张煜南在中国是没有出路的，但所幸他生长在国门渐开的近代。张煜南少年时在嘉应家乡私塾读书，因家境所迫而弃儒从商，在梅江下游的松口镇做贩卖谷米的小生意。亏本后，他踏着前辈华侨李九香、张弼士等人的足迹，到南洋苏门答腊谋生。梁伯聪《梅县风土二百咏》："丈夫抛却旧田畴，辛苦谋生去远游。"自注："梅县男子多往南洋谋生。"刻画了张煜南等嘉应华侨出洋谋生的情景。张煜南初投华侨巨商大埔张弼士门下，后自立门户，在苏门答腊棉兰经营商业、种植及银行业。张芝田《海国咏事诗》云："垦土为栽吕宋烟，招工先办买山钱。收成利市真三倍，赢得洋银十万元。"自注："土产、烟叶，招工开园，利市数倍。"① 该诗描写张煜南在苏门答腊日里的创业活动。张煜南

---

① 张煜南辑：《海国公余辑录》，西湖富文斋刻本，光绪二十七年（1903）本。

成名后，担任棉兰管理华侨事务的甲必丹和驻槟榔屿副领事。后回国报效，修建中国近代第一条商办铁路——潮汕铁路，并大量捐款赈灾，被清朝诰授光禄大夫头品顶戴，成为华侨商业报国的典范。张煜南虽不以变法知名，但其《续海国咏事诗》"拣选诸员议院开，不图公举到闺才。一犹未字一出阁，道蕴依然出世来"也热情地歌颂新世界的自由民主制度。由于他在海外商业上的杰出成就，在嘉应乡贤榜上，他与黄遵宪并驾齐驱。

黄遵宪并未彻底根除中国儒生的迂腐之气，他在与日本冈千仞的笔谈中有"耶苏之学尽同于墨子"之语，在《日本国志》中有"泰西之学其源盖出于墨子"之说，在《复中村敬宇书》中有"泰西术艺尽出墨子"之论，他还说西方的声、光、电、化等现代科学均始于中国的《列子》《庄子》《墨子》《亢仓子》《关尹子》《管子》等。这虽然不及130年后的英语始于中国之说令人愕然，也使人忍俊不禁。但黄遵宪与张煜南对待近代化的态度与清朝庙堂官员大相径庭，在中国近代化的过程中，他们拥抱世界文明，勇于汲取人类的新思想新文化，并在实践上大胆地推行、新制度，从而在中国近代化的潮流中走在历史的前列。在抱残守缺、消极抵制的旧中国，他们成为黑暗天幕上闪耀的星光。黄遵宪与张煜南在中国近代化过程中的战略抉择，对于中国人应该如何正确面对近代化的历程具有重要的启示意义。

张榕轩与梅州地方历史文化的重构

刘奕宏①

张榕轩是中国近代史上著名的客籍侨商，原籍广东嘉应州（今梅州市），活跃在南洋的棉兰、槟榔屿与中国岭南地区的梅州、潮汕等地，为推动中国的现代化进程作出重要的贡献。在交通史上，他响应当时清政府的号召，在岭东地区投资，以股份制的方式兴建潮汕铁路，开华侨投资商办铁路的先河。在外交史上，他经张弼士、黄遵宪的举荐，担任清政府驻槟城的副领事，办理侨民与外交事务，为维护国家利益和中国在南洋英属殖民地侨民的权益作出一定的贡献。虽然张榕轩是一名华侨商人，但他拥有浓厚的立德、立功、立言的自觉意识，以期通过自己的努力付出和事功业绩，获得政府和社会的认可。因此，作为具有相当文化素养和儒家价值观的侨商，张榕轩积极参与或者发起带有学术色彩的著述和文献抢救整理工程，大型的历史地理和外交综合性著作《海国公余辑录》《海国公余杂著》，就是张榕轩苦心孤诣编纂的代表性作品之一。而在家乡，他先后支持和推动了《光绪嘉应州志》《梅水诗传》《续梅水诗传》的编纂出版工作，还出资资助著名女诗人叶璧华的诗集《古香阁集》，这些功绩在近代以来已经被人屡屡提及。

不过，对于张榕轩在支持或者推动这些文化工程，从而影响乃至改写梅州文化史或者文学史的作用，目前学界进行的深入研究尚稀，也很少跳

① 刘奕宏，广东梅县人，梅州侨乡月报主编，梅州华侨历史学会副会长，主要从事客家地方文献整理和近代史研究。

出仅将张榕轩视为一位热心资助人的视角，在对一些重要的文化活动或者文化群体的研究文本中，有完全将其置于视域之外的情况。如在研究岭东诗派和粤东客籍诗人群体成员的交往中，学界对张榕轩所扮演的支持、联络沟通乃至参与的角色有所忽略。本文主要从张榕轩的家庭文化背景、在梅州文化圈的交往人脉、参与地方文化工程的角色以及所起到的实际作用，探讨他对梅州地方历史文化重构作出的贡献。

就当年梅州地方历史文化重构中张榕轩的表现，笔者试图从梅州的方志史、地方文学史的角度，结合张榕轩本人文学创作活动的特点，进行史料的爬梳，重现其参与重构地方历史文化的历史细节，他所作的努力不但保存了梅州大量历史文献信息，他的深度参与也改变了当时梅州人的文化观念。

一、张榕轩支持编纂《光绪嘉应州志》的社会意义

《光绪嘉应州志》是一部始倡于 1891 年，1892 年开始采访编纂工作，完稿雕版于 1898 年，正式出版于 1901 年的梅州地方志。它是介绍封建社会时期嘉应本州（今梅州市梅江区、梅县区）地方历史内容最为完备的传统志书。

《光绪嘉应州志》内容的完备性，除了体现在采访册的调查广度和深度，对历史文献做了大量的考核、正误、补充外，还体现在其鲜明的时代特点，笔者以为有两处：一是对客家族群主体意识的确立，在志书中开设了介绍客家方言的卷章，正式将"客家"收入志书当中，还对客家的源流进行初步的探讨；二是对商人，特别是在对著名华侨的介绍上作出了重大的改变，将在海外创业谋生的梅州人的已故代表收入人物传，将一些华侨的著作收入艺文录，介绍华侨的早期历史。

地方志书的出版耗资甚巨，除了政府和官宦的人力支持外，多要取得民间士绅在经费上的鼎力相助。而《光绪嘉应州志》的编纂工程亦如是进行，但支持的士绅群体中已经出现近代梅州的一个特别群体，那就是华侨

中的成功者——富有的侨商。在支持修纂《光绪嘉应州志》的《嘉应州内地外洋捐修志清册》中可以找到如下南洋、印度洋、太平洋区域华侨的捐题记录，包括日里、呵齐、吧城、勿里洞、新加坡、唵工、暹罗、槟榔屿、毛里求斯、檀香山、汶岛等埠的华侨。[①] 其中题捐 200 银元以上的人士中具有侨商身份的至少有李步南、古今辉、张榕轩、张耀轩四人。这四人在地域上属于嘉应州梅江流域下游籍贯的人士，古今辉的家乡在梅屏堡，而李步南、张榕轩、张耀轩的家乡在松口堡，也就是说张榕轩与这部州志的总纂温仲和、分纂饶芙裳是同乡。能够支持州志的编纂出版，说明张榕轩等人在海外创业的成功，以及为家乡的教育、交通、慈善等领域作出的贡献已经得到地方社会的认可。

华侨原来在清政府眼中是天朝弃民，自从 19 世纪后期海禁政策废除后，他们的角色发生了转变。张榕轩通过捐纳、捐赈等方式从清政府处获授官职虚衔，提升了自己在家乡的声望和地位。更重要的是，他通过张弼士的举荐，得到即将离任的新加坡总领事黄遵宪的支持，争取到继任张弼士卸下的驻槟榔屿副领事一职，成了清廷委派处理南洋英属殖民地外交和侨民事务的外交官。这个职位使他得以结识清廷的王公大臣、地方大员，也包括南洋的商业领袖、文化精英。

很明显，张榕轩也得到了梅州地方文化精英的认可，这种认可不仅基于他的财富、功名的提升，还有他本身对家乡文化事业的支持，更有其本身的文化情结和文化修养表现的气度，拉近了他与地方文化精英的距离。用时下的话语形容，就是不仅有硬实力，还有软实力。

提到其软实力对地方文化精英的影响，除出资支持《光绪嘉应州志》的编纂出版外，张榕轩还在家乡公益事业的竣工、祖屋建筑的落成、海外居所的建设、父母寿辰的庆祝活动中，邀请广大地方文化精英撰写碑记、寿序等文章，因此他与黄遵宪、温仲和、饶轸、张芝田、梁诗五等人结下

233

---

① 《嘉应州内地外洋捐修志清册》（含既缴、未缴），1901 年。

深厚的友谊。此外，他还邀请本州雁洋籍举人杨青教授的儿子张步青（浩龙）读书，包括杨青、杨焕枢在内的不少梅州文人渡海到南洋游历，创作了不少有关异域题材的诗歌。这些活动加深了地方文化人士对南洋风情风物的了解，也使他们对家乡华侨在异域打拼的历史与现状有了更加清晰的认识，一定程度上影响了《光绪嘉应州志》的历史叙事方式，也就是将华侨事迹列入地方志书中。

《光绪嘉应州志》在历代方志的内容基础上，所增加的内容除了体例的要求标准外，参与修志人员的家族握有相当的话语权，在人物传、艺文、丛谈中对其家族先人的生平历史多有所提及，比例较高，采录的材料来自家族保存的谱牒、行状、墓志铭。上述曾提及的州志编纂人和资助出版人，也就是地方文化精英和财力雄厚的华侨。温仲和、饶芙裳等人来自嘉应州的松口，因此他们既有对历史进行梳理和思考的学养，也有对家乡关爱的个人情感倾斜，当然还有对时代潮流新风的敏锐感知，对松口的名人包括华侨，花费不少笔墨进行钩沉。嘉应州的举人张麟定著有记载梅州地方历史的著作《谈梅》，记录下他耳闻目见的地方史事，这部历史笔记辑录的两个历史掌故均被州志编纂人敏锐捕捉，采录入州志中。第一条是宋末文天祥勤王抗元来梅招兵，松口卓氏族人踊跃参与，最后大多殉国，唯剩卓满一人的传说。第二条是有关婆罗洲兰芳公司创立者、首任大总制罗芳伯的人物传记。1900 年前后，总纂温仲和在致黄遵宪的信中讨论州志修撰工作时仍然提及："松口卓姓勤王之事，亦是父老流传，有为人欺负者，至今犹有以我为卓满子之语，此亦可为殉国之证。"[①] 松口有关卓满的去向下落，后来演绎成其抗元失败后乘船渡海到了婆罗洲创业的说法，多少与清中叶嘉应人南渡婆罗洲谋生现象逐渐兴起有关。罗芳伯等嘉应人在婆罗洲的东万律创立政权是在 1777 年，距张榕轩出生的 19 世纪 50 年代初，已经过去七十多年，到 1873 年，张榕轩出洋谋生，兰芳公司则已经走

---

① 转引自郭真义：《晚清粤东客籍诗人群体研究》，北京：当代中国出版社，2004 年。

入衰亡的历史阶段。但是，其本人的经历和家庭背景却与兰芳公司结下不解之缘。在《光绪嘉应州志》的新辑人物传中，除记载罗芳伯传外，还收入支持州志出版而刚去世不久的雅加达侨商李步南的传略。非常有趣的是收入了一则普通华侨的事略："饶申祥，生二岁，父即游南洋，音书旷绝。稍长，询母即泣。乡有由南洋归者，访知父所在，急欲往，家赤贫，无以为资，尽鬻服物而行。至坤甸，日行山中，荆棘载途，裹草以渡，血缕缕不避。讵见父，顾而不以为子也。申祥悲涕持弗释，乃许之，偕归。归益贫，旋往台湾佣工，以资赡养，闻父没，以毁卒。"① 从有关史料分析，张榕轩在青年时期下南洋，也与婆罗洲华侨有着密切的关系，从最新发现的一批信札中他致谢梦池的信函可知，谢梦池（荣光）不仅是他的松口同乡，还是他的堂姐夫，而谢梦池是 1846 年或 1847 年出生于南洋婆罗洲坤甸的侨二代，其时谢梦池的父亲谢益卿（双玉）已经在坤甸创业谋生。② 此外，张榕轩所娶的侧室刘葵英，是坤甸兰芳公司最后一任甲太刘阿生的女儿。刘阿生于 1884 年去世，随后兰芳公司被荷兰殖民政府所灭。其幼子刘恩官（奉璋）等人移居棉兰，1902 年，刘恩官似乎已经担任棉兰华人社区的甲必丹。兰芳公司华人政权尽管已经灭亡，但谢梦池、张弼士、张榕轩等人仍与坤甸当地保持生意往来，承领烟酒税码，因此，可以看出，张榕轩与梅州地方文化精英的密切交往，以及对州志编纂的支持，或多或少影响了《光绪嘉应州志》新修在内容上对华侨的关注，特别是对婆罗洲华侨华民历史的重视。

二、从《梅水诗传》之辑刊分析张榕轩的文化情结

在支持梅州文化工程的行动中，张榕轩投入更大热情的还是梅州大型诗歌选集《梅水诗传》及其续集的编撰出版。该书初集编订启动于 1900

① 温仲和纂：《光绪嘉应州志》，台北：成文出版社，1968 年。
② 林一厂著，林抗曾整理：《林一厂集》，广州：广东人民出版社，2015 年。

年秋，完工雕版印行于 1901 年冬；续集倡议于 1909 年，出版于 1911 年。《梅水诗传》共收入嘉应州（梅州）宋代以来约 480 位诗人的 3 600 多篇诗歌作品①，以已故诗人的作品为主要录入标准，并尽可能为每位诗人立小传。

这部诗歌选集的署名分别是"里人张煜南、张鸿南辑刊，张芝田、刘燕勋编订"，"里人张煜南、张鸿南辑刊，张芝田、张麟寅、黎璿潢编订"。从综合诗集的序文和跋语可以看出，张榕轩和张芝田是推动这部诗集编撰出版的核心人物。作为一位商人，张榕轩为何对文化那么热心和情有独钟？这要从他的家庭背景说起，据梁威所撰的《张榕轩、张耀轩昆仲家世小考》揭示，张榕轩的"曾祖父张其邦白手创业致富开始，他们家族四代很多人都很有商业天赋，他们往返于松口、大埔、潮州、苏州、山西、直隶等地开展商贸活动。与此同时，张其邦发家致富后，和传统农耕社会里的商人家庭一样，捐纳官衔，并供儿子读书，让他们通过科考等途径踏入仕途，成为当地有名望的家族"②。《松口溪南张氏族谱》记载，张其邦"生平正直，白手创业，买有粮田二十余石，祖置房屋五十余间，又三余斋书室一所，松市大直街铺四间。曾营谋生理，开张油米豆、京果、广杂、布匹于松市，又开酒饼厂一所。在大埔石下坝凑伙开饷当一间，宫前伙开京果米豆二间。至在松市买授之铺业，归二间于继禄公为尝……"③张其邦生有五子，长子即张榕轩的祖父张葆能。《梅水诗传》录其诗 5 首，记载其"业儒，考授国子监大学生，著有《游燕诗草》"④。张葆能的四弟张葆光，字德礼，号愚山。他在 1840 年，即 34 岁那年跟二哥张葆华一样，前往苏州做生意，8 年后也捐了一个从九品官衔。但和张葆华不同的是，张葆光捐得官衔后前往北京"验看"，从基层开始当差，一步步积功，从

---

① 诗人与作品数目，据叶志如《概述〈梅水诗传〉的价值及其出版意义》的统计。
② 梁威：《张榕轩、张耀轩昆仲家世小考》，《梅州侨乡月报》2020 年第 5 期。
③ 《松口溪南张氏族谱》，民国手抄本。
④ 张煜南、张鸿南辑，张芝田、刘燕勋编订：《梅水诗传》，1901 年。

广西藤县巡检升任署理藤县知县、浔州府知府等职，最后升补为永宁州知州，《梅水诗传》称其"为官清慎，所在俱有政声"①。另外，《光绪嘉应州志》载有张葆光的传略。张榕轩的父亲张熙亮自幼读书，喜爱吟咏，但在科举道路上没能更进一步，由于家里人口渐多，只能放弃学业，经商持家，并取得不小成就。由此可以看出张榕轩其实出生于一个数代经商且部分家族成员热心读书向仕宦之途靠拢的家族。其家族的三余斋书室曾吸引金盘堡莆里村进士温世京的儿子、日后考中举人的香港电报局总办温灏前来读书。尽管张榕轩没有在科举仕途中取得进步，但家庭背景影响下形成的文化情结令他尊崇文化、敬重文人，萌生通过立言之举留名于世的念头。

张榕轩在支持《光绪嘉应州志》编纂的同时，在驻槟榔屿副领事任上开始留心收集资料着手编辑《海国公余辑录》一书，在1898年《海国公余辑录》出版后，又在1901年出版《海国公余杂著》（附于再版的《海国公余辑录》后）。张榕轩着手编辑《海国公余辑录》和《海国公余杂著》，既有出于国际外交的需要，总结世界最新大势，也有叙述风土的初衷。这点可能是受《光绪嘉应州志》撰著行为的影响。据《续梅水诗传》收入的杨长盛《寄赠张榕轩观察煜南时在南洋》（辛丑九月），诗中有："经济才作著作才，公余海国录淹赅（《海国公余辑录》搜罗宏富，考订详明，于洋务大有裨益）。志编日里推良史（观察近撰《日里志》），诗采风谣具别裁（观察近日与仙根明经选刻《梅水诗传》，洋洋大观，为我州二百余年之创举）。"② 杨长盛，字子钧，是梅城城隍庙"特恩选拔"杨屋举人杨承谟（字次典）的儿子，因梅城北门街同族举人杨启宦（字柳泉）同治乙丑年组织民团守城抵抗太平军而全家被害，于是杨长盛被过继到杨启宦名下为嗣子，世袭云骑尉一职。作为州城名士，他在1898年已经结识张榕轩，

① 张煜南、张鸿南辑，张芝田、刘燕勋编订：《梅水诗传》，1901年。
② 郭真义主编：《梅水诗丛》，广州：广东人民出版社，2015年，第701页。

据笔者了解，杨长盛其实也是张芝田、刘燕勋编订《梅水诗传》的助手。根据其经历和对张榕轩的了解，他的这首诗及注具有很高的参考价值。在《光绪嘉应州志》编纂期间，张榕轩也在忙于《海国公余辑录》的编辑整理，其中收入的该书的《槟屿纪事本末》，未尝不可以认作张榕轩对南洋所在地方志的一种整理。嗣后，张榕轩与弟弟张耀轩决定出资支持张芝田、刘燕勋编订《梅水诗传》。而在推动整理家乡诗歌选集出版的同时，据杨长盛透露，张榕轩还在撰写《日里志》一书，虽然目前还没有发现这部著作，不知最终是否完稿。由此可见，在其倡建潮汕铁路之前，其叙述风土、锐意著述以及运米平粜等一系列举止，是对家乡的一种特别人文关怀。

这段时间，他已经先后认识黄遵宪、梁国瑞、张芝田、杨沅等家乡具有名望的文化人，1893 年，张榕轩母亲六十一岁生日，在寿序中已经有黄遵宪和张芝田的列名，张芝田虽然没有涉足海外，但是张榕轩仍将《海国公余辑录》和《海国公余杂著》的手稿请张芝田校核，而且将张芝田根据世界地理风物为题材的《海国咏事诗》收入《海国公余辑录》中。至于两张是何时认识，并且有了深入的交往，目前还缺乏详细的史料加以探究，但据《梅水诗传》可知，张芝田的父亲张其翮是黄遵宪的启蒙老师，而其兄弟张莘田也是晚清举人，在 1886 年就参与署名寿序庆贺张榕轩的父亲 61 岁生日。两人可能在 19 世纪 90 年代初已经认识了。笔者近日探访张芝田的故居，并查阅有关张家围张氏的谱牒资料，可知张芝田的大致生平。张芝田，嘉应州攀桂坊人氏，家名遐龄，字仙根，享年八十八岁。根据其《续梅水诗传·自序》推测生于 1826 年，卒于 1913 年。清道光丁未年（1847）中秀才，光绪十年（1884）被选为贡生。所建居所位于今攀桂坊岗子上，名为五世同堂，在梅县高级中学老校门侧。这所房子，张榕轩至少曾在 1909 年冬和 1910 年夏两次登门拜访，可见这位地位显赫的南洋富商与一位科举之路坎坷的文士之间深厚的交谊。

《梅水诗传》及其续集的出版，张榕轩是作为刊辑人而署名的，张芝田等则是编订人，也就是具体的选稿、编订人员，但这并不意味着张榕轩仅仅是一名发起倡议或者认可倡议的捐资人，他是实际参与部分诗人诗稿收集整理工作的热心人。黄遵宪在《梅水诗传·序》中提及："张榕轩观察少读书，喜为诗，抄存先辈诗甚富，近出其稿，托仙根明经广为搜辑，重加编订。"① 张榕轩也在自序中自云少年时代就对前辈诗人的诗作有所留心，即使在海外经商任官"暇日偶获前人名作，必手录而谨藏之，虽吉光片羽，不啻珍同拱璧"②。这都表明，张榕轩的确参与过部分诗稿的搜集整理。至于张榕轩搜集了哪些诗人的诗稿，凡例并没有说明，但从与张榕轩的关联程度分析，如下这些诗人的作品为其收集的可能性非常大：一是张榕轩的至亲，这些人包括他的曾祖父张其邦、祖父张葆能、叔祖父张葆光、父亲张熙亮；二是友好至交，像杨青、杨焕枢、杨长盛等人的诗作，这些作者或曾游南洋，或在张榕轩幕下办事，与张氏互有酬唱，三是家乡松口的前辈诗人，这个群体人数较多，如李士淳、李梗、吴兰修、徐又白、吴梅修、黄凤五、梁璜、饶轩、谢沧期、吴敬纶、李士灏、李梓等人。

不管如何，张榕轩能够与张芝田不谋而合，发起辑刊编订《梅水诗传》，保存了梅州大量诗歌文献，有助于后人了解梅州文学史的诗歌版图。如果少了他的这份热心，梅州的诗歌史不能说面目全非，也是遗憾多多，皆因不论胡曦的《梅水汇灵集》，还是岭南其他诗歌选集如《岭南群雅》《粤东诗海》，保存的梅州诗人的诗歌作品，均没有《梅水诗传》完备。

三、张榕轩与岭东诗派、粤东客籍诗人群体的交汇

论近代岭南之客家文学，版图最重者莫过于诗歌创作，这是因为直至清代，诗歌仍然是主流文学的重要体裁之一。而到了清代，梅州的文化经

---

① 张煜南、张鸿南辑，张芝田、刘燕勋编订：《梅水诗传》，1901 年。
② 张煜南、张鸿南辑，张芝田、刘燕勋编订：《梅水诗传》，1901 年。

过乾嘉年间的兴盛，出了宋湘、李黼平、黄香铁、吴兰修等诗坛名流后，递至清末，在数千年之大变局中，得风气之先，梅州涌现一批具有诗歌革新观念且在全国产生影响的诗人，如黄遵宪、丘逢甲，另外还有一批客籍诗人参与洋务、外交、新式教育等活动，由于相互交往密切，他们被文学研究者视为一个诗派或者群体。罗可群的《广东客家文学史》认为岭东诗派包括了黄遵宪、丘逢甲、胡曦、王晓沧、温仲和、梁诗五、梁国瑞、温廷敬等人；郭真义的《晚清粤东客籍诗人群体研究》则认为这个群体包括黄遵宪、丘逢甲、胡曦、温仲和、梁诗五、梁国瑞、钟颖阳、叶璧华、刘燕勋、陈展云、陈元焯。

张榕轩虽然是商人，创作的诗歌数量不多，但其既是诗歌的爱好者，也是热心出版支持者，与这一诗歌创作群体保持密切交往。以往，针对这个群体的特点进行研究时，对他们与张榕轩的交往有所忽略，而事实上与张氏的交往反而折射了这个诗歌群体成员的特质。这一文化特质，一是睁眼看世界，有海外游历的经历；二是叙述风土、整理乡土或诗歌文献。基于这两点，笔者认为黄遵宪、丘逢甲、梁诗五、王晓沧、温仲和、叶璧华、梁国瑞、胡曦、刘燕勋是这个群体的核心，而且要加上已被遗漏的张芝田。

这个群体中有海外游历经历的有黄遵宪、梁诗五、丘逢甲、王晓沧。其中黄遵宪与张榕轩的关系最为密切，两人可能在黄遵宪在新加坡总领事任上认识，而关系开始熟络，后来两家还结为姻亲关系，张榕轩的弟弟张寿轩娶了黄遵宪叔叔黄鸾藻的女儿。黄遵宪和张榕轩一样，是《光绪嘉应州志》纂修的热心支持者，不过黄遵宪更多的是内容补充增订的参与者，像客家源流、南汉千佛塔铭、古革大夫住宅旧址下马石等话题，并且引起温仲和、丘逢甲的共鸣，成为诗歌创作的重要题材。

由于这批人不少都有出洋的经历，视野比较开阔，具有现代意识和世界眼光来观察和分析问题，张榕轩在参与国内运米平粜、铁路建设等商务活动中，与这个群体交流甚为活跃。张榕轩重视家庭教育，特别是女子教

育，不能不说是受到黄遵宪、梁诗五的影响，最新发现的张榕轩信札资料
显示，1902 年前后，张榕轩曾经聘请女诗人叶璧华到他松口的家中教授他
的女眷主要是女儿读书，而张榕轩此前支持出版叶璧华的《古香阁集》，
很可能是接受黄遵宪的建议作出的决定。众所周知，黄遵宪的《日本杂事
诗》非常有名于时，张芝田、张榕轩先后以海外竹枝词的形式创作《海国
咏事诗》《续海国咏事诗》，亦显示这一诗歌群体将题材扩展到了海外地理
风光、风物、历史、制度和现代社会的最新事物，主旨可谓一脉相承，且
有所扩展。梁诗五旅日和游欧，丘逢甲到新加坡，王晓沧到新加坡和槟城
留下的诗文，可以说是梅州诗人开展海外创作的先声，而张榕轩自己以及
一班文士在棉兰、槟城的诗文创作，突出诗歌纪实性的另一功用，某种程
度上是这个岭东诗派在海外活动的延伸。

　　上述提及的纪事诗歌，包含了叙述风土的特点，因为温仲和、梁国
瑞、梁诗五、张芝田，特别是胡曦，均是地方志的热心整理者，他们具有
声气相通、互相支持砥砺的关联。《光绪嘉应州志》《嘉应州乡土志》《兴
宁图志》《枌榆碎事》《兴宁图志考》是对家乡风土的探究保存，《海国公
余辑录》《海国公余杂著》《日里志》则是关于南洋当地风土历史的挖掘
耕耘，可谓异曲同工。

　　因此，张榕轩对这个诗人群体给予了不同方式的支持和互动：①对这
些诗人中经济比较拮据的成员给予著作出版经济支持，像《梅水诗传》
《古香阁集》；②支持或邀请一些成员参与办学的教育事业，如聘请叶璧
华、杨青担任家庭教师，支持松口公学、汕头正始学校等的办学活动；
③创作诗歌，与诗人互动，比如他在《古香阁集》上创作古风长诗作为题
词，还请女婿徐鹭清、幕僚杨青为之题词。比如 1909 年冬他从南洋回国经
福州回到梅州，与张召虎、张辉卿、张苇村等文士，乘船鼓棹而歌到嘉应
州阳东岩，观光雅集，其本人为阳东岩寺题写"神光普照"，还创作了一
篇散文《游阳东岩记》。

四、结语

积极支持梅州地方志和文献的整理出版，参与文学创作和学术著述活动，资助与推动梅州地方文化精英、粤东客籍诗人群体成员之间的文化事业和交流互动，反映了张榕轩作为一位具有儒家价值观的企业家身上现实主义与理想主义兼具的特质。

在当年的国情下，张榕轩作为一名在南洋经商取得成功的客籍企业家，要争取得到社会的认可，除了付出公益的捐资扩大社会声望外，就是争取朝廷的肯定，获得中央政府颁授的官衔，作为在实业上的政治支撑。他对事业的引路人张弼士回国投资，参与晚清铁路建设，并且取得官衔和荣誉的不断提升，是非常敬慕而仿效笃行的，他在给张弼士的信中表示："敬悉叔台以报效一案，奉谕旨以三品京堂候补加侍郎衔，此在客族中最为出色之事，不独增一乡一邑之光，且足增一省之光矣。遂听之余，忻喜无尽，贺贺。"① 所以，他强烈表现出追步张弼士回国扩大事业的心理——"不敢不早日出山，竭所能以图报。现拟秋间束装北上"。事实上，他践行了张弼士推动国家铁路建设的主张，在南方倡建潮汕铁路，与张弼士在山东烟台投资张裕酿酒公司之举，南北呼应，成为实业兴国的典范。

为了推动这项事业，争取朝廷、官僚、地方士绅以及海外侨商的支持，张榕轩展现了他圆融的交际手腕、推动投资计划的前瞻眼光和应急处理能力。他最初与黄遵宪等杰出乡贤的交往，可能也包含了借力步入国内政界，参与祖国政治事务的目的，不过他始终是一位家国情怀兼具的儒商，即使在百忙之中也不忘参与家乡梅州文化事业的重构，像支持女诗人叶璧华诗文集的出版，支持张芝田、刘燕勋等人从事梅州诗歌文献的编辑

① 肖文评、饶淯中主编，郭锐、刘奕宏点校：《海峤飞鸿——晚清侨领张榕轩奏牍书信集》，香港：大中华文化出版社，2021 年。

出版工程，在这些地方文化领域投入的资财和精力，对他回国投资兴业并无任何实质性的功用。然而其乐此不疲的付出与成效，改写了当时社会对客家、客商的认识观念，抢救保存的诗歌文献集则成为研究梅州文学史的重要原典，即如黄遵宪为《梅水诗传》所作的序，亦成为客家研究的一份宣言。

华侨侨乡共生共荣特定时期

——客家侨批与张榕轩研究

刘钦泉①

在鸦片战争后，随着汕头港的开放，粤北山区的梅县客家人陆续开始远涉重洋去讨生活，从而形成了一种移民东南亚的现象。随着移民人数的增加和影响力的提高，在历史演变过程中出现了"华侨"一词。② 梅县华侨在历史社会变迁中产生，由此带来了梅县侨乡的形成。③ 因为客家侨批的出现而有侨资不断地汇入侨乡，其建设得以有效推进，这是近现代社会变迁发展的现实反映。

一、梅县客家特定时期海洋迁徙的映射

鸦片战争前后，沦为西方列强殖民地的南洋部分地区，成为贸易承转之地，急需中国的廉价劳工与手工业品以发展，这一契机及商机大大吸引

---

① 刘钦泉，浙东佛教文化研究院研究生，编辑。

② 华侨的称谓，最早应该是 19 世纪 80 年代黄遵宪在他的著述中首度使用"华侨"一词，以及其后驻英法意比四国公使的薛福成在邸报中称"暂居国外的侨民"。1911 年辛亥革命前后，因孙中山在众多汉族社团中宣讲时使用"华侨"的称呼指代"海外爱国华人"，最终使其成为泛用于所有海外华人的称谓。在 1909 年清政府颁布的《大清国籍条例》中，"华侨"一词扩大至所有中国父母所生的人——无关是否"入外国籍"。王赓武：《"华侨"一词起源诠释》，《天下华人》，广州：广东人民出版社，2016 年，第 2、9、10、11 页。

③ 侨乡，是指华侨华人的故乡，与身在海外的乡民有着紧密联系，而且深受海外所在地种种影响的中国劳工或移民的重要移出地；同时，有着建立在同一宗族或乡村、同学和同业等一定社会关系网络基础上的特点，是投资实业、捐赠与慈善事业，在教育、文化辐射范围之内的华侨华人祖籍地。侯志强、叶新才、陈金华等：《华侨华人与侨乡发展》，北京：社会科学文献出版社，2018 年，第 4 页。

了来自中国广东梅州与潮汕地区，以及福建闽南地区等的中国商人及陷入经济困境的农民、手工业者、渔民、民间工艺人员，他们择机纷纷过番下南洋。发展到 20 世纪初，"东南亚得到殖民宗主国的扶持，除了传统的种植园、采矿业外，铁路、航运、金融、制造等新兴产业也获得空前发展，急需熟练劳工"①。进一步吸引了梅州地区的人下南洋。

梅州客家的这种海洋性迁徙成为特定历史时期的一种社会现象，具有海洋族群特质。他们依照季风、海洋气流的特点，下南洋时都是每年的初春顺着西北风奔海而渡，如果返程就需要在夏季就着东南季风顺流回来。从迁徙海外讨生活到成为梅县华侨，反映了客家人的大陆思维向海洋思维的客观实在转变，因而有了粤东客家人的南中国海贸易、金融、航运等商贸往来与国际金融协同运作——侨批是其直观反映。下南洋的客家人在异国他乡站稳脚跟之后，出于血缘认同与族性归因以及情感联络维系的需要，生发起思乡思亲之情，因此就有侨批批银通达家乡亲人。他们心系家乡的形势状况，通过一封封批信来延续与故土家园的情感联系。② 由于乡村生存必然有着生活与做事的必要，亲缘关系与人性道德都是家庭维系纽带，经济反映了一个人乃至一个家庭、一个家族的荣衰，个人创造财富价值与增加家庭财富就是客观性的必然存在，侨批就此发挥巨大作用。

由于鸦片战争及其后期的政治社会大环境影响，梅州地区的经济发展尤其是民生经济问题较为突出，人口众多而山区的优质田地少并且存在着分配不均的实际现象，人们为生计、为创造财富，在生性不屈不挠的精神以及重视闯天下的冒险精神所造就的果敢性格和敏锐的洞察力促使下，必然会趁着汕头开埠的良机而直奔海洋。在这一开放背景下下南洋的梅州客

---

① 黄海清：《海洋移民、贸易与金融网络——以侨批业为中心》，北京：社会科学文献出版社，2016 年，第 18 页。

② 肖文评、田璐、许颖：《从侨批看民国初期梅州侨乡与印尼地区近代教育的发展——以梅县攀桂坊张家围张坤贤家族为中心》，陈荆淮主编：《海邦剩馥：侨批档案研究》，广州：暨南大学出版社，2016 年，第 59 页。

家人，正是历史上不断迁移的客家人在这一历史时期的映射。

二、"口述历史"介质载体客家侨批的源始及其存在特点

这个特定时期，千千万万客家子弟涌向南洋，其中涌现出来的一批客家商人如林朝曦、罗芳伯、叶德来、胡文虎、张弼士、张榕轩昆仲、潘祥初、曾宪梓、田家炳等；从他们的客家人信批局来看，金融经营管理与运作正好体现了客家人所具有的前瞻性、风险承担意识及魄力、思维缜密、血缘性的优秀品质，而客家商人把自身商业资本及商业实体进行精诚联结运作并逐步完善进而转化为可控金融资本的财团，是自身的高度思维能力、市场预见预判能力、融资与金融调控能力与基于客家文化自信的集中体现。张榕轩与昔日老板张弼士合资创办了日里银行，目的在于调剂全埠金融，同时也经营侨批业。[①] 侨批业是那个时代的特定产物，是在南洋等海外客家人的智慧创造，它是客家人创造力的直观体现，证明了客家人这一海洋移民族群的智慧力与创造力。

据黄海清的考证，侨批在水客时期是以封、家书两个物理件呈现的，后来在实践中探索出了封、信合一的"侨批信笺"，仅有"封"这一外观物理件，封上写明寄件人、收件人的姓名、地址寄汇款金额，这些外展信息正如现今的信函形式，而家书属于私密性的，便可折叠妥当并"包在里面"，"又进一步简便了华侨的侨批汇寄"[②]。华侨侨批与侨乡便有着绵绵连续的情感联络维系的显现存在。当然，这种形式是否为当年的华侨所独创，值得商榷，因为中国自古就有以一外封且内封搁入书信、信物的往来信函，只不过外封表面上没有写明寄收人名姓及地址的形式，即使是华侨受启发而创新，也是一种智慧、进步的表现。这种源于华侨社会的侨批业

---

① 《梅州华侨故事：漂泊流离为生计牵肠挂肚是乡愁》，《南方日报》，2017年8月3日，http://www.xinhuanet.com/overseas/2017-08/03/c_129671630.html。

② 黄海清：《海洋移民、贸易与金融网络——以侨批业为中心》，北京：社会科学文献出版社，2016年，第37页。

及水客时期的"银信合一"，灵活运用以及建立民间信用的特性是侨批业进入发展时期的最好见证，也可说是最重要的标志性符号，是侨批业能够在150来年里具有强生命力、长盛不衰的根本原因。而且侨批有堪比邮政信函的双挂号信的特点，即侨乡收件人收讫南洋的家人汇寄的银信后必须回信回复批信的款、物已收妥，同时反馈家中当时情况以及暖言安抚、慰藉亲人，是属于侨批手续完备所要求的方面，也是批信局经营侨批业务的方式方法——登门服务、熟人熟客所决定的，区别于邮政局的经营模式，体现了诚信、负责、周到。侨批汇寄银钱，有一种方式值得注意——"'正收据'，是批局一种特殊凭单，俗称'赊批'"；那就是由批局为华工先垫付款寄回梅县，等亲人收讫款额并在有"见证人签章及收款人签收"之后，批局凭本次银钱汇寄业务联单（三联以上）的一联单向华工寄款人索要等额款项。①

这应该就是信贷业务，华工寄款客与批局存在着信任与被信任的关系。因为客家人秉承"立诚为本"的为人处世哲学，家教与族规都严格要求做一个"好人""顶天立地的男子汉"。所以批局凭借信任，就把银钱赊出为华工寄款客垫付。批局清楚风险的存在却仍然推行"赊批"，这或许是出于现实考虑：每次银批都需要寄款人给付手续费用，这是批局的获利方式；由于侨批业竞争激烈，批局不愿意丢失客户，故以这种方式维持和拓展生意。无论如何，"赊批"反映出客家人极其讲信用与看重信用，"作为一种文化，侨批却是一种以金融流变为内核，以人文递播为外象，以心心交感为纽带，以商业贸易为载体的综合性、流动型文化形态"②。

在南洋的客家信批局，其业务中也包括了汇兑：收取上来的批银是所在国货币——泰铢、新加坡币、印尼盾等，必然要经过国际外汇市场间接进行折算汇兑成港元（在中国与整个东南亚商业往来中，港元向来是最主

247

---

① 曾旭波：《侨批定义刍议》，陈荆淮主编：《海邦剩馥：侨批档案研究》，广州：暨南大学出版社，2016年，第146页。

② 陈训先：《论侨批的起源》，《华侨华人历史研究》1996年第3期，第76页。

要的结算货币单位），再从港元换成中国银元（后期为人民币），最后经汕头港中转到达梅州。侨批业也是商业运作的成果，具体是将家乡人在南洋提供劳务所得抑或劳务所得的个人积累财富，以货币形式进行跨国汇兑，以商品物资形态来进行跨国运载，最终达成南洋与国内侨乡之间货币及信息的国际交流、国际感情思维沟通与传递。侨批业中的结算网络，即经济学家所讲的金融与贸易结算大系统的存在，是因为南洋客商从事的商业活动包含了海洋贸易，商业资本与金融资本的流动势必是全球性的特定区域流动。由于国际汇兑市场会受到诸多因素影响而出现汇率波动，汇款途径不同"会对汇兑市场产生不同的作用"，同时"侨汇还须经过香港、上海两个外汇中心方能兑现"，这样一来侨汇头寸就存在事实情态，因为"侨批信局与国际银行密切配合，一方面可提高汇款效率，另一方面可从中获取汇兑利润"①。当然，因为从汕头港转运到梅县时交通不便，而客运、货运时间也会受影响，这也是张榕轩发愿修建潮汕铁路的原因之一。"侨汇的承转是关键环节，风险控制十分重要。南洋收进了汇款，会用其周转赚钱，分为金融流通（三角或四角等）和贸易流通两种途径。"②

从历史传播上看，侨批是一种通过物传、文图及票据记录、附带书函来客观记录客家迁徙人文历史的方法实体存在，是历史事件当事人的海外或国外曲折奋斗史的间接反映。因为有着世界与历史关联性，所以学界对侨批有着"世界历史文化记忆"一说，实则上这也是客家人的历史文化印迹之一。侨批所反映出来的海外侨胞"热爱祖国、情系故里、吃苦耐劳、勇于开拓、笃诚守信"的精神，实则也是中华民族传统文化的继承和拓展，侨批也因此被学界看作华侨历史文化的"敦煌文书"。而且，侨批上的币种和货币单位伴随着社会发展和政治变革而不断变化，我们可以从不

---

① 黄海清：《海洋移民、贸易与金融网络——以侨批业为中心》，北京：社会科学文献出版社，2016年，第84－86页。

② 黄海清：《海洋移民、贸易与金融网络——以侨批业为中心》，北京：社会科学文献出版社，2016年，第129页。

同时期侨批封上的货币信息来观察各个时期的政治、经济、科技等的社会情况。① 比如，侨批有一种形式就是侨批分款，即一笔批银会有批信注明分配对象、范围及具体款项，同时几乎都是面面俱到的存在。有一种观点认为，这是宗族中经济差别调谐的一种需要，其核心是"礼"，是以此为规范的宗族社会观念体现。② 因为侨批的主体是每一个生命个体，它所对应的主体是生命个体——华工寄款客，所对应的客体是与主体相对应的侨乡单一家庭。这可以从现有客家侨批封资料上体现出来。一封侨批的完整呈现形式是非常考究的：一则批封正面具名汇寄人及其地址与收件人姓名及地址，而且绝大多数会在左上角标注币种及钱数，如"法币××元""港币××元"；二则它的背面须贴有邮票、盖上邮戳以及批信局邮戳，有批信局的信息广告、难以作假的"苏州码"图案。③

如此一来，下南洋的客家人通过批信联通侨乡的亲人并以自身劳务输出所得的资金或物资，以国际汇兑与国际交通运输实现必要的转移、中转。而且，由于南洋的客商多以家族企业经营管理为主，强大的关系网络与实在的社会资源是他们取得成功的首要因素，进军侨批业经营批信局也同样呈现出这种优势特性。出于习惯讲家族宗族血缘、同乡情分以及文化认同感的缘故，客家人以诚信、信任、认真、严谨、负责、和谐为准则，在同根同源、共饮一江水的认知下，借助家族性或乡情性提供单方服务的批信经营，便有快捷、安全、精准、温情等服务质量的见效。"由此衍生而来的归属感、认同感和信任也使民信局内部雇主、员工和客户之间形成

① 黄海清：《海洋移民、贸易与金融网络——以侨批业为中心》，北京：社会科学文献出版社，2016年，第60页。
② 吴榕青、李利鹏、王丽莎：《潮安东凤张捷谦家族的侨批与口述史研究（1906—1986）》，陈荆淮主编：《海邦剩馥：侨批档案研究》，广州：暨南大学出版社，2016年，第223页。
③ 黄海清：《海洋移民、贸易与金融网络——以侨批业为中心》，北京：社会科学文献出版社，2016年，第56页。苏州码，也叫花码，以中文数字形式出现，阿拉伯数字传入之前广泛使用，笔画繁复一般难以作假。现东亚地区书写支票时仍会使用。

了密切的相互关系，有利于促进和拓展业务。"① 因此侨批也满足了华侨与侨乡亲人双方的情绪诉求，华侨也因此成为人类文明发展史上的传播者与中国海上丝绸之路的实践者。

三、侨批促进梅县侨乡演进的实质性存在

盛行于 19 世纪中期的客家人所经营的侨批业也因此发展成为以客家人为主体的具有经济特性与金融性质的，并且有着历史担当的重要行业。客商的先后进入并大多以兼营形式存在的批信局，为客家地区的教育、建设等资本提供作出了不可磨灭的贡献。因而，可以确定客家侨批实则就是所有这些结构变化与嬗变的介质载体，它是侨资的直观反映。

客家侨批也是客家侨乡社会由原本的传统村落变迁为在海外华侨及其所在国文化影响下发展的侨乡村落的反映。在两三百年时间里，大批海外客家人将海外文化带进故土家园，与本土固有的客家文化互相融汇、结合，构成新的客家侨乡村落。这直观反映在建筑风格的变化与多元化上。民国时期，华侨开始可以自由往返所在国与祖国的故乡，梅州的华侨与侨乡的联系日趋密切频繁，而归乡寻根、安度晚年与大力建设家园、支持家乡建设成了良好的风气。侨乡社会是海外华侨社会历史演化的结果，梅州侨乡受此影响而存续、变迁，民国时期梅县县政府的总结就很客观，尤其在工业建设方面，"工业建设之推动，实有赖于华侨至矣"，因为华侨带来了先进的设备与技术、经营模式而促进了梅县旧有工业发展。② 华侨也改变了侨乡的民俗，这在梅州尤为明显，即经济资助与对侨乡文化、思想、观念、日常生活诸多方面有潜移默化的影响：衣食住行富于"洋味"、客家方言趋于"洋化"、婚恋及家庭观念有别于其他民系，甚至还有着"过

---

① 李志贤：《19—20 世纪期间新加坡各帮民信局的营运与同业组织》，陈荆淮主编：《海邦剩馥：侨批档案研究》，广州：暨南大学出版社，2016 年，第 25 页。
② 梅县县政府编纂：《梅县概况》，梅县：梅县县政府，1942 年，第 71 页。

番"的歌谣与习俗产生等。① 另外，华侨的祖先崇拜与宗教信仰的尊崇反映出侨乡社会与海外华侨的地缘关系、血缘关系，具备了同姓宗族、本家族以及房系大家庭向联宗宗亲及至整个家乡的乡族观念转变的特点，海外华侨帮助存在关系的人出洋挣钱、创业成为自己的义务及应有责任。因为侨资的支持，侨乡民众修建、修缮祖屋蔚然成风，特别是在改革开放以后，祭祀祖先的传统得到尊重的情况下，祖屋修建具有一定规模；而且时至新时期，祭祖等仪式不但受到重视而且成为一项文化活动，这在侨乡凝心聚力谋发展上意义重大。而宗教信仰历来就是梅州侨乡的民间习俗与民众的精神信仰，民间自古就有信奉观世音菩萨与妈祖、玉皇大帝、关帝、保生大帝、清水祖师、大伯公、三山国王等神明，华侨对此崇拜的原因一是由来已久的信仰习惯，二是经过对此的信仰崇拜可以表达自己对故土家园的思念之情，是宗教信仰的象征性显现存在。所以，侨乡的乡亲既理解华侨华人的心理需求，又协调他们在归乡寻根之中修寺庙与举行宗教活动、祭祖活动，顺应他们对家乡的热情，从而在文化层面上作出迁就。②

侨批所带来的批银长期不断地注入梅州侨乡乃至整个梅州，在福利事业方面就有着就独资或集资建成的社会性质的敬老院、孤儿院以及残障人士福利院，同时华侨华人也捐款捐物进行各方面的救济。这在改革开放以来尤为多见，并且突破了从传统的地缘及血缘关系的福利捐助而转变为新时代福利事业资助、建设，比如从以往的捐资建大学或教学楼、图书馆、医院——包括医疗设备、体育馆、博物馆与敬老院、福利院、幼儿园，以及修建侨乡公路、桥梁，发展到对灾情、失学、扶贫作必要的针对性捐赠，帮扶医疗以改善侨乡医疗卫生条件与投资设厂襄助就业等民生生计的方方面面。因而，侨乡的公共事务、民计生活都通过侨资的汇入而得以完

---

① 肖文燕：《华侨与侨乡社会变迁——清末民国时期广东梅州市个案研究》，广州：华南理工大学出版社，2012 年，总序第 2 页

② 侯志强、叶新才、陈金华等：《华侨华人与侨乡发展》，北京：社会科学文献出版社，2018 年，第 64 页。

善，侨乡社会随之发展。同时，侨乡的建筑风貌大为改观而丰富，尤其在民国时期，出现多元文化背景下复合产生的特点，区别于传统客家建筑。一种观点提出，这是侨式建筑，蕴含着深厚的艺术审美价值，是融汇华侨华人在祖（籍）国与客居国的建筑文化特色，之所以有不同风格、不同特色的建筑物，是由于侨乡地域不同、海外影响联系的不同结果。①

诚然，侨批所带来的侨资促进了梅县侨乡的文化教育事业发展，张榕轩、邱燮亭、伍森源、廖煜光等华侨华人为此作出了重大贡献。清末民初的海外华侨以侨资在侨乡的办学涵盖了小学、中学、综合性学校和中专、大学。在梅州的侨办学校具体有：邱燮亭等侨贤集资 3 万多元光洋创办全盘、锦州、雁洋三堡公立高等小学（三堡学堂），程江村的侃毅学校、中塘村的同化学校、银竹村的逸德学校，而南口镇从 1912—1931 年先后共建设有安仁、思维、宗爱、乔南与德邻、育才、敦善、振兴、尚伟等 47 所小学——前四所小学为侨资所独办；中学就有丙村中学、东山中学、松口中学、隆文中学、西洋中学、畲江中学、国光中学等 13 所；而松口学校（松口公学）是小学、初中与高中一体化的综合性学校，是创办、建成于 1906 年的梅州著名的侨办学校，由温幕柳、饶芙棠、谢益卿、谢梦池、谢乔梓等华侨富商共同捐资建设，其中 1906 年老校金山顶校舍由谢益卿、伍森德、张榕轩、张耀轩、谢梦池、伍佐南、梁映堂、廖煜光、饶振生等各界华侨人士先后筹集资金 2 000 多银元给予支持所建（1913 年冬，由张榕轩、张耀轩、伍森源、廖煜光及海外各埠其余华侨集资重建被人为破坏烧毁的新校舍落成，耗费光洋 2 万余元），由此可见梅县的教育在梅州各县中犹显发达。② 这就完全证实了梅县华侨通过侨批注入侨资兴办侨乡文化教育的历史事实，反映了侨资的不可或缺。梅县南口的安仁小学是综合性

---

① 侯志强、叶新才、陈金华等：《华侨华人与侨乡发展》，北京：社会科学文献出版社，2018 年，第 55 页。

② 侯志强、叶新才、陈金华等：《华侨华人与侨乡发展》，北京：社会科学文献出版社，2018 年，第 133 – 140 页。

学校中影响较大的一所，1902 年创办，1937 年增办初中部，成为一所有校总部与三所分校的学校，从幼儿园到初中部，而且学校的一切资金来源与物资供应、教学经费都是由本地的一众潘姓华侨集资提供，从没有接受过官府的一分一厘银钱。① 当然，侨资兴办侨乡教育，并不仅仅限定于中小学校，高等教育方面也多有支持，并且影响至今。20 世纪 20 年代创办的嘉应大学，抗日战争时期入迁的南华学院、中山大学等高校，就梅州区域而言而有师范、农业、工业、商业、医学等中等学校，都在梅州招生。②

华侨侨资支持侨乡建设还体现在华侨的投资项目方面，如采矿业、电力工业、纺织工业粮食种植业、经济作物种植业，以及公路桥梁建设等。这些建设项目都促进了梅县侨乡的经济发展与繁荣，并且在人流、物流、资金流等方面方便了侨乡民众生活，也改变了侨乡社会面貌与人们生活方式与习惯。梅县富含煤矿，梅县与兴宁共占有梅州 12 个煤矿中的 10 个，有着"兴梅煤田"的称谓，光一个丙村镇就有侨资兴办的协泰煤矿公司、人和煤矿公司、杨文煤矿公司、谢田煤矿公司、有利煤矿公司五大侨资投资经营性煤矿，因而侨乡民众广兴采矿热潮。③ 这再次证明客家侨批频繁汇寄入梅县——批银侨资，给当地的经济发展带来了便利。甚至在金融管理技术及思想上，侨批也影响了民众金融意识的养成，进一步推动了梅州近代的金融发展。张自中的统计显示，梅县在中华人民共和国成立前一共有侨批局 15 家（南洋侨批局的分号或代理机构性质），比如达记庄、绍兴隆、永发公司、信通庄、大华公司、福记批局、利侨庄、和通庄、荣兴批局等，是为侨批业服务的特定时期的特殊行业。④ 姚曾荫进一步指出："梅

① 黄玉钊：《华侨、华人与梅州教育》，《嘉应侨史》1988 年第 2 期。

② 《梅州市华侨志》编纂委员会、华侨历史学会编：《梅州市华侨志》，广州：广东人民出版社，2001 年，第 50 页。

③ 肖文燕：《华侨与侨乡社会变迁——清末民国时期广东梅州市个案研究》，广州：华南理工大学出版社，2011 年，第 54－55 页。

④ 张自中：《梅县的水客和侨批业》，中国人民政治协商会议广东省梅州市委员会学习文史委员会编：《梅州文史》（第 7 辑），1994 年，第 216 页。

县地区（梅州）侨汇机关……其中以批局者占最主要部分。"① 从而在信用文化、制度文化、货币文化、精神文化方面突出客家文化自信与客家人与时俱进追踪时代步伐与把握时代脉搏的智慧力量，也彰显出创新性、共享性、融通性。闽粤侨批业的百多年发展史具有重要的借鉴意义，尤其在金融创新上应该应瞄准社会需求，以符合实体经济发展实际的需要。②

因此，客家侨批催生梅州侨乡、推动侨乡的演进以及在海外与侨乡二者结合进行互惠互利的协同发展，最大的体现就在于侨批所带来的源源不断的侨资，人们借侨资以积极进行侨乡建设与文化教育建设，成效引人瞩目，侨乡也因此有着新发展及其方向定位。

四、透过批信侨资建设潮汕铁路映射张榕轩思想品性

张榕轩在印度尼西亚打工及经商崛起后，心系祖国实业振兴与家乡建设、经济发展，是不遗余力也是真诚而为。在清光绪二十九年（1903），张榕轩牵头发起筹建潮汕铁路，联合华侨谢梦池与张宗煌分别出资，耗时两年并于 1906 年全线通车。③ 潮汕铁路是中国近代史上第一条由中国人自行设计、华侨集资兴建的纯商办铁路，也是中国人自己管理经营并且有着不错业绩的第一条铁路。潮汕铁路连接起兴梅地区与汕头港进行货运物流、客运人流，便利快捷，因而张榕轩等梅县华侨客商时常归宁家乡的路程便不再跋涉艰辛，意义重大。可以说，张榕轩创造了历史，而且为粤东区域经济发展作出了重大贡献。

作为梅县松口镇人的张榕轩，修建潮汕铁路，有着客观历史原因。秦汉时期梅县地域上属南海郡揭阳县地域，隋唐年间又隶属潮州或潮阳郡管

---

① 姚曾荫：《广东省的华侨汇（民国——1912—1948）》，上海：商务印书馆，1943 年，第 16 页。该书名常被人为添改作《广东省的华侨汇款》。

② 黄海清：《海洋移民、贸易与金融网络——以侨批业为中心》，北京：社会科学文献出版社，2016 年，第 266 页。

③ 《走进梅县·梅县名人：张榕轩、张耀轩》，梅州市梅县区人民政府网，2017 年 10 月 9 日，http://www.gdmx.gov.cn/zjmx/mxmr/content/post_76470.html。

辖区域，直到民国三年（1914）广东省设置了潮循道，梅县仍然由潮循道所管辖。① 所以张榕轩通过筹资集资并以批信汇寄的侨资建设家乡修建潮汕铁路，正是张榕轩爱家乡及至爱国主义思想的表露，也说明特定历史时期张榕轩思想品性的培育与他在海外的遭遇有着莫大的直接关系。张榕轩到印度尼西亚后有同乡同姓巨富、"中国葡萄酒之父"张弼士的接纳、提携、帮扶，并且遭遇过德国人轻视排斥、野蛮性分别对待等。张榕轩兄弟俩应邀与张弼士一起筹建航行苏门答腊及中国南部海面的远洋航运，所创办的裕昌远洋航运公司有拉惹号（Rajah）、广州号（Canton）和缅甸号（Pegu）三艘轮船，中国第一批飘扬着大清龙旗的侨办远洋海轮从此开始游弋在太平洋上，在同一航线、软硬件同等级而票价仅有德轮的一半，并且规定不卖票给德国人以回敬德国轮船公司歧视华人及华人不得购买头等舱。在中国远洋海轮的回击之下，德国轮船公司迫于经营形势压力取消了针对华人的相关规定。② 后来，张弼士归国做事，托付张榕轩、张耀轩兄弟掌管所有公司等相关事宜，这就证明张弼士不但帮助提携张榕轩兄弟，在作为金融业合作对象、商业同道与同乡同姓人的基础上，把张榕轩兄弟当作完全可以托付诸事的有品行的知己对象。从这些方面看，张榕轩展露的智慧与经营管理能力，包括商业视野与金融协作运行等方面的能力，都是他后来能够从容应对潮汕铁路建设经营管理中出现的曲折并妥善解决问题的原因所在。

张榕轩的思想品性不仅体现在与张弼士合开日里银行以调剂当地金融秩序，以及通过日里银行介入侨批业的经营上，而且体现在筹办京师医局、赈济陕西旱灾、顺直饥荒等及至捐资襄助辛亥革命时期的孙中山先生

255

---

① 《走进梅县·建制沿革》，梅州市梅县区人民政府网，2020 年 5 月 6 日，http：//www.gdmx.gov.cn/zjmx/jzyg/content/post_2017325.html。1956 年 1 月广东省粤东行政区撤销后，梅县隶属于汕头专区，而到了 1965 年 6 月，经国务院批准，梅县地区行政公署成立，包括梅县在内的兴梅七县就此隶属于梅县专区管辖。

② 杨奋干、田辛垦、陈丹心：《华侨企业家张弼士》，大埔县信息网络中心，2014 年 10 月 22 日，https：//www.dabu.gov.cn/zjdp/dpgs/mrgs/content/mpost_446769.html。

上。从张榕轩与张弼士合股经营日里银行的成功，与当年整个南洋的银行业介入侨批经营成为一种常态来回溯上文中的侨批问题，能有新的发现。梅州客商张弼士是当时印尼当地卓有影响力的侨领人物，以他和张榕轩的眼光与金融运作能力，他们的日里银行经营侨批业，是当时的历史社会大环境使然。囿于客观条件而暂时未能获取实体性侨批明证来进行展陈，这方面还需要以后作深入的拓展性研究。"……侨批载体，在华人移民金融与通信的网络中持续沿用一个半世纪，直到20世纪末终结，这在人类金融与通信史上是独一无二的。"① 而且，需要侨批局这一介质载体为在南洋客家人劳工的银、信提供服务，尤其是前期下南洋的客家人。他们以绝对性的语言归因、地缘认同及族性血缘认同为前提，和彼地的同族姓或同乡人聚拢在一起，因此需要"自家人"的信批局提供与家乡亲人进行情感联通的渠道。滨下武志说："中国移民从未完全断绝与故土之间的心缘、地缘联系，他们通过侨批局、客栈、航运经营者等多种中介机构，维持着与故乡的关系。"②

至此，从上文所述张榕轩这一客家侨商的品质、商业能力及其与侨乡的情感联络维系，可见其思想品性。所以，有莘田的相关题词写道："纵横上下囊古今，世人都让君怀抱，何况好客兼好施，春风时雨被四夷。"③又有廖岳云写道："他日宰豫章，报国心无二。"④

五、余论

客家人下南洋的迁徙是特定时期的时代反映，得益于清末民初政府对

---

① 黄海清：《海洋移民、贸易与金融网络——以侨批业为中心》，北京：社会科学文献出版社，2016年，第31、32页。
② 滨下武志著，高淑娟、孙彬译：《中国近代经济史研究：清末海关财政与通商口岸市场圈》，南京：江苏人民出版社，2006年，第232－233页。
③ 张煜南辑，王晶晶整理：《海国公余辑录（附杂著）·槟兴记事本末》，上海：上海古籍出版社，2020年。
④ 张煜南辑，王晶晶整理：《海国公余辑录（附杂著）·槟兴记事本末》，上海：上海古籍出版社，2020年。

移民海外的华侨有着与时俱进的认知改变，以及侨务政策及相关措施能够顺应时势作出变化，如清末解除海禁、民国出海自由以及政府注重吸引海外华侨富商回国投资创业，张弼士、张榕轩等受邀创办银行等。由于银行业是近代国家经济发展的命脉，所以在1905年9月，张榕轩招商承办的中国第一家国家银行大清银行（民国时更名为中国银行）正式成立，他与客侨谢荣光（谢梦池）、张耀轩等联手为中国近代银行业的创立和发展作出了突出贡献。① 中国银行因此在海外设有印度尼西亚棉兰分经理处这一分支机构。② 张榕轩的金融运作、经营、管理能力及其个人影响力促进了中国国有银行业的发展。同时，反映了晚清以降中国的政治、社会、经济因民族危机及国家安全问题严重所导致的社会急剧更迭，而在一众中华儿女积极探索救国救难与为国谋求新出路当中，梅州华侨身先士卒，即如张弼士、张榕轩等爱国侨商，以实际行动所做的盛举功德为世人所称道、赞叹。而梅州华侨群体通过批信侨资支持、襄助侨乡的建设及发展，更映射出他们从银行业到侨批业的多元经营的史实之下践行的实业救国思想。有学者提出，华侨因为宗族组织与宗族观念的道义传统以及社会地位的补偿而进行的跨国实践，是一种馈赠与报恩即造福桑梓的心理因素呈现。③ 这种提法不无道理，当下的我们应该对张榕轩等梅州华侨的相关学术研究有更加积极的态度，以改变相关学术研究的滞后局面，尤其是张榕轩的日里银行介入侨批业、张榕轩宗教信仰方面的具体文献资料比较匮乏的现状。因此，我们期望可以建设具有开放性的文献资料及学术研究成果共享大平台，以凸显梅州侨乡的开阔性全球视野以及客家人诚信善德的高贵品质，为客家文化体系的构建而添砖加瓦。

257

---

① 肖文评：《客家华侨推动中国经济近代化进程》，中国社会科学网，2013年10月25日，http：//joul.cssn.cn/zt/rwln/wh/tswh/201503/t20150325_1561225.shtml。

② 黄海清：《海洋移民、贸易与金融网络——以侨批业为中心》，北京：社会科学文献出版社，2016年，第244页。

③ 蔡苏龙：《移植与再造：华侨群体与泉州社会的近代转型》，杭州：浙江大学出版社，2020年，第172、176页。

从远赴南洋创业到回报祖国扬名

——张榕轩侨商生涯的历史地理学研究及其意义

刘雄峰①

近代的中国社会，特别是自鸦片战争以来，随着清王朝封建统治的日趋衰落，以及西方资本（帝国）主义国家的不断侵袭，尽管自给自足的自然经济正在遭到瓦解和破坏，但封建制度依然存在。同时，虽然民族资本有了一定的发展，但其于社会经济中的比重仍非常低微，并深受外国资本的制约和剥削。从而，半封建和半殖民地遂成为彼时中国社会的基本特征。在这一历史进程中，张榕轩的出现则可谓一个划时代的现象。且不说他自青年时代便远赴南洋经商谋生，在印度尼西亚（下文简称"印尼"）的棉兰自主创业，以巨额资产而成为当地华侨之领袖，并进而获得了棉兰之开埠者——"棉兰王"的尊称。而张榕轩（与其弟张耀轩）怀抱"实业救国"之理想，致富后积极回报家乡和社会，在祖国大地上参与兴办学校、开设银行等众多公益事业，并以创建中国第一条民营铁路——潮汕铁路，而开启了中国近代社会民营铁路的先河。因此，如果说"远赴南洋创业"是为其"实业救国"之理想的理论与实践奠定了坚实之基础的话，那么，修路兴学等善举无疑就是他于此基础上之具体实践的结果，而"回报祖国扬名"亦成为这一实践之结果的"升华"。从"远赴南洋创业"到"回报祖国扬名"，其毕一生之力而呕心沥血之侨商生涯的理论和实践，为近代中国社会的历史发展与创新，增添了新的内容并产生了重要的影响。

---

① 刘雄峰，历史学博士，四川省社会科学院全球文明研究中心主任，教授。

因此，对张榕轩一生之侨商生涯进行深入的历史地理学梳理和研究，对于充分发掘弘扬传统文化和爱国主义精神，以服务于当代社会，具有重大的现实意义。

一、张榕轩侨商事迹的地域分布

纵观张榕轩的一生，其侨商事迹是伴随着其远赴南洋经商谋生生涯而发生的。其所活动的范围，相对而言并不算十分广大。除了在其家乡的广东嘉应州（今广东梅州市梅县）地区之外，大部分时间主要是在属于当时被中国人称为"南洋"（包括印度尼西亚、马来西亚、新加坡等）的印度尼西亚（苏门答腊的棉兰）地区，其间以及后来由于商业事务和公务的需要而辗转于印度尼西亚、马来西亚、新加坡等地经商和任职。从他于咸丰元年（1851）出生，在他二十岁左右远赴南洋经商谋生的这十几年间，他应是一直在以嘉应州（梅州）为中心的广东区域内活动学习。其后便只身远赴南洋谋生，先在公司任职员，不久升为高级职员。待有了一定的积蓄后便自立门户，转往苏门答腊的棉兰自主创业。直到光绪四年（1878）与人合资开办公司（笠旺公司），经营种植橡胶、咖啡、椰子、茶叶等。后又合资开办银行（日里银行），直至他于1911年病逝，其中的三十多年在一直都是在南洋（主要在印尼苏门答腊的棉兰）地区侨居活动和任职。而他于光绪二十年（1894）受驻新加坡总领事黄遵宪的推荐，担任了驻槟榔屿副领事。可见，张榕轩在印尼棉兰的时间，乃是他一生中最长的一段时间。因此，张榕轩的侨商活动主要分为三个部分，第一部分为以其家乡广洞嘉应州为中心的广东地区（此为预备期）；第二部分为以印尼苏门答腊之棉兰为中心的印度尼西亚地区；第三部分则为商务和政务活动的马来西亚（槟榔屿）地区。而后两个部分有些在时间和地点上应是有所交集重叠的。

张榕轩出生于广东嘉应州松口堡（即今广东梅州市梅县区松口镇）。据说，张榕轩出生于一个商人家庭，父亲在松口经营者一家小杂货店，但

259

因本小利微，很难维持一家十口人的生计。少年的张榕轩亦曾在私塾读书，但由于家庭的原因，并没有完成学业和进一步的深造，便于二十岁时只身奔赴南洋（印度尼西亚）谋生，开启了他自主创业的侨商征程。

印尼苏门答腊的棉兰对于张榕轩来说，是一个非常重要和终生难忘的地方。亦正是在这里，他在来到印尼后首次开始自立门户，进行创业。四年后，他又同人合伙设立公司，经营橡胶种植和茶叶加工等业务。而后又在此开办商号（万永昌商号）。而经历十余年的锐意经营和努力打拼，他积累了数千万的资产，一跃而成为棉兰地区华侨社会之首富。而他所经营之企业的兴旺发达，不仅给自己带来的巨大的财富，而且促进了整个棉兰地区之经济和社会的繁荣和发展。因而，对于张榕轩的成功，荷兰殖民当局亦以他有功于当地的开发和社会经济的发展，先后委以其华人雷珍兰和甲必丹（二者皆为荷兰殖民当局之官衔）。而张榕轩亦因此成为印尼棉兰地区所公认的华侨领袖。张榕轩在棉兰的商业成功并非孤军奋战，而是在很大程度上得益于其胞弟张耀轩。当他到达棉兰后不久，就将因父亲去世而继承父业惨淡经营小杂货店的弟弟张耀轩招致麾下并委以重任。而当张榕轩被提拔为华人甲必丹时，其弟张耀轩亦被任命为华人雷珍兰。张榕轩、张耀轩兄弟出任荷印华人官职后，兴利除弊，积极维护华人的利益，得到了当地华人华侨的尊重和赞誉。而张榕轩的垦殖业亦在张耀轩的积极协助和经营下，得到了进一步的发展。从而使他们兄弟一时成为东南亚举足轻重的华侨财团富豪之一。而他们兄弟所取得的这一切，都是在印尼苏门答腊的棉兰这块土地上经过辛勤努力所取得的。因而，这些巨大财富的取得和积累，为他在"实业救国"之理想下报效祖国的实践，起到了很大的作用。从而亦才出现了他的善举"回报祖国扬名"的现象。

马来西亚的槟榔屿对于张榕轩来说，亦是一个十分重要的和不可忘记的地方。光绪二十年，张榕轩得到驻新加坡总领事黄遵宪的推荐，继张弼士之后出任驻槟榔屿副领事，由此而步入仕途。在这里，张榕轩尽管是作为政府的外事官员，对于自己的商务事业可能不再倾心，但他却利用公务之余暇，搜集当地之民情风俗、历史典故、经济地理等资料以及国内改良派和洋务派大臣等所撰写的重要奏章和著述，进行了精心的编辑，作成了《海国公余辑录》和《海国公余杂著》两部著述，其翔实而又丰富的的内容，为是时及后人留下了珍贵而又可信的资料。

当然，对于张榕轩来说，其最为彪炳史册的地方，还是可作为其第二故乡（出生于抚州）的印尼苏门答腊的棉兰。在张榕轩的一生当中，其商业成就和影响自当不必说，他于公益事业上的成绩和影响亦是毫不逊色的。亦正是在"南洋"（印尼苏门答腊的棉兰）之商海的打拼中，他获得了极大的成功并积累了巨大的财富，从而成就了他当地侨界富豪和领袖的地位，亦使他日后以"报效祖国"之善举而扬名于天下。

二、张榕轩侨商事迹的历史地理学考证

从以上所举可以看出，张榕轩一生所活动之地域的范围尽管不是十分广大，只是在他家乡的广东地区以及印尼的棉兰地区，还有马来西亚地区（槟榔屿），但是跨越了三个国家（即中国、印尼、马来西亚）。而他下南洋后，与他人合伙和资助创业的侨商生涯，则主要是集中于印尼苏门答腊地区（以棉兰为中心）。而无论是印尼，抑或是马来西亚，甚至包括他的家乡之广东地区，都是处于中国文化十分发达和影响深远地区。除了广东之外，在包括印尼、新加坡等地，都居有数量众多的华人华侨，他（她）们所带去的中华文化对当地的社会产生了重大的影响。以二十岁左右离开家乡、远赴南洋谋生为时间节点，之前主要是活动于家乡（广东嘉应州）一带，进行学习。之后，则是在印尼经商创业，往来于以印尼苏门答腊之棉兰为中心的地区之间。在这一时间段里，不但成就了他的"实业救国"的商业梦，而且还铸就了张榕轩在当地乃至于整个南洋地区之侨界领袖的地位。究其原因，首先是自宋代（南宋）以来，包括岭南地区在内的中国江南地区一直是中国文化之中心。在这里，作为中国传统文化之重要组成部分的商业文化，自然是十分发达和普及（特别是随着对外交往的频繁和

深入），有着深厚的群众之基础；其次是，随着自明清时期所兴起的中国民众"下南洋"的热潮以来，他们所带到"南洋"地区的中华传统文化在当地不断生根开花，从而在一定程度上出现了明清以来中华传统文化（所谓儒释道"三教"）逐渐趋于"衰微"的同时，在中国境外之"南洋"地区又呈现"局部繁荣"的景象，这些都为包括张榕轩在内之诸多中国"下南洋"者在异国他乡，通过艰苦奋斗而得以获得成功（商业上）创造了文化条件和精神动力支持。而在这些地域，随着经济社会的发展，其对于文化（包括商业文化）的需求亦愈来愈急迫，这亦为这一带（南洋地区）中华文化的复兴和发展，从而传播一方创造了得天独厚之条件。

　　一般来说，"南洋"乃是指以东南亚较深区域（不包括越南北部）为主的地区，包括斯里兰卡等。因而，中国人去南洋区域的活动（包括政事、经商、迁徙、打工等），即被称为"下南洋"或"走南洋"。实际上，伴随着"海上丝绸之路"的开通，中国人"下南洋"的历史很早便已经开始了。只是，到了明清时期，才使早已进行的"下南洋"之涓涓细流汇成了一股"大洪流"，成为影响巨大的社会运动。究其原因，首先是自明朝以来，社会战乱纷繁，民不聊生。尤其是在广东、福建一带，人多地少，百姓的生活陷入了极度贫困之中，为了维持生计，不得不背井离乡，躲避战乱，大批人远赴南洋谋生。其次，由于地理上的毗邻关系，使得躲避社会动乱的民众能够便捷地到达目的地，从而不会成为战乱的"刀下之鬼"。而且，英国、荷兰等殖民统治下的南亚，正处于加速开发时期，对于劳动力的需求十分急迫和庞大。对此，殖民者当局制定了一系列优惠政策来吸引来自中国的劳工（华工）。而华工能吃苦耐劳、勤奋努力，深得殖民统治者的青睐。而张榕轩等则正是在这种情况下加入这一"大潮"中的，并成为这一历史进程中的"佼佼者"。因此，如果说由"海上丝绸之路"所招致的从明清时期所兴起之中国沿海民众"下南洋"的"大潮"是为张榕轩等侨商活动创造了前提和条件的话，那么，离开这样的"前提和条件"，张榕轩等的侨商活动便无从说起，更遑论其"远赴南洋谋生"、成为富甲当地之侨界领袖,以及其致富后不忘家乡、"回报祖国扬名"了。所以,对他的侨商活动中的主要地点加以厘清,则意义颇为重大。

笠旺公司是张榕轩和同为印尼侨商的张榕轩的同乡——张弼士(广东梅州大埔人)于1878年在日里合资所创办的垦殖公司,其主要经营、种植橡胶、椰子、咖啡、茶叶等。公司光橡胶园就有8处,工人万余人。1878年张榕轩二十七岁,便用自己在印尼打工所积攒的资产投入创业当中。彼时张榕轩正值年轻,精力充沛,而笠旺公司无疑给了他施展自己经商才华的机会和场所。同时,前辈张弼士的经验亦给了他很好的学习和指导。因此,笠旺公司不但为他日后自主创业并取得巨大成功积累了经验,更为他"回报祖国扬名"的"实业救国"实践奠定了雄厚的物质基础。

张榕轩在同张弼士合资创办笠旺公司的同时,还积极捕捉其他商机创办多种企业。日里银行便是其中的代表。在日常的商务活动中,他们深感商务的盛衰全在于金融是否顺通。而他们在当地的金融链条中的汇兑涨落完全被操纵在外人手中。于是,他们便将业务扩展到了金融业,合伙开创了日里银行,专门为当地的华侨办理汇兑业务。通过这些企业的开办以及十余年苦心经营,在给张榕轩带来数千万资产的同时,亦促进了当地社会经济的繁荣和发展。

槟榔屿领事馆是张榕轩从商人步入仕途、成为亦官亦商之人生角色的地方。清朝光绪二十年,张榕轩得到中国驻新加坡总领事黄遵宪的推荐,出任清朝政府驻马来西亚槟榔屿领事馆的副领事,成为继张弼士后又一位担任该职务的华侨领袖。他亦由此而步入仕途,过上了亦官亦商的生活。因而,槟榔屿领事馆既是张榕轩侨商生涯的重要节点,亦是他从商务活动步入政治生涯的重大转折点。

除此之外,张榕轩还创办了许多其他的公司,如万永昌商号、裕昌和广福远洋公司等。这些地方既是他侨商生涯中的关键场所,同时亦是他回报祖国之善举活动的策源之地。

三、张榕轩侨商事迹的环境意义

综上所述，在张榕轩的侨商生涯中，其所涉足并停留的数个地方，主要为处于当时中国南方的广东嘉应州（梅州）和属于所谓"南洋"地域的印尼苏门答腊棉兰、马来西亚槟榔屿等。而如此之地理环境，对于张榕轩"实业救国"之思想形成与践行，产生了巨大影响。

首先是作为其家乡的位于中国南方地区的广东嘉应州。嘉应州即今天广东梅州的旧称。清朝雍正十年（1732），广东总督鄂弥达向朝廷奏报，将惠州府的兴宁、长乐（今五华）二县，潮州府的程乡、平远、镇平（今蕉岭）三县建置嘉应州，翌年获朝廷批准建置。嘉庆十二年（1807），嘉应州升格为嘉应府。嘉庆十七年（1812）又复为嘉应州，仍领程乡（今梅江区、梅县区）、兴宁、长乐、平远、镇平五县。清代前中期，由于社会经济发展，人口不断增加，闽赣地区因"人稠地窄，米谷不敷"，客家先民纷纷向粤东迁徙。为了更好地管理这蜂拥而来的大量人口，遂将上述五县从原属地区分离出来，新组建成了一个州。这个新的州的建置，使得离开中原故土许久的客家人终于投身到了母亲河——梅河的怀抱，亦使客家人的向心力和凝聚力不断增强，归属感和认同感得到不断地加深。因此，当时的嘉应州作为客家人之经济和文化的中心，这一切都构成张榕轩日后取得商业成就的重要地理环境因素。

其次就是印尼苏门答腊的棉兰地区。棉兰是印尼苏门答腊省的省会，亦是苏门答腊岛的第一大城市。它位于苏门答腊岛东北部的日里河畔，设有 21 个区，人口约 110 万。棉兰人口由巴塔克人、爪哇人、马来人、华人等族群组成，其中华人占 19% 以上，大多数人从事工商贸易。棉兰地处海拔仅 25 米的低地环境，气候宜人，非常适合种植业，棉兰是随着种植业的兴起由小村庄而发展成为城市的，并一时成为烟草、橡胶、椰子、茶叶等农产品的集散地和加工中心。而这些工商业和种植业的发展，无不与中国沿海之广东和福建的民众在"下南洋"大潮下蜂拥而至，并作出的辛勤劳动有着密切的关系。大量华工的涌入，在带来了中国人聪明好学、吃苦耐劳之优良品质的同时，亦将优秀的中华传统文化传播到了这里。因此，棉兰地区经济文化的繁盛，无疑是和古代早已有之而于明清时期愈为强烈之中国民众"下南洋"之社会大潮密切相关。亦是从那时起，棉兰地区便亦成为中华传统文化海外发展的重要地带。由此可见，它（棉兰）既是经济"富土"，亦是文化"沃土"，更是商业"热土"。而在这片土地上究竟孕育出了多少企业大咖、亿万富翁，恐怕没有人能确切知晓。而浓厚的（商业）文化氛围和广泛的群众基础，使得这里商业人才辈出、生生不息，却是不争的事实。即便是在中国积贫积弱、饱受列强欺凌的清末民初，一些生活和打拼于这片土地上的侨商人士（如张榕轩、张弼士等），依然是以这片土地为立足点，掀起了一场轰轰烈烈的"实业救国"运动，并进而回馈和影响于整个中国。而张榕轩的一生，就一直在这片土地上生活学习、经商为官，并亲身投入了这场"实业救国"的运动中。因此，其"实业救国"之思想的形成和实践，以及商业成就的取得，无疑亦是棉兰这片充满着中华文化之沃土所养育的结果。可以说，离开了棉兰地区，张榕轩的侨商生涯及其成就便成为无源之水、无本之木。

最后，马来西亚之槟榔屿地区是对张榕轩侨商生涯具有重大影响的重要地区之一，亦是"南洋地区"侨商事业发展和繁盛的核心区域。槟榔屿是马来西亚北部的小岛，因生产槟榔而得名"槟榔屿"，是马来西亚十三个联邦州之一。它扼守马六甲海峡北口，与马来半岛相隔一条三公里的海峡相望，具有十分重要的地理位置。因而，在槟榔屿这块中国侨商的"热土"上，亦涌现出了许多名垂青史的重要人物。譬如，曾经和张榕轩合伙创办垦殖公司和日里银行等实业的同乡张弼士，他亦曾在张榕轩之前于此担任清朝政府驻马来西亚槟榔屿的副领事。当然，更有本文的主人公张榕轩。如前所述，在担任清朝政府驻马来西亚槟榔屿的副领事之后，在政务和商务之余，张榕轩搜集当地民情风俗、历史沿革、经济地理等资料以及国内洋务派与改良派等大臣所写重要奏章和著述加以编撰，写成了《海国

公余辑录》和《海国公余杂著》，为后人留下了丰富而有重要价值的资料。而正是得益于他的官员身份，得以实现他为清政府筹措军费、筹办医药局，以及修建潮汕铁路的"实业救国"之善举。因此，这无疑亦应是张榕轩能够扬名海内外，开启一代风气的重要原因。

四、结语

综上所述，张榕轩作为中国近代之著名的侨商企业家、思想家、教育家和"实业救国"的实践家，在其近四十载（其二十岁左右远赴南洋谋生经商）的侨商生涯中，不但为自己创造了巨大的财富资源，改变了自己的命运，同时，亦因其"实业救国"、回馈祖国和社会的善举，给我们留下了开创性的精品之作（潮汕铁路等），而且，其毕一生之力而呕心沥血所实践的"实业救国"之理想，更为清末民初乃至近代中国社会的历史发展和创新，增添了新的、厚实的内容，从而在中国近代社会史上书写下了浓墨重彩的一页。从其青年（二十岁左右）就远赴南洋谋生，到日后成为著名的侨商企业家而"回报祖国扬名"，正是其毕生之侨商行迹之"实业救国"理论和实践的具体写照，无不体现出他寻求回馈社会、惠己及人之初衷。张榕轩为商为政，不辞辛劳地弘扬着中华传统文化，其孜孜不倦所作之众多福国利民之慈善事业，深得各界人士之赞扬，堪为政商界之楷模。因此，无论是就中国社会本身而言，抑或是作为一种文化现象，对其研究的重要性无疑是不言而喻的。唯有如此，方可使古老的中华传统文化焕发出生机，从而有益于现代社会与人类福祉。

新见张榕轩奏牍信札探析

郭　锐①

　　张榕轩（1851—1911），名煜南，家名爵干，字榕轩，广东梅县松口人，与胞弟张鸿南都是晚清著名南洋华侨富商和侨领，早年曾得到南洋巨商张弼士（振勋）的信任和赏识，积累原始资本，后在苏门答腊东北部日里平原上的棉兰种植烟草、甘蔗等经济作物，开辟橡胶园，经营茶叶、油、糖等加工场，积累巨额资本。1898 年，张榕轩兄弟与张弼士合股创办了广福号、裕昌号两家轮船公司，往来于棉兰、槟榔屿、新加坡、香港、上海各埠，逐渐建立资本雄厚的商业帝国。因开发棉兰的巨大贡献，张榕轩被荷印政府任命为甲必丹，管理日里地区侨民事务。1894—1896 年接替张弼士出任驻槟榔屿副领事。之后通过不断向国内捐款、投资，获得了极高的声誉和名望。特别是在 1902 年，张榕轩捐银 8 万两支持广东武备学堂的教育事业，得到四品京堂候补的官衔，被尊称为"张京堂"。1903 年 9 月，又联名呈请商部批准修筑潮汕铁路。在张榕轩的积极努力下，潮汕铁路于 1904 年 3 月动工，1906 年 11 月正式通车，成为第一条侨资商办铁路，张榕轩被授予三品京堂候补，后又被委任为考察南洋商务大臣，一时间"服官中外、恩洽华夷、卓著政声、口碑载道"②。

一、基本情况

　　虽然张榕轩在晚清官商两界声名远播，但是关于他的具体史料除了

---

　　① 郭锐，河南洛阳人，硕士，文博馆员，主要研究方向为地方文献整理和客家人物研究。
　　② 张煜南辑，王晶晶整理：《海国公余辑录·附杂著》，上海：上海古籍出版社，2020 年，第 4 页。

《海国公余辑录》六卷、《海国公余杂著》三卷，以及 2011 年出版的《模范垂芬耀千秋——印尼张榕轩先贤逝世一百周年纪念文集》外，比较稀少。近日，一批张榕轩的奏牍书信资料在他的家乡松口被发现，极大地弥补了这方面的遗憾。这批资料主要由两部分构成：

第一部分是光绪二十八年至二十九年（1902—1903）期间张榕轩致各界人士书信抄件 142 通，其中涉及乡贤书信较多，如张弼士 13 通、谢荣光 13 通、温佐才 6 通、叶璧华 5 通、张让溪 3 通、梁诗五 2 通、温仲和 1 通、杨沅 1 通、杨慎初 1 通；涉及处理侨务往来也不少，如致稽查汕头海口洋务局委员梁南轩 6 通、致新加坡理事官余丹署 3 通、致驻新加坡总领事凤仪 1 通；与海外文人雅士交往亦不少，如致丘菽园 5 通，多与其讨论《海国公余辑录》诸问题；致何惠荃 4 通，讨论新建园林撰写序文、对联等。此外，张榕轩与京城官员保持了频繁的书信往来，如致商部郎中吴质钦 2 通、北京电报局总办黄锡臣 2 通、学务大臣孙燮臣 2 通、铁路大臣关伯衡 2 通、南洋大臣魏午庄 1 通等。

第二部分是光绪三十年至三十三年（1904—1907）修筑潮汕铁路期间与商部官员载振、唐文治、绍英、王清穆、陈璧、熙彦、杨士琦，以及山海关内外铁路总局、海阳县正堂、澄海县正堂往来公函奏牍抄件 39 通。其中光绪三十年（1904）30 通、光绪三十一年（1905）6 通、光绪三十三年（1907）3 通，内容涉及加集路股、设局办事、订购工料、线路勘查、估工定价、通关免税、抚恤赔偿、荣获奖叙、顺利通车等。

二、主要内容

这批公牍书信经抄录誊写，完整地保留了历史信息，较为生动、具体、真实地反映了作为侨领、实业家的张榕轩的生活断面，其内容主要涉及以下几个方面：

1. 侨领职责

张榕轩因为开发印尼棉兰有功，被当地政府授予甲必丹和玛腰称号，协助处理日常侨民事务。光绪二十年（1894）六月至光绪二十四年（1898）四月，受黄遵宪和张弼士的举荐，张榕轩任驻槟榔屿副领事，加之其实力雄厚、声望日隆，在之后的时间里都很好地履行了保护华工和侨民的重要职责。

汕头于第二次鸦片战争后被开辟为通商口岸，汕头港成为我国沿海转送华民出洋务工的一个重要口岸。汕头随之出现一种特殊行业，称为"客栈"或"客头行"。客栈比较集中分布在各个码头的内街，门口挂着招牌，写着南洋各港的船程、港名和船名。这一行业既能方便旅客又容易赚钱，在 19 世纪中后期至 20 世纪二三十年代都很兴盛。但是一些客头唯利是图，成为西方殖民者诱骗和掠夺华工进行"猪仔贸易"（贩卖劳力）的帮凶，甚至协助罪犯逃往南洋。据《岭东日报》光绪二十九年（1903）九月二十日《押追拐卖》记载："汕头客馆之贩卖人口往南洋充当苦工者，曰猪仔行。夫以同类之人为猪而贩卖之，其心之穷凶极恶，不言可知。彼拐得一客，即可得利数十金。其卖于险恶之地者，所得且一二百金。业此数年，即成富室。虽明知被拐者之家散嗣绝，亦无暇为之计及也矣。此风自昔已盛，十余年前，经方军门耀严办，查封各馆，正法数人，风乃稍戢。自方军门故后，日久玩生，匪徒无所忌惮，近来拐卖之事，时有所闻。"①

这批文献包含六通寄给时任汕头洋务局稽查文员梁南轩的信札，商量办理遣送客头钟三加、旧犯林阿合等回汕头，并杜绝其再返日里。并请梁南轩通知客行："凡有新客投到，宜格外认真，切不可放匪徒混入敝埠，各客栈亦宜如此，以免大家受累。"光绪二十九年闰五月二十一日致新加坡理事官余丹署的信内，委托其协助办理王阿启带妾来南洋无故被扣留事宜，以保护正常的华民往来。

2. 商业经营

因商业经营的私密性，关于张榕轩昆仲在南洋的经营情况，包括与张

---

① 肖文评、夏远鸣、王濯巾等编：《〈岭东日报·潮嘉新闻〉梅州客家侨乡史料选编》，广州：广东人民出版社，2018 年，第 72 页。

弼士等人的商业合作等史料较为匮乏。这批书信包含致张弼士 13 通、谢荣光 13 通、温佐才 6 通、何乐园 4 通、张让溪 3 通、张缵臣 2 通、冯曜东 2 通、颜五美 2 通等，涉及商业往来的内容较多，如日里烟公司、船运业务、三叉山矿务、烟酒专卖经营等，比较全面地展示了张榕轩商业集团的经营规模。

3. 平粜米市

1900 年前后，由于水灾和政局动荡，嘉应州大米供给紧张，绅商黄遵宪、温仲和、谢益卿等倡导成立嘉应运米公司，发动南洋侨商赈济灾民，平粜米价，张榕轩是积极响应者。光绪二十九年三月七日张榕轩在致知新信中提到："又糯米一事，若汉地一时难采，不必苦求，弟自晓托友人在栊代办，请勿介怀。"光绪二十九年四月十五日在致济唐信中，张榕轩主动询问："今年早麦丰熟，州城仍要办米平粜否？"《岭东日报》关于张榕轩办米平粜的记载亦比比皆是，如光绪三十年七月二十四日《张京卿捐款赈济》记载："嘉应水灾，州人士关心桑梓者，皆踊跃募捐赈济，迭纪前报。兹闻张榕轩京卿与乃弟耀轩观察及铁路公司捐银，由汕办米一船，载往丙村，交局绅散赈。京卿见义必为，于此略见一斑。"①《岭东日报》光绪三十三年二月十九日《嘉应绅商举办平粜之踊跃》："嘉应米价昂贵，前经本埠延寿善堂致函各埠绅商，劝办平粜。张榕轩京卿已先在汕办米回州，兹谢梦池观察复在香港与潘君翔初、黎君子和、刘君梅君暨各行绅商商议，先行买米五百包，运回嘉应松口分粜。而暹罗、吧城、北槟埠各处尚源源而来，以资接济云。"②

---

① 肖文评、夏远鸣、王濯巾等编：《〈岭东日报·潮嘉新闻〉梅州客家侨乡史料选编》，广州：广东人民出版社，2018 年，第 180 页。

② 肖文评、夏远鸣、王濯巾等编：《〈岭东日报·潮嘉新闻〉梅州客家侨乡史料选编》，广州：广东人民出版社，2018 年，第 541 页。

4. 修桥筑路

张榕轩"身处重洋，心怀君国"①，对桑梓之地怀有难以割舍的乡情和亲情，十分关心家乡建设，积极参与修桥筑路，回报桑梓。光绪二十九年四月十日、六月十二日致叶璧华信中分别提到州城"状元桥修路"和"温坑修路"。《岭东日报》光绪二十九年十二月初七日《捐金修路》详细记载了张榕轩修筑松口沿河路基的情况。② 除此之外，张榕轩等还资助在松口建设磐安桥，温仲和特意撰文《捐建松口镇磐安桥簿序》③，以彰显其善举。

5. 热心教育

张榕轩在光绪二十九年四月十七日的信中提到，梅城攀桂坊盘龙桥李屋举人李倬汉来槟榔屿"劝办吾州学堂经费"，④ 给予了一定支持。不止于

---

① 张煜南辑，王晶晶整理：《海国公余辑录（附杂著）》，上海：上海古籍出版社，2020 年，第 3 页。

② 《岭东日报》光绪二十九年十二月初七日《捐金修路》："松口上流十里许，水势湍急，河岸崩溜，危险异常。凡牵缆之船夫必经是处，设一不慎，即坠溺其下，不可捞救。年来相继问诸水滨者，凡数人矣。以故船户视为畏途，该乡绅耆恕焉忧之。以张榕轩京卿素慷慨好义，且谊关桑梓，乃签名函致京卿，恳其先捐款若干，以为之倡。京卿慨然允诺，谓此区区小事，无须他募，某请自任之。且嘱凡上下游沿岸之稍颓破有不便于行人者，亦当修筑完备，需项不患无着，总期以底于成云云。于是立汇千金回来。该乡绅耆刻日兴工筑砌，其坚固平坦，洵极利便。现已一带竣工，乡里咸颂美不置，而船户之往来者，尤额手称庆云。"肖文评、夏远鸣、王濯巾等编：《〈岭东日报·潮嘉新闻〉梅州客家侨乡史料选编》，广州：广东人民出版社，2018 年，第 85 – 86 页。

③ 温仲和：《求在我斋集》，民国十七年（1928）刻本，第 13 页。

④ 实为东山书院改为公办高等小学一事。事见《岭东日报》光绪二十九年四月初三日《梅学将兴》。肖文评、夏远鸣、王濯巾等编：《〈岭东日报·潮嘉新闻〉梅州客家侨乡史料选编》，广州：广东人民出版社，2018 年，第 45 页。

此，张榕轩对嘉应崇实书院①、松口蒙学堂②、汕头正始学堂③、槟榔屿中华学校④等学校的建设也多有赞助。除此之外，张榕轩昆仲还资助《梅水诗传》、温仲和纂修的《光绪嘉应州志》，以及叶璧华的诗集《古香阁集》的出版发行，大力支持地方文教事业的发展。

三、修筑铁路

光绪二十九年二月，清廷"谕内阁：南洋各埠多有华商出洋贸易，熟悉中外情形，尤深明于君国身家互相维系之义，虽侨居海外，心恒不忘故土，其忠爱悃忱，朝廷深为嘉尚，叠经谕令沿海各省，于流寓华商回籍时设法保护。现在振兴庶政，讲求商务，一切应办事宜，全在得人，尤应体恤商情，加意护惜。各埠华商人等，凡有事回华者，其身家财产，均责成该省督抚严饬地方官切实保护，即行妥定章程，奏明办理。倘有关津丁役、地方胥吏及乡里莠民，藉端讹索，即予按律严惩，决不宽贷。著即由

---

① 《岭东日报》光绪二十九年二月十三日《捐助院产》："嘉应崇实书院经费无多，张榕轩京卿昆仲爱士情殷，特捐赏加奖，以为鼓励。复将旧岁所拨前列佳文，分编四卷，付之枣梨，以为士林劝，诚盛举也。闻近复捐助多金，以为院中产业云。"肖文评、夏远鸣、王濯巾等编：《〈岭东日报·潮嘉新闻〉梅州客家侨乡史料选编》，广州：广东人民出版社，2018年，第32-33页。

② 《岭东日报》光绪二十九年癸卯十一月二十九日《续闻松口蒙学之建设》："昨报纪松口蒙学堂建设一节，兹复闻该款系由张榕轩京卿昆仲、谢观察梦池，各先捐金五千元为建造诸费。嘉属富商不少，果如张、谢三翁勇于先务，民智何患不开耶！"肖文评、夏远鸣、王濯巾等编：《岭东日报·潮嘉新闻〉梅州客家侨乡史料选编》，广州：广东人民出版社，2018年，第81-82页。

③ 《岭东日报》光绪三十二年四月十九日《张京卿桥梓热心助学》："汕埠八属正始学堂由杨季岳大令、张公善驾部等经营创设，自开学以来，学生日增，进步亦速。近日复扩充校舍，规模益宏。兹闻张公善驾部之尊人榕轩京卿捐银四千元为学堂经费。公善驾部近又备资，自上海购回仪器标本数百种，及化学药品、哑铃等件捐助学堂。夫潮汕铁路为中国自办之始，而京卿既开其先，而兹又能独捐巨款培育人物，京卿桥梓真新世界中之翘楚矣。"肖文评、夏远鸣、王濯巾等编：《〈岭东日报·潮嘉新闻〉梅州客家侨乡史料选编》，广州：广东人民出版社，2018年，第509页。

④ 《岭东日报》光绪三十年六月初七日《巨商之热心教育》："嘉应巨商张耀轩观察，为张榕轩京卿之同怀弟，性慷慨好施，凡有公益之事，恒尽心力为之。日前槟榔屿闽、广诸巨绅议设中华学校，以教育子弟。观察闻信之下，即电请张弼士侍郎代题五千金，供给经费，急公好义，可见一斑。现观察为倡办中华学校大总理，近日特自日丽埠至槟榔屿，与闽、广诸绅会商学务一切事宜云。"肖文评、夏远鸣、王濯巾等编：《〈岭东日报·潮嘉新闻〉梅州客家侨乡史料选编》，广州：广东人民出版社，2018年，第158页。

沿海督抚及商务大臣、出使大臣剀切晓谕，宣布朝廷德意，俾众感知"①。为保护海外华侨和鼓励华侨回国投资建设创造了良好的政治环境。同年冬，商部颁布了《铁路简明章程》二十四条，明确允许铁路商办。同时受张弼士出任粤汉铁路总办的影响，张榕轩提出了"铁路之造，所以便用兵，亦所以兴商务"②的主张，加入了绅商倡办本省铁路的风潮，禀请修筑潮汕铁路。

这次新见的关于修筑潮汕铁路的往来公函，每封抄件前都有一个提要，并且按照时间顺序誊录，应该是当时铁路公司的档案资料，现将相关内容列表如表1所示。

表1　修筑潮汕铁路的往来公函一览表

时间	题名	内容
光绪三十年二月五日	唐文治、绍英、王清穆致张榕轩公函	路股加集至贰百万元
光绪三十年二月	唐文治、绍英、王清穆致张榕轩公函	函询林丽生、吴理卿与日人订立承办草约情况
光绪三十年二月六日	山海关内外铁路总局致张榕轩咨文	咨送津榆铁路总工程师詹君天佑等到公司
光绪三十年二月二十九日	张榕轩呈唐文治、绍英、王清穆禀文	日人货物便宜，须与之切实磋商工程事宜，并与詹天佑商议，以资较量
光绪三十年二月二十九日	张榕轩呈商部禀文	日人所开铁路各价值尚属相宜
光绪三十年三月二十二日	张榕轩等呈载振等禀文	所有文牍各件，既谨遵钧谕，均盖用图记，以符商办体例

---

① 广东省地方史志编委会办公室、广州市地方志编委会办公室编：《清实录广东史料》（第6册），广州：广东省地图出版社，1995年，第422–423页。

② 张煜南辑，王晶晶整理：《海国公余辑录（附杂著）·推广〈瀛寰志略〉》，上海：上海古籍出版社，2020年，第407页。

（续上表）

时间	题名	内容
光绪三十年四月	海阳县保护潮汕铁路告示	开办铁路，系属兴商便民之举，如遇工程师等沿途测勘地段，插标志记，及购地一切事宜，尔等切勿聚众阻挠
光绪三十年四月	澄海县保护潮汕铁路告示	勘路伊始，如工程师经过地方，不准阻扰，所有勘地插旂之处，亦不可将旂拔去
光绪三十年三月	唐文治、绍英、王清穆致张榕轩公函	日工师爱久所定工料既属价廉，尽可酌量照办，开办何日办理，情形如何，并详细章程速报
光绪三十年五月	海阳县保护潮汕铁路谕饬	传谕各绅董一体知悉，责成各姓族长约束子弟，切勿疑讶阻挠，聚众滋闹，致干查究
光绪三十年四月	澄海县保护潮汕铁路谕饬	绅耆等务宜劝导乡愚，约束子弟，毋许阻挠，所有勘地插旂之处，亦不可将旂拔去
光绪三十年五月二日	张榕轩等呈商部禀文	爱久系驻京日使，浼商部转荐之人，诚恐华洋意见不洽，易滋事端，具函商部转致日使，函嘱爱久约束同人
光绪三十年五月十六日	陈璧致张榕轩公函	询候公司办理情形
光绪三十年五月十六日	商部致张榕轩电文	承办工程合同缓签押，俟部核夺
光绪三十年五月十八日	商部致张榕轩电文	函询詹工程师天佑现在是否在公司办事
光绪三十年五月十六日	张榕轩呈商部电文	承电谕工程合同缓签字，遵命候示

（续上表）

时间	题名	内容
光绪三十年五月十八日	张榕轩呈商部电文	詹天佑勘地估工价毕，昨日咨送回津
光绪三十年五月	商部致张榕轩密函	爱久只可用为采购货料，至工程仍用詹天佑承办，以免事权偏重
光绪三十年五月二十二日	张榕轩呈唐文治、绍英、王清穆禀文	铁路工程货料，詹工程师与爱久泽直哉所定价值昂贱悬殊，众议既定，而詹工程师知事不谐，力请回津，挽留不获，只得优给川资薪水，备文咨送
光绪三十年六月四日	张榕轩呈唐文治、绍英禀文	日人之价既较诸各国及华员为廉，决意延聘承办，订立合同
光绪三十年六月四日	张榕轩呈陈璧禀文	将延聘爱久承办工料情节专函达闻
光绪三十年六月十五日	商部致张榕轩照会	将近年造路之起止，款项之出入，工程师与华洋员役之人数、薪工、职业造具简明图册，克日报部，以后仍按季咨报
光绪三十年五月二十九日	唐文治、绍英致张榕轩公函	函询詹天佑回津时本公司如何处置，暨与爱久订立合同应先呈部核夺，以杜日后蓼辖
光绪三十年六月十六日	王清穆致张榕轩公函	奉命出京调查商务，浼代觅翻译，俾咨接洽商界
光绪三十年六月十七日	张榕轩呈唐文治、绍英禀文	工程、货料分为两途，难以责成，不如仍照原议归爱久承办
光绪三十年六月二十三日	张榕轩呈唐文治、绍英禀文	就洋籍华商股本及日后与洋商银行交涉事宜，具函商部，声明各情节，以免后訾

275

（续上表）

时间	题名	内容
光绪三十年六月十一日	唐文治、绍英致张榕轩公函	函询爱久与公司订议时如何说法，诸事须详加慎审，呈部核办，毋致自失利权
光绪三十年六月二十九日	张榕轩呈唐文治、绍英禀文	前具函商部恳准洋籍华商入股，及与洋商银行交涉两事，未蒙赐复，具函催复
光绪三十年七月二十二日	张榕轩呈唐文治、绍英禀文	与爱久估工定价，订立承办合同，呈商部查核，并恳将应用铁木等器免税
光绪三十年七月二十二日	张榕轩等呈商部禀文	与爱久订立承办合同具禀商部大堂，并恳铁木免税一节移咨税务司允准照行
光绪三十一年一月十三日	张榕轩等呈商部电文	葫芦市案速筹抚恤了结
光绪三十一年二月四日	商部致张榕轩电文	葫芦市案办稍就绪，嘱公司照常开工，至公司认出之款，由地方官核实追偿
光绪三十一年二月七日	张榕轩呈唐文治、绍英禀文	日案既经了结，其中办理曲折情形，详达商部，兼温道筹议善后，拟添章程数则，均窒碍难行，更宜详辩
光绪三十一年二月七日	张榕轩呈商部禀文	日案既结，亟将办理情形函达商部
光绪三十一年二月十三日	张榕轩呈唐文治、绍英禀文	葫芦市案温道勒追陈、杨两姓赔款已经遵照，虽所偿有限，而巨案幸已寝息，只得吃亏了事，以抒层峰廑注
光绪三十一年二月十三日	张榕轩呈商部电文	钜案已完，公司此后办理自弥顺手，电告商部，以慰悬注，并声明自己出洋在即
光绪三十三年五月十一日	张榕轩呈商部禀文	路事成功，独蒙奏奖，总理黄景棠因触望，肆行倾陷，恳为设法维持

（续上表）

时间	题名	内容
光绪三十三年五月十一日	张榕轩呈熙彦、杨士琦禀文	在局总理黄景棠未得奖叙，心怀妒忌，转欲破坏公司，特具函农工商部左右堂，申明情节，并希维护
光绪三十三年七月三日	张榕轩呈熙彦、杨士琦禀文	因路务告成，开车有日，特具函报知农工商部左右堂，并声明总理黄景棠訾议多端，深虞决裂，希为始终保护

但是由于时代久远，这批史料有部分缺失和散佚，特别是缺少光绪三十二年的记载，并且对张榕轩返回南洋后的铁路建设情况记载较少。无独有偶，《岭东日报》作为粤东地区第一家地方性报纸，从光绪二十九年（1903）起，就在"潮嘉新闻"栏目中积极报道张榕轩等人修筑潮汕铁路的活动，并发表评论，保留了大量史料，可以作为这一部分奏牍信息的补充。为方便全面了解潮汕铁路的建设过程，笔者对《〈岭东日报·潮嘉新闻〉梅州客家侨乡史料选编》中涉及铁路建设情况进行了梳理，整理出相关报道121条，具体如表2所示。

表2　《岭东日报》修筑潮汕铁路记录一览表

序号	时间	篇名	页码
1	光绪二十九年六月初九日	《拟筑潮汕铁路》	第61页
2	光绪二十九年十月十九日	《准办潮汕铁路》	第76页
3	光绪二十九年十一月初七日	《潮汕铁路述闻》	第78页
4	光绪二十九年十一月十三日	《潮汕铁路总办至沪述闻》	第79页
5	光绪二十九年十二月初六日	《潮汕铁路总办抵省》	第84页
6	光绪二十九年十二月十一日	《铁路总办至汕》	第87页
7	光绪二十九年十二月二十一日	《保护潮汕铁路之示谕》	第91页

（续上表）

序号	时间	篇名	页码
8	光绪三十年二月初七日	《开办潮汕铁路章程述略》	第 105 页
9	光绪三十年二月二十二日	《潮汕铁路要闻》	第 113 页
10	光绪三十年三月十三日	《开办潮汕铁路消息》	第 121 页
11	光绪三十年三月二十八日	《潮汕铁路之总办》	第 130 页
12	光绪三十年三月二十九日	《请总办潮汕铁路之照会》	第 131 页
13	光绪三十年四月初二日	《潮汕铁路之组织》	第 131 页
14	光绪三十年四月初四日	《铁路局之宴会期》	第 132 页
15	光绪三十年四月初九日	《勘地述闻》	第 136 页
16	光绪三十年四月十一日	《保护勘地之示谕》	第 137 页
17	光绪三十年四月十一日	《纪铁路总局之宴会》	第 138 页
18	光绪三十年四月十四日	《潮汕铁路分局》	第 139 页
19	光绪三十年四月十八日	《潮汕铁路之关防》	第 140 页
20	光绪三十年四月二十日	《潮汕铁路勘地》	第 142 页
21	光绪三十年四月二十三日	《保护铁路勘工示》	第 143 页
22	光绪三十年四月三十日	《潮汕铁路述要》	第 146 页
23	光绪三十年五月初二日	《潮汕铁路近述》	第 147 页
24	光绪三十年五月初九日	《铁路勘地之函商》	第 148 页
25	光绪三十年五月十四日	《潮汕铁路工程之预告》	第 150 页
26	光绪三十年五月二十六日	《铁路工程之溺毙》	第 155 页
27	光绪三十年五月二十八日	《电阻潮汕铁路工程述要》	第 156 页
28	光绪三十年六月初三日	《电阻潮汕铁路工程续闻》	第 157 页
29	光绪三十年六月十三日	《岭东学会议潮汕铁路事》	第 160 页
30	光绪三十年六月十六日	《留学生之与潮汕铁路》	第 163 页
31	光绪三十年六月二十四日	《铁路局购地之办法》	第 165 页
32	光绪三十年七月初二日	《铁路实线之测定》	第 169 页
33	光绪三十年七月初七日	《潮汕铁路认招领股合约》	第 173 页
34	光绪三十年八月初六日	《潮汕铁路之建筑期》	第 186 页

（续上表）

序号	时间	篇名	页码
35	光绪三十年八月十四日	《潮汕铁路购地之价值》	第187页
36	光绪三十年八月十五日	《铁路局招勇咨文》	第188页
37	光绪三十年八月十五日	《褚观察之铁路购地示文》	第188页
38	光绪三十年八月二十日	《购地价值之示谕》	第190页
39	光绪三十年八月二十七日	《派铁路学生学习路工》	第194页
40	光绪三十年九月初四日	《纪铁路工》	第196页
41	光绪三十年九月十九日	《爱久泽技师来汕》	第204页
42	光绪三十年十月初三日	《查办铁路之关碍》	第211页
43	光绪三十年十月初十日	《纪潮汕铁路之庵埠路线》	第213页
44	光绪三十年十月十三日	《铁路学生学习路工之合约》	第214-217页
45	光绪三十年十月十六日	《潮汕铁路丈量之工程》	第217页
46	光绪三十年十月十八日	《纪张京卿之恩赏》	第219页
47	光绪三十年十月二十日	《铁路工程纪闻》	第221页
48	光绪三十年十月二十三日	《澄邑侯催办铁路购地示文》	第222页
49	光绪三十年十月廿四日	《委员协办潮汕铁路》	第223-224页
50	光绪三十年十一月初一日	《路工忙迫》	第226页
51	光绪三十年十一月初十日	《商部电复潮汕铁路事》	第231页
52	光绪三十年十一月十八日	《潮汕铁路募勇纪闻》	第234页
53	光绪三十年十一月二十日	《潮汕铁路总办未到差》	第235页
54	光绪三十年十一月二十七日	《张京卿恭迎恩赏》	第237页
55	光绪三十年十二月初五日	《留学生维持潮汕铁路述闻》	第242页
56	光绪三十年十二月十八日	《潮汕铁路之风潮》	第251-252页
57	光绪三十年十二月十九日	《铁路风潮续志》	第253-254页
58	光绪三十年十二月二十日	《更正铁路风潮之传闻》	第256页
59	光绪三十年十二月二十日	《铁路风潮详述》	第256页
60	光绪三十年十二月二十一日	《办理潮汕铁路闹事之要电》	第257页
61	光绪三十一年正月初五日	《潮汕铁路事汇述》	第263页

（续上表）

序号	时间	篇名	页码
62	光绪三十一年正月初七日	《潮汕铁路事续述》	第 266 页
63	光绪三十一年正月十二日	《潮汕铁路事再志》	第 268 页
64	光绪三十一年正月十三日	《潮汕铁路归商部主持》	第 269 页
65	光绪三十一年正月十八日	《铁路闹事之交涉》	第 271 页
66	光绪三十一年正月十九日	《办理潮汕铁路之近事》	第 272 页
67	光绪三十一年正月二十一日	《详志潮汕铁路闹事之交涉》	第 273 页
68	光绪三十一年正月二十一日	《办理铁路闹事案杂述》	第 273－274 页
69	光绪三十一年正月二十四日	《潮汕铁路闹事案之交涉续志》	第 276－277 页
70	光绪三十一年二月初一日	《潮汕铁路闹事犯正法》	第 282 页
71	光绪三十一年二月初四日	《会办潮汕路善后》	第 285 页
72	光绪三十一年二月初六日	《潮汕铁路善后章程》	第 288 页
73	光绪三十一年二月初六日	《潮汕铁路开工》	第 288 页
74	光绪三十一年二月初八日	《潮汕铁路赔款述闻》	第 289 页
75	光绪三十一年二月十一日	《潮绅禀请集股自办铁路》	第 291 页
76	光绪三十一年二月十二日	《铁路委员旋省》	第 293 页
77	光绪三十一年二月十五日	《张京堂往日里》	第 296 页
78	光绪三十一年二月十八日	《赔款助学》	第 298 页
79	光绪三十一年二月二十七日	《张京堂往日里续闻》	第 302 页
80	光绪三十一年二月二十九日	《张京卿请人代庖》	第 303 页
81	光绪三十一年三月十三日	《潮汕铁路事汇述》	第 310 页
82	光绪三十一年三月十四日	《改良潮汕铁路善后事宜述闻》	第 312 页
83	光绪三十一年三月二十一日	《潮汕铁路公司讨应享之权利》	第 318－319 页
84	光绪三十一年三月二十二日	《新派潮汕铁路购地委员》	第 319 页
85	光绪三十一年三月二十四日	《督宪批潮汕铁路购地之禀词》	第 320－321 页
86	光绪三十一年四月初一日	《条陈潮汕铁路购地善后事宜》	第 323 页
87	光绪三十一年四月初一日	《滋事护勇已革》	第 323 页
88	光绪三十一年四月二十一日	《铁路赔款不准酌减》	第 333 页

（续上表）

序号	时间	篇名	页码
89	光绪三十一年五月十三日	《催缴铁路赔款》	第 348 页
90	光绪三十一年五月二十一日	《潮汕铁路购地近述》	第 352 页
91	光绪三十一年五月二十七日	《岑督于潮汕铁路之批词》	第 359 - 360 页
92	光绪三十一年五月二十九日	《岑督照会张京堂文》	第 361 页
93	光绪三十一年六月初五日	《禀请酌改路线》	第 367 页
94	光绪三十一年六月初八日	《潮汕铁路公司股东均用代表人之传闻》	第 369 页
95	光绪三十一年六月十一日	《沈观察于潮汕铁路之批词》	第 370 - 371 页
96	光绪三十一年六月十五日	《会勘庵埠路线述略》	第 371 - 372 页
97	光绪三十一年六月十六日	《会勘潮汕路线详情》	第 373 - 374 页
98	光绪三十一年六月十八日	《王议堂谕告铁路事述略》	第 376 页
99	光绪三十一年六月二十日	《王议堂谕告铁路事》	第 377 - 378 页
100	光绪三十一年六月二十二日	《续王议堂谕告铁路事》	第 379 - 380 页
101	光绪三十一年六月二十二日	《沈观察谕饬会议路线地价》	第 380 页
102	光绪三十一年六月二十六日	《海阳令履勘铁路》	第 381 页
103	光绪三十一年六月二十九日	《海阳令勘路情形》	第 382 页
104	光绪三十一年六月二十九日	《记庵埠路线之会议》	第 382 页
105	光绪三十一年七月初二日	《纪潮绅议复路线善后事宜》	第 384 - 385 页
106	光绪三十一年七月初二日	《传领铁路赔款》	第 385 - 386 页
107	光绪三十一年七月二十九日	《沈观察决议潮汕铁路事宜述略》	第 403 页
108	光绪三十一年八月初九日	《潮汕铁路公司得注册保护之权利》	第 412 页
109	光绪三十一年八月二十七日	《电商潮汕铁路购地办法》	第 427 页
110	光绪三十一年九月十二日	《潮绅再控潮汕铁路之批词》	第 442 - 443 页
111	光绪三十一年九月二十六日	《鄂督派员查考潮汕铁路办法》	第 453 页
112	光绪三十二年九月十六日	《潮汕铁路定期开车》	第 516 页
113	光绪三十二年九月十七日	《黄会办禀请出洋考查铁路》	第 518 页

281

（续上表）

序号	时间	篇名	页码
114	光绪三十二年十月初七日	《潮汕铁路拟添建浮桥》	第519页
115	光绪三十二年十月二十三日	《铁路与酒楼之关系》	第523页
116	光绪三十二年十一月十四日	《饬属保护测勘广夏路线人员》	第533页
117	光绪三十四年九月初五日	《开办潮汕火车货捐近闻》	第553页
118	光绪三十四年九月初六日	《禀请核减火车货捐不准》	第555页
119	光绪三十四年九月初七日	《东关税馆分厂之苛勒》	第557页
120	光绪三十四年九月二十六日	《邮部饬潮汕路改用华工师》	第566页
121	宣统元年二月初十日	《车捐委员抵汕》	第615页

从表2可以看出，《岭东日报》对光绪三十年十二月十八日《潮汕铁路之风潮》关于葫芦市发生殴毙工人事件以后的往来交涉记载较为详细，并且有光绪三十四年（1908）、宣统元年（1909）铁路开通后运营管理情况的零星记载，可以弥补这批奏牍信札史料相关记录缺失的遗憾。

四、重要意义

信札文献因内容隐秘，能反映日常交往的思想和心境，因此具有较高的史料价值。笔者在点校、研读、整理这批文献的过程中，发现其对张榕轩个案研究，乃至对客家族群认同意识研究都有重要意义。

1. 人生重要时期的生动记录

这批公牍书信经抄录誊写，较为完整地保留了张榕轩的人际关系、家庭教育、兄弟情谊、商业往来、修筑铁路、回馈桑梓等历史信息，生动、具体、真实地反映了作为侨领、实业家的张榕轩在1902—1907年这段时间的生活断面，使张榕轩的历史形象更加丰富、准确和深刻。

2. 拳拳爱国情怀的真实记录

早在光绪十四年（1888），英商怡和洋行已经开始谋求建造潮州至汕头的铁路，并聘请工程师进行了测量。光绪二十二年（1896），英商太古洋行亦禀请两广总督谭仲麟开办铁路，亦未获批准。至光绪二十九年（1903）清政府颁布《简明铁路章程》二十四条后，张榕轩等人积极响应，联名奏请商办铁路，很快获得批准。时任商部尚书载振称赞此举"冀开风气而保利权，深能仰体朝廷兴商之至意"①。随后，无论是经历洋股风波，还是葫芦市事件，张榕轩都能够顾全大局，隐忍周旋，保全路政，玉汝于成，最终建成第一条商办铁路，获得"斯路实开祖国风气之先"② 的赞誉，显示了浓厚的爱国情怀。

3. 客家认同意识的点滴记录

在光绪二十八年八月二十一日致岐亭信札中，张榕轩出面调解"客商与番人滋事一案"。光绪二十九年四月二十四日致张弼士信札中，张榕轩提到张弼士"抵都召见，以后定当峻职超迁，凡属客人，同分光宠"。光绪二十九年五月十日致张弼士信札中，张弼士因为捐银报效，被赏赐三品京堂候补加侍郎衔，张榕轩称赞此举是"在客族中最为出色之事"。多次提到"客商""客人""客族"，显示了客家族群认同意识的高度自觉。

（本文撰写过程中得到刘奕宏老师的悉心指导，在此谨表诚挚谢意！）

283

---

① 宓汝成编：《中国近代铁路史资料1863—1911》，新北：文海出版社，1977 年，第 930 页。
② 光绪三十三年五月十一日张榕轩呈熙彦、杨士琦禀文。

客家名人故居活化利用

——以张榕轩纪念馆为例

温亮兴①

　　历史名人从某种意义上说是一座城市的精神脊梁，建设名人纪念馆不仅能增强市民的自豪感和文化自信，而且能为城市宣传开启一个重要窗口，对提升文化品位和旅游竞争力有着积极作用。比如，浙江富阳投资近6亿元的公望美术馆、桐庐的叶浅予纪念馆、安吉的吴昌硕纪念馆等，建成之后都已经成为当地的文化艺术地标。

　　建筑作为民族文化的载体，在得到充分利用保护后，相应地会使民族文化得以更好传承。随着公众对历史建筑活化利用的关注度提高，政府也开展了探索和尝试，希望通过一些案例的实施来推动历史建筑的活化利用，形成保护历史文化的良好氛围。"活化"是指在多重外力的作用下，传统民居建筑从没落、衰败的状态逐渐向生机盎然的状态转变，主要体现为公共空间、景观生态、传统文化、经济生产等各要素的整体复兴，也就是让传统建筑重新焕发生机，进行必要的修缮与改造。② 在梅州城乡大地上星罗棋布的各式客家乡土民居建筑中，围龙屋是典型代表。此外，土楼、形似排云列阵的双合杠至多合杠的走马楼，形似挂锁的锁头屋、守望相助的防御碉楼等，都凝聚着客家的族群智慧。这些各式客家传统民居，其宅基地选址之科学、建筑形制之丰富、生活起居与作坊生产之区分、时

---

　　① 温亮兴，江西石城人，高级工程师，梅州市古民居研究会会长。
　　② 李毅：《惠州崇林世居客家民居"活化"设计》，《炎黄地理》2021 年第 6 期，第 93 -97 页。

代脉络之清晰、历史烙印之鲜明，是中国乡土建筑中的宝贵文化遗产。

梅县客家华侨实业家张榕轩故居按照原貌修复"活化"，再现了中国古代建筑艺术元素，展示了粤侨敢为人先、吃苦耐劳、顽强拼搏、爱国、爱家乡的感人事迹，这将对青少年的研学教育发挥了重要作用。本文主要从张榕轩的故居的特色、修缮以及对其的活代利用方面进行研究分析，进而提出梅州大量历史建筑尤其是名人故居活化利用的建议。

一、张榕轩故居的特色及修缮

作为客家传统建筑，张榕轩故居的美学原则主要包括秩序感、向心感和整体感三个方面，审美表现形态则指向其形式美、意境美和生态美。通过客家建筑活化利用，可以让这些优秀的建筑理念和生态观念融入当下的人居建筑环境建设，使人们的居住场所朝着更人性化、更和谐舒适的方向发展，进而从内部空间优化、外部环境提升、功能设施更新等方面进行改造。

285

1. 建筑特色

作为客家传统建筑，张榕轩故居内部空间布局和形制上体现了礼乐相融的文化和美学效果。客家民系以家族为重，以族长为尊的固定聚居模式，是秩序感最直观的表达。家族结构包含若干内在的血亲集团，不仅是生殖繁衍的保证，而且兼具政治、经济、宗教和文化等复杂功能。

2. 修缮难点

修复毁损的木造结构、助于散热的黏土砖墙，邀请当地工艺师创作传统木雕，恢复过去庄严优雅的风貌。那些精美绝伦、细致生动，却亦饱经岁月摧残的木质承重结构以及木质雕花饰面，几经辗转，终于找到隐藏于民间的当地资深木工老匠人，运用其精湛的手工技艺和独特的修复方法，让原本破旧残缺的木结构和木雕花重获生机，无惧岁月，跨越古今，依旧熠熠生辉。

3. 功能更新

与一般的客家传统建筑一样，张榕轩故居由核心体和围合体两部分组成，两者关系是社会伦理与家庭秩序的象征。核心体以祠堂为主体，供奉着列祖列宗，代表永恒，是家族团结的权威。围合体由众多家庭的生活用房组成，表现出对祖宗的敬畏。其他建筑以祖祠为中心展开，整体构成一种对外封闭、对内开敞的具有向心美感的建筑样式。这样不仅在建筑实体上表现为良好的通透、紧密的联系、合理的功能布局以及严谨的线性视觉，而且聚族而居的样式散发出一种空前的家族聚合力。

客家传统民居建筑本身是一种客家文化，其建筑形式、空间布局、建筑风貌都是客家文化的表达与传承，其最大特点是将个人跟家族最大限度地联系在一起。[①] 客家建筑的秩序感、向心感与整体感在表达方式的侧重点上存在差异，但同为客家民系怀旧情结的多角度展开，根源于中原的儒农文化。[②] 怀旧情结一来使客家人牢记先辈辉煌业绩，通过缅怀祖辈来增强家族成员的自信心、自豪感，从而保证家族的凝聚力；二来表现出客家人浓烈的民族自我意识，通过祭祖方式，把子孙后代因血缘关系淡化的局面重新凝聚在一起，巩固家族的延续年限，因而这也成为客家人的普泛追求和生存理想。[③] 客家建筑作为客家文化重要表达的物质空间，本质上是中原儒农文化的折射，以儒为本的精神生活方式主观上强化的是家族意识，使人们在无意识中接受了聚族而居的生活模式，以农为本的物质生产和生活方式则在客观上简化了客家人起居息卧程序，使一幢幢客家建筑内的各式设施能最大限度满足其衣食住行的基本需求。秩序感是家族成员的

---

① 吴静、王玉婷、罗楚楚：《岭南客家围龙屋保育开发的现状与发展策略——以梅州市侨乡村为中心的考察》，《科技资讯》2012 年第 32 期，第 161－162 页。

② 周建新：《客家传统民居的人类学透视：以围龙屋为中心的分析》，《第八届海峡两岸传统民居理论（青年）学术会议论文集》，赣州：中国民族建筑研究会，2009 年。

③ 唐琳：《梅州客家民居历史建筑的再利用研究》，广州：华南理工大学出版社，2012 年，第 1－7 页。

主次关系，建立在礼制伦理之上。整体感与秩序感相互依存，但更侧重家族成员的群体利益。在客家民系的整体意识熏染下，极度秩序化的整体形式往往优于一盘散沙的个体形式。这种整体意识根本上源于对家族的认同。家族利益至上是永恒的原则，向心性自然凸显强烈的聚合力。中国自古就是一个典型的农业社会，农业生活的特点在于世代延续，对于生于斯长于斯的乡土充满无限的眷念。张榕轩故居和张榕轩家族便是其很好的表现。

对于居家迁徙辗转的客家人而言，"乡土情结"是他们传统文化的特征，并成为灌注在他们骨子里的情结，这种乡土情结也成为客家文化赖以存活和发展的土壤。修缮保护尚处于探索阶段，存在保护制度不完善、保护资金不足、宣传力度不够等诸多问题。传统客家民居的瓦片双坡屋顶由于猫等动物的行走会出现破损和脱落的现象，需要经常对屋顶进行检修换瓦，木质的梁架结构长期处于湿润的环境也容易出现被腐蚀的现象。例如在对张榕轩故居进行修缮时，工程队将原有屋面瓦进行拆卸，并对原有瓦片进行整理，完好的瓦片清洗后重新铺置屋面，破损的瓦片则利用起来作为铺装使用，并使用现代防水材料和工艺改善屋面（见图1、图2）。

图1　维修前的张榕轩故居

图 2　维修后张榕轩故居的厅堂

　　全面翻修瓦面，做好防水处理，原有破损旧瓦换成同尺寸同色的优质瓦。更换老旧破损的木质构件，屋面原有尚好木构件重上桐油两遍，做好清洁和防虫防腐处理。屋面整体应瓦匀垄直、浆色均匀、干净美观。所有残损部分修复都要求所用的材料需与现状颜色保持一致，翻修后的屋面应与现有形制一样。按原修复已经损坏的梁、瓦檩、枋、楼板、楼檩、木柱、门窗等木构件。保存较好的木构件，应先将原残存漆面清除干净，按原存色彩手工刷油漆，重上两遍桐油，做好防腐、防虫、防白蚁处理。选用杉木新料，用传统油漆处理。用现代手法修复屋架和二层楼面的木构造。清除墙面白灰罩面空鼓与破损部位，适当保留结实未损的墙体批荡层，补批部分要新旧统一、结合牢靠、平整美观。重铺磨损严重的三合土地面，中厅地面局部修补；清除青苔、杂草及旧积垢物；基本按原材料、原工艺、原式样修复室内外地面，复原、修复处理室内缺失、破碎及松动的青石板和大阶砖。对保存较完好的木结构的腐朽部分进行防虫与防腐处理，使用低毒环保、既防腐又防虫的药剂，采用加压浸注处理，并使用与木色相似颜色的药剂。对部分开裂的梁枋，为防止裂痕继续扩大，先灌入环氧树脂填充，然后采用碳纤维复合材料包箍，再刷木色漆，对结构承载造成安全隐患的地方进行加固。①

客家传统民居的夯土墙，部分墙面有破损、脱落、起斑、竖向裂缝，可采用黏土塞填进行封闭处理，避免内部墙体进一步风化。对于夯土墙的水平裂缝，并且有明显错位、鼓凸的应视其严重程度作相应处理。首先，采用土锚杆将土体进行锚固处理；其次，对裂缝进行封闭处理，裂隙用与墙面本体相同的材料灌浆填充；最后对墙面进行整体抹灰批荡以达到统一的效果，恢复墙体表面散排水。

张榕轩纪念馆——幹荫堂始建于清末，建成于清宣统庚戌年（1910）。幹荫堂是一座三堂五横一围龙的客家围龙屋，内有84个房间，21个客厅，10个天井，建筑面积4 320平方米，花园600平方米，门坪1 050平方米，总面积达5 970平方米。幹荫堂采用了大量的石湾陶、雕刻、灰塑等建筑艺术元素，尤其以采用大量的绘画装饰而炫彩夺目。其中，中厅桁梁上90幅保存完好的百余年历史的书画作品，墙壁上有150幅彩色壁画，大部分在近年得到修补或重绘，其中书卷、檐画以及大门内左右墙4幅古画依然保存了原来的风貌（见图2、图4）。

图3　维修后的张榕轩故居

---

① 陈岩：《基于功能需求的梅州长沙镇传统民居改造研究》，华南理工大学硕士学位论文，2019年。

图 4　修复后的壁画和厅堂

二、张榕轩纪念馆的历史文化展陈

幹荫堂的主人张榕轩（1851—1911）名煜南，家名爵干，字榕轩，梅县松口人。他是晚清著名爱国侨商，是中国第一条华侨商办铁路——潮汕铁路的创办人，是一位对中国近代化进程产生过一定影响的著名爱国者。张榕轩在青年时代从松口远赴南洋，先追随张弼士在巴达维亚（雅加达）经商，后转往苏门答腊的棉兰，与弟弟张耀轩一起创业，成为当地的华社领袖，被荷印政府授予甲必丹、玛腰等职。因热心祖国的公益事业和维护侨居地华侨权益，曾被清政府委任为中国驻槟榔屿副领事。晚清实施新政后，他积极筹划回国投资，主导兴建潮汕铁路，克服重重困难，确保铁路在 1906 年通车，极大地改善了粤东的交通条件。

张榕轩是一位具有深厚文化情怀的儒商，对于家乡松口乃至梅州的文化教育事业也予各种资助，如捐款 4 000 银元作为松口公学的建校费用，独资捐助出版宋明至清末嘉应历代名人诗选——《梅水诗传》及续集十三卷，鼎力资助温仲和纂的《光绪嘉应州志》出版，辑录并出版《海国公余辑录》六卷、《海国公余杂著》三卷等。

图5　张榕轩故居门口的雕像和路牌

张榕轩的曾孙张洪钧是印度尼西亚苏北客属联谊会永久资深荣誉主席，苏北客属联谊会发起人之一，他与夫人林素琴女士自1972年以来，凭着过人的胆识和智慧，恪守信用，锐意经营，先后创办了印度尼西亚棉兰国际包装工业有限公司（1972年）和印度尼西亚棉兰印马印刷厂（1975年）。2008年，在儿子和儿媳妇的辅助下，又兴办了印度尼西亚棉兰长青国际造纸厂有限公司。

在努力保存传承家族珍贵文献的基础上，张洪钧、林素琴伉俪多次出资在中国、印度尼西亚的多个城市举办纪念张榕轩、张耀轩、张步青的学术研讨会，近年在棉兰重修张榕轩墓园——榕荫堂，修建清河堂张榕轩纪念馆。他们还捐资支持梅州市华侨博物馆印度尼西亚展厅、中国客家博物馆、印度尼西亚客家博物馆的建设，支持家乡松口的公益事业。2016年，张洪钧、林素琴伉俪看到已有百年历史、尽显破败的幹荫堂后筹资数百万元，历时两年，重修祖居幹荫堂，将其布展成目前的张榕轩纪念馆。张榕轩故居——幹荫堂按照修旧如旧的原则重修和布展，作为纪念张榕轩的主题纪念馆正式开馆迎接海内外宾客。来自海内外的近千位嘉宾参加开馆仪式，包括来自雅加达、棉兰、新加坡等地的各界知名华侨华人近百人，旅

居印度尼西亚、英国等地的张榕轩后裔20多人，以及中国广州、汕头、梅州社会各界的知名人士，特别是来自有关部门、侨团、文化、学术研究领域的专家学者等人士。

三、客家名人故居的活化利用

张榕轩纪念馆具有非常丰富的思想政治教育内容，除了纪念馆本身可以对学生进行中国传统文化譬如建筑、雕刻、书画教育之外，张氏昆仲的历史文化展陈赋予了名人故居新的功能。2020年10月13日，习近平在参观汕头开埠文化陈列馆、侨批文物馆时指出，"华侨一个最重要的特点就是爱国、爱乡、爱自己的家人。这就是中国人、中国文化、中国人的精神、中国心。中国的改革开放、中国的发展建设跟我们有这么一大批心系桑梓、心系祖国的华侨是分不开的"[①]。并提出新时期我们更需要打好"侨牌"。张氏昆仲鼎力支持孙中山先生领导的辛亥革命，1912年建立中华民国后，孙中山先生特为张耀轩亲笔题赠"博爱"大字一幅，表彰其对革命之贡献，这是对其爱国、爱乡的最好注解。

客家民居具有中西合璧的装饰艺术和文化特征。[②] 民居改造指的是对原有建筑加以修改或变更使其适合需要，改造设计在建筑领域主要是对建筑的风貌、围护结构、结构体系、室内空间、景观环境等方面进行改建或局部新建，用以满足使用者不断变化的生产和生活需求。[③] 传统建筑的"活化"路径具体来说：一是针对个体的已经或即将"死去"的传统民居，陈旧不好用的如何改，破损不能用的如何修，闲置无人用的如何转；二是针对成片衰落破败的传统民居群落，如何保护其风貌，改变其功能，让其

---

① 《习近平肯定华侨贡献，专家：华侨与祖国互为惦念、共谋发展》，中国新闻网，2020年10月14日，https://www.chinaqw.com/hqhr/2020/10-15/272693.shtml。

② 吴庆洲：《梅州侨乡客家民居中西合璧的建筑文化》，《赣南师范学院学报》2010年第1期，第13-16页。

③ 陆元鼎：《梅州客家民居的特征及其传承与发展》，《南方建筑》2008年第2期，第33-39页。

重生、振兴、恢复活力，为当地百姓或更多的人服务，产生更大的经济效益，展现更高的文化及社会价值。"活化"问题的解决看似简单，其实非常复杂，其碰到的诸如土地问题、产权问题、投资问题等也各不相同。承载着传统文化之重要载体的传统民居的消失和传承，是当前"活化"问题的核心。①

改造客家传统民居是为了其更好发展，风貌严格控制的背后需要满足新的功能需求，客家乡村的发展不仅仅需要面对传统文脉的传承，也需要营造符合现代化生活需要的高品质空间。② 比如，坐落在梅州繁华市区内的玉庭楼，由侨商钟玉庭先生建于1923年，采用传统的客家走马楼格局，面积为1 567平方米。因年久失修，这座近百年历史的客家老房子破败不堪，部分房子甚至已经坍塌，内部垃圾成堆，污水横流。在活化利用玉庭楼的设计装饰上，我们坚持"保留客家人文历史风貌，融入时尚生态国际元素"的原则，通过"文化的视野、艺术的革新、创意的融合、前卫的设计"，克服了大楼地板下陷，改造整屋排水排污结构、电网架构、传统工艺等难题，融入客家民间艺术，最终实现了"老房子创客空间"的华丽转身。③ 2005年，香港市区重建局将四幢唐楼活化为时尚餐厅，在香港首次将保护唐楼融入市区商业项目，在平衡保护历史民居建筑和都市发展之间探索了新的方向。2012年，香港浸会大学中医药学院将位于香港九龙半岛深水埗区街角的雷生春大宅全面修复，改装为公众中医诊所，名之为"雷生春堂"，延续雷生春以中医药服务香港市民的历史使命。④

纪念馆是各个时期历史遗存的集大成者，肩负着弘扬优秀文化的重要

293

---

① 朱良文：《对传统民居"活化"问题的探讨》，《中国名城》2015年第6期，第4–9页。

② 徐光：《旧建筑改造设计——基本原则与案例分析》，北京：中国书籍出版社，2015年，第107页。

③ 徐奕发、温亮兴：《古民居活化梦想的践行——百年老屋玉庭楼的众创新生》，《世界遗产》2015年第11期，第60–61页。

④ 梁以华、郑红：《街景人情——香港老区民居建筑及街貌保护与活化发展》，《南方建筑》2015年第1期，第14–17页。

使命。将名人故居活化利用为博物馆展陈，作为中小学课外实践研学基地，让前来参观的广大师生接受生动的思想教育。通过看文物、看文字介绍、看图片、听解说，让学生自己去感受、去领悟优秀文化和良好家风。张榕轩、张耀轩兄弟敢为人先漂洋过海，在人生地不熟的国家发扬中国传统文化中"天行健，君子以自强不息"的精神，吃苦耐劳、奋发图强，成功后热心侨居地的公益事业，创建华校、捐建医院等，因此张榕轩故居活化利用成纪念馆是一张绝好的"侨牌"。

张榕轩、张耀轩与中国现代化

客家华侨与潮汕地区现代化进程
——以潮汕铁路为中心的考察

黄晓坚①

梅州、闽西地区居于韩江上游，与韩江下游的潮汕地区可谓唇齿相依，历史上政经关系密切，潮州和汕头也是客家先人从事商贸、侨居海外的重要口岸城市，有不少客家商人在此定居营生。正因如此，在清末、民国时期，客家华侨在潮汕各地投资兴业相当普遍，对发展和繁荣当地社会做出了重要贡献。尤其是清末荷属东印度华侨张榕轩、张耀轩兄弟投资兴建的潮汕铁路，不仅在中国近现代交通发展史上占有一席之地，而且对潮汕侨乡的现代化进程具有重要的推动作用。

本文试以潮汕铁路为中心，就客家华侨在潮汕地区投资项目的历史地位和深远影响进行初步的检视和评价。

一、晚清民国时期客家华侨在潮汕地区投资兴业概况

晚清时期，海外华侨对于潮州乡土社会的影响，莫过于回国投资工商业和交通运输业。受1884年中法马江海战和1895年中日甲午战争失败的刺激，在"实业救国"思想影响下，大约自光绪十五年（1889）起，海外华侨以汕头为中心，陆续兴办了一批企业。其中著名的如表1所示。

---

① 黄晓坚，福建建瓯人，韩山师范学院研究员，中国华侨华人研究所研究员。

表1 1889—1911 年华侨在汕头兴办知名企业一览表

时间	投资者	属籍	企业名	投资额
1889 年	新加坡华侨福盛行		福盛行	10 万银元
不详	新加坡华侨		吴丰行	不详
不详	新加坡华侨		吴春成行	不详
1889 年	越南华侨		和祥行	10 万银元
1893 年	越南华侨		吉祥行	不详
1899 年	不详		吉源行	不详
1903 年	荷属东印度张榕轩、张耀轩兄弟	客属	潮汕铁路公司	300 余万银元
1905 年	泰国郑智勇		暹罗华侨通商轮船股份公司（华暹轮船公司）	300 余万铢
1905 年	泰国华侨		吴丰发（出口商行）	合资 10 万银元
1906 年	日本高绳芝		开明电灯公司	20 万银元
1906 年	日本高绳芝		自来水股份有限公司	68 万银元
1909 年	槟榔屿华侨		裕耕行（出口商行）	合资 5 万银元
1909 年	新加坡华侨		吴春成行（出口商行）	合资 3 万银元
1909 年	荷属东印度郭仲眉	客属	泰源号	5 万银元
1911 年	荷属东印度李柏桓	客属	南生百货商号	不详

由表 1 可知，清末华侨在汕头投资主要集中在商贸、交通和市政三个方面。因华侨大量投资建设，汕头一跃而成为潮汕地区最繁华的商埠，从而奠定了其作为粤东中心城市的地位。

值得注意的是，在华侨投资企业中，客家华侨在商贸和交通领域的表现极为亮眼。其中，泰源号、南生百货商号两家百货店均为荷属东印度客家华侨所投资经营，并于民国时期跻身于汕头四大百货公司之列。潮汕铁路公司亦为荷属东印度客家华侨所创办，且投资额最多，对潮汕地区产生了较为深远的影响。潮汕铁路也是清末华侨投资祖国经济建设的代表性项目，本文稍后再叙。

民国初期，华侨在潮汕地区投资继续清末原有的势头，各类企业纷纷创办。在 1915 年，其最引人注目的投资项目，当属大埔籍南洋客家华侨杨俊如、萧亦秋等合资 22.5 万银元设立公司修建的汕樟轻便铁路。

汕樟轻便铁路股份有限公司的地址在汕头埠中马路盐运署前附近。汕樟轻便铁路于 1916 年开建，起点在汕头埠（现汕头市区中山路同益市场门口），1918 年修建到下埔后开始运营，翌年延至外砂，1923 年修建到澄海莲河站埔尾新村，全长 18.5 公里，设有汕头、金砂、东墩、浮陇、鸥汀、下埔、外砂、桥西、澄海、莲河共 10 座车站。车厢由人力推动，分为豪华的特别车（左右坐 2 人）和普通车（前后坐 4 人），用藤或竹制轿子为座位，有无顶和有顶车厢之别。由于沿途要经过数条韩江支流，有些路段在江面上架起了铁轨桥，有些地段则需要下车搭渡船到江对面后再上车前行。铁轨亦分双线和单线两种。单线地段会车时，需有一方乘客下车、把车厢抬下轨道，待对方车辆通过后，再继续推行。

汕樟轻便铁路原先计划是修筑到樟林的，其最终目标是将来延伸到饶平黄冈。但因工人罢工要求提薪、军队无偿使用、额外题捐又多，全线通车后仅仅经营了两年，公司已是负债累累。重病缠身的杨俊如走投无路，于 1925 年自杀身亡。1929 年，公司以国币 10 万元将轻便铁路抵押给日本人开办的台湾银行汕头支行，无奈地遭受外国金融资本的控制与盘剥。1932 年 10 月，由旅泰华侨高学修和高氏第四代传人高伯昂联合澄海人陈少文、蔡时帆等人合资铺筑的汕樟公路建成，乘客大多改乘汽车，汕樟轻便铁路从此以货运为主，惨淡经营。1933 年 8 月，地方政府以路轨横越中山公园前，阻碍交通，市区内不宜设立车站为由，限令拆除，至抗日战争爆发时汕樟轻便铁路已消失。①

1919—1927 年，华侨投资汕头市区的产业明显增多，尤其是房地产

---

① 参见《汕头指南》第二编"交通之情形"，1934 年；陈楚金：《流光碎影 百年"汕樟"》，《汕头特区晚报》，2016 年 4 月 27 日。

业、服务业和工业的发展更加突出。其中，越南华侨翁秀岩等合资 1 万银元的潮安庆仁丰油厂（始建于 1921 年），澳洲华侨谢德茂入股 1 万银元的汕头同化罐头厂（1925 年），南洋华侨陈少文入股 32 万毫银的潮汕汽车公司（1926 年），南洋客家华侨胡文虎独资 80 万银元创办的汕头永安堂制药厂（1927 年）等工业企业，大大增强了汕头的工业基础。

永安堂制药厂又称胡文虎大楼，内设制药坊和营业部，乃汕头开埠第一座高洋楼。该大楼分主楼和附楼，设计风格独特、气势恢宏，为中西合璧式建筑，占地面积 819 平方米，建筑面积达 2 235 平方米。胡文虎将"永安堂"经营得风生水起，其所生产的虎标万金油、虎标八卦丹和虎标去痛水等系列药物，除了在国内销售，还通过汕头港和海上丝绸之路销往东南亚地区。

值得一提的是，靠制药致富的胡文虎，还是著名的星系报业的创始人，被誉为"报业巨子"。1931 年，他在汕头独资创办《星华日报》，这也是星系报业在中国内地创办的首份报纸。1934 年，位于韩堤路的胡文豹大楼建成后，便成为《星华日报》报社社址。尽管胡文虎办报有商业宣传的目的，但在二十世纪三十年代抗日烽火四起的特殊时期，该报不仅经常为正义发声，而且大力宣传抗日，对于振奋民族精神、开展抗日救国运动，起到了非常积极的作用。

1928—1937 年，华侨在汕头投资进入全盛期，并在 1932 年形成投资高潮。其背景是，1929 年，汕头报设市政府，急需建马路、盖楼房、扩建新市区、发展市政建设，因此吸收了大批侨资进入房地产行业。迨至 1932 年以后，世界经济危机波及中国，华侨投资始见萎缩。从 1929—1932 年，汕头市共建有侨房 2 000 多座，其中泰国陈黉利公司在汕头购置大片地产并投资盖建 400 多座楼房，拥有"四永—升平"① 大片房屋；新加坡侨商

① "四永—升平"，指的是汕头市区永安街、永和街、永泰街、永兴街和升平路。它们和"四安—镇邦"街区一起，构成了汕头市的核心闹市区。

荣发源（潮安人）也在汕头市区几条街拥有楼房，整条荣隆街的楼房均为陈慈黉所投资兴建。这一时期，汕头市区所建房屋约有三分之二为华侨投资，各县也有大量房屋系华侨所建。除了房地产外，侨资也在这一时期投资了不少工业企业，如泰国华侨何伟南等人投资 12 万银元创办的汕头冰雪厂（1928 年）、新加坡华侨陈惠臣独资的潮安四五榨油厂（1928 年）、泰国归侨郑植之三兄弟合资的揭阳捷和金属制造厂（1929 年）、泰国华侨王凤翔入股 9 万的汕头利生火柴厂（1931 年），以及泰国归侨郑植之的汕头南华钟厂（1932 年）等。

1937，抗日战争全面爆发。由于受到日军的封锁打击和国民党统制经济的摧残，华侨投资汕头企业跌落低谷。汕头沦陷后，华侨转而投资邻近的梅县地区。1937—1945 年，华侨投资比 1928—1937 年减少了 86%。这一时期的华侨投资企业，有马来亚槟榔屿潮商林连登创办的惠民农场（1938 年）等。

1945 年抗日战争胜利后，华侨投资汕头企业有所回升。不过，随着官僚资本的扩大和恶性通货膨胀的发展，华侨投资很快趋于萎缩并濒于崩溃。在 1946—1949 年，华侨在汕头投资的企业有：泰国华侨谢易初在澄海外砂所办的菜籽场（1946 年）、马来亚华侨林连登独资 100 万港币开设的连通筑路行车公司（1946 年）、泰国华侨余彬等合资估折 1.14 万元人民币的汕头炎会酱油厂（1947 年）、新加坡华侨陈木合等合资估折 2.5 万元人民币的汕头文美机器厂（1947 年）、泰国华侨余子亮赞助归侨王浩真在饶平所办的柑橘农场（1947 年），以及泰国华侨王云伯入股 5.5 亿法币的汕头华侨冰霜厂（1948 年）等。此外，泰国侨商林来荣曾于达濠埠组建金复兴渔业公司，拥有渔船近百艘，用作大规模捕捞。总的看来，这一时期部分侨企是增资恢复的，华侨投资非生产性企业多，呈畸形发展之态，平均每宗投资的金额亦不大。

通观民国时期客家华侨在潮汕地区的投资，除了前述张榕轩、张耀轩兄弟兴建的潮汕铁路，杨俊如、萧亦秋修建的汕樟轻便铁路，以及胡文虎创办的永安堂制药厂，我们无从了解客家华侨投资企业的具体数量、投资额及其所占比例。但毋庸置疑的是，客家华侨的投资不仅工程项目大、投资数额高，而且广泛分布于交通运输、工业、商业等不同领域，有力地推动了潮汕地区的经济社会发展。

以商业、服务业来说，民国时期扎堆于小公园一带、名震一时的汕头埠四大百货公司——广发、振源、平平和南生，大多与客家华侨有关：振源百货公司，由 1909 年设立的泰源号发展而来，由 1932 年招请蕉岭三圳人吴德馨等归侨、海外侨胞和部分乡亲集资创办，开创了橱窗货样陈列开放之方式，其经营的侨批汇兑极为发达；平平公司，系客家华侨于 20 年代集资创办经营，其董事长陈焕群常驻新加坡，股东 95% 为华侨，开汕头妇女当售货员之先；至于南生公司，则系在荷印华侨 1911 年创办的南生百货商号的基础上，经过数度改组，才成为汕头百货业的后起之秀。

1911 年，荷印客家华侨李柏桓设立南生百货商号，后因生意不太景气，先后于 1919 年、1933 年进行两度改组。1932 年，荷印华侨李海烈、李拍凡等人重新投资 50 万银元（光洋）新建楼宇、设立南生贸易公司经营，由李柏桓任总经理。它高达七层，设备、原料皆来自香港。一楼、二楼为百货兼批发、经营金银首饰及办理华侨汇兑、信托、储蓄等业务，三楼、四楼为酒楼，五至七楼为旅社，并设有电梯。南生贸易公司大楼在建筑、设备及营销上冠绝汕头，堪称现代商业综合体的鼻祖，因而成为汕头百货商巨子。[①] 1956 年，南生贸易公司与国营百货公司合营，后改名为汕头百货大楼。

据厦门大学南洋研究所 1959 年调查，从 1889 年到 1949 年，华侨在潮汕地区投资企业共 4 062 家，投资金额 7 977.7058 万元（折合人民币）；其中在汕头市区投资企业为 1 910 家，投资金额 5 315.5026 万元（折合人

---

① 林金枝、庄为玑编著：《近代华侨投资国内企业史资料选辑》（广东卷），福州：福建人民出版社，1989 年，第 567 页。

民币）。① 华侨投资主要集中在房地产业、交通业、工业、金融业、商业和
服务业，这在汕头尤为突出。汕头的房地产及市政建设，大部分为华侨投
资；汕头的交通业，从铁路、轻便铁路、公路到沿海轮船和粤东内河航运
都有华侨大量投资；汕头的工业，大多数与华侨投资有关；汕头的金融
业，是靠华侨的汇款维持的；汕头的商业、服务业，华侨参与经营的也不
少。华侨投资对于促进潮汕侨乡工农业的发展、充裕物资供应、改善人民
生活、便利侨乡交通、繁荣市镇经济、改善住房条件以及安置失业人口等
方面，都起到积极的作用，产生了深远的影响。与此同时，汕头也迅速完
成从澄海县滨海小市镇到广东省东部沿海现代城市的蜕变：汕头开埠时原
属澄海县蓬洲都，1914 年改由澄海县直接管辖。1921 年，广东省政府在汕
头设立市政厅，与澄海县分治，始称汕头市。1930 年，汕头成立市政府，
成为广东省的一个直辖市。在 20 世纪 30 年代，汕头海运商贸的发展达到
了其鼎盛时期：1932—1937 年，汕头港每年往来外洋船舶艘次和吨位数均
居全国第三位，仅次于上海、广州；汕头商业之盛居全国第七位，仅次于
上海、天津、大连、汉口、胶州、广州。恩格斯也曾在其《俄国在远东的
成功》一文中，称赞汕头是"唯一有点重要作用的"口岸。毫无疑问，客
家华侨在汕头的现代化进程中，是个不容忽视的重要群体。

　　无论是潮籍华侨还是客属华侨，其在潮汕地区投资各类企业，由于拥
有较充足的资金和新式设备，又或多或少地吸取了国外资本主义生产管理
的经验，因而在国内民族资本的阵营中具有一定的竞争力。诚然，这些投
资有资本追逐利润的一面，但它们作为民族资本的一个重要组成部分，对
于促进中国民族资本主义经济的发展无疑是极为宝贵的，也是一种爱国投
资。遗憾的是，这些投资企业所处的社会环境相当动荡，除直接与海外贸
易及侨眷生活直接相关的房地产业、金融业和商业、服务业外，工业、交

---

① 参见广东省汕头市地方志编纂委员会编：《汕头市志》（第四册），北京：新华出版社，
1999 年，第 587 - 590 页。

通业发展均举步维艰，有的还不免陷入破产的境地。

二、潮汕铁路及其历史地位

有清一代，中国自办铁路有官办、商办之别。官办铁路有 12 条，分别是京汉、京奉、津浦、京张、沪宁、正太、汴洛、道清、广九、吉长、萍株、齐昂铁路。商办铁路有 5 条，分别是浙江、新宁、南浔、福建、潮汕铁路。[①] 浙江铁路连接上海和杭州；新宁铁路连接台山和新会；南浔铁路连接南昌和九江；福建铁路连接漳州和厦门；潮汕铁路连接潮州和汕头。

（1）中国第一条商办铁路。

张榕轩是应张弼士之邀于 1903 年回国洽谈兴办铁路事宜的。他抵达京城后，觐见了光绪皇帝，并获慈禧太后接见。在张弼士的"大力激劝"下，他接受了清廷工部和矿务铁路总局的意见，在韩江下游的汕头至潮州间修建铁路，准备以后再从潮州延伸至梅县地区。随后，张榕轩向清廷提出了修建潮汕铁路的计划和成立公司的章程，很快获得批准。在侨办铁路的利益得到光绪皇帝的具体保证后，他便与清廷工部和矿务铁路总局商议条件，着手成立潮汕铁路有限公司，自任董事长。

潮汕铁路修建方案确定后，张榕轩即带着光绪皇帝的谕旨来到汕头，开始筹建工作。他先通过盛宣怀请来中国著名铁路建筑工程师詹天佑，进行勘地选线；与此同时，日本三五公司为染指潮汕铁路，聘请了日本工程师佐藤兼之辅进行线路设计，形成两个方案。然后，邀集亲朋认股。股额总数定为 300 万元（后来实际上超过此数），其中张榕轩、张耀轩兄弟各认股 100 万元，共 200 万元，荷属东印度梅县籍华侨谢梦池认购 25 万元，侨商张某认购 20 万元，台湾厦门籍人士林丽生认购 50 万元，不足之数由张氏兄弟负责。最后，选定林丽生推荐的日本三五公司承包兴建。经筹备妥当后，1904 年 3 月正式开工。

---

① 赵尔巽：《清史稿》卷一百四十九，志一百二十四。

潮汕铁路作为中国第一条商办铁路，其历史地位是不容置疑的。无论是筹建时间还是开工、建成通车时间，潮汕铁路都明显领先于其他4条商办铁路，详见表2。

表2　5条商办铁路建设时间一览表

铁路	筹建时间	开工时间	部分竣工通车时间	全线竣工通车时间
浙江铁路（沪杭铁路）	1905年①	1906年	1907年建成江墅线	1909年
新宁铁路（宁阳铁路）	1904年	1906年	1909年	1920年
南浔铁路	1904年	1907年	1916年	1917年
福建铁路（漳厦铁路）	1905年	1907年	1910年	未完工
潮汕铁路	1903年	1904年	1906年	1908年续建成意溪支线

资料来源：笔者根据有关数据综合整理而成。

潮汕铁路开创了华侨投资祖国现代交通运输业之先河，也是清末华侨回国兴办实业费资最大的项目。它的成功建成，不仅带动了海外华侨移资建设家乡的热情，对于国内民族资本大胆投入实业建设也起了有力的推动作用。

———

① 据史料记载，早在清光绪二十四年（1898），清政府督办铁路大臣盛宣怀就与英商怡和洋行及汇丰银行签订了《苏杭甬铁路草约》，共4条。草约签订后，一直未签订正约，也未动工兴建。1903年，两位浙江商人向盛宣怀主持的铁路总公司请求修筑杭州江干到湖墅的一段铁路。1905年，为抵制英美掠夺浙江路权，浙江绅商在上海集会，决定自造铁路。经商部奏准朝廷，创设"浙江全省铁路有限公司"，推选原两淮盐运史汤寿潜为总经理，揭开了兴建浙江铁路序幕。由此可见，浙江铁路酝酿时间在全国5条商办铁路中无疑最早，但其建筑方案数度更迭，真正开始筹建的时间并不早于潮汕铁路。

（2）清末侨办铁路之比较。

上述清代 5 条商办铁路，其中有 3 条主要是依靠侨资兴办的，即潮汕铁路、新宁铁路和福建铁路。潮汕铁路始于潮州西门，终于汕头厦岭，续建有意溪支线。台山原名新宁，新宁铁路始于台山，终于新会，有干线（北街—斗山）、支线（宁城—白沙）两条。福建铁路又称漳厦铁路，始于厦门岛对岸嵩屿，终于漳州城外江东桥。

这三条侨办铁路，都有哪些异同呢？下面试作一分析。

不同之处主要有四：

一是里程长短。从已建成的路线来看，新宁铁路全长 133 公里，福建铁路全长 28 公里，潮汕铁路全长 42 公里。潮汕铁路长度居中。福建铁路之所以最短，是因为后续建设资金不济，其二期工程江东桥至漳州城区 17 公里路段不了了之。[①] 实际上，这三条侨资商办铁路的修建，原本只是在清末铁路干、支路网构架中倡办者雄心勃勃的铁路建设计划中的一部分：新宁铁路欲连接佛山铁路、粤汉铁路；潮汕铁路欲延伸至梅县地区、连接广厦铁路；福建铁路欲延伸至福州。遗憾的是，或因筹资的困难（福建铁路），或因人为的反对（新宁铁路），或因计划的搁置（潮汕铁路），它们最终都成了孤立的地方性铁路。

二是耗费大小。据记载，潮汕铁路招股实收资本为 302.587 万银元；[②] 新宁铁路共招股本 365.8595 万银元；福建铁路收集股本 170 万余银元，另加在全省各县粮、盐税中收取的路捐每年约银 17 万两，以及向交通银行广东分行借款 50 万元。从每公里修筑成本来看，潮汕铁路在三条侨办铁路中也居于中游。

305

---

① 根据福建铁路公司暂定章程，该公司原计划在全省修筑干线 2 条、支线 3 条：上游干线为福州至延平（今南平）及邵武，并由延平至建宁（今建瓯）连接浙江铁路、邵武连接江西铁路；下游干线为福州至漳州，支线分别为漳州—厦门嵩屿、泉州—东石和福州—马尾。参见詹冠群：《陈宝琛与漳厦铁路的筹建》，《福建师范大学学报》（哲学社会科学版）1999 年第 2 期。

② 谢寿基：《本路沿革史略》，《潮汕铁路季刊》1933 年第 1 期。

三是资金及技术背景。潮汕铁路渗有日资（后赎回）；为单线，宽轨距1 617毫米。钢轨购自英国，机车3台（后增至5台）购自美国，枕木及车厢购自日本，建有水塔3座、机车厂1处，全路使用电话通信。工程施工由日本公司承包，技术管理也聘有若干日本人协助。新宁铁路由熟谙铁路工作的工程师、旅美华侨陈宜禧倡建，号称"不招洋股，不借洋款，不雇洋工"，是全部不用外国资本和技术人员建造的铁路。采用间距标准为1 435毫米的铁路轨道，使用3台德国制造、13台美国制造的蒸汽机车和2台自制的小机车。清廷于宣统二年（1910）曾委派商部检查大员胡朝栋查验铁路，查验报告指出"铁路各车站点缀完美，形势整齐，水塔、车厂等设备都很理想，尤其是煤仓之建设与装卸火车用煤方法，不费人力，堪称先进；涵洞、管道、桥梁之架设，亦甚得法"。福建铁路系"专招华股"，其股票主要由福建商界、沪粤同乡以及东南亚华侨认购，故非纯粹侨资。该路亦采用国际标准轨距（1 435毫米）设计，动力为蒸汽机车牵引，采用单线路基并预留地亩以备日后进行双线建设，路基标高设计在历年洪水最高位以上。使用2台分别由英国、美国制造的蒸汽机车。从技术背景上看，这三条铁路可谓各有千秋。就配套设备尤其是机车修理厂投入的10万元资金和装备的检修机器而言，潮汕铁路尚不落人后。

四是运营历史。新宁铁路如果从其部分通车的1909年6月开始计算，至1939年2月拆毁时止，共运营了30年8个月。潮汕铁路1906年11月正式通车，1939年6月正式拆毁，运营了33年7个月。福建铁路1910年5月开始运行，至1930年11月漳嵩公路开通后停运，历时20年6个月。可见，潮汕铁路在三条侨资铁路中运营时间最长。

三条侨资铁路相同或相似之处主要有五：

一是筹建年代。潮汕铁路、新宁铁路和福建铁路，都筹建于清末；确切地说，筹建时间都集中在20世纪初。这似乎可以说明，尽管维新变法已然夭折，但是清政府仍然试图通过振兴实业以自救；晚清政府吸引侨资的努力，终究取得了一定的成效。

二是所处地域。位于人口稠密、海外华侨众多的闽粤侨乡。潮汕铁路所在的潮汕地区，在东南亚的泰国、英属马来亚、荷属东印度、法属印度支那拥有众多乡亲，"潮州帮"势力甚为可观；新宁铁路所在的四邑（即台山、开平、新会、鹤山，今加上恩平为五邑，属江门市）地区，在美洲特别是美国、加拿大一带拥有大量侨众；福建铁路所在的闽南地区，则在英属马来亚、美属菲律宾、荷属东印度及台湾地区拥有庞大的移民群体，"闽南帮"势力独占鳌头。海外乡亲众多，这是它们的相似之处。华侨乐于率先在家乡投资修建铁路这一现象表明，在清朝末年，海外华侨的畛域观念还是相当浓厚的。

三是功能定位。这三条侨资铁路在规划设计时有一个共同的出发点，即联接内陆城市和港口城市、交通重镇，以便利于客货的长途运输及进出口。潮汕铁路的港口城市是汕头，福建铁路的港口城市是厦门，新宁铁路的交通重镇是江门。从实际作用来看，这三条铁路无疑在一定程度上强化了沿海港口城市和交通重镇的特殊地位，促进了它们的繁荣。尤其是江门，它能从一扼江海要冲的交通重镇发展为该地域的中心城市，不得不说是受惠于新宁铁路。

四是经营管理。作为侨资民营商办铁路，潮汕铁路、新宁铁路和福建铁路均采用股份制公司的经营模式和董事会管理制度，这种现代企业在东南沿海侨乡无疑是崭新的事物。然而，由于庞大的机构开支、培训费用和债务、社会负担，公路汽车和水路汽艇的竞争，地方军政无偿征用和经营管理不善等弊端，以及洪灾和战争的影响，它们无一例外地从开始营运时的略有盈余，逐渐出现付不起股息、利息的亏损局面，最后陷入只能勉强维持甚至停运的窘境。

五是结局。无论这三条侨资民营商办铁路终止运营的具体背景有着怎样的差别，它们最终遭到毁弃的命运都是基于共同的原因——日本侵华引起的战乱。1938年5月，福建铁路嵩屿火车站房舍被日军炸毁。为避免铁路遭到日军的利用，国民党军队在撤退时将残存的铁路全部拆卸，并将拆

不掉的部分悉数炸毁。1937 年 9 月 3 日，日机初次轰炸汕头，潮汕铁路成为敌机轰炸的主要目标之一；至 1939 年 5 月，潮汕铁路被日机轰炸共达五十余处，站房、轨道遭到严重破坏。为避免铁路为日军所利用，6 月 16 日，国民党军警拆毁了汕头至庵埠一段 10 公里的铁路，并对沿线桥梁进行破坏，将大批枕木、铁轨盗卖一空。不久，日军占据汕头、潮州，又将剩余的部分铁轨器材运往日本，潮汕铁路从此名存实亡。新宁铁路则于 1938 年 10 月广州沦陷后，被国民政府下令拆毁，以防日军利用铁路推进。铁路由沿线十里之内的居民分段拆毁，车头、车厢、铁轨遭拆毁掩藏，路基被掘烂，枕木则作为拆铁路的酬劳。1939 年 2 月 14 日，新宁铁路公司正式结束并遣散员工。一个月之后，江门沦陷，铁路沿线共值三千万港元的设备、车厢、铁轨大部分遭到日军洗劫或散失于民间。到了 1942 年，国民政府仅收集到 33 782 条铁轨用来修建黔桂铁路。这三条侨办铁路的最后结局，令人惋惜，但这也说明了，华侨在祖国的投资权益，与国运兴衰密切相关。

三、潮汕铁路对粤东侨乡的深远影响

潮汕铁路建成后，不仅开了全国兴修商办铁路之风气，还直接带动了粤东铁路的建设热潮。

赵尔巽等撰写的《清史稿》在评述潮汕铁路时指出："商办铁路，始于唐山至阎庄，更自天津、大沽以达林西镇，皆开平公司为之。嗣是武举李福明请修京至西沽路，粤人许应锵等请办卢汉路，俱不获，自此无复有言商办者。二十九年，粤人张煜南请设公司承办潮汕铁路。既得请，而川汉继之。"在广东，由于正规潮汕铁路的兴建，人们体会到铁路的优越性，掀起了铁路热。1915 年春，大埔人杨俊如、萧亦秋等倡议铺设汕樟轻便铁路，并于翌年成立汕樟轻便铁路公司。到 1923 年，实际修成由汕头至澄海长约 10 英里（约 16 公里）的铁路，共设 8 站。后汕头市政府以市区不宜

设立车站，又以车轨横越中山公园前，阻碍交通，而于 1933 年 8 月限令拆去。1919 年，潮阳人陈坚夫、陈毅夫兄弟筹办从汕头蜈田乡到普宁贵屿镇的汕潮电车铁路。该路 1924 年开工，1927 年完工，为窄轨式。公司有机关车 1 台，车厢 18 台（其中客车 12 台，货车 6 台），可容客 600 人。后因广汕公路通车，其营业大受影响，1933 年被迫改为手推轻便车。1938 年日寇迫近，全路奉命自毁，一切器材移往贵屿，再迁兴宁。路基租让给潮兴汽车公司，行驶于县城、海门间。

就潮汕铁路来看，在其兴建、运营的 36 年中，对于粤东侨乡社会产生的各种深刻和长远的影响，值得我们加以认真审视。

（1）对地方宗族、乡绅势力和传统观念的冲击。

潮汕铁路位于韩江盆地，所经之处庵埠、浮洋、枫溪，村落众多、人口稠密。这一带的居民聚族而居，画地为牢、故步自封，宗族势力大、传统观念深。铁路工程的推进，必然触及田园水道、拆毁乡村庐墓，影响"风水"和"龙脉"。因此，当铁路勘地进行之时，便有沿途乡民屡屡予以阻挠，破坏勘测标识。澄海县蓬鸥都十八乡乡绅连续半个月在《岭东日报》刊登告白，声言潮汕铁路造桥有害地方水道，请求"另择别处"。① 对此，铁路公司均以该路系张榕轩奉旨开办，商部、督抚严令保护的特殊地位，禀请府、县衙门予以制止，概不支持更改路线之要求。1905 年 1 月 21 日庵埠发生乡民殴毙两名日本施工人员、打伤三名铁路护勇的葫芦市血案后，日本驻汕头领事馆出面交涉，省、道、府、县官员以事涉外交，亲临事发现场办案并派兵驻扎震慑，勒令各族绅捆送凶犯讯办正法并出巨资赔偿日方财产损失。在选址、勘地、缉凶、理赔等过程中，路方、日方和官方与当地乡绅、民众进行了多回合的较量，显示出"强龙"压倒"地头蛇"的阵势，无论是对地方宗族、乡绅势力还是对传统文化观念，都造成

309

---

① 陈海忠：《从民利到国权：论 1904—1909 年的潮汕铁路风波》，《太平洋学报》2008 年第 10 期，第 85 - 94 页。

了巨大的冲击，客观上有利于潮汕农耕社会的进步。至于在随后的购地、建造、营运、管理等环节上，路方与当地民众的诸多利益妥协与关系协调，对潮汕社会传统势力和思想观念的影响，亦不容忽视。

（2）便利了潮梅地区物产流通和对外输出。

韩江及其上游支流梅江流域、汀江流域和梅潭河流域，是清代粤东、闽西南重要的经济作物栽培区，手工业发达。第二次鸦片战争后，扼守韩江入海口的汕头迅速崛起，成为潮梅地区、闽西南地区物产输往南洋及世界各地的重要商埠。据统计，潮海关在1892—1911年间，从海外进口汕头的大宗货物计有鸦片、粮食、棉纱、煤油、火柴、肥料等；而从汕头出口海外的大宗产品，则有糖、烟叶、纸、纺织品（麻袋、土布、麻布）、陶瓷、花生油、薯粉等。[①] 潮汕铁路开通后，这些货物便大量地经由便捷的轨道交通往来于沿海和内地之间，对促进潮汕地区商品经济的活跃和海运贸易的发展，起了极为重要的作用。值得一提的是，为连接韩江水运，1908年，潮汕铁路特地从潮州车站向北延长至北堤内意溪的对岸，便利和促进了韩江上游客属地区的人员通行和货物流转。

潮汕铁路是一条客货兼运的交通大动脉。正常情况下，它每日行车12次（往返6次）。1910年，它运送旅客80.513万人次，总载货量为2.2475万吨；1912年，运输货物超过3万吨，运送旅客达100万人次。当然，由于种种原因，潮汕铁路的经营也存在着运力严重不足的问题，这多少制约了它作用的充分发挥。

（3）密切了海外侨胞与家乡的联系。

潮汕铁路建成以前，从汕头往返潮州，那些坐不起轿的人不得不乘船或徒步跋涉。在最佳情况下，乘坐木船逆水要行驶18个小时，顺水也得11个小时。铁路建成后，全路设汕头、庵埠、华美、彩塘、鹳巢、浮洋、

---

① 中国海关学会汕头海关小组、汕头市地方志编纂委员会办公室编：《潮海关史料汇编》，内部发行，1988年，第193—216页。

枫溪、潮州、意溪、乌洋 10 个车站。来往汕头、潮州之间的旅客只需一个多小时就能走完全程,这对回乡探亲旅游、投资兴业和兴办公益事业的海外华侨来说,堪称便利。据 1935 年 11 月 1 日公布的《潮汕铁路开车时刻表》,当时首车系于早上 7:00 由潮、汕对开,此后每隔 1 小时 55 分钟开车一次。列车分头等车厢、二等车厢和三等车厢,男女不同席。

(4)促进了潮汕地区一体化。

今日的潮汕地区,为清代以前的潮州府地界。"潮汕"一词的出现,客观上是缘于汕头的崛起,潮州与汕头并重;但首次将这两座城市并称、将这两座城市紧密联系在一起,还是应当归功于潮汕铁路。

第二次鸦片战争后,清政府被迫增开潮州府等 10 处为通商口岸。当时选定澄海县沙汕头(后改名"汕头",并取代《天津条约》口岸部分"潮州"一词),面积不足 1 平方公里。但汕头一带地理位置极为重要,自然条件也十分优越,遂很快取代了樟林港的地位,成为潮州府属的中心港口。至 20 世纪初,汕头埠逐渐繁华起来,并在潮汕铁路开通后增强了其作为通商口岸的特殊地位。而"潮汕铁路"的定名和"潮汕"号机车头的通车,则使得"潮汕"一词传播开来。

潮汕铁路作为粤东地区重要的历史遗产,无论是在中国铁路建设史上还是华侨投资史上,都占有重要的地位;其对于粤东地区经济社会的发展,曾经发挥了重要作用,功不可没。遗憾的是,受历史条件的局限,这条铁路的作用与命运,与倡建者张榕轩、张耀轩兄弟的理想仍然存在不小差距。至今,潮汕铁路的旧址及印记已经所剩无几,几为世人所遗忘,殊可感叹!

令人欣慰的是,张榕轩当年的未竟理想,正在逐一实现。中华人民共和国成立后,国家多次谋划在粤东地区修建铁路;1995 年广梅汕铁路正式通车,圆了人们半个世纪的梦想。此后,总投资约为 300 亿元人民币、横越潮汕地区的厦深铁路(高铁),也于 2013 年 12 月 28 日全线竣工通车。这条设计时速 250 公里的客运专线,东接福厦高铁、杭福高铁,西接广深

港高铁、京港高铁，将闽粤两省沿海地区串联起来。2018年12月31日，厦深铁路汕头联络线正式开通。2019年10月11日，梅汕铁路（高铁）又开通运营。从广梅汕铁路、厦深铁路到梅汕铁路，粤东的铁路建设不断加速和完善，内部交通和对外联系臻于便捷，对于粤东地区的经济社会发展发挥了巨大的推动作用。

四、结语

晚清民国时期，客家华侨在交通建设（潮汕铁路等）、工商贸易（永安堂制药厂、南生公司等）、侨批侨汇（侨批局）、文化教育（《星华日报》）等诸多方面，都扮演了积极的角色，是潮汕地区现代化进程中一股不容忽视的重要力量。近现代潮汕地区引以为傲的发展历史，铭刻着客家华侨的荣耀。

诚然，客家华侨大量在潮汕地区投资，是与潮汕地区特别是汕头埠作为粤东对外开放口岸的特殊地位和大量客家人居住兴业的聚居地分不开的。客家山区匪患较多，潮汕市区相对安全、适合侨眷生活，加以客家人与潮州人存在天然的血缘纽带（如胡文虎的母亲即是潮州人后裔），潮客之间鲜少冲突，这无疑利于客家华侨在当地创业。

自1965年设立梅州专区后，汕梅分治、潮客分家，客家华侨与潮汕地区的联系也有所削弱。但无论如何，鉴于地缘相近、血缘相融，潮客两大族群的天然联系是阻隔不断的。在新的历史时期，作为同饮一江水的粤东两大族群，有必要密切往来、互助互济，共创粤东区域发展新的辉煌！

移动的景观：潮汕铁路影像研究[*]

陈嘉顺[①]

铁路作为近代文明的成果之一，其功用被中国人认知和接纳却经历了比较曲折的过程，经历了"贻害无穷"—"利国利民之大端"—"民命国脉"认知过程。这一过程不仅与铁路在近代中国的发展息息相关，而且与近代中国社会变迁交织在一起，深刻地反映了近代中国现代化的历程。[②]作为中国第一条由华侨投资兴建的纯商办铁路，不仅见证了铁路在中国被认知、接纳的过程，也见证了潮梅社会的变迁。

20世纪初，在"收回利权""实业救国"思想的影响下，清廷在制定铁路政策方面，也能够不断吸收和借鉴西方经验，朝着专业化、合理化、制度化和自主性的方向迈进。[③] 这一时期，南洋华侨纷纷集资回国兴办企业，其中就有1904年开始修筑的往来潮州、汕头的铁路——潮汕铁路。潮汕铁路主要兴建者为梅县松口人张煜南和张鸿南兄弟，张氏兄弟系十九世纪末二十世纪初的著名实业家。1895年，张煜南继张弼士之后出任中国驻槟榔屿副领事，此后，被清廷授予花翎二品顶戴、四品卿衔、四品京堂候补等头衔。1903年，张煜南回国，他向清廷提出在韩江下游修建潮汕铁路

———————

  * 本文撰写过程中得到潮汕铁路公司员工后裔许立耿先生的大力支持，提供了不少珍贵文献和相关历史信息，特致谢忱！

  ① 陈嘉顺，历史学博士，军事科学院党史军史研究中心正团职研究员、潮汕历史文化研究中心学术委员会秘书长。

  ② 田永秀、曲成举：《从"贻害无穷"到"民命国脉"——近代中国人铁路认知历程分析》，《西南交通大学学报》（社会科学版）2018年第1期。

  ③ 崔志海：《论清末铁路政策的演变》，《近代史研究》1993年第3期，第62–86页。

的计划和潮汕铁路公司章程，称："方今回家举行新政，首先铁路为大宗。"提出汕头"为潮州咽喉要隘"，可"招香港、南洋各华商及洋籍人集股开铁路，名曰潮汕有限公司"。当时全国各大铁路均系筹借外款修建，路权多失。朝廷也希望"其小枝分路，若有华商集股兴办，亦足为保持利权之一助"，且认为"此路本轻利重，华商不难自力"①。因此，批准张氏等集股商办此路。

图1　《潮汕铁路季刊（创刊号）》上刊登的张煜南（左）和张鸿南（右）照片

潮汕铁路自1904年9月28日开工，于1906年11月16日试车，11月25日举行通车典礼，开始正式营业。铁路轨道从潮州府城起筑至汕头干线计24.4公里，加支线、岔道合计约32公里，沿途在庵埠、华美、彩塘、鹳巢、浮洋、枫溪等地设站。铁路建成后，为了表彰张煜南的业绩，清廷授予他三品京堂候补。不久，又提升他为考察南洋商务大臣。潮汕铁路留下的影像文献，成为今天研究其时城市景观的有效路径之一。

景观建构必须依赖文字、声音或图像。在古代，文字对于景观建构的作用尤为明显，摄影术发明之后，影像有后来者居上的趋势，在景观建构

①　谢寿基：《本路沿革史略》，《潮汕铁路季刊》1933年创刊号，第5－7页。

渐渐发展成与文字并驾齐驱的表现方式。笔者近年主要关注汕头城市生活与景观变迁的研究，以摄影为中心撰写了若干论文。① 从影像文献看，汕头城市景观经历了礐石（西方文化）、中山公园（民族国家）到人民广场、工人文化宫（工人当家作主）这三个阶段的演变，此背后折射出的正是城市发展的三个时段。除了以上三处影像集中反映的景观外，因商而兴，没有围墙的潮汕铁路，也留下不少珍贵的影像，成为韩江出海口上一处移动的景观。通过影像文献，让我们今天能够跨越时空，重现当年景观。

影像是研究社会变迁的重要文献，是人们捕捉移动景观变化的途径。影像文献不仅仅是文化产品，更是引导民众观念的载体。潮汕铁路建构的移动景观，通过各式各样的方式进行传播，成为世人了解铁路、了解潮梅社会的重要载体，影响至今。

一、潮汕铁路公司的影像记录

潮汕铁路公司的影像文献比较集中在《潮汕铁路季刊》创刊号（潮汕铁路季刊委员会编辑，潮汕铁路有限公司 1933 年发行）、《潮汕铁路整理之经过》（出版时间不详，原书藏于北京交通大学图书馆）、《潮汕铁路被日军轰炸后情景系列影像专卷》（汕头市档案馆藏）。通过分析此三份文献资料，大致能了解潮汕铁路自通车至停运的影像变迁。

光绪三十二年十月初十日（1906 年 11 月 25 日），潮汕铁路通车。在通车典礼上，留下了《潮汕铁路开车纪念图》（见图 2，前排右二为张煜南）。

---

① 目前除博士论文《汕头城市生活研究——以摄影为中心》之外，主要有《妈宫故事和海岛历史——以妈屿岛近四百年变迁为中心的考察》[《海洋史研究》（第 8 辑），北京：社会科学文献出版社，2015 年]；《在世俗与信仰之间——吴雨三家书读后》（《潮学集刊》第 3 辑，北京：社会科学文献出版社，2014 年）；《记录、记忆与变迁：冷战期间华侨的文化认同研究——以陈哲明〈中国纪游〉为例》[《汕头大学学报》（人文社会科学版）2019 年第 35 卷第 3 期]；《汕头摄影史话（1870—1970 年代）》（《中国摄影》2019 年第 8 期）；《在黑白影调与多彩人生之间——韩志光摄影研究》（《潮商》2020 年第 2 期）；《侨乡景观与美术建构：林丰俗〈南国丽日〉研究》（《造化真意·林丰俗诞辰八十周年纪念展作品集》，天津：天津人民美术出版社，2021 年）。

图 2　潮汕铁路开车纪念图（出自《潮汕铁路季刊》1933 年创刊号）

　　志趣相投者同框，是中国古代画像的常见题材，即是用画笔表现出来的合影。到了清末，摄影的发展使各类合影越来越多。合影是共同志趣与情谊的纪念，表现了集体成员之间的连带感情，既能联络感情、加深交谊，又可发挥留念或留证的作用，具有特殊的宣示意义，体现了对集体身份的认同。① 这张潮汕铁路最早的合影正体现了影中人对铁路这一新生事物的认同。拍摄后不久，就可以听见汽笛鸣起，火车启动，潮汕铁路正式开始运营。

――――――――――

① 葛涛、石冬旭：《具像的历史——照相与清末民初上海社会生活》，上海：上海辞书出版社，2011 年，第 92 - 108 页。

图 3　潮汕铁路开车至宾欢会图

（出自《潮汕铁路季刊》1933 年创刊号，前排左起第五人为张煜南）

　　《潮汕铁路季刊》创刊号除刊登的影像除了张煜南兄弟肖像，还有潮汕铁路公司汕头总部办公楼（见图4）、潮汕铁路公司第八届股东会议纪念照，以及铁路机车装卸间、油漆间、机厂车床部、木工厂油漆间、机车库、材料间等影像。《潮汕铁路整理之经过》除了有相关人物照片外，也刊登有铁路公司办公楼、站前广场、董事局办公楼、铁路小学、铁路同人俱乐部、汕头站务警察事务所、职工宿舍、行李房等。两份刊物虽出版机构不同，但都是通过大量影像展现了铁路公司的建筑规模、设施和职员风貌等，让读者在阅读文字之时能形象、全面地了解潮汕铁路综合情况。

图 4　潮汕铁路公司汕头总部办公楼（出自《潮汕铁路季刊》1933 年创刊号）

　　1932 年 7 月，在潮州站增建月台雨棚，同年年底竣工（见图 5）。1933 年 2 月至 3 月陆续加以铁栅分隔内外两边，并设置水泥磨石条椅多张，以供乘客出车后可以停坐候车。

图 5　潮汕铁路潮州车站月台水泥雨棚（出自《潮汕铁路季刊》1933 年创刊号）

20 世纪 30 年代的潮汕铁路潮州火车站照片（见图 6），图片较模糊，从图中可以看到在车站正门突出骑楼两侧各种了一棵木棉树。

图 6　潮汕铁路潮州火车站（出自《潮汕铁路整理之经过》）

潮汕铁路公司于 1930 年新添购的德国制机车（见图 7）。可以看出，该德制机车与潮汕铁路公司于光绪年间购置的美国机车公司制造的机车款式相近，同为 2－6－2 式，不同的是德制机车的摇杆与连动杆的连接及构造有所不同，该车涂装有"潮汕铁路"字样，由于图片不清晰，无法了解细节。

图 7　1930 年新添购的德制机车（出自《潮汕铁路整理之经过》）

1930 年 4 月，潮汕铁路公司整理完毕后召开新一届潮汕铁路公司股东大会，会后股东留影纪念（见图 8）。此照片摄于潮汕铁路公司办公楼大门前，大门右侧可看到悬挂有"铁道部整理潮汕铁路委员会"的牌子。

图 8　潮汕铁路公司股东大会纪念（出自《潮汕铁路整理之经过》）

1930 年 4 月潮汕铁路整理完毕后，由新一届潮汕铁路公司股东大会选举产生潮汕铁路公司新任董事监察同仁并合影（见图9）。此照片拍摄于潮汕铁路公司董事局办公楼大门前，合照背景中一面是"中华民国"国旗，另一面可能是印有"潮汕铁路公司"标志的旗帜。

图9　潮汕铁路公司新任董事监察同仁合影（出自《潮汕铁路整理之经过》）

抗日战争全面爆发后，广州于1938年10月沦陷，汕头成为华南地区还未被日军封锁的港口，物资在此上岸后通过潮汕铁路运往内地。正因如此，潮汕铁路成了日军战机的袭击目标，从1937年9月3日日军第一次轰炸汕头起至1939年5月，铁路遭日军轰炸50多处，中弹六七百枚，车房、轨道等遭到严重破坏。① 这期间留下的照片就记录了潮汕铁路遭袭后的惨状。

潮汕铁路位于汕头站旁的办公楼遭日军轰炸（见图10）可看到公司建筑物着火焚烧浓烟弥漫，公司办公楼顶是用于防空用的防空竹架被烧毁断落。被毁前原装于公司办公楼正门上的铁闸栅门已不知去向。该图片虽因为拍摄时烟雾弥漫，但放大图片后能依稀分辨出原位于公司正门骑楼上方"潮汕铁路有限公司"字样。

---

① 黄定余、温翔远：《潮汕铁路兴废始末》，中国人民政治协商会议广东省委员会文史资料研究委员会编：《广东文史资料》（第9辑），内部发行，1963年，第29—40页。

图 10　遭日军轰炸烧毁的潮汕铁路公司位于汕头车站旁的办公楼（汕头市档案馆藏）

遭日军轰炸后，汕头车站变得一片狼藉（见图 11）。

图 11　被日军轰炸后的潮汕铁路汕头车站（汕头市档案馆藏）

轰炸使得路基被毁，影响铁路运行，火车不得不中途停车，养路工人抢修路基（见图 12）。

图 12　疑似养路工人站在火车旁的路基上抢修被毁路基（汕头市档案馆藏）

　　汕头车站被炸，停靠在站内的客车车厢被毁（见图 13）。从图 13 中可看到火车的客车车厢残破不堪，铁道边上已长满野草，被日机毁掉的客车车厢的背景是一座汕头车站设施。

图 13　潮汕铁路汕头车站被炸后的客车车厢（汕头市档案馆藏）

从图 14 中可看到一节车厢残破不堪，铁道边上有个疑似弹坑的大水坑，坑边上的枕木和钢轨已损坏。

图 14　潮汕铁路汕头车站被炸后的客车车厢和废弃的车厢（汕头市档案馆藏）

从图 15 中可看到汕头车站一设施被日军炸弹击中，建筑的一面墙体倒塌，屋顶也被部分炸毁，瓦砾砸在停于该建筑物旁边的火车客车车厢上。

图 15　被炸毁的潮汕铁路汕头车站（汕头市档案馆藏）

从图 16 中可见汕头车站设施已被炸得面目全非，屋顶仅剩梁架，墙体损坏严重。

图 16　汕头车站被炸建筑物（汕头市档案馆藏）

从图 17 中可见汕头车站近处的建筑设施已完全被炸平，瓦砾一片，周围的其他设施也被波及，不同程度被毁。

图 17　汕头车站被炸后的景象（汕头市档案馆藏）

1939 年 4 月，日军进攻步伐加快，国民革命军第十二集团军直属独立第九旅兼潮汕警备司令华振中，命令拆除汕头至庵埠的路轨。到 6 月 16 日，潮汕局势恶化，华振中为延缓、阻止日军北上，下令破坏拆毁铁路沿线路轨和桥梁，当天下午收车后，铁路被连夜破坏。6 月 21 日汕头沦陷后，日军主力沿潮汕铁路和护堤公路向潮州进犯，遭中国军队抵抗数日，至 6 月 28 日潮州沦陷。潮汕沦陷后，日军见该路无法利用，便对该铁路进行彻底破坏，将全线轨道拆毁，汕头、潮州两站站房、机厂、办公房屋及职工宿舍等建筑物，全被拆为平地，剩余的设施被运至日本。[①] 潮汕铁路至此终结营运。如今贯通潮州和汕头的潮汕公路路基，就是当年的潮汕铁路线。

二、西方人镜头下的潮汕铁路

地图是城市发展见证的重要载体。汕头开埠后至汕头市政厅成立的 60 年间，目前可见的汕头地图有 20 幅，其中 1915 年前的汕头地图多出自英国海军或在汕英籍人员之手，1915—1922 年的汕头地图则基本为日本人所绘，此后中国人绘制的汕头地图才逐渐增加。[②] 这反映了第一次世界大战之前，在汕头的外国势力主要是英、法等西方国家。"一战"期间，日本乘欧美各国无暇东顾之机，迅速扩大在中国的势力，汕头也在这一阶段，成为日本人在东南沿海的主要拓展地。英美等国人士在潮汕铁路通车不久就留下了相关的影像资料，有的还正式出版，这使潮汕铁路的影像得到更广泛的传播。

"潮州府是当地政府的所在地，从汕头出发很容易就能到达那里，整

---

① 饶宗颐主编：《潮州志·交通志》，1949 年；王琳乾：《潮汕铁路兴废始末》，中国人民政治协商会议广东省汕头市委员会文史资料研究委员会编：《汕头文史》（第 4 辑），1987 年，第 76 – 80 页；黄定余、温翀远：《潮汕铁路兴废始末》，中国人民政治协商会议广东省委员会文史资料研究委员会编：《广东文史资料》（第 9 辑），内部发行，1963 年，第 29 – 40 页；张东沼：《关于〈潮汕铁路兴废始末〉的补充订正》，中国人民政治协商会议广东省委员会文史资料研究委员会编：《广东文史资料》（第 21 辑），广州：广东人民出版社，1979 年，第 206 – 210 页。
② 谢湜、陈嘉顺、欧阳琳浩等主编：《汕头近代城市地图集》，北京：科学出版社，2020 年，第 4 – 42 页。

个行程约一个半小时，共 24.5 英里。铁路是由日本人建造，造价 200 万美元，服务于一个新加坡的华人财团。工程于 1904 年动工，1906 年 10 月 25日竣工，至今每运输过任何货物。火车头和轨道均由美国人制造，而车厢及工作人员却都来自日本。铁路沿线风光迷人：柑园、稻田和烟草农场，中间点缀着香蕉和柿子树，还有些菜地。"① 这是书中对铁路的直观记录。

《远东时报》（The Far Eastern Review）于 1904 年 6 月在菲律宾马尼拉创刊，由美国人李布兰任主编，设有《远东铁路》《远东建筑消息》《远东矿业评论》等专栏。其内容着重刊载远东工程、金融、商业、船舶等报道，并提倡远东各国工商业发展和彼此敦睦邦交。1912 年 6 月后迁至上海出版。《远东时报》远销世界各国，在纽约、伦敦、巴黎、柏林、东京等地均设有分社。② 潮汕铁路借助《远东时报》的传播，让世界各地的读者直观见识到了新兴交通线的影像。

在《远东时报》1909 年第 11 月刊上，刊登有多张潮汕铁路的照片。从图 18 中可以看到汕头车站车场上的交叉铁轨，路警的哨岗及进出车场的第一座铁路桥。

图 18　潮汕铁路汕头站停车场（出自《远东时报》1909 年年 11 月刊)

---

① 阿诺德：《20 世纪印象：香港、上海和中国的其他通商口岸——他们的历史、人民、商业、工业和资源》，伦敦：劳埃德大不列颠公共出版集团，1908 年。

② 陈旭麓、李华兴主编：《中华民国史辞典》，上海：上海人民出版社，1991 年，第 217 页。

从图 19 中可以看到有两辆机车同时出现在停车场。其中一个车头是与车身脱离开来，其时机车为蒸汽机车，运行需要加注淡水，该辆机车很可能是正准备去加水或加完水回来。图中站场中有六道支轨。

图 19　潮汕铁路汕头站停车场上的分叉路轨（出自《远东时报》1909 年第 11 月刊）

从图 20 可以看出当时该辆美制机车并没有车头大灯，而通车典礼图上的那辆美制机车则有车头大灯。

图 20　潮汕铁路汕头站停车场（出自《远东时报》1909 年第 11 月刊）

远观潮汕铁路汕头站的停车场（见图 21），能看到站场月台附近地面有六道支轨，另有两道支轨铺设至另外的站场设施处。

图 21　潮汕铁路汕头站停车场远景（出自《远东时报》1909 年第 11 月刊）

潮汕铁路公司成立初期于清光绪年间采购自美国机车公司制造的 2 –
6 – 2 型机关车，图 22 中的该辆机车涂装为"生聚"号，为最初购置的三
辆机关车善普、平准、生聚中的一辆。

图 22　美制"生聚"号机关车（出自《远东时报》1909 年第 11 月刊）

图 23 中右侧客车车厢蒙皮上可看到"头等"二字，车厢间连接车钩，
采用美式挂钩。

图 23　潮汕铁路头等客车车厢及二等客车车厢（出自《远东时报》1909 年第 11 月刊）

329

潮汕铁路的货车车厢置有盖（见图 24），方便货运。

图 24　潮汕铁路有盖货车车厢（出自《远东时报》1909 年第 11 月刊）

潮汕铁路头等车厢内的座位为沙发，其内景如图 25 所示。

图 25　头等车厢内景（出自《远东时报》1909 年第 11 月刊）

从图 26 可以看到一位列车员站在列车员车厢上，另一位列车员正在检查机车部件，该机车车身涂装"生聚"字样，为该铁路开办时对机车的初始命名及涂装。

图 26　潮汕铁路列车列车员车厢特写截图（出自《远东时报》1909 年第 11 月刊)

从图 27 可看到桥面钢结构由若干段拼接成，铺设在钢制桥梁板上的枕木及钢轨也清晰可见。

331

图 27　潮汕铁路沿线小型桥梁桥钢制桥面板（出自《远东时报》1909 年第 11 月刊)

潮汕铁路大型铁路桥如图 28 所示，该桥与黄定余、温翀远写的《潮汕铁路兴废始末》一文中对于该铁路最大一座大桥的内容描述内容基本吻合。从该桥的塔架间隙隐约可以看出有两道大缝隙，桥面上对应的塔架就有 3 个，桥面下应有两座水泥大桥墩用以支撑桥面、路轨及钢制桥塔，这样就是一连三孔，该文中记叙该桥长 60 英尺，也就是约为 18.29 米，从图

28 中桥梁纵深看，该桥长 60 英尺似乎也应该是有的。但如与潮汕铁路马陇溪桥梁图片比较，该桥又不是最长的，潮汕铁路马陇溪桥梁远超 60 英尺，该桥长度约在 35 米至 45 米之间。

I.R.N.C.—LANCHAU BRIDGE

图 28　潮汕铁路大型铁路桥（出自《远东时报》1909 年第 11 月刊）

美国南加利福尼亚大学是一所老牌高校，该校排名第一的学科是影像专业，其学校图书馆收藏有不少清末民国的中国影像，其中自然少不了潮汕铁路的文献。

1921—1923 年潮汕铁路潮州车站站房如图 29 所示。从放大后的图片中可看到潮州车站在 1933 年前未加筑车站月台水泥雨棚前的情形，车站站房骑楼下正门上方可依稀看到"潮州车站"四字。

图29　1921—1923年的潮汕铁路潮州车站站房（南加利福尼亚大学图书馆藏）

　　在一张1913—1923年在潮州与汕头间运行的火车照片中（见图30），该列火车由潮州府开出，正停靠在汕头火车站。几位乘客从车上下来，正沿铁轨前行。这列火车由火车头、11节车厢和火车最后的守车组成。从车头截图可看到潮汕铁路使用的蒸汽机车锅炉上方由一根烟囱、三个过热箱（或砂箱）、一个警钟和一个汽笛组成。蒸汽机车锅炉下方有一个汽缸（含活塞）并通过摇杆连接着主动轮组的连动杆，驱动机车的主动轮两侧共有6个，主动轮组前有一对导轮，后有一对导轮，驾驶室前下方有一长方形箱体，似机车水箱。

图30　1913—1923年运行的潮汕铁路火车照片（南加利福尼亚大学图书馆藏）

据潮汕铁路火车司机张长钦回忆，潮汕铁路火车头上有一个拉杆，火车要前进的时候就往前推，火车要退后的时候就往后拉。要出发的时候就会先鸣号（汽笛），"吥—吥吥—吥"，听到这个信号的旅客都要注意，火车就要开啦。开的时候水蒸气就从阀门进气，火车就慢慢走，然后越走越快。（车要到站时）听到"咚咚咚—咚咚咚"，就要敲慢车，听到连续的"咚咚咚咚"，就要敲停车，接着就能看到车站站长在举着红旗了，站长的红旗就是停车的信号。① 张司机作为亲历火车运营者，火车行驶的景观自然给他留下不可磨灭的印象。

英国电影协会（British Film Institute，简称 BFI），按英国皇家特许状设立于 1933 年，经费由英国政府资助，总部位于伦敦。该会以发展英国电影行业为主旨。在其 1935 年拍摄的一段视频中，也出现潮汕铁路的影像。

三、日本人镜头下的潮汕铁路

中日甲午海战之后，台湾进入日据时代，成为日本向南中国活动的跳板。由于地理位置相近，很多日本人来到汕头。教育家丘逢甲筹办的岭东同文学堂，就聘请日本学者熊泽纯之助任教，又通过他的介绍认识犬养毅、平山周等日本知名友好人士。最早有记录在汕头的日本人是 1902 年开相馆的彦阪贞美。② 1904 年之前，日本驻汕头领事由驻香港和驻厦门领事兼任，1904 年成立的日本驻汕头领事馆建于汕头崎碌。日本驻汕头领事在处理外交事务的同时，也对当地社会不断渗透并开展经济侵略，同时，还积极收集各方面情报并及时向日本国内报告。③ 潮汕铁路从开始建设就与日方资本有千丝万缕的关系，在驻汕头领事向其国内的报告书中时常可见

---

① 张长钦口述内容根据 2006 年底中央电视台《走遍中国——汕头》视频整理。张长钦接受采访时已 99 岁，是当时采访到的唯一在世的潮汕铁路员工。张长钦约在 2010 年去世。
② 此材料为蒲丰彦教授提供，未刊。
③ 房建昌：《本世纪上半叶日本及台湾总督府在潮汕的活动》，《汕头大学学报》（人文科学版）1998 年第 4 期，第 88－94 页；彭程：《1930 年广东及其邻近地区中共活动与粤军"围剿"史料——日本驻汕头领事馆给国内的报告》，《军事历史研究》2017 年第 1 期，第 98－109 页。

涉及潮汕铁路的记录。

据汕头日本领事馆 1909 年的报告记录，当时在汕外国人最多的就是日本人。1929 年《潮梅商会联合会半月刊》的调查则显示在汕头的 56 家外国人商店中，日资就有 34 家。① 日本驻汕机构出版的林林总总的汕头影像文献，占了传世照片的大部分。其中 20 世纪 10 年代主要是山口洋行拍摄，20 世纪 20 年代则多由日本大阪神田原色印刷所拍摄。② 虽然角度、时间不同，但都留下了潮汕铁路车站广场的影像。

20 世纪 20 年代，日车山口洋行在汕头发行了一些明信片，从中我们可看到潮汕铁路的一些情况（见图 31、图 32）。

（行發行洋口山頭汕）（製印版珂）　The Railway Station, Swatow, South China　場車停頭汕那支南

图 31　潮汕铁路汕头车站（陈嘉顺藏）

---

① 方宜孙、黄云章：《潮梅商会联合会半月刊》1929 年。
② 陈嘉顺：《汕头埠照相业》，汕头：汕头市科学联合会，2017 年，第 42 – 45 页。

图 32　潮汕铁路客车三等车厢及汕头车站月台（陈传忠藏）

图 33 中，潮汕铁路汕头车站站前广场上的汕头车站正门及位于车站广场一侧的潮汕铁路公司办公楼。图中可清晰地看到汕头车站正门上"汕头车站"四字，广场一侧的潮汕铁路公司办公楼骑楼上"潮汕铁路有限公司"字样模糊可见。结合《潮汕铁路季刊》中潮汕铁路公司正面全图及日本 20 世纪 20 年代的汕头火车站站前广场明信片，可知潮汕铁路公司在 20 世纪二三十年代的汕头总局地址就在汕头车站广场旁，而早前文献记载的该公司创立时的汕头总局地址在至安街，再查看图 35 这张 1935 年日本书籍中的相关地图，可推测出 1904 年 5 月潮汕铁路公司汕头总局设立后至汕头车站广场侧公司正式办公楼建成前，其在汕头的办公地址一直在小公园靠近汕头港码头一带的至安街，公司办公楼正式落成后，才搬到汕头车站旁公司新址办公。

图33 汕头车站站前广场，20世纪20年代日本大阪神田原色
印刷所印行明信片（陈传忠藏）

337

1935年由台湾总督府、台湾总督官房调查课编的《南支那及南洋调查》
（第136辑）书中附带地图中标示出潮汕铁路的位置、至安街的位置，以及
清宣统年间原预定增建的潮汕铁路汕头车站至崎碌支路路线图（见图34）。

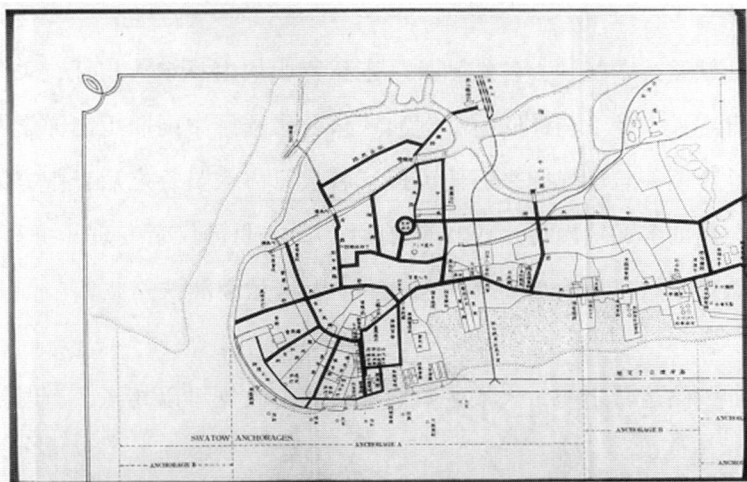

图34 1935年汕头简图（日本国立国会图书馆藏）

从图 35 可知时至安街位于时汕头港码头一带，在怀安街和万安街之间，当年文献记载潮汕铁路公司的办公地址在汕头至安街，从图 35 上看又与图 33 中汕头火车站旁的潮汕铁路公司办公楼的位置不同。

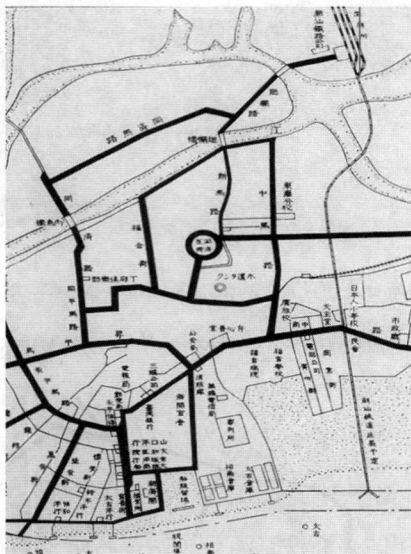

图 35　1935 年汕头简图中有关潮汕铁路的局部截图

潮汕铁路运营初期，各站站长、车长等职均由日本人担任，关键岗位也多为日本人掌控。与此同时，潮汕铁路公司选派中国职工出洋学习相关技术，并声明一旦学成归来后便可逐渐替换日方人员。之后，中方人员渐渐担任公司的各关键岗位。1921 年前后，日本职员仅余专理车务事宜者，到九一八事变后，所有的日本人被更换。① 这是潮汕铁路收归中国人自营的开始。

潮汕铁路运营之初，大致运营情况良好，收支可以相抵，有时还有盈

---

① 黄定余、温翀远：《潮汕铁路兴废始末》，中国人民政治协商会议广东省委员会文史资料研究委员会编：《广东文史资料》（第 9 辑），内部发行，1963 年，第 29 - 40 页。

余。辛亥革命以后，由于军阀混战，火车被占作军运，不付车费，铁路公司营收受到损失，且铁路位于韩江盆地，常遇江水泛滥，路基不时遭水淹泡，养路费用较高。1921 年以后，此类情况更严重，火车出轨事故日多，营业受到严重影响，以致入不敷出。1932 年，国民政府颁布了《铁道法》，依照其中"关系地方交通之铁道，地方政府得依公营铁道条例经营之"的规定，这条由侨商投资、中国最早建成的商办铁路就基本改为公办。① 从 1933—1939 年，是潮汕铁路收归公办的营运时期。

从安重龟三郎的《南支汕头商埠》一书中所载的汕头市街道局部图（见图 36）可知，1923 年前潮汕铁路公司位于与日本三五公司宿舍相对的位置。三五公司是日本专门为潮汕铁路提供技术支持的公司。② 在 1922 年底潮汕铁路公司开始自营前，日本三五公司宿舍位于潮汕铁路公司的不远处，而且此时的潮汕铁路公司办公楼已在汕头火车站旁。

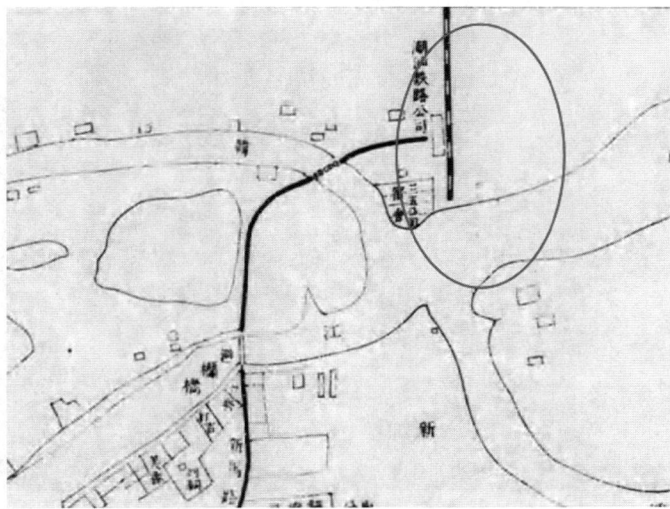

图 36　安重龟三郎的《南支汕头商埠》一书中汕头市街道局部图

---

① 铁道部年鉴编纂委员会：《铁道年鉴》，上海：上海汉文正楷印书局，1933 年。

② 打田庄六：《关于汕头调查事项的报告》，彭程编译：《日本馆藏涉汕档案编译·第一卷·综合》，汕头：汕头大学出版社，2019 年，第 40 页。

从图 37 可看到 20 世纪 30 年代前后重新整修后的汕头车站站房骑楼门面的立面装饰，与 20 世纪 20 年代图片中的有所不同。此时的立面装饰与 1938 年日本发行的潮汕铁路潮州车站明信片中的潮州车站骑楼外墙立面装饰相近，也与现仅存的潮汕铁路"意溪车站"的外墙立面装饰相近，但与当时潮州车站大门骑楼立面站名字体又有所区别，潮州车站的站名字体采用"美术字"，而该"汕头车站"字体与藏于美国南加州大学图书馆的 1921—1923 年间的潮州车站站房上的字体一致，但站名位置又与该照片的不同，汕头车站站名位于车站大门骑楼外侧，1921—1923 年潮州车站站名则位于站房大门骑楼内侧上方。该照片中站房景象可能拍摄于上述两张照片所摄时间之间，即 1921—1938 年间。站房左侧为潮汕铁路有限公司办公楼。把站名改于正门骑楼外上方的修整方式与 20 世纪 30 年代前后潮州车站正门骑楼修整方式相似，应为同一时期修整的。

图 37　20 世纪 30 年代日本刊印的汕头车站相片正面（陈传忠藏）

图 38 中的文字介绍了潮汕铁路汕头车站的简要情况，下面是其译文：
四通八达之水运甚便，故陆路交通不甚发达，可命名之道路仅限城市

附近，乡间之交通尚处于步前人所履之状态。今之交通工具，不过汕头潮州间之潮汕铁路、汕头澄海间 10 英里（约 16 公里）之樟汕轻便铁路（同台湾番地之手推车），以及潮阳延长线 4 英里（约 6.4 公里）之铁路耳。

潮汕铁路者，途经农业中心区之旧府城——潮州境内 24.5（约 39.4 公里）英里、连接闽西木材之集散地——意溪与汕头间全长 26.5（约 42.7 公里）英里之私营铁路也。斯路因与日本关系深厚，故 1904 年三五公司之中标铺设工程也，旋延请日本技师筹划设计。嗣后，该地遂成国人来华首选之集散地，全台湾之徙居者亦渐次增加，及有教育、医疗机构之设也，其数益增焉。今居此之内地、台湾人已达 570 人、180 余户，占外国侨民之半数有奇，遥居优势。

相片为潮汕铁路汕头站，日有三次列车往返。若游潮州，宜先乘此列车也。

图 38　20 世纪 30 年代日本刊印的汕头车站相片（编号 140）的背面说明

　　马陇溪不算太宽，有两座疑似水泥桥墩，从图39中未看出有大型钢制桥梁塔架，但钢制桥面板长度可从图中一列正在通过的火车推断出来。正在通过该桥的该列火车，挂载了若干个车厢，其中有六、七节车厢正经过该桥面，而这段车厢的总长度基本与该桥的桥面长度相近，采用后推的行驶方式，依《潮州志》中对该路所使用的车厢的长度记载，如果该列火车挂载的是客车车厢，依头等、二等合造客车每节车厢长二十四英尺计，七节该车车厢总长约51.21米，如六节该车车厢总长约43.89米；如依有盖货车车厢长十八英尺八英寸计，七节该车车厢总长约38.55米，如六节该车车厢总长约33.05米，可知该桥长度在33米到44米之间，该桥或为大型桥梁中的一座，而《潮州志》中记载该铁路其中一大桥在马陇，如将该桥归在大型桥梁则与志中所载吻合。不过从黄定余、温翀远写的《潮汕铁路兴废始末》一文中对于该路最大一座大桥的内容描述内容来看，从此图片中看似乎有些不太吻合。

图39　潮汕铁路马陇溪桥梁（出自《潮州汕头铁路写真帖》）

1939 年 6 月 21 日，汕头沦陷之时，日军随军记者拍摄了一系列照片，详细地反映了日军侵占汕头及周边各县的战斗场景，这些照片分别刊登在《国际写真情报》《支那事变画报》《画报跃进之日本》《历史写真》等刊物上，广为印行。

为了减少日军飞机轰炸的破坏，潮汕铁路的机车上加搭了多层的竹架（见图 40）。

图 40　加搭多层竹架的机车

1939 年 6 月，日军步行通过被破坏的潮汕铁路其中一座铁路桥。从图 41 中可以看到该桥的水泥桥墩被炸毁，桥面半泡在溪流中。

343

图 41　日军步行通过被破坏的铁路桥

　　1939 年 6 月，日军沿被破坏的潮汕铁路进攻潮州。从图 42 中可以看到当时的铁路枕木已经被拆去，只剩两股钢轨，铁路路基也每隔一段被挖成一个深坑，日军通过被破坏的路基时，不得不走路基两侧。

图 42　日本步行通过被破坏的路基

　　随军记者拍下日军通过被破坏的铁路桥的一些情景（见图 43），该桥是位于汕头到庵埠之间的一座小铁路桥，桥墩已被破坏，桥面部分坠于河溪中，铁路桥边的供水管为时向汕头市区供水的庵埠水厂水管。

图43　日军正沿着潮汕铁路向潮州进犯中经过被破坏的铁路桥

四、结语：移动景观与潮客关系

1921年，汕头市政厅设立，汕头至此正式走上具有现代意义的城市发展道路。曾任汕头市市长的萧冠英写道："夫汕头一埠，据海关报告每岁贸易额六七千万两，为潮梅各属及闽赣边县之门户。……其商业经济影响所及范围甚大。"① 在这一繁荣贸易现象的背后，潮汕铁路功不可没。

汕头自从1860年开埠后，成为韩江流域唯一可以停泊机器轮船的港口，外洋船舶航来往方便，商业日益繁荣。1919年3月，潮汕铁路有限公司联合汕樟轻便铁路股份有限公司、电话公司、电报公司、自来水公司、潮安昌明电灯公司等成立潮梅实业公会。声明："同人等先后继起，创兴实业，得举交通要政十中其七，变荒野为名都，化鄙邑为巨埠，与往昔相比诚不可同日而语。"② 潮汕铁路的开通给韩江流域的潮客民众往来国内外提供了新的便利，同时也给铁路沿线乡村的经济发展带来机会。海外的物

---

① 萧冠英：《六十年来之岭东纪略》，大连：中华工学会，1925年，自序。
② 深泽进致：《关于潮梅实业公会组织及成立大会的报告·潮梅实业公会的答词》，彭程编译：《日本馆藏涉汕档案编译·第一卷·综合》，汕头：汕头大学出版社，2019年，第32页。

资通过汕头港上岸后，部分通过该铁路输送到各县乃至闽赣地区，而客家及赣南、闽西的部分物资在位于支线意溪站对面韩江边火车渡口上岸后通过火车运往汕头乃至外洋，铁路沿线特产也得以双向流通。潮汕铁路从1906年11月16日通车至1939年6月16日拆毁，存在了30余年。自1939年6月铁路被毁后，整个韩江流域的人员流动受到了严重限制。

摄影作为文化传播的新技术，在塑造汕头城市商业文化方面有独特的功能。借助于摄影师之手而拍摄的大量影像，形成的视觉符号不断向外传播，传递出新的城市景观。

通过这批影像文献，我们发现在外国人的镜头下，铁路沿线的基础设施落后。近代来华的外国人对中国社会的政治、军备、经济、风俗、景观、资源等有较为直观的认识，这是他们与中国接触的过程中，对中国城市和农村的全方位、多层次认识基础上，对中国的一系列个别"中国印象"累积而成的。

甲午战争前来华的日本人通过对中国社会制度与风俗的亲身观察、体验，以独特的眼光作出分析：既看到了中国民众的自治、乐群、勤勉与俭朴等，又看到了专制、贫穷、吸毒等社会问题，指出了君主专制官僚制度之弊端，反映了其时日本精英人物对中国社会利弊的洞悉。[1] 除了直接将景观拍摄下来，还有不少日本人，图文并用，将观察到的情况用文字记录下来，传递回日本，内田五郎的《新汕头》就是其中之一。

《新汕头》由日本驻汕头领事内田五郎所著，收入"台湾总督官房调查课"编的《南支那及南洋调查》（第136辑），书末附有汕头地图及汕头交通图，全书收录含潮汕铁路在内的潮汕照片30张。内田五郎著此书时，正值中国第一次国内革命战争结束之时，汕头局势相对稳定，进入一个快速发展的时期。由于日本岛国的特点，内田对汕头的认识非常有代表性，书中记录：

---

① 李长莉：《甲午战争前日本人看中国社会》，《社会科学战线》2014第4期，第101－108页。

　　船只进入汕头的时候，港口外右手边能远眺仿佛与天相接的南澳岛，通过港口德屿与角石角之间狭窄的水道，往右进入港口内部的妈屿。眺望右船舷处，韩江三角洲肥沃的平原大陆在眼前展开，远远望去，还能看见沿路的诸多山麓。船只再向前进，右岸还残留着旧炮台的残骸。岸壁上，写着这样或那样的大字：打倒帝国主义。日章旗高高飘扬的高楼就是汕头第一的建筑物——帝国领事馆。与其相邻的青壁的东瀛学校，排列着标准石油及亚细亚石油的油箱的一带已经是崎碌，即美、法领事馆、潮梅警备司令部、汕头大酒店、博爱医院、市政厅、天主堂、日本人小学、日本居留民会、日本人俱乐部、其他日本人及诸国人的住宅区的所在地。船停靠在税关前面的浮标处。右方太古洋行、招商局的栈桥、仓库、船埠、税关、货物检查场、太古洋行及怡和洋行的栈桥、仓库等林立，形成港湾的中心地……①

　　这种从海上全景式关于汕头的记录，与韩江流域人们认识的汕头可谓完全不同，从内地来到汕头的人，是自韩江等流域向汕头港口外向流动，与来汕外国人的流向正好相反。

　　内田长期在中国东南沿海工作，能够比较准确地抓取汕头社会的变化和变化之中的人，而且立场相对友好。即使如此，由于内田领事的身份，他所做的工作是无论如何与日本的大陆扩张政策分不开的，这就决定了他的记录不同于纯粹以访古探胜、欣赏自然风景为目的的观光记，而是以调查和探知汕头的政治、经济、文化、军事、地理、风土人情等为目的的勘察记。

　　潮汕铁路的建成通车，本来就是各方角力妥协的结果，也可以说是各

---

　　① 内田五郎：《新汕头》，1926年，第6-8页。

方共同合力的成果。① 无论是日本人还是西方人，他们对潮汕铁路的观察并没有强调潮汕人与客家人的身份，在他们看来，潮客其实是一家。

客家人和潮汕人共处韩江流域，尽管文化传统、生活习惯、使用方言有差异，但最终走向融合。客家人虽大部分生活在山区，但在以讲潮语为主的潮汕平原，不少丘陵上的村落也讲客家话。潮汕民谚："潮州九县，澄海无客，大埔无潮。"说的是潮州府属下的九个县除了澄海没有说客家话者聚居，大埔没有说潮语者聚居外，其余海阳（潮安）、饶平、揭阳、丰顺、潮阳、普宁、惠来七个县，都是潮客两个方言群杂处，大抵是靠山居住者用客家话，平原居住者用潮语。据调查，今天在潮汕（含汕尾市）范围内仍有 150 万以上的人说客家话。② 汕头开埠以来，作为数千万潮客民众进出中国的主要港口，客家人从山区走到平原、来到港口，无论是短暂停留还是长期定居，无论是经商、务工还是通婚，都不断促进了潮客融合，也共同为汕头城市的建筑贡献力量，可以这样理解，近代汕头城市的发展是潮客民众共同努力的结果。

① 陈海忠：《从民利到国权：论 1904—1909 年的潮汕铁路风波》，《太平洋学报》2008 年第 10 期，第 85－94 页。

② 严修鸿：《潮汕话与客家话的关系词》，陈春声、陈伟武主编：《地域文化的构造与播迁：第八届潮学国际研讨会论文集》，北京：中华书局，2012 年，第 332－338 页。

客家华侨与中国的现代化研究

温宪元①

　　丰富的客家华侨人文资源是建设中国现代化的宝贵财富，也是实现中华民族伟大复兴的特殊资源。以全球宏观视野，结合区域发展趋势，做好客家华侨历史人文资源的科学保护、有序开发、合理利用规划，并将之纳入我国经济社会发展大战略中统筹安排，实现客家华侨历史人文资源的永续利用与社会经济均衡发展，是一项关乎中华民族伟大复兴的基础性工作。

一、客家华侨在中国式现代化中功不可灭

　　2021 年，党的十九届六中全会指出："党的百年奋斗深刻影响了世界历史进程，党领导人民成功走出中国式现代化道路，创造了人类文明新形态，拓展了发展中国家走向现代化的途径。"② 走中国式现代化道路，是当代中国伟大社会变革的一幕壮丽风景。它不是简单延续我国历史文化的母版，不是简单套用马克思主义经典作家设想的模板，也不是其他国家社会主义实践的再版，更不是国外现代化发展的翻版。它摒弃了西方以资本为中心的现代化、两极分化的现代化、物质主义膨胀的现代化、对外扩张掠夺的现代化老路。中国式现代化道路是新时代中国特色社会主义伟大实践

---

　　① 温宪元，广东梅县人，广东省社会科学院原党组成员、副院长、二级研究员、硕士生导师，广州工商学院特聘教授，享受国务院政府特殊津贴专家，国家社科基金重大项目首席专家，教育部学位评审委员会通讯评审专家，中国丝绸之路文化产业专业委员会会员。

　　② 《中国共产党第十九届中央委员会第六次全体会议公报》，中国政府网，2021 年 11 月 11 日，https：//www.gov.cn/xinwen/2021－11/11/content_5650329.htm。

的题中应有之义，只有坚持党的领导，坚持习近平新时代中国特色社会主义思想指引，才能把科学社会主义基本原则同中国具体实际、中华历史文化传统、新时代的要求紧密结合起来，在实践中不断探索总结，才能把现代化蓝图变为美好现实。中国式现代化必须着眼于"我们正在做的事"，既要重视本土性实践，又要重视并用好客家华侨历史人文资源现代化实践与探索。2020年10月，习近平总书记视察广东时深情感言："华侨一个最重要的特点就是爱国、爱乡、爱自己的家人。这就是中国人、中国文化、中国人的精神、中国心。中国的改革开放，中国的发展建设跟我们有这么一大批心系桑梓、心系祖国的华侨是分不开的。"[①]

客家华侨一直积极参与中国式现代化的历史进程，不管是在革命战争年代，还是在社会主义现代化建设时期。尤其是改革开放以来，客家华侨活跃在各条战线，为祖国贡献聪明才智；在中国兴起捐资赠物，兴办公益事业，或投资合作，促进经济繁荣，或穿针引线，致力于中外交流，或推动人才交流和技术交往，有着独特优势，在振兴中华的伟大事业中发挥着重要作用，并取得了巨大的成就。正如有学者研究指出的，在主要产业中，客家华侨在金融业、铁路交通业、制造业、矿冶业、农业等领域均有不同程度的参与，有力地推动了中国经济现代化进程，促进了当地社会经济发展。他们积极投资国内产业，促进了我国民族企业的发展。[②] 实践证明，在中国式现代化进程中，客家华侨华人与中国关系、改革开放后客家华侨华人与中国的合作进入新阶段、海外客家华侨华人资本与中国的经济现代化、引进客家华侨华人智力促进中国现代化、客家华侨华人与中国的国际交往等诸多领域，无疑，客家华侨华人对中国式现代化显现的重要作用是不可磨灭的，并预示着客家华侨华人与中国式现代化的前景及趋势。

---

① 《习近平肯定华侨贡献，专家：华侨与祖国互为惦念、共谋发展》，中国新闻网，2020年10月14日，https://www.chinaqw.com/hqhr/2020/10-15/272693.shtml。

② 肖文评：《客家华侨推动中国经济近代化进程》，《中国社会科学报》，2013年10月25日。

二、全球化战略下客家华侨历史人文资源的保护、开发和利用

创造中国式现代化新道路，离不开具体区域的实践探索。广东作为我国改革开放的前沿阵地，在探索中国特色社会主义现代化道路上一直奋勇当先。创造中国式现代化新道路，既是一个重大实践问题，又是一个重大理论课题，需要从理论与实践两个方面进行双重探索。当下，我们仍然需要立足广东现实，在理论上，坚持以习近平新时代中国特色社会主义思想为指导，深刻把握广东奋进全面建设社会主义现代化国家新征程中走在全国前列、创造新辉煌的目标任务、规律特征；贯彻新发展理念，构建新发展格局。在实践中，以世界的眼光，准确地把握时代特征，把利用客家华侨华人的智力和人才资源与实现中华民族的复兴联系起来，这样的战略思想就是把利用侨务资源的认识提升到一个新的高度。为此，必须继续充分发挥客家华侨在中国式现代化建设中的"独特优势"和"宝贵资源"，以客家华侨历史人文资源融合为抓手，推动形成现代化的经济体系和空间形态，成为向世界展示中国式现代化、人类文明新形态的标志性窗口。

当今世界，西方发达国家的强势文化利用经济全球化浪潮不断渗透、占领后发国家的文化空间，抢占文化市场已经是不争的事实。以美国为代表的西方国家凭借其雄厚的经济、政治实力和发达的全球信息网络，向全球输出他们的政治理念、价值观念和宗教文化；西方文化企业大力向世界各国推销他们的文化产品。自我国加入世界贸易组织以来，文化开放是大势所趋，靠"堵"不是办法，只有提高对外开放水平，在开放中学习借鉴全人类优秀文化，为我所用，才能增强自身参与国际文化活动的能力与竞争能力。与此同时，只有更好地发挥自身优势，挖掘客家华侨历史文化资源，增强文化底蕴，固本强基，才能打造出具有时代特色的有竞争力的强势文化。

作为中国南方沿海省份，广东一直担负着中华大陆文化与外域海洋文

351

化交汇的纽带功能。历史上的中原文明进入南蛮之地广东再传播到世界各地，外域海洋文化通过海上丝绸之路登陆广东再传入内陆。两种文明在广东交汇、融合、发展，形成了兼容并蓄的客家文化。客家文化，是包含物质和精神财富、生活样式的文化生态共同体；其生活样式是建立在"儒家之道"上。客家文化传统相对于外来文化是本土文化，也就是民族文化，主要是指以儒家思想为主体的文化，其精髓表现为"大一统"的思想，这种思想是在中华民族发展实践中形成的，是随着中华民族及其文明的产生、形成和演变而孕育、成熟、完备和升华的，其人格模式是建立在"君子之道"中。客家文化的优秀传统是体现中华民族文化的重要基因，蕴含着丰富的哲学思想、人文精神、教化思想、道德理念等，是客家文化思想和精神的内核，是认识和改造世界的有益启迪，也是客家文化生态治理的有益启示。其行为模式是建立于"开放之道"上。客家民系①源自中原，客家文化从单一走向多样。中国几千年来封建社会的专制主义，形成了思想意识上定于一尊的传统，从而导致客家地域自近现代以来由于思想上的过于相对传统和地域空间上的交通物流制约，很大程度上妨碍了对一切可能有利于发展的营养的吸收，从而使客家人的成长受制于环境。但是，随着时代变迁的文化流动与发展，客家文化由封闭走向开放、由传统走向现代的过程中，不断地改变着客家文化中"传统"的思想观念，从一元思维定式向着多元思维定式转变，从单一走向多样。②"开放"成为客家文化的一根主要的价值支柱。客家文化独特的开放性成为广东文化步入全球性文化交流与合作奠定独特的优势与条件。广东业已形成对外开放优势和两大经济系统转换带的区位优势，顺应全球贸易自由化的趋势和我国加入 WTO 后扩大文化产业的对外开放的机遇，借助客家文化丰厚的资源，在建设中国式现代化强国战略中积极推动客家华侨历史人文资源文化开发利用的对

---

① 客家民系的概念，最早出自罗香林的《客家研究导论》。

② 温宪元：《新时代客家文化面临的机遇与挑战》，龙华客家文化创新发展研讨会论文，2019 年。

外开放，促进客家华侨历史人文资源与全球文化资源的双向互动，较好地提升了中国现代文化的国际知名度与影响力，实现了客家华侨文化资源的国际经济社会价值。

实施全球化战略，提高客家文化的国际影响力，我们还必须着力抓住四个关键：一是要扩大客家华侨历史人文资源开发利用中的外资利用。积极利用国际旅游与对外贸易、利用外资高度相关的互动关系，从市场准入程度高的文化产业寻求突破口，扩大吸收外商直接投资。二是要加大文化会展业、文化旅游业的招商引资力度，大力吸引境外大企业、大集团参与客家华侨历史人文资源的综合开发，特别是开发具有地方和民族特色的旅游演艺产品和服务。三是加大文化基础设施建设尤其是农村基层文化建设的引资力度。广东客家华侨历史人文资源丰富，但资源大多分布于经济欠发达的县域乡村。由于受资金、技术和管理等条件的制约，许多客家华侨人文资源"待在深闺人未识"，没有得到很好的开发和利用，许多已经因时光的冲洗而消失殆尽。虽然近年来各地的文化基础设施有较大的发展，但与发达国家相比，或与经济发展所取得的成就相比，仍然是滞后的。因此，如何利用扩大文化基础设施的投资，引进外资投资建设和改造电影院、音乐厅、歌剧院、美术馆、博物馆等是当务之急。四是利用外商投资，争取国际上有关历史人文资源保护基金如联合国教科文组织资金等的支持，引进国外历史人文资源开发利用和保护的成功经验以及先进的勘探、保护、开发科学工艺技术，弥补资源开发利用和保护的资金、技术、人才的不足，提高客家华侨历史人文资源保护与开发的水平。

三、实现客家华侨历史人文资源的永续利用与社会经济均衡发展

大力弘扬优秀传统文化，科学保护利用文化资源，是贯彻党的十九届六中全会精神的一项重大举措，在向第二个百年奋斗目标奋进，实现社会主义现代化强国征程中，建立与经济发展相适应的、在全国领先的、具有

353

国际竞争力和影响力的先进文化体系，科学保护、合理开发利用客家华侨历史人文资源等，这些都是走出中国式现代化道路的基础性文化系统工程。

在新一轮社会经济发展中，如何把客家华侨历史人文资源保护、开发和利用规划纳入经济社会发展大战略中统筹安排，是关系到中国式现代化强国的社会经济与文化协调发展的重大战略问题，各级政府必须高度重视，制订富有民主性、科学性、前瞻性和创造性，体现时代特征，紧扣发展主旨，促进传承人文生态精神，推动可持续发展的规划，把规划内容贯穿到经济、社会、文化建设各个领域，渗透到城市、乡村的各个角落，在各个层面体现出客家人文生态的主题和特征，实现资源保护与强国富民目标的高度统一；体现客家人文历史风貌，彰显客家文化魅力。在此前提下，分别制订城市建设、产业发展、生态建设、文化发展等分规划，提高规划的指导性和可操作性。

特别是要在落实"十四五"规划发展战略中，确立明确的客家华侨历史人文资源保护与开发目标，紧紧抓住实施"四大工程"，保证在基础工程、资源配置、制度配套、法治建设上创造良好的氛围和条件，实现客家华侨历史人文资源的永续利用与社会经济均衡发展。

第一，要建立普查与保护工程。就广东而言，应该对全省的客家华侨人文资源进行有效的清点、记录和整理，建立客家华侨历史人文资源基础数据库。全省各历史文化名城抓紧编制保护规划，划定历史文化保护区的界线，明确保护区内的建设要报名城审批并相关备案。在摸清全省客家华侨人文资源家底的基础上，对历史遗产加以分类，根据历史遗产的地区多样性和品类复杂性，制订相应的保护措施与发展规划，不断完善保护的内容和方法，并纳入广东省经济社会发展战略之中，使之成为文化强省建设不竭的资源。

第二，要完善宣传与推介工程。宣传文化部门应加强组织、策划工作。组织文艺工作者以客家华侨历史人文资源为素材创作高规格、高水平、大视野的文艺作品，如小说、诗歌、电影、电视剧等，以及文艺汇演、民间艺术会展。策划组织具有客家华侨特色的历史文化艺术节，让地方剧种、民间艺术有足够的生存空间和群众基础。组织民俗文化村、民间艺术乡的评选活动。组织编写通俗的、具故事性的乡土教材，介绍客家华侨的历史人文资源。利用客家华侨历史文化资源、历史文化名城打造若干区域性的文化品牌，以彰显和弘扬客家文化。充分发挥报刊、电台、电视台、网络、自媒体等传媒机构的作用，创新思维，善于策划，以多种形式、多种渠道把客家华侨历史文化资源的宣传工作引向深入。一部电视剧、一部电影、一首歌曲，可以把客家华侨历史人文资源鲜活地呈现在读者、观众面前，通过视觉、听觉感悟历史文化的韵味。

第三，要建立人才培育与教育工程。客家华侨历史人文资源的保护与开发利用是一项复杂的系统工程，需要复合型人才来承担保护和开发的工作。应该发挥文化、科研机构包括社科（联）院、地方志、文史馆、协会、研究会及众多民间团体力量的作用，激励专家参与收集、整理、研究客家华侨历史人文资源的工作。要重视挖掘、培养本土人才，充分调动科研、文化、文博工作者及民间文化人士的积极性。

355

客家华侨历史人文资源的保护有赖于全社会的重视，形成良好的氛围，因而客家华侨历史人文资源教育还应该面向社会，面向大众，让客家华侨历史文化遗产保护成为社会的共识、公民的自觉行动。让客家华侨历史人文资源的宣传教育进入课堂，纳入学校教育内容；组织专家编写适合小学生阅读的乡土教材和辅助读物，"从娃娃抓起"。学校、科研机构应该重视这方面的人才培养，适当增设这方面的专业或选修课程。要加强对各级干部的宣传教育，将客家华侨历史文化遗产保护列入干部培训课目，进入党校、各级干部培训学校，成为干部知识考试的内容。

客家华侨历史人文资源开发属于"创意工业"，这方面的专业人才，必须对中华文明丰厚底蕴有全面掌握，对世界优秀文明成果有深刻领悟，又具有经济学、文化学等方面的综合知识积累。建立文化资源开发人才战

略的目的，就是要培养和造就一批对文化内容资源具有深入研究能力、对文化产品的文化内涵具有高度敏感、对文化市场具有前瞻性把握运作能力、对文化创新具有不断追求和执着探索的优秀人才队伍。培养具有认识、开发、经营文化内容资源的高素质人才，是振兴中华文化事业和文化产业的保障。

第四，要积极发展客家文化产业工程。充分发挥现代信息化、数字化的产业优势，将客家华侨历史文化资源与各种高新数字技术相结合，建立以创意为核心的文化内容产业，以此推动客家文化产业的跨越式发展。世界各国的相关经验证明，文化内容产业能够有效地结合传统产业，增加传统产业的文化附加值，充分体现现代文化产业的核心价值和发展方向。新兴文化内容产业不仅能够有效地建立起与传统产业的战略关系，促使传统文化产品和服务的升级，而且能够促进整个文化产业紧密地与经济社会发展相协调，跟上"以信息化带动工业化，走新兴工业化道路"的战略步伐。

在总结多年经验和借鉴国外经验的基础上，强化地方政府保护客家华侨历史文化遗产的职责，完善历史文化遗产保护的社会监督机制，建立相关法律法规，将客家华侨历史人文资源保护和开发利用纳入法律化轨道。要充分发挥人大、政协的作用，加强和改进人大、政协对各级政府保护客家华侨历史人文资源的法律监督、工作监督和民主监督，把对事的监督与对人的监督结合起来，加大监督力度，增强监督效果。要加强司法监督，运用法律武器，强化行政、执法部门的职责，对地方政府落实保护客家华侨历史人文资源的措施，执行保护法律法规情况，进行定期检查，对存在的问题及时改进，提出整改措施。要发挥新闻媒体的作用，加强舆论监督，增强地方政府保护客家华侨历史人文资源决策的民主性、科学性和工作的透明度。在有效保护的前提下，合理开发利用客家华侨历史文化资源，发展文化旅游，构筑经济社会发展的新增长点。

清末民初粤闽侨资铁路比较研究

——兼论张榕轩家族的贡献

黄洁琼①

　　十九世纪末二十世纪初，海外华侨纷纷投入祖国"实业救国"的热潮，其中潮汕、新宁和漳厦铁路正是"侨资"铁路的重要代表。作为近代中国民族资本投资铁路较为成功的案例，这三条"侨资"铁路在中国铁路发展史及近代经济史上都具有重要的意义。它们兴建的时代背景相同，主要资金都是来源于华侨，它们的结局一致，都在日军入侵后化为乌有。但在具体建设过程中，这几条铁路又同中有异，在主持人员、资金筹集方式、运营管理、社会效益等方面都存在一定的差异，从而导致产生的社会效益不同。

一、粤闽侨资铁路兴办的时代背景

　　十九世纪末二十世纪初，中国经历了甲午战争和八国联军侵华战争，帝国主义列强加快了瓜分中国的步伐，竞相在中国攫取各项利权，铁路敷设和矿藏开采成为争夺的焦点，中国的主权受到严重侵犯。在空前的民族危机面前，社会各阶层对路矿各项权益丧失产生的后果已经有了一定的认识，"所有各路用人行政，我皆不能过问，采矿设警，行使钞币，无不听其自主"②。为了抵制列强对中国利权的疯狂掠夺，人们纷纷奋起图谋自

---

　　① 黄洁琼，福建社会科学院副研究员。
　　② 谢彬：《中国铁道史》，北京：中华书局，1929 年，第 13 页，转引自詹冠群：《陈宝琛与漳厦铁路的筹建》，《福建师范大学学报》（哲学社会科学版）1999 年第 2 期，第 96 页。

救。从 1903 年起，全国各地爆发了争回路权的运动。清廷也有了"要举行新政，应当以铁路为大宗"的意识。1903 年 9 月，清政府为振兴商务，发展实业，专门设立商部统管全国农、工、商业，机器制造、铁路、街道、轮船、开采矿务等皆在其管辖之内，开始对铁路修建采取积极的态度。然而，铁路事业虽必不可缓，但当时的清政府囊中羞涩，财政拮据，根本无力筹办铁路，故而于同年 11 月颁布《铁路简明章程》，将铁路修筑权向民间开放，鼓励和支持、规范绅商参与中国铁路的投资与建设。根据此章程，华洋官商均可自筹股本，"禀请开办铁路"①。该章程的颁布在全国掀起了一股建设民营铁路的浪潮，各省都提出了自办铁路的主张。1903—1906 年，全国先后创设了 14 个省级商办铁路公司，② 筹办各省境内的铁路。在清政府商办铁路政策出台和国内收回利权运动的背景下，原本就对祖国内忧外患形势忧心忡忡的爱国华侨纷纷响应，加入营建铁路的行列中，以期实现"实业救国"之理想。

近代以来，粤闽两省地处我国东南沿海，因拥有众多优良的港湾及丰富的矿藏资源而成为列强觊觎的重要目标。鸦片战争后，闽粤两省的福州、厦门、广州、汕头和江门等沿海港口城市先后被辟为通商口岸，成为侵略者眼中在中国掠夺原材料和倾销商品的理想地，这些地方的路权对列强而言也显得更为重要。在广东，早在 1888 年，英商怡和洋行便向清政府提出承建潮汕铁路的要求；1896 年，英商太古洋行又禀请两广总督开办潮汕铁路，均未获准。③ 在福建，日本在甲午战争后强迫清政府承认福建为其势力范围，反复提出要独占福建铁路的承办权。法国与美国也跃跃欲试，企图染指福建的路权。④ 但已经觉醒的中国人坚决反对路权落入列强

---

① 宓汝成编：《中国近代铁路史资料1863—1911》，新北：文海出版社，1963 年，第926 页。
② 宓汝成：《中国近代铁路发展史上民间创业活动》，《中国经济史研究》1994 年第 1 期，第74 页。
③ 饶宗颐主编：《潮州志·交通志》，1949 年，第 198 页。
④ 王民、刘剑敏：《闽省首条铁路的兴建与夭折》，《福建学刊》1995 年第 2 期，第 69 页。

之手，闽粤民间开始寻找自办铁路之路，其中以华侨出力最巨。广东与福建是全国著名的侨乡，晚清时期已出现了张弼士、张榕轩、胡国廉等一批实力雄厚的华侨资本家，他们比国内官商更早领略西方国家工业化的先进成果。心怀桑梓的侨商巨富，在多种因素的共同作用下，纷纷投资国内新式工业。潮汕、新宁、漳厦这三条侨资铁路正是在这一时刻登上历史舞台的。潮汕、新宁、漳厦铁路一览表如表1所示。

表1　潮汕、新宁、漳厦铁路一览表①

名称	潮汕铁路	新宁铁路	漳厦铁路
所属铁路公司名称及创设时间	潮汕铁路公司（1903年12月）	新宁铁路公司（1904年10月）	福建全省铁路有限公司（1905年8月）
主持人	张榕轩（1851—1911）	陈宜禧（1844—1929）	陈宝琛（1848—1935）
开工时间	1904年8月	1906年5月	1907年7月
营运时间	1906年11月—1939年6月	1909年6月—1938年10月	1911年5月—1930年
全线竣工时间	1906年	1920年	1911年
线路总长（公里）	42.1	137	28
起讫站点	潮州（西门）—汕头（厦岭）	江门（北街）—台山（斗山）	漳州（江东桥）—厦门（嵩屿）

359

---

① 宓汝成：《中国近代铁路发展史上民间创业活动》，《中国经济史研究》1994年第1期，第74、87页；颜清湟著，吴凤斌译，柳明校：《张煜南和潮汕铁路（1904—1908年）——华侨在中国现代企业投资实例研究》，《南洋资料译丛》1986年第3期，第133–140页；黄绮文：《华侨张榕轩、张耀轩与潮汕铁路》，《汕头大学学报》（人文社会科学版）1989年第5卷第1期，第90–95页；王民、刘剑敏：《闽省首条铁路的兴建与夭折》，《东南学术》1995年第2期，第69–73页；黄小坚：《对张煜南及潮汕铁路的再认识》，黄浪华主编：《华侨之光：张榕轩张耀轩张步青学术研讨会文集》，北京：中国华侨出版社，2011年，第202页。

二、主要责任人的身份差异

潮汕和新宁铁路的主理人分别为南洋华侨张榕轩兄弟和美国华侨陈宜禧。张榕轩、张耀轩（1861—1921）兄弟祖籍广东梅县，是南洋巨富、实业家，涉足垦殖、地产、金融等多个行业，资本雄厚。他们不仅对印度尼西亚棉兰有开埠之功，还为维护华侨的利益尽心竭力，因而在当地华侨中有很高的声望。荷印政府对他们十分重视，授予他们雷珍兰、甲必丹之职，后又升为玛腰。[①] 张榕轩与清廷的关系相当密切。早在 1895 年，张榕轩就由黄遵宪推荐，受清政府任命为驻槟榔屿副领事；1902 年又被授予"四品候补京堂"头衔。1903 年，慈禧太后召见张榕轩，这在张榕轩眼中是终生难忘的莫大荣誉。汕头港自开埠以来，海运贸易日益兴盛，成为潮州地区的交通要隘。但潮汕之间水运不畅，旅客无不视为畏途。张榕轩每每回乡，也深受交通不便之苦。在张弼士的劝说和激励下，张榕轩下定决心回国创办潮汕铁路。与朝廷的良好关系使张榕轩上奏商部请办潮汕铁路相当顺利，可谓一路绿灯。商部认为张榕轩之倡办铁路，是华商承办铁路之嚆矢，如果外埠华商以及内地富商接踵而起，就可以自办国内各省路矿，此等"兴商便民之举"自当保护，故而饬令该处地方官出示晓谕居民，"所有该绅办理勘路、购地、运料、兴工一切事宜，妥为照料。毋得稍存膜视"[②]。

陈宜禧，广东新宁（今台山）人。1864 年因家贫随族兄赴美国西雅图谋生。起初，陈宜禧在一位美国铁路工程师家中帮佣，因为人勤奋好学、忠厚老实而得到工程师夫妇的赏识，并指导他学习英文和铁路技术，推荐其在路局工作。1865 年，美国修筑太平洋铁路，陈宜禧被招为筑路工，两年后被提拔为该工程师的助手。积蓄日增后，陈宜禧在西雅图定居，从事

---

① 饶淦中主编：《楷范垂芬耀千秋——印尼张榕轩先贤逝世一百周年纪念文集》，香港：香港日月星出版社，2011 年，第 104 页。

② 朱寿朋编，张静庐等校点：《光绪朝东华录》，北京：中华书局，1984 年，第 5112 页。

商业和劳工经纪业务。1889 年组建广德公司，包工承建北太平洋铁路工程。十九世纪末，西雅图发生多次排华事件，严重侵害了华人权益，陈宜禧对此十分愤慨，毅然站出来力争数年，花费美金数千元用于诉讼，最终获美政府赔款，而他却分文未取，赢得了当地华侨的敬仰与爱戴。① 陈宜禧在美国从事铁路建设达 40 年之久，有丰富的筑路经验。他深感"路权所至，国家富强之枢，即为地方根本之计"②，"愤尔时吾国路权，多握外人之手，乃不忖棉薄，倡筑宁路"③，毅然投身祖国自办铁路的事业。

福建漳厦铁路的主理人由本省士绅推举的前内阁学士兼礼部侍郎陈宝琛担任。陈宝琛，福建福州人，同治七年（1868）进士，晚清名臣、学者，因直言敢谏成为"枢廷四谏官"之一。1885 年，因受人牵连被贬后赋闲在家 20 年的陈宝琛，在家乡仍然是很有影响的人物。他致力于发展家乡的教育事业及公益事业，被称为"信望夙孚，乡间推重之员"。1905 年 8 月，闽籍京官张亨嘉呈请筹建福建铁路，陈宝琛被公举出任福建铁路总办，9 月商部奏准立案，陈宝琛即着手制定福建铁路公司各项章程，筹集资金。1908 年 3 月奉旨入京，充任礼学馆总裁，1909 年 7—8 月，陈宝琛以在京遥领不便，正式推举广东知府陈炳煌暂代主持漳厦铁路，清廷准之。1911 年陈宝琛任内阁弼德院顾问大臣、汉军副都统，成为清朝末代帝王溥仪的师傅，正式卸任闽路总理之职。陈宝琛实际主持漳厦铁路工作的时间不过 4 年。

显然，对家乡的发展抱有极大热情是三条铁路创办人共有的特征。然而，由于他们截然不同的具体身份，他们对铁路建设事业的投入程度也不同的，由此产生的影响自然不一。与清政府关系的亲疏，对三条铁路请办

361

---

① 林金枝、庄为矶编著：《近代华侨投资国内企业史资料选辑》（广东卷），福州：福建人民出版社，1989 年，第 435 – 436 页。
② 朱寿朋编，张静庐等校点：《光绪朝东华录》，北京：中华书局，1984 年，第 5478 页。
③ 《陈宜禧敬告新宁铁路股东暨各界书》（1921 年 9 月），转引自刘玉遵、成露西、郑德华：《华侨，新宁铁路与台山》，《中山大学学报》（社会科学版）1980 年第 4 期，第 27 页。

过程中的顺利程度产生了明显的影响。因张榕轩兄弟与清廷的良好关系，潮汕铁路请办之初一路畅通，清政府甚至主动示下，明确要求地方对其给予支持。陈宝琛是晚清重臣，虽赋闲于家多年，但在朝野仍有相当的影响力，在请办福建铁路的过程中并未受到朝廷的阻力。陈宜禧的主要身份是美国华侨工程师，他与清政府没有丝毫关联，这使得新宁铁路在申办阶段即费尽周折，不仅商部没有主动为其保驾护航，还遭遇了前有县太爷陈益，后有广东商务局提调余乾耀欲将筹办新宁路之大权据为己有的阴谋。直到陈宜禧赴香港向南下考察商务的商部右丞王清穆提出申诉，其申办之路才有所转机。接着，又受到两广总督岑春煊的阻难。陈宜禧再次谒见王清穆并获其支持，于1906年2月商部奏准新宁铁路立案。[①] 从个人财力来看，张氏兄弟的财力在其中最为耀眼，能投入的资本自然也多，且并未费太大力气便筹集到了创办潮汕铁路所需的大部分资金。与张氏兄弟相比，陈宜禧的财力是十分有限的。他发起创办新宁铁路，凭的不过是一片赤诚的报效祖国之心，以及多年在美国学到的修筑铁路的一技之长，并且将自己晚年的一切都献给了铁路事业。陈宝琛则是纯粹的封建政府官员，自身并无财力可资铁路建设，而且他受命总理福建铁路事宜是因为闽省士绅的公举而并非出于主动，其对于漳厦铁路最主要的贡献在于创办初期的章程制定和筹资。后来陈宝琛奉召入京，虽然没有立即卸任闽路总理之职，但对招徕侨资与铁路建设还是产生了不利的影响。[②]

三、潮汕、新宁和漳厦铁路资金筹集的异同

这三条铁路的资金来源皆以华侨资本为主，因而被称为"侨资""侨办"铁路。

---

① 刘玉遵、成露西、郑德华：《华侨，新宁铁路与台山》，《中山大学学报》（社会科学版）1980年第4期，第29－30页。

② 向军：《清末华侨与漳厦铁路的修建》，《丽水学院学报》2012年第3期，第31页。

1. 招股原则

各公司从"自保利权""收回利权"的宗旨出发，无不以排斥洋股为共同准则，在创设章程中反复申明"不招外股，不借洋债"。1904 年 6 月，《筹办新宁铁路有限公司草定章程》明确提出"不招洋股，不借洋款，不雇洋工"的"三不"主张。1906 年 8 月，福建颁布的《商办福建全省铁路有限公司暂定章程》和《商办福建全省铁路公司招股章程》亦明确规定专招华股、不招洋股。在实际筹资过程中，新宁铁路和漳厦铁路始终坚决抵制外资的渗入，彻底防止利权外溢。如日本曾企图以提供贷款的方式向福建全省铁路有限公司渗入外资，但在闽路总理陈宝琛的坚决抵制下未能得逞。① 潮汕铁路的股金基本来自印度尼西亚华侨，曾一度经历日资渗入的股权风波，后以张氏兄弟赔偿 30 万利息为代价收回了股权。② 对洋股的一致排斥体现了这三条铁路对独立自主的民族精神的追求。

2. 股资构成

粤闽三条铁路虽然都为侨资，但它们的筹资经历并不相同。其中潮汕铁路的筹资过程是三者中最为顺利的。张榕轩回乡兴办铁路，立即得到潮、梅华侨的响应和支持。张氏兄弟在南洋邀集亲朋好友认股，很快集款 100 万元。后来张氏兄弟将铁路建筑工程所需要的全部费用交由英商怡和洋行估价，结果超出已集金额甚多，故决定扩大集股 300 万元，其中张氏兄弟各认 100 万元，梅州籍印度尼西亚华侨谢梦池认购 25 万元，侨商张宗煌认购 20 万元，林丽生认购 50 万元，不足之数由张氏兄弟负责。③

陈宜禧于 1904 年回国倡建新宁铁路，与台山士绅余灼共同商议后提出依靠"旅美、旅港各埠绅商暨在宁之殷富，有财有力者集股以成之"的集

---

① 宓汝成：《中国近代铁路发展史上民间创业活动》，《中国经济史研究》1994 年第 1 期，第 80 页。

② 黄绮文：《华侨张榕轩、张耀轩与潮汕铁路》，《汕头大学学报》（人文社会科学版）1989 年第 1 期，第 92 页。

③ 黄浪华主编：《华侨之光：张榕轩张耀轩张步青学术研讨会文集》，北京：中国华侨出版社，2011 年，第 202 页。

股方案，以实现"自筹自办，利权不致外溢"，得到台山县人们及旅外侨胞的广泛支持。1905 年 2 月，陈宜禧亲赴美国集股，他率先将美国西雅图的一座洋楼卖掉所得的 7 万余美元，再加上数万元积蓄全部入股。在其影响下，美洲的华侨认股甚为踊跃。他还派人到加拿大、澳大利亚、新加坡、中国香港等地发动侨胞投资。陈宜禧在旧金山宁阳总会馆和旧金山《中西日报》等单位的协助下，招股工作进展颇速，"于 1905 年底，已筹得款银 2 758 412 元，超出原定计划招集的资本总额 4 倍多"①。

福建铁路公司成立后即着手招股工作，在该公司颁布的《暂定章程》中规定招股对象为全省及闽籍的绅商，且强调"专招华股"。在《招股章程》中对计划招徕的股本总额、每股数，预缴、股息、红利分配方案都有明确的规定。但实际反映寥寥，招得股数不多。1906 年 11 月，闽路总理陈宝琛远赴槟榔屿、小吕宋、新加坡、马尼拉等地募集侨资，于数月后募得股资 170 万元。此外，又征粮、盐捐款充当股息，1907—1910 年收银约50 万两。② 漳厦铁路的大部分资金由陈宝琛亲赴南洋招募而来，每人认股1 万元、10 万元、20 万元不等，总计估计占漳厦铁路股本十分之九。③ 除侨资之外，由官府"强制出股"的粮盐捐是漳厦铁路股资的另一构成成分。

华侨资本占潮汕、新宁和漳厦铁路建设资本中的绝大部分。不过，三条铁路的股资组成及募集方式有所差异。潮汕铁路股资几乎来自南洋华侨，特别是梅州籍的印度尼西亚侨商巨富，他们大多与张榕轩兄弟的关系相当密切，认股人数少，但股额大，仅张榕轩兄弟二人就占了三分之二左右的股份。新宁铁路的股东成分稍显复杂，美国华侨占 1 908 800 元④，占

---

① 刘玉遵、成露西、郑德华：《华侨，新宁铁路与台山》，《中山大学学报》（社会科学版）1980 年第 4 期，第 28 页。

② 王民、刘剑敏：《闽省首条铁路的兴建与夭折》，《东南学术》1995 年第 2 期，第 71 页。

③ 黄华平：《华侨与近代中国民营铁路》，《八桂侨刊》2006 年第 2 期，第 69 页。

④ 刘玉遵、成露西、郑德华：《华侨，新宁铁路与台山》，《中山大学学报》（社会科学版）1980 年第 4 期，第 29 页。

其中的大部分，其余来自东南亚及其他地区的华商。这些华侨的籍贯有一定的地域性，投资潮汕铁路的华侨以潮、梅籍为主；新宁铁路以新宁华侨为主，也有不少来自附近的开平、恩平、鹤山、香山等地；投资漳厦铁路的华侨基本来自福建。另外，新宁铁路和漳厦铁路的股权较为分散，虽有投资千股以上的大股东，更多的是仅投 1、2 股的贫苦侨工、小商贩等，鲜有如张氏兄弟般认购数十万元以上的大股东。

四、对闽粤地区的社会经济影响

1. 直接经济效益

潮汕、新宁与漳厦铁路虽历经波折，但最终都建成通车，并取得了一定的经济效益。这三条铁路的一端分别连接汕头港、江门港和厦门港，为海上贸易的发展带来了有益的影响。如潮汕铁路建成之初因控福建西南及粤省岭东出海冲要，成为出入口货物的必经之路，营业额甚为可观。1921 年以前日均乘客约 3 000 人，货运量约 80 吨；1921 年后日均乘客数增至 4 000 人，货运量在百吨以上，收入几乎可以和日本东海道的铁路相等。[1] 新宁铁路建成通车后，"台山、新会、开平、恩平、鹤册、赤溪六邑交通称便，且有补华南经济文化发展，实至巨大"。[2] 1911 年公益至斗山段客货运收入共 30 余万元。1913 年公益至北街段通车后，客货运量大增，收入随之大幅增长，二十世纪二十年代年均收入达 110～120 万元。相比之下，漳厦铁路的情况有些惨不忍睹。漳厦铁路最初规划里程 45 公里，由于资金不足，最终只修了嵩屿至江东桥一段，仅 28 公里。该路线前不过海，不能直抵厦门；后不过江，无法直达漳州，旅客搭乘火车起讫都需船渡，极为不便。福建铁路公司的营运管理十分混乱，不仅时刻表制定不合理，管理也很松懈，火车经常晚点；路轨维修不健全，出轨现象时有发生，这

---

① 饶宗颐主编：《潮州志·交通志》，1949 年，第 198 页。
② 李丽娜：《新宁铁路的修建与沿线经济社会发展》，《河北广播电视大学学报》2014 年第 4 期，第 61 页。

些问题都极大地影响了客货运量。二十世纪二十年代，漳州至浮宫镇和漳州至嵩屿的公路先后建成通车，为旅客往返漳厦提供了更优方案，对漳厦铁路造成了冲击。漳厦铁路自 1911 年通车始，连年亏损，且亏损额逐年增加。惨淡经营数十年之后，漳厦铁路于 1930 年停止营运，成为三条侨资铁路中最晚登台最早谢幕的一条。

表 2　漳厦铁路通车后至收归国有前历年收支状况表①

年份	1911	1912	1913	1914
客运收入（元）		25 012	36 416	34 209
货运收入（元）		694	938	1 077
杂项收入（元）		627	852	1 532
总收入（元）	30 000	26 333	38 206	36 818
总支出（元）	55 000	55 825	71 487	84 343
盈亏（元）	− 25 000	− 29 492	− 33 281	− 47 525

　　如表 2 所示，漳厦铁路的营运收入中客运收入占绝大部分，货运收入少到几乎可以忽略不计。潮汕和新宁铁路呈现了相同的特征，1909 年潮汕和新宁铁路客货运收入分别占各自总收入的 94.4% 和 66.2%，② 可见这三条铁路都是客货混运，且以客运为主。实际上，由于这三条铁路都是偏于一隅的孤立路段，并未与中国铁路的大网络相连，它们的经济价值十分有限。而且，由于庞大的机构开支、地方军政的巧取豪夺和经营管理不善等弊端，加上公路和水路的竞争以及战争的影响，它们无一例外地从开始营运时的略有盈余，变为逐渐出现亏损，最后陷入只能勉为维持直至停运的

①　许东涛：《清末福建商办铁路研究》，苏州大学硕士学位论文，2007 年，第 45 – 47 页。
②　宓汝成：《中国近代铁路发展史上民间创业活动》，《中国经济史研究》1994 年第 1 期。

窘境。效益最好的潮汕铁路在整个营运期间的收支大体平衡，但也时有亏损。① 线路最长的新宁铁路，建筑工期也长，所需要的资金一直在增长，前期通车后所获的有限盈余都投入线路展筑工程中，使盈利最终变成奢望。据估计，1925—1926 年新宁铁路公司所欠债款已达 140 余万元。②

2. 社会影响

潮汕、新宁和漳厦铁路开通，虽然直接经济效益有限，但在客观上取得了较为明显的社会效益。首先，这几处铁路的开通大大改善了周边地区客货运输的交通条件，促进了商品流通，带动了铁路沿线城镇的形成与发展。潮汕铁路的建成，促进了韩江中、上游及赣闽边区人员往来和物资的流通。旅客从潮州到汕头的时间从之前最顺利时也要花 11 ~ 18 小时，缩短为 1 小时，十分便利。新宁铁路通车后，台山华侨经江门港出国或返乡的时间从过去所需的三五天，缩短为一天，且避免了途中遭遇土匪抢劫或绑票的危险。时人对此赞誉有加："六部之人，交通便利，陈君此举，为吾邑增一光荣美丽之历史矣！"③ 此后，大量外来的商品通过水路运至江门后再通过铁路源源不断地运往台山各地，把台山卷入世界市场。新宁铁路沿线村庄店铺林立、商业繁盛，台山县城所在地台城的发展尤迅速，公益和斗山两大圩镇也随着新宁铁路的修建而兴起。④

其次，潮汕、新宁和漳厦铁路的修筑与开通对当地人们造成了观念上的冲击，使其对科技的力量有了直观认识。清末，中国虽然已有数条铁路建成，但民众仍视火车为会冒烟的怪物，铁路敷设会招致灾害、破坏风水的落后观念在民众心中根深蒂固。粤闽侨办铁路在勘查、购地时都受到了

---

① 黄浪华主编：《华侨之光：张榕轩张耀轩张步青学术研讨会文集》，北京：中国华侨出版社，2011 年，第 218 页。

② 刘玉遵、成露西、郑德华：《华侨，新宁铁路与台山》，《中山大学学报》（社会科学版）1980 年第 4 期，第 36 页。

③ 李松庵：《华侨对兴办祖国铁路的贡献》，《岭南文史》1983 年第 2 期，第 131 页。

④ 刘玉遵、成露西、郑德华：《华侨，新宁铁路与台山》，《中山大学学报》（社会科学版）1980 年第 4 期，第 40 - 41 页。

沿路乡民的阻挠和抑制。各线路主办人通过登报宣传、写公开信、亲临交涉，甚至不得已改变线路等方法才使与民众之间的矛盾得到化解和调节。线路相继建成通车，民众亲身体验获利，风气随之渐开，"颇极一时之盛，社会心理为之一变"①。

更重要的是，潮汕铁路、新宁铁路与漳厦铁路是清末为数不多的商办铁路，是全国"收回利权"、实业救国运动的重要组成部分，具有维护民族利益、遏制列强入侵以及践行实业兴邦的重要意义。因而，尽管步履维艰，效益低下，但其最终建成，大大地鼓舞了全国人民对自办铁路的信心。

五、从潮汕、新宁和漳厦铁路的异同看张榕轩家族的贡献

潮汕、新宁和漳厦铁路兴建于相同的时代背景之下，筹办资金来源相似，潮汕铁路兴建和通车时间最早，工期最短，其建设效率最高，所获效益也相对较好。漳厦铁路建筑时间长，最晚投入使用，却最早停止营运，效益也是最低的。潮汕铁路能够用较短的时间建成通车，并取得较好的效益，与张榕轩个人及其家族所作出的贡献是分不开的。

首先，张榕轩为潮汕铁路的建设提供了重要的资金保障。"铁路之要素三，曰资本，曰工程，曰管驾。三者之中，资本、管驾为重。"② 对商办铁路来说，资本更是首要的前提。张榕轩的财力是三者中是最为雄厚的，他带头认下大额股份，给其他侨商树立了榜样，这也使他的募股工作开展得最为顺利。张榕轩在香港集股时，通过吴理卿结识了林丽生。林丽生先后购入的 100 万元股份，实际上属于日商爱久泽直哉。这激起了民众的不满，从而引发"股本风潮"。最后由张榕轩、张耀轩加息 30 万元，承领了

---

① 林金枝、庄为矶编著：《近代华侨投资国内企业史资料选辑》（广东卷），福州：福建人民出版社，1989 年，第 394 页。

② 《潮汕绅商上商部王参议禀》，《申报》，1905 年 7 月 20 日第 10 版。

这 100 万元股份才算平息下去。在此事件中，张榕轩因识人不清付出了巨大的代价，所幸他有足够的身家来承担。

其次，张榕轩在筹建过程中努力为潮汕铁路建设的顺利开展扫除障碍。潮汕铁路是国内第一条商办铁路，完全无经验可循，建设过程中遇到了重重困难，张榕轩总是沉着应对，尽力斡旋。他说服当地有影响力的士绅萧永声出任潮汕铁路有限公司总经理，同时延聘多名当地士绅为顾问，又广招当地商人共同投资，这在一定程度上保证了当地士绅群体对铁路建设的支持。为了防止外国势力的干涉，张榕轩在铁路动工之前，于 1904 年 5 月 20 日煞费苦心地在汕头举行宴会，招待驻汕头的外国总领事和领事。在借此搞好与外国外交官的关系的同时，向他们介绍这个拟建工程的情况，声明其此举只是表达华侨对家乡的热爱和关心，并向他们保证不会损害各国在华的利益。张榕轩此举取得了良好的效果，潮汕铁路在日后的建设过程中未遇到明显的来自列强的干扰。1904 年底发生的葫芦岛市事件使张榕轩陷入了两难的境地，稍有差池，就有可能演变成与日本之间的国际争端。张榕轩为了避免这种情况出现，他向日本政府表示，潮汕铁路公司纯属民营企业，该事件属于商人之间的纠纷，日本政府没有理由进行干涉。商部也意识到该事件具有潜在爆炸性的危险，因而命令潮汕铁路公司赔偿 21 万元了事。①

最后，张榕轩在海内外经营多年，吸收了不少先进的思想，有丰富的经商和管理经验。在潮汕铁路公司的管理上，他引进董事会制度，由董事会行使最高职权；实行薪级制，重视员工福利；还成立了工会。这些先进的管理方式，保证了潮汕铁路在风雨飘摇的年代坚持营运 33 年之久。

总之，比较上述三条铁路可知，主办人的财力、声望及身份差异在各条铁路的股资筹集、公司营运管理等方面产生了重要的影响，最终导致所

---

① 颜清湟著，吴凤斌译，柳明校：《张煜南和潮汕铁路（1904—1908 年）——华侨在中国现代企业投资实例研究》，《南洋资料译丛》1986 年第 3 期，第 138 页。

获效益的不同。清末民初，铁路成为中国新兴的民族主义与世界帝国主义之间冲突的焦点，作为全国第一条侨资铁路，潮汕铁路为侨办铁路树立了榜样，带动了晚清至民国时期更大范围内华侨投资国内交通事业的浪潮。潮汕铁路以及紧跟其后的新宁与漳厦铁路开民族资本投资、建设、管理铁路风气之先，为国内铁路事业的发展作出了积极的模范作用。"竭力经营，始克有成"的潮汕铁路创办人张榕轩是当之无愧的侨办铁路第一人。张榕轩去世后，由张耀轩继续完成其事业。1905 年 3 月，张榕轩的儿子张步青受清廷商务部委派协助潮汕铁路督办事宜。他们这种代代相传的爱国精神，就是当代华侨支持祖国发展的源泉与动力。

晚清华侨与潮汕铁路建设

曾丽洁　夏登武①

　　晚清民国华侨在国内的投资是华侨文化研究的热门话题。潮汕地区是我国著名侨乡，华侨投资量大，投资面广。潮汕铁路是我国第一条由华侨集资兴办的铁路，也是晚清民国时期华侨在潮汕地区最大的一笔投资。

　　在晚清因借外债筑路而路权丧失，列强借筑路而谋我国路权、交通权，乃至商权、经济权的背景下，商办铁路成为夺回路权，保家卫国的具体实践。由于开风气之先，潮汕铁路立案、招股、购地、建设、管理等环节都处在探索之中，其间夹杂着政治、经济、民情风俗、利益诉求等多方面的纠葛。近些年，在弘扬乡邦文化潮流的推动下，关于潮汕铁路的舆论甚至研究出现片面化、简单化的现象。

　　笔者近年搜集到海内外与潮汕铁路建设相关的一些文献，包括中国社会科学院经济研究所藏档案、光绪皇帝执政纪要、晚清民国潮州文人和官员活动记录，以及海内外一些报刊资料。这些文献内容丰富，记录各有侧重，通过爬梳，结合其他史料，可以对当年华侨与潮汕铁路立案、筹资等情况试作窥探。

一、潮汕铁路建设与华侨功绩

　　光绪二十九年（1903）农历十一月，以嘉应州籍南洋华侨富商张煜南为代表提出的潮汕铁路建设方案成功获得立案，掀开了我国商务铁路建设

---

①　曾丽洁，韩山师范学院潮州师范分院副教授；夏登武，宁波大学教授。

的序幕。潮汕铁路的成功立案，既是国内外社会形势发展的结果，也是嘉应州籍南洋华侨努力的结果。

（一）张振勋推动民营铁路建设

《辛丑条约》签订之后，中国已经到了危急存亡的关头，除了巨额赔款，还面临帝国主义物资倾销带来的经济掠夺。在自强思想的指引下和列强"以华治华"政策的推动下，1901 年 1 月 29 日，慈禧太后下诏变法，开始实行"新政"，鼓励民间资本创办实业。由于方法不当，效果并不明显，至 1903 年上半年，"商情涣散如故也，山林不开如故也，水利不兴如故也，工艺不振如故也，即铁路、矿务亦已开办一二，而宝藏满山，枝路遍地，其弃而不取不修亦如故也"[1]。长期浸淫在南洋商业环境中并在商业发展中取得成功的嘉应州籍南洋华侨富商张振勋意识到祖国要复兴，振兴商务是必走之路。光绪二十九年（1903）农历六月，张振勋向清政府提出《商办农工路矿议》，力陈兴商的重要性：

> ……此用诚危急存亡之关，不可不亟筹挽救者也。挽救如何？振兴商务已矣。兴商如何？农、工、路、矿已矣。……商战之道，必寓商于农，寓商于工，寓商于路、矿而后可。盖农、工、路、矿，动需钜本，常此库款支绌，财力困敝，问诸国而国已无币之可拨，问诸官而官亦无款之可筹，问诸民而民更无力之可顾。除息借洋款外，其能凑集巨赀，承办一切者，惟赖于商。查外埠商务所以日盛，皆系农、工、路、矿悉由商人立公司，凑股承办。合众人之力，以兴一切之利，故其事易集，其效易成。……如欲抵制洋货，力赖利权，舍兴商更无他法，舍农、

---

[1] 张振勋：《商办农工路矿议》，宓汝成编：《中国近代铁路史资料 1863—1911》，新北：文海出版社，1977 年，第 923 页。

工、路、矿招商承办，亦更无他法。[①]

同年，张振勋还提出《商办铁路枝路议》，聚焦"不可胜数"的铁路
支线：

> 中国铁路如京津、榆关、卢汉、粤汉等铁路，已经渐次开
> 办。臣所不能已于言者，惟在枝路。即如粤汉一条，枝路之多，
> 不可胜数。自省城东达潮州，英里一千一百余迈；自三水西达梧
> 州，自乐昌北达南雄，自佛山南达顺德、新宁、新会，又自新会
> 达钦、廉，各二三百迈或数十迈不等。皆广货流通之路，不可不
> 亟图兴办者也。……天下可兴之利，公诸天下，则利愈溥；私诸
> 一己，则利愈小。若枝路必待总公司而成，则力权兼顾，旷日持
> 久，尚无成效。斡势意孤，收利愈少，不若将枝路招商承办，合
> 各商之力，兴各处之路，筹办较易，成效较捷。[②]

张振勋在南洋商业取得成功之后积极开展社会活动，在侨居地倡导并
捐款创办华文学校，努力维护华侨利益，解决华侨之间的纠纷。在国内，
他积极参与赈灾，捐巨款帮助清政府加强海防建设，在家乡捐资办学，在
国内各地创办实业，捐纳官职，在南洋社会和清廷都产生了巨大影响。时
张振勋历任清政府驻槟榔屿副领事、清政府驻新加坡总领事，负责招商局
南洋招股的召集和推动工作，是招商局重要的投资者。他参与了卢汉铁路
的筹建工作，得到晚清政府实力派盛宣怀、李鸿章、张之洞、王文韶、戴
鸿慈等高官的赏识。在这样的背景下，张振勋商办农工路矿的奏议得到清

---

① 张振勋：《商办农工路矿议》，宓汝成编：《中国近代铁路史资料 1863—1911》，新北：文
海出版社，1977 年，第 923 – 924 页。
② 张振勋：《商办铁路枝路议》，宓汝成编：《中国近代铁路史资料 1863—1911》，新北：文
海出版社，1977 年，第 924 页。

政府上层的认可，一些农工路矿政策相应做了调整。光绪二十九年农历七月十六日（1903 年 9 月 7 日），清政府于中央设立商部衙门，由载振任商部尚书，并把铁路事务划归商部专管。农历八月，商部进呈其所拟章程；十月十四日，商部"奏定"《铁路简明章程》，新的商办农工路矿政策逐渐形成。农历十二月，商部颁布《铁路简明章程》，开放商办铁路，"无论华、洋官商，禀请开办铁路，经商部批准后，悉照商部奏定之《公司律》办理"，"其招集华股至 50 万两以上者，俟路工告竣，即按照商部奏定之十二等奖励章程核办"。[①] 为鼓励民间资本投资铁路，该章程还明确写清对办铁路实有成效者给予奖励，开启了民间集资办铁路的风潮。

（二）张煜南促成潮汕铁路建设

光绪二十九年（1903）农历九月，头品顶戴候补四品京堂张煜南代表嘉应州籍南洋富商，与时为驻槟榔屿副领事谢荣光、花翎江西试用道张鸿南、同知衔梁廷芳一同向商部禀请利用华侨资本修筑潮州府城至汕头的铁路。

> ……然我中国地广人稠，应开之铁路正属不少，即如广东之汕头，自各国通商以来，商务蒸蒸日上。查该埠为潮州一带咽喉要隘，由该处至潮州，计九十余里，历来有水路可通。但河道淤浅，春夏之间，舟船无阻，一交秋冬，水涸舟滞，凡有载船客人来往，无不视为畏途。煜南等每次自洋回籍，目击其情，深叹行役之艰。倘仍漫不经心，未免有负现在朝庭整兴商务之至意。煜南等筹度情形，思维再三，拟于香港及南洋各华商招集股份，共成一百万两，请于该处创办支路。所有购地一节，则仿照粤汉铁路章程。[②]

---

① 《铁路简明章程》，宓汝成编：《中国近代铁路史资料 1863—1911》，新北：文海出版社，1977 年，第 925 – 928 页。
② 《张煜南上商部禀》，《潮汕铁路季刊》1933 年第 1 期，第 7 页。

利用华侨资本办铁路正是清政府此次革新的内容，张煜南的申请得到盛宣怀和载振的大力支持。"小枝分路，若有华商集股兴办，亦足为保持利权之一助。"① "应办之路甚多，而工费有限，易于集事者，自以多招华商承办为宜。"② 同时，载振还希望借助张煜南的力量引导海外华侨和内地著名绅商投资兴办实业。"今张煜南首先倡导，如果外埠各处华商以及内地著名绅富，有接踵继起者，非独各省路工可以及时自办，即各省矿产之区，亦不难多集华股自行开采，其有益于大局，实非浅鲜。"③ 经商部上奏，这一申请很快获得光绪皇帝批准，同时，光绪帝还命令岑春煊、张人骏等督促地方官员对铁路建设一事加以保护。"着岑春煊、张人骏饬令该处地方官出示晓谕居民，俾知为兴商便民之举。所有该绅办理勘路购地运料兴工一切事宜，妥为照料，毋得稍存膜视。"④ 潮汕铁路申办工作一帆风顺。

张煜南并非第一个提出在潮州府城和汕头之间修筑铁路的人。韩江水道是韩江流域与外界交流最为便捷的通道，明清时期，韩江是一条非常繁忙的商路。汕头开埠之后，潮海关设在汕头，内陆外销货物通过汕头港出口，海外进口的和从我国其他地区运来的物资通过汕头港转入内陆地区，潮州至汕头之间的韩江西溪是韩江出海水道中最重要的一条。晚清时期，韩江下游各水道淤积严重，秋冬时节舟行异常艰难，与汕头相连接的西溪问题更加突出。十九世纪末期，韩江西溪庵埠镇梅溪段几乎只有春夏季才能通航，严重影响流域社会生活和经济发展。光绪十四年（1888），英商怡和洋行曾谋求修筑潮州至汕头的铁路，聘请工程技术人员进行勘测，遭

① 《盛宣怀批张煜南文》，宓汝成编：《中国近代铁路史资料 1863—1911》，新北：文海出版社，1977 年，第 929 页。
② 《商部尚书载振请准办潮汕铁路折》，宓汝成编：《中国近代铁路史资料 1863—1911》，新北：文海出版社，1977 年，第 930 页。
③ 《商部尚书载振请准办潮汕铁路折》，宓汝成编：《中国近代铁路史资料 1863—1911》，新北：文海出版社，1977 年，第 930 页。
④ 《商部尚书载振请准办潮汕铁路折》，宓汝成编：《中国近代铁路史资料 1863—1911》，新北：文海出版社，1977 年，第 931 页。

到附近居民的反对。光绪二十二年（1896），英商太古洋行向时任两广总督谭仲麟禀请在汕头和潮州府城之间修筑铁路，未获批准。光绪二十四年（1898）底，潮海关税务司马根呈报《光绪二十四年汕头口华洋贸易情形论略》称："惟汕至潮州府路出韩江，中有浅沙，小轮至此，恐不能越雷池一步。鄙见极宜建筑铁路一小段，联络潮汕，则陆有坦途，便于转运岂不妙哉。"① 但没有引起官方注意。光绪二十七年（1901），由于韩江无法通航，船不能至潮州府城，出现汕头海米（即从暹罗、占城等地运来的大米）山积、府城斗米几至千钱的极端情况。光绪二十八年（1902），海阳县廪生陈龙庆向惠潮嘉道丁宝铨条陈利弊二十则，其中之一即建议设立铁路公司发售股票，集资开办潮汕铁路，同样没有得到重视。潮汕铁路的建设有效地改善潮汕地区乃至整个韩江流域的交通状况，为民国时期流域社会经济发展作出重要贡献。

二、华侨与潮汕铁路集资问题

张煜南招集洋股是潮汕铁路建设过程中一系列风波的根源。事实证明，张煜南首次到香港筹资时招集的林丽生的股金来自日本三五公司，随后的线路选择、工程承包、材料购买，乃至铁路通车之后雇用日本管理人员及驾驶技术人员等问题，都是日本帝国主义势力操控的结果。那么林丽生是如何进入潮汕铁路公司的？

（一）定向认购而非公开招股

有资料显示，张煜南在香港招股时，只有林丽生和吴理卿两人应募。

> 奉劄饬后，张煜南乃南归香港招募股本。盖调查结果，知建筑费用远逾原定股额之上，而梁廷芳又以他故取消前约，故不能

① 马根：《光绪二十四年汕头口华洋贸易情形论略》，上海通商海关造册处译：《通商各关华洋贸易总册》（下卷），1898年，第75页。

不再行招募也。时应募者有林丽生、吴理卿二人。①

据光绪二十九年十二月初六（1904年1月22日）潮汕铁路公司第一次股东大会签订的集股合约载，此次集资，张煜南和谢荣光共同认股100万元（银元，下同），林丽生和吴理卿两人各认股50万元，合共集资200万元。

潮汕铁路公司集股合约②

　　同立合约字人张煜南、吴理卿、谢荣光、林丽生，今因张煜南经禀准政府，承办潮州至汕头铁路。兹愿将铁路作为合股有限公司。张煜南、谢荣光同认领股额银壹佰万元；吴理卿、林丽生同认领股额银壹佰万元；合共科银贰佰万元，以作股本，办此铁路之需。张煜南为倡建首总理，吴理卿、林丽生、谢荣光具为倡建总理。合股后，各须遵照光绪二十九年十月二十四日商部奏准原扎章程施行。所有选举总董，以及用人行事，公司商办，以绵久远。恐口无凭，各立合约一纸，分执存照。

　　　　　　　　　　　　　　　　　　光绪二十九年十二月初六日

　　　　张煜南　吴理卿　谢荣光　林丽生　钟符阶

　　　　　　张浩龙　何户　温灏　张栋南

　　林丽生、吴理卿成为潮汕铁路的大股东并成为铁路公司重要决策者是造成潮汕铁路一系列风波的关键，那么此次招股有没有公开招募，应募者是否只有林丽生、吴理卿两人？林丽生、吴理卿又是何许人？

　　林丽生，祖籍福建安溪，移居台湾，世代经商，因此跨籍为台湾台兆府人。林通日语，曾为日本大阪轮船公司买办，与日本人爱久泽直哉相

---

① 谢寿基：《本路沿革史略》，《潮汕铁路季刊》1933年第1期，第8页。
② 《潮汕铁路公司集股合约》，宓汝成编：《近代中国铁路史资料1863—1911》，新北：文海出版社，1977年，第933－934页。

熟。日本割据台湾后，林家与其他闽粤移台的家族一样迁回内地，也捐纳官职，但林丽生"暗中犹跨日籍"。时林在广州经营英芳生记百货商场，专销日货，暗中也卖鸦片，与香港鸦片商人吴理卿有往来。同时，林丽生还是日本台湾银行广州支行重要"株主"（即股东），时奉爱久泽直哉之命在广东为三五公司寻找商机。"晚生前承爱久泽直哉君命往粤东香港一带，创招商务数款，陆续办有头绪。现潮汕铁路有限公司经已开办，所有置买机器、造器工料凤及完工时应请监督雇问员、驾驶技师，已订立合同，全归爱久直泽哉君包办，均用帝国人民充当。"① 铁路工程归三五公司承包，向日本公司购买机器和用料，通车之后雇用日本驾驶技题材和管理人员，都源于林丽生受命于爱久泽直哉。

吴理卿，祖籍福建晋江灵水，为闽中著姓，侨居香港。早年毕业于香港中央书院（即香港皇仁书院的前身），是孙中山等许多国家领袖人物以及香港名人的校友。吴是新生的买办商人，从事丝绸、茶叶、银行等多种经营，是十九、二十世纪之交香港以何甘棠为代表的财团的核心人物之一。该财团于1909年3月1日香港废除熟泥（即鸦片）出口许可之前为香港政府鸦片特许经营商，长期从事鸦片专卖，积累了巨大的财富，在香港华人社会有极大影响力。

爱久泽直哉又是何许人？爱久泽直哉是日本统治台湾时担任"民政长官"的后藤新平伯爵经济方面的最高顾问，足智多谋、纵横捭阖，时为日本三五公司首脑。三五公司是义和团运动之后日本政府在"同清国社会的实际势力把持者——地方绅士合作方针"思想指导下成立的公司，总部设在台湾，时任台湾民政长官的祝辰已对公司负监督之责，前任台湾民政长官后藤新平伯爵任公司顾问。公司表面上是一个商务单位，实际上是台湾总督府经营对岸政策的机构，带有强烈的政治色彩。樟脑贸易、潮汕铁

---

① 《林丽生致日本驻厦门领事上野专一函，1904年6月15日，汕头》，宓汝成编：《近代中国铁路史资料1863—1911》，新北：文海出版社，1977年，第937页。

路、汕头水道、新加坡造林、法属东京采贝、源盛银行、东亚书院、龙岩及福建铁路都是三五公司的主要业务。日本势力一直觊觎潮汕铁路，张煜南获得潮汕铁路修筑权之前，台湾总督曾派正三品长谷川到汕头调查铁路线。"当张煜南未承力铁路之先，光绪二十九年九月，闻台湾总督尝派正三品长谷川赴汕调查铁路线，值张有是举，遂谋继合，而以林丽生为鬼偶。"①

从中国研究院经济研究所所藏档案来看，吴理卿在张煜南还没有向商部禀请之前就已参与潮汕铁路申办筹划工作，爱久泽直哉一直在谋求参与修筑、经营潮汕铁路。吴理卿、林丽生和爱久泽直哉之间一直存在关于潮汕铁路申办进展的交流，爱久泽的意见在三人当中起关键作用。

吴理卿致林丽生函，光绪二十九年十月十五日②

潮汕铁路之举，业已批准。现拟开设公司，即照有限公司章程共集股本银一百万两。各同志均甚踊跃，经有头绪，可以计期开办。但此事前与爱久泽翁谈及，渠颇注意，兹即成事，宣即告知。弟欲确知爱翁志趣若何，而后定局。该股额一百万两，弟拟留出三、四十万两之股额以与爱翁。请即与之商酌，是否合意，乞即示知。若爱翁欲减认股额，亦无不可，因各同志多具有力量，自可多派股额也。

林丽生致爱久泽直哉函，1903 年 12 月

今早阅新闻纸录登汕潮铁路事，有张煜南京堂欲向商务部谋包一节，经已飞书请理卿翁从速妥办，免致落在他人之手。现在全无接理翁信，不知各事如何？已打电，其回如无实在消息到

---

① 林忠佳、张添喜主编：《〈申报〉广东资料选辑 6 （1902—1907.6）》，1995 年，第 226 页。
② 宓汝成编：《近代中国铁路史资料 1863—1911》，新北：文海出版社，1977 年，第 932 – 933 页。

厦，晚候大人回厦，定必亲往香港追商、以免延而误事。

[又函，1903 年 12 月 7 日 1]

　　前书写就方要付邮寄时，忽然接到香港理卿翁来信（见前），并批准汕潮铁路章程寄公事一副。兹将原件抄好附呈，到请查阅。但此事可望成局，请阁下至鉴。……但此次禀准，乃系张煜南名字。今既是理卿翁所用他之名而为，难怪新报直书是他做也。晚初时以为张煜南京堂是另外一路，不是同路之人，故有赶信达知香港。既今得理卿翁函，始知是合伙同事，真妙之极也！各事候大人回面商，如何？此时晚已先飞信请理翁按住不动，以候大人之消息就是。

　　至于广东总督岑宫保，与晚之舍弟系好友。今阅盛大臣批语，仍候商岑总督一节，此事亦易助成。应用舍弟写信。托他之处，他日同理卿翁商量亦合也。①

　　在张煜南筹备申办潮汕铁路时，吴理卿通过梅县人温激认识张煜南。②由上述函件内容可知，在潮汕铁路首轮集资中，吴理卿得到一半股额，分量为 100 万元。吴又按他与林丽生和爱久泽原来的计划，分出部分给爱久泽。"该股额一百万两，弟拟留出三、四十万两之股额以与爱翁。"至此可见，张煜南并没有真正向香港和南洋华侨公开招股，而是直接把 4 位召集人之外的 100 万元的额度给了吴理卿和林丽生，吴、林入股潮汕铁路有限公司是通过定向认购而非公司公开招股实现的。林丽生入股潮汕铁路有限公司的 50 万元来自爱久泽直哉，一切行动听从爱久泽指挥。

　　林丽生成为潮汕铁路公司倡建总理之后，联合吴理卿成功实现采用日本工程师佐藤兼之辅选择的人口密集的甲线、工程交由日本三五公司包办、

①　宓汝成编：《近代中国铁路史资料1863—1911》，新北：文海出版社，1977 年，第933 页。
②　林忠佳、张添喜主编：《〈申报〉广东资料选辑 6（1902—1907.6）》，1995 年，第226 页。

从日本购买枕木和客车且铁路建成之后高价雇佣日本技术人员管理运营铁路等目的。日本势力通过吴理卿和林丽生渗入潮汕铁路有限公司并控制公司，潮汕铁路被日本帝国主义势力钻空子与张煜南没有公开招股有直接关系。

（二）逃避风险和寻求保护

由于林丽生"暗中犹跨日籍"，日本《支那杂志》《日华新报》等媒体随即宣称潮汕铁路为该国势力范围。这引起潮汕留日学生的注意，他们经过调查，发现林丽生为日籍的事实，于是发起维护路权的运动。学生一方面上书商部和两广总督岑春煊，另一方面联系潮属绅商，又利用媒体、发传单等方式，揭露林丽生身份。在这种情况下，潮汕铁路有限公司在《岭东日报》连续发文为林丽生和公司行为辩护。"若以台湾已隶日本，即目之为洋股，是岂港澳及东西南洋各埠，数百万华商皆不许为我中朝之赤子乎？"①

张煜南为什么要引狼入室？《本路沿革史略》载：

> 本路创办之初，原定集资一百万两，以资经营。经具备章程，呈报核准有案。嗣港局成立，查工程材料所需用款，超出预算甚远，于光绪三十年二月，再禀农工商部核准，招足股本二百万元。是时应募者有林丽生五十万元，吴理卿廿万元，合煜南、鸿南、荣光各二十五万元，共一百四十五万元。汕局开办后，又招得张宗煌廿五万元。迨勘测线路之后，估定工料各款，需一百八十余万元。而潮汕地价又甚昂，预计非有六十万无不能购就应用地亩。又于是年九月，呈请邮传部核准，招足股本二百五十万元。（光绪三十一年，招得黄福基等三十万元）②

---

① 《潮汕铁路公司告白》，《岭东日报》，1905 年 9 月 19 日，转引自陈海忠、黄挺：《地方商绅、国家政权与近代潮汕社会》，广州：暨南大学出版社，2013 年，第 29 页。
② 谢寿基：《本路沿革史略》，《潮汕铁路季刊》1933 年第 1 期，第 8 页。

据此文看，潮汕铁路有限公司第一次招股实际只筹集到145万元，远不足需要的200万元。光绪三十年农历三月二十日（1904年5月5日）汕头局开办之后，又招得旅泰海阳县籍富商张宗煌25万元。至此，潮汕铁路公司实际招股额为170万元，仍然不足所需的200万元。勘测线路有限之后发现需要继续筹资至250万元，缺口很大。由1905年9月商部公布的《潮汕铁路有限总公司股份人名册》可知，其时张煜南、张鸿南共投资50万元，谢荣光26万元，林丽生50万元，吴理卿50万元，张宗煌25万元，黄福基40万元。[1] 可见，尽管所集资金一直不敷工程所需，但是张氏昆仲和谢荣光都没有增加投资，这跟他们原来办路的热情有所不同。是没有资金可以投入吗？抑或有其他什么原因？关于这问题广东留日学生有自己的看法：

> 查张煜南前禀允该路回潮时，道经香港，有奸人进言，谓朝廷惯于失信，例如收回电报局等事。且内地风气未开，恐生阻力，非藉洋势保护不可。张之在香港与林丽生、吴理卿二人立约合办。林家隶台湾，且为日本洋行买办，故日人利用之以为傀儡。[2]

那么当时张氏昆仲和谢荣光到底有没有能力增加投资？情况又是否如学生所言呢？

学者研究显示，自十九世纪七十年代开始，张煜南在印度尼西亚苏门答腊岛与张弼士合作开办笠旺公司，从事橡胶、咖啡、椰子、茶叶的种植和经营；又创办"万永昌"商号，经营各类商品，皆取得巨大成功。后两人又合作开办日里银行，逐渐控制当地金融。同时，张煜南还取得当地

---

① 《潮汕铁路有限总公司股份人名册》，《申报》，1905年9月9日。
② 《广东留日学生致岑春煊书》，宓汝成编：《近代中国铁路史资料1863—1911》，新北：文海出版社，1977年，第940页。

酒、当、赌和鸦片等项的饷码专利，获得巨大财富。"历经十余年锐意经营，资产总额累计达数千万荷盾，成为该埠华侨中之巨擘。张榕轩逐渐成为棉兰公认的华侨头面人物。"① 1897 年，张弼士应清政府之邀回国商议筹办中国通商银行时，张煜南的弟弟张鸿南受其委托，成为张弼士在南亚企业的全权代理。"这样，张氏兄弟顿时声名显赫，一跃成为东南亚拥有实力的财团富豪之一。"1898 年，张鸿南与张弼士合股在巴达维亚、亚齐创办"裕昌"和"广福"两个远洋轮船公司，经营客运与货运，同样取得成功。② 谢荣光的父亲谢益卿十九世纪四十年代即远渡南洋谋生，在荷属坤甸不远的山口洋埠开办"双生栈"商号，经营土特产进出口业务。谢荣光南渡后，父子俩勤奋协作，生意迅速发展，很快在荷属棉兰、泗水，英属槟榔屿、吉隆坡，以及香港等大商埠开设分支行号，购销业务达粤东、香港和英属马来亚、荷属东印度多地。他又开办种植公司，种植橡胶、胡椒、咖啡、药材等，同时又大规模投资锡矿业，皆取得成功。"谢益卿、谢荣光父子在商业和垦殖业发展起来后，又投资于采矿业。他们先后在英属殖民地马来亚的怡保、霹雳、吉隆坡开办锡矿场三处，生产最旺盛时期，月产锡锭千余吨，居当时南洋华侨所办矿业之首位。"③ 至二十世纪初张煜南申请修筑潮汕铁路时，张氏昆仲和谢荣光皆拥有巨额财富，名扬南洋华侨社会。可见他们没有增加潮汕铁路投资是不为而非不能。

那么其中的原因又是什么？据留学生言，"朝廷惯于失信"和"内地风气未开"是张氏、谢氏所担心的。商人投资需要有稳定的国家政策和社会环境，反观晚清历史，国家政策飘忽不定，社会环境面临种种问题，如

① 张晓威：《张煜南：19 世纪末晚清驻槟榔屿的副领事与华人社会领袖》，聂德宁、李一平、王虎主编：《中马关系与马来西亚华人研究国际学术研讨会论文集》，厦门：厦门大学出版社，2013 年，第 245 页。

② 黄浪华主编：《华侨之光：张榕轩张耀轩张步青学术研讨会文集》，北京：中国华侨出版社，2011 年，第 271 页。

③ 广东省梅州市梅县区松口镇志编纂委员会编：《松口镇志》，北京：方志出版社，2017 年，第 53 页。

中月甲午战争之后奖励民间私人资本投资设厂政策在戊戌政变后很快流产。修筑京津铁路时，因为"通邑居民多以操舟运米为糊口之资"，修铁路将对他们的生计造成影响，李鸿章等人准备把铁路接至北京时，通州居民群起反对；准备修筑天津至通州铁路时，"天津有万余贫民在傅相衙门跪求请罢是举"，李鸿章只好奏停修筑此路。① 东北地区的义和团运动一开始就把主要矛头指向东省铁路和各种殖民机构。这些情况都是商人投资所必须面对和考虑的，张氏昆仲和谢荣光没有增加投资确实有躲避风险之嫌。

　　寻求保护当是另一个原因。张煜南到达香港之后立刻联系吴理卿，商定给他 100 万股额。② 吴理卿为以何甘棠为代表的香港财团的核心人物之一，在香港华人社会有极大影响力。张煜南要与吴理卿合作，势必对吴理卿的背景有所了解，这是常识。把股额的一半直接交给吴理卿，而不是公开招股，显然有寻求吴背后势力保护之意。潮汕铁路汕头局成立之后聘请了汕头著名绅商、怡和洋行买办萧永声为潮汕铁路购地总办。"创办伊始，事绪纷繁。所有购地一切章程，在在需贤佐理，而尤非名望素隆才识兼优之巨绅出为襄助，不足以资表率而化群情。"③ 萧永声为清末汕头著名实业家萧钦的儿子。萧钦 1892 年创办汕潮揭轮船公司，在汕头至潮阳和汕头至揭阳之间经营客货运。他后来又与别人合资开设汕头、揭阳怡和庄银，发行钞票；开办汕头船务行、华资卷烟厂、榨油厂等企业。光绪年间汕头市区填海扩容时，萧钦斥资 20 万银元，向汕头基督教浸信会购得镇邦街礼拜堂外左右海滩，续建至安、怡安、阜安、镇邦等街道下段至海乾内街的楼房、铺屋和仓库，是清末汕头最著名的房地产开发商。萧永声时为三品衔花翎湖北补用道，有功名、有资产、有经验、有人脉、有口碑，潮汕铁路有限公司聘其为购地总办，显然看中其在潮汕地区的名望和影响，这一做法与同吴理卿合作道理相同。

---

① 《申报》，1887 年 7 月 10 日。
② 由光绪二十九年十月十五日（1903 年 12 月 3 日）吴理卿致林丽生函可知。
③ 《请总办潮汕铁路之照会》，《岭东日报》，1904 年 5 月 14 日。

三、结语

我国民营铁路是在清政府极度孱弱、帝国主义疯狂瓜分中国、东西方殖民者疯狂掠夺我国资源、清政府希望通过变革实现自强的大背景下诞生的。"藉商办以保主权"是民营铁路修筑的初衷，华侨资本是闽粤两省民营铁路建设资金的重要来源，显示了闽粤华侨的家国情怀。但在实际操作中，由于社会动荡不安，政策的不稳定又让华侨心存杂念，担心血本无归，不敢放开手脚。同时，修筑铁路过程中的拆庙迁坟、占用田园，对民众观念造成极大冲击。铁路带有垄断性质，蕴藏着巨大利益，也是各方势力争夺的焦点。种种矛盾给帝国主义势力暗中渗入控制铁路建设和运营提供了钻空子的机会，所以民营铁路建设并不是一帆风顺，也不能尽如初衷。

张榕轩与晚清新政的招侨引资[*]

魏明枢①

　　清末新政一般被认定是二十世纪初年的改革，甚至被称为"黄金十年"，但晚清之新政显然不应局限于此十年间。洋务新政、戊戌新政和清末十年新政都同样属于重要的"新政"，应当被纳入一个轨道，将鸦片战争之后的晚清改革贯穿起来。从更高、更宽的全球史的视角看，晚清新政是中华民族被迫从其传统的天朝上国逐渐转型为近代民族国家的历史进程，它早已被普遍认定是"三千年未有之变局"。

　　探讨晚清历史人物时，学者显然不应视晚清新政为狭义的特定事件，而是以之为中华民族历史长河中的一个小阶段。张榕轩几乎经历了这一整个时代，他经历了由微至显的历程，进而逐渐成长为晚清新政的重要代表。他从南洋参与晚清外交新政，进而回国投资创业，参与中国的近代化建设，他应时地成就了大事业。毫无疑问，张榕轩是一个需要给予特别关注的典型历史人物，学者需要从全球史的视角对他作全面的探讨。

　　事实上，自回国创业，如创建潮汕铁路始，张榕轩便受到不少赞誉，至于其去世后更是受到了高度关注和赞赏，许多挽联给予其各种积极评价，论者甚至以其《荣哀录》探讨其社会关系②，所有这些都可以看作是关于张榕轩的一种特别研究。其后人亦多有回顾性的介绍文章，或者是口

　　* 本文是《广东华侨史》工程专题研究项目、广东省哲学社会科学"十二五"规划 2014 年度特别委托项目"印尼客家华人研究"（项目编号：GD14TW01－25）阶段性成果之一。
　　① 魏明枢，广东梅州人，嘉应学院政法学院历史学教授，主要从事中国史和华侨史研究。
　　② 黄贤强、白月：《从〈张榕轩侍郎荣哀录〉看张煜南的跨域人际网络》，张禹东、庄国土主编：《华侨华人文献学刊》（第一辑），北京：社会科学文献出版社，2015 年。

耳相传的诉述，这些都可作为资料和思考。后世史家亦给予其 极高的关注，如他创建潮汕铁路之历史已受到了深入而充分的研究。[①] 诚然，其研究有待进一步发展，需要作传记式的全面探讨。本文将聚焦于其清末十年在国内的企业投资，作概括性的宏观探讨。

一、应景招侨引资政策

继张弼士担任驻槟榔屿领事让张榕轩开始实质性融入晚清政府的新政改革中，也让他更早进入晚清政府的改革圈子中。作为驻槟榔屿领事，迎来送往显然是必要的，客属领事们都迎接了大量的清朝官员。地处中欧交通要道，地处大英帝国东方殖民地和荷属东印度的关键节点上，他们自然是要迎送这些来往中欧间的官员的。这些迎来送往自然也能够为他们积聚不少人气，让他们有了在晚清政府内部"露脸"的机会，可以说，他们已经由此走进了晚清中国新政改革的大圈子里了。

历史总有其基本的大趋势，晚清中国汇入西欧主导的全球性发展的大趋势，与世界各地一样不可避免。晚清政府的改革也总是若隐若现地体现出这个潮流，直到辛亥革命后民主共和政治实现。张弼士与张榕轩显然适应了这个形势，即使他们一开始处于中国主体发展的边缘，却终因其历史大趋势而愈发进入其核心。

设立领事属于外交新政，现代经济建设属于经济新政，两者同属于晚清新政的范畴。如果说，担任领事只是他们在海外的边缘性介入，那么，适时响应晚清政府招商引资政策及其实施，成为最重要的侨商和侨资代表，便使他们进入了改革大局的核心层面，深受瞩目，进而成就了辉煌的人生。

中日甲午战争后，洋务派的自强运动受到了极大的打击，在浓厚的沮

[①] 颜清湟著，吴凤斌译，柳明校：《张煜南和潮汕铁路（1904—1908 年）——华侨在中国现代企业投资实例研究》，《南洋资料译丛》1986 年第 3 期，第 133 – 140 页。

丧氛围中，许多人在反思，痛定思痛，然后进一步强调加强兴办现代产业，特别是将铁路等当作国防现代化的重要一环，强调改变从前的建筑思路，强调所谓的"招商引资"，特别是"招引侨资"的重要性。光绪二十一年六月庚寅日（1895 年 8 月 11 日），上谕强调：

> 南洋各岛暨新、旧金山等处，中国富商在彼侨寄者甚众，劝令集股，必多乐从。
>
> 遴派廉干妥实之员，迅赴各该处，宣布朝廷意旨，劝谕首事绅董等设法招徕。该商人如果情愿承办，或将旧有局厂，令其纳贳认充；或于官厂之外，另集股本，择地建厂。一切仿照西例，商总其事，官为保护。若商办稍有不足，亦可借官款维持。其办理章程应如何斟酌尽善，以杜流弊之处，即着该督抚等悉心妥筹。①

上谕鼓励积极引进利用侨资，规定了其原则、形式，及办法、步骤等，被认为"标志着清政府引进侨资兴办实业政策的正式出台"。中日甲午战争后，清政府在已经难于继续其官办企业的背景下，进一步认识到商办的重要性，进而将眼光投放到华侨商人上，以为华侨商人之资金有着极大的潜力，企图以之补充国内资金之短缺。

一方面是缺乏资金，另一方面则是缺乏商业人才，清政府认为："历年商业不振，外权内侵，皆由于倡率无人。"② 张榕轩和张弼士等客属侨领、华侨富商与清政府高官有着较早和较多联系，又有着强烈的政治参与意识，他们也因此成为清政府积极招徕的重要对象和目标。正是在此基础上，张弼士进入了盛宣怀、张之洞等洋务要员的视域，甚至被他们有意识

---

① 朱寿朋编，张静庐等校点：《光绪朝东华录》（四），北京：中华书局，1958 年，第 3637 - 3638 页。

② 刘锦藻：《清朝续文献通考》（卷379），杭州：浙江古籍出版社，2000 年，第 11257 页。

地树立为标杆性的招侨引资对象，其中显然有着被打造和包装的内涵。

在中日甲午战争之后的几年里，张榕轩显然没有更多进入清政府高层的机会，这是张弼士的时代。中日甲午战争的失败让以张之洞为代表的洋务高官特别重视铁路建设，以之为国防工业现代化的重点，进而不惜借洋款以建设，并得到清廷的肯定。于是，张弼士成为他们招侨引资的幌子而开始正式进入洋务企业建设，参与卢汉铁路及中国通商银行的筹建。光绪二十二年（1896），清政府成立铁路总署，张弼士受盛宣怀等的重视而积极参与国内铁路等企业建设，形成了强大的"侨商品牌"，也受到清廷的高度重视。

毫无疑问，张榕轩与张弼士是一起的，是其拥趸，共同进入晚清政府的经济与国防现代化改革领域。与此同时，张榕轩与张弼士一样，积极捐银助赈，进而展示其经济实力，成为被积极招徕拉拢的对象。清政府以其"身家殷实，内向素坚"①，"经验既多，信用尤著。其办事之认真，身家之殷实，不亚于张振勋"②。论者指出：

> 先生生长内地，祖国观念常切于怀，时值多故，筹饷孔亟，先生以新海防例及陕西筹赈、顺直赈捐案内叠助钜款。清廷嘉公爱国，由同知擢升知府，指分江西试用，时一千九百零一年，即清光绪二十七年事也。③

显然，张榕轩直到二十世纪初才开始捐款提升官衔至知府，捐款和捐官事虽统一，其意义却不能完全以个人的"官本位"解释之，更应当看到其公益慈善中的"内向"和政治之"参与"的热情。事实上，直到奏请建潮汕铁路之后，张榕轩在国内之影响力才急剧提升。

---

① 《光绪朝录副奏折》562 卷 000720 号。
② 刘桔红：《晚清华侨投资国内行业状况分析》，厦门大学硕士学位论文，2007 年。
③ 亚灿：《张鸿南先生家传》，《南洋华侨杂志》1922 年第 1 期，第 2 页。

二、筹建潮汕铁路

直到庚子之役后，清政府才开始大张旗鼓地进行现代企业建设，以张弼士为代表的侨资受到了进一步的重视而被积极鼓励和招徕。张弼士受到慈禧太后和光绪皇帝的接见，并奏上其《商务条陈》。在张弼士的建议下，清廷加速设立商部，以主持晚清经济新政，进而大规模铺开招侨引资政策。张弼士《招商兴办铁轨支路》等建议得到了商部的高度响应，铁路商办等招商引资政策陆续出台。[①] 正是在此背景下，张榕轩跟着张弼士进入国内实业投资行列，进入全国性的现代铁路企业投资领域。

有人提出，张榕轩是受到张弼士的邀请，才回国兴办铁路。张榕轩任职于清政府与回国投资创业，显然都与张弼士有关。他继张弼士任驻槟榔屿领事，与张弼士长期密切合作。无论是否受张弼士影响，在清政府确定商办铁路支线政策之后，张榕轩都首先响应，投资兴筑潮汕铁路。

张榕轩对于筹建潮汕铁路应当是非常有信心的，也有着非常高的期望。此前很长时期里，张榕轩与张弼士一样，跟晚清政府的共事合作都显得如此和谐自然。他在南洋便受到清廷重视而出任驻槟槟榔屿领事，此后因捐款等屡获嘉奖，已获"四品京堂候补"等头衔。他的阅历足以让他对清政府产生好感和留下美好印象。

张榕轩回国投资当然不仅仅出于所谓的民族主义情感，而是带着强烈的信心而来的。张弼士就是他最重要的信心来源。张榕轩当然知道张弼士在二十世纪最后十多年间与晚清政府经济活动的紧密关联，也一定非常清楚张弼士在国内的经济活动。毫无疑问，张弼士在国内的经济投资与经营一定给张榕轩带来了巨大的影响，其影响一定是非常良好的，以致他在国内的投资一出手就是大手笔——事实上，铁路等现代企业的投资必定是大

---

① 魏明枢：《张振勋商办铁路的思想及其历史影响》，《嘉应学院学报》2008 年第 1 期，第 18－20 页。

手笔的，故张弼士、盛宣怀等人向清廷强调，筑铁路必先成立银行，才能集资助建。

张榕轩也确实应当有足够的信心。事实上，张弼士在国内的实业投资与铁路建设确实值得给予高度的肯定，他与盛宣怀长期合作，从事国内的铁路等现代实业投资与建设，其成效是可观的，其事业是顺风顺水的。张榕轩与张弼士共同在南洋投资航运业与银行业，而铁路交通与银行金融是真正的现代化产业。潮汕铁路也肯定与张弼士筹划的广厦铁路相关联，或者说，潮汕铁路从开始就是作为广厦铁路的支线而规划、筹建的。所有这些都不会让他感到悲观。

张榕轩的投资信心也与清政府的高度认可和大力支持紧密相关。光绪二十九年（1903），张榕轩奉旨入京，并奏请筹办潮汕铁路。① 商部认为，这是华商承办铁路之嚆矢，乃"首先倡导"，为兴商便民之举②，"有益大局，实非浅鲜"，因而要求广东各级政府"所有该绅办理勘路、购地、运料、兴工一切事宜，妥为照料。毋得稍存膜视"。③ 慈禧太后的接见更是崇高的荣誉，他整理记录的《张京卿奏对纪实》和《张京卿第二次奏对纪实》，也表明了他的感恩之情。

之所以选择潮汕，笔者多强调其要连接到梅州。事实上，潮汕铁路确实是因应华侨投资意愿的选择。当年，张弼士回南洋招商兴办卢汉铁路的时候，华侨便普遍反映，对在侨乡之外的铁路建设不感兴趣。显然，侨乡和侨资坚定了张榕轩投资潮汕铁路的信心。汕头商务繁荣，他们在汕头也多有投资，如汕头日里银行。潮州到汕头九十余里（四十至五十千米），水运不畅，与上游的梅州、龙岩之关联也很紧密。韩江水域都属于重要侨

---

① 《邮传部第次路政统计表》，《潮汕铁路沿革概略》，《光绪朝录副奏折》533 卷 1725 号，邮传部档案·路政·案卷 40。

② 《清德宗实录》（卷 522），光绪二十九年（1903），第 16–17 页。

③ 朱寿朋编，张静庐等校点：《光绪朝东华录》（四），北京：中华书局，1958 年，第 5112 页。

乡，各侨领应当也是认同修筑铁路的。

基于足够的信心和期望，张榕轩从开筑伊始便不遗余力、全力应对。这是中国国内第一条完全商办的铁路，万事起头难，其困难更是可想而知。主要有以下三个：一是筹集资金。筹建总预算金额为300万银元，张榕轩、张耀轩、谢荣光、梁廷芳等侨商热烈支持响应，四人各出25万两，共集100万两，林丽生认50万元，不足之数由张氏兄弟补足。二是排斥日资。开始认股时情况还是相当顺利的，但后来日资问题让张榕轩大费周折。列强总是企图通过商品和资本输出达到控制中国经济建设的目的。日本便利用旅台的厦门籍人林丽生渗入资金，并掌控铁路建设，以致舆论哗然，张榕轩不得不加大出资而收回其股金。三是民众关系。从一开始，张榕轩便极力注意要处理好与沿线民众的关系，葫芦市风波之后，[①] 这些关系与中外关系绞在一起而更加敏感，既耗费资财和精力，还要政府强力介入才能解决。

光绪三十年（1904）四月，潮汕铁路公司正式成立，张榕轩出任董事长。同年9月28日正式动工兴建，光绪三十二年（1906）干线全部竣工，11月25日正式通车。1908年继筑意溪支线，总长42.1公里，实际投资总额达302.58万元。[②]

潮汕铁路是中国现代化建设史上的重大项目。有论者强调，中国有商办铁路，自潮汕路始。[③] 有论者甚至认为，潮汕之称呼亦自此铁路始。研究者普遍认为，潮汕铁路促进了潮汕地区的发展，方便了潮汕以及韩江中上游、闽赣边区民众的交通。潮汕铁路于1939年被日本侵略军炸毁，共营运了33年，其间所产生的经济效益和社会效益都受到了高度的肯定。

---

① 陈海忠：《从民利到国权：论1904—1909年的潮汕铁路风波》，《太平洋学报》2008年第10期，第85－94页。

② 陆集源：《我国第一条外商投资建设的铁路——潮汕铁路》，《交通世界》1994年第3期，第31页。

③ 邝国祥：《槟城散记续集》，新加坡：新加坡世界书局有限公司，1957年，第90－91页。

张榕轩是晚清现代企业建设的重要先行者，其所主持投资兴建的潮汕铁路已载入史册。事实上，潮汕铁路自其倡筑开始便受到了极高度的关注，有关的报道和档案材料较多。一个多世纪以来，其研究已经非常多而深入，体现出张榕轩及其筹建的潮汕铁路的重要历史地位。

三、参与南洋劝业会

潮汕铁路建成后，张榕轩展示了作为华侨富商的财力和魄力，其公众形象也正式确立。清廷授予张榕轩"三品京堂候补"，加官晋爵后，他更加紧密地融入中国内地的现代经济建设，受到了中国内地希望发展工商业经济的官员的认可，参与南洋劝业会是其中最为突出的事件。张榕轩可能不是劝业会开始时的典范，结束时却最受瞩目。

随着工业和科技革命的进步与发展，各种产品愈来愈丰富，展示产品和技术、拓展渠道、促进销售、传播品牌的会展业开始产生和发展。博览会规模庞大、内容广泛、展出者和参观者众多，因而能有效促进社会、文化以及经济的发展。博览会乃近现代实业发展的必然结果，是工业文明的重要产物。

随着洋务运动的发展，近代工业经济在中国逐渐兴起和发展，西方的一些工业理念逐渐进入中国，会展业便是其中之一。张弼士是"商战论"的重要代表，他曾强调说：中国地大物博，出产尤多，若能制作精良，必可抗衡外货。① 光绪二十九年（1903），慈禧太后和光绪皇帝接见张弼士，并且接受他举办南洋劝业会的建议，这是南洋开始萌芽。光绪三十四年（1908），时任两江总督兼南洋通商大臣端方与江苏巡抚陈启泰联名上奏《筹办南洋劝业会折》，奏请在江宁（南京）创办南洋劝业会（因南洋通商大臣而称南洋劝业会），"以振兴实业，开通民智"，得到清廷准奏。

393

---

① 郑观应：《张弼士君生平事略》，沈云龙主编：《近代中国史料丛刊》（第 75 辑），新北：文海出版社，1985 年，第 15 页。

经过两年筹备，南洋劝业会于宣统二年农历四月二十八日（1910 年 6 月 5 日）在南京丁家桥开幕，十月二十八（11 月 29 日）闭幕，历时近半年，有 30 多万中外参观者，约百万件展品，商品总成交额数千万银元，参展方单位有中国各省市、欧美和东南亚各国，会场建筑大多仿照欧美风格，展会投资成本耗银 150 余万元，会场面积 700 余亩。

华侨是南洋劝业会积极而重要的参与者，张榕轩和张弼士都是其中积极而重要的参与者，学界对其影响已多有研究。张弼士作为南洋劝业会的首倡者，当时任广东商会负责人，被推选为广东出品协会总理，又发起全省教育产品展览会。他积极组织落实，大力筹集展览产品，并且取得了很好的效果。[①] 张榕轩及其兄弟张耀轩亦有非常重要的参与及其影响。张耀轩试图在雅加达开办南洋劝业会分会场，专门陈列华侨和国内产品。

南洋劝业会是晚清举行的一次规模庞大的博览会。论者多强调，南洋劝业会奠定了中国近代博览会的基础，它让国人打开了近代文明的眼界。南洋劝业会有着强烈的振兴工业经济和经济自强的企图，被寄予"振兴实业，裕课养民"的强烈意蕴，"是博览会之利益，固已尽人知之"。但将资本主义的实业发展寄托于展会，显然是本末倒置了。

南洋劝业会自然有其重大的时代意义和历史意义，给人许多启迪。展会毕竟需要主客观条件，需要发达的近代工业经济和品种繁多的制造业产品。当时的中国近代工业经济显然未能支撑这种大型博览会的产品需求，南洋劝业会虽未实现其"振兴实业"的实际经济目标，"开通民智""引领风气"的先导作用却相当明显。

南洋劝业会也是一次引进资本主义新事物的尝试，当时虽然主观意愿强烈，有着高涨的热情，却经验欠缺，也就不可避免地出现经营不善而亏空的情况。宣统二年（1910），南洋劝业会结束后，张榕轩承担了展会亏

---

① 魏明枢：《张弼士传略》，《客家研究辑刊》2011 年第 2 期，第 137–146 页。

空经费：以 10 万元报销会场善后经费，以 20 万元承领会场地基屋宇。①学界对南洋劝业会已有许多研究成果，张榕轩承担亏空的所谓"报效义举"尤受关注。

四、受聘南洋招商引资

宣统元年（1909），两江总督端方便举保张榕轩为考察南洋各埠商务大臣并经营长江一带实业。同年，驻藏大臣联豫亦曾准备函约南洋商人胡国廉、张榕轩、黄福基、戴喜云、黄景堂等设立公司，到西藏开采矿山，虽终清之世，这一措施也没有落实②，却表明了晚清政府发展经济中对张榕轩等南洋富商的期望。

张榕轩的捐款解决了南洋劝业会的亏空，因此，他除了被授予设公司经营特别优惠之外，还受到了清廷上下的赞赏和重视。这是张榕轩高光的时刻。南洋劝业会结束后，他受到两江总督和江苏巡抚更高的礼遇。他此时"恩荣稠叠，无可再请"，已经是侍郎衔头品顶戴，两江总督张人骏却依然以"张煜南等报效巨款承领劝业场"而奏请清廷给予奖励，请求让张榕轩以南洋劝业会场地开设市场，并给予经营优惠："十年内免其缴租及其一切厘金杂捐，以示优异。"③

宣统三年（1911）初，两江总督张人骏会同江苏巡抚程德全奏请特派候补三品京堂张榕轩考察南洋华民商务，以招徕华商经营实业④，其中说：

> 江南劝业会地基馆院，由候补三品京堂张煜南等捐资承领，

---

① 乔兆红：《开一时之风气　策异日之富强——论1910年南洋劝业会》，《历史教学》（高校版）2008年第9期，第13页。

② 赵云田：《清末西藏新政述论》，《近代史研究》2002年第5期，第117页。

③ 《光绪朝录副奏折》562卷000811号；张人骏：《张煜南等报效巨款承领劝业场请奖由》，宣统三年正月十一日（1911年2月9日）。《光绪朝录副奏折》562卷000813号；张人骏片。见汪敬虞编：《中国近代工业史资料》（第二辑），北京：科学出版社，1957年，第1008页。

④ 刘锦藻：《清朝续文献通考》，杭州：浙江古籍出版社，2000年，第11417页。

另辟市场，若乘机畀以事权，饬令纠集公司，兴办农林工艺，并开采矿产，商出资本，官任保护，数年之后，人民生计必舒，国税亦可期增入。查候补三品京堂张振勋，前由商部奏奉派充考察外埠商务大臣兼督办闽广农工路矿各事宜，已有成效可观。张煜南久居南洋，经验既多，信用尤著，仰恩特派考察南洋各埠商务并招集华商经营长江一带各种实业。①

显然，张人骏与程德全都已经以张弼士的先例强调侨领回南洋招商引资的可靠性和有效性，进而强调张榕轩"久居南洋，经验丰富，信用尤著"，建议赋予其考察南洋各埠商务，以招侨引资开发、经营长江一带实业的重任。② 显然，这是对张榕轩善后南洋劝业会的感谢，也带着极高的期望。

宣统三年正月十二日（1911 年 2 月 10 日），农工商部奉朱批议复，认同张人骏与程德全的建议：

> 伏查农林、工艺、矿产为今日刻不容缓之要图，而长江一带尤属财赋之区，各种实业正宜次第扩充。如能经理得人，裨益实非浅鲜。候补三品京堂张煜南，久居南洋，实验经验，若派往南洋招集华商经营长江一带实业，必有成效可观，拟请准如该督抚所请，以资提倡。③

---

① 《农工商部奏议复江督等奏请派张煜南考察南洋商务并招集华商经营实业折》，《南洋群岛商业研究会杂志》1911 年第 4 期，第 54 – 55 页；《农工商部奏为议复张人骏奏派张煜南考察南洋商务折》，中国第一历史档案馆编：《清代中国与东南亚各国关系档案史料汇编》（第 1 册），北京：国际文化出版公司，1998 年，第 26 页；《政治官报》（第 41 册），宣统三年正月十五日（1911 年 2 月 13 日），第 136 页。

② 《本部奏议复江督等奏请派张煜南考察南洋商务并招集华商经营实业折》，《商务官报》1910 年第 25 期，第 5 页。

③ 《农工商部奏议复江督等奏请派张煜南考察南洋商务并招集华商经营实业折》，《南洋群岛商业研究会杂志》1911 年第 4 期，第 54 – 55 页；《农工商部博硕奏为议复张人骏奏派张煜南考察南洋商务等事折》，宣统三年二月初七日（1911 年 3 月 7 日）。

农工商部强调长江一带实业确实需要找到合适的人去开发和经营，又高度认可张榕轩的招商和经营能力，特派其招集南洋华商经营长江一带各种实业，这是"经理得人，裨益实非浅鲜"，而且具有"提倡"意义。宣统三年二月初七日（1911 年 3 月 7 日）奉旨依议钦此。

张榕轩"以振兴长江南北工商实业为己任"，回南洋劝募。宣统三年七月二十二日（1911 年 9 月 14 日），他在棉兰"无疾遽卒，年六十有二"①。清廷朱批着照二品京堂例赐恤②，并派其子张步青来南京接收承领劝业会场地段，布置一切，由其弟张鸿南代办考察南洋商务大臣事宜，继续办理劝业会善后事宜及南京等处工商实业。③

南洋劝业会由客商张弼士肇始，张榕轩收尾。生荣死哀，张榕轩死后，国人均为之惋惜，中国各界给予盛大的悼念。从其去世之后，便不断有纪念文章，其挽联成为对其评价的最好注脚。有挽联强调："考察未终，实业待振，朝野方属望，倏尔噩传桑梓，公魂应向国家还。"④ 张榕轩的骤然病逝打乱了清政府的期望与设想⑤，其肩负的振兴长江一带实业的重任也转移给了弟弟张耀轩。

派张榕轩到南洋招商属于晚清新政经济改革的重要事例，是晚清各级政府急于发展经济的重要体现。张榕轩是当时颇受瞩目的华侨大资本家，被政府寄予殷切的期望，这当然是无可厚非的。但是，将国家发展寄托于某些商人，而不是国民整体，这是不清醒的，也不切实际。打倒帝国主义等旧势力而拯救国家，这不是个人或者一部分人的事，而是需要打一场伟大的人民战争，进行一场伟大的革命。人民的汇聚，然后国家能立。伟大国家总是因其人民汇聚而成。

---

① 汤寿潜：《张君榕轩别传》，《南洋华侨杂志》1917 年第 2 期，第 16 页。

② 《光绪朝录副奏折》562 卷 000849 号：张人骏片。

③ 《政治官报》（第 42 册），1911 年。

④ 祝秀侠：《张煜南　张鸿南·华侨名人传》，台北：文化事业股份有限公司，1884 年，第 261 页。

⑤ 《张煜南逝世》，《时报》，1911 年 8 月 5 日。

五、二十世纪初中国实业界的闪亮巨星及其形成条件

本文并非微观讨论张榕轩的创业艰辛，而是从宏观视角关注其外部的关联点。多年前，笔者在"结识"张弼士的时候就经常"遇到"张榕轩，不过从没有深入交往和交谈，如今仍然只是远望而不是交谈。事实上，认识一个人需要去看他的朋友圈，包括其一同前行者，也包括后来研究者，他们都是最熟悉情况的人，无论是否"知心"，也无论是"对手"还是"朋友"。

张榕轩是晚清历史上一位值得予以重点关注的历史人物。他所创立的事业也自然不止于潮汕铁路，其与清政府的关联才是真正让他闪耀于历史星空的根本因素。他因"贫驱奔走南洋，忽宦忽商"，所谓游走于宦与商之间，他显然可以归入"红顶商人"的行列。一个人因能力突出而优秀，但只有与其他人一起变得优秀，才能够变得伟大。一个人只有融入民族国家的伟大建设、顺应时代发展的历史趋势，然后才能够建立真正的伟大功勋，从而成为足够分量的历史人物。历史人物都是汇聚许多个人力量而形成的"巨人"。

张榕轩与张弼士是客家侨商的最典型代表，他们在晚清新政的大背景下共同在南洋创业，又共同走进晚清政府的改革圈子中，逐渐融入中华民族伟大变革的历史进程。他们以其"商战"的救国理念，参与国内的现代实业建设。张榕轩进入中国现代企业界没有张弼士早，影响也没有那么大。张榕轩受慈禧太后和光绪皇帝的接见，所谈论内容更加集中，而不似张弼士那么全面。但是，潮汕铁路已经足以让他青史留名，成为二十世纪初年中国近代经济建设中的闪亮巨星，深受时人瞩目，同时导引后人前行。

张榕轩和张弼士在中国的创业，可以说是华侨力量对于中国政府的大震动，他们的影响已经突破其在东南亚的影响，突破其作为领事官在晚清政府改革派圈子里的影响，进而形成了全国性的和实质性的影响，华侨已经成为从民间到官方共同争取的大力量，这力量不仅是不可忽视的，而且是需要大力争取的。

值得指出的是，晚清和民国政府待张榕轩和张弼士确实不薄。他们的成功有其特定的时代环境，这就是中国经济近代转型的开始阶段，他们其实正是经济近代转型的集中体现和代表，故论者强调：张弼士"其人其事，颇足为研究我国资本主义发展史的参考"①。与张弼士一起创业和成长的张榕轩兄弟显然有着同样的意义。论者又指出：

> 张弼士为什么选择清末民初年间这一动荡不安的时期回国创办各种企业，这些企业又为什么崩败如此迅速（前后不过六七年间），笔者手头没有足够的资料可以说明。张弼士的《荣哀录》曾说到创办上述企业："费巨资数百万，适遭此变（按指张氏逝世）沦丧殆尽，功败垂成，人咸惜之！"除此别无资料可考，特将这一问题提出，作为勾沉的线索。②

从某种意义上说，历史人物的创业并非个人能够"选择"的，而是"顺应时代"的结果。一个人创业就那么短短的几年或几十年，都是要去"适应"历史发展的，所谓"过了这个村就没这个店"。企业的创办及其成长是需要坚实的时代土壤的，需要和平的时代环境，需要汇聚个人的力量，也需要政府的强力支持。张弼士如此，张榕轩也同样如此。

张弼士在晚清时期的创业显然也不能以"动荡不安"和"崩败"而概括之，起码在十九世纪的国内创业完全不是如此。张榕轩创建潮汕铁路，也受到了晚清各级政府的大力支持，且相对顺利。潮汕铁路的筹建虽有风

① 李松庵：《"金奖白兰地"创始人张弼士事略》，《文史春秋》1994年第2期，第46页；李松庵：《华侨实业家张弼士史料》，中国人民政治协商会议广东省广州市委员会文史资料研究委员会编：《广州文史资料》（第10辑），内部发行，1963年，第159页。
② 李松庵：《"金奖白兰地"创始人张弼士事略》，《文史春秋》1994年第2期，第49页。

波，但也顺利建成。烟台张裕酿酒公司的成功虽有赖于张弼士的坚韧创业，但也离不开晚清政府的大力支持。无论如何，张榕轩和张弼士的铁路建设及其有关企业投资，都受到了晚清各级政府的大力支持，且发展相对较好。事实正如论者所说：

> 张弼士在国内创办的企业，除烟台张裕酿酒公司创于1894年，为时较早外，其余在广东投资的企业，计有开建金矿公司、省城亚通织造厂、惠州福兴玻璃公司、海丰平海福裕盐田、佛山裕益砂砖公司、雷州普生火犁垦牧公司等企业（以上均系独资创办），均在1916年（即张氏逝世之年）左右先后停歇倒闭。①

显然，张弼士企业的倒闭已经是在民国年间的事，而不是晚清时期，这与其个人年老有关，当然更应当是与其所处的时代环境有关。据郑观应统计："所费总共数百万，诚有功于国。"② 关于张弼士企业的倒闭，郑观应亦曾建议其向国家去作些要求。但在这个风雨飘摇的时代里，在这个并非经济建设的年代里，企业投资显然并非时代主题。

笔者并非为晚清政府辩护，晚清政府的腐朽当然已经病入膏肓了，需要进行革命清除之，以实现中国的真正近代化。但清廷的腐朽不能用以否定晚清政府招商引资以建设近代经济的时代合理性，两者需要得到清晰的区分。根本的问题是，取代晚清政府的北洋政府并未能真正改变中国社会，更谈不上给予近代企业和近代经济强有力的支持，反而是以军阀混战取代了晚清政府的一统性与相对和平，战争与革命仍然是时代主题。只有赶走帝国主义等"三座大山"，建立新中国，才能有真正的和平建设、安心发展，然后才能真正走进近现代。

---

① 李松庵：《"金奖白兰地"创始人张弼士事略》，《文史春秋》1994年第2期，第49页。
② 夏东元编：《郑观应集》（下），上海：上海人民出版社，1988年，第639页。

梅县华侨张煜南的爱国爱乡精神与
潮汕铁路建设

——基于《海国公余杂著》与《岭东日报·潮嘉新闻》的资料整理

何小荣①

华侨与祖国的命运息息相关，并以种种方式为国效力。这种爱国精神代代相传，成为广大华侨的爱国主义传统。习近平总书记考察广东省汕头市小公园开埠区，在了解汕头开埠历史、设立经济特区以来的建设发展情况和潮汕侨胞心系家国故土、支持祖国与家乡建设的历史后，指出"华侨一个最重要的特点就是爱国、爱乡、爱自己的家人。这就是中国人、中国文化、中国人的精神、中国心。中国的改革开放，中国的发展建设跟我们有这么一大批心系桑梓、心系祖国的华侨是分不开的"②。十九世纪末，海外华侨兴办实业，不仅能得到国内政府的赏赐以提高自己的地位和声望，而且能与国内宗邦保持联系，因此他们积极为国家和梓里作出贡献。

梅县华侨张煜南在海外目睹殖民主义者按照西方资本主义方式治理和建设南洋诸岛卓有成效，对比当时国内贫穷落后的情景，深有感触且焦虑不安，因而对国内洋务事业的兴起和改革思想的出现予以极大关注。他向清廷呈请，"方今回家举行新政，首先铁路为大宗"，提出在韩江下游修建潮汕铁路的计划并制定《潮汕铁路公司章程》。而清政府也希望"其小枝

① 何小荣，江西赣州人，嘉应学院教学质量监控与评估中心教师。
② 《习近平肯定华侨贡献，专家：华侨与祖国互为惦念、共谋发展》，中国新闻网，2020年10月14日，https://www.chinaqw.com/hqhr/2020/10-15/272693.shtml。

分路，若有华商集股兴办，亦足为保持利权之一助"。因此，他所提出的呈请获得了批准。从此，张煜南迈出了他"实业救国"梦想之路的实际步伐。①

张煜南辑录的《海国公余杂著》三卷，分别为《推广〈瀛寰志略〉》《增益瀛寰近事》《续海国咏事诗》，对今人了解晚清槟榔屿状况、外出使臣和洋务派的思想有重要意义。笔者通过分析《推广〈瀛寰志略〉》内所载有关铁路交通的内容，找寻张煜南投资国内兴办铁路的理念肇始，并通过解读《岭东日报·潮嘉新闻》的文本，阐述这位中国侨资商办铁路先驱人物在实业救国道路上经历的艰难曲折和不折不挠的爱国爱乡精神。

一、《海国公余杂著》体现了张煜南对铁路重要性的认知

张煜南在《海国公余杂著》中，除了"述奇"式的描写之外，也试图厘清是什么力量在推动着西方科技的发展。作为商人，张煜南除了对欧美各国制度与教育进行深入思考外，对西方的交通也予以关注，尤其是对西方铁路的便利性和重要意义有深刻认知，"铁轨修成万里遐，比人凤昔擅名家"，因此，其梦想"一朝延聘来中国，指日安排走火车"；同时，通过《法人据越南先造铁路以示利》《论暹罗之筑铁路》《俄人议开波斯之铁路》《论西伯路亚之铁路》及《俄人修铁路中国亦宜修铁路》等文表达了自己对铁路的重视。

> 越南本中国地，北界广东、广西、云南，西界暹罗国，分四十余省，一省所辖止数县，不过中国三省之大。法据越南，分为四省。开北路以通广西、云南；开西路以剿抚生番，并通暹罗；开西北路以通缅甸，此近日之布置也。法国由东京至富兰团地方

---

① 林馥榆：《华侨实业家张榕轩：潮汕铁路的建设者》，《潮商》2012 年第 5 期，第78 - 79 页。

已造铁路，先行开车试办，以示越南民人有利无弊之意。谓有铁路则运道通而运费省，无铁路则运道塞而运费昂。一通一塞之间，商业之盛衰系焉。开办之初，邀请该处绅士搭坐火车来回，系知铁道有关系于国计民生之处云。按，法国本国铁路由巴塞北境之干路长二千余里，初招商股，应者无人，荏苒三年，复归官办。今此之铁路应归官办无疑。盖大利所存，理宜归国也。忆二十年前，法人垂涎越南，欧洲各国皆知之。至见于报，中国亦知之矣，爰派徐延旭往查，始知东京已为法人所据，又造铁路以通不通之区。布置久定，方思有以防之，而究无补于越南之灭亡者，缓不及事也。①

这段文字说越南有铁路以后不仅运输通畅，而且节省了大量的运输费用，而当时的中国，则因为"无铁路则运道塞"而导致运费昂贵。在张煜南看来，商业最核心的要素是运输的通畅，"一通一塞之间，商业之盛衰系焉"。同样的道理，泰国修筑铁路后，农产品流通顺畅，促成了泰国经济的快速发展，使得泰国大米出口量大增。

暹罗曼谷城水长一千数百里，产米极多。农时掉舟耕种，插秧毕而河水至，苗随水长，水退而稻熟，价极贱，每石值银三星。时载往粤东售卖，米从水道运出，而陆路则未闻也。近则讲求商务，铁路繁兴。自曼谷筑至考辣之铁路虽未告成，费已不赀。成后与禅人通商，必多由是路。所有筑至青兔之铁路亦既兴工，是路成后，曼谷商务势必蒸蒸日上。夫使火车既行，河道亦浚，则暹罗产米之地，出口之米必致大增，暹罗将顿改旧观矣。

---

① 张煜南：《法人据越南先造铁路以示利》，张煜南辑，王晶晶整理：《海国公余辑录（附杂著）》，上海：上海古籍出版社，2020年，第364–365页。

惟暹罗国小而民惰，所有商务之权尽归他国主持，与日本殊，殊
无把握。苟其在民主者，知米一项为土产大宗，善自为理，何难
与亚洲诸国相颉颃哉！①

清末，汕头通商口岸促进了汕头海运商贸的日益繁荣。帝国主义列强
都想在潮汕建造铁路，为其掠夺潮汕资源提供交通运输条件。英国的怡和、
太古洋行先后向清政府申请营建潮汕铁路，都因遭到潮汕人民的反对而未获
批准。1898 年，清政府因国库空虚，无力投资兴建铁路，议定以后营建铁路
以商办为主。对于中国周边国家铁路发展情况，张煜南尤其关注。

俄于诺尼阿之东曰"日尔日部"，东距里海，跨高索山之南
北，本属波斯。嘉庆十八年，俄罗斯战胜，割取之，隶入版图，
由来已久。近俄人之富于财者向波斯议开铁路于其北境，以便与
波京相通。尚未谋于波王，拟于动工时通知其事，盖早视波王无
能，不敢不从也。夫兴大功，动大役，不独今时为然也，古亦有
之。古人君雄才大略若汉武者，始非不锐意开边，后闻计程数万
里、携粮一二年之言，惮而中止。以其时铁路未兴之故，今则铁
路兴矣。行远无阻，但须人力为之，勿中道而废耳。俄复坚忍耐
苦，节节灵通，期于必达。此无他，汉武为其难，俄为其易。难
则西域人能拒之，不使深入；易则波斯不能禁其不来也。②

清朝第一条铁路是同治四年（1865）英国商人杜南特在北京宣武门外
铺设的长度仅 1 华里（500 米）的展示性铁路，后被步军统领衙门以引起

① 张煜南：《论暹罗之筑铁路》，张煜南辑，王晶整理：《海国公余辑录（附杂著）》，上海：
上海古籍出版社，2020 年，第 367 页。
② 张煜南：《俄人议开波斯之铁路》，张煜南辑，王晶整理：《海国公余辑录（附杂著）》，
上海：上海古籍出版社，2020 年，第 404－405 页。

"群情骇怪"为由责令拆除。第二条铁路是光绪元年（1875）英国怡和洋行在上海铺设的淞沪铁路，后因撞死行人被官府出银收购后拆除。第三条铁路是光绪七年（1881）开平矿务局铺设的唐山至胥各庄运煤铁路，但因守旧派官员借口火车会惊扰遵化皇陵，仅限用驴马牵引车辆。光绪十四年（1888），由李鸿章发起在西苑铺设了长度3华里（1500米）的游览铁路，这是清朝的第四条铁路。① 李鸿章早就主张兴建铁路，但一直遭到守旧派官员阻挠。为了获得慈禧太后的支持，同时也让她见识一下火车并非"喷火怪兽"，李鸿章借扩建西苑之机，在醇亲王奕譞的协助下，以进献为名，在西苑铺设了一条供慈禧专用的游览铁路，并向法国新盛公司订购了1台小火车头和6节车厢。

　　南俄有可萨部悍勇善战，其开拓西伯路亚广土皆此部兵力也。按，西伯路亚距俄都甚远，先未闻造铁路也。自兴筑铁路，由彼得罗直达珲春。阅数十年，力辟岖崎，不惮险远，不达其地不止，近则骎骎乎与中国连界矣。夫铁路之造，所以便用兵，亦所以兴商务，是以各国铁路大都造于繁庶之区。今俄国独不惜巨款，造于不毛之地。不毛之地所产无多，安有大利可兴？所用工人加至一万二千名，促期告成，借口通商，其实志不在此，非有狡谋，何事仆仆为哉？计此路不日可成，则由彼国京都达我边界，调兵运械不过瞬息之间。闻俄从前运军器出黑海，则不以为军器。军事秘密，固应尔尔，明者已能逆睹之。运军器如此，筑铁路更可知，是其今日之东路已便于西路数倍。现与中国和好，待时而动，不料中国与日人构兵，割东三省归日，力为争还，其用意可知矣。②

---

① 陆元：《清代第四条铁路在北海》，《中国档案报》，2005年12月23日，第5版。
② 张煜南：《论西伯路亚之铁路》，张煜南辑，王晶晶整理：《海国公余辑录（附杂著）》，上海：上海古籍出版社，2020年，第406－407页。

张煜南在《海国公余辑录（附杂著)》里不断琢磨俄国铁路发展取得的成就，因而极力主张清朝政府修建铁路以发展商业。

> 按，俄人南出之路被英人间阻，其计已穷，遂肆其志于东略。自查查东北至谋夫，又东北至查周渡阿母河，又东北至布哈尔，又东北至撒马儿罕，已次第造成铁路；仍将拓修此路，东北经伊黎、塔尔巴哈台之西，又东北绕金山之北，又东逾外兴安岭，又东循黑龙江之北，至白叠罗斯科之东，渡黑龙江，溯乌苏里江南上，达于图们江口。约略计之，所历万余里。考光绪十三年至十四年所成查周至撒马儿罕之路，约八百里。以斯比计，欲成此工，当在十年之后。然俄人于图们江口亦修造铁路，渐次西北，期与西方之路接。东西并举，成工必速。此路若成，吾华之北与西、与东三面，均为俄之铁路环绕，彼则处处可以运兵，处处可以屯饷，即处处可以犯边。窃恐将来防边之亟，甚于防海矣。节节而防之，必有防不胜防之害，不如亦修铁路，以通兵饷。其路当东自牛庄海口，东达奉天；又东北达吉林，依松花江而下，溯嫩江而上，西北达齐齐哈尔；又西逾内兴安岭，达呼伦贝尔，傍克鲁伦河而西达库路；又西达乌里雅苏台；又西达科布多；又西南逾阿尔泰山，达布伦托海；又西达哈嗒尔巴哈台；又西南达伊黎，转而东达乌鲁木齐；又东南逾天山，达土鲁番，转而西南达喀剌沙尔；又西南达喀什噶尔，总计亦万余里。于是置制造军械火药局于牛庄，择各处卡伦要害筑炮台、屯精兵、通电报。一旦有警，不难以沈阳之雄军救乌孙之急，用于阗之宝玉犒辽海之师，又何俄患之足虞哉？且新疆及外蒙古各部所产，或矿石，或毡毛，均可运出海疆，富国之计，胥在乎此。①

----

① 张煜南：《俄人修铁路中国亦宜修铁路》，张煜南辑，王晶晶整理：《海国公余辑录（附杂著)》，上海：上海古籍出版社，2020 年，第 477 – 478 页。

　　张煜南为清朝的衰落和华侨在侨居国的地位日趋下降而感到不安，他对中国日趋衰落的反应与洋务运动倡导者的想法相似，即希望以中国经济的现代化来拯救儒家内核的整治制度。张煜南对现代经济和中国现代化的关心反映在其《海国公余辑录（附杂著）》里。他为列强不断获得矿山和铁路利权而困扰，并强烈地感到必须做些事情来制止外国势力的扩张。张煜南的民族主义感情也表现在他对家乡广东梅县福利事业的关怀上。他在梅县出生和成长，当然对家乡怀有亲切的感情，居住在祖国的父母和亲人必然进一步加强他对家乡的眷恋之情。他也许会想到，如果要帮助中国实行现代化，最先一步应从梅县做起。张煜南在苏门答腊和通商口岸汕头之间的航运业务，使其认识到内地和通商口岸之间存在的运输问题。他经常探望家乡，对家乡的交通运输问题非常了解。梅县和整个嘉应州所需的大米和其他食品均是从汕头沿韩江运进来的。这条水路受泥沙淤积等因素影响，航期长且危险，通行不顺畅。如果从汕头到潮州修建一条铁路，这个问题就能迎刃而解。当他的主意逐渐成熟时，海外诸多客籍资本家的支持，增强了他的信心。由客家人在汕头主办的《岭东日报》就在《潮嘉新闻》栏目中积极报道张煜南等人的活动，还就修建潮汕铁路种种问题发表了许多评论。张煜南等人倡建潮汕铁路，对解决韩江上游的丰顺、大埔、嘉应州一带与汕头这个大港市间的运输问题，是大有裨益的。①

　　潮汕铁路是中国近代史上第一条由华侨投资兴建的纯商办铁路，为梅县华侨张煜南和张鸿南兄弟等筹股 2 025 800 银元建成。1904 年动工兴建，至 1906 年全线完工，同年 11 月 25 日正式通车。至 1939 年被日军破坏为止，潮汕铁路共存在了 33 年。潮汕铁路路基宽十四尺，轨宽四尺八寸五分，全路及各站占地共一千九百四十九亩，有大桥两条，长一百八十尺。潮汕铁路主干线自潮州府城西门外（现潮州市汽车总站）起至汕头厦岭头

---

　　① 陈春声：《地方故事与国家历史——韩江中下游地域的社会变迁》，北京：生活·读书·新知三联书店，2021 年，第 413 –415 页。

（现汕头市汽车总站）止。潮汕铁路沿途经过的站点包括庵埠、华美、彩塘、鹳巢、浮洋、乌洋、枫溪，到潮安西门，全长 39 公里，后于 1908 年扩建支线，也就有了意溪站，全长扩至 42.1 公里，成为沟通汕头、潮州的重要交通线。铁路的建设打破了西方列强垄断我国铁路的妄想，促进了当时汕头的发展，为近代中国铁路的发展写下浓墨重彩的一笔，也体现了华侨爱国爱乡的情怀。

二、《岭东日报·潮嘉新闻》对潮汕铁路的关注

《岭东日报》由梅州人杨源、何士果、温廷敬等于 1902 年 5 月创办于汕头，是粤东地区最早的报纸，至 1911 年 8 月停刊。由于创办人、主笔和撰稿者多为客家人，故其所涉内容以客家地区居多，很有地方特色。《岭东日报》每期 8 开 4 页，逢周六停刊。每日的版面，有《论说》《上谕》《时事要闻》《潮嘉新闻》《本省新闻》《京都新闻》《外国新闻》《专件》等。其中篇幅较大的是《潮嘉新闻》，专门刊登潮州府 [海阳（今潮安）、澄海、潮阳、揭阳、饶平、汕头、普宁、惠来、大埔、丰顺、南澳] 和嘉应州 [嘉应州本州（今梅县）、兴宁、平远、长乐（今五华）、镇平（今蕉岭）] 各地的来稿，报道地方上的各类新闻。张煜南等客家侨商投资建造潮汕铁路这一惠泽民众的重大工程，从筹备之时起，《岭东日报》就在《潮嘉新闻》栏目中及时报道张煜南等人的活动。①

第二次鸦片战争后，广东的汕头被辟为通商口岸。汕头一带物产丰富，地界海疆，近通省会，远达南洋，为通衢路口。从 1888 年起，美国、日本的一些机构就曾企图修筑潮汕铁路，但均未获清政府的同意。20 世纪初，在"收回利权""实业救国"的思想影响下，爱国华侨纷纷集资回国兴办企业。此后，张振勋被任命为闽广农工路矿大臣，上书《招徕侨商兴

---

① 肖文评等编著：《〈岭东日报·潮嘉新闻〉梅州史料选编》，广州：暨南大学出版社，2021 年，第 1 页。

办铁轨支路》奏准，他立即邀张煜南回国商讨兴办铁路事宜。在张振勋的大力邀请下，张煜南接受了清廷工部和矿务铁路总局的意见，在韩江下游修筑潮汕铁路，并预备日后将铁路从潮州延伸到梅县。1903 年，张煜南呈请修建潮汕铁路。当时全国各大铁路均系筹借外款修建，路权尽失。朝廷也希望华裔修路以保路权，因此，批准张氏等集股商办此路。在确定了铁路的建筑方案之后，张煜南就带着光绪皇帝的谕旨回到汕头，为潮汕铁路的修建鸣锣开道。不久之后，由铁路督办大臣盛宣怀推荐的山海关内外铁路总局著名工程师詹天佑前来实地测勘，并选定沿江护堤路为铁路线。

1904 年 4 月，潮汕铁路公司成立，张煜南出任董事长。铁路的勘测设计，由我国著名工程师詹天佑负责。铁路总预算金额为 300 万银元，张氏兄弟各出资 100 万银元，另有日籍华商林丽生等人出资 95 万银元，不足之数，由张氏兄弟包下。后因林丽生为日股，恐被日资渗透，张煜南又加价将其投入的 50 万元股份全部收回。1904 年 9 月，潮汕铁路正式动工。修建过程并非一帆风顺。因铁路途经人烟稠密的乡村，需要拆毁不少房屋、坟墓，加之工程由日本"三五"公司承建，引起村民质疑和反对，以致纠纷频起。几经波折，铁路干线于 1906 年 10 月竣工，当年 11 月正式通车。铁路为窄轨单线，北起潮州西门，南迄汕头，全长 39 公里，后加筑意溪支线，总长扩增至 42.1 公里。

1903－8－1 大清光绪癸卯年六月初九日

拟筑潮汕铁路

自汕头达嘉应州一路，虽有山路可寻。然行者辛苦，水路又诸多不便。现有洋商行某某与该地绅士商议，拟自汕头抵潮州。故就方军门耀所筑之堤修筑铁路至由潮州抵嘉应，则须绕山，未免所费毁巨耳。闻已电致南洋各潮州嘉商筹书此款云。

这则史料表明修筑潮汕铁路的目的在于运输粮食，解决水路、山路运

输的困难情况。

　　1903－12－31　大清光绪廿九年癸卯十一月十三日

　　潮汕铁路总办至沪述闻

　　总办潮汕铁路张京卿榕轩于上月廿七出京，于卅日至沪，闻不日至汕头，又闻有先晋省谒督抚，各宪熟商一切外，然后再来汕相地之说，又闻与张弼士侍郎拟同至汕，以张侍郎前曾购地数百亩，在荣隆街对面，欲借其地为火车之起点，可由厦岭渡，直走大井也。

　　这则资料表明，张煜南投资修建潮汕铁路与张弼士有密切关系。

　　1904－1－27　大清光绪廿九年癸卯十二月十一日

　　铁路总办至汕

　　铁路总办张京卿榕轩初九日已由港抵汕，寓公于德记洋楼，初八日到华洋各衙门及各商家处拜会，拟十一日晋郡谒道镇宪及各官场。至其铁路线或随电杆或由河堤或由揭之大窖，俟勘明后再行定议开办云。又京卿对人言，晋省谒督抚宪数次，均以潮汕铁路宜早日开办，地方官宜切实保护，以为粤汉铁路东枝之起点云。

　　张煜南与张鸿南合作集资修筑潮汕铁路的过程，既受到帝国主义干预，又遭封建势力阻扰，每前进一步都要付出很大力气。张氏昆仲在克服种种困难后，终于完成了这一浩大的筑路工程。①

---

　　①　黄绮文：《华侨张榕轩、张耀轩与潮汕铁路》，《汕头大学学报》1989 年第 1 期，第 90－96 页。

三、潮汕铁路修筑过程中《岭东日报》的特别报道

1903 年 9 月，张煜南与驻槟榔屿领事谢荣光等集资 100 万银元，向清政府上禀，申请兴建潮汕铁路。禀文中说："方今国家举行新政，首以铁路为大宗，近年如津汉、京津、榆津等处铁路，莫不次第修造，或已竣工，或未蒇事，其浚无穷之利益，固不待智者而后知。然我中国地广人稠，应开之铁路正属不少，即如广东之汕头，自各国通商以来，商务蒸蒸日上，在该埠为潮州一带咽喉要隘，由该处至潮州计九十余里，历来有水路可通，但河道淤浅，春夏之间，舟船无阻，一交秋冬，水涸舟滞，凡有载船人客来往，无不视为畏途。煜南等每次自洋回籍，目击其情，深叹行役之艰……思维再四，拟于香港及南洋各华商招集股份，共成 100 万两，请于该处创办支（铁）路，所有购地一节，则仿照粤汉铁路章程……盖此举已开边省之风气，并杜外人之觊觎。虽道路不长，国家收效无几，但使商务从此愈形其盛，而厘金亦可益增其多矣。"十月二十四日，清政府商部据情具奏，二十五日奉谕"着岑春煊、张人骏饬令该处地方官，出示晓谕居民，俾知为兴商便民之举，所有该绅办理勘路购地运料兴工一切事宜，妥为照料，毋得稍存膜视"①。

1905－1－2 大清光绪三十年甲辰十一月廿七日

张京卿恭迎恩赏

皇太后万寿，潮汕铁路督办，张京卿煜南蒙恩颁赏花衣玉如意等件，昨已颁到，张京卿特排设鼓乐仪仗，亲至轮船码头迎接并于是日梨殇宴客以志荣宠云。

上面这则史料表明，清政府对于潮汕建铁路的态度，是张煜南投资兴

---

① 谢寿基：《本路沿革史略》，《潮汕铁路季刊》1933 年第 1 期。

建潮汕铁路的动力所在。

1905 - 2 - 15 大清光绪三十一年乙巳正月十二

潮汕铁路事再志

潮汕铁路滋事一节，刻闻澄海海阳两大令现已拿获匪徒十余名，闻其中有正匪二名，既供认系下手刺死日本者，刻已解。郡连日印委各官均在壶头市踏看铁路线，拟将踏看地方绘图贴说，呈由省中大宪核夺，闻各印委以正匪既获，拟办赔偿失物云。

1905 - 2 - 22 大清光绪三十一年乙巳正月十九

办理潮汕铁路之近事

此次铁路闹事经印委各官及差勇数百名到庵埠驻办，前已拿获乡民十余名，中有二名供认正凶，而海阳胡大令以为未足，连日复到庵埠，勒令各绅交凶，乡民纷纷迁避，刻闻已得正凶，胡大令即晋郡审办，而差勇数百名，尚在某甲住扎，日责供应，不免受其驳扰，即众情亦以差勇未去，为之不安云。

上面两则史料表明，清政府在解决潮汕铁路修筑过程中遇到的问题时，没有较为明确的思路，对华侨投资的保护缺乏制度设计。

1905 - 8 - 2 大清光绪三十一年乙巳七月初二日

潮嘉新闻　纪潮绅议复路线善后事宜

潮汕铁路线，经沈观察沿途详细履勘，深悉有碍水道，若准照现定路线建筑，恐非保全大局之道，业已谕饬潮郡之保安局，汕头之万年丰会馆，及海属之七都局奠安局等处绅商，委议禀复，以便酌办。闻保安局及奠安局，均以甲乙二线，为不可行，现已议照前惠潮嘉道曾观察纪渠，所测量路线，沿堤建筑，以为此线妥善，虽道里罢迁，而田价较廉，于公司既无损伤，于地方诚有裨益，众情甚叶云云，想不日当可禀复。

上面一则史料表明，潮汕铁路的修建经历各种波折，涉及地方各种利害纠葛，需要慎重对待。

> 1906 – 11 – 22 大清光绪三十二年丙午十月初七日
>
> 沈观察来汕消息
>
> 闻惠潮嘉道沈观察，定于本日午坐火车来汕。
>
> 潮汕铁路拟添建浮桥
>
> 潮汕铁路，开车以来，尚未载运货物，而搭客已日渐增多，各车站非常热闹，惟自本埠至车场，尚有厦岭一渡阻隔，往来稍形不便，该公司原拟于此建筑铁桥，以工程较久，不能赶及，现拟建设木桥一座，仿照同济桥式样，中间钓起，以通船只，并拟加造宽阔，以便东洋手车往来，日间即兴工赶造，此桥一成，搭客更为利便矣。

这则史料描述的是潮汕铁路开通后，给沿途各地带来运输和人员往来上的便利，以及经济上的繁荣。

在潮汕铁路筑成之前，潮州汕头之间的货物运输主要依靠韩江水路，但是因为韩江下游水位较浅，船只容易搁浅。如果是走陆路，步行翻山越岭的话最快也要一天一夜。在当时看来，潮州是郡城，而汕头则是重要港口，这两个地方是潮汕平原的主要城市。潮汕铁路沿途多经村庄，人口稠密，而且特产丰富，有陶瓷、潮州柑及腌制品等，可供汕头港出口。意溪支线修筑后，更加方便接驳韩江，使得潮汕铁路通过韩江上游与兴梅等地

413

区接驳，人货进出汕头港便有了更加便利的通道。① 潮汕铁路的建成，开辟了粤东地区的交通新格局。当时汕头既是粤东地区的交通要道，也是赣南、闽西一带出海的咽喉。建成之初的潮汕铁路因控制福建西南及广东东部出海要冲，营业额甚为可观，日均货运量 100 吨以上，收入几乎可以和日本北海道的铁路相等，是当时中国营业状况最好的铁路之一。潮汕铁路的建成，加快了汕头与外地的经济文化交流，给汕头人民的生活生产带来极大便利。由于汕头是较早开放的通商口岸，韩江上游的梅县、兴宁乃至闽赣一带的物资均需通过汕头转运。汕头沦陷于日军前几个月，潮汕铁路担负起抢运食盐 2 000 吨以上的任务，解决了后方人民的淡食之虞，成为潮梅人民的生命通道。

潮汕铁路连接汕头及内陆，不仅加强了汕头和潮州等地方的人员来往，在文化交流上起到巨大作用，而且对韩江中上游和闽赣边区的华侨、侨眷进出汕头，当地的客货运输和城乡经济的繁荣，都曾起到重要作用，促使汕头在近代成为潮汕文化的中心。

414

---

① 王琳乾：《潮汕铁路兴废始末》，中国人民政治协商会议广东省汕头市委员会文史资料研究委员会编：《汕头文史》（第四辑），1987 年。

1903 年：修筑潮汕铁路决策的过程

夏远鸣①

张煜南投资修筑潮汕铁路，是他人生中最大的功绩，也是清末侨商投资国内实业一个典范，为侨商投资铁路起到带头示范作用。

是什么原因促使张煜南投资潮汕铁路？这个问题尚无定论。颜清湟认为，"可能他（张煜南）是被个人抱负、民族主义感情和张弼士的影响这三种力量所促动"②。但颜清湟认为，过分强调个人野心和私利作为这项计划主要甚至唯一的动机是不对的。相较而言，他更加相信其中民族主义的成分更多一点，而这种民族主义部分表现在他给家乡梅县的福利和关心。③这一点不难理解，他在见皇太后与皇上的对话中也阐明了这一点：是为解决潮汕之间交通问题，从而更便捷地从汕头运米粮到嘉应州。④同时，尽管没有直接证据证明张弼士对张煜南这项计划有直接影响，但大概率对其是有间接影响的。⑤这些观点都有道理，也是事实。

揣度一个历史人物的心理动机是一件非常困难的事，公开的说法与实际的心里想法往往有出入。没有特殊的史料，一般无法做到。具体到潮汕铁路，这是前所未有的一项举动，无前例可依。铁路的修筑耗资不菲，即便国家投资亦须谨慎决策。张煜南个人投资这样一项空前的计划，当然更

---

① 夏远鸣，江西横峰人，嘉应学院客家研究院助理研究员。
② 颜清湟：《海外华人史研究》，新加坡：新加坡亚洲研究会，1992 年，第 64 页。
③ 颜清湟：《海外华人史研究》，新加坡：新加坡亚洲研究会，1992 年，第 65 页。
④ 饶淦中：《楷范垂芬耀千秋——印尼张榕轩先贤逝世一百周年纪念文集》，香港：香港日月星出版社，2011 年，第 148 – 149 页。
⑤ 颜清湟：《海外华人史研究》，新加坡：新加坡亚洲研究会，1992 年，第 66 页。

会从多个角度去权衡这件事，他既要在内心进行权衡，也要审视身边不同人物的意见与建议。所以，要回答为什么张煜南要承担这项计划这样一个问题，是一件非常困难的事。但随着新史料的不断出现，特别是对一些"过程性史料"的发现，为我们提供了更多的理解这一问题的角度，这层面纱渐渐被揭开。虽然不能完全确切地回答是或者不是，但我们通过对事件过程的分析，可以更好地理解这一决策出现的事实逻辑。我们可以从更多维度来审视这一历史事件，理解张煜南投资潮汕铁路的决策过程。

一、潮汕铁路涉及的各方主体

表面上看，潮汕铁路的投资承办者是张煜南、张鸿南昆仲，但作为晚清中国经济现代化背景下的产物，也作为当时中国铁路政策下的产物，其修建牵涉面广，涉及诸多的行为主体。这些主体之间互相作用、互相关联，对潮汕铁路的修建产生重大影响。

1. 清政府铁路政策的变化

甲午战争后，清政府对铁路的态度有所转变，加之张之洞逐步代替李鸿章，权力增大，进一步影响了清政府的政策。张之洞一直鼓吹铁路，所以于1896年在上海成立了铁路总公司，由盛宣怀任督办。当时南洋的华商由于得西方风气之先，也主张修铁路以达到富国强兵的目的。而十九世纪末二十世纪初的列强也通过修筑铁路的方式，以期实现其对中国的控制。中国人大规模修建铁路的计划与列强的利益发生了冲突。

中国人修建铁路首先会遇到筹款的问题。由于害怕受外国资本的控制，清政府希望依靠中国商人及政府的财力来修建自己的铁路。然而，政府本身的财力非常有限，本国商人资本不足，加之对"官督商办"方式的质疑，导致在国内募集资金困难重重。这时他们将注意力转向海外华侨。海外华侨虽然在资本上不如列强，但比本国商人要雄厚一些。至此，盛宣怀开始着力吸引侨资。张弼士就是在这种背景下被邀请回国参加铁路建设的。① 这样，与张弼士关系密切的张煜南、张鸿南等粤东客籍商人自然也就进入了清政府的视野。

2. 温灏与潮汕铁路修建之议

潮汕铁路修建的客观原因便是潮汕之间通航存在季节性问题，影响交通运输。连通潮汕之间的梅溪为当地咽喉，但梅溪在每年冬春枯水期无法通航，成为两地交往的瓶颈，乃至影响与上游嘉应州之间的交通。1902 年 9 月，《岭东日报》记载了梅溪搁浅的状况，由此可见一斑。

> 梅溪水脊为潮汕咽喉，连年冬春之际搁浅异常，商旅苦之。丁观察莅任后即决意设法疏浚。惟工大款钜，非集股不能成事，故尚未举行。乃自七月不雨至今，河流又复于涸，而梅溪头一带凡帆樯至此皆停挤拥，暂有冬春搁浅之象，其于商务太有关碍，不待智者再计决也。凡我商人宜速筹之，勿至临渴掘井焉可。②

类似关于梅溪淤塞不通，给商民带来不便的报道屡见报端。如何联系潮汕两地的交通，成为当时各方人士的考虑。其实早在 1888 年美日列强便希望能够修筑潮汕铁路，但未得到清政府的允许。而粤东地方绅商们也认识到，如为长久之计，莫如筹款修建潮汕铁路。③

铁路到底由谁来牵头承办，目前没有说法。根据铁路督办大臣盛宣怀档案资料记载，最先倡议招商承办潮汕铁路的是张煜南的弟弟张鸿南。这个说法的依据是温灏给盛宣怀的一封电文。

温灏（1862—1921），字佐才（也作"佐臣"），嘉应州莆里人（今属梅州市梅县区雁洋镇），光绪己丑（1889）科举人，授花翎军机处存记，

① 颜清湟：《海外华人史研究》，新加坡：新加坡亚洲研究会，1992 年，第 62 页。
② 《梅溪搁浅》，《岭东日报·潮嘉新闻》，1902 年 9 月 23 日。
③ 《勘河述要》，《岭东日报·潮嘉新闻》，1902 年 10 月 20 日。

后授江苏即补道，又诰封荣禄大夫。随后，通过劝赈、报效等途径，不断地获得功名。《清代官员履历档案全编》有关于温灏的介绍如下：

> 温灏，……由拣选举人，在山东义赈案内出力，蒙保以知县，不论双单月选用。……
>
> 又在广东劝办顺直赈捐出力，蒙保俟补缺，后以直隶州知州用……
>
> 于二十七年在香港秦晋捐案内报捐知县，分指江苏，加捐免补知县本班，以直隶州知州，仍留江苏试用。于二十八年二月十一日户部核准，人在秦晋，驻沪总局，加捐道员，分指江苏试用。奉户部核准在案。复因劝办赈捐出力，经直隶总督袁世凯奏保江苏试用，道请归候补班补用……
>
> 复报效海军。海军经费一万圆，于宣统元年八月二十三日，经筹办海军大臣贝勒载洵、提督萨镇冰奏保，仍以道员发往江苏即补并交军机处存记。……
>
> 二年正月二十八日，验看。二月初七日由吏部带领引见，奉旨着照例发往。①

温灏与盛宣怀等江浙洋务派人士有着密切关系。我们发现其大部分经历都是在外界的洋务活动。温灏最重要的经历包括在香港执掌电报局、参与筹办中国通商银行香港分行。

温灏曾捐纳道台，为实职，故在电文中常常自称"职道"。

温灏与张弼士、张煜南、张鸿南等南洋客家侨商有着密切关系。这些南洋客籍侨商能够比较顺利地回国参加晚清现代化建设，除了有清政府华

---

① 秦国经主编：《清代官员履历档案全编》（第8册），上海：华东师范大学出版社，2008年，第547页。

侨政策变更这个大的背景因素外，也与温灏在其中穿针引线有关。温灏在
帮助这些南洋侨商回国投资、报效、捐官等方面，起到非常大的作用，成
为侨商们在内地许多事务的代理人与咨询者。1902 年秋，张煜南报效两广
武备学堂八万元一事，也是请温灏出面向他劝捐。①

　　同时，温灏与盛宣怀有着密切关系。在以江浙士绅为主导的洋务圈
里，温灏可谓是一个异类，他曾参与洋务派的电报事业建设，在盛宣怀的
档案中，有大量温灏与盛宣怀的电文往来，其中也包括他为张煜南等人捐
纳虚衔事务奔波的电文。光绪二十九年（1903）十月二十四日，温灏在向
盛宣怀报告潮汕铁路的电文中，透露出潮汕铁路最初之议的情况：

敬禀者：

　　窃职道于九月初六日接奉宪台札开，候补四品京堂张煜南呈
请招商承办潮汕铁路等因。查此事系张京堂之弟张鸿南前数年倡
议，曾与职道会商。是以上年二月，职道有禀请派张京堂招商承
办之举。及后张京堂来函，仅允附股贰十万元，而不愿出名。于
是复改招吴曾二商出首承办，当经禀明在案。②

　　上引文字提到，倡修潮汕铁路一事"系张京堂之弟张鸿南前数年倡
议，曾与职道会商"。根据温灏的这句话，可知有关潮汕铁路修建之事，
最先是由张鸿南与温灏商量的。除了同是嘉应州人，温灏与张煜南昆仲也
有一定渊源。温灏 19 岁时，在张氏先祖所建的三馀书室就读，与其从弟政
轩同学，因而知其家世颇悉。但当时张煜南已经在南洋，一直未能谋面。
光绪乙未（1895）秋，温灏到香港执掌中国电报局。第二年，张煜南从日

────────────

① 饶淯中主编：《楷范垂芬耀千秋——印尼张榕轩先贤逝世一百周年纪念文集》，香港：香
港日月星出版社，2011 年，第 208 页。

② 上海图书馆编：《盛宣怀档案选编》（第 51 册），上海：上海古籍出版社，2014 年，第
531 页。

里（今印度尼西亚棉兰）回松口，途经香港，两人才有缘见面。温灏在
《恭祝诰授光禄大夫榕轩京卿大人五旬晋一荣寿大庆》一文中回忆道：

> 乙未秋，灏檄香江司理政电。越明年，公自日丽归，始奖挹
> 其言论丰采，若恂恂然有儒生。谈次间，时以忧国忧民为念，绝
> 不类虑当世所谓豪富一流人物，又于是知公过人者远也。①

另外，温灏将张煜南与当时一般南洋富豪相比，盛赞张煜南"富而好
礼"。《恭祝诰授光禄大夫榕轩京卿大人五旬晋一荣寿大庆》一文写道：

> 南洋华商之富，其名震于中土也久矣。然进而观其人品，大
> 都不学无术者流。一旦骤获钜资，徒知广其田园，美其宫室，骄
> 其妻妾，沉湎乎声色之中，放肆乎礼法之外。甚且瞋其目，皤其
> 腹，夜郎自大，铜臭之薰不可向迩。其尤黠者，裂冠毁冕，藉外
> 籍为护符，挟制长官欺压乡里。凡若此辈，虽富堪敌国，非惟无
> 补于世，且适足为风俗人心之害。欲求一富而好礼之人，已几几
> 乎不可得，有之则吾乡榕轩张京卿是（也）。②

总之，温灏与张煜南昆仲关系非同一般，从中也可看出温灏在劝说张
氏兄弟投资潮汕铁路过程中扮演了重要的角色，而他背后的推动者是清政
府的铁路督办大臣盛宣怀。温灏可以直接与当时主管铁路事务的最高官员
沟通，扮演的是桥梁的角色。所以，他也是潮汕铁路修建决策过程中一个
重要的行为主体。事实证明，温灏也在潮汕铁路中入了 10 股，每股 200 银
元，共 2 000 银元。③

---

① 饶淦中主编：《楷范垂芬耀千秋——印尼张榕轩先贤逝世一百周年纪念文集》，香港：香
港日月星出版社，2011 年，第 208 页。
② 饶淦中主编：《楷范垂芬耀千秋——印尼张榕轩先贤逝世一百周年纪念文集》，香港：香
港日月星出版社，2011 年，第 208 页。
③ 《商部具奏粤绅承办潮汕铁路并请保护》，《申报》，1905 年 9 月 9 日第 10 版。

二、1902 年 2 月至 1903 年夏天：关于潮汕铁路的决策

从目前的史料来看，1903 年是潮汕铁路提上议事日程的重要年份。这一年，与潮汕铁路决策相关的各个主体在不同的空间里行动。其中，盛宣怀是全国铁路事务的最高官员，坐镇上海；温灏在香港执掌中国电报局；张煜南则在南洋的日里，而张鸿南这年年初因为儿子的婚事回到了老家梅县松口，直到六月底才返回日里，然后张煜南又立即进京接受召见。在北京，皇太后与皇帝关注着全国时局，王公大臣们也在积极谋划新政。张弼士这年上半年在北京参与商部的筹建，直到农历六月底才回南洋。这些不同空间的主体之间，通过电文、书信联络，影响着潮汕铁路的修建决策。下面我们通过时间轴线，对此进行一一展示。

1. 1902 年 2 月至 1903 年春，吴、曾二商出面承办

光绪二十七年（1901）三月初三，盛宣怀给温灏的一封电文这样写道："潮汕铁路如能领办，望速议条款具禀，趁宣在京可商。"① 根据逻辑推理，温灏此前已经跟盛宣怀报告了此事。从前后文来看，当时温灏对盛宣怀说的能够领办潮汕铁路的人，应该是张鸿南。而盛宣怀给温灏的回电的"望速议条款具禀"之语，也显示了盛宣怀急于促成此事。这给了温灏继续促成此事的动力。事实上，温灏也在积极劝说张煜南出来承办潮汕铁路，前引温灏电文讲道：

> 是以上年二月，职道有禀请派张京堂招商承办之举。及后张京堂来函，仅允附股贰十万元，而不愿出名。于是复改招吴、曾二商出首承办，当经禀明在案。②

---

① 上海图书馆编：《盛宣怀档案选编》（第 51 册），上海：上海古籍出版社，2014 年，第 521 页。

② 上海图书馆编：《盛宣怀档案选编》（第 51 册），上海：上海古籍出版社，2014 年，第 531 页。

这里的"上年二月"，指的是 1902 年农历二月。电文显示，这个时候张煜南还是不愿意出名承办潮汕铁路，并且"仅允附股贰十万元"。在张氏不愿意出面承办的情况下，温灏只好改招吴、曾二商出首承办。① 这件事，温灏也向盛宣怀禀明在案。

1903 年春，张鸿南因为要为儿子操办婚事，由外洋回老家松口。经过香港时，他邀请吴理卿与另一位曾姓商人及温灏一起商订章程。温灏在给盛宣怀的电文中回忆道："今年春，张鸿南由外洋回籍过港时，吴、曾二商邀与共订章程，并劝伊加认股份。伊亦允肯。"② 这封电文显示，直到 1903 年春天，仍然决定是由吴、曾二人出面承办潮汕铁路，并且还共订章程。对于让自己追加股份的要求，张鸿南也答应了。

总之，从 1902 年 2 月到 1903 年春天这一段时间里，由于张煜南没有答应出面承办潮汕铁路，温灏决定由吴、曾二人出首承办，并且已经将此决议报告给了盛宣怀。

2. 1903 年夏间，决定的改变

虽然吴、曾二位答应承办潮汕铁路，但温灏心中仍然希望张氏兄弟出来承办。光绪二十九年（1903）四月二十九日，温灏给盛宣怀电：

> 张煜南去年七月由职道经劝，报效粤省武备学堂经费八万两，助陶前督奏保，奉旨赏给四品京堂，现所图只头品顶戴，请设法奏保。潮汕铁路请改派伊弟江西试用知府张鸿南为总办。伊现在家，扎请速发，可面交。因张煜南欲晋京另图差使，伊兄弟并未分家，仍是一样。③

---

① 这里的"吴"，即商人吴理卿；"曾"是何人，有待考证。

② 上海图书馆编：《盛宣怀档案选编》（第 51 册），上海：上海古籍出版社，2014 年，第 535 – 537 页。

③ 上海图书馆编：《盛宣怀档案选编》（第 65 册），上海：上海古籍出版社，2014 年，第 533 页。

这份电文显示：四月份，温灏仍然希望由张鸿南为潮汕铁路总办，并请盛宣怀改派张鸿南为总办，同时告知其张鸿南现在就在老家嘉应州松口，请盛宣怀下达任命札书，他可以当面交给张鸿南。并且告诉盛宣怀，张煜南现在准备进京另图差使。因为亲兄弟没有分家，任命张鸿南为总办，也是一样的。这则电文也透露，此时的张煜南非常在意头品顶戴，对于潮汕铁路总办一职没有放在心上。但到了 1903 年夏天，情况发生了变化。

1903 年 6 月，张鸿南家中的事情办完，便动身返回南洋。在途经香港时，对于承办潮汕铁路之事改变了原来的主意。他向温灏要求，如果要让他多入股份，则必须由他的哥哥张煜南出面承办。温灏给盛宣怀的电报中写道："迨夏间，张鸿南由籍至港，对职道言，及若要伊多认股份，必须伊兄出名。"[①] 对于这样的要求，温灏与吴、曾二位表示"均皆乐从"。"乐从"二字，显示温灏实现自己初衷的欣慰，吴、曾二商放下重担的惬意，可谓皆大欢喜，毕竟出任潮汕铁路工程的总办并不是一件轻松的事。

三、1903 年上半年：张煜南的心路历程

为什么到了 1903 年夏天，张煜南又同意出来承办潮汕铁路呢？这里我们通过展示一系列新发现的材料来窥探其心理变化过程。

1903 年，身在南洋日里的张煜南密切关注着时局的变化，并与各方人士保持紧密的联系。这年年初，他获得皇帝要召见他的消息。对于他而言，这是无比恩宠，所以一直在做相关准备工作。但他似乎又有几分不自信，便托在北京的新识旧友为自己说好话。张煜南关心如何北上见"天颜"，当时，张弼士已经在北京参与清廷商会的筹建工作。从这年五月开始张煜南便一直写信给身在北京的张弼士与一些旧识。1903 年 5 月 29 日，

---

① 上海图书馆编：《盛宣怀档案选编》（第 51 册），上海：上海古籍出版社，2014 年，第 535－537 页。

张煜南致函张弼士，请他在京城为自己说好话。

> 弼士叔台大人侍右：
>
> …………
>
> 承询侄进京一事，仰蒙垂爱，感何可言。忖思一无所长，恐不足以当国家重任。况此处公私繁冗，料理不遑，何暇分身回华！希荣印绶，惟有义命自安而已。今叔台拜爵朝廷，大展富强之略，景慕之余，莫名雀跃。来示谓侄曾为鹿大臣赏识，闻之益增颜汗。诸事乞代为好说是荷。
>
> 耑肃奉覆，虔敬崇安，并候起居百福。
>
> 癸五月廿九日发①

信中的鹿大臣，即鹿传霖（1836—1910），直隶定兴人，同治元年（1862）进士，历任督抚大位。1901年，清政府宣布新政。为了推动新政，清政府设督办政务处，负责制定新政的各项措施。该处于1901年4月成立，鹿传霖是督办政务大臣之一，其他还包括奕劻、李鸿章、荣禄、昆冈、王文韶、瞿鸿禨等人。

癸卯年（1903）闰五月二十二日，致孙燮臣，讲到收鹿传霖的消息，感谢关照，表明早日出山，秋间北上。

> 燮臣仁兄大人阁下：
>
> 海天廖阔，莫挹鸿仪；云树苍茫，时深驰慕。比维公私迪吉，居起增佳，以慰为颂。弟碌碌依然，惭无穀状。
>
> 前接黄子元兄来函，备述鹿大臣之言，遄听之余，欣喜无涯

---

① 肖文评、饶淦中主编，郭锐、刘奕宏点校：《海峤飞鸿——晚清侨领张榕轩奏牍书信集》，香港：大中华文化出版社，2021年，第315页。

涘。及后梁耀堂兄由京来署，详述一切，尤为感不能忘。忖思质
类樗庸，无片长可录。今既蒙鹿大臣关垂逾格，不敢不早日出
山，竭所能以图报。现拟秋间束装北上，属在知己，特以奉告，
尚祈先为照料一切是荷。相见匪遥，统容面罄。

嵩泐，顺候近祉，诸惟心鉴不宣。①

落款日期为"癸又五月廿二日发"。这两封信中，除了恳请张弼士、
孙燮臣在京城为自己说好话之外，都提到京城鹿大人对自己的欣赏之事，
可见张煜南对此非常在意，也非常高兴。他在前一封信还谦虚地表示"闻
之益增颜汗"，后一封听闻之后则"欣喜无涯涘"。可见，鹿传霖的欣赏给
了张煜南极大的信心与勇气，这应该是促使张煜南积极参与潮汕铁路投资
的重要因素。正如他自己所言，"今既蒙鹿大臣关垂逾格，不敢不早日出
山，竭所能以图报"。收信的对象是孙燮臣，即孙家鼐（1827—1909），安
徽寿州人，亦是晚清重臣，时任文渊阁大学士、学务大臣。面对这样的朝
廷重臣表明的心迹，自然不敢是场面上的客套之辞。

在其他的信件中，张煜南也表达了自己准备出山的心意。癸卯六月四
日，张煜南致信张弼士的侄子张缵臣，信中写道：

缵臣宗兄大人阁下：

…………

方今朝廷广招俊义，凡怀才欲试者，莫不乘时献策，藉抒忧
民忧世之心。想令叔熟悉商情，尤为众人所钦慕，是诚当世不可
少之人矣。都中仕宦云集，自王公大臣以下，闻令叔拜会者甚
多，烦费心将各人姓名详录一单，作速寄来，一览为感。特在至

425

---

① 肖文评、饶淦中主编，郭锐、刘奕宏点校：《海峤飞鸿——晚清侨领张榕轩奏牍书信集》，香港：大中华文化出版社，2021 年，第 375 页。

爱，故敢以此事相托也。

　　耑泐，顺候文安，诸希心照不一。①

　　落款为"癸六月初四日发"。这封信，显示了张煜南非常重视此次进京。"方今朝廷广招俊乂，凡怀才欲试者，莫不乘时献策，藉抒忧民忧世之心"之语，婉转地表达了自己准备干一番事业的雄心。请张缵臣为自己录一份拜会对象的名单，也显示了张煜南对于官场人情世故的理解以及渴望了解京城人事的愿望。

　　这种想出山的心情，在给孙家鼐的另一封信中表露得更加豪情万丈。癸卯六月九日，他致信孙家鼐称：讲到秋天北上时，意欲带小儿入京投供；又谈及自己身居海岛，心系中原。唯望"导以先路"。

　　燮臣仁兄大人阁下：

　　前月中旬曾寄一缄，内有呈鹿公一禀，由□□□□□转交，谅亦先为收到。比维吉羊总集，安燕有余，以为忻忻。弟壹是如常，鲜淑可述。所喜者，小儿旋梓应试，幸获一衿，即此稍堪自慰耳。小儿步青、舍侄万青前数年曾报捐主事，弟秋间北上之时，意欲带小儿、舍侄入京投供，叨在知己，特以奉闻。

　　弟奔走南洋已阅卅年之久，身居海岛，心系中原，凡国家之事，未尝一日忘之。弟自顾一无所长，诚恐从事宦途，不免鹈梁这诮。惟望爱我者导以先路，庶几知所率循民。幸甚！感甚！余容面叙。手此布告，顺询近祉。诸希心照，不尽欲言。②

---

① 肖文评、饶淦中主编，郭锐、刘奕宏点校：《海峤飞鸿——晚清侨领张榕轩奏牍书信集》，香港：大中华文化出版社，2021年，第413页。

② 肖文评、饶淦中主编，郭锐、刘奕宏点校：《海峤飞鸿——晚清侨领张榕轩奏牍书信集》，香港：大中华文化出版社，2021年，第365页。

落款"癸六月初九日发"。信中所言"国家之事"，在当时属于全力倡导一切新政。"心系中原""未尝一日忘之"等语，向孙家鼐吐露自己将报效国家的心声。

癸卯六月十九日，张煜南致信余丹署，再次表明自己要出山的愿望。他在信中写道：

丹署仁兄司马大人阁下：

…………

近阅《岭东报》，知弼翁将升署商部右侍郎，再报效商务学堂经费贰十万两，政府拟请奖以侍郎即补加尚书衔，或加太子少保衔，谅尊处必早闻其事。此等非常荣宠，谁不羡之？如弟不才，虽不敢存此奢望，当兹新政举行之日，欲早日出山，竭微劳以报国。今拟秋间束装北上，叨在至爱，果何良策以教我耶？手此布覆，即询近祉，不尽欲言。①

落款为"癸六月十九日发"。这封信完全表白了在新政推行之际，张煜南想为国家出力的迫切愿望，并且对张弼士不断获得封衔表示羡慕之情。为了达到这一点，故写信请余丹署指教。

为了得到更多北京的消息，就在写信给余丹署的当天，张煜南还致信吴质钦，也表达了自己的雄心壮志，并希望获得更多京城的新闻。

质钦仁兄太守大人阁下：

昨承手教，恍若面谈。并悉第二次寄呈洋蚨两百元，又蒙查收，至为快慰。迩年中土时局艰难，若江河之日下。今阁下改为

---

① 肖文评、饶淦中主编，郭锐、刘奕宏点校：《海峤飞鸿——晚清侨领张榕轩奏牍书信集》，香港：大中华文化出版社，2021 年，第 445 页。

商部人员，凡一切要政，有大才襄赞其间，富强之效，克日可期，又何贫且弱之足忧哉！

夫天下非常之人，乃可干非常之事，亦必能干非常之事，方足为非常之人。如阁下大才槃槃，出而荷国家重任，谓非当世所罕见之人乎？曷胜健美之至。弟虽不才，亦欲赴都引见，不审爱我者将何以教我也？京中有无新闻，公暇示知为盼。来翰寄香港广嘉兴面交便妥。相见有期，统容后叙。

耑此驰布，顺请升安，诸希心鉴不备。①

落款为"癸六月十九日发"。这封信也基本表达了张煜南同样的心情与愿望。

总之，1903 年 5 月至 6 月间几封信件中，都表明了张煜南要为国效力的愿望，充分展示了其心路历程；对于北京这个陌生的官场世界，他也表达了迫切希望了解的心情。他不断地请人提供信息，以便自己北上之行能够获得成功。

四、1903 年：对功名追求的历程

张煜南最为关心是如何让自己的功名再提升一级。他的前辈张弼士因为各种报效，与清政府建立良好的关系，也获得各种头衔，这令他非常羡慕，在信中多次表露了这种情绪。以此为榜样，他也一直在想如何让自己的功名不断地提升。在 1902 年，他通过报效广东武备学堂，被皇帝授予"四品京堂"之衔。但他并不满足，所以一直委托温灏帮他打听如何捐纳三品京堂一事。癸卯闰五月十二日，张煜南致信温灏，拜托他为自己捐头衔：

---

① 肖文评、饶淦中主编，郭锐、刘奕宏点校：《海峤飞鸿——晚清侨领张榕轩奏牍书信集》，香港：大中华文化出版社，2021 年，第 441 页。

佐才仁兄观察大人阁下：

今以鄙人生日，多承费心撰就序联，由竹孙兄信内附来，展诵之余，莫名感谢。如此过誉，何以敢当，徒滋颜汗耳。据竹孙兄来函，所云"头衔一事，除前借两竿外，仍须加借四竿"等语。查尊处前来惠书，只云俟奉上谕后，再将该款汇交。想阁下一言重于九鼎，断无变易。弟惟有仰遵前命，不敢有拂锦怀，尚祈勉力代为；如得头衔，自当将此数呈缴，请勿介念。

嵓此布臆，敬候台安，诸希心鉴不宣。①

信中希望温濒为捐纳头衔一事，能够为他"勉力代为"。结合其他材料，信的内容中所指的"头衔"是指"头品顶戴"，亦即"一品顶戴"，这是皇帝赏赐的荣誉，不代表官爵，只是象征性的荣誉，但张煜南对此荣誉非常看重。在癸卯闰五月十二日当天，张煜南又致信给身在香港的林竹孙，对于代谋头衔一事久久没有消息感到非常着急。

竹孙仁兄大人阁下：

……前蒙允许代谋头衔一事，弟无日不心焉望之。诚以阁下与佐兄共处多年，凡事皆大力所易为，断无妄言之理。迄今日久，尚未闻其消息，此则犹难索解矣。万望格外留神，多方设法，总以早日成功为妙。仰承厚爱，奚感忘之，惟有铭诸肺腑而已。至佐兄所商之项，除电达外，既经函覆。知念并及，手此驰告，并鸣谢悃。顺问近祉，诸惟心照不既。②

---

① 肖文评、饶淯中主编，郭锐、刘奕宏点校：《海峤飞鸿——晚清侨领张榕轩奏牍书信集》，香港：大中华文化出版社，2021 年，第 335 页。

② 肖文评、饶淯中主编，郭锐、刘奕宏点校：《海峤飞鸿——晚清侨领张榕轩奏牍书信集》，香港：大中华文化出版社，2021 年，第 337 页。

429

其实，张煜南在追求功名的道路上一直不懈努力。早在 1901 年，已经是道员分发广西尽先补用的张煜南对四品京堂非常看重，一直希望得到该衔，所以托温灏寻找关系保奏。光绪二十七年（1901）四月二十三日，温灏写信给盛宣怀，电文称："张煜南意在得四品京堂候补，拟再报效四万两，可否？设法奏保，伏乞电示，以便转告。"五月初九，盛宣怀直接回复"京堂难奏保"①。结果，在温灏的劝说下，报效粤省武备学堂经费八万两，由两广总督陶模保奏赏给四品京堂。但张煜南仍然不死心止步于此，希望得到头品顶戴。1902 年 3 月，他托温灏打听如何获得这一荣衔。1902 年 3 月 23 日，温灏又电询盛宣怀，"张煜南甚羡头品顶戴，秦晋捐案，如蒙设法奏保，渠必依附门墙，竭力以报大德，如何？乞示"②。3 月 27 日，盛宣怀回复："张煜南前请保四品京堂，现有机会，但须援照弟所保之刘锦藻报效库平实银六万两费，在外既得京堂头品顶戴，甚易。"③ 但此时张煜南已经有了四品京堂，所以四月二十九日，温灏给盛宣怀电："张煜南去年七月由职道经劝，报效粤省武备学堂经费八万两，助陶前督奏保，奉旨赏给四品京堂，现所图只头品顶戴，请设法奏保。"④ 最后是在 1903 年 12 月，由张煜南捐助两粤赈款，经两广总督岑春煊奏请，终于获得头品顶戴这一殊荣。⑤

除了希望获得头品顶戴荣誉之外，张煜南还希望在四品京堂的官品上再升一级，获得三品京堂，仍委托温灏出面为他办理。1903 年 5 月 28 日，温灏去电询问盛宣怀："由四品京堂捐实银六万，能保赏三品京堂否？张煜南秋间晋京拟执贽门墙，能否保简派耀察南洋商务或驻粤会办铁路，乞

① 上海图书馆编：《盛宣怀档案选编》（第 65 册），上海：上海古籍出版社，第 466 页。
② 上海图书馆编：《盛宣怀档案选编》（第 65 册），上海：上海古籍出版社，第 531 页。
③ 上海图书馆编：《盛宣怀档案选编》（第 65 册），上海：上海古籍出版社，第 531 页。
④ 上海图书馆编：《盛宣怀档案选编》（第 65 册），上海：上海古籍出版社，第 533 页。
⑤ 《潮汕铁路述闻》，《岭东日报·潮嘉新闻》，1903 年 12 月 25 日。

示。灏禀。俭。"①

六月初八，温灏又去电盛宣怀，"俭电谅阅，现煜（应为"耀"② ——作者注）南到港，寒□赴洋，如有机会，无论款项若干，请速示，俾得面商，盼切。灏禀。庚"③。这里的"机会"，是指捐纳三品京堂。两天后，即六月初十，盛宣怀给温灏去电称："俭、庚电悉，四品卿捐升三品卿无成案，已函询政府，保派要差，须俟经过港面谈。潮汕铁路本轻利重，请催强速筹办，免为人夺。苏东部照即咨催。"④ 盛宣怀"四品卿捐升三品卿无成案"的回复，显示了此事对其来说难度较大；同时，对潮汕铁路何时开工建筑表达了急切的心情。这似乎是对温灏的一种暗示：如果要破格，需要为朝廷作出更大的贡献。温灏理解这一点，张氏昆仲也应该明白了这一点。三天后，即六月十三日，温灏给盛宣怀去电："鸿云：潮汕拟商煜承办，另订章程，约八月到沪，一切请宪部署。灏禀。"⑤ 这份电文明确告诉盛宣怀，张鸿南将请其兄出面承办潮汕铁路。而事实上，张鸿南也是与张煜南商议过的。只不过当时张煜南没有在香港现场，所以电文中只好称"鸿云"之类的话。这也与前引"迨夏间，张鸿南由籍至港，对职道言，及若要伊多认股份，必须伊兄出名"⑥ 这份电文相互印证。因此，基本可以肯定，张煜南是1903年6月时才下了出面承办潮汕铁路的决心的。而这个决心，是心路历程的改变与利益博弈的结果。

431

---

① 上海图书馆编：《盛宣怀档案选编》（第65册），上海：上海古籍出版社，2014年，第535页。

② 此处应为"耀"字。理由有三：一是此时张榕轩尚在日里，没有动身，因为他要等到张耀轩到日里后才能动身北上；二是癸卯六月十六日，张榕轩曾致函谢梦池，讲到耀轩前数天已达香港，而温灏的这封电报是六月初八日发出的，时间相差"数天"，基本吻合（见肖文评、饶淦中主编，郭锐、刘奕宏点校：《海峤飞鸿——晚清侨领张榕轩奏牍书信集》，香港：大中华文化出版社，2021年，第433页）；三是后面的六月十三日发给盛宣怀的电文中称"鸿云"之语，说明当时在香港交谈的是张鸿南。

③ 上海图书馆编：《盛宣怀档案选编》（第65册），上海：上海古籍出版社，第535页。

④ 上海图书馆编：《盛宣怀档案选编》（第65册），上海：上海古籍出版社，第537页。

⑤ 上海图书馆编：《盛宣怀档案选编》（第65册），上海：上海古籍出版社，第537页。

⑥ 上海图书馆编：《盛宣怀档案选编》（第51册），上海：上海古籍出版社，2014年，第535－537页。

在确定出面承办潮汕铁路以后，张煜南等弟弟回日里，交代好各种生意事宜后，便动身北上。张煜南具体哪天从日里出发不清楚，但到达香港时是八月，他拜会在香港的温灏，并与他订立相关的章程。所以，温灏在给盛宣怀的电文有如下报告：

> 至八月间，张京堂过港时，登岸一宿，匆匆晤谈，即以此事相商。时方二鼓，嘱职道立刻订章程。次早黎明，将稿送交张京堂携以赴沪。

这段电文描述了张煜南路过香港，匆匆委托温灏连夜订立潮汕铁路章程的过程。既然已经答应要出面承办，订立章程基本上只是走一个形式。事情到此，潮汕铁路承办人终于得到落实，这让从中协调奔波此事的温灏长长舒出一口气，终于好向自己的上司盛宣怀交代。整个过程中，最先是张鸿南答应承办，后又转到吴、曾二位商人，最后又落实到张煜南身上。温灏给盛宣怀的电文中这样总结道："此职道前后禀请承办之人始而张，继而吴、曾，终而由吴、曾复让回张之实在情形也。"并且发出感慨：

> 职道费两载苦心，上为朝廷收自有之利权，下为桑梓创无穷之商业，并可告无罪于宫保大人，之前其他皆非所计耳。兹接张京堂来函，以文内有云俟就近呈请本省大府核准后再行会奏，恐其多生枝节，嘱职道代为禀商等语。[①]

筹办潮汕铁路修建这件事长达几年，经过种种变数、种种博弈，最后由张煜南答应承办潮汕铁路。其中的原因，并非三言两语便可以道清，而是一个心态缓慢变化，不断进行利益权衡的过程。

---

① 上海图书馆编：《盛宣怀档案选编》（第51册），上海：上海古籍出版社，2014年，第535－537页。

五、觐见"天颜"：获得最高统治者的支持

带着订好的章程，张煜南经上海、天津一路北上，于八月底到达北京，准备接受皇太后、皇帝的召见。光绪二十九年（1903）九月初五日，张煜南两次蒙召见，终于见到"天颜"。时正值清廷筹设商部，皇太后慈禧想征求这位南洋侨商的意见。

　　皇太后问：汝正是力强之时，好替国家办事。现在设立商部，汝看好么？

　　对：商部为方今第一要务，既承皇上圣明，设立商部。普天之下，商民无不鼓舞，且于朝廷，最为有益，从此讲求商务，转眼便成富强之国矣。①

商部是独立于传统六部而新设的一个机构，关系到国家新政以及实业救国等方方面面的事务，所以非常重要。皇太后的问话，也是希望得到支持。张煜南对此自然不陌生，因为张弼士就曾参与商部的筹备工作，当然也是高度认同这个举措。

十月二十六日，张煜南蒙奏派出洋招商集股缮折请训，是日早十点半钟，他第三次蒙两宫召见。

　　皇上问：几时出京？

　　对：臣请训后，明天赴天津见直隶督臣袁世凯。因承办广东潮汕铁路，听说北洋这边甚多修造铁路的工程师，拟先商借一名。

---

① 饶淦中主编：《楷范垂芬耀千秋——印尼张榕轩先贤逝世一百周年纪念文集》，香港：香港日月星出版社，2011年，第142–143页。

皇太后问：汝过天津后先往那里？

对：臣先到上海见盛宣怀商办铁路事宜，嗣后回广东省城，见岑春煊，请他将铁路的事札饬地方官，切实保护，以后即回汕头办理一切事宜。

皇太后说：我明天曾下谕旨，著广东督抚与汝切实保护。现在汝办此路，可开风气。汝又在南洋多年，各样熟悉，汝当多招股华商回来创办庶务，争回我们中国的利权。

对：臣仰蒙天恩体恤，自当敬谨遵命。至于广东潮汕铁路，臣非为一己之私，实为地方起见。因潮州所属九县、嘉应州所属四县向来山多田少，一年所出米粮不敷民食，全靠安徽之芜湖并暹罗国贩米进口接济，但是汕头以上河道太浅……

皇太后说：好！这才是利国便民的事。汝当赶紧认真办，华商设法招徕，看是如何？若是华人，仰体国家振兴商务之至意，踊跃集股最好，但现在时势艰难，惟恐商人观望不前。

答：臣不敢说一定有把握，无论如何，臣只有尽心竭力图报国家，至日后集有若干股分，臣自当首先禀明财政处王大臣知道便是。①

张煜南这次请训的过程，无疑是非常成功的。一是向皇太后表达了承办潮汕铁路的意图，并且获得皇太后的称赞。二是也说明了修建铁路过程中可能遇到的问题，也得到皇太后的鼎力支持，并且许诺保护，免去了其后顾之忧。来自最高统治者最强有力的支持，给了张煜南极大的信心。随后，张煜南放心开始着手铁路事宜。

---

① 饶淦中主编：《楷范垂芬耀千秋——印尼张榕轩先贤逝世一百周年纪念文集》，香港：香港日月星出版社，2011年，第146－150页。

六、余论

1903 年这一年里，北京、南洋、香港、上海、松口各个主体之间通过信函交往，最终达成了投资潮汕铁路的决策，最后成就了一件前所未有的建设事业。从民族资本与中国现代化建设的角度而言，潮汕铁路开了先河，为其他资本起到一个示范作用。"潮汕铁路开全国商办之先声。"对张煜南本人而言，他也获得了相应的殊荣与功名。光绪二十九年（1903）九月十七日，也就是蒙召不久后，他便得到皇帝赏赐的"头品顶戴"。1906年，潮汕铁路竣工后，他于光绪三十三年（1907）二月初七，获得"三品京堂"衔的封赏。宣统元年（1909）七月二十六日，又获得"侍郎"衔。

张煜南，一位身居南洋 30 年的侨商，如何下定决心承办第一条私人投资的铁路？本文通过一系列史料，展示了其决策过程，也即其心路历程与博弈的过程。在这个过程中，不同的主体，在不同的空间里，带着不同的目的，最后促成这样一件事情。

从大背景看，清末经济现代化建设改变了对铁路的认识，需要通过修铁路以实现与外国列强争铁路利权。而国内资本有限，急需华商私人资本的进入。盛宣怀则代表这方主体的利益与思考角度。

就南洋侨商张煜南个人而言，这一事件也具有复杂性。一方面，他身居南洋，得风气之先，了解到铁路对于一个国家强盛的意义；另一方面，他具有强烈的民族主义情结与深厚的乡梓情结，这促使他愿意为国家富强出力，为地方商民便利谋取福利；此外，浓厚的儒家传统观念，也让他保持强烈的功名之心。他需要不断通过报效提升自己的功名与官阶，从而提升自己的社会地位。除此之外，作为一个私人投资者，他也有自己的实际困难，即要面对一个自己完全不懂的事物，并且是牵涉非常广的一项工程，这也让他感到压力巨大。其间，虽然有推动他勇于任事的积极因素，但是也有阻碍他下定决心的消极因素。二者之间如何博弈，并不是一时可以决定的，而是需要一个过程。这就是张煜南一开始久久没有下决心答应

承办潮汕铁路的原因。

对于张煜南而言，他长期身居南洋，对祖国的许多事情是陌生的；而对于国内的官员而言，南洋侨商也不是他们所熟悉的，所以二者之间交流需要一个中介性的人物，这也是事件中一个重要的主体，这个人物便是温靝。在整个过程中，温靝上传下达，在中间发挥桥梁作用，功不可没。如果没有这样一个中间人物，许多事是无法完成的。

从历史研究角度而言，涉及心理活动的史料具有私人性，多展现在书信、电报中，且仅在私人之间传递。这些史料一般难以保留下来。所幸，盛宣怀有意识地收集了自己所收的所有电文。在其一生中收藏的18万份档案中，保留了许多私密性的资料，也包括了关于张煜南的内容。另外，张煜南书信的发现，也是解开许多历史机密的关键。公开层面的理由，即解决潮汕之间的交通问题，当然是客观存在的；但主观主体是否要根据这个客观存在的理由而进行社会实践，又是另一回事。学者在研究时，不能因公开层面的理由而忽视历史主体主观的心理活动。

本书为客家学研究系列特辑。

　　谨以本书的出版，向参与和关注客家学研究系列书籍的诸位学者与读者致敬！

张榕轩张耀轩家族与梅州侨乡社会研究

下

肖文评　冷剑波　主　编

暨南大学出版社
JINAN UNIVERSITY PRESS

中国·广州

图书在版编目（CIP）数据

张榕轩张耀轩家族与梅州侨乡社会研究. 下册 / 肖文评，冷剑波主编. -- 广州：暨南大学出版社，2024. 9. -- ISBN 978-7-5668-4007-3

Ⅰ. D634.1-53

中国国家版本馆 CIP 数据核字第 2024AT9837 号

张榕轩张耀轩家族与梅州侨乡社会研究（下册）

ZHANG RONGXUAN ZHANG YAOXUAN JIAZU YU MEIZHOU QIAOXIANG SHEHUI YANJIU（XIA CE）

主　编：肖文评　冷剑波

···

出 版 人：阳　翼

策划编辑：杜小陆　刘宇韬

责任编辑：刘宇韬

责任校对：刘舜怡　何江琳　杨柳牧菁　王雪琳

责任印制：周一丹　郑玉婷

出版发行：暨南大学出版社（511434）

电　　话：总编室（8620）31105261

　　　　　营销部（8620）37331682　37331689

传　　真：（8620）31105289（办公室）　37331684（营销部）

网　　址：http：//www.jnupress.com

排　　版：广州良弓广告有限公司

印　　刷：广州市友盛彩印有限公司

开　　本：787mm×960mm　1/16

印　　张：16.75

字　　数：270 千

版　　次：2024 年 9 月第 1 版

印　　次：2024 年 9 月第 1 次

定　　价：198.00 元（全二册）

（暨大版图书如有印装质量问题，请与出版社总编室联系调换）

目　录
Contents

客家华侨社会组织研究

世界视野下的海外粤籍客家华人

张应龙①

在广东三大民系当中，客家人在广东的分布最广。客家人从广东不同的地方移民到海外，从而形成了有别于其他两大民系的侨情特点。移民海外的广东客家人主要源于梅州地区和大惠州地区，这两大源流的移民构成了海外粤籍客家人的主体，其他地方的客家人如花都客家人、鹤山客家人、台山赤溪客家人、中山客家人等也是海外粤籍客家人的重要组成部分。不同地方的客家人在移民海外的进程中，其移民流向有所不同，形成海外粤籍客家人的分布特点。研究海外粤籍客家人的历史时只研究梅州地区客家人是不完整的，要从广东的视角、从世界的视野来研究海外粤籍客家人，以此推动海外客家移民研究向着更广更深的方向发展。

一、要重视东南亚以外地区客家华侨华人研究

海外粤籍客家人主要分布在东南亚，对海外粤籍客家人的研究也主要聚焦在东南亚的客家人，其中印度尼西亚、新加坡、马来西亚、泰国更是被重点研究的国家。但是，在印度、毛里求斯、苏里南、法属圭亚那、牙买加、特立尼达和多巴哥、巴拿马等地，粤籍客家人占有非常重要的地位，属于当地华人社会中的"主流"，如毛里求斯华人近九成是客家人。②在英国、澳大利亚、新西兰，也有不少来自香港、增城、东莞的客家人，

---

① 张应龙，广东澄海人，暨南大学华侨华人研究院教授，主要研究方向为华侨华人历史与文化等。

② 毛里求斯仁和会馆董事会会议记录，2011年10月9日。

他们算是当地的老侨。

印度洋群岛和中南美洲是广东客家人海外移民活动涉及的两大特别区域。客家人移民到印度、毛里求斯、法属留尼旺、塞舌尔、马达加斯加等印度洋国家是客家人海外移民史的特色部分。这些客家移民大都来自广东东部的梅州地区，他们经过长途海上跋涉，经过印度到达毛里求斯、留尼旺等海岛。有趣的是，由于顺德移民的阻碍，客家人很少在马达加斯加成功登陆，以致马达加斯加的客家人比较少。但在毛里求斯，客家移民在华人社会中就占据了主导地位。毛里求斯的客家人不但人数多，而且在经济和政治领域都有不凡的表现。一些客裔华人出任毛里求斯的政府部长，如朱梅麟、曾繁兴、王纯万等；客家人李基昌担任国家银行董事长，而毛里求斯货币上还印有客裔华人朱梅麟的头像，由此可见客家人在毛里求斯具有强大的影响力。在留尼旺，客家人也为数不少，祖籍梅县的曾宪建是其中杰出的代表，他担任顶磅市市长长达23年，并成为法国首位华人国会议员。[①] 为了纪念梅州客家先民移民印度洋群岛的历史，联合国教科文组织在梅州松口建立了"中国移民纪念广场"，这是对客家移民历史地位的最佳肯定。

如果说，印度洋国家的客家人因来源于梅州地区而受到较多关注的话，那么中南美洲的客家移民就没有得到应有的注意。在海外粤籍客家移民中，苏里南、牙买加、法属圭亚那、特立尼达是二十世纪八十年代以前南美粤籍客家人最多的地方。苏里南、圭亚那、牙买加的第一艘猪仔船都是在1853年抵达的。与广东其他地方的移民基本是以男性移民为主不同，惠东宝（即惠州、东莞、宝安）的猪仔华工在移民的过程中除了男性之外还有包括男女老少的家庭移民。到了民国时期，惠东宝客家人继续不断移

① 《留尼旺华人：汪洋万里外的"中国心"》，中国新闻网，2018年4月16日，https://www.chinanews.com.cn/hr/2018/04-16/8492345.shtml.

民到苏里南等国，以致苏里南"几乎所有华人都是客家人和从事零售业"①，客家人成为苏里南、法属圭亚那、牙买加华人社会中人数最多的方言群体。由于中南美洲距离中国太过遥远，加上这些客家移民不是来自梅州，而是来自惠东宝地区的客家人，因此长期以来他们没有受到足够的重视。这种情况在改革开放后随着客家新移民的大量增多而逐步改变。

改革开放后，中南美洲成为广东客家人最重要的移民目的地。中美洲的巴拿马一马当先，成为广东客家人新移民最多的国家。改革开放后首批中国新移民是在 1980 年到达巴拿马的，人数 1 890 名。② 此后到 1989 年，每年都有一大批新移民进入巴拿马，导致巴拿马华人社会的规模迅速扩大。目前巴拿马华侨华人总数在 30 万左右，其中 95% 以上是广东人，而来自花都的客家人则占了总数的七成，他们基本上是新移民。巴拿马的客家新移民回忆他们到达巴拿马的艰辛时，称当时移民到巴拿马是在做"牛仔工"。庆幸的是，几年后他们都独立出来创业，并站稳了脚跟。不少客家新移民在经济上成长很快，成为富翁。总的来说，花都客家新移民在巴拿马华人社会的各个方面都起到举足轻重的作用。由于花都人占了绝大多数，所以成立于 1917 年的花县（花都）同乡会在巴拿马华人社会中自然处于领导的核心，而花县（花都）同乡会则是巴拿马最大的同乡会。巴拿马的客家新移民十分重视客家文化的传承，不少新移民将自己的孩子送回花都接受中文教育，让他们在家乡学习客家文化。更重要的是，原先巴拿马的华侨华人人数并不是很多，名气不大，但随着花都客家新移民的到来，巴拿马成为当今少数以广东新移民为主体的国家之一。

南美洲的智利原来的华侨人数不多，据智利智京中华会馆主席吕玉松

---

① Frank Tseng、黄静：《种族与环境：苏里南和荷兰的华人》，《华侨华人历史研究》1995 年第 4 期，第 7 页。

② Juan Tam 著，徐光普译：《巴拿马华侨 150 年移民史》，台北：秀威资讯科技股份有限公司，2004 年，第 176 页。

的回忆，1980 年智利的华侨华人不足 300 人，① 后来才迅速增加起来，目前有华侨华人 3 万人左右，其中粤籍约占三分之二。② 智利的广东人主要以开餐馆谋生，二十世纪八九十年代是智利中餐业辉煌的时期，因而吸引了大量广东新移民到智利去。到 2013 年，智利中餐馆的数量超过了 1 000 家，其中八成中餐馆是广东人开的③，而其中最大最豪华的中餐馆也是广东新移民开的。在智利的粤籍华侨华人中，来自鹤山的客家人占了一半以上。因此，粤籍客家新移民成为智利华社的领导力量。智利的智京中华会馆是智利最重要的华人社团，几十年来的领导层多数是鹤山人。从 1978 年以来，中华会馆的历任主席除了一位是中山人之外，其他都是鹤山客家人。智利的鹤山人主要来自鹤城镇的潮边坑村、冈叶村、北芬村，还有宅梧镇的白水带、长田村等，其中潮边坑村是鹤山远近闻名的"智利村"。由于鹤山客家人长期以全侨性中华会馆为中心，所以一直没有成立自己的地缘组织，直到 2016 年 1 月 4 日，智利鹤山客家人才成立了智利鹤山同乡总会。④ 智利鹤山同乡总会的成立，进一步凸显了鹤山客家人在智利的地位和影响力。

441

在传统客家人占多数的苏里南、圭亚那和牙买加等地，广东新移民主要来是自东莞凤岗的客家人。据凤岗镇侨办的调查，凤岗籍华侨华人在苏里南有 430 户 1 652 人，在牙买加有 328 户 1 477 人。⑤ 2012 年，牙买加华人约 2 万人，⑥ 而在牙买加首都金斯顿华人街做生意的华人当中，凤岗人占了百分之九十。凤岗新移民钟伟庭是牙买加著名的日用品大王，每月到

---

① 吕玉松口述，张应龙采访，访谈地点：智利圣地亚哥远东酒家，访谈时间：2016 年 12 月 13 日。

② 朱涛：《智利华人华侨的职业与行业研究》，《拉丁美洲研究》2019 年第 1 期。

③ 包容、李薇等：《智利智京中华会馆 120 年简史（1893—2013）》，2013 年，第 62 - 63 页。

④ 李红光口述，刘进采访，访谈地点：智利圣地亚哥远东酒家，访谈时间：2016 年 12 月 12 日。

⑤ 凤岗镇侨务办简介，http://www. dg. gov. cn/fg/ztzl/zl/fgqwb/qbjs/index. html.

⑥ 马碧雯：《牙买加中华会馆积极推动新移民融入当地社会》，中国新闻网，2012 年 4 月 19 日，https://www. chinanews. com/hr/2012/04 - 19/3832740. shtml.

达牙买加港口的集装箱里起码有一个装着他的货，他每年进口的商品能装满几百个货柜。2009 年，牙买加成立了东莞同乡会。在苏里南，尽管二十世纪七十年代有大批客家人离开了，导致苏里南客家人人数减少，但在二十世纪八十年代以后又慢慢得到恢复。苏里南的客家人于 1980 年创办了华文报纸《洵南日报》，这份报纸成为南美地区重要的华文报纸。与秘鲁相邻的厄瓜多尔，首都基多以前的老侨百分之九十是讲客家话的中山人，而在南部大城市瓜亚基尔，台山赤溪的客家新移民在那里经营单车生意，成行成市。在中部克维多，来自鹤山的梁公壁是厄瓜多尔著名的企业家。

总之，客家新移民在中南美洲的壮大，应该是近二三十年以来海外粤籍客家人侨情重要的新变化，但它们受到的关注远远不够。

二、要重视海外客家人的再移民研究

"二战"后，由于政治经济形势变化的影响，海外客家人因应局势的变化采取再移民的行动。海外粤籍客家人的再移民主要有两种情况：一种是因为所在国政治局势发生变化促使了再移民，如苏里南 1975 年独立时，那里的客家人因为担心苏里南独立后会发生不确定因素，因此成群移民到苏里南的宗主国荷兰和其他国家。"有钱人去加拿大、美国，一般人去荷兰。"当时住在首都帕拉马里博（Paramaribo）及其附近地方的苏里南华人有 3 万多人，后来其中一半以上移民到美国、加拿大和荷兰等国。① 二十世纪七十年代苏里南移居荷兰的华人约有 4 000 人，他们多数住在海牙。尽管他们在苏里南的时候多数人经营着杂货店，但到了荷兰之后已难以重操旧业，多数人去了荷兰人办的厂里和店里打工。东莞凤岗客家人曾官祥于 1956 年到苏里南，1975 年离开苏里南，全家包括六个子女一起移民到荷兰。他自己到荷兰叉车厂做工，太太去做清洁工。② 独立后的苏里南在

---

① 张卓辉：《华人抵达苏里南 160 周年》，《侨务工作研究》2013 年第 4 期。
② 曾官祥口述，张应龙采访，访谈地点：荷兰海牙曾官祥家，访谈时间：2016 年 11 月 1 日。

头十年经济形势确实不好，十年后便慢慢发展起来，那些留在苏里南的华人多数发家致富，这与当初移民发达国家荷兰的人形成鲜明的对比，两者经济地位发生了反转。① 移民到荷兰的苏里南客家人，有的人在苏里南有产业或者亲戚，因此时不时会回到苏里南走走。除了苏里南之外，牙买加、法属圭亚那、特立尼达和多巴哥的粤籍客家人中不少有财力的也借助各种机会也移民到美国、加拿大。事实上，在拉丁美洲，由于存在经济和政治风险，一般中产阶级都会依据"分散风险"的原则将孩子（起码一个）送到美国或加拿大去，华人也不例外。所以，拉丁美洲是再移民的频发地。在印度洋的毛里求斯，由于其国家较小，发展空间有限，很多年轻一代的客家人在外国留学以后多数选择留在海外如加拿大等国，结果造成毛里求斯客家人社会的萎缩，华社有点"空巢化"的味道。但从毛里求斯走出去的新一代客家人，通过再移民获得了更大的发展空间。

另一种再移民情况是因为所在国发生排华风潮，被迫离开居住地而再移民。"二战"后海外排华风潮以亚洲为代表。首先是东南亚在二十世纪五十年代后多次出现排华风潮，导致印度尼西亚、缅甸等国的客家人被迫离开居住地返回中国，或者移民到其他国家。广东为此先后建立了23个华侨农场来安置东南亚归难侨，如在梅州的蕉岭华侨农场。而在受歧视的国家里，如马来西亚等国的客家人则通过出国留学等方式离开马来西亚，然后定居在欧洲和澳大利亚等地。如果说东南亚的排华是针对整个华侨华人社会，针对客家人的色彩不是很突出的话，那么，二十世纪六十年代初印度排华活动导致大量客家人离开印度的事件就显得非常鲜明了。1962年中印爆发战争后，印度政府迅速对居住在印度的华侨狠下毒手。1962年11月19日晚，印度政府突然出动军警把阿萨姆邦和西孟加拉邦五个边境县内的华侨抓了起来，然后运往遥远荒僻的拉贾斯坦德奥利集中营，德奥利集

---

① 钟麟书口述，刘新荣采访，访谈地点：荷兰阿姆斯特丹海上皇宫餐厅，访谈时间：2016年11月3日。

中营关押的印度华侨人数约 3 000 人。印度政府迫害华侨的行动引起中国
政府的强烈谴责。中国政府除了外交交涉之外，还分三次派船到印度接
侨，第一批接回到湛江的难侨多达 909 人。① 印度政府对中国政府到印度
接侨的行动有诸多阻拦，不给中国第四次接侨。② 从印度接回的三批难侨
多数先后被安置到云南、广西、广东英德等地华侨农场。③ 到 1966 年，在
印度的德奥利集中营和加尔各答、孟买、诺冈等地监狱仍然关押着几百个
华侨。④ 没有被抓进监狱的客家人，在外面的生活面临着更大的困难。仅
在加尔各答就有一千多名海员和修船工人失业，塔坝的华侨制革业陷入半
停业状态。印度政府还规定华侨不得离开居住地区二十四小时以上，从集
中营放出来的人每天要到警察署报到两次，这就使得华侨无法到别处另谋
生路。⑤ 本来，印度的客家华侨在最盛时有 3 万余人，在遭受印度政府的
排华行动后，所剩人数不多，侨团、侨校、侨报被破坏得面目全非。留在
印度的客家华侨生活变得更加艰难，他们便想方设法离开印度。在 20 世纪
70 年代，印度华侨利用加拿大的宽松移民政策，纷纷移民到加拿大。如
今，在加拿大的客家人大约 20 万人，他们来自不同的地方，以不同的渠道
移民，有来自中国香港的，有来自东南亚的，有来自非洲的，有来自南美
洲的，而来自印度的客家人约 3 万人，他们八成居住在多伦多。尽管在加
拿大的客家人有多种源流，但他们始终凝聚在客家文化的旗帜下。

---

① 《印度政府采取法西斯手段迫害华侨　侨委发言人提出强烈抗议不许印度政府蹂躏我亲
人》，《人民日报》，1963 年 4 月 28 日第 2 版。

② 《第三批归国难侨列举大量事实揭穿印度政府谎言　印度还有大批受难华侨要求回国》，
《人民日报》，1963 年 8 月 28 日第 2 版。

③ 《首批从印度归国的难侨七百多人　赴云南国营华侨农场参加农业生产》，《人民日报》，
1963 年 6 月 8 日第 3 版；《前往广东英德农场安家落户参加社会主义建设　第二批归国难侨一百六
十多人离湛江　广西来宾华侨农场热情准备安置归侨》，《人民日报》，1963 年 6 月 27 日第 2 版。

④ 《印度政府继续迫害华侨无理之极逮捕无辜华侨　劫夺华侨财产　勒令华侨离境》，《人民
日报》，1966 年 1 月 25 日第 3 版。

⑤ 《印度政府丧心病狂继续迫害华侨　大批华侨长期失业生计断绝，大批华侨露宿街头流离
失所　第三批归侨转达在印难侨愿望：请祖国早派船接他们回国》，《人民日报》，1963 年 8 月 13
日第 2 版。

加拿大的客家社团有安省崇正总会、安省惠东宝会馆、全加客属联谊会、多伦多台湾客家同乡会、温哥华客属崇正会等 20 多个。印度客家人到加拿大之后，最初是参加安省崇正总会、安省惠东宝会馆等其他客家会馆的活动，1989 年终于成立自己的社团——安省印华联谊会（Yin Hua Association of Ontario）。2010 年，部分曾经被关押在集中营的客家人成立了印华集中营难友协会（Association of India Deoli Camp Internees），其目标一是争取在难民营建立一座纪念碑，二是要求印度政府道歉。移民加拿大的印度客家人一部分人开餐馆，多数人没有本钱只能打工，但他们在加拿大的第二代因为接受到了较好的教育，多数人从事专业性的职业，避免了族群职业的固化。

对于上述的再移民现象，我们应该加以关注和跟踪研究。虽然他们不是从广东侨乡直接移民出去的，但代表了这一时期客家人的国际流动。

三、要重视梅州侨乡以外广东其他客家侨乡的研究

学界常常称广东有三大侨乡，但其实在三大侨乡之外还有小的侨乡。就客家侨乡而言，除了梅州侨乡之外，重要的还有东江流域的客家侨乡。东江流域客家侨乡作为一个独立板块，其海外移民规模仅次于梅州客家侨乡。除此之外，广东的客家侨乡还有花都的客家侨乡、中山隆都的客家侨乡、鹤山的客家侨乡、台山赤溪的客家侨乡等，这些更小一些的客家侨乡也是广东客家侨乡的一部分。假如总是习惯于三大侨乡的宏观论述，那对深化广东侨乡的研究显然是不利的。

由于现代东江流域客家侨乡的行政区划变动较大，其侨乡的历史完整性受到较大的影响。每一次行政区域的重新划分都会对侨乡的原有边界产生冲击，造成"文化侨乡"与"行政侨乡"的分离。例如，东江流域客家侨乡在行政上分为河源、惠州、东莞、深圳之后，原来以惠东宝为主的惠阳地区侨乡逐步解体，渐渐转变为以新行政区域划分的新地域侨乡，如惠州侨乡、东莞侨乡，宝安侨乡等。因此，在研究客家侨乡历史时既要做好

全局性的研究，也要做好侨乡历史具体演变的研究，不能忽略时空坐标变动所带来的影响。

在海外客家人社团组织中，常常有跨越现在行政区域的联合社团，如东增会馆（东莞增城）、增龙会馆（增城龙门）、东安会馆（东莞宝安）、清从同乡会（清远、从化）等。这表明地理上相近的两个行政区的客家人，往往会认为彼此同属一个文化区域。对于这类跨越行政区域的社团所反映出来的"侨乡认同"，我们要予以具体研究，并解读其背后的含义，要将国内外两方面结合起来综合考虑。

在广府侨乡当中，若干个小的客家侨乡变成广府侨乡里面的"插花地"，它们被广府侨乡的论述掩盖，其客家文化的属性常常被忽视。其实，它们既不同于所在地的广府文化，也与梅州地区的客家文化有差异。在海外华社中，客家人独立组织了属于自己的社团，坚定地保持着比较鲜明的客家人特性，但在其家乡，由于淹没在广府文化之中，其客家文化受到不同程度的侵蚀。这些客家侨乡杂糅了客家文化与广府文化的色彩，客家话与广府话、潮州话串行。因此，要加强对这些客家侨乡的研究，总结它们的特点，并将它们纳入广东客家侨乡的整体研究。

总之，强调研究梅州客家侨乡以外的客家侨乡，主要意思是想强调广东客家侨乡不等于梅州客家侨乡，广东客家侨乡的研究要有广东全省的视野。

四、结语：客天下与天下客

近代以来，广东不同地域的客家人受其地理和历史因素的影响，循着不同的移民路线移民到世界各地。梅州地区的客家人主要循韩江到东南亚、印度、非洲，东江流域的惠东宝客家人主要经中国香港到东南亚和南美洲、大洋洲以及欧洲，广州花都和中山、鹤山的客家人主要到美洲，台山赤溪的客家人主要到马来西亚和南美洲。尽管流向不同，但它们共同奠定了广东客家人遍布世界各地的分布格局。

　　当然，海外粤籍客家人的分布是有重点的，不同地方的客家人，其移民历史和在所在国家的作用也是不同的。换句话说，天下客家人具有不同的历史和特点。"二战"后，由于政治经济变动的影响，一些粤籍客家华侨华人离开原居住地再次移民到其他国家，他们在新的居住地相聚，以会馆为平台，构建大客家的文化认同。最为典型的是加拿大，加拿大的客家人来自不同的源流，最后在加拿大汇合。

　　广东客家人在海外的移民活动，是海外华人移民史的重要组成部分。我们要从世界的视野审视客家人的世界移民史，比较他们的特点，在扎实做好国别和地区客家华侨华人史研究的基础上，推进世界客家华侨华人史的整体性研究。

兰芳公司"共和国"一说之探究*

陈勇健①

一、"兰芳公司"的起源

"兰芳公司"是十八世纪末至十九世纪末在西婆罗洲（West Borneo，今印度尼西亚西加里曼丹 Kalimantan Barat）坤甸（Pontianak）一带曾经出现过、由华人移民所建立的社群自治聚落。该公司创始人罗芳伯（1738—1795），为清代广东嘉应州石扇堡人（今梅县），据嘉应州人、潮州金山书院院长温仲和（1849—1904）于晚清时期所纂《光绪嘉应州志·罗芳伯传》记载，罗芳伯被"奉为王""俨然王者""雄镇华夷"，罗亡后尚有继承者"相继为王"：

> 罗芳伯，少负奇气，业儒不成，去而浮海。乾隆中叶，客南洋婆罗洲坤甸（所属唠唠、双钩月、文澜、东万律、万劳等土皆产金，故俗或澄金山）。值鳄鱼肆虐，吞噬人畜，日以百数。乃纠合华夷，仿昌黎在潮故事，投其文，望海祭之，鳄鱼果避去。群惊为神，谓三保之复生也，因奉为王，号令赏罚悉听之。华夷故多争。自罗为政，奉约束维谨，声势赫耀，俨然王者。年七十余终，立庙通衢，规模壮丽，穷极土木。堂上金匾，字大四尺，

---

* 本文为马来西亚"张弼士任领以来马来半岛北部客家村镇港口网络的形成——以碑铭为中心的研究"项目的研究成果。

① 陈勇健，马来西亚道理书院助理研究员，闽南师范大学闽南文化研究院博士生。

曰“雄镇华夷”。中国人至者，必入而瞻拜之。吧城博物馆中藏有兰芳大总制衔牌，盖罗之遗物也。自罗之后，江、阙、宋、刘相继为王。始于乾隆四十年，终于光绪九年，共一百有八年。[①]

清代中期，南下的客家移民最早出现在今印度尼西亚苏门答腊（Sumatra）以东的邦加岛（Bangka）和西婆罗洲一带，该地域当时尚未纳入周旋于南洋群岛间的荷兰人势力范围。根据荷兰汉学家高延（J. J. M. de Groot，1854—1921）1885 年出版的《婆罗洲华人公司制度》（Het Kongsiwezen van Borneo），西婆罗洲有多达二十多个马来王国。[②] 在邦加锡矿业兴起的刺激之下，南吧哇（Mampawa、Mempawah）、三发（Sambas）地方的马来苏丹也先后效法苏门答腊巨港苏丹（Sultan of Palembang Darussalam）开始招募华工前来采金，而第一批华工可能来自文莱（即汶莱）或邦加，于十八世纪四五十年代抵达该处。[③] 由于采金业的发达，招募而来的华工也与日俱增，华人聚落也迅速发展至三发、山口洋（Singkawang）、打唠鹿（Monterado，或称大港、鹿邑大港）、东万律（Mandor）、万那（Landak）、坤甸等地，主要位于加巴士河（或曰坤江，Kapuas）和万那河之交界处以北海岸，延伸至内部东西最宽一百二十里、南北最长达一百五十里的广阔地区。[④] 华人初来时，必须臣服于邻近马来统治者和达雅人（Dayaks）的管控，如不准从事农耕、互市，每年固定缴纳年税等。十八世纪六十年代，屡有华人群起挣脱这些束缚。在华人建立的“公司”自治壮大以后，

---

① 温仲和纂：《光绪嘉应州志》，台北：成文出版社，1968 年，第 425 – 426 页。

② 高延著，袁冰凌译：《婆罗洲华人公司制度》，台北：“中央研究院”近代史研究所，1996 年，第 5 页。

③ Yuan Bingling, *Chinese Democracies—A Study of the Kongsis of West Borneo*, Leiden：Universiteit Leiden，2000；林世芳：《印尼西加里曼丹华人史》，雅加达：印华日报出版社，2017 年，第 8 页。

④ 汤锦台：《千年客家》，台北：如果出版社，2010 年，第 210 页。

这些限制日渐被解除。①

18 世纪末曾游历东西洋各国的嘉应州人谢清高（1765—1821）在其口述的《海录》中，多少勾勒出当时华人地区的面貌。谢氏途经西婆罗洲时，曾到过"南吧哇"（即喃吧哇，又名"吧萨国"），但当地不产金，"中华人居此者唯以耕种为生"。他沿着海岸往东南方向进入内港抵达"昆甸国"（即坤甸）王都，北上步行一日即可抵达兰芳公司的据点"东万力"（即东万律）。该地东北数十里的地带名为"沙喇蛮"（Senaman，即色拉蛮），"皆华人淘金"之所。《昆甸国》一节也提到了罗芳伯曾于坤甸海港开展贸易活动，并宣读和焚烧韩愈的《祭鳄鱼文》以驱赶鳄鱼，以及"华夷敬畏，尊为客长""死而祀之，至今血食不衰云"等事迹。② 谢清高对当地华人的社会结构和人事景物虽未能详述，但罗芳伯身为当地华人客长以及备受敬仰和祭祀等轶事却首见于《海录》，这些见闻大致可靠。

罗芳伯于乾隆三十七年（1772）登陆坤甸时，首先组织"兰芳会"。彼时，东万律一地多为籍贯潮阳、揭阳县的"鹤佬人"（客家人惯称潮汕籍人士为"鹤佬"或"福佬"③），明黄等地、山心金湖则以大埔县的客家人为主。据兰芳遗民叶祥云所口述、高延所抄写的《兰芳公司历代年册》副本记载，罗芳伯率众首先攻占东万律一带，于时茅恩聚点拿下新埔头

---

① Graham Irwin，*Nineteeth Century Borneo：A Study in Diplomatic Rivalry*，S'Gravenhage：Martinus Nijhoff，1955，p. 22；林峰：《西加里曼丹和顺公司史事辑考》，《客家研究辑刊》2021 年第 1 期，第 75 页。

② 谢清高口述，杨炳南笔录，安京校释：《海录校释》，北京：商务印书馆，2002 年，第 154 – 156 页。

③ "鹤老/佬、福老/佬"（Hoklo/Hohlo）一词最早出现于文字记录中，可考证的是大埔县秀才温廷敬（1869—1954）的《潮州福佬民系考》。该书指粤人用以称福建省和潮州府人士，而闽南族群也已开始自称"河老"或"福佬"。但上溯至明万历元年（1573）成书的《漳州府志》，未曾出现"河老"一词，直到顾炎武（1613—1682）于明末清初成书的《天下郡国利病书》，以及康熙五十八年（1719）二次修纂的《平和县志》等文献中，才有畲族称闽地汉人为"河老"的记录。至于粤语区以"鹤老/佬"来称呼闽南人，根据施添福引康熙二十八年（1689）《东莞县志》推论，这个称呼更早时便已被使用，可视为"福老/佬"的原型，或是带有贬义的他称。参见韦烟灶、李易修：《闽南族群之他称族名"Hoklo/Hohlo"的汉字名书写形式与变迁：从历史文献与地图地名的检索来分析》，《地理研究》2019 年第 71 期，第 45 – 50 页。

（新铺头①）的二十余间店和老埠头（老铺头）的二百余间店，前者以嘉应州人为主，由江戊伯为首。于是江氏与罗芳伯联手，逼迫以潮阳人、揭阳人、海丰人、陆丰人为主的后者（黄桂伯为"总太哥"）归降，坤日、龙冈、色拉蛮归入兰芳会旗下。罗芳伯众在明黄遭到大埔人士刘干相众六寨之顽强抵抗，最终刘氏败亡于阿亦华帝（Ajer Mati）。② 罗芳伯百余人抵达山心金湖后，率先将大埔人董事张阿才之山心金湖（皆位于东万律地区）占据，"……即招安抚慰，视同兄弟，即据其金湖之屋，筑栅修垣，徐图左右。自是声威日振，雄据一方，四方来归者众，创建'东万律兰芳公司总厅'"③，罗芳伯则被众人奉为"太哥"。

兰芳会掌控了坤甸各公司后，意图扩张势力北上攻打唠鹿的"七公司"[大港公司④、三条沟公司⑤、新屋公司、坑尾公司、十五分（泰和公司）、十六分公司、满和公司]，以及九分头公司、新八分公司、老八分公司、新十四分公司、老十四分公司、十二分公司等。不过，1774 年时，十四个公司曾一度联合起来击溃了兰芳会，这些公司随后也于乾隆四十一年（1776）联合组成以大港公司为首的"和顺总厅"（或称和顺公司、十四公

451

---

① "埠头"或"铺头"有码头或商贸市场之义。按谢清高的口述，客家人把"埠"读作"埔"。其位于两河交汇地的坤甸当时已有两百余间华人铺头，可想象当地商埠市场之兴繁。此外，为了开发矿区和开拓土地，公司之间需要结盟，并且控制码头来连接各水路交通，便以调配人力和运送资源。参见王琛发：《18—19 世纪南海诸邦客家人海上网络的思考》，《龙岩学院学报》2019 年第 6 期，第 33 – 34 页。

② 高延著，袁冰凌译：《婆罗洲华人公司制度》，台北："中央研究院"近代史研究所，1996 年，第 10 – 11 页。

③ 高延著，袁冰凌译：《婆罗洲华人公司制度》，台北："中央研究院"近代史研究所，1996 年，第 10 页。

④ 大港公司附旗帜石柱座显示创立年份为 1766 年（"DILAHIRKAN T. H1766"）。N. 6 Montrado 打唠鹿（1982）"附旗石柱座 1766 年"。见傅吾康主编：《印度尼西亚华文铭刻汇编》（第三卷），新加坡：南洋学会，1997 年，第 115 页。

⑤ 三条沟公司位于三发，以来自揭西河婆镇的客家人为主所创建，三发西南部的霖田公司同样以河婆客为主，霖田即源自河婆的直属原乡霖田都。参见 N. 9 Sambas（三发）（1982），傅吾康主编：《印度尼西亚华文铭刻汇编》（第三卷），新加坡：南洋学会，1997 年，第 138 页。

司）①，"兰芳公司"则于次年在东万律相继创立。"和顺总厅"的华人矿工以海丰、陆丰、惠来、普宁和揭阳县人士为主②，同样涵盖客家人与潮汕人。以现代人的眼光来看，这种从属地缘关系的多元共同体非常难以想象③，而这些聚落间的内斗与冲突，有可能是利益之争，也可能是共同体分裂和观念分歧等因素所造成的④，好比西婆罗洲各公司间也多次面临大大小小的内外纷争与分分合合，实也不足为奇。

不仅针对华人公司，为了打通港路以便交通运输，兰芳公司甚至带兵攻打原住民地方势力，如攻打万那王邦居兰使打（Pangeran Setja Nata）统辖范围的高坪（Ngabang）以下的沙埧闽（Sepata，新埠）港口上湾，并占据了该地区⑤，迫使邦居兰使打退到上万那一带。罗芳伯追击逃亡的邦居兰使打至新港，最终该王被迫劝请坤甸苏丹出面，与兰芳公司立约和解。兰芳公司的势力范围在此时已大致确立。兰芳公司所设立的裁判厅在各埠如万那、万诸居、淡水港、新铺头和东万律本埠⑥；所设立的税栅有万那港口栅、沙坝闽（即沙埧闽、新埠）栅、高坪栅、新港之宝恩栅、南吧哇之华帝栅等⑦，大多都集中于坤甸、东万律周遭的河港。

① 田汝康：《中国帆船贸易与对外关系史论集》，杭州：浙江人民出版社，1987年，第69页；林世芳：《印尼西加里曼丹华人史》，雅加达：印华日报出版社，2017年，第10－11页。

② 黄建淳：《砂拉越华人史研究》，台北：东大图书股份有限公司，1999年，第90页。

③ 当时的籍贯观念和认同，并非今天所认知与重构后那样。王琛发以英属马来亚19世纪下半叶的官方统计记录为例作过论述，如昔日把嘉应州籍贯人士归为"客家"类别乃至今日一般学者归类的"客家方言区"等，是将方言群和祖籍地作了重新构建，与早期华人先民的地缘归属感和文化认同等多元共同体大相径庭。参见王琛发：《清末民初马来亚大山脚市镇潮州人与"惠—潮乡亲共同体"的历史演变》，《马来西亚研究学刊》2019年第23期，第89页；李勇：《语言、历史、边界：东南亚华人族群关系的变迁》，丘进主编：《华侨华人蓝皮书：华侨华人研究报告（2012）》，北京：社会科学文献出版社，2012年，第125－126页。

④ 郭平兴、王琛发：《马来西亚惠州人、惠州会馆与海外华人研究的新视野——王琛发教授访谈录》，《地方文化研究》2018年第6期，第98－99页。

⑤ 田汝康：《中国帆船贸易与对外关系史论集》，杭州：浙江人民出版社，1987年，第13页。

⑥ 林凤超：《补述坤甸地方管制考》，转引自罗香林：《西婆罗洲罗芳伯等所建共和国考》，香港：中国学社，1961年，第158页。

⑦ 高延著，袁冰凌译：《婆罗洲华人公司制度》，台北："中央研究院"近代史研究所，1996年，第16－17页。

荷属东印度（Nederlandsch-Indië）殖民政府于 1822 年开始进行婆罗洲远征，首先控制了三发和坤甸。兰芳公司第六任首领——太哥刘台二于 1823 年向前来谈判的荷兰当局俯首称臣，兰芳公司转为荷属政府控制下的"甲必丹"① 制度，本厅的太哥称呼变成了甲太，本厅与本埠副头人（二哥）则被封为一般甲必丹。此后，兰芳旗下的各埠开始设立公馆和推举甲必丹，而各埠的人子捐钱（人头税）却已交由荷兰人来征收，兰芳公司的独立体制基本名存实亡，开始逐步走入衰亡时期。直到爆发东万律华人起义对抗，荷军方于 1888 年正式剿灭兰芳公司所有残余势力。

二、海外华人公司制度的由来

1. "公司"概念的演变

现代所理解的"公司"，是中国自 18 世纪中叶开始接触到新的企业和贸易制度后，历经学习、仿造，根据西方股份公司制进行定义和立法的结果。② "公司"，或更早的"公班衙""公班牙"等译名，皆源自荷兰语"compagnie"和英语的"company"的音译。在 19 世纪中期以前，主要是英国东印度公司（British East India Company）的专用名词；至于"公司"一词到底由谁所创，方流芳认为很大可能是广东的行商或通事，并将英公司制度与南洋各国的广东移民秘密会社联系在一起。③ 不过，"公司"一词早在百余年前的康熙六年、十年、二十二年和二十三年（1667、1671、1683、1684）等有关台湾明郑王朝④贸易商船的中、日、朝文献上已多次

---

① 甲必丹是葡萄牙与荷兰在南洋殖民地时期所推行的侨领制度，即任命前来经商、谋生或定居的华人领袖为侨民首领，以协助殖民政府处理侨民事务。甲必丹是葡语 Capitão 或荷语 Kapitein 的音译，本意为"首领"。

② 邹进文：《清末公司制思想研究》，《清史研究》2003 年第 4 期，第 11–18 页。

③ 方流芳：《公司词义考：解读语词的制度信息——"公司"一词在中英早期交往中的用法和所指》，《中外法学》2000 年第 3 期，第 277–299 页。

④ 南明政权将领、延平王郑成功（1624—1662）于永历十五年（1661）率军撤退至台湾，作为反清复明的根据地。清廷为了抵制郑氏，实行东南沿海居民往内地的迁界令，以切断居民接济郑氏。参见吴密察监修，远流台湾馆编著：《台湾史小事典》，台北：远流出版事业股份有限公司，2000 年，第 27、30 页。

被提及，经过各方学者的多番推论，"公司"在此之前可指涉及船运制度的海上贸易企业团伙，或客商船只内的劳动组合。① 因此可见，"公司"一词早在清初开放海禁以后的海上贸易与频繁通商时期就已出现和被赋予初定概念。

"公司"的雏形，可能源自古代中国闽粤地区的传统宗族村落社会和互助的民间社会结社，从中文两字的原意来看即是"大众公立的公共机构"②。华人先民出洋后，也把这种自给自足的经济组合和地方互助概念带到南洋各地，"公司"的概念也随着华人移民增加和发展出各式各样的地缘、血缘、家业缘等社团组织，所以具有相同性质和功能的宗、乡团体组织也会自称为"公司"。③

罗香林在研究兰芳公司时，认为"公司"一词大约是 18 世纪在南洋地区出现的。当时侨居海外经营矿业的华人，因当地缺乏法律和财产保障，为了安定经营和应付各种事变，唯有按照中国由若干人士合力创业、同享主权，以占份数较多者负责管理的制度来成立"公司"。因此，华人公司就作为管理资质的团体，亦为发展经济的组织单位。④ 罗氏也认为此前并无"公司"的相关记载，实则碍于史料不足的局限。不过，罗香林却极力否定"公司"与会党有关，随后遭到田汝康等的反驳，后者认为华人公司更倾向于天地会性质的组织。这里，我们不排除天地会发祥于粤东地区且在该地拥有稳固的群众基础，与闽粤的农村经济组合和公产管理制度相关。后来，王大鹏在研究中发现，"公司"甚至可以上溯明清云南和福建等地的铜矿业和船运制度等，他因此认为"公司"的初期建立目的是由

---

① 赵晶：《中国传统"公司"形态研究述略》，《亚洲研究》2009 年第 7 辑，第 209 – 212 页；周序枫：《近代华南传统社会中"公司"形态再考：由海上贸易到地方社会》，林玉茹主编：《比较视野下的台湾商业传统》，台北："中央研究院"台湾史研究所，2012 年，第 232 页。

② 郭平兴、王琛发：《马来西亚惠州人、惠州会馆与海外华人研究的新视野——王琛发教授访谈录》，《地方文化研究》2018 年第 6 期，第 98 – 99 页。

③ 邱格屏：《世外无桃源：东南亚华人秘密会党》，北京：生活·读书·新知三联书店，2003 年，第 49 – 52 页。

④ 罗香林：《西婆罗洲罗芳伯等所建共和国考》，香港：中国学社，1961 年，第 25 页。

合伙与异姓兄弟关系的扩展，是基于经济保护和抵御外侮而设。①

学者对海外华人公司与会党间的关系，以往只有认同和反对两种对立的意见。王琛发则认为，这些公司往往与会党组织在成员上存在高度重叠，会党即组成"公司"的联合体，同时也是华人出洋开发谋生时互助、自保的武装自治共同体。②"公司"是一个多功能的组合，后来之所以有好坏和非法之分，与十九世纪中后期南洋各殖民地的政策变更和取缔会党有关。这些变化导致了会党由公开转入地下，成了名副其实的"秘密会社"或令人望而生畏的"私会党"；华人公司亦开始逐步转型为会馆、公会和同乡会等。③ 所以"公司"原本的概念和含义，也因时代的转变和功能的缺失而逐渐被淡化和取代。

防闢之制德大方廚建所等伯芳蘭

收機所人窗爲年四八八一

院物博達加輝於列陳現

图1 兰芳公司关防

（资料来源：罗香林：《西婆罗洲罗芳伯等所建共和国考》，香港：中国学社，1961年）

---

① 赵晶：《中国传统"公司"形态研究述略》，《亚洲研究》2009年第7辑，第203－204页；朱育友：《兰芳公司制度乃脱胎于天地会》，《东南亚研究》1988年第1期，第83－87页；黄建淳：《十八世纪西婆罗洲华人公司与闽粤村社特性的关联》，福建省炎黄文化研究会编：《闽南文化新探：第六届海峡两岸闽南文化研讨会论文集》，厦门：鹭江出版社，2012年，第612页。

② 郭平兴、王琛发：《马来西亚惠州人、惠州会馆与海外华人研究的新视野——王琛发教授访谈录》，《地方文化研究》2018年第6期，第95页。

③ 郭平兴、王琛发：《马来西亚惠州人、惠州会馆与海外华人研究的新视野——王琛发教授访谈录》，《地方文化研究》2018年第6期，第96页；邱格屏：《世外无桃源：东南亚华人秘密会党》，北京：生活·读书·新知三联书店，2003年，第48－49，55－56页。

2. 公司和会党的密切关系

王赓武认为，当时的西婆罗洲各个有矿产的地方，都有自发成立的会社组织，兰芳会就属此类。会社之间也互相竞争与械斗。这里的会社，是指"秘密会社"或"秘密结社"（secret society），也就是会党。该词翻译自西方学术用语，是根据统治权力来界定是否合法的标准，而"秘密"是不受统治权者承认的概念。

中国的民间结社存在已久，许多具有功能性的民间自组团体亦得到官方支持。中国传统社会的结社，无论是小团体的私社，还是公社、义仓、宗族制、行会、商帮等，都是建立在互助理念上的。按潘荣饮的分析，清代的民间秘密结社最早形成于游民和移民中，而大量移民产生新聚落，在面对不确定的未来和可能的威胁时，会以建立共同体的方式进行新社会的秩序整顿。[①] 此说法或许也能对应海外华人移民在他乡结社和互助的情形，只是这些移民未必等同来自底层或无业的游民。

至于兰芳公司是否和会党有关，历来学者都抱持不同看法，从高延碍于史料有限语焉不详，到罗香林避开会党嫌疑，其后则有学者认为这些公司的原型就是天地会组织，尤其是罗芳伯的政治态度和公司形态，被认为天地会色彩较重等。[②] 这些争论，基本围绕西婆罗洲华人公司是否源自中国原乡的传统村社制度，或是仅针对公司性质的比较问题等展开。

公司即天地会的说法，源自革命党学者温雄飞（1888—1974）在1929年出版的著作《南洋华侨通史》。该书的《罗芳伯传》中，作者直指罗芳伯是天地会成员，并在西婆罗洲"扩广天地会制度"，但因其"得国"但不拥尊号，温氏认为是非天地会制度所许，于是自称"大唐客长"[③]，认为兰芳公司制度皆出自天地会。后世学者李欣祥认为该书的传说和文学成分

---

① 潘荣饮：《秘密的社会如何可能？论清代秘密结社的社会连带：以清朝白莲教五省之乱暨台湾林爽文事件为例》，东海大学博士论文，2017年，第2-3、33-34页。

② 朱育友：《兰芳公司制度乃脱胎于天地会》，《东南亚研究》1988年第1期，第83-87页。

③ 温雄飞，《南洋华侨通史》，上海：东方印书馆，1929年，第243页。

居高，所以不具史实根据，并指出兰芳公司的"反清复明"色彩多为后人在中国民族主义崛起后添上的。① 因此，在梳理了公司概念后，有必要进一步探讨公司与会党间的微妙关系，方能贴近当时的实景。

所谓会党，即清代中叶开始活跃于华南一带的天地会（又称"洪门"），起源于明朝覆灭后一群以"反清复明"为目的的志士从事的秘密组织。康熙中叶起事挫败后，天地会仍活跃于发源地福建，并开始往两粤和海外发展，以"三合会""三点会""哥老会"等名义持续抗争。② 许地山在荷兰汉学家施列格（亦称施好古，Gustaaf Schlegel，1840—1903）的《天地会研究》（*Thian Ti Hwu*）译版序言中提出，1681 年以后的百余年"实为天地会在南洋最光荣的时代"，因十九世纪末遭取缔才从"会"更名为"公司"。③ 会党被殖民地政府定为非法组织，宣布解散后转入地下，沦为社团法令所明文禁止的"秘密会社"或"私会党"。既然如此，会党在南洋是否与公司真有区别？巴素（Victor Purcell）便认为"两者大致是一而二、二而一的"，并无好坏之分，将二者区分开来也只是欧洲人自身的概念而已。④ 对于当时的殖民政府而言，"会党"或"公司"并不是清楚的概念，而在区分这二者时所作的界定，更使公司与会党原本的概念逐渐模糊，也证明了"公司"的概念会因时、因地而异。

王琛发将华人公司开拓史与天地会体制比对后，发现作为南洋华人集体武装力量和经济生产集团的公司，与村镇类似日常乡制组织不同。华人公司不仅一体两面，也存在与会党网络共处的互动关系。⑤ 所以，此时此地的"公司"已非原本华东南乡村的"公司"概念，而是会党在南洋依靠

457

---

① 李欣祥：《罗芳伯及东万律兰芳政权研究》，北京：中国文化出版社，2014 年，第 21，119 – 123、130 – 131 页。

② 李子峰编著：《海底》（影印版），上海：上海文艺出版社，1990 年，第 1 – 4 页。

③ 施列格著，薛澄清译：《天地会研究》，上海：上海译文出版社影印版，1991 年，序第 6 页。

④ 巴素著，郭湘章译：《东南亚之华侨》，台北：正中书局，1974 年，第 197、481 页。

⑤ 王琛发：《17—19 世纪南海华人社会与南洋的开拓——华人南洋开拓史另类视角的解读》，《福州大学学报》（哲学社会科学版）2016 年第 4 期，第 69 – 70 页。

地缘利益所维持的共同体。这些会党所组成的"公司"，能与宗乡团性质的"公司"形成赖以相互支持的联盟，两种组织的成员又是重叠的，随时可互相转化出面的形式。[①] 此说法阐明了华人公司与会党之间原本的密切关系，摒除了以往研究的迷惑与不解之处。这与麦留芳所述的，倘若殖民地政府未将华人公司非法化，它就不会成为"秘密会社"[②] 的道理是一致的。

王琛发综合各家讨论后指出，西婆罗洲早期开矿组织源自具有政治色彩的"会"。在约 1770 年以后才称"公司"的这些组织聚在一起就是"会"，大小"公司"间能够互相结合，"会"的分支或具体体现就是"公司"。在荷兰莱顿大学（Universiteit Leiden）图书馆所藏的兰芳公司、和顺公司等史料中，王琛发发现了许多"义兴公司""义兴兰芳公司""和顺义兴公司"的文献和专用印章、其他相关的各地天地会分支的文献，以及当地聚落内部的各种神道设教文书等，[③] 这些都足以证实施列格所认为的，这些华人"公司"与秘密会社有关联的说法准确。[④]

"义兴公司"是洪门天地会二房的海外分支，"大公司"底下的各地方性质的分支"公司"，就是维护具体开拓地区的武装自治生产队伍。这些地方上的分支"公司"，会支持成员组织以地缘结合同乡的"公司"，所以往往会出现冲突械斗的现象。但随着英荷殖民当局的压制和取缔，华人公

---

① 王琛发：《17—19 世纪南海华人社会与南洋的开拓——华人南洋开拓史另类视角的解读》，《福州大学学报》（哲学社会科学版）2016 年第 4 期，第 69－70 页。

② Mak Lau Fong, The Kongsis And The Triad, *Southeast Asian Journal of Social Science*, 1975, Vol. 3, No. 2, p. 47.

③ 王琛发：《海洋的客家：南海历史留下的话语思考》，《客家华人华侨（梅州）与海上丝路研究会议论文集》，梅州：嘉应学院客家研究院，2018 年；高柏主编：《莱顿大学总图书馆藏中西文抄本与手稿目录》，莱顿：莱顿大学图书馆列维努斯·华纳藏书，2005 年，第 174－190 页。

④ 施列格在其关于当地华人公司的论文中，曾指出这些"公司"和秘密会社有同样的徽号、宗旨，和印章与名称。见施好古著，王云翔译：《婆罗洲的中国公司》，《南洋问题资料译丛》1958 年第 1 期，第 74 页。

司的武装自治维持生产与秩序的特色，也随之转淡、分化和被污名化。①
更准确来说，会党本身即是"公司"，此"公司"所承载的概念是多元重
叠和多重关系交汇的共同体，它可说是早期南洋华人社会历史的基础。

3. 清初开海后的"客长"制度

据《兰芳公司历代年册》中记载，兰芳公司的首领被称为"太哥"②，
沿着而下是"副头人""尾哥""老太"等。在一些著作中，又有"大唐
总长"和"大唐客长"之说。当时侨居坤甸的广东法政学员林凤超于1912
年其所编撰的《坤甸历史》一书中写道："芳伯对内则称总长，又称大伯，
对外则称为王，或称坤甸大王。"③ 除了"总长"可被理解为兰芳公司总厅
领袖头衔外，"坤甸大王"之称至今仍缺乏依据，"客长"之称倒与公司本
质的海上贸易和运输制度颇有干系，这亦在谢清高的《海录》中获得
证实。

"大唐"显然源自"唐山"，即早期南方华人对中国的别称，所以华人
也自谓"唐山人"或"唐山客"④。"大唐客长"一说，据陈国栋对"客
长"一词的分析，一般商船为了管理和协调的方便，举其中一人为头目而
被称为"客长"。他引用和比较谢清高在《海录》所载"客长，客商之长
也"和明代学者张燮（1574—1640）在《东西洋考》里的"主商"，认为

① 施好古著，王云翔译：《婆罗洲的中国公司》，《南洋问题资料译丛》1958年第1期，第74页；郭平兴、王琛发：《马来西亚惠州人、惠州会馆与海外华人研究的新视野——王琛发教授访谈录》，《地方文化研究》2018年第6期，第99页；王琛发：《17—19世纪南海华人社会与南洋的开拓——华人南洋开拓史另类视角的解读》，《福州大学学报》（哲学社会科学版）2016年第4期，第71页。
② 嘉应州称呼"大哥"音似"太哥"（tai go），唯腔调稍异，同时亦称大哥为"伯"（bag），以此称呼辈分高或长幼排行最大者，如罗芳伯、江戊伯、黄桂伯等，皆为名字尾端所加上的称谓。
③ 罗香林：《西婆罗洲罗芳伯等所建共和国考》，香港：中国学社，1961年，第158，160页。
④ 唐代时期，唐代国人开始南渡到南洋经商者不少，故南洋各地常称中国为"唐山"，称中国人为"唐人"。参见陈烈甫：《东南亚的华侨、华人与华裔》，台北：正中书店，1983年，第92－93页。

无论是"主商"或"客长"都代表着客伙。① 以罗芳伯曾带领乡人出洋寻找出路的经验，被称为"客长"也颇有根据。

廖敏淑在乾隆九年（1744）两广总督马尔泰（？—1748）等人在奏办清与安南（今越南）重开陆路互市办法中，对"客长"一词作了初探，认为它指的是在外地客居的商工群体之领袖，即"客商之长"。"客长"最先指为协助外省地方官管理寄寓移民和商工团体各事务的自治机制所产生的领袖，其职权不仅是管理行业、组织秩序和化解民事纠纷，在官方授予差役后，还须协助对流动群体的保甲、征收税务，乃至团练等地方公共事务。客长制度进一步在商人的推广下延伸至边疆乃至海外的移民社群。康熙二十三年（1684）开海设关后，规定商民必须协助管理出海事务的地方官"取具保结"，完成出海手续之余，商人也须管理和协调海船人员，因此也被称为"客商"或"客伙"，这些群体推举出的头目故被称作"客长"。②

从《兰芳公司历代年册》的蛛丝马迹中亦可看出，罗芳伯初到坤甸便受到当地客家人聚落的欢迎，并且"聚胜公司及四大家围皆器重之"，明显可见其身份地位从开始就不甚简单，在未下南洋前就已"壮游交，为众所退尊"③，自然适合胜任海上船贸乃至海外侨民事务的"客长"。唯打唠鹿的和顺公司虽然同样设立总厅，其首领也称"伯"或"太哥"，却没有"总长"甚至"客长"的头衔称谓。④ 推测可能是和顺公司领袖并非出身于"客长"职务，因此创始人罗芳伯才会被称作"大唐客长"，此名衔也得以沿袭至后继的兰芳公司各首领。

---

① 陈国栋：《从四个马来词汇看中国与东南亚的互动：Abang, Kiwi, Kongsi 与 Wangkang》，陈国栋主编：《"中央研究院"第三届国际汉学会议论文集历史组：汉文化与周边民族》，台北："中央研究院"历史语言研究所，2003 年，第 80 页。

② 廖敏淑：《清代商工群体的客长》，《台湾政治大学历史学报》2014 年第 42 期，第 1–34 页。

③ 高延著，袁冰凌译：《婆罗洲华人公司制度》，台北："中央研究院"近代史研究所，1996 年，第 8 页。

④ 林世芳：《印尼西加里曼丹华人史》，雅加达：印华日报出版社，2017 年第 12 页。

三、"共和国"概念的误区

1. 高延的"殖民地""共和式"概念

据《兰芳公司历代年册》所载，当时"公班衙"（荷兰语 compagnie 音译，即荷兰东印度公司 Vereenigde Oostindische Compagnie①）势力未远涉兰芳公司区域，又因立约勘定界限，故不受当地统治者控制，因此兰芳公司也就成为领有坤甸大部分地区的自治组织：

> 罗太哥时，未有公班衙来理此州府，故一切法度，经其手定，犯重罪者，如命案、叛逆之类，斩首示众；其次如争夺打架之类，责以打藤条、坐脚罟；又其次如口角是非之类，责以红绸大烛。是时本厅举一副头人，本埠头亦举一副头人，并尾哥、老太以帮理公事。其余各处，亦有举副头人、尾哥，老太以分理公事。各副头人有饷务可收，惟尾哥、老太以得举者为荣，无言俸禄之事焉。时人子约有两万余人，之间开金湖者居多，亦有耕种、生理、业艺等项经纪。开金湖者有纳脚仿金，耕种者有纳鸦息米烟户钱，做生理者出口货物无抽饷，惟入口货物方有抽饷焉。②

以上文献大抵呈现了兰芳公司的自治制度。专事中国宗教与传统习俗研究的高延在其著作中判断，兰芳公司制度的基础乃是源自粤东祖籍原乡的村社组织。他在研究兰芳公司的头人选举制度时，认为其很像一种长老

---

① 荷兰东印度公司在第四次英荷战争（1780—1784）战败后渐入衰败，于 1799 年宣布破产解散，已不复存在。该公司所辖殖民地随后被荷兰政府接管，改称荷属东印度政府。"公班衙"的名词可能是称呼上的习惯，而持续为当地华人所沿用。

② 高延著，袁冰凌译：《婆罗洲华人公司制度》，台北："中央研究院"近代史研究所，1996年，第 16 页。

与乡绅间所主持的典礼，且带有明显的"寡头政治共和国"的特征。如兰
芳公司遵照罗芳伯的遗嘱，除了太哥与本厅副头人规定需分别由嘉应人和
大埔县人接任，其余"各处头人、尾哥、老太不拘本州岛各县人氏，俱可
择贤而授任"①。高延因此确认公司的头人称谓是一种"共和式的称呼"，
是在某些秘密会社成员的影响和指导下所形成的"殖民地会社"（vereenig-
ingen in de koloniën）。②

高延也举例，中国村庄并不存在政府任命的官员，完全由村民自己做
主，并由自身来选择认可的首领，赋予他们管辖权如行政、警务和内部组
织，以负责当地的治安，通过他来征收赋税。在荷兰势力于1824年伸入该
地以前，兰芳公司基本保留了其独特的政治体系，无论是行政或司法都由
公司来执法与负责。③所以按高延的论点与罗香林后来的推论，大概是指
中国的村社制度在异乡异土的延伸和建制化，或更甚的是已形同"共和
国"。高延只是提供一种参照和比较的概说，他在书中所用的词汇如"小
型共和国"（republiekje）、"中国共和式村社制度"（gemeente）等，并非
真指兰芳公司制度是西方概念所谓的共和政体或国家。

林凤超在《坤甸历史》载道，兰芳公司的最大单位者是色拉蛮省，接
下来是茅恩府，府下设昆日县，接下来是如万那、万诸居等各埠；东万律
则是为首领大厅和裁判厅所在地；其余大小行政区的负责人皆为头人和副
头人，称"老大"或"尾哥"。他认为兰芳公司的各个区长，都有类似会
党组织结构的分支，其各分支的头人同样也称为"哥"或"尾哥"。该书
也是在记录兰芳公司史事时，率先以"民主共和制"来形容兰芳公司，④

---

① 高延著，袁冰凌译：《婆罗洲华人公司制度》，台北："中央研究院"近代史研究所，1996
年，第17页。
② 高延著，袁冰凌译：《婆罗洲华人公司制度》，台北："中央研究院"近代史研究所，1996
年，第115、118页。
③ 高延著，袁冰凌译：《婆罗洲华人公司制度》，台北："中央研究院"近代史研究所，1996
年，第49－50页。
④ 罗香林：《西婆罗洲罗芳伯等所建共和国考》，香港：中国学社，1961年，第158页。

又以兰芳公司设立 1777 年，记载成"建元兰芳元年"①。这些说法实际上缺乏佐证，1884 年荷兰人所收缴的关防仅刻有"兰芳公司"字眼，兰芳公司总厅前升旗杆基柱于 1840 年所刻文字则是"皇清嘉庆甲兰芳公司立"，无法证实兰芳公司建立政权或是自设年号。另外，据称有"兰芳大总制"字眼的兰芳公司黄色长方形旗与都门悬立之牌匾一说②，也系出林凤超，无法证明当时确有"大总制"体制或"大唐总长"称谓③，而具体概念的成立，应是出于罗香林著作对高延、林凤超等人的参考和集大成。

在林凤超之前，已流传有西婆罗洲华人公司"建国"之说。魏源（1794—1857）《海国图志》里所收录的《万国地理全图集》，针对婆罗洲有以下记载："……嘉应州人进山开矿，穿山开道，自立国家。择其长老者称为公司，限一年二年办国政。"④ 该书成书于道光十八年（1838），可能是最早称西婆罗洲华人公司为"国家"的文献。多年后，梁启超（1873—1929）再于光绪三十一年（1905）写就《中国殖民八大伟人传》，文章列举了八名在海外"建国称王"的伟人，当中也提到罗芳伯被奉为"坤甸国王"，然而梁氏也无法断定"称王"是否属实（王焉，事迹无考），所以在段落后添上"据口碑"以示存疑。⑤ 无论如何，梁氏撰文的因素才是重点，他将正史记载结合口头流传的"八大伟人"事迹，与他们所在的海外之地喻为"实天然我族之殖民地"，感叹"黄帝手定之山河，今且蹙蹙不自保，而海以南更何论哉"⑥。晚清至民国时期，正是中国面临内

① 罗香林：《西婆罗洲罗芳伯等所建共和国考》，香港：中国学社，1961 年，第 149 页。

② 罗香林：《西婆罗洲罗芳伯等所建共和国考》，香港：中国学社，1961 年，第 25 页。

③ 查兰芳遗民叶祥云口述之《兰芳公司历代年册》全文，对兰芳公司领袖并无以"大唐总长"称之。见罗香林：《西婆罗洲罗芳伯等所建共和国考》，香港：中国学社，1961 年，第 137 – 146 页。

④ 魏源：《海国图志》（卷十二），中国哲学书电子化计划，https：//ctext. org/wiki. pl？ if = gb&chapter = 212&remap = gb。

⑤ 该文发表于梁启超流亡日本时所创的《新民丛报》上。见梁启超：《梁启超全集》（第三册），北京：北京出版社，1999 年，第 1367 页。

⑥ 该文发表于梁启超流亡日本时所创的《新民丛报》上。见梁启超：《梁启超全集》（第三册），北京：北京出版社，1999 年，第 1368 页。

忧外患与现代民族主义思潮崛起之时，这些著作中所出现的"王"和"共和国/殖民地"疑点及其延伸，若从当时的时代背景和角度等理解，确也情有可原，让人深表感触。但就史论史，则有必要重溯更早的语境，并与古今文献史料对照和验证，才能更接近历史原貌。

2. 此"国"非"共和国"

究罗香林影响甚远的《西婆罗洲罗芳伯等所建共和国考》之引论，列出的参考前人著述就有温仲和、梁启超、林凤超、温雄飞和高延等。① 罗氏据前人的文献和论述所整理出的结论则更为激进，将兰芳公司体制确立为"共和政体"。全书较像是一部系统涵盖兰芳公司自成立初期至没落历程的简史，包括婆罗洲的地理、公司的制度、历任领袖，以及该公司与南洋其他地区华人的互动和影响等。该书的结论，是罗香林为全书作总结和提出其独到概念之处。罗氏将兰芳公司的"大总制"媲美同一时期立国的美洲合众国（即美国）和其民主共和制，并认为中国先民自古已有"民主共和制度"概念，不下于古希腊和美、法等国，遗憾"世有论述民主风范者，幸无忽略此类史实也"②。

不过，罗香林只是重提和加强了兰芳公司类似"民主共和制"的概念，以比喻的方式提出其与美国同属"民主国体"之说，未见罗氏有延续前人著述，明指兰芳公司为一独立国家之说。书名"共和国考"或许只是研究命题，却以讹传讹成为"兰芳共和国"的立言之作。"兰芳共和国"的说法在二十世纪三四十年代开始流传和备受关注，③ 可能得益于温雄飞和罗香林的著作。随着科技昌明，张维安等认为，透过媒体的报道和网络的转帖，营造了"世界第一民主共和国的想象"。这个"境外乌托邦"的建构，从不同年代作者投射的主题，一直延续至当地华人历史与世界客家

① 罗香林：《西婆罗洲罗芳伯等所建共和国考》，香港：中国学社，1961年，第1-3页。
② 罗香林：《西婆罗洲罗芳伯等所建共和国考》，香港：中国学社，1961年，第109-110页。
③ 张维安、张容嘉：《兰芳共和国的创建与经营：华人乌托邦的想象》，黄贤强主编：《族群、历史与文化：跨域研究东南亚和东亚》（下册），新加坡：八方文化出版社，2011年，第340页。

认同再创造。① 兰芳公司迄今以"兰芳共和国"之名广为人知与赞颂，却难免脱离了史实。

另外，罗芳伯等华人公司在海外称王建国是否可能，至今仍旧存疑。即便不是后人所建构想象的"共和国"政体，行政组织完善和奉行自治的公司制度，是否有立国的可能性？林世芳认为这些华人公司较像继承原乡传统、适应经济发展和自我保护的村社，虽有严肃的纪律性，也能建立像国家体系的各种法制，但不够条件成为国家形式或共和体制。②③ 袁冰凌提出，宗教习俗团体（cult group）的"会"与经济合作式"公司"的结合，产生了类似总厅的"民主政府"，或"华人共和国"（Chinese republic）的概念。袁冰凌认为，这群华人矿工在当地所面临种种困境，已促使他们在继承传统文化习俗和制度时，也建立起一套符合当地生态和团结互助、自主的组织，并发展出相对原乡更为民主和独特的体制。基于公司制度的高度自治、民选和共同体机制，袁氏推断，对于当地的华人而言，婆罗洲至少是一个"自由的国家"，一个属于自己的"国家"（country），④ 或准确来说，是以地缘与血缘作为联系纽带，⑤ 在异地所建立起来的武装自治村社或共同体。

当然，无论后世学者如何推论，兰芳人士以及遗存的文献史料，都没

465

① 张维安、张容嘉：《兰芳共和国的创建与经营：华人乌托邦的想象》，黄贤强主编：《族群、历史与文化：跨域研究东南亚和东亚》（下册），新加坡：八方文化出版社，2011 年，第 340 – 341 页。

② 林世芳：《印尼西加里曼丹华人史》，雅加达：印华日报出版社，2017 年，第 10 – 13 页。

③ 详见王琛发：《海洋的客家：南海历史留下的话语思考》，《客家华人华侨（梅州）与海上丝路研究会议论文集》，梅州：嘉应学院客家研究院，2018 年。

④ Yuan Bingling, *Chinese Democracies—A Study of the Kongsis of West Borneo*, Leiden: Universiteit Leiden, 2000.

⑤ 参见黄建淳：《十八世纪西婆罗洲华人公司与闽粤村社特性的关联》，福建省炎黄文化研究会编：《闽南文化新探：第六届海峡两岸闽南文化研讨会论文集》，厦门：鹭江出版社，2012 年，第 612 – 613 页。不过单纯认为公司间械斗源自福佬（潮汕人）与客家之间的族群对立也不尽然，比如大港的和顺公司以海丰、陆丰、普宁和揭阳等地的客家与福佬人，自原乡始便世代并存和杂居，并得以组成与兰芳公司中央集权体制相异，更为庞大和松散的联邦性质之公司制度，详细可参考韦烟灶、李易修：《闽南族群之他称族名"Hoklo / Hohlo"的汉字名书写形式与变迁：从历史文献与地图地名的检索来分析》，《地理研究》2019 年第 71 期，第 46 页。

有自称为"国"，领袖也未自称为"王"，更不曾出现"民主共和国"制度。但许多论者都找寻许多合理的解释，来想象各种可能的形态。① 有研究也指出《兰芳公司历代年册》中"罗太哥初意，欲平定海疆，合为一属，每岁朝贡本朝，如安南、暹罗称外藩焉"等一段，认为罗芳伯并非反清复明之士，其意图是成为奉中国为正朔的藩属国。② 但据《清史稿》所载，当地唯一正式被清廷纳为属国的，只有统治婆罗洲东北部分的苏禄王国（Sulu）。③ 况且，身在"化外"的、以"化内"汉人和风俗、制度为主的兰芳公司，欲以"外藩"身份入贡称臣，究竟有无可能？举最典型的例子，便有台湾明郑王朝的二代延平王郑经（1642—1681），其与清廷商谈招抚议和时，曾多次要求封藩遵照朝鲜事例，如不削发、异其制和别其服等，最终清廷竟也认同，甚至答允明郑以澎湖为界，其仅于要求在海澄设通商贸易权时遭拒。康熙二十年（1681），郑经逝世后台湾政局内乱，清廷再次同意明郑效仿朝鲜，纳为大清东南沿海的屏障，却屡次未收到回应，最终以清军进攻台湾收场。④ 若是如此，相信兰芳公司欲奉清为正朔和独立为外藩也不无可能，但毕竟没有任何证据能证实兰芳公司真正实践过此议。

不过，兰芳人士在长期在海外武装自治，或试图扩大势力等因素影响下，不排除可能萌生出明哲保身、自成一"藩/国"的想法。那么，罗芳伯和自其以降的历任太哥、甲太都有可能被内部视为"藩王"，私下存有"国"与"王"的概念，或制定本身的纪年也就不为过了，哪怕其并无册封的合法性，甚至根本不为清廷所知。尚有另一种说法是，在地方土侯与

---

① 张维安、张容嘉：《兰芳共和国的创建与经营：华人乌托邦的想象》，黄贤强主编：《族群、历史与文化：跨域研究东南亚和东亚》（下册），新加坡：八方文化出版社，2011 年，第 340 页。

② 曾恕梅：《十八、十九世纪东南亚"华人公司"形态之研究：以西婆罗洲与新马地区为例》，台湾成功大学硕士学位论文，第 47 页。

③ 国史馆校注：《清史稿校注》（第十五册），台北：台湾商务印书馆，1999 年，第 12147 - 12148 页。

④ 苏军玮：《历史的两岸关系：清朝与明郑谈判研析》，《展望与探索》2007 年第 11 期，第 81 - 83 页。

外国势力环伺之下，作为现实社会组织的华人公司制度，不见得须公然强调自身是会党，而是关注于实质权能与人力、财力分配，在南洋建立起自我保护的利益共同体，[①] 在反清的同时又遥奉清帝，实也不甚矛盾。

图2 "和兰皇帝敕封和顺总厅甲太"印章

（资料来源：Yuan Bingling, *Chinese Democracies—A Study of the Kongsis of West Borneo*）

3. 西婆罗洲的其他华人公司

兰芳公司并非西婆罗洲唯一的华人自治聚落，同一时期存在的公司也不计其数，势力不相上下者，有盘踞坤甸以北大片区域、由十四个公司联合组成、总厅设立于打唠鹿（大港）的和顺总厅（或和顺公司）。1822年，直到荷兰人开始插手当地事务前夕，和顺总厅和位于东万律的兰芳公司、西宜宜（Seminis）的三条沟公司，被称为西婆罗洲的三大华人公司。三条沟公司本来是十四公司的合伙方之一，后来荷兰军进攻之际，在朱凤

---

① 王琛发：《17—19 世纪南海华人社会与南洋的开拓——华人南洋开拓史另类视角的解读》，《福州大学学报》（哲学社会科学版）2016 年第 4 期，第 68－69 页。

华（曾任和顺总厅太哥）的领导下从打唠鹿撤走，自成一隅，归顺荷兰辖下。① 若仅以西婆罗洲华人公司的特殊制度即作为形同"国家"或"共和国"的依据，那么除兰芳以外的其他华人公司，同样也具有类似的制度存在。

以与兰芳公司势均力敌的和顺公司为例，这是一个以打唠鹿的小公司共同组成行政总厅的大联盟，约有两万人。谢清高最初登陆西婆罗洲时，是在三发的"咕哒国"，然后经过"山狗王"（即山口洋）南下打唠鹿，也曾深入至万那一带的金山。遗憾的是相比起坤甸的兰芳公司，谢氏未留下对当地华人和公司概况等的口述。②

和顺公司的最高领袖，是同样由各公司选举出的尊称为"伯"或"太哥"的总厅管理人，随后逐渐转型，改为挑选同乡、血亲者担任。后来，"太哥"更是规定旗下的三个管理人员当中的十一人，必须出自吴、张、王姓。各个公司也派出一名驻厅代表，称为"厅主"，厅主与太哥组成和顺议事会。总厅的主要义务是协调各公司间的相互关系，如管理财务、供应物资与公共财产的保护；至于各公司和矿工则由自己亲自处理，死刑以外的法律也由各公司自身裁决，唯有各公司间的重要事务才交请中央处理。此外，和顺公司也在重要的地点、码头、碉堡设税栅负责征收"入口税"等。③

只是，和顺总厅相对于权力集中和专制的兰芳公司，结构显然较为松散和非正式，各公司只是为了权益衡量才集结一起。因此内部叛乱和分裂不断，这是该公司的制度软肋。从 1822 开始至 1854 年和顺总厅势力被荷

---

① 田汝康：《中国帆船贸易与对外关系史论集》，杭州：浙江人民出版社，1987 年，第 64 页；林世芳：《印尼西加里曼丹华人史》，雅加达：印华日报出版社，2017 年，第 11 页。

② 田汝康：《中国帆船贸易与对外关系史论集》，杭州：浙江人民出版社，1987 年，第 150 页。

③ 田汝康：《中国帆船贸易与对外关系史论集》，杭州：浙江人民出版社，1987 年，第 70 页；林世芳：《印尼西加里曼丹华人史》，雅加达：印华日报出版社，2017 年，第 10－13 页；曾恕梅：《十八、十九世纪东南亚"华人公司"形态之研究：以西婆罗洲与新马地区为例》，台湾成功大学硕士学位论文，第 30－31 页。

军覆灭为止，和顺总厅虽历经内部歇业、分裂和不断重组，① 低潮时仅剩三公司（大港、坑尾、新屋），但三家公司于1839年合并归一后，和顺公司一度恢复势力，并收复了分离出去的十二公司领土，使其疆域扩充至孟加映（Bengkayang）②，影响力反而逐渐强大。1850年，荷兰殖民当局已意识到当地的利益重要性以及和顺公司存在的巨大威胁，西婆罗洲助理顾问官维莱尔（F. J. Willer）欲与和顺公司展开和平协议，主和派的领袖郑宏被授委为甲太，只是维莱尔的献议被和顺人士坚拒，郑宏也随之被多数决议撤换。维莱尔的温和方针宣告失败，导致荷方更确信须以武力将和顺公司制服。1854年5月，荷兰两千大军压境，迅速占领各矿区，打唠鹿于6月2日沦陷。③ 和顺公司解散后，残余势力甚至组成"九龙公司"和"义兴公司"等抵抗荷军，④ 证实了该公司的会党背景。

相较权力集中于一人的兰芳公司，和顺总厅更能体现出"民主共和制"的价值。从该公司的组织结构和采取议会制而言，简直可媲美"邦联制国家"或"联合邦"了，其制度也更接近"民主共和制"。至于和顺公司有无"国家"意识，根据荷兰人留下的文献，不仅荷兰专员普林斯（A. Prins）在其记录打唠鹿情形的报告中多次指称和顺公司为"国"，而且郑宏和其叔父郑永宗提议欲在打唠鹿升起荷兰三色旗时也被和顺总厅领

---

① 和顺十四公司结成后，再有霖田新乐公司于打唠鹿成立，该公司1850年时方加入和顺；1807—1809年，和顺公司旗下的老八分、九分头、十三分、结联、新八分、老十四分、十二分等七公司纷纷停歇，仅剩下大港、坑尾、新屋、满和等四公司；1822年，三条沟、泰和、十五分从和顺公司再分出。参见田汝康：《中国帆船贸易与对外关系史论集》，杭州：浙江人民出版社，1987年，第64页。

② 林世芳，《印尼西加里曼丹华人史》，雅加达：印华日报出版社，2017年，第13 – 15，19 – 20页。

③ See Graham Irwin, *Nineteeth Century Borneo: A Study in Diplomatic Rivalry*, S' Gravenhage: Martinus Nijhoff, 1955, pp. 170 – 172; Fangchao Ji, *The Chinese Kongsis in West Borneo: the Rise of the Chinese in Global Trade in the Early and Mid – 19th Century*, Master Thesis in Global Studies, The Graduate School of Arts and Sciences Brandeis University, 2018, pp. 81 – 91.

④ 林世芳，《印尼西加里曼丹华人史》，雅加达：印华日报出版社，2017年，第17页。

导们指为叛国并被打死。① 出自荷兰人手笔的"国"（lands，袁冰凌译为 country），是否能作为今日所认知的"国"、和顺人士对"国"的概念又是如何，则不得而知。

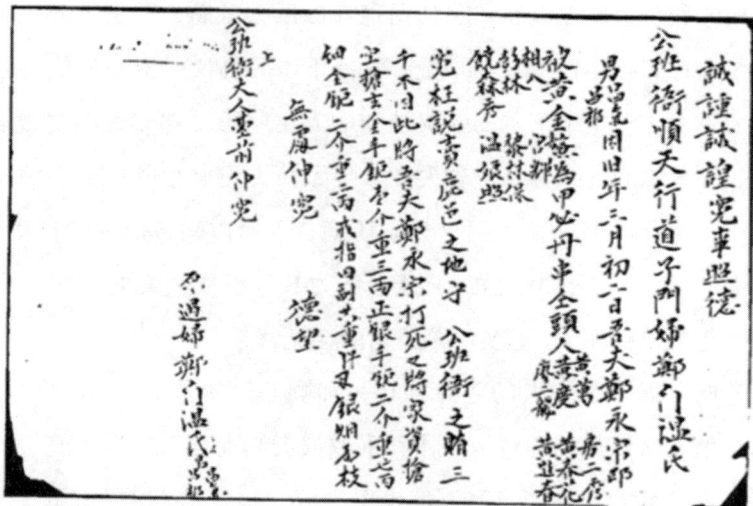

图3　郑永宗妻温氏向荷兰当局申冤求偿函

（资料来源：高柏主编：《莱顿大学总图书馆藏中西文抄本与手稿目录》，莱顿：莱顿大学图书馆列维努斯·华纳藏书，2005年，第183页）

　　和顺总厅虽然采用联合公司形态，结构上不甚稳定，但无论是在规模还是在人才管理上都占据优势；相反，由一公司独大的兰芳总厅，却因后继者才干不足，从第三位领袖开始已呈现颓势②，继而走向没落。③ 兰芳公司的自主时期仅有短短40余年，自刘台二继任领袖位置，并带领兰芳归顺

---

　　① Yuan Bingling, *Chinese Democracies—A Study of the Kongsis of West Borneo*, Leiden：Universiteit Leiden, 2000.

　　② 罗香林：《西婆罗洲罗芳伯等所建共和国考》，香港：中国学社，1961年，第78页。

　　③ 曾恕梅：《十八、十九世纪东南亚"华人公司"形态之研究：以西婆罗洲与新马地区为例》，台湾成功大学硕士学位论文，第39页。

荷兰殖民者，被授封甲太后，兰芳公司的桅杆被改扯三色旗，实权遭荷方拆解，自主性也不复存在。荷兰以加巴士河为界，河东归兰芳总厅，河西则划属荷兰，虽条约指明不相侵犯，但荷兰开始私自广设公馆并加封头领为甲必丹，授委者包括兰芳公司的本厅、本埠副头人，以及各辖厅推出一名甲必丹等。① 在荷兰讨伐和顺公司的战役中，视和顺为一大劲敌和威胁的兰芳公司，在刘阿生的领导下奉维莱尔之命"要助公班衙，以拒大港"，协助荷军防堵和扑灭和顺公司。荷军肃清和顺公司后，兰芳非但未获得报偿，反遭荷方强索领地，只留东万律部分地界。② 虽说如此，即使兰芳公司领袖投诚荷兰以至改旗易帜，也从未引起犹如和顺公司般的激烈反抗，或许可归功于其一贯秉持服从领袖的制度，以及更为遵循与维护共同体的互助和利益。

四、余论

综上所述，后世学者在罗香林等人研究基础上得到的研究成果是十分显著的，随着后世学者新论据以及新概念的提出，填补了前人著作和早期学者对兰芳公司乃至西婆罗洲华人公司研究的空缺，同时也解释了多年来经由各种管道不断建构起来的"共和国"想象。

严格来说，高延借由传统村社制度概念所提出的"共和国"假说，很大程度上影响了后来学者对兰芳公司乃是"民主共和制"或是"共和国"的看法。罗香林则是将这些说法穿针引线的集大成者，并借由其著作完成了对兰芳"共和国"概念的建构。即使罗氏仅是以"共和国"为题考证和提出论辩，但"兰芳共和国"的概说仍然十分吸引人，以致日后在以讹传讹和想象架构下，人们已逐渐习惯称兰芳公司为"兰芳共和国"（Lanfang Republic），甚至普遍将兰芳公司视为华人在海外所建立的独立国家。经由

471

---

① 罗香林：《西婆罗洲罗芳伯等所建共和国考》，香港：中国学社，1961年，第52页。
② 罗香林：《西婆罗洲罗芳伯等所建共和国考》，香港：中国学社，1961年，第55－56页。

多种古今文献史料的对照，参照历代迄今学者的研究成果，所得出的结论证实，西婆罗洲华人的史实确实比想象还要复杂许多。

以往研究只着眼于兰芳公司及其体制，就认为它是独特的、实行"民主共和制"的灯，与事实有出入和偏差。毕竟西婆罗洲华人公司不仅有兰芳公司，也存在其劲敌——与其规模和势力相当且更多元的和顺公司。和顺与兰芳同属南洋初期的海外华人公司制度，行政、管理、议事厅、武装自治、征税等都相同，唯一的不同是和顺总厅是由打唠鹿和以北一带等十几个公司所组成的共同体，无疑是当地华人在命运和利益共同体的基础上的进一步扩展，持续开疆辟土。荷兰殖民者征伐西婆罗洲后，与和顺总厅敌对的公司都依附了荷方，仅剩重组后的和顺公司与荷军蛮干，最先覆亡。当然，不否定兰芳与和顺的体制都各有优缺点，兰芳公司胜在统治和权力集中，能统筹协调、自我保全，延至十九世纪末期才被荷方收服。

至于西婆罗洲华人公司是否真如一些学者所假定的独立建国和称王，在综合各种论述和文献史料后，所能看到和推论的是，无论是和顺或兰芳等公司，在长年的建制后，或多或少对本身的制度等存有归属感和保护意识，从现实上或自保层面上视己为"国家"亦不为过。但此"国"并非我们现代所认知的"国/共和国"，也并非单纯从体制上呈现出的"民主"或"共和"的建制，甚至不同的公司对"国"的认知也各异。兰芳人士在所遗留年册中就较为明确地自许意愿成为清廷"外藩"，而且也不能排除事与愿违后，兰芳人士仍以"藩/国"自居。和顺总体在面临外敌时，同样表露出了以"国"的认同姿态分辨敌我。但和顺一方对"国"的概念又是如何认识的，还有待证实。

行文至此，尚不敢言是否对于兰芳"共和国"提出纠正或破除迷思，仅针对前人对兰芳公司等之研究和概念做进一步爬梳整理并提出愚见，借由本文供学者和人们参考和反思，望能对今后的相关研究有所启发。

从和顺公司的信函谈印度尼西亚西加里曼丹
客家华侨历史

林　峰①

印度尼西亚国家档案馆藏婆罗洲西部档案②第 111 册中有两页中文手写材料，根据其中的笔迹、称谓、内容等信息推断，应为两份请柬、一封信件（见图 1、图 2）。③ 为述事方便，我们分别称之为：黄金鳌致某人请柬，和顺公司致余利水请柬、和顺公司致郭佛圆信。

473

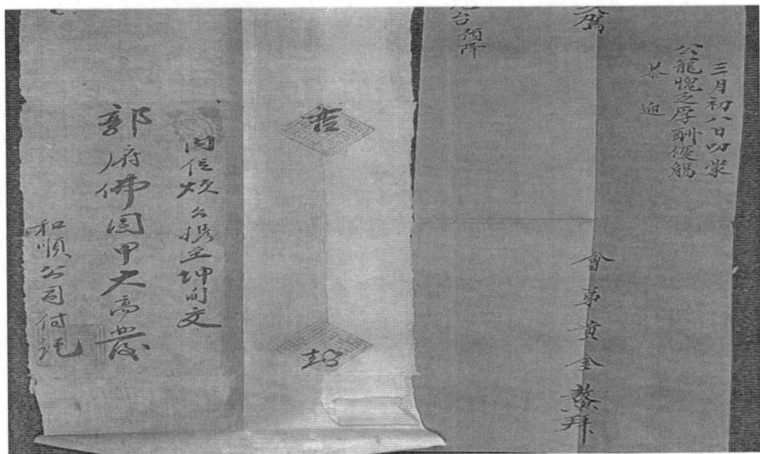

图 1　印度尼西亚国家档案藏婆罗洲西部档案第 111 册中的两份请柬

① 林峰，广东省深圳市宝安区新安中学教师，主要研究方向为西婆罗洲客家华侨华人历史与文化。
② 该档案为电子档，由美国布兰迪斯大学杭行教授寄送，在此专门表示感谢。
③ 信件内文的识读得到了汕头大学陈景熙教授的指导，在此专门表示感谢。

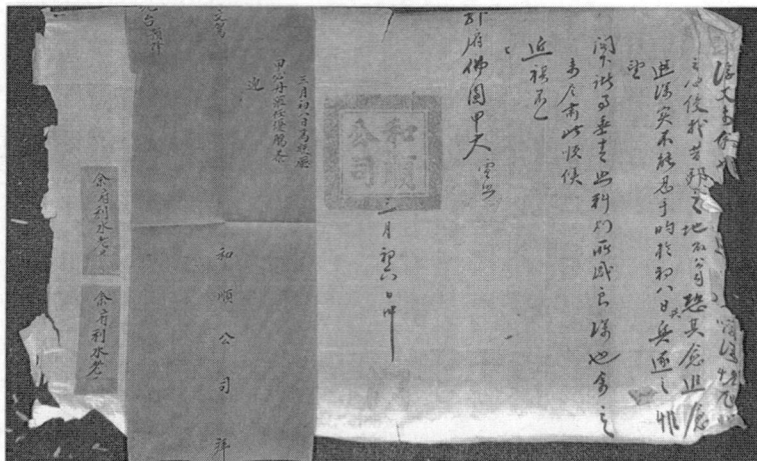

图 2 印度尼西亚国家档案馆藏婆罗洲西部档案第 111 册中的一封信件

黄金鳌致某人请柬文字如下：

　　三月初八日，叨蒙公宠，愧乏厚酬优觞，恭迎文驾。兄台预降。会弟黄金鳌拜。

和顺公司致余利水请柬文字如下：

　　三月初八日为总厅甲必丹莅任优觞，恭迎文驾，兄台预降。和顺公司拜。余府利水老兄。余府利水老兄。

和顺公司致郭佛圆信文字如下：

　　吉封。内信烦台携至坤甸，交郭府佛圆甲太高发。和顺公司付托。

　　浮文未叙……之心，侵我昔邦之地，敝公司恐其愈进愈深，实不能忍。手酌于初八日兴兵逐之，惟望阁下诸事垂青照料，则所感良深也。余言未尽，肃此顺候近祺不一。

上。郭府佛圆甲大电照。三月初六日闻。

其中"浮文未叙"一句下多字模糊不清，"吉""封""托""照"四字上各押有"护封"二字章，"内""浮"二字上各押有"吉利"二字章，日期上盖有"和顺公司"四字章。

一、内文释读

上述材料中提到的和顺公司是 1776—1854 年建立于婆罗洲（今加里曼丹岛）西部三发、南吧哇地区的华人政权组织。十八世纪初期，闽、粤两省特别是粤东地区的中国人南下婆罗洲开采黄金，出于对管理生产和对抗外来压力的考虑，他们纷纷建立了以"会""公司"为名称的组织，并逐渐由经济生产单位发展为带有政权性质的自治团体，其中以和顺公司、兰芳公司最为有名。1776 年，大港公司、三条沟公司等 14 家华人公司在谢结伯的领导下联合成立和顺公司，最终摆脱马来人苏丹的影响，在东起唠唠，北至三发河，南至百富院河，西至海岸的广大地区建立起被同时代的英国人、荷兰人称为"联邦共和国"的自治政权。① 十九世纪初荷兰殖民势力侵入西婆罗洲，当地马来人政权相继接受其统治，和顺公司则拒绝承认，并开展了反抗殖民侵略的斗争。1818—1825 年发生了第一次"公司战争"，荷兰殖民者战败退走。1850 年荷兰殖民者卷土重来，挑起第二次"公司战争"。华、荷两方反复攻防，1854 年 6 月 2 日，荷军攻克和顺公司领导机关——总厅所在地打唠鹿镇，和顺公司覆亡。②

---

① 高延著，袁冰凌译：《婆罗洲华人公司制度》，台北："中央研究院"近代史研究所，1996 年，第 1 页。

② Yuan Bingling, *Chinese Democracies—A Study of the Kongsis of West Borneo*, Leiden：Universiteit Leiden，2000.

和顺公司有着鲜明的民主色彩，在它存在的近 80 年时间里，通过民众推举的方式共产生了 17 任总厅领导人。荷兰势力辐射进西婆罗洲之前，公司领导人称"太哥"，后由于公司领导人被荷兰人授予"甲必丹"头衔，故又称"甲太"。1853 年许七伯辞职，黄金鳌被推举为最后一任领导人，4 月 15 日（农历三月初八）在打唠鹿镇举办就职庆祝宴会和出兵总攻仪式。为此，由总厅甲太黄金鳌亲手写下致郭佛圆甲太的信；由总厅先生（军师和书记）写下密信，告之准备反攻、请求帮助等计划；由黄金鳌以和顺公司的名义向余利水发出请柬。荷兰印度委员会曾翻译致郭佛圆的那封信，自荷兰文、英文材料转译成中文如下："其他的事情就不多说了。亲爱的先生，最近像蝎子一样有着恶毒意图的荷兰人已经占据了属于我们地盘的昔邦。我们公司以为他们就是想劫掠我们而增加自己的利益，我们确实已经无法忍受下去了。我们决定组织军队，从三月初八日开始驱逐他们。我们希望您在所有的事情上都站在我们一边。我们非常感谢您的善意。今天就讲到这里，希望现在所有的事情得到成功的祝福。谨致郭佛圆甲太。"①此段译文可以弥补中文原件模糊不清的缺憾。

坤甸是西婆罗洲最大的城市，位于卡普阿斯河与万那河交汇处，以河为界分为三部分：荷兰人控制的老埠头、马来人苏丹控制的王府肚、另一华人组织兰芳公司控制的新埠头。郭佛圆甲太应是老埠头区域华人的头领，由荷兰人委任。与兰芳公司、和顺公司的粤东客家籍不同，他是福建籍人士。目前已知可能与他相关的资料有三份：一是 1838 年 11 月美国传教士多地和波尔曼考察西加里曼丹，他们在坤甸得到了一位福建人首领的招待，这位首领带领他们参观了自己的社区和住宅，并告知他们，自与新加坡方面有商业联系、坤甸福建人有 100 户、福建人与潮州人关系较好等

---

① Yuan Bingling, *Chinese Democracies—A Study of the Kongsis of West Borneo*, Leiden: Universiteit Leiden, 2000.

信息。① 这位福建人首领可能就是郭佛圆。二是 1841 年鸦片战争尚在进行之中，广东学政单懋谦的幕僚易之瑶游历南洋，希望得到海外华人的援助。他在坤甸见到了一位郭姓甲必丹，两人进行了深入的交流。此人是郭佛圆的可能性很大。三是 2019 年笔者在西加里曼丹省工商会张德良会长的带领下，到坤甸玛腰沟祭拜了郭姓"玛腰"的坟墓。据墓碑题记可知，郭玛腰祖籍是福建漳州角美玉江村，与美国传教士所记相符合。墓主落葬于 1863 年，其生活时间与郭佛圆相同。考虑到同一时期西婆罗洲并无另一郭姓华人领袖，我们可以大胆地断定上述三则材料共同指向郭佛圆。应该是在第二次"公司战争"后或他去世前，荷兰人又把他的头衔由甲必丹升为玛腰了。

图 3　坤甸玛腰沟的郭姓玛腰墓

昔邦是西婆罗洲三发区域内的一个小镇，黄金矿藏丰富。其由三条沟

---

① E. Doty & W. J. Pohlman, Tour in Borneo, from Sambas through Montrado to Pontianak, and the adjacents of Chinese and Dayaks, during the autumn of 1838, in *Chinese Repository*（*Canton*）, 1839, Vol. VII, No. 6.

公司最先开发，但在 1800 年左右被放弃，大港公司接手后将它发展成重要的黄金出产地。① 此地的归属成为和顺公司的两大支柱——大港公司和三条沟公司矛盾的焦点。1820 年和顺公司总厅领导人是来自三条沟公司的朱凤华，他因两大公司的内斗出走三发。1822 年端午节，三条沟公司民众借赛龙舟之机，携带公司的黄金，自打唠鹿出走。于是两大公司的矛盾不可调和。在第一次"公司战争"中，朱凤华和三条沟公司倒向荷兰一方，多次充当向导和前锋，攻打和顺公司，并在荷兰军队的支持下取得昔邦的控制权。第二次"公司战争"开始后的 1850 年 7 月 15 日，和顺公司重新夺回了昔邦，三条沟公司全线瓦解。1853 年 4 月 5 日荷兰军队攻占昔邦，主战的黄金鳌被推举为新任领导人，就职当天就开始了以昔邦为主要方向的全线反攻，于是就有了本文所引用的三份材料。

余利水的资料，目前尚不清楚。荷兰莱顿大学总图书馆现藏有一份和顺公司致余金水的信件，荷兰文附记有"得自坤甸，1853 年 10 月，这是给一位非常倾向于政府的中国商人的"等文字。② 或许余利水和余金水有亲属关系，也是一位坤甸的商人，但地位低于拥有甲太头衔的郭佛圆。因此给他的请柬是由和顺公司发出的，给郭佛圆的信则由黄金鳌亲自书写。

二、和顺公司覆亡的场景

在稳定了爪哇岛的殖民统治之后，荷兰再次腾出手来解决西婆罗洲的华人问题。1845 年 10 月 28 日，荷兰殖民大臣致信荷印总督罗楚生，指出婆罗洲、新加坡和邦加华人"追求面包和独立"，需要重新调整政策。1850 年 6 月，新任西婆罗洲专员韦勒和三发苏丹的军队在诗杜河攻击大港公司，遭到惨败。颜面扫地的荷兰殖民者害怕独立的西婆罗洲华人给爪哇岛的华人起示范作用，并影响西婆罗洲马来苏丹的忠诚，将之类比为遭到

---

① 桑克斯著，慕由编译：《西加的公司组织》，雅加达：印度尼西亚翡翠文化基金会，1963 年。

② 高柏：《总图书馆公司档案编目》，《客家研究辑刊》2018 年第 1 期，第 140 页。

"国姓爷"郑成功驱逐的事件，视之为两个民族之间的战争，最终确立以武力征服西婆罗洲华人的政策。

1853 年 2 月，荷兰新任西婆罗洲最高长官普林斯到任，他认为实现西婆罗洲安定的立竿见影的办法就是对昔邦进行军事占领。4 月 5 日，荷军占领昔邦，和顺公司则针锋相对地抓捕处死了一些投降派、收缴了他们升起的荷兰国旗。4 月 15 日，黄金鳌就职，立即委任廖二龙为"和顺大港总帅"，指挥 8 旗近 1 000 人从各处进军围攻昔邦。普林斯和荷军司令安特生被包围了 10 天之久，最后狼狈出逃，普林斯就此辞职。安特生哀叹道："失败，我们军队是那么丢脸，只有更强硬的复仇才能挽救这些，以免我们被婆罗洲西海岸的华人轻视。"但其也只敢采取海上封锁的方式，谋求从经济上打击和顺公司。

安特生费时一年，积聚了充足的力量，其中包括从爪哇岛调来的携带大炮的 3 个连队，马来酋长也被要求提供后勤人力和工具。1854 年 5 月 10 日，共 1 700 多人的荷军开始新一轮攻击。全部财政结余只有 4.5 两黄金的和顺公司也认识到最终的决战到来了，他们号召华人无论男女老幼，全部站出来奋勇战斗，黄金鳌、廖二龙及其他公司领导也亲自赶到前线指挥。但以矿工、农民、手工匠人为主的和顺公司武装终究无法战胜用轮船、大炮武装起来的近代西式军队。6 月 2 日，荷军攻下和顺公司总厅所在地打唠鹿镇，和顺公司就此覆亡。10 月，包括黄金鳌在内的 10 名和顺公司领导被绞杀，另有 20 人被流放爪哇岛。唯有廖二龙继续领导了反抗斗争一年之久，殖民者悬赏 2 000 银元而终不可得。①

---

① Yuan Bingling, *Chinese Democracies—A Study of the Kongsis of West Borneo*, Leiden：Universiteit Leiden，2000.

三、结语

西婆罗洲客家华人公司的历史虽然得到罗香林①、田汝康②等学者的研究，但由于资料多为荷兰文且不易接触，尚需深入发掘和探讨。例如，本文所述的和顺公司即是如此，相关专著只有荷印政府官员桑克斯（S. H. Schaank）③在1893年撰写的《打唠鹿公司》一书。而近来仅是印度尼西亚国家档案馆整理的档案就已超过百册，相信假以时日，文种制约的问题得到解决，我们就能得到更进一步的认识。

---

① 罗香林：《西婆罗洲罗芳伯等所建共和国考》，香港，中国学社，1961年。
② 田汝康：《十八世纪末期至十九世纪末期西加里曼丹的华侨公司组织》，《中国帆船贸易与对外关系史论集》，杭州：浙江人民出版社，1987年，第53–99页。
③ 现在一般译为"商克"。

凝聚嘉应社群与维系广客帮群：
新加坡嘉应五属义山研究

曾　玲①

由华人社会建立与管理的坟山遍布东南亚各地。华人坟山又称"义山"或"公冢"，其出现的时间很早。② 尤其在鸦片战争后一百年，当时大量闽粤移民来到殖民地时代的南洋拓荒，便大量设立安葬去世移民的华人坟山。受制于新加坡开埠初期即形成的华人移民帮群社会架构，十九世纪新加坡华人的主要坟山均由各华人移民帮群设立，这是新加坡华人坟山重要的基本特点。这些坟山主要包括福建帮设立的恒山亭、潮州帮设立的泰山亭、琼州海南帮设立的玉山亭、三江帮设立的静山亭、广惠肇设立的碧山亭、丰永大设立的毓山亭等。这些坟山管理机构在处理去世移民的营葬与祭祀的同时，也承担凝聚与整合所属移民社群的重要功能。③ 属于新加坡嘉应社群的嘉应五属义山，即这样一座具有多元功能的华人帮群坟山。有鉴于嘉应社群在新加坡华人方言群与帮群架构上的所属，处理嘉应先人营葬与祭祀的五属义山不仅承担凝聚嘉应社群的功能，而且在维系该社群与广客帮群的关系上扮演重要角色。本文运用碑文、会议记录、章程、社团账本等各类文献，在新加坡社会变迁的时空脉络下，考察与讨论由应和

481

---

① 曾玲，厦门大学历史与文化遗产学院教授。
② 据《开吧历代史记》，17世纪的南洋已有"唐人义冢"的创设，转引自吴凤斌主编：《东南亚华侨通史》，福州：福建人民出版社，1994年，第756页。
③ 曾玲：《坟山组织与华人移民之整合：19世纪新加坡华人建构帮群社会的历史考察》，周南京主编：《华侨华人百科全书》（总论卷），北京：中国华侨出版社，2002年，第934–949页。

会馆设立与管理的嘉应五属义山。

一、新加坡华人社会中的嘉应社群

现有的研究显示，受到移民史等因素的制约，在新加坡开埠初期，华人移民社会内部即呈现出主要基于祖籍地方言差异而形成的社群结构。来自相同地方、说同一方言的闽粤移民往往结合成帮，并因操相同方言和具有相同的风俗、习惯等因素，形成各自的帮群认同而与异帮群相区别。在英殖民政府半自治的统治之下，这些不同的方言帮群受到当时社会、政治、经济诸因素的影响，为争取各自的利益，或独立成帮，或相互联合，呈现出帮群分立、互动与整合之状态。①

嘉应五属社群是新加坡华人社会的重要组成部分。在新加坡，祖籍为中国广东省梅县、兴宁、五华、平远、蕉岭五县的华人被称为"嘉应五属社群"或"嘉应客家人"。该社群早在新加坡开埠三年之后的 1822 年即建立总机构"应和会馆"，其属下有五华同乡总会、嘉侨同乡会、兴宁同乡会、嘉应五属公会、梅蕉平同乡会五个乡团。这五个同乡会和作为总机构的应和会馆构成新加坡嘉应社群从移民时代延续至今的基本组织架构。

根据保留下来的金石碑文等各类历史记录，在殖民地时代，作为南来嘉应移民社群总机构的应和会馆，其内部的管理运作涉及处理"生者"和"死者"两大部分的内容。在"生者"方面，主要是通过建立应新学校及分校和嘉应留医院来处理嘉应移民的教育、医疗等事务；而对"死者"的处理，则是设立嘉应五属义山与义祠，以解决嘉应移民去世后的丧葬与祭祀问题。因坟山位于新加坡双龙山，故保留下来的各类相关文献多称之为"双龙嘉应五属义山"②。

---

① 曾玲：《越洋再建家园：新加坡华人社会文化研究》，南昌：江西高校出版社，2019 年，第 44 - 71 页。

② 曾玲：《社团账本与二战前新加坡华人社团经济研究：以嘉应五属社群总机构应和会馆为个案》，《中国社会经济史研究》2016 年第 4 期，第 65 - 77 页。

移民时代的嘉应五属，在新加坡方言群上隶属于客家。在 19 世纪，嘉应五属与另一客家社群"丰（顺）永（定）大（埔）"，以望海大伯公庙为联络中心而联系。根据咸丰十一年（1861）《重修丹戎巴葛大伯公祠宇碑》，在重修该祠宇的捐款名单中，可见"丰永大公司"与"应和公司"各出 50 元的记录①，这说明该庙作为两社群的联络中心至晚始于 1861 年。嘉应五属与丰永大亦同为新加坡南洋客属总会的团体会员。

嘉应五属在隶属于新加坡客家方言群的同时，还与广惠肇、丰永大两个群共同建构"跨越方言与祖籍地缘的""广客帮"。根据新近出版的《三州府文件修集选编》中收入的《客籍图霸神庙乞为公断》一文，② 在新加坡开埠初期，嘉应五属与丰永大最初是作为一个整体与广惠肇合作，参与作为三社群联络中心的海唇福德祠庙宇的修建与运作的。在十九世纪八十至九十年代发生海唇福德祠香油钱分配矛盾之后，嘉应五属才独立出来成为广客帮属下的三社群之一。1927 年海唇福德祠绿野亭首部章程颁布，以条规的形式确认了由广惠肇、丰永大、嘉应五属三社群组成的广客帮群边界，并建立整合三社群的制度化组织架构与坟山管理系统。③

二、嘉应社群对先人营葬的处理与嘉应五属义山的设立

1. 嘉应社群对先人营葬的处理

嘉应社群在新加坡华人移民社会的社群与帮群所属，制约该社群对于先人丧葬与祭祀的处理途径。

由于 1822 年创建的应和会馆直到十九世纪八十年代末才设立坟山，故嘉应社群对于去世先人丧后事宜的处理，大致可以十九世纪八九十年代为

---

① 陈荆和、陈育崧编著：《新加坡华文碑铭集录》，香港：香港中文大学，1972 年，第 94 – 98 页。

② 柯木林、廖文辉编注：《三州府文件修集选编》，新加坡：新加坡宗乡会馆联合总会，2020 年，第 30 页。

③ 曾玲：《庙宇、坟山的社群化与新加坡华人移民帮群组织之建构——兼对东南亚华人社会结构研究的新思考》，《华人研究国际学报》2015 年第 1 期，第 35 页。

界分成两个阶段。在十九世纪七八十年代以前，去世的嘉应移民主要安葬在与丰永大和广惠肇两社群共同拥有的坟山青山亭与绿野亭。十九世纪七八十年代以后，嘉应五属移民社群才独自设立双龙嘉应五属义山，以解决该社群先人的丧葬问题。嘉应五属义山的坟山时代一直持续到新加坡独立建国之初。1968 年新加坡征用坟山，嘉应义山从此进入坟场时代并延续至今。

这一节主要根据有限的资料，考察在嘉应五属义山设立之前的嘉应移民先人的丧葬处理。

保留下来的碑文记录显示，① 在十九世纪八九十年代之前，作为嘉应五属移民社群总机构的应和会馆是以 "应和公司" "嘉应州五属公司" "嘉应州五属" 等名称与丰永大、广惠肇两社群合作，共同设立与经营青山亭与绿野亭坟山。与此同时，作为坟山组织的青山亭与绿野亭在处理嘉应五属、丰永大、广惠肇去世移民营葬事务的同时，也成为整合三移民社群的联络中心与建构 "广客帮" 的总机构。

有关嘉应义山设立之前，嘉应五属移民曾安葬在青山亭与绿野亭的记录，还可见于 1968 年重建的双龙嘉应坟场内迁葬自青山亭与绿野亭的总坟。在双龙嘉应坟场中，立有迁葬自青山亭的总坟两座，一座是 "嘉应五属等祀" 的 "青山亭迁徙总坟之墓"，总坟设立的时间为 "光绪三十三年丁未岁冬月旦"，即 1907 年；另一座是 "青山亭侯姓总坟"，总坟石碑上所刻的 "宣统元年春月吉旦旋迁" 文字，显示该总坟是在 1909 年从青山亭迁葬而来。此外，坟场内还有一座迁葬自绿野亭的 "绿野亭嘉应州先友合葬之墓"，该总坟设立时间为民国十七年（1928）。据《新加坡应和会馆

---

① 道光庚子年（1840）《广东省永定县重修冢山碑记》、咸丰四年（1854）丰永大嘉应立《重修大伯公庙众信捐题芳名碑记》、同治元年（1862）《重修新山利济桥碑记》、同治八年（1869）嘉应大丰立《福德祠大伯公碑记》、光绪十年（1884）《广惠肇重修利济桥碑记》、光绪十年（1884）《嘉应州五属重修绿野亭利济桥芳名碑》。见陈荆和、陈育崧编著：《新加坡华文碑铭集录》，香港：香港中文大学，1972 年。

双龙义山暨产业征用概况》的记载，这些迁葬的总坟内都葬有先人骨骸。1968 年重建的"青山亭迁徙总坟之墓一穴，其内葬有金埕①二百二十五罐"，"绿野亭嘉应州先友合葬之墓一穴内有金埕七十八罐"②。上述记录都说明，在英殖民统治时代，青山亭与绿野亭坟山内的确曾葬有南来拓荒的嘉应五属移民先人。

十九世纪八九十年代之后，伴随新加坡华人移民社会的发展与帮群关系的演化，绿野亭坟山也已葬满，再无空间可安葬广、客三社群先人。为此，广惠肇与丰永大开始独自设立或拓展属于本社群的坟山，嘉应五属也就在这一时期设立嘉应五属义山。

2. 嘉应五属义山的设立

目前，有关嘉应五属义山设立的最早记录见于宋旺相《新加坡华人百年史》与嘉应五属社群立于光绪丁亥年（1887）的《双龙山嘉应五属义祠碑记》。③

在宋旺相《新加坡华人百年史》第七章"第八个十年（1869—1879）"，提及应和会馆设立嘉应五属义山的过程："一八七八年一月七日，钟阿秀（Chong AhSiew）又名钟秀元（Chong SiewNgian）和代表嘉应州客属华人的其他数位信托人，获得一块永久性地皮的转让权，并将其取名为双龙山，以充作该社群华人的公共义山。东陵这一块占地九十八英亩的义山之执照乃市政局主席李德先生（Mr. W. H. Read）签发的。"④

从宋旺相的记录看，他认为"双龙山"是"嘉应州客属华人"为该社群坟山所取的名字，这一说法可能有误。事实上，应是该社群坟山位于双龙山上。不过，从他的记录可以看出该坟山的一些具体信息：坟山位于东

---

① 即内装有先人骨殖的陶罐。

② 新加坡应和会馆编：《新加坡应和会馆双龙义山暨产业征用概况》，新加坡：新加坡应和会馆，1969 年，第 6 页。

③ 《双龙山嘉应五属义祠碑记》，陈荆如、陈育崧编著：《新加坡华文碑铭集录》，香港：香港中文大学，1972 年，第 247 – 248 页。

④ 宋旺相：《新加坡华人百年史》，新加坡：新加坡中华总商会，1993 年，第 163 页。

陵地带，占地九十八英亩（约四十公顷）。坟山是以钟阿秀与嘉应客属华人作为信托人向英殖民政府申请的永久性土地。坟山执照的签发时间为1878年1月7日，签发人为市政局主席李德先生。

有关嘉应双龙义山的另一记录见《双龙山嘉应五属义祠碑记》。该石碑立于光绪十三年（1887）。以下是碑记全文：

窃思祠曰义祠，冢曰义冢者，其意何在？盖以其义在耳。是故圣人有精义之神，吾人贵充义之尽，一思至此，殊不禁翻然有感焉。想予嘉应五属之人，由中邦而来此地者不知其数，即在此地生长者，亦不乏香火之因缘，而是丞是谭更得乎显英灵之永在而俾炽昌。众人闻之而欣然曰诚哉是言也。然而用费浩繁非同小可，爰集同人签议发簿捐题，本埠各埠乐助多金。于是即在喏叻双龙山，买立泰山一面，设一义祠，实山环水绕。设一义冢，亦马鬣而牛眠，是众擎易举，正如不日成之者也。兹攻既告竣之时，恭疏短引，以表列公之芳名而永垂不朽，则地灵人杰，鸿猷不振于千秋，不亦欣欣然而有喜色也哉，是为引。

一批各姓冢坟，今已葬者，有横直五丈为则者，各既立有界碑，自此之后，倘有迁葬者，不能僭越其界批的。

总理　源裕昌　陈海珊
　　　联兴号　黄德辛
副理　恒　兴　许麟寿　钟寿源
　　　森　和　田玉琳　李　炳
　　　嘉　和　刘仁秀　李其瑛
　　　德　盛

除了以上两份记录，应和会馆在1963年编撰出版的纪念特刊中也涉及双龙嘉应五属义山：

前清光绪十三年丁亥岁，吾乡先达源裕昌，以及陈海珊，黄德辛，刘仁秀等，以吾嘉应五属人士来马日众，在本土生长而老死于斯者亦日多。为谋协助丧葬、加强团结起见，特向本外各埠同乡募集款项，向政府买得荷兰律双龙山一座，占地约一百英亩，以为同乡百年后之牛眠吉地。

荷兰律双龙山上之义冢义祠，其创建之目的，乃使人为子女者，有思始之义以慰先灵。义祠楼宇虽不广大，但分为上下两厅右左横屋。正厅中间，排列各姓祖先之牌位，以供后人祭祀。每逢春秋佳节，易动亲思。会馆当局于此期间，照例集合同乡举行祭奠，于义祠及义冢前，行礼如仪，隆重严谨，以示"祖先虽远，祭祀不可不诚"之意。①

上述碑文内容与特刊记录显示：

其一，根据光绪十三年（1887）《双龙山嘉应五属义祠碑记》，立碑者为四个总理与十个副理，显示十九世纪八十、九十年代应和会馆设置"总理"与"副理"两级组织架构来管理嘉应五属义山。

其二，设置嘉应双龙义山的缘由，是因"嘉应五属之人，由中邦而来此地者不知其数，即在此地生长者亦不乏人，况夫多历年所之时保无居洪范五福之五而曰考终命者夫"。为此，应和会馆在位于东陵的双龙山购地九十八英亩（约四十公顷）"设一义祠""设一义冢"。

其三，购置与建设"义祠""义冢"的资金来自"爰集同人签议发簿捐题，本埠各埠乐助多金"，即嘉应五属移民的捐款。值得注意的是，在特刊的记载中，为购置坟山而捐款者不仅有新加坡本埠的嘉应移民，也有"外埠同乡"。

其四，在葬地形态上，双龙嘉应义山设有姓氏总坟并订立相关的葬地

① 黄福荣：《新加坡应和会馆史略》，新加坡应和会馆编：《星洲应和会馆一百四十一周年纪念特刊》，新加坡：新加坡应和会馆，1963 年。

规章。

其五，从获得英殖民政府市政局签发坟山执照的 1871 年，到 1887 年立《双龙山嘉应五属义祠碑记》，双龙五属义山义祠的建设历经近二十年方完成。如再加上向英殖民当局申请坟山执照的时间，嘉应五属与应和会馆筹建嘉应五属义山与义祠的时间超过二十年。

上述碑文内容说明，当嘉应五属与广客帮的丰永大、广惠肇共同经营绿野亭坟山之时，该社群已经开展独自设立坟山的筹建进程。而嘉应社群筹建安葬先人的坟山与安置先人牌位的祠堂的时间，亦基本与广惠肇社群开发碧山亭与碧山大庙、丰永大社群建设毓山亭与三邑祠的时间相同。这一状况再次表明，自新加坡开埠初期通过共同经营管理先人的坟山组织而建构的广客帮，在其内部的广惠肇、丰永大、嘉应五属三社群于十九世纪八十、九十年代分别设立坟山之后，已清楚呈现"合中有分"的发展趋向。

三、嘉应五属义山的管理运作、葬地安排与"春秋二祭"

1. 管理运作

笔者收集到的应和会馆档案始于民国七年（1918），包括会馆账本、议案簿、章程等。在这些文献中，与嘉应义山、义祠相关的记录占有相当大的部分。其内容涉及应和会馆对坟山的建设与管理、处理嘉应五属移民先人的丧葬与祭祀等多项事务。根据这些资料，笔者发现，处理与嘉应五属先人营葬相关的各项事宜，是应和会馆运作系统的重要组成部分。而承载此重任的嘉应五属义山，则具有多方面的功能。

嘉应五属义山具有经济功能。笔者曾对应和会馆保留下来的账本进行列表整理。根据这些账本的账目记录，在会馆的财务收入中，与坟山运作相关的"双龙山地租""开坟双龙山""安葬双龙山"等的账目是会馆常年的经费来源之一。例如，在应和会馆民国十五年（1926）正月立"日清簿"中，与双龙山相关的部分有"地租、开坟、安葬"三项，总计为

488

490.50 元；应和会馆民国二十年（1931）立"进支月结簿"与坟山相关的金额为 1 507.8 元；应和会馆民国三十四年（1945）立"杂费总簿"与坟山相关的金额为 1 398.8 元。[①] 这些与坟山经营相关的收入，对于会馆兴办应新学校、应新分校，照顾南来的嘉应移民，以及在维持会馆日常的办公开销等方面，都是不可或缺的一个重要经费来源。

在凝聚社群方面，双龙嘉应五属义山对应和会馆更有着非常重要的意义。双龙山上既有嘉应五属移民先人个人的坟地，又有"社群共祖"[②] 所在的社团总坟。每年"春秋二祭"期间，会馆不仅要修建、整理坟山，而且要率领各属下社团祭拜社团总坟。这些年复一年的定期活动无疑对维系社群成员对总机构应和会馆的认同具有重要意义，因而有助于促进社群的整合与凝聚。

作为应和会馆管理与运作的重要组成部分，有关坟山的条规也被明确写入章程。在 1958 年应和会馆新修订章程的第十章，我们可以看到涉及坟场管理的非常具体系统的规章条文：

489

第四八条：本馆坟场系供本馆会员在本坡逝世时埋葬之用。使用时须向本馆驻办处照章缴纳费用，领取开坟准字方得埋葬。

其开坟费用如下：

1. 排葬坟——每穴计横六尺直十二尺共计七十二方尺（英尺）纳费十元。

2. 自由择地坟——每穴计横十二尺直十二尺共计二百四十四方尺（英尺）纳费一百元。

3. 寿坟——每穴计横十二尺直十二尺共计二百四十四方尺（英尺）纳费一千元。

---

① 上述账册都保存在新加坡应和会馆资料室。

② 有关"社群共祖"，见曾玲《越洋再建家园：新加坡华人社会社会文化研究》中有关"帮群坟山"的讨论。

第四九条：凡本馆会员欠缴年捐两年以上者，如其本人妻室或未成年及未婚之子女在本坡逝世欲使用本馆坟场埋葬时，除补缴积欠年捐并缴纳规定费用外，其坟位只许排葬不得自由择地开坟。

第五十条：凡嘉属人士非本馆会员如欲使用本馆坟场时，其费用则加倍征收之，但其坟位只许排葬不得自由择地开坟。

第五一条：凡逝世之会员或属侨如身后萧条无力埋葬，经会员二人（已照章缴纳年捐者）之书面证明并经董事部调查属实者，得免缴纳开坟费用，但其坟位只许排葬不得自由择地开坟。

第五二条：本馆义山不适埋葬之处，得租于本馆会员在指定地点自费建造临时住屋，其条件由董事会规定之。如经本馆董事会议决需要收回该地时，则拨给五十元为补偿租户之建造搬迁费用，并限于通知后三个月内迁移完毕，否则依照申请搭屋准字之规定将该屋宇无条件没收。

上述章程内容中对坟场使用者身份的界定，以及会馆对坟山管理和运作的规定，显示出坟山所具有的处理嘉应移民身后的丧葬祭祀事宜与凝聚社群的双重功能。

2. 葬地安排

上述章程内容也涉及双龙嘉应五属义山的葬地安排，包括排葬坟、自由择地坟与寿坟等三大类的个人葬地形态。不过，章程没有涉及坟山内社团总坟等的设置、种类等相关内容。1969 年应和会馆编撰的《新加坡应和会馆双龙义暨产业征用概况》，提供了双龙坟山在被政府征用前有关葬地形态的较完整记录。

1968 年 11 月 10 日，应和会馆举办董监事会联席会议，讨论双龙山迁坟一事。在这次联席会议上，会馆副总务叶晚香报告了有关所迁坟穴的相关事宜。根据叶的报告，双龙坟山上的葬地形态分成两大类。一类是个人坟地。在坟山被征用时，双龙坟山内共计有个人坟墓 4 189 穴。另一类是社团总坟葬地。这一部分又可分成以下不同的类别：

其一，迁葬自广客帮坟山青山亭与绿野亭的嘉应五属总坟。这类总坟在 1968 年政府征用坟山前共有两座，一座迁葬自青山亭，另一座迁葬自绿野亭。不过，根据绿野亭保留下来的会议记录，作为广、客三社群总机构的绿野亭曾在 1937 年查点属下社群的坟山，当时在"双龙山嘉应坟场，葬有绿野亭总坟五穴、散坟六十一穴"①，说明原本在双龙嘉应坟山内的绿野亭总坟远不止两座，且有总坟与个人坟地（即散坟）两种葬地形态。

其二，嘉应五属社群在双龙坟山内设置的总坟。这一类总坟又可分成两种形态。一种是嘉应五属总坟。由于缺乏文献记载，笔者无法确知双龙山上有关嘉应五属总坟最早的设立年代。根据叶晚香的报告，在政府征用双龙山时，见有"嘉应五属总坟一穴""其内有金埕九十七罐"。据立于嘉应双龙坟场内的总坟石碑，该总坟于"公元一九七二年二月吉日重修"。另一种是嘉应五属社群所设置的姓氏总坟。关于在双龙坟山内设置姓氏总坟，《双龙山嘉应五属义祠碑记》中即有记载。另外，在双龙山内有迁葬自青山亭坟山的嘉应五属侯姓总坟，这说明早在新加坡开埠初期，嘉应社群已设有姓氏总坟。根据叶晚香于 1968 年 11 月 10 日向会馆董监事会的报告，当新加坡政府征用坟山之时，双龙山上还有三十一座姓氏总坟。其中的潘姓、杨姓、熊姓、梁姓、彭姓、叶姓、张姓、刘姓、黄姓、廖姓、谢姓、李姓、罗姓等姓氏总坟内葬有骨殖数罐至十数罐。

此外，还有一穴名为"无名氏古老大人"的总坟，总坟内有骨殖"一百二十八罐"②。很显然，总坟安置的是无人照料的"无主孤魂"。这应是应和会馆对那些年代久远、墓碑上的文字无法辨认，或没有后嗣的先人遗骨的统一安葬方式。而这些"无主孤魂"也因这一安置方式而具有了嘉应

---

① 曾玲：《福德祠绿野亭发展史：1824—2004》，新加坡：新加坡华裔馆，2005 年，第 28 – 29 页。

② 新加坡应和会馆编：《新加坡应和会馆双龙义山暨产业征用概况》，新加坡：新加坡应和会馆，1969 年，第 6 页。

五属的社群边界。

3. 春秋二祭

春秋二祭是中国社会祭祀祖先的传统习俗。当华南移民南来拓荒，也把春秋二祭带到南洋，并发展出祭祀社团总坟的新形态，成为会馆、宗亲会、行业公会、坟山组织等华人社团整合社群的重要途径之一。

鉴于上述双龙嘉应五属义山的不同的葬地形态，嘉应五属对坟山内先人的春秋二祭也因其社群所属的不同而呈现出多元之形态。

对安葬在嘉应义山内先人的春秋二祭，依祭祀主办者的不同，可分成两大类。第一类是对广客帮总机构所设的青山亭与绿野亭总坟的祭祀。鉴于青山亭资料的缺乏，保存下来的记录主要涉及绿野亭的春秋二祭。根据绿野亭1937年颁布的一项条规，"公众议决，此后春秋祭墓，所有青山亭、绿野亭分散在各属坟山之总坟散墓应查点清楚记录保存。每有祭祀应行一律预日轧草挂纸，以便至期焚香祭拜"。自此以后，绿野亭春秋二祭的范围包括绿野亭坟山与属下广、客三社群的嘉应义山、丰永大与碧山亭四座坟山或坟场。这项始于1937年的制度，历经新加坡从英殖民统治时代到独立建国后的本土社会的时空变迁而延续至今，不仅成为绿野亭强化与凝聚广、客三社群的一项重要传统与运作内容①，而且是嘉应社群能够在新加坡社会发展的变迁中维系与总机构、丰永大与广惠肇关系的不可或缺的重要纽带之一。

第二类是嘉应五属对本社群先人的祭祀。这些祭祀活动大致又可分成两类：一类是个人、家庭或家族成员对去世先人的祭祀；另一类则是由应和会馆及属下宗亲团体举办的对嘉应五属总坟与姓氏总坟的祭祀。在保留下来的应和会馆各项文献与编撰的纪念特刊中，涉及不少与上述春秋二祭

---

① 关于当代绿野亭春秋二祭运作内容的重要功能，见曾玲：《福德祠绿野亭发展史：1824—2004》，新加坡：新加坡华裔馆，2005年，第58－60页。另外，根据笔者的了解，由于新冠疫情在新加坡肆虐，2020—2021年，绿野亭被迫取消延续数十年的对四个坟场的春秋二祭，改为在会所门前举办简单的祭祀仪式。

活动相关的记载。如在前引的特刊内容中提到，"荷兰律双龙山上之义冢义祠乃使人为子女者，有思始之义以慰先灵。义祠楼宇正厅中间，排列各姓祖先之牌位，以供后人祭祀。每逢春秋佳节，易动亲思，会馆当局于此期间，照例集合同乡举行祭奠，于义祠及义冢前，行礼如仪，隆重严谨"。而在会议记录里，也可见应和会馆对祭总坟的时间、人员和祭品等的安排。除了祭总坟，应和会馆在春秋二祭期间的另一项重要工作是休整坟山，包括"割草、整路"等，让嘉应五属百姓可以进入双龙山祭祀先人。除了定期休整坟山，会馆还筹募款项在坟山上修建"风雨亭"与"应和路"，以方便对坟山的巡视与对先人的祭祀。①

从二十世纪九十年代中叶到二十一世纪的最初十年，当笔者在新加坡工作和进行田野考察时，曾多次到应和会馆与重建的双龙嘉应五属坟场进行田野考察与收集资料，亦在春秋二祭期间多次参与并记录绿野亭与应和会馆举办的祭祀活动与对坟场内所有社团总坟的祭拜仪式。在现场，笔者深感这项从殖民地时代延续至今的祭祀活动不仅是会馆一项制度化的运作内容，在历经时代变迁的当代新加坡华人社会，也具有凝聚华人宗乡社群的重要象征意义。

四、坟山时代的结束与嘉应五属义山的转型

嘉应五属义山在二十世纪六十至七十年代被新加坡政府征用后进行迁葬与重建，这标志着由应和会馆管理的嘉应五属义山在不同于殖民地时代的国家结构下进入转型与变迁的新时期。

嘉应五属义山被新加坡政府征用，始于 1963 年。1963 年 4 月，政府来函通知将征用双龙五属义山部分地段。到 1965 年 5 月，新加坡国家发展部再次来函表明要征用双龙嘉应义山全部土地。同年 6 月，应和会馆又收

① 《应和会馆民国二十四年起立大会议事薄（1935—1953）》，该资料保存在新加坡应和会馆资料室。

到政府征用会馆所有产业的函件。上述来自新加坡政府的函件，宣告历经近一个世纪的嘉应五属义山坟山时代的结束。1969 年 5 月 5 日，应和会馆编撰出版《新加坡应和会馆双龙义山暨产业征用概况》，记录会馆董监事部及各执行部分处理嘉应五属坟山被征用、迁葬与重建等的全过程。《新加坡应和会馆双龙义山暨产业征用概况》也收录了刊登在二十世纪六十年代新加坡《南洋商报》《星洲日报》上与双龙嘉应坟山被征用及迁葬等相关的广告、迁葬的各类社团总坟与数千先人的详细埋葬信息等。①

根据应和会馆提供的资料，在二十世纪六七十年代嘉应五属义山被政府征用之后，其在政府拨回的四英亩（约两公顷）土地上进行重建工程。双龙嘉应义山被征用及重建的过程从 1963 年 4 月持续至 1968 年 12 月，前后历经五年多时间。重建工程包括在政府拨回的四英亩（约两公顷）土地上建设双龙嘉应五属坟场，修建双龙山纪念堂以安放嘉应五属华人先人的骨灰瓮与神主牌。此外，会馆领导层经过认真研究考察，决定用新加坡政府征地的赔偿款项购买土地建造应和大厦作为会馆的新产业。

对于坟山迁葬后先人的安置与新坟场的空间布局，应和会馆在其出版物中亦有记录。根据记录，应和会馆采用再葬骨殖的方式建墓立碑。另外，对于新坟场的空间布局，应和会馆沿用坟山时代的社团总坟与个人葬地两类埋葬形态，在双龙嘉应坟场正前方的中位立嘉应五属总坟，紧随其后的是两座青山亭总坟、一座绿野亭总坟与嘉应五属的三十一座姓氏总坟。在社团总坟后面，则是类似坟山时代排葬的先人骨骸墓碑。

上述重建内容显示出由应和会馆管理的双龙嘉应五属义山在新时期的转型与变迁之特征与形态：

第一，从坟山到坟场，这是重建后的双龙五属嘉应义山在外在形态上发生的重大变化。其之所以如此，首先是因为政府征用坟山后所拨回葬地

① 关于嘉应五属义山被征用、迁葬及重建的记载，见新加坡应和会馆编：《新加坡应和会馆双龙义山暨产业征用概况》，新加坡：新加坡应和会馆，1969 年。

仅有几英亩。另外，建国后政府推行火化政策，取代了殖民地时代华人社会土葬先人的葬俗。有鉴于此，重建后的双龙嘉应坟场不再有坟山时代整百乃至数百英亩的规模，而是在占地几英亩的坟场内安置移民时代坟山内的新加坡嘉应先人骨灰瓮。

由坟山外在形态改变而带来的转型与变迁中的一项重要内容，是应和会馆实施一个多世纪的坟山管理体系成了历史。与此同时，五属义山坟山组织的社会功能也发生了变化，原本承担丧葬与祭祀双重功能的管理嘉应五属义山的应和会馆，随着土葬先人任务的结束，重建后的基本与主要的社会功能变为安置先人骨灰与举行春秋二祭。

第二，在国家认同前提下对建构于坟山时代的社群认同形态的承继与强调，这是历经迁葬与重建后的嘉应五属义山所呈现的转型与变迁的另一重要特点。

如前所述，上述坟山迁葬与重建的开展是在新加坡独立建国之后，因此我们可以从中考察在国家认同之下华人宗乡社群的认同形态。从重建后双龙嘉应坟场内葬地安排的空间布局，我们既可以看到应和会馆对于殖民地时代嘉应五属义山内社团总坟与个人葬地两类埋葬形态的承继，又可以看到坟场内象征新加坡嘉应华人宗乡社群所具有的广客帮与嘉应社群等多元认同形态的青山亭总坟、绿野亭总坟与嘉应五属三十一座宗亲社团总坟的整齐并立。双龙嘉应五属坟场的葬地布局充分表明，这些建构于殖民地时代并承载社群共同历史记忆与社群认同形态的坟场，将伴随新加坡的时空变迁而被强调与承继。

第三，发展产业为新时期的社团运作提供保障并积累资金。在上述有关迁葬与重建的内容中，面对涉及应和会馆新建产业的问题，应和会馆以政府征用产业的赔偿款，买地建设应和大厦。这些作为重建工程组成部分的内容，显示应和会馆为适应新时代的变迁而积累继续发展的经济资源。

五、余论

由新加坡应和会馆设立与管理的嘉应五属义山，虽历经时代变迁从坟山变成坟场，但其在处理嘉应先人丧葬与祭祀事宜的同时所扮演的凝聚嘉应社群与维系广客帮群的基本功能未有本质的改变：

第一，虽然嘉应五属社群在十九世纪七十年代设置坟山以处理本社群去世移民的善后事宜，但通过坟山内迁葬自青山亭与绿野亭的嘉应五属总坟，以及绿野亭与应和会馆对这些总坟年复一年、制度化的春秋二祭，该社群仍与总机构和广客帮属下的广惠肇、丰永大两社群联系在一起。换言之，由于原设立于青山亭与绿野亭坟山内的嘉应五属总坟在两坟山迁葬后被迁移至嘉应五属义山，历经重建的嘉应五属总坟被赋予象征意义并作为纽带，通过制度化的春秋二祭，继续承担维系嘉应五属与广客帮总机构及属下社群关系的重要功能。

第二，就嘉应五属内部的社群关系而言，双龙坟山内嘉应五属总坟与姓氏总坟的设立，以及对两类总坟的祭祀，显示该社群内部存在多元的认同形态。嘉应五属总坟是嘉应五属认同的象征，姓氏总坟与五属总坟的并存，显示该社群在共有的嘉应五属认同之外，其内部还存在以姓氏血缘为纽带的宗亲社群认同。

第三，1965 年新加坡独立建国，嘉应五属义山与其他华人坟山一样面临迁葬与重建的艰难挑战。伴随迁葬与重建，嘉应五属义山在二十世纪六十至七十年代后开始其转型的演化进程。双龙嘉应五属坟场的葬地布局，充分显示这些建构于殖民地时代并承载社群共同历史记忆与社群认同形态的坟场，将伴随新加坡的时空变迁而被强调与承继。这亦是在新加坡建国后的时空情境下华人社会变迁的一个缩影。

印度尼西亚客家社会的早期组织形式

叶丽萍　付宇珩①

早期的海外华人社会规模较小且相对分散。十八世纪以来，海外华人社会规模逐渐增大，而十九世纪末期至二十世纪中叶则是历史上重要的华人移民潮时期。客家人移居印度尼西亚（以下简称"印尼"），主要通过乘船漂泊、当契约华工、水客引路、亲友带出等渠道。② 到达印尼后，客家人开荒拓土，主要从事矿业、农业、渔业与手工业等行业，靠着勤劳勇敢、集腋成裘的精神，逐渐繁衍、发展起一个相对独立的印尼客家社会。印尼客家社会的早期组织形式主要是公司制度、侨领制度和同乡会馆制度。在公司制度方面，最有代表性的是西加里曼丹的和顺公司和兰芳公司。荷兰殖民者统治印尼以后，采取侨领制度来管理华人社会。其中，客家人张煜南（字榕轩）和张鸿南（字耀轩）③ 两兄弟先后担任华人甲必丹和玛腰，成为棉兰的开埠功臣，是印尼客家侨领的代表人物。在印尼的客家同乡会馆中，泗水的惠潮嘉会馆和龙目客属会馆是历史较为悠久、较有代表性的同乡组织。

一、公司制度

由于蕴藏着丰富的金、银、铜、铁、锑等自然资源，婆罗洲（今加里曼丹岛）被誉为"金山"或"新金山"。十八世纪初期，不少华工来到婆

---

① 叶丽萍，博士，广州大学讲师；付宇珩，博士，暨南大学讲师。
② 罗英祥：《漂洋过海的客家人》，开封：河南大学出版社，1994年，第7－9页。
③ 张煜南，字榕轩，一般也称张榕轩；张鸿南，字耀轩，一般也称张耀轩。

罗洲开矿垦殖，其中多数为客属华工。① 从十八世纪末到十九世纪末，西加里曼丹出现了华侨公司组织。② 十九世纪的荷兰人认为："那些勤劳的华人移民主要在三发（Sambas）、南吧哇（Mampawa）、万那（Landak）与坤甸（Pontianak）境内，即婆罗洲西北部的所谓华人区分别建立了几个共和国。"③ 在荷兰学者高延（J. J. M. de Groot）看来，传统的中国客家村社组织是婆罗洲华侨公司制度的基础原型，这些村社组织实际上是扩大的家庭单位，是相对独立的自治组织，因为其中不存在政府直接任命的官员。村里的事情完全由村民自己选择或认可的村长安排，政府也完全不把村长当作对立面看待，而把他视为统治者阶层不可缺少的一节，以及官吏与人民之间必要的中介人。村长必须负责村里的治安，其必然结果是他拥有了一种广泛的管辖权。村里的行政、警务与内部组织完全由他掌管，只有通过他才可能征收赋税，否则只会遭到百姓的反感或抵制。这样一种独立的村社制度，必然有一种强烈的合作团结精神，必然每个人都对公共福利抱有高度热忱。正是这种团结互助的精神使中国闽粤地区的村民（主要是客家人）成群结队、漂洋过海来到婆罗洲，并且在这里重建了祖祖辈辈相传的制度，即中国的村社制度。他们以族长为中心团结起来，形成一个坚固的堡垒，抵抗官吏与当局的压迫，抵抗四周满怀敌意的邻人。因此，高延认为，婆罗洲公司制度就是中国共和式村社制度的产物。④

客家学者罗香林的《西婆罗洲罗芳伯等人所建共和国考》一书使"兰芳共和国"这一称谓广泛传播。无论是赞成还是反对"共和国"，后来的学者在论及公司制度起源时，不是说公司制度源于乡村组织，就是认为它

---

① 黄建淳：《东南亚在地史料与华人社会：以砂印边境客家聚落为例》，张禹东、庄国土主编：《华侨华人文献学刊》（第一辑），北京：社会科学文献出版社，2015年，第99页。

② 田汝康：《十八世纪末期至十九世纪末期西加里曼丹的华侨公司组织》，《中国帆船贸易与对外关系史论集》，杭州：浙江人民出版社，1987年，第60页。

③ 高延著，袁冰凌译：《婆罗洲华人公司制度》，台北："中央研究院"近代史研究所，1996年，第5页。

④ 高延著，袁冰凌译：《婆罗洲华人公司制度》，台北："中央研究院"近代史研究所，1996年，第47－70页。

是宗族公社的翻本，与"村社复本"说无大差异。① 黄建淳认为，虽然在中国广大农村中从未建立过可称"共和国"的制度，但就中国家族与制度的角度而言，西婆罗洲华人公司的组织和建构确实与闽粤地区的村社特性存在关联。② 然而，朱育友反对将公司制度称为"共和国"。③ 他认为，荷兰学者并没有真正了解历史上的中国农村，因为在封建专制的中国，根本不可能也不曾有过可称"小共和国"的村社制度。在他看来，兰芳公司脱胎于天地会，是天地会的延续和创新，因为罗芳伯出国前后，粤东一带秘密会社活动相当活跃，兰芳公司的组织机构和管理制度与天地会风格一致。不过朱育友同时指出，兰芳公司制度虽然起源于天地会，是天地会的延续，但又有别于天地会。天地会最初是以反清复明为宗旨的政治秘密会社，移植海外以后，大多演变为追求财富和权力、力图控制其他华人的黑社会，并且具有浓厚的神秘色彩。但兰芳公司是华侨以谋生为基本目的建立的，主要从事正当的经济开发事业的群众组织。因此，两者性质不同，形式也有所差别。

尽管学者们对公司制度的本质属性有不同的看法，但他们都不否认公司制度曾经是印尼客家社会乃至整个南洋华侨华人社会最重要的组织形式。荷兰人编纂的《简明荷兰东印度辞典》对公司制度作出以下解释：

> 公司是华语对商号、合股经营事业和会社的泛称。这个词语曾几百年来在马来海峡地区普遍使用，并在荷兰文和其他方言中广泛流传。照字义解释，它指的是群众性的或是与公共事务有关的行政组织。在廖内岛和爪哇，商号的管理人被称为公司，中国官吏也用它来做头衔。由于中国人在积累资金手段上的积极进取

---

① 朱育友：《兰芳公司制度乃脱胎于天地会》，《东南亚研究》1988 年第 1 期，第 82 页。
② 黄建淳：《十八世纪西婆罗洲华人公司与闽粤村社特性的关联》，福建省炎黄文化研究会编：《闽南文化新探：第六届海峡两岸闽南文化研讨会论文集》，厦门：鹭江出版社，2012 年，第611 页。
③ 朱育友：《兰芳公司制度乃脱胎于天地会》，《东南亚研究》1988 年第 1 期，第 82 – 87 页。

精神，为数众多的中国公司不单出现于荷兰所属的殖民地，同时也出现于马来半岛、印尼外岛地区和菲律宾群岛。公司在扶持中国人在商业和航业发展上的重要性，是不能低估的。公司的建立完全是为了将同乡人或同宗族的人之间的联系或相互关系，变得更加紧密、接近。①

十八世纪末期的西加里曼丹曾经出现过三大华人公司，这些公司主要从事金矿业，成员绝大部分是客家人。这三大公司分别是和顺公司（也称"和顺总厅"）、三条沟公司和兰芳公司。三条沟公司曾于1776年与大港公司联盟，后又于1822年退出，最后迁移到马来亚古晋的石隆门。因此，关于西加里曼丹华人公司的历史叙述主要涉及和顺公司和兰芳公司两个最重要的印尼客家社会组织。

（一）和顺公司

和顺公司（1776—1854）堪称西加里曼丹最有影响力的一个经济大阵营，它于1776年由鹿邑（Montrado）②地区的十四家金矿公司联合而成，比兰芳公司还早成立一年。和顺公司选出总厅管理一切事务，推举谢结伯为总厅负责人（又称"太哥"）。和顺公司中结盟的十四家金矿公司的具体情况如表1所示：

表1　和顺公司组成表

	结盟公司	地理位置	矿工原籍	矿工中最多的族姓
1	大港	位于鹿邑的西部和西南部	陆丰、惠来	吴、黄、郑

---

① 伯兹麦（T. J. Bezemer）：《简明荷兰东印度辞典》（*Beknopte Encyclopaedie van Nederlandsch Oost-Indië*），1921年，第254页，转引自田汝康：《中国帆船贸易与对外关系史论集》，杭州：浙江人民出版社，1987年，第61页。

② 俗称"打唠鹿"，又译作"蒙特拉度"。

（续上表）

结盟公司		地理位置	矿工原籍	矿工中最多的族姓
2	老八分	主要在鹿邑的西北部活动，距离今天的山口洋地区大约一公里		
3	九分头	位于鹿邑西部，距离鹿邑路下横公路一公里左右		
4	十三分	位于黄梨崀和桥头之间		
5	结联	靠近三把沙		彭
6	新八分	靠近载面、百富院	海丰	
7	三条沟	位于鹿邑东部，包括白芒头（Samalantan）、坳下（Serukam）	陆丰、惠来	温、朱
8	满和	位于载面，后迁至双沟琉璃（Sungai Duri Ulu）		
9	新屋	靠近桥头		
10	坑尾	包括载面、路下横、福律	惠阳	
11	十五分	位于大港西南部		刘、陈
12	泰和/十六分泰和	位于结联公司西南部，靠近鹿邑分界线		
13	老十四分	靠近桥头		
14	十二分/十二分义/大义	靠近桥头		

501

资料来源：①田汝康：《十八世纪末期至十九世纪末期西加里曼丹的华侨公司组织》，《中国帆船贸易与对外关系史论集》，杭州：浙江人民出版社，1987年，第63页。②林世芳：《印尼西加里曼丹华人史》，雅加达：印华日报出版社，2017年，第15－16页。

③Yuan Bingling, *Chinese Democracies—A Study of the Kongsis of West Borneo*, Leiden：Universiteit Leiden，2000，p. 41.

　　和顺公司总共经历了十七任总厅负责人，从 1776 年谢结伯担任首任太哥，一直到大港公司于 1854 年末任太哥黄金鳌时期被荷印政府瓦解，在历史上共持续了七十八年。最初的和顺公司由十四家公司结盟，反映了客家社会的团结。团结时期的和顺公司为西加里曼丹的华人村社带来了繁荣，不断增加的矿区既推动了本地的经济发展，也使这些客家矿工积累了财富，其中一部分财富成为支援客家侨乡发展的侨汇。勤奋的客家矿工吃苦耐劳，起早贪黑在金矿区挖掘和淘洗金沙，他们的干劲是其他族群无法企及的。除了开采金矿，这些客家矿工还把广阔的荒山野岭开垦成良田，种植水稻、甘蔗、水果、树胶、胡椒、甘蜜等经济作物。他们带去西加里曼丹的不仅有开矿的手艺，还有在客家原乡山区积累的农业经验和开荒拓土的精神力量。

　　1822 年后的和顺公司只剩下以大港公司为首的四家公司，这反映了客家社会的分裂。尽管如此，当荷兰殖民者为了控制西加里曼丹的华侨公司而采取各种压迫手段时，大港公司却表现出"硬颈"的客家精神。1824年，兰芳公司第六任负责人刘台二被荷兰殖民者收买，接受所谓的"兰芳公司甲太"封号。① 但是大港公司不吃这套，荷兰殖民者对其实行了经济封锁和武装打击。大港公司坚决抵抗，一直持续到 1854 年被迫撤出鹿邑。大港公司幸存的客家矿工大多数北移至沙捞越，加入古晋石隆门的三条沟公司。大港公司被荷兰殖民者击败以后，西加里曼丹的华侨公司就以兰芳公司为首。

（二）兰芳公司

　　兰芳公司（1777—1884）是西加里曼丹的第二大华侨公司，由广东嘉

---

　　① 高延著，袁冰凌译：《兰芳公司历代年册》，《婆罗洲华人公司制度》，台北："中央研究院"近代史研究所，1996 年，第 20 页。

应州（今梅州）客家人罗芳伯（1738—1795）建立。罗芳伯及其建立的兰芳公司在海外华侨华人史中具有重要地位。

清朝的徐继畬（1795—1873）在《瀛寰志略》中有如下一段叙述：

> 近年粤之嘉应州人入内山开矿，屯聚日多，遂成土著。初娶黎女为妇，亚来由女不嫁唐人，生齿渐繁，乃自相婚配，近已逾数万人。择长老为公司理事，谓之客长，或一年、或二年更易。丁口税银由客长输荷兰，洋船登头金船税也亦荷兰征收。[①]

徐继畬提到的"公司"指的就是以罗芳伯为客长的兰芳公司。关于兰芳公司形成过程与组织结构的中文档案十分稀少，也许在 1853—1854 年间，即他们经历屠杀、战争与死亡而最终丧失自治权的年代，许多档案也遗失了。如今能找到的只有一本薄薄的《兰芳公司历代年册》，兰芳公司最后一任负责人刘阿生的女婿叶湘云抄写了副本，并将之赠予荷兰学者高延。兰芳公司历代首领年表如表 2 所示：

表 2　兰芳公司历代首领年表

届次	负责人	籍贯	任期	大事记
1	罗芳伯太哥	嘉应州	1777—1795（去世）	在东万律地区创建兰芳公司总厅
2	江戊伯太哥	嘉应州	1795—1799（回国）	武功卓绝，镇服四周土著
3	阙四伯太哥	嘉应州	1799—1803（去世）	与土著时常发生冲突
4	江戊伯太哥再任	嘉应州	1803—1811（去世）	平定达雅克之乱

---

① 徐继畬：《瀛寰志略》，上海：上海书店出版社，2001 年，第 36 页。

（续上表）

届次	负责人	籍贯	任期	大事记
5	宋插伯太哥	嘉应州	1811—1823（去世）	荷印政府开始插手公司事务
6	刘台二甲太	嘉应州	1823—1837（去世）	受封"甲太"，公司自治权渐受荷印当局影响
7	古六伯甲太	嘉应州	1837—1842（辞职回国）	与万那土王战争失利，辞职回中国
8	谢桂芳甲太	嘉应州	1842—1843（去世）	年迈无为
9	叶腾辉甲太	嘉应州	1843—1845	第一位不住公司大厅的甲太
10	刘乾兴甲太	嘉应州	1845—1848	与万那土王战争
11	刘阿生甲太	嘉应州	1848—1876（辞职）	与荷印当局关系密切，开发文兰新矿区
12	刘亮官甲太	嘉应州	1876—1880（去世）	第一位子承父职的甲太
13	刘阿生甲太再任	嘉应州	1880—1884（去世）	死后公司自治权被荷印政府剥夺

资料来源：①高延著，袁冰凌译：《婆罗洲华人公司制度》，台北："中央研究院"近代史研究所，1996年，第7—8页。②袁冰凌：《罗芳伯与西婆罗洲的开拓》，西观藏书楼，http://www.xiguan.org/yuanbingling/016.htm。

清朝最早放眼世界、介绍世界的重要人物之一谢清高（1765—1821）在由其口述、其友人杨炳南笔录的著作《海录》的"昆甸国"一章中记载了罗芳伯的事迹：

乾隆中，有粤人罗方伯者，贸易于昆甸国①。其人豪侠，善技击，颇得众心。是时尝有土番窃发，商贾不安其生，方伯屡率众平之。又鳄鱼暴虐，为害居民，王不能制。方伯为坛于海旁，陈列牺牲，取韩昌黎祭文宣读而焚之，鳄鱼遁去。华夷敬畏，尊为客长。死而祀之，至今血食不衰云。②

袁冰凌在综合了已有的文献资料后，对罗芳伯出洋及领导建立兰芳公司的历史进行了较为详细的还原。③ 罗芳伯原名罗芳柏，1738 年出生于广东嘉应州石扇堡，1772 年从广州虎门乘舟前往西加里曼丹，1777 年在东万律（今坤甸）成立兰芳公司，并制定了基本制度。在罗芳伯辖下，兰芳公司有两万多客家人，其中以矿工居多，也有人从事农耕、手艺、贸易等行业。所有人都向公司总厅交纳税金，作为公共管理费用，以此获取公司的保护。1795 年，罗芳伯在临终前定下遗嘱，要求兰芳公司总厅的太哥只能由嘉应州本州人氏担任，总厅副头人由大埔县人担任，公司管属范围内各地头人可从嘉应州各县人氏中择贤而任（他们都必须是直接从中国来的人）。在兰芳公司一百零八年的历史上，前期的首领们一直遵守这些规定。直到第五任总厅太哥宋插伯时期（1811—1823），荷属东印度政府开始加强对婆罗洲地区的控制。1819 年，荷印政府特使纳辉士（Nahuys）访问东万律，宋插伯与他签署了在兰芳公司矿区使用荷兰国旗的条约。接下来的刘台二时期，荷兰人试图进一步扩大他们的影响。1823 年，政府特使多别史（Tobias）安排刘台二与东万律公司的其他副头人一起到坤甸，殖民地政府授予刘台二"兰芳公司甲太"的封号，总厅及各地副头人同时受封为

①　今印尼西加里曼丹省首府坤甸（Pontianak）。
②　谢清高口述，杨炳南笔录，安京校释：《海录校释》，北京：商务印书馆，2002 年，第155 页。
③　袁冰凌：《罗芳伯与西婆罗洲的开拓》，西观藏书楼，http://www.xiguan.org/yuanbingling/016.htm。

505

甲必丹。1824 年，三发民政长官哈特曼（Hartmann）请刘台二到巴达维亚（今雅加达）参见荷印总督。此后的兰芳公司首领均改称为"甲太"。各地副头人也改称"甲必丹"，他们的任免要得到当地荷印官员的认可，末期的刘阿生，甚至直接将甲太头衔传给自己的儿子。也许正是这种与荷印当局合作的态度，使相对独立的兰芳公司得以维持到 1884 年。是年，刘阿生故世，荷印军队随即进驻兰芳公司总厅，彻底结束了西婆罗洲独立发展的华人公司历史。

综上，西加里曼丹的客家社会虽然不断壮大，但其内部矛盾以及同荷兰殖民者的矛盾也十分尖锐。西加里曼丹的华人公司在十八世纪已成气候，统辖近 20 万人口，时因争夺矿山利权，引发大小冲突，械斗规模如同战争。与此同时，华人公司与荷兰殖民者的关系更是复杂，既相互竞争，也相互利用。荷兰殖民者善于以提供新式武器为诱饵，在华人公司之间挑拨离间，加剧了华人公司之间的矛盾和争斗，导致内讧和战祸频仍。华社力量因为不能团结自然遭遇分裂，荷兰殖民者坐收渔翁之利，不断削弱客家社会的内部势力，成为最大的获利者，最终控制了整个西加里曼丹。[1]

二、荷兰殖民者的侨领制度与印尼客家华侨领袖

从 1619 年起，为了有效管制华侨，荷兰东印度公司仿效葡萄牙殖民者在马六甲殖民地的做法，先后在马鲁古的安汶岛、巴达维亚及其他直接管辖的地方，强迫华侨居住在划定的华人区，并在华人区内对华侨实行华人甲必丹（Kapitein）的管治制度。随着荷兰东印度公司侵略势力的不断伸展，这种制度逐渐遍及爪哇和外岛凡有较多华侨居住的城镇。为了提高华人甲必丹的工作效率，荷兰东印度公司从 1633 年起增设雷珍兰（Luitenant），作为华人甲必丹的辅佐。1690 年，在雷珍兰之下又设华人街

---

[1] 黄建淳：《东南亚在地史料与华人社会：以砂印边境客家聚落为例》，张禹东、庄国土主编：《华侨华人文献学刊》（第一辑），北京：社会科学文献出版社，2015 年，第 99 – 100 页。

长（Wijkmeester），又叫"甲首"。1799 年，荷兰东印度公司被撤销，代之以荷属东印度殖民政府，华人甲必丹制度仍然延续下来，至 1837 年还增设玛腰（Majoor）官衔，它是荷兰殖民者赐给那些有"功勋"的华人甲必丹的一种荣誉官衔，其地位高于甲必丹。这种华人官员制度一直沿用至二十世纪三十年代初才被废除。① 甲必丹、雷珍兰、玛腰等都是荷兰殖民者从华人中选拔出来，用来招徕中国商船、代为抽税、买办货物，从而实现"以华制华"的统治代理官吏。② 尽管如此，这些华人官吏本质上仍是印尼华人社会的领袖，对于印尼华侨社会的发展、华侨社会与荷印政府的关系，以及华侨与当地原住民的关系，都产生了深远的影响。

作为荷印政府任命的代理人与华侨社会领袖，客家人张榕轩和张耀轩昆仲对棉兰的开埠与发展功不可没，是印尼客家社会重要的历史人物。张榕轩（1850—1911），名煜南，家名爵干，印尼音译 Tjong JongHian；张耀轩（1860—1921），名鸿南，家名爵辉，印尼音译 Tjong JiauwHian，或称 Tjong AhFie（即张亚辉）。③ 张氏兄弟是梅县松口溪南人，出身寒微。张榕轩少时因家贫辍学，帮其父亲打理杂货店的生意，17 岁（1867 年）下南洋抵达巴达维亚谋生。他最初投靠大埔籍的客家侨商张弼士（1841—1916），后得到张弼士的信任和赏识而被委以重任。张榕轩稍有积蓄后，便离开巴达维亚，在苏门答腊岛的日里埠（今棉兰）创业，开办万永昌公司，经营商业和种植业，广种甘蔗、烟叶、橡胶等经济作物。清光绪四年（1878），张榕轩又与张弼士合资在日里开设垦殖公司，种植橡胶、椰子、咖啡和茶叶，种植的园区达百余里，拥有工人数千人。清光绪五年（1879），18 岁的张耀轩受兄长张榕轩之邀，南下印尼，于 1880 年抵达日里，因为天资聪敏，善于经商，成为张榕轩的得力帮手。张榕轩和张耀轩展现了杰出的商业才华，他们在日里广建房舍，开发房地产；开设商业

① 李学民、黄昆章：《印尼华侨史》，广州：广东高等教育出版社，2005 年，第 117 – 119 页。
② 朱杰勤：《东南亚华侨史》，北京：高等教育出版社，1990 年，第 71 页。
③ 在棉兰当地社会，民众多以 Tjong JongHian 和 Tjong AhFie 分别称呼张榕轩和张耀轩。

区，促使日里成为印尼的商业中心之一；投入巨资创办当地第一家华侨私人银行——日里华侨银行，方便了本地侨胞汇款资助家乡亲人和回国购置产业，并且打破了手续繁多、汇费高昂的荷兰殖民当局银行对金融业的垄断。①

鉴于张氏兄弟在棉兰开埠厥功至伟，荷印政府先后授予他们雷珍兰、甲必丹和玛腰等官职。因此，张榕轩和张耀轩长期充当联系棉兰华侨社会，乃至整个当地社会与荷印政府的中间人，在棉兰地区积累了极高的声望。纵观张氏兄弟在印尼棉兰创业的历史，他们主要有四个方面的功绩：

第一，为当地华侨向荷印政府争取利益，协调华侨社会与荷印政府的关系，避免流血冲突。据记载：

> 时荷属华侨，多被外人虐待，苏岛各埠数十万华侨众日处水深火热之中，颠沛流离，无可告诉。自两公出任荷兰官职后，凡视为苛虐条例，即与荷人力争，必取消而后已。行政务求方便，于同侨尽力爱护，排难解纷，无微不至。②

张氏兄弟极力向荷印政府要求减轻华侨税务负担。当时的荷印政府评估华侨收入多有失实，往往多征华侨税收。张榕轩于 1909 年 11 月任玛腰以后，创办了半官方性质的"日里中华商务总会"，出任第一届总理，第二届总理由张耀轩继任玛腰以后担任。荷印政府委托张榕轩评估华侨收入，华侨税务由玛腰公署代为征收。张氏兄弟怜悯收入低的同侨，减轻其税收，对失业者更是豁免税务。此举得到了广大侨胞的民心，张氏兄弟在

---

① 饶淦中：《伟业彪史册　丰功耀宗邦——缅怀印度尼西亚棉兰开埠功臣、著名华侨实业家张榕轩、张耀轩昆仲》，黄浪华主编：《华侨之光：张榕轩张耀轩张步青学术研讨会文集》，北京：中国华侨出版社，2011 年，第 3-6 页。

② 张直端：《著名的华侨实业家张榕轩、张耀轩昆仲传略》，饶淦中主编：《楷范垂芬耀千秋——印尼张榕轩先贤逝世一百周年纪念文集》，香港：香港日月星出版社，2011 年，第 106 页。

当地华侨社会声名鹊起。此外，荷印政府规定，凡侨民逝世前未立遗嘱，则所有财产由政府代为管理，实质是没收充公。对此，张耀轩据理力争，不断和荷印政府交涉，为华侨同胞争回不少遗产。[①] 华侨社会内部来自不同方言群的种植工人时有争执或矛盾，张氏兄弟都出面化解，并且在华侨社区禁止械斗，使地方治安得到了改善，烟草种植园中荷兰商人与华侨紧张的雇佣关系也得到缓解。

第二，积极推动公益慈善与文化教育事业发展，尽力为当地华侨营造良好的社会环境与文化氛围。在社会环境方面，张榕轩向荷印政府申请建立巴烟（Brayan）义山和广东义山作为华侨公墓，令不幸丧身当地又缺乏积蓄或无家人安葬的华侨能够入土为安，也让死者亲属日后能来悼念亡魂。这种体现了人道主义的终极功德，获得了广大同侨，尤其是贫苦华侨的称颂。张氏昆仲广行善举，捐巨款在棉兰创建济安医院，特别照顾贫困与老弱病残的同侨，减免医药费。他们创设收容所，妥善安置无业游民，或出资助其返回原籍，或授予一技之长，使其得以就业，在社会上安身立命。张氏昆仲还在棉兰勿老湾海口捐资创设麻风医院，专门收容和医治麻风病人，杜绝了麻风病的传染流行，安定了民心。这一善举大获荷印政府好评，荷属十二公司甚至也参与该项慈善事业。在文化事业方面，张氏兄弟带头捐款，在棉兰先后兴建了关帝庙和天后宫，在巴烟兴建观音宫，使广大同侨的中华传统习俗得以维系、精神信仰得以寄托。张榕轩一直有"兴学育才"的夙愿，于是在清光绪三十四年（1908），张氏昆仲合资捐款创办了敦本两等小学，这也是苏门答腊岛第一所华文学堂，开创了苏岛华文教育的新纪元。更值得一提的是，张氏昆仲念及同侨子弟在南洋谋生多有不易，所以敦本两等小学免费招生，主要目的是要在棉兰华侨社会普及

---

① 陈良学：《可歌可泣的民族精神——纪念客家俊杰张榕轩逝世100周年》，黄浪华主编：《华侨之光：张榕轩张耀轩张步青学术研讨会论文集》，北京：中国华侨出版社，2011年，第62页。

中华文化教育。①

第三，身在南洋，心系祖国，造福桑梓。据记载：

> 两公对棉兰政治侨务等事，固已尽善尽美，而于祖国各种义举亦惓惓不忘，如海军经费，京师医局及陕西筹赈，顺直筹赈等案，均报效至巨。清廷频加荣奖，兄弟皆获四品京堂。至于在原乡造桥修路，周恤贫黎，犹善举之小焉者耳。②

清光绪二十年（1894），客家人黄遵宪出任清廷驻新加坡总领事，并举荐张榕轩为清廷驻槟榔屿副领事，任期两年。由于当时槟榔屿未设正领事之职，实际上是张榕轩执行一切事务。张榕轩在任期间对槟榔屿的繁荣和发展贡献良多，因此亦受当地同侨的敬仰，张榕轩从而成为对马来西亚和印尼（尤其是马六甲海峡地区）两地都有重大影响的客家人。如今的槟榔屿极乐寺文史馆仍保存有张榕轩亲笔题写的楹联墨宝和全身塑像。

张氏昆仲在祖国最有纪念性的事迹是修建了潮汕铁路，这是中国最早的一条纯商办铁路。潮汕铁路于1903年12月请奏建筑，1904年8月由中国著名工程师詹天佑完成勘测定线，同年9月28日开工兴建。1906年，铁路建到潮州城，同年11月25日正式通车。到了1908年9月，延筑支线至意溪，全线长达42.1公里，投资3 025 870元。张氏昆仲带头集资，并推动许多华侨富商投资认股。潮汕铁路的建成，对城乡物资交流起了很大作用，有利于潮汕地区和梅州地区及赣南、闽西一带土特产出口的转运。虽然这条路线以客运为主，年运旅客约180万人，但每年依靠它输送的货

---

① 饶淯中：《伟业彪史册　丰功耀宗邦——缅怀印度尼西亚棉兰开埠功臣、著名华侨实业家张榕轩、张耀轩昆仲》，黄浪华主编：《华侨之光：张榕轩张耀轩张步青学术研讨会文集》，北京：中国华侨出版社，2011年，第7—9页。

② 张直端：《著名的华侨实业家张榕轩、张耀轩昆仲传略》，饶淯中主编：《楷范垂芬耀千秋——印尼张榕轩先贤逝世一百周年纪念文集》，香港：香港日月星出版社，2011年，第106页。

物还达 6 万吨左右。可惜，1939 年日本侵略军占领潮汕，营运了 33 年的潮汕铁路被日军炸毁，甚至连铁轨都被日军运回日本炼钢。①

客家人素有重视文化教育事业的传统。张氏昆仲除了在印尼棉兰兴学育才，还重视推动中国原乡的教育发展。张榕轩曾捐 8 万两白银给粤督陶子方制军筹办武备学堂；张氏昆仲捐资 5 000 元给梅县松口公学（今松口中学），捐 10 万元给香港大学；张耀轩还在广州岭南大学捐建一座两层的耀轩楼。此外，张氏昆仲还曾捐助松口高等小学、溪南公立小学等。除了兴学育才，张氏昆仲还重视文化资料的保存与传播。清光绪二十四年（1898）翰林院检讨温仲和编成《光绪嘉应州志》12 本 32 卷，张氏昆仲出资助其刊印。1901 年和 1911 年，张氏昆仲又分别出资辑录嘉应五属从宋代至清代 400 多位先贤的遗诗，编成《梅水诗传·初集》与《梅水诗传·续集》共 13 卷。张榕轩还曾资助嘉应州著名女诗人叶璧华出版《古香阁诗集》。②

对于客家侨乡的公益事业，张氏昆仲不遗余力给予支持。他们在家乡设立松口、汕头乐善社，专门扶危济困，帮助穷人；捐资兴修家乡水利，如梅县松源河口、盘安石桥、松口南岸的几百米河堤，以及福建龙岩建峰桥、五星桥等。他们还资助了上海和广东的红十字会、广东深水埗医院、香港东华医院等。③

第四，和睦当地友族，为印尼华侨华人融入本土社会打下了较好的社会基础。张榕轩和张耀轩虽然是荷印政府选拔出来的华人官吏，专门管理

---

① 饶淦中：《伟业彪史册　丰功耀宗邦——缅怀印度尼西亚棉兰开埠功臣、著名华侨实业家张榕轩、张耀轩昆仲》，黄浪华主编：《华侨之光：张榕轩张耀轩张步青学术研讨会文集》，北京：中国华侨出版社，2011 年，第 10－11 页；饶淦中主编：《楷范垂芬耀千秋——印尼张榕轩先贤逝世一百周年纪念文集》，香港：香港日月星出版社，2011 年，第 177 页。

② 饶淦中：《伟业彪史册　丰功耀宗邦——缅怀印度尼西亚棉兰开埠功臣、著名华侨实业家张榕轩、张耀轩昆仲》，黄浪华主编：《华侨之光：张榕轩张耀轩张步青学术研讨会文集》，北京：中国华侨出版社，2011 年，第 11 页；叶曙明：《印尼华侨华人史话》，广州：广东教育出版社，2018 年，第 94 页。

③ 叶曙明：《印尼华侨华人史话》，广州：广东教育出版社，2018 年，第 95 页。

当地的华人社区，但是他们行善惠泽，往往不分种族。如收容所，无论华侨还是其他侨民，抑或是印尼本地的原住民，凡是失业者，一律收容、救助。再如，捐建麻风病医院，专治麻风病患者，对任何种族的患者都救死扶伤。张氏昆仲作为棉兰屈指可数的富商，甚至捐助过荷兰学校；他们也重视女性的教育，曾为当地特设一间女工学校。1911 年张榕轩逝世后，张耀轩继任棉兰的华人玛腰。他独资创办了《苏门答腊华巫双语日报》，聘请华侨学者刘士木（梅州兴宁客家人）担任经理。① 这份双语报纸面向华人和当地的马来人，使华人增加了学习当地语言的机会，也使当地的马来人增加了了解华人族群的机会，有助于推动华族和马来族的交流、融合。张耀轩更是以身作则，作为一个中国客家华侨，能讲一口流利的马来语，这个优势也让他在与殖民政府官员、资本家及日里苏丹国王打交道时如鱼得水。②

1915 年，因受第一次世界大战影响，荷属商船全被英国政府收回，印尼的运输业陷入停顿的状态，致使日里粮食大缺，平时米价每袋80 公斤仅为 10 盾，此时米价暴涨到 20 盾，引起了民众恐慌。张耀轩急民众所急，想方设法通过缅甸仰光的商家寄运了 1 000 包大米至日里，每袋大米（含运费）成本为 20 多盾，但张耀轩仅以 18 盾亏本出售，平息了缺粮危机，维护了社会的稳定。

1916 年，张榕轩的三个儿子（步青、铭青和宸青）在甘榜格林的柴努尔·峇布拉河（Jalan Zainul Arifin，Kampung Keling）捐资兴建了一座桥，将之命名为"成德桥"（Jembatan Kebajikan），此桥又称"张榕轩桥"（见图 1）。成德桥立有碑文，介绍了建桥的缘起，以及张榕轩对棉兰的贡献，

---

① 饶淦中：《伟业彪史册　丰功耀宗邦——缅怀印度尼西亚棉兰开埠功臣、著名华侨实业家张榕轩、张耀轩昆仲》，黄浪华主编：《华侨之光：张榕轩张耀轩张步青学术研讨会文集》，北京：中国华侨出版社，2011 年，第 7—12 页。

② 布迪·阿古斯托诺、赫里斯蒂娜·戴薇：《棉兰市的建设者——张氏兄弟》，廖建裕主编，张蔚、肖莉娴等译：《华人在印尼民族建设中的角色和贡献》（第一册），香港：生活文化基金会有限公司，2018 年，第 205 页。

至今仍得到棉兰市政府的维护。2000 年，棉兰市政府将具有 84 年历史的成德桥按 1916 年落成时的原貌进行重修，2001 年竣工。这一举动获得联合国教科文组织（UNESCO）颁发的"2003 年亚太地区文化遗产保护三等奖"。这一殊荣既是对棉兰市政府爱护历史文物的赞扬，也是对张榕轩家族的表彰，肯定了华人、客家先贤在印尼的贡献。

图 1　成德桥（图片来源：叶丽萍、付宇珩摄）

此外，棉兰还有张榕轩街、张榕轩的故居和墓园（茂榕园）、张亚辉（即张耀轩）故居等古迹。张榕轩街在 1957—2012 年更名为茂物街，经张榕轩后人四处游说，棉兰市政府于 2013 年复其名。张耀轩街更名为阿赫玛德·雅尼路（Jalan Ahmad Dahlan），尚未复称原名。张耀轩的后人与当地族群通婚，逐渐成为土生华人，他们对故居的管理和对历史文化遗产的继

承远远逊色于张榕轩的后人。① 张榕轩的后人尤其是长子张步青一脉仍在棉兰当地拥有较高的社会地位，张榕轩的曾孙张洪钧也是现在棉兰客家社会的主要领袖之一。张洪钧的夫人林素琴虽为福建安溪籍，但多年来夫唱妇随，是张洪钧的贤内助，已经成为印尼客家社会卓越的女性代表人物。张洪钧和林素琴伉俪近年来不惜重金购回了被苏哈托政府强行夺走的张榕轩故居旧地，重建了榕荫堂、清河堂，以及张榕轩夫妇墓园，并将整个园区命名为"茂榕园"。张洪钧夫妇还在中国梅县松口南下村的原乡斥资上千万重修了张榕轩故居——干荫堂，布展成为张榕轩纪念馆向公众开放。张洪钧夫妇每年（2019 年新冠疫情后例外）都带领海外的张氏族人回梅县家乡祭祖，以示不忘祖宗故土和重视张榕轩先贤的历史文化遗产。②

张榕轩和张耀轩昆仲令梅县松口张氏这个客家家族扬名海内外，他们对中国侨乡与海外华人社会都产生了深远的历史影响。张氏昆仲的人生经历充满了传奇色彩，他们满怀创业热情南下印尼，靠着勤奋和才华在异乡大展宏图；他们商优入仕，是那个时代印尼客家华侨的成功代表，是卓越的企业家和出色的地方侨领，胜任了多元的身份角色。张氏昆仲既担任荷印政府的华人官吏，也荣任清廷的海外领事官职；既与荷印政府的上层人物打交道，也与日里苏丹国王家族关系密切；既爱护印尼的华侨同胞，也关照中国的侨乡社会，同时和睦当地的友族，热心侨居国的慈善事业，开拓和建设现代化的棉兰城市。他们拥有客家富商的优越感，又始终贯彻"取之社会，用之社会"的回馈理念，在印尼的经济、政治和文化等领域都作出了卓越的贡献，拥有特殊的历史地位。

三、同乡会馆制度

在早期的印尼客家同乡会馆中，泗水的惠潮嘉会馆和龙目客属会馆具

---

① 笔者于 2018 年 5 月在棉兰进行田野调查，了解到张亚辉故居的管理模式比较松弛，张耀轩在印尼的后人对于中国和梅县家乡的印象模糊，传承中华文化的意识比较淡薄，已经高度在地化。

② 林素琴（张榕轩的曾孙媳）口述，叶丽萍、付宇珩整理，访谈地点：印尼棉兰，访谈时间：2018 年 5 月 21 日。

有较为突出的代表性，而且它们从创立至今维持了长期发展。在历史变迁中，泗水的惠潮嘉会馆和龙目客属会馆既能跟随时代的变化作出相应的调整，又始终维系了核心的会务，坚守了客家同乡组织的精神。

（一）泗水惠潮嘉会馆

泗水是印尼的第二大城市、东爪哇省的省会，开埠于1293年，具有悠久的历史和优越的地理条件。据泗水惠潮嘉会馆的现任主席李汉雄介绍，[①]华人移居泗水之后，逐渐发展起了本地的唐人街，并建立了祠堂。最初的华人祠堂都是一些家族祠堂，如历史悠久的郑氏、蔡氏和韩氏三个家族祠堂。为了解决广大同侨的身后事问题，并使大家拥有祭拜祖先的精神圣地，最先的同乡组织就是以地域性宗亲为主要成员建立起的公共祠堂（简称"公祠"）。泗水惠潮嘉会馆的前身正是泗水的清明众义冢公祠，成立于清嘉庆二十五年（1820）。有两面古老石碑记载着创办的历史，悬挂在泗水惠潮嘉会馆后堂两侧墙上（见图2、图3）。

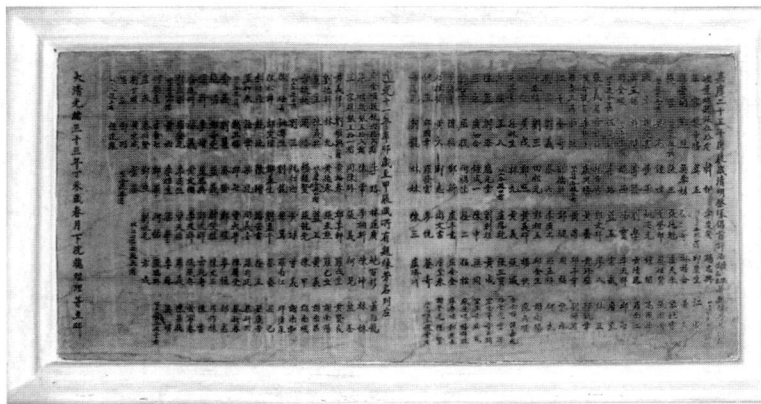

图2　泗水惠潮嘉会馆石碑图1（图片来源：泗水惠潮嘉会馆秘书长李秀珍摄）

---

① 李汉雄口述，叶丽萍、付宇珩整理，访谈地点：新加坡，访谈时间：2018年6月10日。

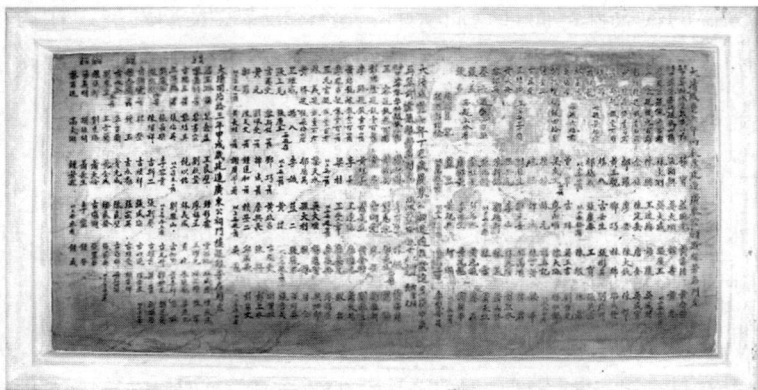

图 3　泗水惠潮嘉会馆石碑图 2（图片来源：泗水惠潮嘉会馆秘书长李秀珍摄）

清明众义冢公祠，顾名思义就是华人清明祭祖的地方，所以惠潮嘉会馆的现址 Jalan Slompretan（旧称 Pasar Bong）58 号一带曾是唐人坟场墓地。后来一位姓彭的乡贤热心捐出了他的房子，供乡亲清明扫墓时避风挡雨。清明众义冢公祠将彭老伯的房子改建为祠堂，并在清光绪三十三年（1907）立碑改称"广东公祠"，意即广东同乡的公共祠堂。随着移居泗水谋生的华侨日益增多，广肇乡贤脱离了广东公祠，另起炉灶建立了广肇会馆，而留下了惠州、潮州和嘉应州三州的客家同乡，因此广东公祠再度更名为"惠潮嘉会馆"。泗水惠潮嘉会馆一直沿用原址会馆，成为印尼仅存的、唯一的仍然使用旧址建筑的百年会馆（见图4）。可以说，它是泗水最重要的客家同乡会馆，对凝聚广东客家华侨华人发挥了重要作用。

图4　泗水惠潮嘉会馆（图片来源：泗水惠潮嘉会馆秘书长李秀珍摄）

　　从泗水惠潮嘉会馆的历史沿革可以发现，早期的印尼客家同乡组织最重要的功能就是提供祭祀祖先、办理白事的场所。这个功能从会馆建立延续至今，甚至在苏哈托统治印尼的 32 年间对华人实行强制同化政策的时期都不曾中断。早期的印尼华人社会流行着一项重要的慈善事业——"捐棺材"，寓意"博数"，即捐棺材能够积德行善、延长命数。以前获赠的棺材就摆放在泗水惠潮嘉会馆里面，广大客家同乡如果需要即可使用。至今惠潮嘉会馆仍然保留了十几口棺材，不过存放地点改为棺材店。如遇泗水的客家人办理白事，惠潮嘉会馆会派人慰问，询问需要协助的事项，也会告知相关的客家丧葬习俗。虽然现在惠潮嘉会馆的功能日益多元化，但祭祀和丧葬功能始终是其最重要的、不可废弃的会务。

（二）龙目客属会馆

　　据龙目客属会馆的会长刘汉强介绍[①]，客家人南来龙目岛大约有两百年的历史，经过世代繁衍和落地生根，成为当地重要的社群之一。1933 年

---

　　① 刘汉强：《印尼龙目客属会馆史略》，张自喜、饶淦中主编：《印尼龙目客属会馆成立八十二周年纪念特刊（1933—2015）》，龙目岛：印尼龙目客属会馆，2015 年，第 37 页。

9 月，以薛国仕、池子琰、朱恭醸、刘海仙、钟发曾等客家乡贤为首，创办了龙目客属会馆，宗旨是联络龙目客家人之间的感情、提倡互助以及共谋福利。1935 年，龙目客属会馆的会所在龙目岛安班澜埠成功建立，是一栋占地 560 平方米的两层建筑。图 5 为 1935 年龙目岛安班澜埠龙目客属会馆会所原貌。会所一楼前面创设中华戏院，购置德国机器，放映引自中国的电影，开创了龙目岛文化娱乐业的先河，观众盈门。戏院的租金和门票收入成为龙目客属会馆的重要经济来源，为客家同乡的福利事业提供了保障。一楼后面是小殡仪馆，用于料理客家乡亲的丧葬事务。会所的二楼前面是办公室，后面是多间宿舍，为安班澜埠及外岛的客家乡亲进城办货提供免费住宿。同时，龙目客属会馆还创办了安班澜中华贸易有限公司，向会员集资发行股票，以本金经商 50% 的盈利充作会馆收入，进一步保障了会馆的经济基础。

图 5　1935 年龙目岛安班澜埠龙目客属会馆会所原貌　[图片来源：张自喜、饶淦中主编：《印尼龙目客属会馆成立八十二周年纪念特刊（1933—2015）》，龙目岛：印尼龙目客属会馆，2015 年，第 29 页]

可见，龙目客属会馆作为早期印尼客家社会的同乡组织，已经具备了多元的功能，为凝聚当地的客家华侨华人发挥了重要的作用。最重要的是，龙目客属会馆拥有独立的经济产业，这有助于会馆顺利开展事务，得到内生性的经济保障，并且以一种良性循环的方式进行运作，而不单纯依靠同乡的捐赠存活。1965 年印尼"九三〇事件"后，华人会馆被迫关闭。龙目客属会馆的会所和产业被当地政府部门接管（实为强行霸占），其保管了三十多年的关于龙目客家人的档案资料几乎被暴乱中的闹事者烧掠一空。龙目客属会馆遭遇的灭顶之灾，正是苏哈托时期印尼华人社会的真实写照。

虽然会所和产业被政府部门接管，但龙目客属会馆仍然存在于龙目岛的客家人心中，只是没有了具象的会馆场地和经济产业。龙目客属会馆的重要会务，包括举行春秋两祭、协助会员及其家属办理丧事、调解客家同乡之间的纠纷等仍然照常进行，政治气候的恶化没有影响龙目客家人的团结协助精神。二十世纪八十年代初期，龙目客属会馆的领袖率领当地客家人勇敢地向当地政府部门提出归还会所以及中华戏院的申请，并最终获得了批准。1988 年，时值苏哈托统治印尼，强制同化华人的政策尚未解除，但龙目岛的客家人率先复兴同乡会馆，并于 1988 年 5 月 13 日恢复了龙目客属会馆的运作，选举出以刘汉强为主席、江治宗为副主席的核心领导班子。当时的龙目客属会馆还决议重新调查和登记龙目客家人户口，并指定"十年期户口登记"以利开展会务。据调查，龙目岛现有客家人约 250 户，共 1 600 多人，并以经商为主。① 作为早期的印尼客家同乡组织，印尼龙目客属会馆的发展历史体现了客家人同舟共济的团结协助精神、敢于争取的大无畏精神，以及善于经营的生活智慧。

---

① 饶淦中：《碧海雄闪抬客至 椰风蕉雨赏花来——印度尼西亚龙目岛纪行》，张自喜、饶淦中主编：《印尼龙目客属会馆成立八十二周年纪念特刊（1933—2015）》，龙目岛：印尼龙目客属会馆，2015 年，第 183 页。

四、结语

早期的印尼客家社群是印尼华人社会的重要组成部分，因为客家人移居印尼的人数、规模较为庞大，在印尼华人社会中占有一定的比例。由于当时的华人社会具有强烈的原乡认同，不同的方言群体就是不同的亚文化群体。因此，早期的印尼华人社会划分为不同的社群，包括闽南社群、客家社群、广府社群、海南社群、福清社群等，这些社群一般来说更倾向于内部交往，如在社群内部进行婚配、请同乡的家庭教师教育子弟、家族企业聘请的多是同乡亲友来帮工等，这些都是维持社群文化在海外的一致性和延续性的表现。不同社群之间更强调同乡、同宗的纽带，中国乡土社会式的人情来往也在海外华人社会中得到了延续和发展。早期印尼客家社群既与其他华人社群有共同的特征，也具有一定的差异性。

总体来看，客家人移居印尼的时间比其他华人次族群（如闽南人）要晚，因为他们缺乏出洋的地理优势。广东和福建的客家人生活在沿海地区的内陆山区，他们比更加远离海洋的内陆地区（例如江西赣州）的客家人拥有更多下南洋的机会和便利条件。通过同乡同宗连锁互助的出洋方式，来自广东梅州、惠州、河源、汕尾，以及福建龙岩永定等地的客家人成为印尼客家社会的主体。这些地方的客家人最初在印尼外岛落脚，逐渐形成了最早的印尼客家社会。出身贫困山区的客家人吃苦耐劳、勤奋能干，他们穷则思变、不断开拓，逐渐从偏远的外岛地区向爪哇岛移居，以寻求更多的发展机会。从建立华人公司到第二次世界大战爆发，客家人有力地促进了印尼华人社会与原住民社会共存共荣，从而为印尼经济社会发展乃至民族解放与主权独立事业作出了巨大贡献。

近现代海外客家华侨华人会馆与社团的功能演变（1800—1950）

叶小利①

　　早期客家人远渡重洋，人生地不熟，遂三五成群聚居，面对陌生的自然和人文环境，互相照顾、互为照应。华侨自助组织多以"公司"为称谓，但与荷兰、英国等国公司的海商贸易、海外殖民性质不同，华侨华人的"公司"延续原乡的村社管理，是互助、自治、共创事业的组织，其原意实为"公共之司（机构）"，是先辈对于对内协调、对外交涉的自治组织称呼。② 1776年，在婆罗洲（今加里曼丹岛）由嘉应客属华侨成立的兰芳公司便是自治、互助、共创事业的复合型组织。而后，由于殖民政府等当地政府的社团管令限制，华侨组建的地缘组织名称多改为"会馆"。此后，"会馆"代替"公司"成为地缘组织的稳定称谓，客家华侨组建的地缘组织也以会馆为主。进入十九世纪末二十世纪初，新社团不断出现，会馆和社团功能应因时代变化和不断演变，在坚守文化传承本心的同时，勇担时代要务，面向海外华侨华人提供公共产品，对海外华侨华人社会发展起着重要作用。

---

　　① 叶小利，广东梅县人，嘉应学院马克思主义学院讲师，主要从事华侨华人研究。
　　② 王琛发：《客家人与东南亚：从会馆组织的生成与演变看未来》，百度文库，https：// wenku. baidu. com/view/d8dcc10002020740bf1e9b05. html。

一、早期客家华侨会馆的主要功能

海外客家人在南洋等地，依据所属原乡之地名，成立各地缘组织，如嘉应会馆、惠州会馆、汀州会馆、茶阳会馆、丰顺会馆、增城会馆等；或者以方言和客家文化为标识建立客家族群会馆，如应和会馆、人和会馆、仁和会馆等。

在马来西亚槟城，第一个客家人社团是由广东嘉应州客家人在1801年建立的仁和公司，后改为嘉应会馆。1860年及1892年重修后的槟城嘉应会馆分上下两堂：下堂供奉关帝神像，配有木刻匾额对联；上堂则设神主龛，供奉同乡祖先牌位。1895年，会馆购置大伯公街24号店屋作为医疗所，为同乡提供医疗服务。另外，1821年，嘉应州客家人在马六甲建立众记公司，后改为应和会馆；1873年，新加坡丰顺客属人士成立互助组织——丰顺公司，后改为丰顺会馆。

十九世纪，在世界各地，除了嘉应州客家人成立的会馆之外，广赣闽各地客家人也纷纷成立各地缘会馆。

在槟城，1801年，由增城客家人组成的增龙会馆成立；1805年，来自广东惠州的客家人建立了惠州会馆；1819年，福建客家人成立汀州会馆；1822年，惠州客家人成立惠州会馆，同年，福建永定和广东大埔客家人联合成立永大会馆。在马六甲地区，1807年，来自大埔的客家人建立了茶阳会馆。1822年，新加坡开埠后第三年，嘉应州客家人成立了应和会馆；1857年，新加坡茶阳（大埔）会馆成立；1883年，三和会馆成立。此后随着客家人往马来半岛东部、北部地区迁移，在森美兰、霹雳、雪隆、雪兰莪、柔佛、彭亨、吉兰丹、砂拉越、沙巴等地也纷纷建立客家地缘会馆。至辛亥革命前，在马来西亚各地（包括当时的新加坡）建立的客属会馆有23家，仅次于广府会馆（37家）。马六甲惠州会馆前身为1805年创立的海山公司，为同侨联络乡谊及憩息之所，1844年易名为"鹅城馆"，后改为"鹅城会馆"。

在荷属东印度（现印度尼西亚）较早成立的是泗水惠潮嘉会馆，于 1820 年在东爪哇省泗水市成立，由惠州、潮州、嘉应州三州的华侨先贤于唐人墓场旁建立的祠堂演变而来。历经两百余年，它成为印度尼西亚仅存的唯一耸立于旧址的百年会馆。

在美国成立最早的客属会馆是人和会馆。1852 年，来自梅县、宝安、惠阳、赤溪的广东客家人在旧金山成立新安会馆，1856 年改为人和会馆。会馆宗旨为"联络感情、交换知识、互相扶助、推进教育、保护同人生命财产、排难解纷、趋向和平"。主席、通事、庶务采用轮流制，三年一任，是旧金山中华总会馆的七大轮值会馆之一。

这些早期的会馆成立的目的大多是使移民在陌生的环境中祈愿顺心顺意、祈求逢凶化吉，求得心理慰藉。客家人将原乡的信仰带来新居之地，成立祠堂、寺庙或者道馆为基础的社团，组织、料理祀奉、祭祀等事宜，并以此为基础接济同乡、团结同乡。

中原的祖先崇拜在海外客家人中传承下来。为了祭祀先人，客家华侨会馆在新居之地成立祠堂、义祠等，组织和料理在他乡去世先人的殓葬、祭祀等事宜。

随着客家华工在美国落地，客家人同乡互助组织也相应成立。1853 年，在加利福尼亚州旧金山，嘉应五属的梅县、兴宁、五华、蕉岭、平远五县客家人成立新安会馆，1860 年改为协和会馆，1869 年应福堂正式成立。创会宗旨是凝聚旧金山客家人的力量，团结一致、互助互救、同舟共济，对外抵抗美国白人政府歧视华人的不平等排华政策，对内调解纠纷。① 此外，应福堂最重要的活动是安葬在他乡去世的先人于义山，并组织清明、重阳春秋二祭的祭拜活动，这被视为客家人祖先崇拜在他乡的延续；还遵从客家人特有的二次葬习俗，每隔十年，将安葬在义山的先人遗骸和

① 刘奕宏、梁威：《旧金山应福堂先友迁葬原籍梅州考略》，《梅州侨史》2019 年第 11 期，第 83－94 页。

遗物起开，指派专人乘坐轮船，途经香港等地，将其带回家乡最终安葬。其会簿记录记录了从清同治年间直至二十世纪六十年代初应福堂以及嘉应同乡会部分会员的安葬和迁葬情况，相当珍贵。① 从会簿记录看，除了运送先人遗骸回乡的条例，还有一些对会员进行接待互助的记录，在中转站香港也有慈善医疗机构如东华医院给予会员帮助。

受道教和万物有灵信仰的深刻影响，客家人信奉道教传统神仙人物、能保佑一方平安的土地神、得道升仙的仙人，以及先圣先师。海外的客家人社会也将此信仰带到新居之地，建立庙宇、道观、祠堂等，组建相关的管理委员会，以组织和料理祀奉、祭祀、慈济等事宜。

1810 年福德祠在槟城成立，祀奉土地神——槟城华侨移民先贤张理、丘兆进、马福春。马来西亚槟城华人中间，长期流传着张理与两名结义兄弟的神话，说他们生前到槟榔屿开垦拓殖，死后庇佑当地先民，成为保佑地方华人的"大伯公"。而目前托管大伯公庙的，是永定、大埔、惠州、增城、嘉应五属同乡后人，主要是客家人。海珠屿大伯公既然被视为当境福德土地正神，又是特定客家先贤仙逝转化成神，根据中国诸多先贤崇拜惯例，由死者英灵崇拜发展出墓地邻近建祠修庙。五属同乡后人又将张理等人视为本区域客家人开拓祖神，除了共同拥有和管理神庙业产，定期共同祭祀，也各自有专为祭祀尊神的结社。② 在新加坡，1824 年创办的福德祠绿野亭公会是广客两属人士为本属人士共同处理坟葬事务而创办的一个组织。1844 年建庙的客属八邑福德祠望海大伯公则由丰永大和嘉应五属客家人共同管理。③ 1873 年新加坡丰顺会馆建立，热心先贤筑屋两间以祭祀

① 刘奕宏、梁威：《旧金山应福堂先友迁葬原籍梅州考略》，《梅州侨史》2019 年第 11 期，第 83–94 页。

② 王琛发：《客家先贤与马来西亚槟城海珠屿大伯公探析》，《八桂侨刊》2014 年第 3 期，第 30–39 页。

③ 赖涯桥：《从新加坡客属会馆的变迁和发展看客家人在经济全球化环境下的自我转型与创新变革》，南洋客属总会编：《南洋客属总会 80 周年纪念特刊》，新加坡：乐星印务公司，2010年，第 23 页。

大伯公、财帛星君和关圣帝君，以此为基础团结丰顺客家华人。大埔客家侨民先贤为了照顾同乡福利，发挥守望相助精神，决定组织马六甲茶阳会馆，借以集思广益，维护共同利益，其最初的功能也是帮助安置新侨、安葬在马六甲逝世的先人，以及举行春秋祭祀。

在十九世纪六十年代，广东梅县人李家仁和伍福等地的客家人成立了泰国最早的客家社团——集贤馆，会员之间相互扶持、共谋福利。

在南美洲，远赴此地的客家华工以共同祀奉的关圣帝君为纽带，组织成立义堂以互助。在苏里南，1880 年，来自惠州、东莞的客家人于首都帕拉马里博市唐人街 54 号成立广义堂。该堂正门对联为"广联声气，义冠华洋"，供奉关云长为神明，以示华侨应如桃园三结义，团结一致、共同奋斗。在秘鲁，1891 年，客家华工组建了同升堂，后改为同升会馆，意为会馆成员同声同气、互帮互助，会馆内供奉保护神关圣帝君，同时接济远来的同乡，帮助其适应新环境。

在非洲的毛里求斯，1874 年，南来的嘉应州客家人成立关平庙，为关帝庙之分庙。该庙不仅以供奉关圣帝君为情感纽带，还以此团结客家人，相互扶持，后来改为仁和会馆。

随着海外客家华侨人口的增加、华侨第二代的出生，客家会馆还应时担负起教育客侨子弟、医治同乡等责任。1871 年，马六甲惠州会馆重建馆宇并创办惠民学校，培育侨童。在吉隆坡，开埠元勋叶亚来创建吉隆坡惠州会馆，并在会馆内开设私塾，教授同乡及其子女读书写字和中华传统文化。嘉应同乡于 1826 年在森美兰州芙蓉市创立森美兰梅江五属会馆，随后创办启华小学，使得客家学子受益匪浅。1822 年，来自惠州的客家人蒋文瑞、温观胜等在新加坡成立惠州会馆，后改为惠侨公所惠州十属同乡会，1890 年在英国海峡殖民地政府中注册社团时，改名为"惠州会馆"，担负起敦睦乡谊、兴办慈善、资助公益等任务。1890 年新加坡茶阳会馆创设回春馆，是当地第一间宗乡会馆设立的医社。1895 年，槟城嘉应会馆购置大伯公街 24 号店屋作为医疗所，为同乡提供医疗服务。

　　早期客家人的社团，除了上述因地缘、神缘而组成的地缘会馆、庙宇祠堂等组织之外，还有来自同一姓氏的客家人以互助、维系情谊为目的组建的宗亲会馆。马来西亚槟榔屿的谢公司（Cheah Kongsi）建于1866年，由南来的中国谢氏人士建立宗祠，是槟城最早筹建的宗祠。1892年，吉隆坡的开埠元勋、著名客家人叶德来（亚来）创建了雪兰莪叶氏宗祠，从惠阳等地而来的叶氏族人在此会馆的组织下，团结友助，资助教育，延绵百年而兴盛不衰。

　　可见，在二十世纪之前，海外客家人所建立的会馆社团多是以地缘、神缘、血缘为纽带而成立的同乡会馆、庙宇祠堂和宗亲祠堂，有些场所同时扮演了同乡会馆、庙宇祠堂和宗亲祠堂中的多个角色。如在同乡会馆里会供奉关圣帝君，在福德祠里有客家同乡共同祀奉的土地神，宗亲祠堂里也有各自供奉信奉的神明等。这些会馆、祠堂等承担了客家同乡互帮互助、自治管理的职能，包括安置同族同乡的客侨，寻找生计，共同祭祀神明、祖先和先人，帮助逝世先人回葬家乡，开私塾，办医疗所等，目的是建立族群内的秩序、加强文化认同。新加坡应和会馆是其中较为典型的代表。新加坡应和会馆创立人刘润德等，是来自嘉应州梅县、兴宁、五华、平远、蕉岭五县的客家人，此会馆建筑为直落亚逸最早的建筑物。之后，随着嘉应五属同乡不断南来拓荒，作为应和会馆属下的五华同乡总会、嘉侨同乡会、兴宁同乡会、嘉应五属公会、梅蕉平同乡会等社团相继成立。①最初，应和会馆以"共奉一龛香火"的神庙形式出现，协助新抵的客家人觅得栖身及工作之所，协助族群解决衣食住行等的基本生活问题。光绪十三年（1887），应和会馆设立五属义山，并在坟山内设五属义祠，以安放五属先人的神主牌位，并组织会员在清明、重阳春秋两季进行祭祀活动。1905年，根据时代变化，为了培育新民和赓续客家崇文重教的传统，应和

① 曾玲：《社团账本与二战前新加坡华人社团经济研究——以嘉应五属社群总机构应和会馆为个案》，《中国社会经济史研究》2016年第4期，第65－77页。

526

会馆创办了应新学堂，这是新加坡最早创设的新式学校。这也揭示了客家会馆和社团在新的时代背景下，面对新变化所作出的新的改变。

二、近现代客家华侨华人会馆与社团的主要功能

二十世纪初，由于迁至南洋、印度洋群岛、大洋洲、美洲、南印度洋等地的客家人逐渐形成规模，世界各地随之建立的客家会馆也越来越多，更具有包容性的客属会馆纷纷建立，出现区域性甚至全国性的客家族群会馆和社团，如香港崇正总会、泰国客属总会等。随着海外客家人社会的形成与发展，会馆和社团的种类超越了血缘、地缘和神缘，开始组建以业缘、学缘、文缘等为纽带的社团。

为了加强团结精神、传续中华文化和客家文化，海外客家会馆和社团因应时代变化为客家华侨华人甚至是他属的华侨华人提供更多的公共产品。此外，随着海外华侨华人社会的成熟，以及居住国（地区）所在政府对华人会馆等社团组织的管理，海外客家会馆进一步规范会馆组织，建立董理事制度，在当地政府注册成立合法社团，同时各客属会馆和社团领袖和成员积极募捐购地和置房以做社团固定之场所。会馆和社团以房产等收入和会员捐赠为财力基础，除了管理传统的庙宇、祠堂、义山等外，还致力于设立新式华文学校坚持华侨教育、设立医疗救治机构以行善济贫、募捐开展救国事业。客属会馆和社团的功能进一步扩展，在客家华人社会和海外华侨华人社会中发挥越来越重要的作用。

（一）创办新式教育和医疗救助机构，推进客家文化研究

二十世纪初，随着晚清政府教育改革在海外的传播与推动，以及受到维新思想和民主革命思想的影响，海外华侨华人纷纷建立新式学校以传承和弘扬中华文化，为华人子弟在当地更好地生存发展创造良好的教育条件。客家华侨华人会馆秉承崇文重教的客家传统，顺应时代变化，积极筹建新式学校。

成立于1822年的新加坡应和会馆，在1905年创办应新学堂。应新学

527

堂是一所经英殖民政府正式注册、开新加坡现代教育之先河的华文小学，在包括新加坡在内的东南亚地区的现代华文教育发展史上占有重要地位。1926年应和会馆还在五属义祠内设立应新分校，以满足更多华人子弟入学的需求。该校创立初期以招收嘉应五属子弟为主，授课语言为客家话。后来，其招生范围不断扩大，为更多的华侨华人子弟提供新式教育。

此外，新加坡茶阳会馆于1906年创办启发学堂，之后改名为"启发学校"。成立于1805年的马六甲惠州会馆，在1903年，因其原设之私塾惠民学校生员大增，由客侨汤福寿（惠阳水口乡人）捐献巨资，扩建修葺馆舍，改为新式学校。1911年，马来西亚霹雳嘉应会馆创办明德学校，教育英才、宣扬文教。1913年，雪隆惠州会馆把原来的私塾改为新式小学，取名"循人学校"。雪隆嘉应会馆于1917年在吉隆坡创办中国学校，该校董事长至今仍由该馆会长担任。古晋嘉应同乡会也以本馆为校址，开办公民学校，不仅招收同乡学童，而且招收其他各属人士之子弟。

1874年成立于毛里求斯的仁和会馆，在1904年向当地政府登记注册。该会馆宗旨是对同乡济困扶危、排难解纷，后来发展为兴学育才、扶持贫困，促进大众的文体、社会道德等事业的发展。会馆在1912年创办了新华学校，教授客家后裔中国话，传承中华文化，为当时南非洲地区华人的最高学府，吸引邻岛——法属留尼汪岛等的华人子弟前来就读，鼎盛时期曾有1 000多名全日制学生。

在泰国，1910年，由集贤馆分裂而成的群英和明顺两个集团重新合并，组成暹罗客属会所。1927年，伍佐南与叶云舫等人改组客属会所，向当地政府申请立案，使之成为合法社团。泰国客属总会还帮助泰国各地的客家人组建客属会馆，下属有合艾客属会馆、呵叻客属会馆、坤敬府客属联谊会等28个客属会馆。1913年建立进德学校，为当时泰国华人最早之华文学校。"二战"结束后，复办暹罗进德公学，泰国华侨华人蜂拥而至该学校学习中文，会馆另租场地设立暹京进德学校分校，为华文教育贡献良多，并延办至今。

而在荷属东印度群岛，雅加达的客属侨领主动打破华人属群之间的隔阂，号召组建中华会馆以及创立新式华文学校。1900 年初，雅加达的客属侨领丘燮亭组织客属华侨成立巴城中华会馆（雅加达旧称"巴达维亚"，简称"巴城"），化解会党宗派之间的隔阂矛盾，号召华侨戒除铺张浪费、吸食鸦片、赌博等陈规陋习，倡导华侨学习中文，宣传中华优秀传统文化。会馆领导人除了客属华侨之外还有其他各属华侨、侨商，他们一起打破地域隔阂实现团结，开创了荷属东印度的华人社团新局面。很快在两年之内，会馆在荷属东印度的 20 多个省份设立了 30 个分支机构。该会馆明确了章程和会员的权利义务，受到广府、客家、潮汕三大方言群体的拥护。1901 年，在巴城中华会馆的大力支持下，巴城中华学校（八华学校）创立，雅加达的华人子弟因而有了接受新式教育的机会。它的兴办促使荷属东印度的华文教育迅速发展。在爪哇岛，在中华会馆各地分支机构的支持下，华文学校纷纷诞生，随后各地的中华会馆也效仿创立华文学校，两年内新式华校就建立了 13 所，1908 年增加到 44 所。中华民国建立以后，新式学校在荷属东印度遍地开花。在爪哇岛，各地中华会馆建立的学校逐年增加。据爪哇学务总会会报所载："民国元年属总会的学校，爪哇一岛来计，有六十五所，学生五千四百五十一人；二年有七十五所，学生六千四百一十一人；三年有七十九所，学生有六千五百四十五人。不属总会的学校，恐怕还有三分之一。"① 1926 年，爪哇全岛华校有 73 所。外岛的新式华文学校在当地客属会馆和侨领的支持下也纷纷建立，如勿里洞岛丹绒斑斓中华学校、邦加岛勿里洋中华学校等。到了 1949 年，全印度尼西亚的华文学校发展到 724 所、学生 172 608 人，一跃为全球华校之最。

可见，客属会馆顺应时代变化和当地华人生存和发展的需求，积极创办新式学校，为当地华人子弟提供接受新式教育的机会和平台。

除了开办新式学校，这一时期的客属会馆还积极筹办医疗卫生机构，

---

① 罗英祥：《印度尼西亚客家》，桂林：广西师范大学出版社，2011 年，第 108 页。

为华人提供医疗救治服务。新加坡应和会馆为了帮助五属移民解决医疗问题，还于二十世纪二十年代设立嘉应留医院。泰国暹罗客属总会在1939年专门将其会馆所在地群英楼修建为赠医处，并通过筹集资金建立起产科医院，在1948年经过筹集资金购买房产，向政府注册，建立客属公立医院。①马六甲惠州会馆所属同侨募集资金，在1923年建立医社，为同侨贫病者解除疾苦。

在推进客家文化研究方面，客属会馆也不遗余力。1921年成立的香港崇正总会致力于使"客家学"成为当代显学，它在1922—1940年先后创办了4间崇正义学，其经费概由会长胡文虎先生赞助。总会先后创办了《崇正月刊》《崇正会刊》，还出版了《客族考源》一书，共15卷，内容分8大类，约30万字，极大地推动了客家研究的发展。

（二）开展救国事业

二十世纪二十至四十年代，全球笼罩在法西斯的阴影之下。在第二次世界大战期间，客属会馆在海外积极支援祖国抗日，在侨居地开展反法西斯战斗。

早在1928年5月3日日本于山东制造济南惨案之后，美国旧金山人和会馆（以客家人为主）等28个团体组成美洲华侨对日外交后援会，对日经济绝交、抵制日货。"九一八"事变之后，人和会馆更是和各地的客家同乡会、中华各侨团联合通电声讨日本侵略，组织拒日会，抵制日货，举行大规模示威。人和会馆始终坚持在中华会馆统领之下参加拒日会的各种斗争，其中最为著名的是阻止运送钢铁至日本的"广源轮"案。

1937年，抗日战争爆发，日军所至，烧杀抢掠，无恶不作，中华民族惨遭其祸。为救国难，南洋各地客家华侨纷纷建立客家筹赈会和嘉应筹赈会，积极以各种方式声援、援助祖国抗战，并在全面抗战爆发后加入于1938年在新加坡成立的南洋华侨筹赈祖国难民总会（南侨总会）。新加坡

---

① 陈思慧、郑一省：《泰国的客家人与客属总会》，《八桂侨刊》2014年第1期，第31页。

茶阳会馆组织南洋华侨战地服务团（也称"南洋华侨青年义勇军"），将许多爱国华侨青年送回祖国，参与战时运输任务。

香港崇正总会开会议决，成立救济难民委员会，拨款捐资救助难民，崇正总会会长胡文虎还将自己创办的重庆《星渝日报》之设备全部转让给《新华日报》，并成立劝销公债支会，以各会董、值理为委员，响应购买国内为抗战发行的救国公债。公债共募得百余万元，有力地支持了抗日战争。新加坡丰顺会馆响应南洋总会的抗日救亡号召，联合各团体组织妇女小组卖花募捐筹款，组织义工团义唱，高歌《大刀进行曲》《安全土》《救亡进行曲》等50多首抗日救亡歌曲，国术团也进行多次义演，会馆旗下的《鹏湖月刊》同时积极发表华侨的抗日作品，如小说、评论、剧本等。

在泰国，抗战爆发后，惠属华侨纷纷组织抗日后援会、曼谷各界华侨抗日救国联合会，动员旅泰惠属华侨出钱出力，支援祖国抗战，组织华侨青年钟若潮、钟育民、王丽、冯愈、郑志梅、陈家猷、连克仲、郑戈、叶金盛等回国参加东江华侨回乡服务团的暹罗队，奔赴抗日前线。丰顺籍客侨陈寄虚受泰国华侨的委托，回国参加抗日民族统一战线会议。会议结束后，他即返回泰国参与组织成立华侨抗日救国后援会，筹集捐款和物资以支持中国国内的抗日战争。

在荷属东印度，泗水华侨林降祥等组建民族抗日大同盟，后与另一抗日团体反法西斯大同盟合并，成立抗日民族大同盟，开展爪哇的抗日活动。曾资助辛亥革命的梁密庵，其家族第四代华裔梁锡佑参与组建了巴达维亚华侨捐助祖国慈善委员会，积极募集捐款支持革命。

1937年，中国全面抗战爆发，朱梅麟领导毛里求斯华人成立中国国土保卫队，并担任中国抗日后援会会长。他积极募集资金，号召南非华侨华人同仇敌忾，支援中国抗战。

（三）组建行业社团、为行业服务

随着海外客家人社会的形成与发展，客家华侨华人超越了血缘、地缘

和神缘，开始组建起以业缘、学缘、文缘等为纽带的社团，即从事同一行业、经历相同教育历程、有着共同兴趣爱好的客家人成立了行业协会、文化社团，相互照应、联络情谊。

海外客家人在侨居地往往因家族、宗乡经营等形成客家族群产业，如新加坡典当业多为大埔客家人经营，中医药多为福建上杭客家人经营，马来西亚全国各地的药材店和中医诊所多为客家人开设，而在荷属东印度的客家人多开日杂店铺。海外客家人为了在原来传统优势的行业中坚守和发展，开始组建行业协会交换知识、互帮互助。

在荷属东印度，客属华侨多开"亚弄店"从事小商品贸易，于是首创"亚弄"公会，建立章程，促使其健康发展。二十世纪初，在雅加达，在成立了中华会馆的同时，荷属东印度的华侨华人还成立了中华总商会，许多客属华侨纷纷加入此商会，以期"巩固华侨地位、发展华侨商业"。除此之外，在各岛都成立了大大小小的行业公会，如糖业公会、米业公会、豆业公会、薯业公会、椰业公会等数十家。1934 年，在泰国侨居的客属商人组建了华瀛商会，增进彼此间的友谊，互通信息，发展商业，为泰中友谊作出贡献。1946 年 10 月，新加坡中医行业成立新加坡中国医学会，该会致力于研究中医药学术，培育中医人才，提高医疗水平，发展中医慈善医疗服务；团结新加坡中医药界人士，共谋福利，为新加坡卫生保健事业作出贡献。"二战"结束后，吉隆坡中医界同人为发扬中医学术，乃倡组学会借以团结感情。1945 年召开成立大会，定名为"雪兰莪中国医学会"，同时创编《医学新声》季刊。1948 年，以雪兰莪中国医学会会员为基干，马来亚中部各州中医同道共同成立中马中医师公会，创办中医教育，培训中医接班人，提高马来西亚中医学术水平。在地方上，1955 年，马六甲的客家中医药从业者成立马六甲中医公会。马来西亚的客家华人在锡矿业也大放异彩，1937 年，怡保的小矿业主刘伯群等人组建霹雳华侨矿务公会，争取和维护小矿业主的利益。① 1945 年，马来亚华人矿务总会成立，帮助矿务业主向当局提请建议、解决问题。

此外，十九世纪末二十世纪初，海外客家人设立的私塾和新式学校越来越多，提升了教育文化水平，并且受到中国国内的康梁维新派和孙中山等革命派的思想影响。本着继承中华优秀传统文化和宣传先进思想的目的，海外客家人的文化艺术社团也纷纷建立。在荷属东印度，巴城中学设立以后，巴城中学校友会成立，此后，以该校友会为中心，各地成立了分支校友会。这些校友会受到革命党同盟会的影响，倾向革命，还以书报社的名义开展革命活动。中华民国成立以后，受到新文化运动影响，各地校友会不仅散发反帝反封建的进步期刊，还集会演讲，积极声援国内的反帝反封建斗争。二十世纪二十年代，国内进步青年到荷属东印度避难，带来了先进的思想，组建一批新社团，如华侨青年会、华侨联欢会、中华妇女联合会、中华体育会、合唱团、音乐社等。荷属东印度的劳工阶层，为了提高文化水平和团结互助，也建立起职员公会、木匠工会等。1938 年，巴城成立了中华劳动会，不久又成立了爪哇中华劳动联合会。② 棉兰华侨教育总会是印度尼西亚苏门答腊岛棉兰市华文学校统一领导机构。1928 年夏，棉兰的敦本、华商、养中、神州、通俗 5 间华文学校与华侨幼稚园的校董们鉴于各校分办、学制不齐、经费难筹、行政不统一等情况，于同年 11 月 24 日正式成立此总会，并制定校长会议组织条例、教职员服务条例、教育研究会等章程，其宗旨是：促进苏岛华侨教育或设立新校或维持原有学校，或以财力及其他方法襄助华侨教育事业的建设，先从棉兰入手，次及苏岛各埠。1931 年 9 月出版《苏岛华侨教育丛刊》。

三、结语

在早期，客家会馆安置新侨，帮助同胞就业，救济贫病，共同祭祀祖

---

① 马来西亚华人矿务总会编著委员会编：《马来西亚锡矿工业的发展与没落》，2001 年。
② 罗英祥：《印度尼西亚客家》，桂林：广西师范大学出版社，2011 年，第 65 页。

先和神灵；购置义山和义亭，安葬客属先人，设立义学，启蒙客家子弟，传承中华文化和客家文化；于中国政府还未在海外设立使领馆时，协力自治、排解纠纷。

十九世纪末至二十世纪上半叶，随着海外华侨华人社会的形成与发展，客属会馆和社团除了继续发挥上述传统会馆和社团的职能之外，还面向海外华侨华人，积极创设新式华文学校，继承和发扬客家人"崇文重教"的传统，跨越华人属群，培育新民；同时，还成立行业社团和文缘性社团，行业社团维护、协调华侨经济利益，文缘性社团则有力地凝聚和增强了当地客家甚至是整个华侨华人群体的精神力量，为中国的革新作出贡献；在反法西斯、抗日救难之际，客属会馆不忘民族大义，主动组织筹款筹物援助祖国，积极组织华侨回国抗日，为祖国抗日作出卓越贡献。

由此可见，海外客家华侨华人会馆和社团，不论经历多少沧海桑田，仍然在为客属同胞联络乡情、互帮互助、传承客家文化上坚守本心。在不同的历史时段中，海外客家华侨华人勇担时代要务，在社会发展过程中发挥重要作用。

客家华侨经济活动研究

亦商亦儒：近代客家商人的价值取向与文化精神

——以张弼士为研究重点

宋德剑①

张弼士是近代南洋著名华侨领袖、民族实业家。他17岁下南洋，白手起家，经过30年的奋斗，从一个南洋劳工一跃成为拥有8 000万两白银的巨富，成为开发南洋的先驱者之一。其成功后更是以一颗爱国心，斥巨资支持孙中山领导的革命活动，同时在国内创办实业，走上实业兴邦之路，更独自投资300万元创办张裕葡萄酿酒公司，为发展中国的民族工业作出了开拓性的贡献。张弼士的一生充满传奇色彩，被中国民主革命的先行者孙中山先生称为"传奇式的怪杰"。目前学界对张弼士的研究很少，大都停留在对其传奇一生的描述，只有一两篇文章涉及张弼士在兴办实业中的经济思想。② 本文意欲结合前人的研究，就张弼士一生的活动，谈谈张弼士的实业救国的商业实践，同时以其为典型个案，结合客家人的文化性格对近代客家商人的价值作出学理性的分析。不当之处，敬请大家指正。

一

张弼士（1841—1916），乳名肇燮，别名振勋，广东省大埔县西河镇黄堂乡车轮坪村人。关于张弼士一生的创业经历，历来记述较多，本文不作赘述。综观张弼士的创业发家史，我们可以窥探到近代爱国华侨实业家

---

① 宋德剑，嘉应学院客家研究院研究员，粤台客家文化传承与发展协同创新中心主任。
② 商鸣臣：《郑观应与张弼士经济思想及实业经营管理之比较》，《山东大学学报》（哲学社会科学版）1997年第2期，第70–75页。

的聪明才智与创业的艰辛。具体来讲，张弼士在兴办实业过程中展现了一个近代企业家具有的现代企业经营思想与策略。

（一）诚信为上的商业品质

张弼士曾经在雅加达一个福建人开设的土产商号任职，由于他的聪明与胆识，很得老板的信任。有一年，店主因事回国，委托张弼士代理店务。张弼士用心经营，把这个店号经营得有条不紊，年终结算时获利5万余荷属东印度盾。有人建议其趁老板不在，卷款外逃。张弼士一笑了之，根本不生此念。后店主返回，见经营甚好、获利颇丰，又听闻此事，对他更加信任。张弼士说："人待我诚，我报以信，诚信为做人之本。"老板料他日后必成大事，劝他自行创业，并允诺全力支持。可以说，张弼士"诚信为上"的人生信条，是他创业过程中不断获得成功的基石与保证。

（二）重视技术人才的引进

张弼士在创办张裕葡萄酿酒公司的过程中，鉴于当时国内酿酒技术落后、技术人才缺乏的现实，十分重视技术、人才的引进。最初张弼士经人介绍请到一位叫俄琳的外国酒师，但过了一年，俄琳患病死亡。过了几年，经奥地利驻新加坡领事介绍，张弼士请到奥地利酒师哇务，帮助张弼士开辟葡萄园、建设厂房与购置设备。可就在公司要投产时，哇务却以年龄为由执意回国。于是张弼士又改请奥地利酒师拔保男爵，但是拔保一直不愿将自己的配酒技术外泄。后来张弼士又聘请意大利人巴狄士多奇为酒师，并派张子章和朱寿山跟班学习，以求得到配方。但巴狄士多奇却始终守口如瓶，不肯传授。后来张弼士利用巴狄士多奇喜爱喝酒的习惯，在一次酒宴上让巴狄士多奇酒后吐露配酒技术，从而掌握了全套酿酒技术。

（三）注重品牌意识与广告效应

1915年，张弼士把精心制作的白兰地、红葡萄酒运抵美国旧金山，参加巴拿马国际商品赛会。会上，张裕酿酒公司的白兰地酒获得优等奖。从此张弼士更加重视品牌意识，十分重视对酿酒原料——优质葡萄的培育种

植。另外，为了扩大品牌效应，其在宣传和产品推介上更加用心。为扩大张裕葡萄酒的国际影响，其通过向华侨赠送的方式，使张裕葡萄酒的传播范围从南洋诸岛辐射到南亚、北美等华侨众多的地区。为打开国内市场，公司除在报刊、车站、码头张贴广告外，还通过向酒楼、餐馆赠送刻有"张裕公司赠送"字样的餐具、酒具和在节假日等不同场合让顾客免费品尝的方式，不断提高产品的知名度。

（四）重视名人效应与产品竞争力

产品的竞争力与公司的实力是成正比的，而公司实力不仅要以资金、技术、人才为保障，还必须依靠社会名流的唱和来提升。张弼士深谙其中的规律，十分注重名人效应。在张裕葡萄酿酒公司的运作过程中，张弼士运用各种策略大打名人牌。如"张裕葡萄酿酒公司"的牌匾就是花了400两白银请当时户部尚书翁同龢书写的。张弼士还请当时的社会名流康有为到公司参观，并题下"浅饮张裕葡萄酒，移植丰台芍药花。更复法华写新句，欣于所遇即为家"的诗句。1912年，孙中山到烟台参观公司，亲笔题下"品中醴泉"四字，使张裕葡萄酒名震中外。通过这样的品牌包装，张裕品牌一时蜚声中外。

从对企业的外在品牌的包装到对内在品质的追求，可以说张弼士的企业经营策略完全体现了现代企业经营管理的智慧与气质，从中我们可以洞察到一个企业家的睿智。

二

有学者注意到这样一个现象：在近代出现了许多客家商人，他们对于中国近代民族工业的发展起到很重要的作用，如姚德胜、张榕轩、张耀轩、谢益卿、谢梦池等，但是客家商人在中国商业史上没有一席之地，不能跻身中国历史上十大商帮之列。究其原因，一些学者已做了很好的研究。① 客家人由于自身的生态环境等因素，从事商贸的历史可以上溯至明清时代，（民国）《大埔县志》论及清代大埔人的生计一事时，就有大埔人由于生计艰难到苏（州）杭（州）沪地区从事货殖的记载。进入民国时期，由于人地矛盾的突出，客家地区大量的人口向南洋地区迁移，形成今天我们看到的近代客家侨商现象。但是，同时我们也看到，客家华侨虽然在海外取得了一定的成功，但是很少出现类似广府、潮汕地区华侨中那样的执牛耳之辈。究其原因，笔者窃以为主要是客家的文化性格使然。

首先，浓厚的乡土情结严重地制约了客商的资本积累与扩大再生产。实际上这一点也是学术界长期批评的近代中国未能产生资本主义萌芽的文化因素。可以说，明清以来中国各地的商帮积累了很多的财富，但是不能像欧洲那样产生资产阶级产业革命，跻身资本主义行列，而是一直处在资本主义因素的萌芽阶段。例如，明清时期诞生于徽州地区的徽商，其经商的足迹遍及中国的每一个角落，并且积聚了巨大的财富，但最终到清末依旧没落了。其中原委之一就是徽商所赚取的巨额商业利润都因中国人的乡土情结而重新回到了徽商的故土，我们在今天仍然可以看到这种乡土情结的产物：豪宅、祠堂与园林建筑成为徽商财富的见证。客商也不例外，压迫性的迁移使得他们成功后的第一个念头就是回到故土"光宗耀祖"。客家人一旦在外获得成功，最希望的一件事就是荣归故里。那些返回故乡的显赫人物，只要财力允许，就会竭尽全力改革故乡社区、扩大或重建祠堂、出钱雇人或自己亲自组建家谱编修局，调查和追溯与自己家庭有关的所有分支之间的联系。不管这些联系多么薄弱，他们都要调查和追溯自己的宗族祖先。许多移居东南亚和中国台湾等地一二百年的客家后裔，近几年专程回到梅州来寻根问祖和祭祀祖先坟茔。客家华侨也十分关心家乡亲

---

① 谢友祥、闫恩虎：《"客商"论》，《中南民族大学学报》（人文社会科学版）2004 年第 3 期，第 129 页。

人的生活。俗话说"番邦赚钱唐山使"，客家人赚了钱，就寄回唐山老家，接济家人，供子弟读书，修祠建屋。历来在外侨胞通过外国银行、民信局、邮局和水客携带等各种渠道汇回的款项甚巨，有赡家汇款、建筑侨汇和兴办家乡公益事业的汇款。华侨寄来的汇款，被称为"番批""侨批"。旧时，客家人在海外出卖劳力，省吃俭用，把钱攒下来，托水客带回家中。梁伯聪在《梅县风土二百咏》中写道："一年大小两三帮，水客往返走海忙。利便侨民兼益己，运输财币返家乡。"侨汇一度成为侨乡人民生活的重要来源。中华人民共和国成立前，侨汇是梅州的重要经济来源。据民国三十年（1941）版《梅县要览》记载，梅县侨乡在抗战前后 70% 以上的侨眷靠华侨汇款接济。民国二十八年（1939）全县侨汇总额为 5 000 多万元，民国二十九年（1940）达 7 000 万元。又如梅县南口籍水客陈凤如，据 1953 年他的记账本记载，他在一次走水中共带回侨汇总额港币 9 947.52 元，折合新人民币 4 254.31 元。这在中华人民共和国成立初期是一笔不少的钱，对生活的维持、改善有着十分重要的作用。在客家重点侨乡之一的松口，南洋未通以前，人们粗衣粝食，且常有不得食者，生活十分艰难。后海禁大开，人们相率以趋南洋，每年由水客带回巨额侨汇。松口之民遂皆熙熙攘攘、生活富足，且以地方殷富闻名于岭东。

于是，我们可以看到在今天客家地区的侨乡那一座座豪宅大屋以及对家乡的各项建设，而所有的乡土情结在张弼士身上都同样存在。今天，当我们站在建于清光绪三十四年（1908）的大埔县西河镇张弼士故居光禄第前，看到这座建筑面积 4 698 平方米，三堂四横一围，共有 18 个厅、13 个天井、99 个房间的气势宏伟、雕梁画栋的大型客家围龙屋，听着张氏裔孙讲述祖先建造这座豪宅的传奇历史时，我们不难感受到张弼士当年作为一个成功商人身上所具有的浓厚的恋土情结。

其次，客家人强烈的崇正意识使其在中国近代革命中迸发爱国热忱。可以说从 1851 年爆发太平天国起义到孙中山领导的辛亥革命，直至后来的国民革命，客家人一直在中国近代革命的舞台上扮演着不可或缺的角色，因此有人说中国的近代革命就是客家人的革命。客家人出于历史原因，对汉文化有一种强烈的认同，这种认同在一定程度上表现为客家人的崇正意识。因此我们可以听到客家地区家喻户晓的吃月饼的故事，可以感受到松口 800 名卓姓子弟勤王的豪迈气概，可以听到粤东地区"太阳生日"① 之类的反清复明的传说。而当近代民族国家的概念出现后，客家人便将这种崇正意识转化成建立民族国家的动力，于是我们看到许多客家人在中国近代革命中爱国爱乡的热忱。在客家商人身上表现为两种形式：一是实业救国，二是慷慨解囊。张弼士便是典型，一方面他大兴实业救国之举；另一方面，当他在南洋经办实业成功后，当地政府要为他授官时，他婉言拒绝说："吾华人当为国效力！"表现出强烈的爱国风范。辛亥革命爆发后，他先后捐巨资支持革命。正是张弼士在近代革命中的爱国义举使得其在病逝后，得到了革命先行者孙中山、国学大师章炳麟等人的高度评价。实际上，孙中山在领导辛亥革命的过程中自始至终得到了粤东地区许多客家商人的支持和捐助。② 在中国近代史上，涌现出一大批反帝反封建的爱国将领和革命志士，其中客家华侨华人对孙中山领导的辛亥革命的支持最坚决、最有力。孙中山领导革命的初期，其主要的左右手大多为客家人。1905 年同盟会成立初期，客籍留日学生谢逸桥、谢良牧、何天炯、何天瀚

---

① 客家人是汉民族的一个重要支系，是衣冠旧族，自东晋以来由于战乱灾害、社会变动不断迁徙到南方。尤其是梅州，成为客家人最集中、人口最多的地区。在这个地区的客家人，为纪念最后一个汉族皇帝崇祯，于清朝初期兴起纪念"太阳生日"。据历史记载，明末崇祯皇帝是在农历三月十九日在北京煤山自尽的，此后明朝灭亡。在清初满族统治时期，人们不敢公开纪念明朝皇帝，便借"太阳生日"之名义纪念之。三月十九日那天，每家每户将事前备好的猪肉、鱼、鸡、果品和客家人自己酿制的娘酒放在太阳出来的方向敬奉太阳，并要烧用纸扎成的太阳帽，口里还滔滔不绝地念"太阳经"，其中有一句是"太阳三月十九生"。

"太阳生日"在梅县一带特别盛行。据考，梅县阴那山灵光寺有个"太子菩萨"，每年农历三月十八日就要"出行"，由和尚挑着游乡化缘，赐符除害。这个"太子菩萨"，实际上是崇祯皇太子朱慈烺。据传明亡时，他由梅县松口人翰林院东宫侍读李士淳（李二何）携带潜回阴那山灵光寺，削发为僧，改名"太岁和尚"，以图东山再起，反清复明。后来清室已定，太子老于古寺，后人便造了"太子菩萨"像，供奉在寺内。群众又将"太子菩萨"说成是"稗子菩萨"（稗子草是生长在田间、酷似水稻而又比水稻生长更为茂盛的一种杂草，是农民见之必根除的害草）。每年三月十八日"太子菩萨"出游赐符，其意为除稗草，其实是暗示明朝亡国之忌日。

② 详情参见房学嘉、曾宪恒：《辛亥革命在岭东》，广州：暨南大学出版社，1993 年。

等23人加入同盟会，不少人还担任重要职务，如谢逸桥为岭东代理主盟人，谢良牧为会计长，何天瀚为广东分会会长。他们在宣传革命、组织武装起义、发动募捐等方面起了重要作用。著名者如谢逸桥、谢良牧兄弟，他们先后在梅县松口镇创立师范传习所及体育传习所、松口体育会，并创办同盟会机关报《中华新报》，积极宣传革命。1905年秋，同盟会成立之初，经费缺乏，"谢逸桥、谢良牧慷慨捐赠"。谢家当时是华侨巨富，据谢崇基、谢康基等说："谢家为了支持孙中山，最后倾家荡产。"孙中山在海外建立革命政党，发展组织，筹措资金进行革命，首先是在客家华侨华人中进行的。后来，孙中山回到国内领导革命，每次发动起义，都有客家华侨华人在前面冲锋陷阵，甚至献出生命。所以，孙中山先生有感于此，发自内心地说："华侨是革命之母。"

最后，客家人具有业儒心理。《光绪嘉应州志》谈及梅州地区的经济环境时讲到"（梅州人）无植产，惟读书一也"。清代嘉应州知府王之正来梅州上任让他感受最深的就是梅州地区的鼎盛文风，以至这位来自中原教化之地的官员发出"人文秀区"的感慨。梅州也正是由于读书风气之盛而在清代雍正年间由原来的程乡县升格为嘉应州。在科举时代，十年寒窗的目的便是金榜题名，这种社会风气养成了梅州客家人业儒的心理。在传统社会，读书出仕是梅州人心底最大的追求，以至张弼士在出走南洋时便发出了这种感慨："大丈夫不能以文学致身通显，扬名扬亲，亦当破万里浪，建树遐方，创兴实业，为外国话生色，为祖国人种增辉。"① 其未能业儒扬名的苦衷溢于言表。因此我们可以发现，张弼士在南洋致富后，不断深化与朝政的关系，并且受到政府的任用，成为一位地道的"红顶商人"，先后担任清政府驻新加坡领事、商务部考察外埠商务大臣、闽粤两省农工路大臣、粤汉铁路总办等职。他在民国初年还被任命为总统府顾问、工商部高等顾问及南洋宣慰使等职。不可否认，张弼士能够担任这些职务有其个

① 沈云龙主编：《近代中国史料丛刊》（第75辑），新北：文海出版社，1966年。

人号召力方面的原因，但是客家人业儒传统的作用也不可小觑。今天我们在客家地区看到的客家人由于对朝廷国家的义举而赢得的蓝翎顶戴和高高耸立的旗杆石就是这种出仕心理的反映。重视教育是客家人的传统观念。因为客家人多数居住在穷乡僻壤，山多田少，读书便成了客家人谋生的一条出路，形成了"家庭生活再穷苦，卖屋卖地也要供子弟上学读书"的社会风尚。正是在这种重视教育的传统意识的影响下，不少客家地区发展成为人才辈出的人文秀区。

在海外的客家人一方面受家乡重视文化教育传统的影响，另一方面深感掌握一定的文化知识对谋生和事业发展的重要性。因此，他们每到一地，只要有所发迹，首先想到的便是兴办教育、培育后代，同时也非常关心家乡教育事业的发展。他们把兴办教育当作义不容辞的天职和报效桑梓的头等大事。梅州市重点侨乡县80%以上的中小学校均是由海外侨胞捐资创办的。如全国重点学校梅县东山中学由华侨丘燮亭、谢逸桥、叶子彬等人于1913年创办，仅丘氏一人就捐赠大洋近万元。1913—1949年东山中学的建校费用和常年经费，基本上都是由本地华侨捐赠的。五华县三间重点中学——华城中学、水寨中学、安流中学均是由马来西亚华侨李桂和创办的。大埔、丰顺、兴宁、平远、蕉岭不少学校也都是华侨捐资创办的。这些学校培养了不少人才，这些人才散居在世界各地。

祖籍福建永定、旅居新加坡的胡文虎热心公益事业，特别是文化教育事业，20世纪上半叶先后在海外创办和捐助学校40多所。在国内，由他捐助过的大学有大厦大学、岭南大学、中山大学、暨南大学、厦门大学、福建学院等，捐助过的中学有汕头回澜中学、汕头女子中学、汕头正始中学、琼海中学、厦门双十中学等。20世纪30年代，为了普及教育，他向当时的国民政府提出捐资350万元，在全国兴办1 000所小学，其中计划福建100所、广东50所，全国其他县则每县一所。不久，福建已建20多所，全国完成300多所，后因抗日战争爆发，事业未竟，余款被国民党政府移作购买救国公债。

20世纪80年代，在改革开放政策的感召下，客家华侨华人、港澳同胞将报效桑梓的心愿付诸实践，他们关心家乡文教事业发展，捐资办学形式多样。以梅州为例，第一，重点支持家乡教育的硬件建设。广大侨胞支持家乡教育事业最普遍的方式是捐建和扩建学校或改善办学办公条件。目前，梅州市各类学校中，有许多是华侨独资兴建的，如曾宪梓中学、田家炳一中、丰顺中学、永光中学等。田家炳先后资助中国内地嘉应大学、江西师范大学、福建师范大学、华中师范大学等30间大学兴建师范教学楼，累计建筑面积达40万平方米。第二，设立教育基金和奖教奖学金。如香港嘉应商会与32位乡贤共同发起募集嘉应大学办学基金1 200万港元，用于建造嘉应大桥，将所收机动车过桥费用于补充嘉应大学的办学经费。曾宪梓捐1亿元在中国设立教育基金，每年用基金利息奖励优秀教师。同时，侨胞积极响应家乡政府号召，踊跃捐助教育基金，仅1994年梅州市政府组织的首届教育基金百万行中，侨胞姚美良、陈泰来等就捐资共301万元。第三，推动教育软环境建设。如田家炳于1997年邀请国家教委领导及全国17所师范院校校长考察梅州教育。同年12月，曾宪梓邀请由80多位教授、专家组成的"曾宪梓教育基金会梅州考察团"到梅州考察，加深了各界对梅州教育的了解，加强了与国内外的联系。第四，关心教师，培养和稳定教师队伍。侨胞充分认识到师资质量和教师队伍的稳定对于教育的重要性，田家炳先后委托广东教育学院、嘉应大学等院校代培师资；萧畹香捐资80万元给山区教师在县城建房，并制定一系列特殊政策，奖励长期扎根山区的教师及其子女。在广大侨胞的捐助下，梅州这个曾经的经济欠发达地区，不仅于1996年顺利完成"普九"验收任务，而且在教育质量、办学条件等方面取得了长足进展，梅州"文化之乡""华侨之乡"更是名声在外。

三

综观张弼士充满传奇色彩的一生，我们可以看见这位中国近代民族企

业家在经营管理策略上的现代企业经营理念和爱国爱乡的客家情怀，可以
说他是近代客家商人的典型代表。然而，中国人的乡土情结、客家人的崇
正意识和业儒心理，使得这位客家商人一直在商与业儒之间寻求最佳结合
点，而这正是客家商人在多变的近代社会不能发展壮大的症结所在。

545

广东客家移民与早期东南亚采矿业的发展

石坚平[①]

东南亚地区蕴藏着锡、金、金刚石、银等丰富的矿产资源，该地区的土著居民较早就学会采用较为原始的办法来开采、提炼这些矿产资源，并以之为原料来制造商品，用于日常社会生活。东南亚地区的锡矿、金矿及其制品不仅在亚洲区域性的商品贸易中发挥着重要的作用，而且作为东南亚各国的特产，成为象征着古代亚洲朝贡礼仪秩序的贡品。[②]

地理大发现之后，西方殖民者闯入东方，攻克马六甲，拉开了西方列强对东南亚地区开展军事征服、殖民统治和经济掠夺的序幕。西方列强的殖民渗透和掠夺开发，客观上将东南亚市场从传统的亚洲区域贸易市场卷入全球性的世界贸易市场，从而进一步刺激和推动了东南亚采矿业的发展。然而，在前近代乃至近代早期，广东移民尤其是客家移民在东南亚采矿业的发展中发挥着不可替代的作用。广东客家移民是前近代时期东南亚采矿业的先驱和支柱，为东南亚地区带去了较为成熟、先进的采矿冶炼技术和生产组织经营方式，直接推动了东南亚各地社会经济的开发和矿区型新兴市镇、城市的崛起。

---

① 石坚平，五邑大学广东侨乡文化研究院教授、博士。

② 古代马来半岛的土邦通常以本地特产黄金为贡品，向宗主国进行朝贡。例如明初满剌加未立国称王之前，要向暹罗纳黄金称臣。《明史·满剌加国传》中曾提到，"其地无王，亦不称国，服属暹罗，岁输金四十两为赋"。清代《海录》中也提到，直到清中期，吉兰丹和太呢国依然须每年向暹罗缴纳三十斤金为岁贡。参见谢清高口述，杨炳南笔授，冯承钧注释：《海录注》，上海：商务印书馆，1938年，第8，10－12页；张廷玉修：《明史·外国六·满剌加》，杭州：浙江古籍出版社，1998年，第887页。

一、客家移民是东南亚早期采矿业的先驱和支柱

与广府移民、潮汕移民和福建移民相比，客家移民在东南亚的采矿业中所发挥的作用首屈一指，是东南亚采矿业的先驱和支柱。从婆罗洲（今加里曼丹岛）、马来半岛金矿的开发，到邦加岛、马来半岛锡矿的开采，来自粤闽山区的客家移民是当之无愧的开拓者。大批客家移民的血汗劳动推动了东南亚采矿业的大规模开发。

相传，早在郑和下西洋时期，就有不少广东籍客家士兵流落在马来半岛吉兰丹内地山区，与当地土著通婚，其后裔以开采金矿谋生，发展出以采矿业为职业特征的客家移民社区。原籍广东蕉岭县蓝坊乡丰口村的孙增超的祖先就是郑和下西洋时期因战争迷路而流落在马来半岛吉兰丹牙拉顶（《海录》中作"呀喇顶"）的一名广东嘉应籍客家士兵。[①]

据谢清高记载，到清代乾隆末年，确实有一批广东移民在吉兰丹的牙拉顶开采金矿，形成了矿业型的中国移民聚落社区。从其记载推断，这批以开采金矿为生的广东移民，应该是习惯生活在山区，以采矿为生的广东客家移民及其后裔。

在马来半岛上，这种矿业型的早期客家移民聚落社区远不止一处。在距离瓜拉彭亨（Kuala Pahang）不远的彭亨河上游地区有一个客籍移民聚居的村落，名叫北干峇鲁（Pekan Baharu）。这批客家移民在一个叫齐赖（Jelai）的地方开采金矿。"在华人村的华侨都属客家籍，他们和马来人或峇里人通婚。他们的子女讲华语而不讲马来语。"[②]

在吉兰丹的波赖（Pulai），也有一个以采掘金矿为生的中国移民聚居

547

---

① 相传，最早在明朝永乐年间（1403—1424）郑和下西洋时有一支属于梅州地区的客家队伍，因战争迷路，在马来亚吉兰丹牙拉顶深山区定居，其中有原籍蕉岭县丰口村姓孙的。其后代孙增超全家六口人，于1950年被英马当局遣返回国，定居祖籍蓝坊乡丰口村。1956年迁海南岛白沙农场。这是蕉岭县最早出国的华侨之一。参见蕉岭县华侨志编写组编：《蕉岭县华侨志》，内部发行，1987年，第1页。

② 巴素著，郭湘章译：《东南亚之华侨》，台北：正中书局，1974年，第458页。

区。"当地华侨的传说都认为波赖移民区的建立，应归功于一位名叫张伯才的客家籍帮头。他在二百年以前是华南著名的海盗，后来逃亡来到波赖。"① 这个中国移民村落在波赖的中国淘金矿工与当地土著统治者的武装冲突中被彻底毁坏，夷为平地，不久又重建起来。②

在婆罗洲，十九至二十世纪，大批广东客家人涌向坤甸、三发、南吧哇、鹿邑、拉腊、西宜宜、兰达等地区从事婆罗洲金矿的探测和开采。"18 世纪中期，大批粤东移民随着南航的三板船，前来婆罗洲西海岸，每年二、三月有 1 500 ~ 2 000 人到达，而在六、七月有数百致富者带着钱袋回国。"③

在这股"淘金潮"中，乾隆三十七年（1772），嘉应州人罗芳伯率众南下，抵达坤甸。当时已经有大批的客籍移民在西婆罗洲淘金。罗芳伯起初投靠致胜公司和四大家围。致胜公司完全是由客家移民组成，四大家围中的王、邓二姓则是来自客家族群中的"半山学"人。④

来自大埔公州的客家人此时已经占据明黄等处开采金矿。在刘乾相的率领下，有"同堂子弟有五百余人"，成为一股强盛的客家移民势力。在张阿才的带领下，大埔客家人还占据了山心等地开采金矿。在茅恩，嘉应州人在江戊伯的率领下，立有兰和营，占据新埔头开采金矿。罗芳伯率众首先占据张阿才的山心矿区，安抚余众，并在东万律建立兰芳公司总厅，接着又联络江戊伯，攻占以潮阳人、揭阳人、海丰人、陆丰人居多的茅恩老埔头，收服坤日、龙冈、沙拉蛮等处。最后，罗芳伯又亲率部众征服明

① 巴素著，郭湘章译：《东南亚之华侨》，台北：正中书局，1974 年，第 464 页。

② 关于这一事件发生的时间，宋美哲认为是嘉庆五年（1800），当时苏丹穆哈未之弟被波赖华工所杀，招致苏丹对当地华人的屠杀。而黄尧认为屠杀发生在 1880 年，波赖华工与苏丹莫哈默的兄弟天猛公之间发生战斗，导致村庄被毁。参见宋哲美：《马来西亚华人史》，香港：中华文化事业公司，1963 年，第 64 页；黄尧：《马星华人志》，莎阿南：元生基金会与马来西亚黄氏联合总会，2003 年，第 9 页。

③ 高延著，袁冰凌译：《婆罗洲华人公司制度》，台北："中央研究院"近代史研究所，1996 年，第 149 页。

④ 史堪克：《打劳鹿公司》，转引自周云水、林峰编著：《西婆罗洲华人公司史料辑录》，广州：暨南大学出版社，2018 年，第 28 页。

黄的刘乾相集团，使兰芳公司力量空前强盛，客家移民的势力煊赫一时。[1]

除兰芳公司之外，大港公司和三条沟公司中也有大批的客家移民。十九世纪二十年代，鹿邑一带的客家移民与日俱增，势力快速膨胀，引起大港公司的警觉。[2] 道光十年（1830），陆丰人刘善帮自三发南侧之双空（Sung Kung）率众迁徙至石隆门之帽山（Mau San）开发金矿，最初组织义兴公司，与王三甲（又名王甲）、陈规、陈列等人合股组成十二公司。[3]

从整个婆罗洲地区来看，来自广东嘉应州的客家移民人数最多，"经营矿业的主要还是客家人和史汗克所说的半山学人"[4]。在十八世纪中叶至十九世纪中叶期间，广东客家移民已经成为婆罗洲金矿的主要开采者。

邦加岛，又称"罔加岛"，位于印度尼西亚苏门答腊岛东海岸附近，面积为 11 340 平方公里。锡矿主要集中在邦加岛的东部和北部的山麓与河谷地区。其中，烈港（Sungai Liat）产锡最多，槟港（Pangkalpinang）、勿里洋（Belinju）次之，高木（Koba）较少。

早在十八世纪初，邦加岛、勿里洞相继发现了储量丰富的锡矿资源。最初，邦加岛当地居民开采锡矿的方法比较原始，效率较低。鉴于中国移民拥有比当地土著更先进的采矿技术与管理经验，大约在 1710 年，邦加岛的统治者巨港苏丹宣布邦加、勿里洞归其所有，并任命当地华人监督及管理当时已开采的锡矿。当时专司此职的叫"第科"（Tiko），而那些开采锡矿的华工据说是郑和下西洋时留下的中国移民后裔。[5]

为了扩大生产，当地统治者派遣招募劳工的代理人到中国南方各省招

---

[1] 高延著，袁冰凌译：《婆罗洲华人公司制度》，台北："中央研究院"近代史研究所，1996年，第9页。

[2] 史堪克：《打劳鹿公司》，转引自周云水、林峰编著：《西婆罗洲华人公司史料辑录》，广州：暨南大学出版社，2018年，第29页。

[3] 黄建淳：《砂拉越华人史研究》，台北：东大图书股份有限公司，1999年，第185页。

[4] 长冈新治郎著，倪文荣译：《西加里曼丹华侨社会的沿革与变迁》，《东南亚研究资料》1962年第3期。

[5] 温广益、蔡仁龙、刘爱华等编著：《印度尼西亚华侨史》，北京：海洋出版社，1985年，第234-235页。

募中国移民前来开采锡矿。随着大批中国移民，尤其是来自广东客家山区的客家移民的到来，邦加岛的锡矿开采进入快速发展时期。十八世纪初以来，邦加岛许多锡矿区基本上都有中国矿工。① 这里的锡矿主要由华工开采。大约在 1720 年前后，中国移民开始在邦加岛西部沿海地区大规模采矿锡矿。② 中国移民对邦加岛锡矿的开采，不仅提高了邦加岛锡的产量，而且推动了邦加岛锡矿业的快速扩张。据估计，1740 年邦加岛当地锡产量达 25 000 担。③ 1750—1780 年被誉为邦加岛锡矿业"最迅速扩展的时期"④。

然而，到十八世纪末至十九世纪初，邦加岛一带海盗横行，加上瘟疫流行，锡矿的开采实际陷于停顿。直到 1812 年，英国人占领爪哇岛，才着手重新开发邦加岛的锡矿。1812 年，英国殖民者以征服者的姿态，将邦加岛设为直辖地，将邦加岛锡矿的开采权从巨港苏丹夺去，归其所有。

为开发邦加岛的锡矿，英国派遣一个代表驻扎在矿区，"和华侨矿工订立合同"⑤，采用先向中国移民发放生产贷款，再以偿还贷款为由低价垄断收购锡矿石的方式，来主导和推动邦加岛锡矿的开发。

谢清高在《海录》中清楚地记录了当时的这一情形："旧港国，即三佛齐也。在茫咕噜东，疆域稍大，由茫咕噜东南行约三四日，转北入噶喇叭峡口，顺风行半日方得出峡。峡东西皆旧港国疆土。峡西大山名网甲，别峙海中山麓，有文都、上庐寮、下庐寮、新港等处。山南复有二小岛，一名空壳槟榔，一名朱麻哩，皆产锡。闽粤人到此采锡者甚众。文都有喷咭利镇守，而榷锡税。凡采锡者，俱向借资斧，得锡则偿之。每百觔止给洋银八枚，无敢私卖。"⑥

① 埃兰著，杨仁敬译：《印度尼西亚的采矿工业》，《南洋问题资料译丛》1959 年第 3 期。

② 杰卡逊：《18 世纪邦加岛的矿业》，《太平洋观点》1969 年第 10 期。

③ 温广益、蔡仁龙、刘爱华等编著：《印度尼西亚华侨史》，北京：海洋出版社，1985 年，第 234 – 235 页。

④ 杰卡逊：《18 世纪邦加岛的矿业》，《太平洋观点》1969 年第 10 期。

⑤ 巴素著，郭湘章译：《东南亚之华侨》，台北：正中书局，1974 年，第 732 页。

⑥ 谢清高口述，杨炳南笔授，冯承钧注释：《海录注》，上海：商务印书馆，1938，第 42 页。

　　邦加岛锡矿区的广东移民中，以客家籍人占多数，所以客家话成为邦加矿工的主要语言。[1] 鸦片战争前后由英国人马礼逊父子编撰的《外国史略》中也明确提到邦加岛上的中国矿工主要是来自广东嘉应地区：“附近此岛各地，一曰罔加岛，在苏门之东，其地硗，产红石、锡、磺甚盛。每年出六十万余石，为荷兰所辖。广东嘉应州人多在此开锡山。收饷颇重。”[2]

　　早期广东移民沿用中国旧法采掘锡矿，使用粗笨的锄头、洋镐、扁担和簸箕在矿区进行繁重的体力劳动，为邦加岛锡矿的开采和邦加地区社会经济的发展作出巨大的贡献。大约 1840 年，邦加地区中国移民人口已达一万人，占当时当地人口的 41.67% 。其中，直接从事锡矿开采的中国矿工为六千人。其他中国移民也都直接或间接地和采锡业发生关系。[3]

　　进入近代，在大批契约华工的涌入下，印度尼西亚的邦加岛、勿里洞岛和廖内新及岛的锡矿开发进入全盛时期。以广东客家移民为主体的契约华工为印度尼西亚近代锡矿业的发展和当地社会经济的开发作出巨大的贡献。

　　在越南北部矿区，大批来自粤北韶州和粤东嘉应州、惠州、潮州等地的客家移民在当地以开采金、银、铜、铁诸矿为生。早在明末清初广东雷州人鄚玖开发河仙之初，就因为开发银矿、铸造银币而致富，使得他能够招募流民开发富国、芹勃、架溪、陇棋、香澳、哥毛等处，立为七社村。故《大南寔录》称鄚玖“得坑银，骤致富”，“造银币，民日居聚，遂成一小都会焉”[4]。

　　在 1839 年之前，越南政府允许中国移民独办矿业，允许申请自主开

----

　　① 温广益、蔡仁龙、刘爱华等编著：《印度尼西亚华侨史》，北京：海洋出版社，1985 年，第 236 页。

　　② 马礼逊：《外国史略》，《小方壶舆地丛钞》，上海：上海著易堂。第 12 帙“罔加岛”条。

　　③ 温广益、蔡仁龙、刘爱华等编著：《印度尼西亚华侨史》，北京：海洋出版社，1985 年，第 235 – 236 页。

　　④ 张登桂等修：《大南寔录前编》，京都：庆应义塾大学言语文化研究所影印，1961 年。

矿，只需向政府领取开采证和缴纳税收。① 中国移民中的富商阶层觉得有利可图，纷纷申请开矿，从广东山区招募吃苦耐劳又掌握开矿技术的客家移民充当矿工，从中牟利。

综上所述，客家移民是东南亚采矿业当之无愧的先驱，是早期东南亚采矿业发展所依赖的主要劳动力来源。昔日客家移民的辛勤劳作支撑了前近代以来东南亚采矿业的蓬勃发展。

二、客家移民先进技术和经营组织与东南亚采矿业发展

以今天的眼光来看，前近代时期，客家移民在东南亚采矿时使用的采矿技术还是比较原始落后，主要靠人力肩挑手锄来完成，体力劳动强度很大。然而，如果身处前近代时期东南亚社会发展的特定历史情境之下，我们就会发现，与东南亚地区土著原始的采矿技术相比，客家移民所采用的采矿技术就显得更为先进、高效。

清代中期，中央王朝实施严厉的矿山封禁政策，打断了广东地方当局开采矿山的屡次尝试，使粤北和粤东山区原本以采矿为生的客家移民被迫远赴南洋，寻找合适的地点继续开采矿藏。这些客家移民不仅掌握熟练的采矿技术、探矿经验和生产经营技术，而且具备吃苦耐劳、勤劳朴实的优良品质，广受东南亚各地统治者欢迎。他们将中国国内较为先进的采矿技术和生产方式带到了东南亚地区。

马来半岛土邦当地民众将中国矿工用架轴工的老方法开采的矿场叫作"暹罗的露天矿"（Iombong Siam）。这表明这种"用架轴工"的采矿技术是先由中国矿工传到暹罗，再由他们从暹罗传到马来半岛的。② 最初，三发苏丹从槟榔屿招募的 7 名中国采金矿工被当地土著达雅克尊称为"叔

---

① 高伟浓：《清代华侨在东南亚：跨国迁移、经济开发、社团沿衍与文化承传新探》，广州：暨南大学出版社，2014 年，第 50 页。

② 布莱司著，王陆译：《马来亚华侨劳工简史》，《南洋问题资料译丛》1957 年第 2 期。

叔"，因为他们为当地带来了中国先进的金矿开采技术。① 鉴于中国移民具有比当地土著更先进的采矿技术与管理经验，巨港苏丹宣布邦加、勿里洞归其所有的同时，任命当地华人为"第科"，负责监督及管理当时已开采的锡矿。②

客家移民在婆罗洲、邦加岛和马来西亚等地广泛采用露天开采（pencast）的系统，以"开明湖"的方式，在矿脉带上开挖一个长方形的土坑，除去表面浮土，掘到一个含有锡苗的沙口，就一桶一桶地搬到淘洗处的木槽，最后洗掉泥沙，捞起留下来的矿苗。

客家移民还将家乡的人力水车加以改造，将锡矿的积水抽走，以保证采锡的进行。有学者将这种水车称为"链条泵"（Chin-Chia），认为其是华人矿工取得成功的关键。"它能使矿工能更深地挖入土地里，取得更底层和更丰富的沉积锡苗。采纳这个链条泵的露天开采制度远胜于马来人采矿方法。"③

此外，客家移民还创造性地将中国成熟的水利技术运用于采矿、选矿之中。他们利用地形筑坝阻水，引水冲洗矿床，极大地节省了体力，降低了劳动强度，提高了生产效率。

在采矿业的生产组织方式上，客家移民将中国国内传统的"会"组织运用到开采矿山之中，形成"山沙""把坜""会""分""家围""金湖"等不同规模的生产协作组织。在协会中，矿工们按照抵达婆罗洲的先后顺序和投入的资本来划分工作和等级，按照各自持有的股份来分配利润。没有资本的老人也能获得很高的地位，他们参与分配的利润来自矿工，并且参与领导人的选举。在此基础上，为适应开展大规模水利建设与集体安全

---

① 长冈新治郎著，倪文荣译：《西加里曼丹华侨社会的沿革与变迁》，《东南亚研究资料》1962年第3期。

② 温广益、蔡仁龙、刘爱华等编著：《印度尼西亚华侨史》，北京：海洋出版社，1985年，第234－235页。

③ 林水檬、何启良等编：《马来西亚华人史新编》（第1册），吉隆坡：马来西亚中华大会堂总会，1998年，第24页。

自卫的需要，形成公司、公司联盟之类更高级的生产经营协作组织。

无论是采矿技术的引进，还是生产组织集约化水平的提高，客家移民对前近代以来东南亚采矿业的发展都作出了巨大的贡献，并直接推动了东南亚各地山区社会经济的开发。

三、客家移民是东南亚地区矿业型新兴市镇的建设者

当十八世纪客家人开始较多地到东南亚从事采矿活动时，东南亚许多重要矿区还处于未开发的状态。东南亚的矿山多在山高路险、人迹罕至的原始森林之中。为开采矿山，客家移民在原始森林中披荆斩棘，修桥造路，疏通河道，修建四通八达的交通网络，将内地山区的矿山与沿海的港口连接起来。

由于荷兰殖民者和当地的马来统治者对沿海地区的封锁，切断了婆罗洲的华人矿区与外部市场的联系，无法通过商业途径从外部输入农产品进行补给，只好发动中国移民就近开垦森林，开辟田园，种植粮食、蔬菜，以满足矿区人口的日常生活需要。"当一个新客抵达当地，还未加入公司或自行采掘之前，先寻找或租赁一块荒地种植稻谷、蔬菜，也有种胡椒、甘蜜等热带作物，然后再去探测和挖掘金矿。不论是个别采矿或是大规模组织公司经营开矿，农业都占重要地位。各公司都有华人专门种植稻谷和蔬菜，饲养家畜。"①

为打破荷兰殖民者对西婆罗洲华侨矿区长期的经济封锁，解决粮食、蔬菜等日常生活必需品的来源问题，广东移民在原始森林中开垦荒原，开辟农田，种植粮食，自给自足。著名的三条沟公司在后期从矿业公司转变为农业垦殖公司，开辟出大片的粮田，广泛从事水稻种植，为西婆罗洲农业的发展奠定了坚实的基础。在广东移民的努力垦殖下，邦夏、古诺（Koeno）、巴锡（Pasi）及山口洋一带的区域逐渐发展成为西北婆罗洲的

---

① 吴凤斌主编：《东南亚华侨通史》，福州：福建人民出版社，1994年，第110页。

著名粮仓。①

　　随着采矿业的发展，客家移民将原来杳无人迹的不毛之地变成人烟稠密、经济活跃的新兴矿业市镇。马来半岛上兴起了一批诸如怡保、太平、巴生、芙蓉和吉隆坡等依靠采矿发家的新兴市镇和城市。在采矿业的带动下，商业贸易、交通运输及加工业也发展起来，从而推动当地社会经济的全面发展。

---

　　① 鲁葆如：《荷印华侨经济志》（上册），新加坡：南洋出版社，1948 年，第 160 – 161 页。

侨批档案 "活化" 大有可为

魏金华①

一、发挥 "侨批故事" 在育人中的重要作用

（一）侨批档案是爱国主义教育的好教材

习近平总书记视察汕头市，对海外侨胞心系家国故土、支持祖国和家乡建设表示肯定和赞赏，并将侨批文化上升到中国文化、中国精神和中华民族讲信誉、守承诺的高度，给侨批文化收集、研究、展出、宣传以极大鼓舞，为侨批文化研究成果服务于社会、经济、文化和爱国主义教育活动，注入了新的元素和动力。

广东是著名侨乡，广东侨批生动记录了海外华侨的辛酸史和奋斗史，是华侨文化最鲜活的载体和样本。当年华侨在海外生活异常艰辛，但他们时刻不忘祖国和家乡的亲人，想方设法地将侨批带回，不遗余力地支持家乡的亲人和祖国建设。正如习近平总书记强调的：华侨一个最重要的特点就是爱国、爱乡、爱自己的家人。这就是中国人、中国文化、中国人的精神、中国心。中国的改革开放、中国的发展建设跟我们有这么一大批心系桑梓、心系祖国的华侨是分不开的。② 今天，"侨批档案"已成为爱国主义教育的好教材。

---

① 魏金华，广东梅州人，梅州市客侨博物馆馆长，梅州华侨历史学会副会长。
② 《习近平肯定华侨贡献，专家：华侨与祖国互为惦念、共谋发展》，中国新闻网，2020 年 10 月 14 日，https：//www. chinaqw. com/hqhr/2020/10－15/272693. shtml。

（二）侨批档案是进行传统文化教育的孵化剂

"一方水土养一方人。"什么样的水土养育出什么样的人，什么样的文化熏陶出什么样的气质，什么样的基因孵化出什么样的性格。对于育人工作而言，中华优秀文化就是中国教育的水土。我们要培养出一代又一代有中国骨气、中国志气和中国底气的时代新人，就必须让中国的教育实践深深扎根于广袤厚重的中国大地，用数千年积累的历史文化水土滋养青年一代。侨批档案展示了 19 世纪至 20 世纪 80 年代华侨华人在世界的足迹，深刻反映了海外侨胞身在异国他乡，在接受国外思想的同时，仍情系故里、孝亲睦邻、吃苦耐劳、笃诚守信的精神风貌。侨批档案是中华民族传统文化传承和发展的孵化剂。

华侨历史文化博大精深，要发挥好侨批档案培育时代新人的作用，一方面要做好侨批档案资源的挖掘整理工作，把其中蕴含的精华要义梳理好，另一方面要通过课堂、研学、展览、合作等多种渠道，引导青少年准确理解侨批档案中蕴含的价值和意义，形成正确的文化认知和价值追求，自觉形成对华侨历史的准确了解，养成文化定力，对文化要义有精准的掌握和深入的思考，把侨批档案的研究成果转变成中华传统文化教育的孵化剂。

557

（三）侨批档案是进行诚信故事教育的重要载体

侨批存在已 200 多年，依靠的就是水客和侨批局的诚信。在当时交通不畅，部分地区有战争的情况下，前有水客奔走两地带款携物，后有侨批局系统管理侨批，充当海外华侨华人与家乡亲人沟通的桥梁。侨批中不仅有支撑家庭生活的费用，还有挂念担忧远方亲人的消息。我们可以从中发掘侨批文化众多诚信精神：经营有信、敬业有信、践诺有信。诚信是真善美的具体表现，也是全面建成社会主义现代化强国的需要。诚信是社会主义核心价值观的要求，而青少年是国家的未来，培养青少年诚信做人、诚信做事有利于整个社会的和谐与发展。结合侨批文物开展诚信教育，把侨

批文化宣传与社会主义核心价值观教育有机结合起来，宣传好诚实守信的奋斗故事，营造诚信经营、艰苦创业的社会氛围。深入挖掘侨批背后的奋斗故事，充分反映老一辈华侨华人讲信誉、守承诺的优良品格，把侨批档案变成对青少年进行"诚信故事"教育的重要载体。

二、侨批档案工作的开展将大有可为

（一）重视民间档案文献的挖掘与扩展

鉴于侨批档案的珍贵历史和文化价值，为侨批档案找一个安全温馨的"家"，已成为档案部门、文博单位、大专院校、集邮家和收藏家思考的问题。近年来，广东省政府高度重视民间档案文献的挖掘和利用，投入了大量的人力、物力，用于侨批档案的传承与保护，已取得了丰硕成果。其中，民间档案工作者功不可没，发挥了重要作用。但是民间侨批档案的挖掘保护任重道远，还有大量的工作需要各级政府主管部门给以支持和协助。就梅州市侨批档案管理现状而言，存在以下问题。

一是缺少相应的管理激励制度。侨批档案属于家书，多数散落在民间，或存于个人手中，或存于收藏爱好者手中，再加上群众对侨批的重要价值认识不到位，导致政府部门征集侨批档案时面临诸多困难。梅州市政府没有出台相应的征集奖励制度，影响了侨批管理人员和侨批档案拥有者主动参与侨批档案保护工作的积极性，给侨批档案整理和开发利用带来不利影响。

二是归档注录工作有失规范。政府主管部门应该组织关心和经费支持民间人士手中的侨批档案，早日进行归档注录工程。由于侨批档案比较特殊，各级主管部门在自身条件许可的情况下应主动跟民间收藏单位进行沟通，尽最大努力协助各收藏单位做好侨批档案的保护及归档注录工作，建立侨批档案全文数据库，目录及图像数据应纳入市档案局、中国客家博物馆等政府平台的"侨批档案管理系统"。

三是研究和宣传力度不够。政府主管部门应对民间侨批档案的整理、研究和出版等，给予指导和出版经费的支持。著书存史，扩大影响，建立客家侨批档案 "品牌化" 的宣传体系，推出一批侨批编研系列成果、专题微电影、微视频、中长篇小说创作、电视电影录制等，提升侨批档案的社会融合度和影响力。

（二）政府主管部门应扩展侨批档案研究领域的合作

单从侨批档案的挖掘研究方面，梅州市主管部门还有更广泛的工作可做，可寻找广泛的合作渠道，例如：

（1）二十世纪九十年代广东省集邮协会以创新方式，率先将侨批引入集邮研究、展览范畴，组织举办侨批集邮学术研究和展览活动，从而开创了中国特色的侨批集邮。在短短的 30 多年间，中国 "侨批集邮" 在研究和展出方面已取得了很大的进展。迄今，广东侨批集邮者已编著出版了 10 多部侨批集邮学术研究著作。在侨批集邮展览方面，梅州市集邮者的数部侨批邮集，已获得了世界邮展、国家邮展的多项高奖。

最近几年，汕头、梅州、江门地区的集邮组织将多年的研究成果和获奖邮集进行转化，用于当地党政宣传、文化旅游、侨务侨乡、海外华侨文化交流以及为国内数所大学、社会科学研究机构提供服务，受到当地党政有关部门的关注和重视。广东 "侨批集邮" 与 "孙中山集邮""粤港澳大湾区集邮" 作为三大特色集邮，写进了广东省集邮协会九大工作报告中，并提出了今后的研究方向。

（2）多年来，本人积极推动梅州市客侨博物馆与嘉应学院客家研究院的合作，免费提供侨批资源供专家学者、教授学生等选写学术论文，与梅州市作家协会双边合作互动，主动免费提供侨批档案和华侨文献史料的原件及研究成果给梅州作家分享使用，数十次不厌其烦地接受作者的采访，大力支持作家陈柳金先生的长篇小说《彼岸岛》创作完成。《彼岸岛》环视粤地民间，讲述了二十世纪二十年代末至四十年代中期，一群客家人背井离乡下南洋的故事。小说以 "水客" 递送侨批为故事主线展开，掘取大量真实可感的生活细节、典型且富有表现力的情节，勾画出中国人尤其是

客家人在印尼筚路蓝缕、守望相助的创业历程。

（3）梅州市客侨博物馆积极与梅州市侨联、嘉应学院客家研究院、梅州市华侨历史学会等单位取得联系，成为多家单位长期挂牌合作的研学基地。梅州市客侨博物馆在侨批文化挖掘、研究方面所做的工作和取得的成绩，无保留提供给各位专家学者和侨联工作者，以争取包括侨批研究在内的华侨华人领域重大课题研究取得新的突破。借助侨联、高校、学会的研究力量，互相交流，讲好侨批中蕴含的中国故事，让侨批档案文化得到更好的展现与传承。梅州市客侨博物馆积极协助做好侨批收集、整理、出书等相关工作，同时协调有关文博机构、高等院校、社会组织及民间收藏人士等社会各界力量，共同追寻历史印记，传播华侨文化，以更大力度、更高质量、更高层次开展侨批档案的收集、保管、保护、开发、利用工作。

侨批档案是在特殊历史条件下形成的特殊的中国文化遗产，是不可复制的历史文物。广东是侨批实物收藏大省，为侨批档案研究提供了丰富的素材。习近平总书记对侨批文化进行的高度概括，对广东侨批文化活动具有深刻的启示和意义。侨批的学术研究和组集参展仍有很大的潜力和优势，客家侨批档案文化开发利用大有作为。

三、梅州市民间档案文献工作开展思路

梅州的民间档案非常丰富，革命历史文献史料类、契约文书类、农业生产资料类、中医中药类、文化教育类等档案工作都大有可为。2021年是中国共产党建党100周年，中共中央就党史学习教育做出重要部署。梅州是中共早期农民运动的策源地，深入发掘红色档案资源，用史料见证中国共产党百年辉煌，用红色档案讲好梅州故事，具有重要而深远的意义。梅州市民间档案文献工作今后发展的思路有四点：

一是建议市政府主管部门或嘉应学院成立"梅州市民间档案协作组"。吸收一批不同类型的人才加入团队，开展多门类档案资源的挖掘、保护、研究、开发等工作。

二是"梅州市民间档案协作组"的人员，要团结合作，资源共享，互帮互助，抱团发展。

三是梅州市政府在国家"十四五"规划期间，要统筹做好全市民间档案文献（重点是侨批）的保护计划，编制年度申请经费报告，争取财政资金，用于征集遗存在民间的侨批档案等实物，并从制度上安排支持民间档案工作者的保护经费补助，以保障专业人士长期奉献的积极性。

四是历史文化遗产不可再生，是不可替代的宝贵资源，要始终把挖掘保护放在第一位。侨批的寄递已经退出了历史舞台，但它仍是侨乡辉煌历史的述说者。侨批的保护，不仅需要政府对侨批档案遗产的投入，而且需要提高全社会对记忆遗产的认识水平，增强其对侨批档案的保护意识。由于与人们的生活相距较远，大部分民众对世界记忆遗产的认识仍较薄弱。政府需加大对侨批文化遗产的持续投入，希望民间也有更多力量投入进来，共同参与保护。

四、结语

2021年是继往开来的一年，是中国共产党成立100周年的重大时刻。站在"两个一百年"奋斗目标的历史交汇点，站在中华民族伟大复兴和社会主义文化强国建设的重要历史节点，我们要时刻牢记习近平总书记的嘱托教诲，更加充分地研究、宣传和利用好侨批档案等优秀历史文化资源，更加自觉地肩负起时代使命，努力在培育时代新人的过程中，不断增强青年人的历史自觉，激发时代豪情，坚定"四个自信"。

华南抗战时期广东省银行与梅州地区水客经营关系研究（1939 年 6 月—1941 年 12 月）

秦云周[①]

近代以来，梅州地区[②]是我国重要侨乡和南洋侨汇的主要流入地之一。该地汇路畅通与否，直接关系到当地经济的盛衰和社会的稳定，"梅县社会的经济百分之八十靠侨汇挹注"[③]。然而，尴尬的是，1937 年全面抗战爆发时，国家行局在该地并无任何分支机构，粤省政府所属的广东省银行在 1937 年 4 月才在该地设立第一个分支机构——梅县办事处。[④] 由于官方行局的缺位，该地的侨汇长期由私营性质的水客业垄断经营，"因其人数众多，迄今仍能维持其为客属侨汇主要机构之地位"[⑤]。因此，如何在尊重私营水客和粤省地方当局合理的利益诉求的基础上，将梅州地区的侨汇资源导入官方渠道并加以集中成为战时国民党中央政府侨汇管理政策的重要组成部分。针对这一问题的深入探讨，对拓宽华南抗战史及客家学研究范围，丰富战时救济及央地关系的内涵，意义重大。

关于这一问题的探讨，早在抗战时期就已引起了中国学者的关注。在

---

① 秦云周，暨南大学马克思主义学院讲师，暨南大学中华民族凝聚力研究院铸牢中华民族共同体意识基地研究员。

② 梅州地区包括如今梅江区、梅县区、五华县、蕉岭县、平远县、大埔县、丰顺县、兴宁市。

③ 黄文英：《抗战八年来的梅县社会回顾》，［出版地不详］：中国复兴文化社，1948 年，第 83 页。

④ 广东梅州金融志编纂办公室编：《梅州金融志（1853—1985）》，广州：中山大学出版社，1991 年，第 23 - 29 页。

⑤ 中央银行经济研究处编：《最近广东省之金融概况》，重庆：中央银行经济研究处，1941 年，第 15 页。

实地调研的基础上，姚曾荫在《广东省的华侨汇款》中全面分析了水客在梅州地区的经营方式、主导地位。① 由于姚氏的调研旨在为包括广东省银行在内的中国官方行局拓展侨汇业务提供参考，这一著作对深入理解梅州地区广东省银行和水客关系具有重要参考价值。然而，由于时间所限和一手史料的缺乏，未能深入展开。出于集中梅州侨汇的战略需要，中国官方行局和广东地方政府在其内部出版物中，对广东省银行争取和团结水客以增加侨汇也有一定的涉猎。② 这些出版物虽非严谨的学术著作，但是由于史料来源可靠，对理解这一问题亦有一定的参考价值。梅州当地的学者和在该地生活、工作过的外地学者多集中于探讨水客在该地侨汇经营中的地位和作用，这些研究虽没有涉及两者的关系，但相关研究成果值得借鉴。如郑一省从移民网络和金融网络的角度，阐释了水客与闽粤侨乡的深层次联系。③ 周建新结合实地调研和个案材料，分析了客家海外移民所形成的华侨与水客之于原乡社会的互动关系。④ 肖文评聚焦于大埔百侯地区的水客，剖析了水客的经营特色以及在沟通海内外联系、推动近代侨乡社会中的重要作用。⑤ 结合已有的研究成果和当地文献，邓锐进一步细化了对梅州地区水客发展史、经营方式等方面的理解。此外，部分学者注意到了广东省银行和水客在战时的合作。夏水平、房学嘉对于抗战时期梅州客家地区公私侨汇经营机构、水客的输汇情况的论述有相当的参考价值。⑥ 新加

---

① 姚曾荫编著：《广东省的华侨汇款》，上海：商务印书馆，1943年，第17-47页。

② 这方面的成果主要有：中央银行经济研究处编：《最近广东省之金融概况》，重庆：中央银行经济研究处，1941年，第13-15页；广东省政府秘书处编译室编：《广东金融》，曲江：广东省政府秘书处，1941年，第19-22页；广东省银行编：《广东省银行史略》，广州：广东省银行，1946年，第15-18页。

③ 郑一省：《水客与近代中国侨乡的金融网络及移民网络——以闽粤侨乡为例》，《东南亚研究》2006年第5期，第78-82页。

④ 《侨汇与客家社会变迁——以梅县南口镇为考察对象》，谭伟伦主编：《粤东三州的地方社会之宗族、民间信仰与民俗》（下），香港：国际客家学会，2002年，第404-453页。

⑤ 肖文评：《粤东客家山村的水客、侨批与侨乡社会——以民国时期大埔县百侯村为个案》，《汕头大学学报》（人文社会科学版）2008年第4期，第89-93页。

⑥ 夏水平、房学嘉：《梅州客属地区的水客与侨批业述略》，《嘉应学院学报》2005年第4期，第74-78页。

坡学者李小燕依托广东省档案馆藏广东省银行档案，大大推进了广东省银行和水客战时合作的研究①，但对于双方合作的深层次原因及合作的深远影响却未能深入展开。在研究方法上，中山大学段颖教授基于梅州南口侨乡的田野调查，论述了水客在推动和塑造跨国网络与侨乡社会中的重要作用。②

本文在吸收和借鉴前人成果的基础上，以广东省档案馆藏近现代时期的侨汇档案、广东省孙中山文献馆藏广东省银行内部出版物为依据，重点考察华南抗战③时期粤省政府所属的广东省银行与梅属地区私营水客关系发展演变的成因、深远影响及制约因素。

一、管理与团结：国民党中央政府对闽粤两省银行及侨批业的政策取向

广东省银行，简称粤省行或省行，其前身可追溯到二十世纪二十年代孙中山亲手在广州创办的中央银行。该行于 1924 年 8 月 15 日正式成立，自该日起就享有发行纸币、代理国库及代募公债等特权。1927 年南京国民政府成立后，别设中央银行于上海，位于广州的中央银行遂于 1929 年 3 月 1 日奉令改称广东中央银行，只是由于对前中央银行发行之纸币负有兑现之责，故仍加上"中央"二字。由于其资产由省库拨付，纯属省立银行，为循名责实，划清界限起见，1932 年 1 月 1 日再次奉令改组为广东省银行。④ 在粤省地方势力的大力扶植下，历经十多年的苦心经营，广东省银

564

---

① 李小燕：《中国官方行局经营侨汇业务之研究（1937—1949）》，新加坡国立大学博士学位论文，2010 年，第 81 – 82 页。

② 段颖：《作为方法的侨乡——区域生态、跨国流动与地方感知》，《华侨华人历史研究》2017 年第 1 期，第 1 – 11 页。

③ 华南抗战是指以广东为主体的抗战，1937 年全面抗战爆发后，日军对粤省的侵犯主要限于空中轰炸和局部骚扰，广东沿海与外部世界依然保持着密切的沟通。1938 年 10 月 12 日，日军在大亚湾登陆，开始大举进犯广东。此后，华南军民抗击日军侵略直到 1945 年 8 月日本宣布无条件投降才结束。非常感谢华南抗战史研究权威左双文教授对这一问题的指导。

④ 广东省银行编：《广东省银行史略》，广州：广东省银行，1946 年，第 1 – 15 页。

行一跃而成为华南最大的地方性金融机构和粤省的金融枢纽。截至 1937 年底，该行在粤省各地及香港地区设立了分行 2 个、支行 5 个、办事处 24 个。①

南京国民政府建立后，面对积弱积贫的局面，着力推行中央集权和金融垄断政策。侨汇作为一种重要的外汇资源就成为其力图控制并加以集中的对象。1937 年全面抗战爆发后，侨汇作为中国国民政府外汇的重大来源和抗战资金的主要源泉，战略性日趋重要，"该项汇款通路之畅通与否乃华南居民之重大社会问题，同时该项汇款之外币落入何方亦为关键所在，因其与日军占领区对外物资之购买力以及国民政府抗战能力之消长具有密切关系"②。近代以来，侨务大省广东是我国侨汇的主要流入地，每年流入的侨款约占全国侨汇的 80%。③ 据统计，抗战前广东每年侨汇总平均数六千七百万美元。④ 因此，积极疏导、沟通粤省汇路，最大程度将其导入中国官方渠道并集中于中央银行就成为国民政府集中侨汇政策的关键环节。然而抗战之前，广东地方当局与之关系不甚密切，国家行局未能有效渗透进入广东。中央银行直到 1936 年底才在广东设立第一家分支机构——中央银行广州分行，中国银行只在广州、汕头、江门、海南等地设有为数不多的分支机构，交通银行仅在广州、汕头设有分支行处，中国农民银行广州分行 1936 年 11 月才在广州设立，邮政储金汇业局当时尚未在广东设立分支。⑤ 1936 年陈济棠反蒋失败以后，广东"还政中央"。为防止粤省地方势力再次做大，国民党中央政府对粤省采取军政分立、分而治之的政策，而作为粤省地方当局"钱袋子"的广东省银行则首当其冲：①人事方面：

565

① 广东省银行编：《广东省银行二十六年份营业报告》，广州：广东省银行，1938 年，第 49 页。

② 杨建成主编：《三十年代南洋华侨汇投资调查报告书》，台北：中华学术院南洋研究所，1983 年，第 62 页。

③ 袁丁等：《民国政府对侨汇的管制》，广州：广东人民出版社，2014 年，第 29 页。

④ 《广东省侨汇情况及其存在问题报告（草案）》，1953 年 1 月 26 日，广东省档案馆藏广东省华侨事务委员会档案，全宗号：247，目录号：1，案卷号：40。

⑤ 欧阳卫民主编：《岭南金融史》，北京：中国金融出版社，2015 年，第 352 - 388 页。

中央势力宋子良出任广东省财政厅厅长，进而对粤省行董事会和行长人选进行了"全面换血"，国民党中央政府由此掌控了粤省的财政和金融大权。②法定货币方面：将粤省行的发钞权收归中央，并由宋子文以财政部名义与广东地方当局洽定比率兑换省券，由此正式确立法币在粤省的法定货币地位。

侨汇对于广东地方来说，不仅是广东地域经济的重要支柱，"实为本省经济盛衰之枢纽"①，而且是有效沟通海外华侨社会和国内侨乡社会的重要纽带，是侨眷的主要生活来源。在广东"还政中央"后，广东省银行作为粤省金融的枢纽，承担着发展地方经济、活泼地方金融的重要使命。在发钞权收归中央以后，为适应新的形势，广东省银行在1937年2月举办的第一次全体行务会议上，将侨汇业务作为商业化运营的突破口和未来发展的重点。②粤省巨额的侨汇及其产生的丰厚的汇兑收益，不仅是粤省行重要的收入来源和开展存款、放款等业务的重要依托，而且是充实广东地方经济和社会发展资金的主要渠道。"本行鉴于活泼本省金融及增厚抗建资源，实有赖于侨汇。并鉴于发展本行业务亦端赖侨汇为基础"③，由此可见，粤省行对于侨汇业务对自身发展及支撑广东地方经济和华南抗战，有着深切的体认。国家行局在粤省分支机构数量过少且实力不足的尴尬处境致使中央银行未能有效领导粤省对日经济作战的重任。随着战局的紧张，"吸收侨汇已成为粤省当局施政计划之重要部分，其执行机关则为广东省银行，广东省银行年来皆以吸收侨汇为主要业务"④。此外，私营侨批业长期根植于南洋各地和华南侨乡，在激烈的市场竞争中形成了遍布海内外的侨汇经营网络和独具特色的经营模式，所掌握的侨汇资源极其丰富。据姚

① 广东省银行编：《广东省银行二十五年份营业报告》，广州：广东省银行，1937年，第6页。
② 叶少宝：《局势发展与民国地方官办银行经营模式的转变——以抗战前广东省银行为例》，暨南大学硕士学位论文，2005年，第52–53页。
③ 广东省银行编：《广东省银行二十九年度营业报告书》，曲江：广东省银行，1941年，第16页。
④ 云照坤：《战时广东侨汇》，《广东政治》1941年第1卷第1期，第79页。

曾荫统计，1937年潮梅地区侨汇共计6 200万元法币，私营侨批业累计吸收的侨汇就高达5 700万元（其中侨批局4 000万元法币，水客1 700万元法币）。[①] 私营侨批业长期主导着潮梅地区的侨汇经营，不仅造成了国家利权的大量外溢，而且直接影响金融垄断政策和中央集权政策的推行。伴随着实力的增强和国家邮权的扩张，南京国民政府多次尝试对私营侨批业予以限制和取缔，后因控制力有限及国内外的大力反对而作罢。

全面抗战突然爆发，国家行局在粤省的相对弱势局面，使得粤省行事实上成为华南最大的地方性金融机构和领导粤省对日经济作战的执行机关，在广东各地和粤侨集中的东南亚地区积累了良好的经营基础和社会信用。为集中粤省侨汇，国民党中央政府转而对以前重在打压广东省银行和侨批业的政策进行了策略性调整，"抗战后，政府为便利侨胞，集中外汇，充实法币准备，乃一面充实侨汇机构，一面拟定侨汇合作办法，督促各侨汇经营机关切实合作，形成一吸收侨汇之金融网，并责成中国银行总其成，联络闽粤两省银行、闽粤省侨批局、邮政分支局，以广吸收"[②]。显然，国民政府旨在通过将闽粤两省银行及侨批业纳入国家侨汇金融网，利用其在闽粤侨乡和南洋各地的经营网络和社会信用，使之成为国家行局的"助手"和"补充力量"，以便更好地维护国家行局在吸收侨汇中的领导和主干地位。而为弥补国家行局在粤省分支机构过少的不足，中央政府转而支持广东省银行在省内各地侨乡普设分支机构，以充实和完善国家金融网。同时为强化集中侨汇的成效，国民党中央政府放弃了原有对各省地方银行海外扩张自由放任的政策，转而支持和维护中国银行、交通银行等国家行局在海外揽收侨汇的领导和主干地位，以便最大程度地集中侨汇资源。为此，1939年1月28日，中国财政部公布了《吸收侨汇合作原则》

---

① 姚曾荫编著：《广东省的华侨汇款》，上海：商务印书馆，1943年，第39页。

② 《钱币司关于拟定英美运输使节来华工作项目计划大纲及抗战以来办理金融币值情形说明书签呈》（1941年1月18日），中国第二历史档案馆编：《中华民国史档案资料汇编·第五辑·第二编·财政经济（四）》，南京：江苏古籍出版社，1997年，第501页。

和《银行在国外设立分行吸收侨汇统一办法》。① 通过这两项法令，国民党中央政府强化了中央银行在集中侨汇中的权威地位和国家行局在办理侨汇中的主导地位，"即无异暗示中国银行应在海外广设分支行处，其他各行不得与之竞争，可收侨汇集中中行之效"②，由此也彻底关闭了粤省行向海外扩张行处的大门。

由此可见，抗战时期国民党中央政府对广东省银行和私营侨批业采取管理和团结而旨在利用的两手政策。这一政策的确立，一方面为广东省银行在省内各地及昆明、桂林、南宁、重庆等地增设机构，大开方便之门；另一方面使得1939年1月以后粤省行向海外扩张行处困难重重，难以实现。由于战时国民政府所推行的侨汇管理政策旨在增加侨汇，体现的是经营侨汇的思路，因而无论是粤省政府所属的广东省银行，还是私营侨批业，均是国家行局争取和团结的对象，这一"身份"的转变为双方走向合作经营提供了法理依据。

二、合作与共生：粤省行和梅州地区的水客走向合作经营

水客③，是指奔走于闽粤侨乡与海外侨居地之间，专门为侨胞及其眷属带款、带信、带物，沟通海内外关系的行商。在长达上百年④的侨汇经营活动中，水客业已建立了完善的、便捷的侨汇经营网络，具有流动性大，收汇面广，可以深入山村，服务上门，亲交口信，面达亲情，深得侨

---

① 赵廪：《金融法规续编》，重庆：中央银行经济研究处，1942年，第142、149页。

② 童蒙正：《中国战时外汇管理》，重庆：财政评论社，1944年，第304页。

③ 1953年5月中华人民共和国政务院下文一律用侨批员称呼。资料来源：《侨汇专有名词解释》，1953年，广东省档案馆藏广东省华侨事务委员会档案，全宗号：247，目录号：1，案卷号：79，第67页。

④ 关于梅属地区水客出现的年代，早在18世纪末巴达维亚就有不少关于水客侵吞银信的记载，而梅州当地直到道光年间才有水客的记载。参见包乐史、吴凤斌：《18世纪末吧达维亚唐人社会》，厦门：厦门大学出版社，2002年，第125–134页；蕉岭县地方志编纂委员会编：《蕉岭县志》，广州：广东人民出版社，1992年，第369页；大埔县地方志编纂委员会编：《大埔县志》，广州：广东人民出版社，1992年，第586页。

胞、侨眷信赖的特点和优势。① 尽管 1937 年以后广东省银行等公办行局也介入了梅属地区的侨汇经营，但依然无法撼动其垄断地位。

由于水客熟悉南洋侨居地社会和梅属侨乡社会的情况，无论是揽汇的覆盖面，还是对南洋各侨居地基层社会的掌握程度，他们都独具优势，"缘水客前往南洋各属，无论任何山僻小地，均必亲自前往，凡我侨胞皆向领汇，款无巨细，均行收集"②。在侨汇解付环节，由于其熟稔海内外的情况，能够深入侨眷集中的偏远地区，服务上门、准确投递，"原因实由于一，多系熟悉同乡，易与家人见面，对家中情形较易询问"③。作为一种私营性质的行商，其开展侨汇经营旨在获取最大的利益。在官方邮政和银行介入侨汇业务后，为节约运营成本和化解经营风险，水客有意将侨批的中间流通环节交由邮局承担，侨款方面则依托银行进行驳汇、供给头寸。因此，对于梅州地区的水客来说，广东省银行于 1937 年介入梅州地区的侨汇经营行为，自然大大便利了其开展跨国经营。该地水客在维护在当地侨汇经营中的主导地位和商业利益上，对广东省银行更多的是一种借重和利用。

作为华南最大的地方性金融机构和粤省的金融枢纽，扩大汇路以增加侨汇是粤省行战时的重大职责，"值兹抗战时期，资金之挹注，尤深利赖，本行为全省主要之金融机关，对于侨汇，自应积极设法吸收，以期于国计民生，得有充分之贡献"④。然而，广东省银行在梅属地区的侨汇经营无足轻重。据统计，1937 年该行在梅州地区吸收的侨款只有 68 162.90 元法

---

① 广东省地方史志编纂委员会编：《广东省志·金融志》，广州：广东人民出版社，1999 年，第 286 页。
② 《函报办理侨汇情形并陈联络水客办法是否有当请核示由》，1939 年 11 月 30 日，广东省档案馆藏广东省银行档案，全宗号：41，目录号：3，案卷号：2215。
③ 《大埔旅外侨胞经济情形及其家属生活概况》，广东省银行经济研究室编：《广东省银行季刊》1941 年第 1 卷第 3 期，第 509 页。
④ 《广东省银行第二届董事会第二十二次会议报告事项之一：本行积极办理侨汇情形案》，1939 年 7 月 27 日，广东省档案馆藏广东省银行档案，全宗号：41，目录号：3，案卷号：33。

币。① 由于广东省银行吸收侨款的主体也是小额的赡家性侨汇，而特定地区的侨汇总量在一定时期内是相对稳定的，对于广东省银行来说，水客是广东省银行在梅州地区拓展侨汇经营的最大竞争对手。而要拓展当地的侨汇业务，粤省行又存在种种不足：首先在侨汇的揽收环节，梅属侨胞"其中以英属马来亚和荷属吧城苏门答腊昆甸为最多"②。荷印政府1930年的调查显示，该地的客家华侨人数高达20多万，主要来自梅县和兴宁。③ 在英属新马地区和荷属东印度，作为国家行局吸收侨汇主力的中国银行早在1936年6月就在新加坡设立了分行，1938年11月在巴达维亚设立了经理处，1939年1月后又在泗水、槟榔屿、棉兰、吉隆坡、怡保等地增设了分支机构。④ 由于英属新马地区和荷属东印度侨胞众多，经济实力较强，侨汇资源丰富。中国银行为代表的国家行局为巩固和强化在上述两地的经营优势和超额利润，必定排斥粤省行增设行处。因此，除了早先已成立的香港分行和新加坡分行外，1939年1月后广东省银行向粤侨集中的南洋各地增设行处屡屡受挫，"因财政部对各省地方银行在国外设立行处限制甚严，以致未能实现"⑤。为吸收英属新马地区和荷属东印度侨汇，广东省银行与海外同业订约通汇，然而这些同业多集中于大中城市和较为发达的城镇，难以深入。梅属侨胞住地分散，广泛分布在橡胶园、锡矿厂、种植园等区域。其次，从侨汇的解付环节来看，由于梅属侨胞的国内眷属绝大多数居住于多山的偏远地带，广东省银行在该地有限的侨汇经营网络难以企及。要在较短的时间内增设行处既不经济也不现实。最后，由于梅属水客已确

---

① 《近年来广东省银行办理侨汇之概况》，1941年，广东省档案馆藏广东省银行档案，全宗号：41，目录号：3，案卷号：4240之二。

② 谢复生编：《梅县要览》，梅州：新中华书局，1941年，第20页。

③ 许茂春编著：《东南亚华人与侨批》，曼谷：泰国泰华进出口商会，2008年，第299页。

④ 中国银行行史编纂委员会编：《中国银行行史（1912—1949）》，北京：中国金融出版社，1995年，第880–882页。

⑤ 《关于建厅黄厅长吸收侨汇意见各项办理情形并请将非常时期银钱业经营规则第五条修正以安金融由》，1941年8月13日，广东省档案馆藏广东省银行档案，全宗号：41，目录号：3，案卷号：2215。

立了完善、便捷的侨汇经营网络，其在当地侨汇经营中的主导地位难以撼动。

1939 年 6 月汕头的沦陷，促使公办行局广东省银行和私营水客业走向合作经营。在战时环境下，梅属水客经营的外部环境急剧恶化。首先是地面不靖，汇路安全无保障。当地的媒体不时有水客被盗抢或不幸遗失汇票的新闻报道。① 其次，汕头沦陷后，水客出洋路线被迫重新调整，而新的路线费时费力，"出国线由梅（县）经鹰潭、金华、宁波之沪约七天。旅费每人约四百元"②。最后，公办行局及外商银行大都关门或内迁，即使是国家行局吸收侨汇的主力中国银行在梅属地区调拨头寸也困难重重，"接敝处及所属巴、泗、槟三处所收汇款，多以闽之泉州，粤之梅县为总汇，而泉、梅两地，自厦汕沦陷后，海岸被锁，交通隔绝，运券异常困难，应解敝属汇款时，因库存不裕，致久稽交付，影响侨汇至巨"③。相比而言，广东省银行长期根植于粤省各地侨乡，作为广东各级政府的"钱袋子"，在拓展侨汇业务时，能够得到各地政府的大力支持和配合。这使得它在当地武装护批、转驳侨款、接济头寸等方面具有难以取代的优势。④ 水客要想维持运营，和广东省银行进行合作不失为规避各种经营风险的良法。而广东省银行在疏导、沟通潮梅汇路的过程中，也需要借助水客的经营网络。在粤侨集中的南洋各地，广东省银行曾多次寻求增设行处，然而在国民党中央政府的严格限制下，困难重重，难以实现。既有的侨汇揽收网络，虽与海外同业和侨批局建立了合作关系，然而依然无法深入海外侨居地基层社会。在侨眷集中的各地侨乡，广东省银行在沟通这一汇路的过程

571

---

① 《汇票被盗启事》，《中山日报》（梅县版），1940 年 2 月 5 日第 2 版；《汇票被盗启事》，《中山日报》（梅县版），1940 年 7 月 23 日第 2 版。

② 《出国路线》，《中山日报》（梅县版），1941 年 3 月 19 日第 2 版。

③ 《星行致总处业字第 58 号函》，1939 年 12 月 22 日，《中国银行厦门市分行行史资料汇编》编委会编：《中国银行厦门市分行行史资料汇编（1915—1949 年）》，厦门：厦门大学出版社，1999 年，第 377 页。

④ 袁丁、秦云周：《抗战期间广东省银行沟通潮梅汇路之研究》，《华侨华人历史研究》2020 年第 2 期，第 68 页。

中，在潮梅国统区普设分支机构，其后还增设了小型办事处、汇兑所，然而其经营网络依然无法有效覆盖广大侨眷集中的偏远地带。此外，汕头沦陷后，潮汕沿海地区相当一部分侨眷避居内地。据不完全统计，避居梅县者不下数万人，另有几十万侨眷迁移至丰顺等地。① 要在极短的时间核实、掌握这部分侨眷的情况，可谓挑战不小。

粤省行在寻求与水客进行合作的过程中，最初的做法是借助其解付网络，重在完善自身的解付体系，提升解付效率。其后则是注重联络，通过给予其各种优待，重在利用水客在海外的经营网络和良好的社会信用以增加侨汇、开拓业务。汕头刚一沦陷，广东省银行总行即"电饬梅县支行仿照汕市批局办法举办水客登记，如能提具保证，可交与款项送落乡间"②。在借鉴水客落乡送款方面，松口办事处做出了有益的探索。其具体做法是先分函各乡墟市殷实商号商定代理交款手续，以利推行其办法；再经先电话通知各区乡镇长、保甲长转知侨胞家属，如有侨胞汇款，当即直接落乡送到。③ 通过水客的解付网络，粤省行得以在短时内顺利打通在梅属地区侨汇解付的"最后一公里"，有效弥补了在解付环节的短板。

在与水客的频繁互动中，松口办事处主任萧聘廷基于其在粤省行拓展侨汇资源中的重要性，"唯为普遍吸收迅集巨额汇款起见非假手水客不为功"，率先提出了全方位为水客提供各种便利，与之进行联络以扩大汇路的思路，并拟定了联络水客的具体办法。④ 据其提议，1939 年 12 月 17 日，粤省行总行致电星行（新加坡分行，笔者注）："（一）应与各地水客紧密

① 黄文英：《抗战八年来的梅县社会回顾》，[出版地不详]：中国复兴文化社，1948 年，第81 页；李作燊：《抗战四年来广东之侨汇对策》，《新建设》1941 年第六·七期合刊，第48 页。
② 《广东省银行第二届董事会第二十二次会议报告事项之一：本行积极办理侨汇情形案》，1939 年 7 月 27 日，广东省档案馆藏广东省银行档案，全宗号：41，目录号：3，案卷号：33。
③ 《将办理侨汇情形报请察核由》，1939 年 8 月 25 日，广东省档案馆藏广东省银行档案，全宗：41，目录号：3，案卷号：2221。
④ 《函报办理侨汇情形并陈联络水客办法是否有当请核示由》，1939 年 11 月 30 日，广东省档案馆藏广东省银行档案，全宗号：41，目录号：3，案卷号：2215。

周旋，汇款时务予快捷便利，并妥为招待。（二）将本行在国内通汇地点，在南洋各属详为登报，以广招徕。"① 为配合水客便捷地解付侨汇，总行随后通函东江各分支行处，要求："嗣后凡支付侨汇，应尽量以新券支付，并酌搭辅币，以便分派零星侨批。并应一律仿照侨胞家属登记办法，举办水客登记，并取具印鉴或采用水客联保办法，取具保书存验，凡已登记之水客，将来支取汇款可凭印鉴或保书即予付款，藉省取款时各种手续。对于各水客并应妥为接待，以资吸引。"② 可见，为联络水客，广东省银行双管齐下，在南洋地区，重在扩大宣传、拓宽汇路以增加侨汇；在侨汇解付地梅属地区，重在简化解付流程、提升解付效率；在联络水客方面，各分支行处结合实际，灵活开展。对于水客及驻扎地之店东，新加坡分行派专人进行联络，"汇款时力求快捷、便利，招呼极为周到"。同时邀请水客到行登记，凡经登记的水客，享有汇价特别从廉、手续格外从简等优待。③ 根据顾翊群行长的指示，为便于联络水客，松口办事处还制定了《各地往洋水客调查表》，内容包括水客赴洋时期、投止地点、年中带款约数。④ 丙村办事处则通过情感交流、提供优待等多种手段联络当地水客。1940年2月2日，广东省银行丙村办事处设宴招待区属各水客，"到会数十人，通过联系情谊，沟通汇路，发展业务"⑤。凡是经该办事处登记的水客，在侨汇经营的各个环节均享有广东省银行及其通汇行华侨银行各行处给予的各

　　① 《粤省行总行致星行快邮代电》，1939年12月17日，广东省档案馆藏广东省银行档案，全宗号：41，目录：3，案卷号：2215。
　　② 《粤省行总行致东江各行处函》，1939年12月17日，广东省档案馆藏广东省银行档案，全宗号：41，目录：3，案卷号：2215。
　　③ 《电复对于吸收侨汇及联络水客向极注意由》，1939年12月30日，广东省档案馆藏广东省银行档案，全宗号：41，目录号：3，案卷号：2215。
　　④ 《函呈各地往洋水客调查表一册请察核由》，1940年3月1日，广东省档案馆藏广东省银行档案，全宗号：41，目录号：3，案卷号：2215。
　　⑤ 广东梅州金融志编纂办公室编：《梅州金融志（1853—1985）》，广州：中山大学出版社，1991年，第132页。

种优惠。① 在联络水客方面，松口办事处成绩突出。据统计，该地在南洋各地谋生的侨胞不下 4 万人，每年侨汇 200 万以上。为此，松口办事处积极联络水客，"凡有本处及大埔各属过松往洋水客，或设宴招待，或妥为指示途径，代雇车辆，着存印鉴，付款则付新币，搭发辅币，以便流通"②。

广东省银行对联络水客极为重视。为联络水客，广东省银行还对原有的组织架构进行重组和调整，要求所有各侨汇区行处附设华侨服务机构，其中分行设课、支行设组、办事处设系。该机构重要职责之一即为联络侨批业、办理水客登记。③ 由于广东省银行旨在增加侨汇，因此对与之合作的水客，进行了适度的让利。值得一提的是，在广东省第五区督察专员于 1940 年 10 月 13 日召开的侨批业谈话会上，广东省银行派营业部经理容华绶前往出席，会上"容经理申述政府爱护侨胞及本行服务侨胞之诚意，并将前订利便侨汇办法八项逐项解释"；针对各侨批代表要求减低汇费及不限汇额等意见，尽量采纳，"特勉徇各批局之请，从新核定兴嘉两行对东江各地汇率，分饬各该行处遵办，并饬随时体察市情在百分之一限度内酌量增减报核"；会议期间，该行还于 10 月 14 日趁机召集驻兴宁代表开谈话会，宣传政策，解释立场。通过这两次会议，广东省银行释放的善意得到了热烈回应。④

---

① 广东省档案局（馆）编：《梅州侨批世界记忆——魏金华收藏侨批档案汇编》，广州：广东省档案馆，2014 年，第 34 页。

② 《松口办事处工作报告》，1941 年，广东省银行第二次全体行务会议秘书处编：《广东省银行第二次全体行务会议特辑》，曲江：广东省银行第二次全体行务会议秘书处，1942 年。

③ 《广东省银行第二届董事会第三十九次会议讨论事项之九：订定本行各分支行处华侨服务部门办事通则案》，1941 年 10 月 15 日，广东省档案馆藏广东省银行档案，全宗号：41，目录号：3，案卷号：51。

④ 《广东省银行第二届董事会第三十三次会议报告事项之七：派业务部经理容华绶赴东江洽商便利侨汇侨批办法案呈》，1940 年 11 月 30 日，广东省档案馆藏广东省银行档案，全宗号：41，目录号：3，案卷号：45。

表 1　1940 年梅县出洋水客人数及分布区域

所在地区	人数	占比	所在地区	人数	占比
荷属爪哇	242	54.1%	马来亚（新加坡各埠）	125	28%
荷属坤甸	18	4%	荷属三发	35	7.8%
加里吉打	10	2.2%	荷属苏门答腊（日里）	10	2.2%
帝汶历唎	12	2.7%	文岛	9	2%
毛里西亚	8	1.8%	勿里洞	4	0.9%
安南	4	0.9%	布旺	1	0.2%

资料来源：谢复生编：《梅县要览》，梅州：新中华书局，1941 年，第 87－121 页。

从表 1 可知，仅梅县一地 1940 年赴洋水客就多达 478 人，揽收侨汇范围广泛分布于荷属东印度、英属马来亚，甚至非洲等地。通过与梅属水客合作，粤省行在一定程度上突破了国民政府 1939 年 1 月以后严格限制其在海外各地增设行处的政策束缚，侨汇揽收范围进一步扩展到梅属侨胞集中的荷属东印度、英属马来亚、毛里求斯等地。梅属水客通过和粤省行合作，利用该行的政府背景为其背书，不仅有效缓解了资金融通的压力，进一步扩大并巩固了社会信用，而且有效化解了战时的经营风险，节约了运营成本。

由此可见，战局紧张是推动广东省银行和梅属水客业走向合作的直接原因，而汕头的陷落则直接促成了双方的合作。在沟通潮梅汇路的过程中彼此找到了利益的汇合点，为此双方各自发挥比较优势，互通有无，潮梅汇路得以重新沟通，数百万侨眷生计得以维系。

三、互利与共赢：粤省行和梅州地区水客合作经营的成效

广东省银行和梅州地区水客业合作的过程既是该行发展壮大的过程，也是逐步主导该地侨汇经营的过程。通过与之合作的水客，广东省银行在一定程度上突破了国民党中央政府 1939 年 1 月以后严格限制该行海外增设

行处的政策束缚，成功将侨汇揽收范围扩展到未能直接设立行处的荷属东印度、英属马来亚，甚至毛里求斯等地，同时将侨汇经营网络深入到粤侨集中的南洋各地基层社会。此外，粤省行还借助水客的跨国网络和良好的社会信誉，大大扩大了在南洋各地的社会信誉，大大便利存款、放款、信托等各项业务的开展。如丙村办事处通过举办水客登记，给予水客各种便利，"各水客对本处印象尤深，其赴南洋时，竭力向侨胞宣传，每次返国代侨胞带款来处存储，日见众多"①。水客办事处通过联络水客后，"迩由南洋回国者，多言对本行种种便利，印象甚佳，直接汇存本行款项者日众，可见侨胞对本行已有相当认识"②。

在梅州各地侨乡，借助水客业的经营网络，广大省银行进一步巩固并强化了在公办行局中国的解付优势。1939 年汕头沦陷前，广东省银行只在梅县和兴宁设有分支机构，而到了太平洋战争爆发前，广东省银行在梅属地区有梅县分行、兴宁分行，在大埔、高陂（大埔）、大麻（大埔）、湖寮（大埔）、老隆、松口（梅县）、丙村（梅县）、畲坑（梅县）、白宫（梅县）、平远、丰顺、留隍（丰顺）、蕉岭、新铺（蕉岭）、五华、南口（梅县）、松源（梅县）、白侯（大埔）、安流（五华）19 个地区设立办事处。③ 由于国家行局的主力中国银行在梅属地区分支机构不多，而要有效地解付该地侨汇，也不得不倚重粤省行在梅州地区的解付优势和侨汇经营网络。

汕头沦陷后，广东省银行在梅属地区遍设行处，不断改进经营方法，侨汇业务后来居上，并逐渐成长为该地侨汇经营的主导力量。在此过程中，广东省银行在该地充实和完善金融网，在相当程度上重塑了当地的金

---

① 《丙村办事处工作报告》，广东省银行第二次全体行务会议秘书处编：《广东省银行第二次全体行务会议特辑》，曲江：广东省银行第二次全体行务会议秘书处，1942 年。

② 《丙村办事处工作报告》，广东省银行第二次全体行务会议秘书处编：《广东省银行第二次全体行务会议特辑》，曲江：广东省银行第二次全体行务会议秘书处，1942 年。

③ 《广东省银行广告》，广东省银行经济研究室编：《广东省银行季刊》1941 年第 1 卷第 4 期，第 2 页。

融生态和经济面貌。此前汕头是岭东地区的金融中心，当时的金融主体是旧时钱庄。而到了 1941 年底，仅梅县和大埔就有近 20 所银行机构。[①] 在梅属地区众多银行机构中，广东省银行分布广泛，在数量上居于绝对优势地位。广东省银行在梅属地区增设行处，大大优化了当地的金融布局。如大埔办事处成为当地首创的银行。[②] 现以广东省银行与梅属水客业开始合作的 1939 年算起，截至太平洋战争爆发的 1941 年底，对该行吸收的侨汇数量予以进一步分析（见表 2）。

表 2　1939—1941 年广东省银行吸收潮梅侨汇数额

年份	广东省银行潮梅侨汇数额（单位：法币元）	折合美元（单位：元）
1939	25 989 078	7 731 853
1940	55 801 742	16 601 238
1941	29 414 635	1 562 652
总计	111 205 455	25 895 743

资料来源：1939—1940 年广东省银行潮梅侨汇数额系根据《广东省银行四年来华侨汇入款分区统计表》（单位：法币元），广东省档案馆藏广东省银行档案，41－3－4240 之二，第 238 页；1941 年广东省银行潮梅侨汇数额系根据广东经济年鉴编纂委员会编：《广东经济年鉴续编》（三十年度），曲江：广东省银行经济研究室，1942 年，第 47 页。

注：1939—1940 年法币折合美元数字系按照每美元折法币 3.3613 元计算，1941 年法币折合美元数字系按照每美元折合法币 20 元计算。

从表 2 中可以看出，1939—1941 年，广东省银行累计吸收潮梅地区侨汇高达 1.11 多亿元法币，折合美元约为 2 590 万。这对于惠及数百万侨

---

　　① 刘佐人：《抗战八年之广东金融》，《广东省银行月刊》（复刊）1946 年第 9·10 期，第 2－3 页。
　　② 鲁深：《广东大埔的经济状况》，《广东一月间》1941 年 5 月号，第 12 页。

眷、挽回利权、厚实抗战资源乃至赢取日伪在华南地区发动的货币战功不可没。为此，日方也不得不承认"太平洋战争爆发前日方在华侨汇款方面获得之外币极少，而法币却因获得间接滋润支持而对国民政府之抗战经济产生正面维护作用"①。

四、结语

1939 年汕头的陷落，不仅重塑了梅属地区侨汇经营的格局，而且直接促成了粤省政府所属的广东省银行与水客走向合作经营。由于双方合作的基础是互利互惠，因而合作的成效扎实而显著。通过和水客合作，广东省银行的侨汇经营网络得以扩展和深化，从而为该行在战时的发展壮大进而主导潮梅汇路奠定了基础。水客借助粤省行的政府背景和地缘优势，有效化解了各种经营风险，节约了运营成本，在变幻莫测的战时状态下得以继续运营，从而为沟通南洋各侨居地与梅州地区各侨乡之间的联系、维持和改善广大侨眷生计作出了重要贡献。这极大地有利于粤省地方经济和社会的发展，并为国民党中央政府和粤省地方当局争取海外抗战资源创造了有利条件。在沟通潮梅汇路的过程中，广东省银行趁势崛起并逐步主导了该地侨汇经营的格局，从而从根本上扭转了以往私营侨批业主宰该地侨汇经营的局面，更多的侨汇通过粤省行这个官方渠道流入国民政府之手。这为增厚国家外汇储备，进而大规模购置武器装备并在正面战场阻击日军奠定了宝贵的物质基础。从中、日经济对垒的格局看，粤省行和水客合作，卓有成效，从而为在华南地区构筑防范日伪货币攻势的坚固防线，充实和完善国家金融网，推进华南抗战胜利局面的到来创造了条件。

在这一过程中，广东省银行作为华南最大的地方性金融机构得以发展壮大并成长为国家行局强有力的竞争对手，从而为抗战即将胜利之际国民

① 杨建成主编：《三十年代南洋华侨侨汇投资调查报告书》，台北：中华学术院南洋研究所，1983 年，第 69 页。

党中央政府出台对该行更为严厉的限制措施埋下了伏笔。而在合作共赢的大局下，广东省银行在梅属地区确立侨汇经营的绝对优势地位是以水客让渡主导权和部分商业收益为代价的。然而，水客并不甘于放弃经营自主权和巨大的商业收益。抗战胜利后，随着外部威胁的消失，该地的水客挣脱了粤省行的控制而走向了自主经营。失却了水客在侨汇经营过程中首尾两端的奥援，粤省行战后恢复进而重建侨汇经营网络时，首尾不能兼顾，这也是该行战后侨汇经营走向失败的重要原因之一。而广东省银行的公有属性和地方属性，也在一定程度上弱化了该行和水客合作的成效。作为省地方银行，为维护中国银行为代表的官方行局在海外吸收侨汇的领导地位和超额利润，1939 年 1 月以后广东省银行难以在海外各地增设分支行处，这一政策大大制约了该行联络水客拓展揽收侨汇的经营网络。侨批业最大的特点是一乡一乡派送，绝不错误，且无须担保，毫无手续，侨眷都称方便。[1] 然而，广东省银行是现代金融机构，业务活动是以对物的信任为基础的。因此委托水客或借鉴水客解付侨汇时，并不能省去觅保手续。这就导致了粤省行无论如何学习水客业的经营手法，始终无法取而代之。

579

---

① 广东省地方史志编纂委员会编：《广东省志·金融志》，广州：广东人民出版社，1999 年，第 287 页。

"博爱"考究及其客商表现

孙 博①

一、博爱溯源

博爱是一种特殊的爱，其客体是全人类，意指普遍地爱世间所有的人；它意味着人与人之间的相互关心帮助，其基本条件是"人人平等""怀热忱之心"。博爱是无私的，又是广大的；既能把爱给予亲友，也能给予素不相识、素昧平生的人——甚至可以覆盖对手与敌人的范畴。

人们对博爱的知晓与理解，多源自孙中山先生大力弘扬的博爱精神。孙中山先生一生多次以"博爱"题词，一说为67幅②，一说为84幅③。正是因为孙中山不遗余力地推广题词，"博爱"多次在公众面前出现并被熟知。其实，孙氏倡导的博爱并非其首创，而是受西方思潮影响产生的，有其特定的历史背景。这种博爱，是脱胎于基督教的，明示于法兰西第二共和国宪法。④ 而欧洲文化的创新是受到中国古典文化尤其是儒家文化的广泛影响的。十八世纪欧洲出现"中国热"除了是欧洲社会转型的文化需要外，也是同中国古典文化的特点和当时的先进性分不开的。中国古代政治

---

① 孙博，河北盐山人，博士。嘉应学院客商研究院常务副院长、客家研究院副院长、人力资源研究所所长。主要研究方向为人力资源管理。

② 张演钦、江赞：《孙中山题词"博爱"一生多达67幅》，http://news.sina.com.cn/o/2008-07-27/132014225066s.shtml。

③ 王宇洁：《孙中山法书"博爱"和博爱情怀》，《中国国家博物馆刊》2016年第11期，第39-47页。

④ 柏元海：《现代西方社会博爱观批判》，《马克思主义研究》2010年第4期，第84-90页。

的民主性和国家治理的经验给予欧洲启蒙思想家启迪，提供了民主、自由、平等观念的思想模板；儒家的仁爱思想为启蒙思想家提供借鉴和理论根据，促进了博爱观念的形成。

这样，儒家文化在欧洲"再造"后，得到了深受儒家传统文化熏染的孙中山的推崇。其实，博爱在中国的历史长河中可以追溯到孔孟时期。在《孝经·三才章》中，孔子提到："先王见教之可以化民也。是故先之以博爱，而民莫遗其亲。"三国时期的曹植在《当欲游南山行》中提到"长者能博爱，天下寄其身"。北宋诗文革新运动的倡导者欧阳修在《乞出表》之二言及："臣闻愚诚虽微而苟至，可以动天；大仁博爱而无私，未尝违物。"因为客家文化主要承继了儒家文化，所以孙中山先生一度被认为是客家人。这点在史学考究上是存有争议的，但更多的资料与观点似乎在暗示：尽管存有诸多交集，但孙中山其实并非客家人。

二、客商的博爱初衷

孙中山是一位政治家，博爱作为其政见，它的产生是受孙中山的个人成长环境与文化背景影响的。孙中山很认同人类进化应当遵守的特殊原则——人类社会的互助和天下为公。由于一些传闻，"孙中山是客家人"的说法一度甚嚣尘上。但经史学家考究，此说难以成立。无论如何，以张弼士、张榕轩、张耀轩等为代表的早期客商胸怀家国意识，将"博爱"精神演绎至纯美的境界，完美地"助攻"了孙中山的观点。客商的博爱，是有其初衷的。

1. 安身立命

客家人崇尚"读书致明"，做生意多是生活所迫，不得已而为之。且其多为外拓商，即多从事海外开拓，业务带有开发性质。他们初次经商，既无资本，又无组织，且无经验，需要白手起家。这种初期的艰辛与苦痛，没有把客商打倒。他们反而愈挫弥坚，经年累月，终于事业有成。"务实"是"客商"经营之道的重要风格，他们多半白手起家，唯有努力

勤俭方有可能成功；他们欠缺冒险的资本，唯有靠精打细算，从小做大。这种经历使他们成功以后仍能保持这种处世风格——不谋求集团的强势欺压，不牟取暴利，处处考虑当地利益，讲求"利""义"并举，弘扬的是儒家"仁道"，不进行掠夺性开发或掠夺性经营。① 客商这种隐忍实干的作风为其化解了许多商场的威胁，受到了生意伙伴的好评与欢迎，同时又不至于树立强劲的商敌。这种处事与经商风格与"博爱"不谋而合。

2. 视界宽广

客商要长久发展，须把眼光放远，视野放宽。不拘泥于一城一池，方可攻城略地，笑傲疆场。这种宽广的眼界体现在客商的日常经营中，成为其厚积薄发的动力。张弼士虽寡于酿酒经验，但市场风险意识很强。他经过实地考察，又得到李鸿章、盛宣怀的鼎力支持，在确认烟台的土壤、气候等条件非常适宜栽种良种葡萄，又对酒师和酒瓶诸事做了调研、策划后，始决定办厂酿酒，最终成就了"传奇品质的百年张裕"。在请酒师方面，他费尽心机，五易其人，不任人唯亲。目的不仅是保证酒的质量，而且要保证中国人对酿酒术的控制与掌握。最终，其从意大利酒师那儿学到关键技术，保证了公司的生产主动权。再者，在设备、酒窖方面，亦是几经挫折，反复尝试、努力，终获成功。②

三、客商的博爱表现

客商的博爱，体现在对侨居地、祖国、家乡、事业与友商的热爱。这里主要以早期客商张弼士、张榕轩、张耀轩为例。

1. 爱侨居地

荷兰殖民当局以张榕轩、张耀轩开埠有功，先后授予张氏兄弟华人雷

---

① 闫恩虎：《"客商""客商文化"的历史与时代意义》，《嘉应学院学报》2007 年第 4 期，第 18－24 页。

② 张振成：《陈启沅、张弼士兴办近代企业之比较》，《烟台教育学院学报》2003 年第 3 期，第 4－6 页。

珍兰、甲必丹之职。张榕轩还被提任华人玛腰。① 在中国驻新加坡总领事黄遵宪的推荐下，张榕轩于1895年出任中国驻槟榔屿副领事。张氏兄弟就这样在得到多方承认与支持的背景下，成为东南亚地区公认的侨领。

张氏兄弟乐善好施，热心侨居地的公益事业。他们独资在棉兰创建敦本学校，捐建各埠中学校舍、济安医院并免医药费收治病人，还在棉兰勿老湾捐建麻风医院，收治令人避之唯恐不及的麻风病患者；棉兰日里河大桥，亦是张氏兄弟的杰作。如此种种，张氏兄弟的博爱行为散播于棉兰当地的各个角落。为了表彰张榕轩开埠的功绩，荷印政府甚至于1904年将当地的一条繁华街道以张榕轩的名字命名，使其与"孙逸仙街"并驾齐驱，成为棉兰市靓丽的两条华人风情街。客商多为儒商，张榕轩也不例外。他经商有道，且兴趣广泛，尤善钻研。他利用业余时间，搜集整理当地的历史沿革、风俗民情、地理经济等资料以及他所掌握的国内大臣的重要奏章著述等，撰成《海国公余辑录》和《海国公余杂著》，内容丰富翔实，给后人留下许多珍贵的记录与宝贵的材料。

1911年9月，1921年2月，年龄相差十岁的张榕轩、张耀轩兄弟先后在棉兰离世。葬礼当天，棉兰市民纷纷自发前来送别这两位开埠功臣，可见他们的博爱获得了侨居地人民的高度认同，也收获了广泛的支持与回报。

2. 爱祖国

在成为豪门之后，客商没有偏居一隅，固守城垣。家国意识提示他们在更大的范围报效国家，为国富民强出力献计。张弼士是晚清华侨中声名最为鼎盛的实业家之一，也是晚清时期华侨"回国投资的佼佼者"。在晚清政府对归国侨商愈加重视的大背景下，他得到清政府的关注。由此，他深受清廷青睐，被清廷视为"风向标"式的侨商首领。② 光绪二十九年五

① 雷珍兰、甲必丹及玛腰，皆为荷印殖民当局之官衔。
② 魏明枢：《张弼士的参政议政及其启示》，《嘉应学院学报》2010年第3期，第14－16页。

月初（1903年7月底），张弼士在被光绪帝召见的过程中，出于高度的责任感与使命感，向清廷发表了他对其时中国经济的看法。他从世界经济发展的角度，分析了社稷管理者所面临的问题，并提出了具体的对策，即《奏陈振兴商务条议》，其核心即为"招商"，强调"商战"救国。张氏建议颇受清廷赏识，商部随即得以设立。作为商人，提出国策，并为政府所采纳，这是殊为不易的。而这也是一般商人所不具有的情怀，实业救国、招商救国，就是客商在晚清时代具体有形的博爱表现。

由于常年浸淫于南洋商业与华侨投资，张弼士向商部提出：富裕而善于经营的侨商很多，而其大部分祖籍为福建、广东，故此，振兴商务非自闽、粤人手不可。他进一步建议商部选派业务精良的官员，操作福建、广东的农工路矿等经济建设，重点是做好招商工作。他认为，招商要做好两点：一是要明辨商人的特长与能力，使其从事适当的行业；二是要由官方设立一个"试验区"——性质上类似现在的工业园，以为招商示范。张弼士的前述建议得到了商部的充分肯定。

光绪三十年九月十八日（1904年10月26日），清廷颁布谕旨："以太仆寺少卿、候补三品京堂张弼士为太仆寺卿，并充商部考察外埠商务大臣，督办闽广农工路矿事宜。"张弼士被清廷寄予了更高的信任和期望，被交托以发展闽粤商务的重任。嗣后，张弼士回到广东，设立了督办闽广农工路矿大臣办公室，积极将其有关招商兴企的理念付诸落地实施。清末，广东新政已显卓尔不群，岑春煊任两广总督期间，发展更甚。事实上，历任的两广总督均对张弼士寄予厚重的招商预期，张弼士也不负众望，积极招徕侨商并率先注资兴筑广埔铁路、建设黄埔商业区等，带动了侨商踊跃投资参与祖国经济建设的热潮。

3. 爱家乡

客商的宗亲意识一直都是重视家庭、家族与家乡，甚至个人价值的体现很大程度上需要得到家族、家乡的认可。所谓"富贵不返乡如锦衣夜行"的观念，迄今仍为很多客商，尤其是第一代客商所奉行。前文提及的张弼士，以及张榕轩、张耀轩兄弟，谢逸桥、谢良牧兄弟，胡文虎、姚德胜、伍佐南、陈嘉庚、李清泉、邱元荣、蚁光炎等爱国侨领，无一不是造福桑梓的热心人。他们在民族存亡之际奋起为国家民族命运而抗争，从而成为爱国客商的模范。至于尚处初创期的客商，其客居他乡的目的，主要是有朝一日能够衣锦还乡。为着这份期待，其对宗亲、家乡的关注，就更容易升华为对中国国家的认同与事业上不遗余力的打拼。

由于旷日持久、持续绵延逾千年的移民迁徙的特殊历史原因，客家人有着强烈的自组织意识。无论走到哪里，都有客家会馆一类的团体组织，来保护客家人的安全与群体利益。旅居外埠的客家人，往往依旧聚居一处，并保留着与当地人不同的生活习俗。俗话说"三分招商，七分安商"。要有感情纽带的维系与精神层的呵护，客商才会持续不断地想家乡之所想。突破地区总会性质的"联会"或"恳亲"就会起到一定的拉动作用。"客商"积极的自组织意识对客商网络的建立起到关键作用，而客商网络同样投桃报李，对客商的稳定、发展与传播贡献卓著。

海外的客家人，有着诸如宗亲会、同乡会、会馆等组织。这种积极的自组织意识和国家观念相结合，使客商成为华商网络建设和发展的积极推动者。华商网络的核心组织——海外中华商会就是当年在客商领袖张弼士的倡导下成立的。典型的还有泰国客属总会创始人伍佐南、香港中华总商会原会长曾宪梓、牙买加中华会馆主席陈英豪等。世界客属恳亲大会是尤为需要介绍的，它是海内外客属乡亲联络乡谊和进行跨国、跨地区交往的重要载体，也是各国各地区客属乡亲开展经济合作和文化交流的重要舞台。它源起于1971年，基本上每隔两年在世界各地有关城市举行一届，迄今已在香港、台北、旧金山、曼谷、梅州、新加坡、吉隆坡、雅加达、郑州、北海、三明等城市举办了二十余届。这种恳亲会堂仍将充当客商和包括客属地区在内的世界各地区联系的纽带，在文化和经济等方面互通往来，并借此达到壮大自身的目的。恳亲会堂有着旺盛的生命力，客商合作发展的前景也因之变得美妙，各地蓬勃发展的客属联谊活动即是明证。

585

4. 爱事业

"博爱"是离不开物质支撑的。出海务工的客侨在蜕变为客商之前，必然要经历一段财富积累与个人打磨的过程。前文已述，客家人初至异地，白手起家，甚至与原住地断了联系。这样的"独在异乡为异客"要求客家人不仅要抱团发展，而且要把其勤、俭、善的优秀品格传播开来并为外界所感知。

张榕轩少时只身赴南洋谋生，最初是在张弼士的公司做职员，因为表现优秀，被迅速提拔为高级职员。经过这段时期的打磨，张榕轩在各个方面都得到了历练。于是他就在获得张弼士的同意后自立门户，并且没有在原地另立山头与张弼士分庭抗礼，而是转往苏门答腊棉兰地区另行开拓。张榕轩因为其睿智和勇于开拓的精神，获得了老板张弼士的赏识与支持。二人此后由于互相欣赏，成为生意上的伙伴，他们合资开办笠旺公司，经营种植橡胶、咖啡、椰子、茶叶等。之后设立的日里银行与万永昌商号，均是二人的得意之作。张榕轩就这样成功实现了转型，由职员变身为商人，不仅企业日隆，而且促进了棉兰市场的开发繁荣，资产总额多达数千万盾，成为棉兰地区华侨社会的首富。张耀轩初赴印度尼西亚时，也是投奔兄长。张耀轩为人老实敦厚，工作认真细致，在一线历练后被提任为总管，具体负责账目事宜。可见，张耀轩深得张榕轩的信任。张耀轩也正是依靠着勤恳的敬业精神，一步步赢得当地华侨社会的信任。在张榕轩担任华人甲必丹时，张耀轩也被委任为华人雷珍兰。可能有人会说张耀轩是张榕轩的亲弟，榕轩只能选择信任耀轩。下面这个例子相对而言，就更具说服力。张弼士在1897年应清政府之邀，回国筹办中国通商银行。因深悉张耀轩能筹善算，临行前张弼士将其在东南亚的企业事务委托张耀轩代管，使张榕轩兄弟更是红极一时，可信任、可承托成为他们身上重要的标签。兄弟二人的共同之处在于，将工作奉为事业去打拼，因此成为东南亚举足轻重的华侨财团富豪，和比他们早一代的同乡同姓的张弼士并称为"张氏三杰"，以其广结善缘、广撒爱种而被传为佳话。

5. 爱友商

尽管客家人经常最早来到某地并为当地发展建功立业，但是客家人往往没能成为后期该地经济占据优势地位的群体，取而代之的多是其他一些友商。为什么会这样呢？在东南亚开拓发展中有人以这样的表述形象地勾勒了三种不同方言群体的华人所处的地位与作用："客家人开埠，广府人旺埠，潮州人占埠。"这个表述在一定程度上反映了早期不同华人群体的客观状况。客家人甫抵南洋，经济上便与家乡脱节，是孤立无援的移民。所以只好靠双手劳动，或从事农工，或经营矿业，披荆斩棘，替人开埠。所以，东南亚的许多城市都是客家人最早开拓的，如泰国南部的合艾市、马来西亚吉隆坡市、印度尼西亚西加里曼丹的坤甸，还有苏北的棉兰市。客家人在这些地方开矿、筑路、建立烟草和橡胶种植园，奠定各种基础，使得城市初具雏形。但是，由于生产资料并没有掌握在客家人的手中，他们绝无可能长期地独占该地。广府人商业意识强，善经商，他们的到来可以使其以"合作经济"的方式令地方很快繁荣兴旺起来。而"合作经济"更欢迎广府人的"资源""交易"等通货。潮州人则较有战斗精神，在圈内也比较团结，所以，潮州人善于占领地域并且不断扩充实力。人是环境的产物，上述情况的形成很大程度上取决于客家人所处的特殊环境。甫抵南洋的客家人，既无作为商业根据地的家乡港口，也缺乏航海贸易的经验。而广府人以物产丰富的珠江流域为经济背景，转运物资，前来旺埠；潮州人和漳泉人，则以汕头和厦门的港口为其经济背景，移民的同时又在转运物资，前来占埠。[①] 恬静寡淡的客商就这样与友商和谐共存，携手为区域经济的发展作出贡献。他们没有先入为主地垄断当地资源，没有占山为王地拒绝其他商业体的入驻，而是将其视为友商，"有钱大家赚，大家都开心"，甚至甘当配角以维持区域经济的和谐。这等气度正是博爱的集中体现。

---

① 曹云华：《棉兰华人印象》，《东南亚研究》2010年第1期，第70—78页。

四、博爱不是一味顺从

"博爱"强调爱人的主旨和无私奉献的精神。博爱的实施是需要付出代价的，如果倡言博爱却不愿牺牲个人利益——包括财产和生命，就谈不上真正的博爱。救济众生的博爱，与服务于国家民族利益的博爱，在目的性上是有区别的。对于救济众生的博爱，爱本身就是目的，为了爱可以放弃自身的一切，所谓舍己为人。佛教、基督教都有类似的教诲。孙中山对此加以肯定的同时，尤其希望将博爱引导到爱国爱民的方向，亦即实现与救国者之仁的衔接。对服务于国家民族利益的博爱，爱是与利益和责任——国家的独立富强紧密衔接的，救国救民成为博爱的主旨。换言之，救世救人之爱贵在放弃，放弃自身生命财产等一切利益；救国救民之爱则贵在争取，争取国家的富强自主。所以，"博爱"并不意味着一味地顺从、同意和点赞，它要求人们旗帜鲜明地表达观点，并以实际行动加以支持。对当时的一些社会问题，张榕轩、张耀轩兄弟没有坐视不理，在他们出任荷印华人官职后，兴利除弊，凡苛虐华侨华工的条例，必出面与当局交涉。1898 年，张弼士、张耀轩从巴达维亚前往新加坡商务出访时，德国邮船公司"船票不售予华人"的种族歧视政策深深刺激了二人，于是他们合股创办了裕昌、广福两家航运公司，与德国公司竞争。至于张氏兄弟抗争精神的极致代表，恐怕就是著名的潮汕铁路建设了。

为掠夺我国的资源财富与倾销其商品，帝国主义觊觎我国铁路权益由来已久。英国侵略者更是于 1876 年就擅自在上海私建了一条淞沪铁路，民族资本备受摧残。随着汕头港作为华南通商口岸的地位日益显著，帝国主义为加速掠夺，开始谋划起建设潮汕铁路。此间，英国、日本纷纷摩拳擦掌，其无理要求受到了沿线绅商群众的强烈反对。在半殖民地半封建社会的背景下，民族资本成为待宰的羔羊，腐败无能的清政府无力捍卫我国正当的权益。看到帝国主义的凶恶面目愈发丑陋，家乡父老反帝爱国的运动愈趋澎湃，张榕轩、张耀轩遂产生了自办铁路的念头。他们的设想获得了清廷慈禧的首肯与"精神支持"。既是"自办",经费即须"自筹"。集资期间,日本方面指使日籍华人林丽生以入股的形式渗透潮汕铁路公司。张氏兄弟以大局为重,为收回股权赔偿其三十万元利息。虽被敲诈成功,但保住了民族资本的产权与命脉。张氏兄弟的这种勇气与大爱精神,是令旁人与后人景仰赞扬的。作为我国近代史上第一条由华侨投资的纯商办铁路——潮汕铁路于1903年发起筹建,1904年动工,1906年通车,是为客商奉献给祖国的佳作。腐败的清王朝伤透了客商的心,使其萌发了爱国民主主义思想,继而支持孙中山的民主革命。辛亥革命后,潮汕铁路仍归商办。孙中山亲笔题写"博爱"并赠予张耀轩,就是对其最具说服力的肯定与嘉奖。

五、结语

应该承认,商人有时会做出一些被认为不道德的行为。他们多会解释:欲在商场取得成功,即须减损伦理。企业多在宣称不伦行为不为他们所容忍,而其高管却切实践踏着这些诺言。商业伦理的切实履行是公认的挑战,而这一问题的解决还需要整个社会的关注。一般而言,伦理对商业和社会的未来是绝对重要的。如果企业不重视商业伦理,其业务将难以持续。随着公司与行业的成长,唯一为长期发展奠定基础的就是合乎伦理、负有责任的行为。有的企业要求将成本最小化至对环境影响最低,取得收益,回报社区,谨言慎行以建立利益相关者的信任,考虑业务计划的其他后效而非仅着眼于其财务效果。只有做到如此,即博爱地面向所有利益相关者,商业才可确保它的明天,方可持续发展。早期客商的博爱观与表现,是世人学习仿效的绝佳教材。

客家华侨教育与文化

客籍史家谢廷玉华侨华人史研究探微

李瑞璞①

自近代以来，华人迁居海外的人数与日俱增。在此背景之下，迁居海外的历史过程、华人的海外生存境况等问题开始为学界所留意，由是华侨华人史研究亦逐渐兴盛起来。在对华侨华人史研究历程的回顾中，前人多提及冯承钧、李长傅、朱杰勤等人在华侨华人史研究方面的贡献。② 然而，一位曾求学于燕京大学历史系，后又至夏威夷大学攻读硕士学位的客家籍华人史家，在二十世纪二十年代末期便着手研究华侨华人史，开创了华人以英语书写华侨华人史之先河。这位被长期忽视的客家籍史家，便是谢廷玉（Char Tin – Yuke 或 Hsieh T'ing-yu，1905—1990）。

作为一名生长于海外而曾到中国大陆求学的华人，谢廷玉的生平经历促使其关注华侨华人史，其研究主要涉及客家方言群在海外的拓殖历程、华人在夏威夷拓殖史上的贡献、英语国家法律对华人的特殊限制等方面。其著述主要有《客家人的源头与迁徙》（*Origin and Migrations of the Hakkas*）、《夏威夷华人》（*The Chinese in Hawaii*）③、《太平洋地区英语国家对华人的法律限制》（*The Legal Restrictions Against the Chinese in English-Speak-*

---

① 李瑞璞，华东师范大学历史学系博士研究生。

② 郑鹤声：《冯承钧对中国海外交通史、中外关系史研究的贡献》，《海交史研究》1994 年第 1 期；周玉红、吴宏岐：《李长傅对南洋历史地理文献的整理与校释》，《东南亚纵横》2010 年第 5 期；王亚芳：《朱杰勤与东南亚华侨史研究——以〈东南亚华侨史丛书〉为例》，《东南亚南亚研究》2013 年第 1 期。

③ Hsieh T'ing-yu, The Chinese in Hawaii, *The Chinese Social and Political Science Review*, 1930, Vol. 14, No. 1, pp. 13 – 40.

ing Countries of the Pacific)①、《檀香山：夏威夷早期华人传说故事》（*The Sandalwood Mountains：Readings and Stories of the Early Chinese in Hawaii*)②、《竹径：夏威夷华人的生活及其记录》（*The Bamboo Path：Life and Writing of a Chinese in Hawaii*)③、《考艾岛华人史迹与早期家族组织》（*Chinese Historic Sites and Pioneer Families of Kauai*)④ 等。本文试介绍谢廷玉的生平经历，并以其早期著作为研究对象，阐述其在华侨华人史研究中的贡献。

一、谢廷玉的生平经历

1905 年，谢廷玉生于美国夏威夷。谢氏家族原籍广东香山县，家族先祖先是居于广东惠州府。在谢廷玉的高祖父一代，谢氏家族自惠州府迁至香山县。谢廷玉的父亲谢喜益在年轻时远渡重洋，至新加坡投身矿冶业。1890 年时，谢喜益又在"金山梦"的召唤下远渡重洋，定居美国檀香山。

1924 年，谢廷玉毕业于檀香山麦金利高中（McKinley High School）。该校曾走出多位知名的华人知识分子，他们积极捍卫华人在檀香山的地位与尊严，为华人发声。受其影响，反种族歧视的思想在该校华裔学生中非常普遍。如檀香山华人领袖邝友良（Hriam L. Fong，1907—2004）1923 年在该校就读时，便直言种族之差异，并号召华人学生奋起抗争。求学于麦金利高中的谢廷玉自然受到了这种抗争精神的感召，校园中的华洋分界亦引发了其对檀岛华人从哪里来的思考。

1924 年，谢廷玉高中毕业后入读夏威夷大学。出于对夏威夷社会排斥

① Tin-Yuke Char, The Legal Restrictions Against the Chinese in the English-speaking Countries of the Pacific, *The Chinese Social and Political Science Review*, 1932, Vol. 16, No. 1, pp. 472 – 513, 615 – 651.

② Tin-Yuke Char, *The Sandalwood Mountains：Readings and Stories of the Early Chinese in Hawaii*, Honolulu：University Press of Hawaii, 1975.

③ Tin-Yuke Char, *The Bamboo Path Life and Writing of a Chinese in Hawaii*, Honolulu：Hawaii Chinese History Centre, 1977.

④ Wai Jane Char and Tin-Yuke Char, *Chinese Historic Sites and Pioneer Families of Kauai*, Honolulu：Hawaii Chinese History Centre, 1979.

华人政策的不满与对中国历史的浓厚兴趣，1925 年，谢廷玉转入燕京大学历史系。其时，燕京大学历史系大家云集，汉学家洪煨莲（William Hung, 1893—1980）便是其中的代表。在洪煨莲的指导下，谢廷玉完成了学位论文《客家人的源头与迁徙》（*Origin and Migrations of the Hakkas*），并获得燕京大学文学学士学位。在这篇文章中，谢廷玉细述了"客家"之名的含义与客家方言群的播迁历程，并利用地方志、历代正史等史料，从客家习俗、方言、迁流历程等角度，回答了"何谓客家"这一问题。其中谢廷玉特别提到客家人迁居海外的情况。他指出，十九世纪中叶以来，由于原居地人地矛盾激增，客家人与广府人冲突频发。在此背景下，一些贫困的客家人成为契约劳工前往澳门，还有客家百姓前往台湾、西贡及新加坡等地。[1] 可见在此阶段，谢廷玉已经对华人拓殖海外的历史有所关注。

大学毕业后，在 1928—1930 年，谢廷玉任教于天津南开中学。1930 年，谢廷玉入读夏威夷大学，以论文《太平洋地区英语国家对华人的法律限制》获得硕士学位，随后留校任教中国语言及历史。1934—1935 年，谢廷玉至哥伦比亚大学进修，随后于 1936 年任广东岭南大学注册主任及行政部主任。1937 年，全面抗战爆发，谢廷玉为躲避战火返回檀香山，随后投身商界。1952 年，谢廷玉创建夏威夷大陆保险代理公司（Continental Insurance Agency of Hawaii）并任董事主席。在从事保险业之余，谢廷玉还为夏威夷本地报刊《檀香上星报》（*Honolulu Star-Bulletin*）撰文，向公众介绍檀香山华人的播迁历程与华人在夏威夷诸行业中的历史成就。1969 年谢氏退休，随后到香港中文大学崇基学院担任学生辅导顾问至 1970 年底。

1971 年，夏威夷华人历史中心（Hawaii Chinese History Centre）成立。凭借在保险业积累的财富，谢廷玉成了夏威夷华人历史中心的主要赞助人。在这一阶段，谢廷玉曾实地考察夏威夷的八个岛屿，探访早期华人史

---

[1] Hsieh T'ing-yu, Origin and Migrations of the Hakkas, *The Chinese Social and Political Science Review*, 1929, Vol. 13, p. 223.

迹，并撰成《檀香山：夏威夷早期华人传说故事》《竹径：夏威夷华人的
生活及其记录》《考艾岛华人史迹与早期家族组织》。由上可见，对夏威夷
华侨华人史的研究贯穿了谢廷玉的一生。

二、对夏威夷华人拓殖史的研究

在谢廷玉之前，英文世界的华侨华人史研究已现端倪。谢廷玉留意
到，布莱克曼（W. F. Blackman，1855—1932）的《夏威夷的形成》（*The
Making of Hawaii*）①、柯立芝（Mary Robert Coolidge，1860—1945）的《华
人移民》（*Chinese Immigration*）②、古德里奇（Joseph King Goodrich，
1850—1921）的《来到夏威夷》（*The Coming Hawaii*）③、康曼（Katherine
Coman，1857—1951）的《夏威夷岛契约华工史》（*The History of Contract
Labor in the Hawaiian Islands*）④、阿德曼（Romanz Adams）的《夏威夷的人
群》（*The Peoples of Hawaii*）⑤ 等夏威夷史研究著述中对夏威夷华人有所提
及，但讨论夏威夷华人的专题论文甚是少见。这样的学术空白无疑为谢廷
玉进一步研究夏威夷华侨华人史提供了空间。

同时谢氏指出，以往的华侨华人史研究主要关注南洋华侨，而对夏威
夷等太平洋地区的华侨华人史关注不多。鉴于这种情况，谢廷玉撰写了
《夏威夷华人》（*The Chinese in Hawaii*）并于 1930 年发表在《中国社会经
济评论》（*The Chinese Social and Political Science Review*）上。作为一名经受
过史学专业训练的史家，谢廷玉回顾了华人在夏威夷生存与发展的历史，
并总结了华人对夏威夷的历史贡献。

---

① W. F. Blackman, *The Making of Hawaii*: *A Study of Social Evolution*, New York: The Macmillan Co. , 1899.

② Mary Robert Coolidge, *Chinese Immigration*, New York: Henry Holt and Company, 1909.

③ Joseph King Goodrich, *The Coming Hawaii*, Chicago: A. C. McClurg, 1914.

④ Katherine Coman, The History of Contract Labor in the Hawaiian Islands, *Publications of American Economic Association*. , 1903, Vol. Ⅳ, No. 3.

⑤ Romanz Adams, *The Peoples of Hawaii*, Honolulu: Institute of Pacific Relations, 1925.

（一）夏威夷社会历史的整体介绍

在介绍夏威夷华人之前，谢廷玉对夏威夷社会历史总体情况作了概述。谢廷玉指出，西方人开发夏威夷的历史并不长。库克船长于 1778 年抵达夏威夷，开启了西方世界与夏威夷相接触的历史。库克船长将这个岛命名为桑威奇岛（Sandwich Islands）。1820 年，一位来自新英格兰的传教士登上夏威夷并向岛民传教，由是夏威夷与西方文明的接触逐渐加深。

谢廷玉敏锐地注意到夏威夷之于美国经济的重要性。夏威夷有 "太平洋的十字路口" 之称，美国商船进出太平洋时，须停靠于此进行补给。[①] 该岛气候长夏无冬，非常适合甘蔗种植。白人种植园主在岛上开辟了大量甘蔗种植园，经济势力日盛。夏威夷原为一个独立的王国，为攫取更多利益，白人种植园主不断干预夏威夷王国内政，并最终掌控夏威夷政权。1898 年，夏威夷成为美国的一部分。[②] 夏威夷岛有 "世界大熔炉" 之称。商船南来北往，使得东西方文化在此交汇，华人、白人与夏威夷土著之间的通婚现象并不鲜见。[③] 可见在谢氏看来，夏威夷文化具有多文化交融的特质，在相当长的一个时期内，不同肤色、不同文化背景的民众能够在夏威夷和睦相处。

（二）华人初抵夏威夷

据谢廷玉的研究，华人抵达夏威夷的时间不会晚于十八世纪末。1788 年 1 月 22 日，Felice and Iphigenia 号商船从中国出发，于当年 12 月抵达夏威夷。据船上大副 Tianna 称，船上搭载着一些华人铁匠与木匠。1789 年，"埃利诺"（Eleanor）号商船从墨西哥出发前往美国西北沿海地区，船上有

---

① Hsieh Ting-yu, The Chinese in Hawaii, *The Chinese Social and Political Science Review*, 1930, Vol. 14, No. 1, pp. 14 – 15.

② Hsieh Ting-yu, The Chinese in Hawaii, *The Chinese Social and Political Science Review*, 1930, Vol. 14, No. 1, p. 14；彭慕兰、史蒂文·托皮克著，黄中宪、吴莉苇译：《贸易打造的世界：1400 年至今的社会、文化与世界经济》，上海：上海人民出版社，2018 年，第 236 页。

③ Hsieh Ting-yu, The Chinese in Hawaii, *The Chinese Social and Political Science Review*, 1930, Vol. 14, No. 1, p. 15.

10 名美国人和 45 名华人，其航线经停夏威夷岛。1794 年，"埃利诺"号商船进行最后一次航行。在此次航行中，一些华人留在夏威夷岛，这是华人抵达夏威夷岛的最早记录。①

谢廷玉指出，中国是与夏威夷最早建立贸易联系的国家之一。在往返中国至美国东部的航线上，美国商船从澳门出发前往美国本土（the American mainland），其间商船曾在夏威夷停留以求补给。船队东返的航程中曾在夏威夷停留，并将大量夏威夷檀香木带回中国，因此中国百姓又称夏威夷为檀香山（Sandalwood Mountains）。② 在贸易航线中，相当数量的华人来到夏威夷。③ 中国与夏威夷的檀香木贸易始于十八世纪末，在十九世纪初期达到高峰。至 1843 年，中国与夏威夷的檀香木贸易额达到十万美元。在 1840—1844 年，夏威夷还曾向中国出口蚕丝，但由于该地气候并不适合种桑养蚕，蚕丝贸易利润不高，故蚕丝出口未能持续下去。尽管中国与夏威夷之间有着紧密的贸易联系，但直至 1852 年，夏威夷岛上仅有 55 名华人。④

（三）华人大规模迁居夏威夷的原因及其生计

谢廷玉指出，夏威夷岛甘蔗种植与制糖业日渐兴起，所需劳动力数量不断提升，这是大量华人劳工进入夏威夷的首要原因。前文已经提到，夏威夷自然条件优渥，非常适合种植甘蔗。据谢廷玉考证，华人最早开启了夏威夷制糖业。早在 1802 年，一名因檀香贸易而来的华人，利用从故乡带来的石碾子和小锅在夏威夷熬糖。在毛伊岛（Maui）上，一个名叫洪泰（Hung Tai）的中国人于 1828 年建起了小型制糖作坊，但由于规模过小，

---

① Hsieh T'ing-yu, The Chinese in Hawaii, *The Chinese Social and Political Science Review*, 1930, Vol. 14, No. 1, p. 15.

② Hsieh T'ing-yu, The Chinese in Hawaii, *The Chinese Social and Political Science Review*, 1930, Vol. 14, No. 1, p. 15.

③ Hsieh T'ing-yu, The Chinese in Hawaii, *The Chinese Social and Political Science Review*, 1930, Vol. 14, No. 1, p. 16.

④ Hsieh T'ing-yu, The Chinese in Hawaii, *The Chinese Social and Political Science Review*, 1930, Vol. 14, No. 1, p. 17.

盈利不足，他放弃了制糖之业。由是可见，夏威夷制糖业是由华人最早创立的。[1]

十九世纪中叶，夏威夷的甘蔗种植业全为英美种植园主所把控。自1850年起，甘蔗种植业开始快速发展，种植业者成立了皇家夏威夷农业会社（the Royal Hawaiian Agricultural Society）。快速发展的甘蔗种植与制糖业急需劳动力，但夏威夷本地劳动力并不充裕，于是皇家夏威夷农业会社决定从中国广东招徕苦力（coolie labor）以填补劳动力缺口。[2] 该会社之所以选择从广东招揽苦力，是因为广东系夏威夷檀木贸易的终点，夏威夷商业从业者对该地的情况较为了解。[3] 而且，珠江三角洲地区盛产甘蔗，当地百姓对种蔗制糖十分熟悉，这是夏威夷种植园主选择从广东招徕苦力的又一原因。由是，自1852年起，大量来自广东香山的粤籍华工踏足檀岛。[4] 他们勤劳善良，辛勤劳作，被种植园主称作"诚实而稳重的劳动者"。[5]

在谢廷玉看来，十九世纪中叶华南区域社会的持续动荡则是华工背井离乡的又一重要原因。谢廷玉指出，长期以来，清廷并不允许民众赴海外佣工，但由于珠江三角洲地区生齿日繁，人多地少，百姓仅靠躬耕田垄，家庭生计无以为继。于是该地农民选择远赴海外佣工，以贴补家用。在不少地方，同村男性在同乡的带领下前赴后继奔赴海外，将辛苦劳作之所得寄回家中，以维持家中生计。[6] 1840年爆发的鸦片战争及其后兴起的太平

---

[1] Hsieh T'ing-yu, The Chinese in Hawaii, *The Chinese Social and Political Science Review*, 1930, Vol. 14, No. 1, p. 18.

[2] Hsieh T'ing-yu, The Chinese in Hawaii, *The Chinese Social and Political Science Review*, 1930, Vol. 14, No. 1, p. 19.

[3] Hsieh T'ing-yu, The Chinese in Hawaii, *The Chinese Social and Political Science Review*, 1930, Vol. 14, No. 1, p. 19.

[4] Hsieh T'ing-yu, The Chinese in Hawaii, *The Chinese Social and Political Science Review*, 1930, Vol. 14, No. 1, p. 19.

[5] Hsieh T'ing-yu, The Chinese in Hawaii, *The Chinese Social and Political Science Review*, 1930, Vol. 14, No. 1, p. 18.

[6] Hsieh T'ing-yu, The Chinese in Hawaii, *The Chinese Social and Political Science Review*, 1930, Vol. 14, No. 1, p. 20.

天国运动引发了珠三角地区持续性的社会危机，这同样是大批华人迁居海外的重要原因。原本居住在山区的客家人，因愈发尖锐的人地矛盾而开始向平原迁移，并与原本生活于该地的广府人展开生存竞争。这种竞争最后演变为清咸丰、同治年间长达十余年的土客大械斗。谢廷玉认为，这场械斗自 1854 年持续至 1866 年，以珠江三角洲西侧的西江流域为盛。面对恶劣的生存环境，客家人选择向中国澳门、香港、台湾以及南洋的暹罗与新加坡迁移。

在移民潮中，相当部分的客家人因被迫签署卖身契约而被运往秘鲁和古巴。这种带有强迫性质的招徕华人劳动力的方式，被称作"卖猪仔"。[①] 迟至 1852 年，客家人开始以契约劳工的身份来到夏威夷工作，一些客家人甚至身死异乡，埋骨檀岛。在檀香山华人墓地里，有相当部分的墓碑上镌刻着如归善、惠州等客家地名。据谢廷玉考证，夏威夷岛上最早一块客家人墓碑属于逝者黄晓公，其逝世于咸丰八年（1858），祖籍广东归善县。[②]

（四）夏威夷对华人迁入的限制

谢廷玉指出，华人在夏威夷社会的经济地位逐渐提升，社会影响力逐渐增强，这对当地白人文明（盎格鲁－撒克逊文明，Anglo-Saxon civilization）产生了威胁。由于华人挤占就业机会，拉低劳动力价格，夏威夷社会出现了反华言论，并最终形成此起彼伏的排华运动（anti-Chinese faction）。在当地报刊中，有论者称华人"并不打算在当地居住下来，从未试图成为美国公民""华人坚持着自己的风俗习惯，抱团居住在同一个社区之中，他们的唯一目的是赚足了钱回到中国""他们从不打算学习英语，或以英语思考""如果美国人算作是人类的话，这些华人并不能算作是

---

① Hsieh T'ing-yu, The Chinese in Hawaii, *The Chinese Social and Political Science Review*, 1930, Vol. 14, No. 1, p. 22.

② Hsieh T'ing-yu, The Chinese in Hawaii, *The Chinese Social and Political Science Review*, 1930, Vol. 14, No. 1, p. 22.

人"。① 谢廷玉指出，夏威夷岛对华人的系统性歧视肇始于十九世纪七十年代。

在 1875 年，夏威夷当局以保护本岛居民身体健康为由，出台针对来往中美船舶的限制性法令。该法令规定，"出发于中国，或曾在中国停靠之商船，必须经过本国同意，方能进入港口停泊"②。到了 1886 年，夏威夷当局只允许持有护照，且在夏威夷拥有固定住所的华人进入登岛。除商人、政府官员、神职人员、教师，以及以上人员的配偶及子女之外，其他华人不能迁入夏威夷。这一政策颁行后，该地制糖业运转不良，于是夏威夷当局又放松了入境限制，使得部分华人劳工能登岛从事农业生产。1898 年，夏威夷为美国所吞并，美国当局严控华人迁入的政策使得新入夏威夷的华人人数持续降低。但由于在此之前已经有大量华人定居在夏威夷，经过数代繁衍，截至 1929 年，夏威夷岛上已有约两万五千名华裔居民。③

为了弥补限制华工入境而造成的劳动力不足，同时削弱华人在夏威夷的影响力，夏威夷当局于 1885 年允许日本劳工进入夏威夷。谢廷玉指出，日本人最早于 1868 年登岛，但由于岛内生活环境不堪，日本政府禁止国民到夏威夷佣工。而到了 1885 年，日本政府与夏威夷移民事务局达成协议，将日本人赴夏威夷佣工合法化，由是大量日本人进入夏威夷。但在夏威夷当局看来，这些日本人"有着极为强烈的本国国籍认同，极具门户意识，个性善变而且总是想罢工"④，甚至比中国人还要危险。在 1878—1907 年，夏威夷当局还允许来自葡萄牙、挪威、德国、俄罗斯、西班牙及菲律宾的劳工到夏威夷工作。尽管如此，由于这些劳工并不熟悉糖业生产，且进入

① Hsieh T'ing-yu, The Chinese in Hawaii, *The Chinese Social and Political Science Review*, 1930, Vol. 14, No. 1, p. 25.

② Hsieh T'ing-yu, The Chinese in Hawaii, *The Chinese Social and Political Science Review*, 1930, Vol. 14, No. 1, p. 24.

③ Hsieh T'ing-yu, The Chinese in Hawaii, *The Chinese Social and Political Science Review*, 1930, Vol. 14, No. 1, p. 25.

④ Hsieh T'ing-yu, The Chinese in Hawaii, *The Chinese Social and Political Science Review*, 1930, Vol. 14, No. 1, p. 27.

夏威夷的人数有限，夏威夷岛糖业生产陷入劳动力不足的境况。因此，夏威夷工商业者仍希望美国当局放宽对外国劳工，尤其是华人劳工的入境限制。但由于美国国会分别于 1921 及 1924 年通过《移民紧急限额法》及其补充法案（Immigration Act of 1924，又称"民族出身法"），夏威夷工商业者的愿望并未成真。[①] 此后，夏威夷华人一直生活在移民限制及种族歧视的阴影之下。尽管如此，华人仍在该地经济发展方面发挥着不可忽视的作用。

在此，谢廷玉分析了夏威夷岛内移民的主要来源，以图更加全面地展现华人在夏威夷社会中所处环境与地位。在谢廷玉看来，华人垦殖夏威夷的历史十分悠久，对夏威夷的经济发展作出了巨大的贡献。而夏威夷素来有接纳外来移民的传统，来自不同地区的人们在夏威夷相遇，共同生活，不同地区的文化在此地交汇融合，最终形成了兼容并包的夏威夷文化。借此，谢廷玉意图表明此地歧视华人的社会舆论与法律条文并无正当性可言。[②]

（五）夏威夷华人的生活境况

据谢廷玉的研究，时至二十世纪二十年代末期，华人已经涉足夏威夷岛内诸多行业。中国是水稻种植大国，华工获得人身自由之后，开垦荒地，种植水稻。利用夏威夷良好的水热条件，加上在家乡即已经掌握的水稻种植技巧，夏威夷岛上的华人水稻种植业一度十分兴盛。但由于华人所沿用的传统水稻种植技术生产效率不高，且鲜有第二代华人从事农业生产，夏威夷岛内的水稻种植业为加州所超。在华人逐渐退出夏威夷水稻种植业之时，日本人乘虚而入。[③] 华人还在夏威夷发展起鱼塘养殖业，家禽

---

① Hsieh T'ing-yu, The Chinese in Hawaii, *The Chinese Social and Political Science Review*, 1930, Vol. 14, No. 1, p. 27.

② Hsieh T'ing-yu, The Chinese in Hawaii, *The Chinese Social and Political Science Review*, 1930, Vol. 14, No. 1, p. 28.

③ Hsieh T'ing-yu, The Chinese in Hawaii, *The Chinese Social and Political Science Review*, 1930, Vol. 14, No. 1, p. 28.

养殖业，菠萝、香蕉等热带水果种植业，以及咖啡、烟草等热带经济作物种植业。①

夏威夷华人除投身农业之外，在岛内的屠宰业、百货零售业、糕饼制售业等多个行业中，亦能发现他们的身影。到 1889 年，20.6% 的屠宰业者、91.8% 的猪肉屠宰业者、23.5% 的百货业者、62% 的零售业者及全部糕饼制售业者是华人，可见华人在夏威夷社会经济中的影响力。为方便经商，夏威夷华人商人还组建了华美银行（Chinese-American Bank）和自由银行（Liberty Bank）。至二十世纪三十年代时，华人在夏威夷繁衍生息的历史已逾百年，对夏威夷社会经济的贡献毋庸讳言。②

据谢廷玉的观察，尽管在夏威夷生活多年，但夏威夷华人，尤其是老一辈华人仍保留着原乡习俗。夏威夷华人仍会在春节时燃放鞭炮并购买水仙花，桌上也会放置荔枝干、瓜子、鲜果等各色美食供前来拜年的人享用。在饮食习惯上，夏威夷华人虽然会使用刀叉，但筷子仍是其最常用的餐具。华人的餐桌上既会出现西式餐食，也有燕窝、鱼翅、香菇、干虾仁、咸蛋、豆油与酱油等中式食物与调料。在衣着上，老一辈华人妇女仍坚持身着中式传统服饰，但男子已经普遍穿着西服。③

夏威夷华人与当地居民通婚的现象十分普遍。谢廷玉指出，华人与土著居民的后代一般能继承华人勤劳的个性品质与当地居民壮硕的体格。华人以善于学习著称。据谢廷玉调查，在二十世纪二十年代，约七成的华人适龄学童能入读高中，而土著居民适龄学童高中入学比仅有四成。在文教领域，华人不仅兴办了明伦学校、中山学校等华校，而且出版了《汉民报》《檀华新报》等报刊。夏威夷华人还组成了多个社团沟通乡情，维护

① Hsieh T'ing-yu, The Chinese in Hawaii, *The Chinese Social and Political Science Review*, 1930, Vol. 14, No. 1, p. 29.

② Hsieh T'ing-yu, The Chinese in Hawaii, *The Chinese Social and Political Science Review*, 1930, Vol. 14, No. 1, p. 23.

③ Hsieh T'ing-yu, The Chinese in Hawaii, *The Chinese Social and Political Science Review*, 1930, Vol. 14, No. 1, p. 30.

自身利益。老一辈华人会加入中华总商会和美国华人会社，年轻一代的夏威夷华人则选择参加华人公民俱乐部、华人大学生俱乐部、中国学生联合会等组织，这些组织与中国国内政党过从甚密。①

　　谢氏最后的结论是，经历长时间的繁衍与融合，夏威夷华人在保留中华文化底色的同时，接受了夏威夷当地的生活方式。生于夏威夷的第二代华人由于接受的是全美国式的教育，其在思维方式、生活习惯上与第一代华人存在较大差异。檀岛华人正努力地维护自身权益，试图融入美国主流社会。总的来看，在《夏威夷华人》一文中，谢廷玉回答了檀岛华人从何而来这一问题，并细述了夏威夷华人对该地经济发展的贡献与生活状况。

　　谢廷玉对夏威夷华侨华人史的研究，与其年少时的经历息息相关。谢氏自幼生长于华洋杂处的美国檀香山，但其所处的社会环境对身为第二代华人的谢廷玉并不友好。第一次世界大战后，美国社会盛行"百分之百美国主义"，排华风气浓厚。美国白人社会中排斥华人的舆论甚嚣尘上，学校普遍实行种族隔离政策。由于夏威夷异族通婚现象非常普遍，彻底的种族政策难以实施，檀岛当局便在学校中实行所谓的"英语标准制度"，以英语水平不同分班授课。这一制度实则将亚裔学生与白人学生分离开来，华人与白人之间存在着有形及无形的边界。谢廷玉自幼求学于檀香山，时刻感受着华洋边界带来的刺痛感，这种文化边界也激发了谢廷玉对檀岛华人从何处来的思考。在《夏威夷华人》中，谢廷玉多次强调夏威夷社会具有多元文化相互融合的社会特质，这无疑消解了夏威夷当局和美国当局推行种族歧视政策的正当性。而谢氏确定华人抵达夏威夷的时间，阐述华人对夏威夷的社会贡献，则回击了当地报刊对华人群体的污名化书写，试图为夏威夷华人群体"正名"。

　　重视数据统计是谢廷玉研究夏威夷华侨华人史的特色。在《夏威夷华

---

　　① Hsieh T'ing-yu, The Chinese in Hawaii, *The Chinese Social and Political Science Review*, 1930, Vol. 14, No. 1, p. 31.

人》一文中，谢廷玉统计了进出夏威夷的华人人口数、华人商业力量在各领域的比例、夏威夷华人受教育比例等多项数据，以求更加准确地描述夏威夷华人的总体情况。在谢廷玉之前，对夏威夷华人史的研究往往缺乏具体的数据支持，而谢廷玉则以具体的数据说明了华人在夏威夷的势力及其对夏威夷社会经济发展的贡献，其结论更加令人信服。谢廷玉能以诸多数据展现夏威夷华人的具体样态，与其研究所用材料息息相关。在所用资料上，谢廷玉重视报刊、年鉴与官方统计报告等文献资料。谢廷玉运用了包括《檀香山广告报》（*Honolulu Advertiser*）、《桑德斯年鉴》（*Thrum's Annual*）、《朋友》（*The Friend*）、《夏威夷华人学生联合会年报》（*Chinese Students' Alliance of Hawaii Annual*）等夏威夷本地报刊资料，以及夏威夷移民局报告（Hawaii—Bureau of Immigration Report）、美国劳工局公告（U. S. Bureau of Labor Bulletin）等官方报告。从这些资料中，谢廷玉能寻得较为准确的统计资料。以如上资料为凭，谢廷玉细致梳理了华人在夏威夷的历史与现实，使得华人迁居夏威夷的历史面貌更加清晰。

三、从法律史角度认识华人的海外境遇

1930 年，谢廷玉入读夏威夷大学，并于 1932 年以《太平洋地区英语国家对华人的法律限制》一文获得硕士学位。在这篇文章中，谢廷玉以美国、加拿大、新西兰及澳大利亚四个太平洋国家（countries of the Pacific）为例，分析这些国家在法律层面对华人移民的限制措施，进而说明华人为何长期被排斥于太平洋国家的主流社会之外。

（一）选题缘由

在《太平洋地区英语国家对华人的法律限制》中，谢廷玉以美国、加拿大、新西兰及澳大利亚四国的法律条文作为研究对象。谢氏之所以选择这四个国家作为研究对象，是因为这些国家在文化背景、华人迁移史以及对华人的态度方面具有相似性。以这四个国家的法律条文作为研究对象，能很好地认识太平洋国家对于华人的法律限制。

谢廷玉指出，美国、加拿大、新西兰及澳大利亚具有相似的文化背景，这是将四国均列为研究对象的首要原因。如上四国均是英语国家，早期进入这些国家的居民"均有着盎格鲁－撒克逊传统，英语是他们的母语"①。在迁入这些国家后，白人居民保持着原有的文化及文明标准，这一套文化传统与华人迥然不同。这为华人进入如上四国后与原居者产生文化冲突埋下了伏笔。

另外，华人迁入上述四国的背景及在如上四国的生活境况也是相似的。中国本土与上述四国远隔重洋，这意味着华人不可能大规模地迁入以上述四国为代表的太平洋国家。迁居华人以广东人居多，这种迁移多是自发性的，且均集中于某一特定的时间段。在所谓"淘金热"的召唤之下，一些华人迁移至太平洋国家。随着华人人数的不断增加，迁入地的反华言论层出不穷。② 至谢廷玉提交论文时，华人总人口仅占澳、加、新、美四国总人口的约 0.14%，但四国均对华人采取了极为严格的法律限制，这引发了谢廷玉的研究兴趣。③

总的来说，文化背景上的差异与现实利益的冲突，使得华人与迁入地居民，也就是与白人的矛盾日益深化。在此背景下，以美、加、新、澳为代表的太平洋国家出台法律对华人进行限制。这些限制涵盖了迁入条件、公民权、选举权、职业选择权及财产权等多个方面。在《太平洋地区英语国家对华人的法律限制》一文中，谢廷玉试图探明具有类似文化背景与移民史的国家，在面对华人等"不被期待的移民"时采取的歧视性政策。

（二）太平洋国家的华人移民史

谢廷玉指出，早在十五世纪时，华人即已迁居至东南亚马累群岛

---

① Tin-Yuke Char, The Legal Restrictions Against the Chinese in the English-speaking Countries of the Pacific, *The Chinese Social and Political Science Review*, 1932, Vol. 16, No. 1, p. 472.

② Tin-Yuke Char, The Legal Restrictions Against the Chinese in the English-speaking Countries of the Pacific, *The Chinese Social and Political Science Review*, 1932, Vol. 16, No. 1, p. 472.

③ Tin-Yuke Char, The Legal Restrictions Against the Chinese in the English-speaking Countries of the Pacific, *The Chinese Social and Political Science Review*, 1932, Vol. 16, No. 1, p. 479.

（Malay Archipelago）。到了十九世纪，西方列强踏入中国，清廷对百姓出洋的禁令日渐松弛。与此同时，在美国、澳大利亚等"新世界"（the New World）出现金矿开发浪潮，诸多矿井出现大量的用工需求。在内外两重因素的共同作用下，华人出洋人数逐渐增加。据谢廷玉的统计，迁居海外的华人主要来自河北、山东、福建及广东地区。来自河北、山东等北方地区的华人移民主要迁居至西伯利亚地区，而福建、广东的移民则主要迁往马累群岛、荷属西印度群岛、泰国与印度支那，以及包括南北美洲及澳大利亚在内的太平洋沿岸国家。① 其中，迁居太平洋沿岸的华人经由"赊单制"（credit-ticket system）出国，以广东人为主。②

谢廷玉将太平洋地区华人迁居史分为"短暂的受欢迎阶段"和"排斥阶段"③，二者以1850年作为分界。在十九世纪五十年代之前，华人劳工因有效补足了迁入地的劳动力缺口而颇受欢迎。在太平洋地区，华人主要从事矿业开采、家政服务、农业生产，后又广泛地参与美国的铁路建设。如澳大利亚新南威尔士州新发现金矿后，来自欧洲的白人工人数量不足，澳大利亚矿主便赴香港招徕华工挖矿。④ 待到金矿开发殆尽，华人开始进入其他行业，并刺激着迁入地基础产业（basic industries），如加拿大三文鱼加工业、新西兰乳制品工业及澳大利亚家具制造业等，都是由华人发展壮大起来的。随着华人势力的逐渐强盛，华人与白人先到者日渐呈现生存竞争的态势，迁入地当局开始对华人进行限制。一些白人矿主认为中国移民侵占了其开矿权益，制造出了一系列针对华人的袭击和骚乱，并制造出

---

　① Tin-Yuke Char, The Legal Restrictions Against the Chinese in the English-speaking Countries of the Pacific, *The Chinese Social and Political Science Review*, 1932, Vol. 16, No. 1, p. 473.

　② Tin-Yuke Char, The Legal Restrictions Against the Chinese in the English-speaking Countries of the Pacific, *The Chinese Social and Political Science Review*, 1932, Vol. 16, No. 1, p. 483.

　③ Tin-Yuke Char, The Legal Restrictions Against the Chinese in the English-speaking Countries of the Pacific, *The Chinese Social and Political Science Review*, 1932, Vol. 16, No. 1, p. 479.

　④ Tin-Yuke Char, The Legal Restrictions Against the Chinese in the English-speaking Countries of the Pacific, *The Chinese Social and Political Science Review*, 1932, Vol. 16, No. 1, p. 479.

华人是"低等级的""没有合作精神"的社会舆论,以达到排华的效果。①

(三) 太平洋国家对华人的法律限制

在谢廷玉看来,太平洋国家对华人的法律限制开始于各地方性条例,而后上升至国家法律。在 1855 年,澳大利亚维多利亚州出台了首部对华人的限制法令,南澳大利亚州、新南威尔士州分别于 1857 年及 1861 年出台限制华人的条例。英属哥伦比亚及美国加利福尼亚州也曾推行限制华人的举措。② 自十九世纪八十年代起,太平洋国家开始以国家法律全面限制华人入境与境内从事行业,华人入境人数明显减少。在 1880 年,美国与清政府签署限制华人移民的条例,并于两年后通过了首个限制华人的法令。1881 年,新西兰仿照澳大利亚昆士兰州对华人高税收及入境限制模式,出台首个"华人移民限制法案"(Chinese Immigration Act)。1886 年,加拿大出台了首部领土管辖法案(Dominion act on Chinese immigration),其内容与新西兰华人限制法令相类似。这些法案出台时间相近,法案之间彼此因袭借鉴,这也就不难理解为何谢廷玉会选择美国、加拿大、澳大利亚、新西兰四国华人限制法令作为研究的对象。

谢廷玉认为,降低华人的经济竞争力,维护白人利益是太平洋国家出台限制华人政策的最终目的。在他看来,"实际上说,每一部限制外来移民的法律,其核心思想均是使定居下来的外来者'失能'(disabling)"③,而这些法律条文对于外来者的经济与社会威胁,更多是"想象的而非真实的"④。在经济竞争的大背景之下,太平洋国家通过出台严格的排斥与限制法令(rigid exclusion laws),以图建立单纯的"白人国家"(white man's

---

① Tin-Yuke Char, The Legal Restrictions Against the Chinese in the English-speaking Countries of the Pacific, *The Chinese Social and Political Science Review*, 1932, Vol. 16, No. 1, p. 481.

② Tin-Yuke Char, The Legal Restrictions Against the Chinese in the English-speaking Countries of the Pacific, *The Chinese Social and Political Science Review*, 1932, Vol. 16, No. 1, p. 482.

③ Tin-Yuke Char, The Legal Restrictions Against the Chinese in the English-speaking Countries of the Pacific, *The Chinese Social and Political Science Review*, 1932, Vol. 16, No. 1, p. 647.

④ Tin-Yuke Char, The Legal Restrictions Against the Chinese in the English-speaking Countries of the Pacific, *The Chinese Social and Political Science Review*, 1932, Vol. 16, No. 1, p. 647.

country）。①

太平洋国家对于华人的法律限制涵盖了入境与移民政策、公民权与财产权、职业等方面。在具体内容上，各国法律略有不同。新西兰及澳大利亚的法律对华人的限制与其他外国人差异不大，而美国及加拿大的法律内容则是针对华人而设。1882—1924 年，美国出台了一系列的针对华人的限制性法令，这些法令以人种（race）为判断标准，限制华人的公民权。新西兰及加拿大则分别于 1920 年与 1923 年通过对华人征收重税的方式限制华人的商业活动，澳大利亚则于 1901 年以"表现上的非歧视政策"（outwardly non-discriminative dictation test）对华人进行限制。② 总体来看，四个太平洋国家的法律区分了"迁入华人"与"土生华人"（natural-born persons of Chinese ancestry），其对前者的限制条件更为严苛。

具体而言，在选举权上，美国籍华裔公民拥有选举权，新西兰未对华人选举权作出限制。而在加拿大及澳大利亚，所有华人，不论拥有国籍与否，均不享有选举权。据此，谢廷玉判断英属国家对华人的限制主要是基于人种而非国籍（nationality）。在土地所有权上，加拿大及新西兰未限制华人享有土地所有权。而在澳大利亚，除维多利亚州及塔斯马尼亚州外，均以非正式法令的形式限制华人的土地所有权。③ 在婚姻与教育方面，英属三国均未作出限制。而在美国，部分地区则禁止华人与白人通婚。在学校教育上，在公办学校中，美国将华人幼童与其他幼童隔离开来。④ 在如上限制之下，华人迁入人数显著降低，而在其职业选择上亦十分受限。据谢廷玉统计，1881—1930 年，美国、加拿大、澳大利亚、新西兰四国的华

① Tin-Yuke Char, The Legal Restrictions Against the Chinese in the English-speaking Countries of the Pacific, *The Chinese Social and Political Science Review*, 1932, Vol. 16, No. 1, p. 486.

② Tin-Yuke Char, The Legal Restrictions Against the Chinese in the English-speaking Countries of the Pacific, *The Chinese Social and Political Science Review*, 1932, Vol. 16, No. 1, p. 648.

③ Tin-Yuke Char, The Legal Restrictions Against the Chinese in the English-speaking Countries of the Pacific, *The Chinese Social and Political Science Review*, 1932, Vol. 16, No. 1, p. 648.

④ Tin-Yuke Char, The Legal Restrictions Against the Chinese in the English-speaking Countries of the Pacific, *The Chinese Social and Political Science Review*, 1932, Vol. 16, No. 1, p. 648.

人人口数减少了将近一半。华人的职业被限制于制造业、农业、家政服务业、矿冶业、交通运输业及专业服务领域（public service）等少数行业。由此可见，限制华人的法律对华人的影响十分明显。

谢廷玉对于太平洋国家法律中针对华人的排斥措施持批判态度。在他看来，太平洋国家的华人并不属于"危险的少数族裔"，他们并不会对迁入国的生存水准（the standard of living）产生危害。这些限制性法令全然不顾华人生存境遇，基于种族之别对华人加以排斥，这无疑助长了社会上的排华声浪。而对于第二代华人来说，这种排斥性极强的政策并不利于其融入迁入地社会。与第一代华人相比，第二代华人生于迁入地本土，他们大多已经把迁入地当作故土，并在很大程度上接纳了迁入地的生存方式。在限制性法律之下，这些二代华人无法真正融入当地社会，建构新的身份认同。因此，谢廷玉认为，太平洋国家有必要修正法律上对华人的限制措施。[1]

谢廷玉的《太平洋地区英语国家对华人的法律限制》一文是英文学界中较早从法律角度探讨华人在太平洋国家社会地位的学术文献。在研究对象的选择上，谢廷玉敏锐地发现美、加、澳、新四国出台限制华人法律时经济社会背景的相似性，并通过列举数据、比较法律条文内容等方式，阐明了太平洋国家的华人长期处于弱势地位的原因。在研究中，谢廷玉对前人研究成果有所回顾，并擅于运用前人的研究成果以服务自身研究主题。如在介绍太平洋地区早期华人迁居史时，谢廷玉参考了温雄飞的《南洋通史》[2]，吴景超的《太平洋地区的华人迁徙》（*Chinese Immigration in the Pacific Area*）[3]，罗存德（I. M. Condit，1822—1893）的《加利福尼亚华人》

---

[1] Tin-Yuke Char, The Legal Restrictions Against the Chinese in the English-speaking Countries of the Pacific, *The Chinese Social and Political Science Review*, 1932, Vol. 16, No. 1, p. 651.

[2] Hsiung-fei Wen, *General History of Oversea Chinese in Southeast Asia*, Shanghai: Tung Fang Press, 1929.

[3] Ching-chao Wu, Chinese Immigration in the Pacific Area, *The Chinese Social and Political Science Review*, 1928, Vol. 14, No. 4, pp. 559–560.

（*The Chinese in California*）① 等著作。借助如上资料，谢廷玉勾勒出华人迁居太平洋地区的总体线索。而在介绍中国与太平洋诸国的外交关系时，谢廷玉则采用马士的《中华帝国对外关系史》（*International Relations of the Chinese Empire*）等经典著作，以说明十九世纪末中国所处的国际环境。

《太平洋地区英语国家对华人的法律限制》一文涉及了大量数据统计。谢廷玉采用《中央侨务月刊》，坎贝尔（P. C. Campbell，1887—1929）《中国劳工迁徙》（*Chinese Coolie Emigration*）②，国际劳工局（International Labor Office）统计数据等资料，对太平洋华人数量、行业分布情况、教育情况等项进行详尽的描述。在阐述具体法律内容时，谢廷玉主要采用各国出台的政策原文及条约内容汇编，如《中外条约法令汇编》（*Treaties and Conventions between China and Foreign States*）③、梅辉立（W. F. Mayers，1831—1878）主编的《中外条约汇编》④。在处理这部分内容时，谢廷玉亦参考了前人研究成果，如麦克因内斯（Tom MacInnes，1867—1951）的《英属哥伦比亚的东方移民》（*Orientals in British Columbia*）⑤ 等。由上不难发现，谢廷玉的华侨华人史研究所用资料种类丰富，且重视借鉴前人的研究成果。

四、结语

总的来说，谢廷玉的华侨华人史研究主要集中在对夏威夷华人及太平洋沿岸华侨华人史两方面。谢廷玉出生于美国檀香山，作为第二代华人，其生活经历无疑对其华侨华人史研究产生着影响。谢廷玉的研究对象集中

① I. M. Condit, *The Chinese in California*, New York：Revell Co. ，1900.

② P. C. Campbell, *Chinese Coolie Emigration*, London：King and Son，1923，pp. 17 – 18.

③ The Maritime Customs, *Treaties and Conventions between China and Foreign States*, Shanghai，1917.

④ W. F. Mayers, *Treaties between China and the Foreign Powers*, Shanghai：North China Herald，1912.

⑤ T. MacInnes, *Orientals in British Columbia*, Vancouver：Sun Publishing Co. ，1927.

于夏威夷及太平洋地区，相较前人而言，其研究更为专精。本科及硕士阶段的史学专业训练使他非常重视还原华人所处的社会环境、追溯华人迁往异乡的历史原因，并重视从文化与经济角度分析华人屡遭排华事件的原因。谢廷玉从太平洋国家法律入手，思考华人在这一地区长期处于边缘地位的制度性原因。

往后视之，谢廷玉虽投身商业，但并未全然放弃学术研究，其曾在檀香山地方报刊中发表多篇介绍夏威夷本地史及华侨华人史的文章，并捐资筹建夏威夷华侨史研究机构。如是种种，均是其早年治学旨趣的延续。可以说，谢廷玉是较早出现的以专业眼光研究夏威夷及太平洋国家华侨华人史的华人史家。

在南洋的客家人对中华文化的传承和发扬

林　澜①

客家人在东南亚的人数较闽南人、广府人和潮州人都少，但在经济、社会、文化与政治领域起到了远超其人数的作用和影响力。在东南亚历史上，有不少著名的华族人物都是客家人。他们以传承和发扬中华文化为己任，对东南亚乃至祖籍国的教育甚为重视，付出甚多。其为教育付出的方式也多种多样，有权、有财的，捐资办学自是最常见。知识分子则将中华文化通俗化，再进行推广普及，官员则利用自己的权力和才学培养当地文人。这一切充分说明客家人胸怀宽广、视野开阔、思路灵活。

一、客家人在南洋对中华文化的传承和发扬

（一）捐资创办华文学校，发展海外华文教育

马来西亚首都吉隆坡开埠功臣叶亚来在十九世纪七十年代重建吉隆坡时，首先为吉隆坡创设第一间华文学堂。他于 1884 年创办华文学塾，礼聘前清举人为授课老师。后来将学塾改为唐文义学，并增聘徐绍苏为教师，他采用传统的中国教育模式，教授的内容主要是《三字经》《增广贤文》《千家诗》《千字文》。叶亚来创办中文学塾，开始在马来亚这块土地上撒下了中文教育的种子，为中文教育奠定了基础。

南洋巨富张弼士在南洋和国内办学堂，他在一次演讲中提到："国家

---

①　林澜，广东梅县人，北部湾大学国际教育与外国语学院副教授，主要研究方向为东南亚华侨华人文化。

贫弱之故，皆由于人才不出。人才不出，皆由于学校不兴……我等旅居外埠，积有财资，眼见他西国之人，在各埠设西文学堂甚多，反能教我华商之子弟，而我华商各有身家，各有子弟，岂不可设一中文学校，以自教其子弟乎？"清廷任命他为海外商务大臣兼槟城管学大臣，他于 1904 年捐资八万两银创办槟城"中华学校"，还为香港中文大学捐银 10 万两。[1]

商人或华人首领斥资创办华侨学校，发展海外华文教育，这是比较常见的传承和发扬中华文化的方式和途径，但是并不仅限于此。

（二）建立教育体制，教育华人后代

18 世纪中叶，广东梅县人罗芳伯率 100 多名客家人到西加里曼丹谋生。[2] 1777 年，以罗芳伯为首的兰芳公司组建，有华侨 2 万人。[3] 在南洋，读书人不能以考取功名为出路，而是以谋生发财为出路。[4] 但他们很注重中华文化的传播。罗芳伯初到西加里曼丹是以教书兼采金为业，后来因胆识过人、才华出众，被当地华人推举为领袖，在东万律（Madnor）建立兰芳公司。

以罗香林为代表的学者都认为，兰芳大总制成立后，"……由是定官制，修军备，兴实业，谋教育……教育则延聘国内名宿，授徒讲学……"[5]，兰芳公司设有"公班行"，下设行政、立法、教育等部门。[6]政制分司法、军事、财政、经济、教育五部分。[7] 据余澜馨等的阐释，"当

---

① 王明惠：《中国侨务工作先驱张弼士》，http：//qwgzyj. gqb. gov. cn/qwhg/166/2042. shtml.

② 关于人数，说法不一，从 18 人、108 人到 180 人不等。见周云水、林峰编著：《西婆罗洲华人公司史料辑录》，广州：暨南大学出版社，2018 年，第 166 页。

③ 黄昆章：《印度尼西亚华文教育发展史》，北京：外语教学与研究出版社，2007 年，第 12 页。

④ 周聿峨：《东南亚华文教育》，广州：暨南大学出版社，1995 年，第 119 页。

⑤ 罗香林：《西婆罗洲罗芳伯等所建共和国考》，香港：中国学社，1961 年，第 49 页。

⑥ 廖楚强：《"公司"探源》，《人民日报》（海外版），2001 年 7 月 23 日第 7 版。

⑦ 赵池凹：《消失的华人国家兰芳共和国》，《意汇》2006 年第 4 期，第 60－61 页。

时多崇拜孔教"，"令土人练习客语，是即孔子徒一而终，用夏变夷之义"①，"延聘祖国儒生，以启辟梦寐"。② 可知教学的内容是中国传统的儒家文化。虽然兰芳是否为共和国尚有争议，但是人们对于兰芳把教育纳入这一自治群体的管理体制，与司法、军事、财政和经济等同视之，这是普遍认可的。当时华人需与其他族群进行你死我活的争斗，司法、军事、财政和经济是他们立足生存的根本，能同时谋教育，非常能够说明以罗芳伯为首的客家先贤对华人教育给予了很大的重视。一百多年后的 1900 年，荷印地区共有 439 所中国私塾，学生人数为 7 835 人，而当时荷印土生华人人口为 537 316 人，华人子弟很少能够进入官方和教会学校，兰芳公司教育机制的重大意义更加凸显。

遗憾的是，在谈及荷属东印度华文教育的研究时，人们很少关注兰芳大总制的制度对教育的重视。萧频是为数不多的关注者之一。他认为印华正规学校开始创办的时间"独一可信的是兰芳共和国成立后才有的（指西加里曼丹省而言）"③。

罗芳伯在中国虽是落第书生，但是"特好读书"，"文学亦所优长"，到了西婆罗洲后初以教读兼采金为业。他有几篇诗词流传于世，如《金山赋》，以赋这一文学形式，用"破题、承题、起讲、入题、起股、中股、后股、束股"的八股文结构行文，记叙他漂洋过海、置身蛮荒之地的惊险经历，以及异国风俗之奇异，创业劳作之艰辛，幸而终有所获，致富有望，足见他作为一个读书人的功底。他还因兰芳公司旁的卡普阿斯河有鳄鱼吃人，仿效韩愈作《祭鳄鱼文》驱之。此举无疑是以大文豪韩愈为榜样，堪称以实际行动传承中华文化，让汉语在对异国他乡的描述中获得活力的典范。

---

① 周云水、林峰编著：《西婆罗洲华人公司史料辑录》，广州：暨南大学出版社，2018 年，第 76 页。

② 周云水、林峰编著：《西婆罗洲华人公司史料辑录》，广州：暨南大学出版社，2018 年，第 82 页。

③ 萧频：《浅谈印度尼西亚的华文教育》，《华侨华人历史研究》1996 年第 2 期，第 50－52 页。

（三）将中华文化通俗化，予以推广

1. 翻译讲述名著

荷属东印度翻译家李云英于 1890 年生于苏门答腊巴东的一个客家移民家庭。曾在私立学校受过华文教育，一生从事翻译工作，将汉语小说译为马来语。主要译作有《三国演义》《荡寇志》《余之妻》（译自中国近现代小说家徐枕亚的同名小说）等古代及现代小说。①

1910 年，荷属东印度出现两个《三国演义》马来语译本，其中之一即为李云英译本。因为这些中国小说马来语译本的主要读者是已经不谙汉语，但依然葆有中国传统文化的土生华人，李云英为了更好地在他们当中普及推广中国名著《三国演义》，在翻译时采用了以下几个办法。

第一，回目百分之百从汉文本翻译成马来语，章回划分与汉文本丝毫无差异。② 同时期钱仁贵翻译的《三国演义》，章回划分及回目与汉文本的差异很大。当时，东南亚其他地方的中国古代小说译本的章回划分和回目大都存在改写的情况。虽然翻译即改写，但李云飞还是尽量避免改动太大，以保证传递给异域读者的信息不至于相差太远（见表1）。

表1　李云英《三国演义》译本与原著回目对照表

《三国演义》回目	李云英《三国演义》译本回目
第九回： 除暴凶吕布助司徒　犯长安李傕听贾诩	吕布帮助王司徒消灭很凶暴的不孝之人，李傕在长安造反因听从贾诩的意见
第七十回： 猛张飞智取瓦口隘　老黄忠计夺天荡山	勇猛的张飞智取瓦口隘，老将军黄忠用计夺取天荡山

---

① 克劳婷·苏尔梦：《中国传统小说在亚洲》，北京：国际文化出版公司，1989 年，第307－308，311－312 页。

② 李莉妹：《〈三国演义〉在印尼的翻译与改编》，南京大学硕士学位论文，2014 年，第32－34 页。

（续上表）

《三国演义》回目	李云英《三国演义》译本回目
第七十一回： 占对山黄忠逸待劳 据汉水赵云寡胜众	因占据了对面山头，黄忠坚持等待，敌人困乏，赵云占领了汉水，以少数的军队他打败了敌人大军
第七十二回： 诸葛亮智取汉中 曹阿瞒兵退斜谷	诸葛亮以智取汉中地区，曹阿瞒退兵斜谷
第七十三回： 玄德进位汉中王 云长攻拔襄阳郡	刘玄德进位汉中王，关云长攻取襄阳郡
第一百十四回： 曹髦驱车死南阙 姜维弃粮胜魏兵	曹髦死，当他驱车去南城口，姜维丢弃粮食为了战胜魏军

第二，李云英根据彼时彼处的实际，在翻译时使用符合读者理解水平的语言进行评点、解释。在李云英译本中的评点及注释并不少，它们是对故事情节的剖释，这些剖释都是译者自己的创作，在汉文原本中找不到可以相对应的批语。如将原文第十九回的"夏侯渊尚未信。宋宪在城上掷下吕布画戟来，大开城门，曹兵一拥而入"译为"夏侯渊还不信，见站在城脚下的军队还不信，宋宪把吕布的画戟掷在城外，然后大喊：'小心，这是吕布已被活擒的证据！'然后打开城门，曹军一拥而入"[1]。译者创作了宋宪大喊的话语，让读者明白掷画戟是要证明吕布已被生擒。又如："张昭等见孔明丰神飘洒，气宇轩昂，料到此人必来游说。张昭先以言挑之曰……"译为"张昭和他的朋友们，见了孔明英俊的外表与优雅的态度，于是预料到这个人的到访一定要用舌头来游说。因为想知道，他的预料是否正确，于是张昭开始说话……"[2] 译者添加了"因为想知道，他的预料

---

① 李莉妹：《〈三国演义〉在印尼的翻译与改编》，南京大学硕士学位论文，2014 年，第 19 页。

② 李莉妹：《〈三国演义〉在印尼的翻译与改编》，南京大学硕士学位论文，2014 年，第 31 页。

是否正确",无疑使得故事简单易懂了。

第三,李云英在其译本的部分地方作了备注,简单预告下册内容,其实就是针对读者实际情况进行导读。

确切而言,李云飞译本从第 14 册开始作备注,介绍下一册的内容,对读者进行小说内容的普及。如第 14 册的备注内容是这样的:

> 在《三国》第 15 册中,将讲述关公在降曹操之后的行动,使得曹孟德想要绑住那个忠义人的一切努力,已经白费了。之后,关公为了要报曹操的恩情,杀了颜良与文丑,并占领了汝南。后来得知刘备去处,关公立即追随,过了五个关口并斩了六位将军。(有连续本)①

第四,李云英在其《三国》马来语译本中使用了少量的爪哇语翻译。如用爪哇语"paseban"翻译"亭",用"dahar"翻译"食",用 tilik 翻译"视",用"gili – gili"翻译"土岗"等,其中"paseban"是爪哇王宫中君王会客的地方,而动词"dahar"更是以前爪哇王朝贵族的特用语。由此,可以说他已把汉族与爪哇族的文化融合在其作品中,可能其译本的忠实读者中也不乏爪哇贵族。②

2. 南下推行儒学

关于张克诚,国内的研究提及较少,也比较零散。海外的研究稍多一点。梁元生对他的关注度是最高的。据梁元生介绍,张克诚是居住在吉隆坡的大埔客家人,是中国辛亥科举人,做过广东和山县的训导。大概在十九世纪九十年代中期南来,致力于"儒学运动"。在新加坡《天南新报》

---

① 李莉妹:《〈三国演义〉在印尼的翻译与改编》,南京大学硕士学位论文,2014 年,第 22 页。

② 李莉妹:《〈三国演义〉在印尼的翻译与改编》,南京大学硕士学位论文,2014 年,第 25 页。

发表尊孔崇儒的言论，撰写普及的入学读本，如《孔教撮要篇》等，乃第一部白话文儒家读本。① 梁元生还在他的《宣尼浮海到南洲》中专门介绍张克诚的《募印孔子撮要篇小引》和《孔教撮要白话》。

据日本学者森纪子所言，张克诚和荣禄大夫吴桐林被两广总督陶模派遣到新加坡，与总领事一起支持新加坡华人响应康有为的孔教运动，计划建造孔庙与学堂。②

其实，张克诚去南洋，得到过康有为的大力褒扬。在其《致张克诚书》中，康写道："非大力高志，远识深心，担荷大道如先生者，何能负之?"还把他跟在海外为传播儒家文化作出巨大贡献的古代先贤相媲美："赵江汉之至元，王仁之至新罗、日本，不专美于前矣。"③ 康的信中还透露一个信息：张克诚南行传播儒学是"蒙陶帅允诺"，陶帅即陶模，1900年调补两广总督，1902年9月病逝于穗。陶模在清末新政开端时敢为天下先，提出废科举、裁冗官、设议院、变官制等，是个开明的清朝重臣，而且他很重视教育，"陶督笃信新学……大兴教育"④。胡汉民在自传中也提到："清政府稍复，使各省兴学校，粤总督陶模招吴稚晖、钮惕生、董懋堂、陆伟士等至粤，使为计划一切，从其布置。"⑤ 陶模的死，很大程度是因为其在广东大学堂和筹建武备学堂之事上与张之洞有分歧，更受德寿的责骂与干预，病情加重，吐血而亡。⑥ 可知他对教育亲力亲为，并为之呕心沥血。据被陶模派遣到新加坡的吴桐林所言："所有我孔子三纲五常之至道，陶帅又不惮其烦，反复讲论，言之精详。且闻陶帅行文之日，正政

---

① 梁元生：《新加坡华人社会史论》，新加坡：八方文化出版社，2005年，第67–68页。

② 森纪子：《中国的近代化与孔教运动——孔教运动再思》，中国社会科学院近代史研究所编：《近代中国与世界：第二届近代中国与世界学术讨论会论文集》（第3卷），北京：社会科学文献出版社，2005年，第543页。

③ 赵江汉即赵复，《元史》说："北方知有程朱之学自（赵）复始。"后人称其为"道北第一人"，是元代理学传承中最重要的一个人物。参见朱军：《元代理学与社会》，西北大学博士学位论文，2015年，第67页。而王仁则是西晋时期由百济到日本传播儒学的汉人学者。

④ 冯自由：《革命逸史·初集》，北京：中华书局，1981年，第67–68页。

⑤ 胡汉民：《胡汉民自传》，丘权政、杜春和选编：《辛亥革命史料选辑》（上册），长沙：湖南人民出版社，1981年，第164页。

⑥ 《陶方帅之死状》，《新民丛报》，1902年12月14日。

躬有恙之时，以有恙之政躬，而不忘我民于海外……"① 可见陶模对海外华人的教育也极为重视。如此重视教育的官员，选派人员南行传播儒学绝对会认真对待，由此也可知张克诚的学识非同一般。

张克诚南下后不负所望，大力推行儒学，主要贡献在于：

第一，将儒家经典通俗化以推广普及。他认识到旧的课本和儒家经典艰深难懂，不易为学识不高的海外华人所接受，便着手改编儒家课本，将经典分门别类，把重要的道理编撰成书，名为《孔教撮要篇》。此书分为五个部分：第一部分说明孔教源流，第二部分论五教（即五伦），第三部分讲述《大学》篇所说的八条目，第四和第五部分是周官六典和"顺天者存逆天者亡图说"。每个部分有总叙，名为纲领；有分析，名为条目。不久，张克诚更进一步用白话改写《孔教撮要篇》，以让识字的人都可通过它明白儒家要义。

第二，积极参与建设南洋的孔庙学堂。他在 1901 年宣布在吉隆坡筹建孔教中西学堂②，也是 1902 年创建新加坡孔庙学堂董事之一。③

（四）清官员着力培养南洋文人

新加坡儒教复兴运动的酝酿，始于左秉隆及其继任者黄遵宪。经过他俩的大力兴学和鼓吹文教，十九世纪九十年代的新加坡华人社会对中国传统文化产生回归之心。④ 会贤社、图南社的活动汇聚了人数颇多的士人集团。"图南社每月课题，均由社长黄遵宪捐银十元给赏。"这个集团的出现由两个条件促成：一是中国文人的南来，二是本地知识分子的兴起。虽然，受到社会尊崇的士人阶级并不能成为控制新加坡华人社会权利的因素，但是他们跟传统的文人儒生已经没有什么区别，其中不乏商人的加入。⑤

619

---

① 梁元生：《宣尼浮海到南洲》，香港：香港中文大学出版社，1995 年，第 11 页。
② 张克宏：《丘逢甲的南洋之行》，《华侨华人历史研究》2000 年第 4 期，第 70 – 77 页。
③ 梁元生：《宣尼浮海到南洲》，香港：香港中文大学出版社，1995 年，第 123 页。
④ 梁元生：《宣尼浮海到南洲》，香港：香港中文大学出版社，1995 年，第 3 页。
⑤ 梁元生：《宣尼浮海到南洲》，香港：香港中文大学出版社，1995 年，第 55 – 56，58 – 59 页。

实际上，除了"讲道论德"之外，黄遵宪还"兼及中西之法治，古今之学术"①。虽然他"窃冀数年之后，人才蔚起……储国家之用"，但是也很清醒地认识到："图南社不出《四书》题，以南岛地方，习此无用也。"② 纵观图南社廿四期课题，其内容约可分为两类：一为中国问题，一为南洋问题。据统计，前者十七题，其中侨务七题；后者二十二题，其中礼俗八题。由此足见黄遵宪除了向侨民灌输忠君爱国意识外，还很重视对当地问题的探讨。③

培养的人才中有的做了书院的教师，有的成为印刷馆及报馆的人员，有的成为中医师。④ 他们对于两位领事的评价非常高："……华人旅此，文教未兴，徒求羯氏利源，几失汉家仪制。夫子乃倡会贤、会吟两社，鼓励翠英书院诸生……较诸治蜀文翁，化陈延寿，何多让焉。" 当地《星报》夸赞他俩"而于振兴文教，尤其彰明著者也"，⑤ 将黄遵宪誉为"无异岭表韩公来"。其特制万民伞赠给黄遵宪，道："公之爱人以德，为国育才之政治，其大有造于我南洋之华人，殊非浅鲜矣。"⑥

二、结语

从广义的角度来看，华文教育就是一个传承、推广中华文化的事业，不仅仅是私塾、书院和学校的事，不仅仅是教育家、投资者、教师的事，也是大家的事。本文通过介绍客家先贤在异国他乡各显神通，为传承发扬中华文化事业作出自身的贡献，让我们看到了多语境下的华人精英是如何有意识地对自己的同胞和后代进行中华民族语言和中华优秀传统文化教育的，他们各自的做法实乃跨文化语境下进行海外文化传播的生动案例。

---

① 叶钟玲：《黄遵宪与南洋文学》，新加坡：新加坡亚洲研究学会，2002年，第47页。
② 陈育崧：《椰阴馆文存》（第二卷），新加坡：南洋学会，1984年，第297页。
③ 叶钟玲：《黄遵宪与南洋文学》，新加坡：新加坡亚洲研究学会，2002年，第51页。
④ 参见梁元生：《宣尼浮海到南洲》，香港：香港中文大学出版社，1995年，第57页；叶钟玲：《黄遵宪与南洋文学》，新加坡：新加坡亚洲研究学会，2002年，第54页。
⑤ 叶钟玲：《黄遵宪与南洋文学》，新加坡：新加坡亚洲研究学会，2002年，第17页。
⑥ 叶钟玲：《黄遵宪与南洋文学》，新加坡：新加坡亚洲研究学会，2002年，第55-56页。

滨海客家与客侨文化

杨宏海　吕　莉①

　　客家民系作为中国古代历史上南迁汉族移民群体中的一支，是世界上分布范围最广阔、影响最深远的汉族民系之一。深圳地处中国南海之滨，东临大亚湾，西抵珠江口，南接香港新界，有蜿蜒 260 公里的海岸线。历史上，深圳的前身宝安县（新安县）原有客家、广府等多个民系杂处，其中以客家人居多。深圳客家是清初形成的深圳滨海客家地区的代表，亦是客家人第四次"大迁徙"的一个典型。

　　与梅州、龙岩、惠州等客家地区一样，深圳也是全国的重点侨乡。历史上，大批"惠（阳）东（莞）宝（安）"客家人迁徙海外，下南洋、闯世界，如今已遍布五大洲80多个国家和地区。其中，深圳客家海外华侨近10万人，分布在海外37个国家和地区；港澳同胞约10万人。两者之和是本地原籍居民的一倍多，他们与侨居地居民和睦相处，合作开发，同时心系原乡，反哺故国，形成具有客家传统特色的客侨文化。

一、深圳滨海客家的历史渊源与理论阐释

　　"逢山必有客，无客不住山"，这句俗语充分表明：客家人一路迁徙，所到之处，平原盆地等地理条件较好的地方大都被前人占据，只能到山区去开垦繁殖。因此，大多数客家人都居住于赣闽粤边区山地，形成了坚守

　　① 杨宏海，广东梅州人，广东省政府省情专家库专家，深圳市客家文化交流协会会长，深圳大学客座教授、硕士生导师；吕莉，深圳市杨宏海客家文化与艺术工作室总监、研究人员，深圳市千思万捋剧作坊创始人、编剧。

传统、勤劳坚韧、相对内向的山地文化。

但是，作为滨海地区，深圳客家是怎样形成的？有何历史渊源与发展历程？山地客家与滨海客家有何异同？据史料记载，早在两宋时期，就有客家人进入深圳地区，但客家人真正大规模迁入深圳，还是与清朝初年的禁海、迁界与复界关系最大。清初，为了对付郑成功的海上武装，清廷从顺治十二年（1655）起两次下令禁海迁界，新安县三分之二的土地被列入迁界范围，房屋全部拆毁，不准百姓耕种田地、出海捕鱼，违者一律处死。当时新安县管辖今天的深圳与香港，"迁界令"对深、港地区和沿海一带人民是个浩劫，致使沿海人民离乡背井、历尽艰辛，造成田园荒芜、百业萧条。后经广东巡抚王来任等官员多次进谏，清廷才宣布"复界"。为鼓励农民复界垦殖，清廷制定优惠招垦政策。于是，粤闽赣边区的客家人，尤其是梅州、惠州等地的客家人，纷纷奔赴滨海深圳，开荒垦殖，重建家园。直至改革开放之前，宝安县的客家人仍占其大半人口，除集中居住在龙岗之外，龙华、盐田、坪山、坪地乃至宝安、南山等地都有客家人居住。这就是"滨海客家"产生的历史渊源。

深圳客家人不仅以罕见的勤劳与坚韧，建起了数以百计的客家围屋；而且把耕读传统带到深圳，办起"光祖学堂""振能学校""广培学校"等新式学堂；同时把原乡的民间艺术带到了深圳，创造出清代康乾时期深圳东部地区的繁荣经济和兴盛文化，所谓"新邑地处海滨，居民自耕渔而外，不废弦歌"（《嘉庆新安县志》）。而在其民间文艺中，也体现出鲜明的"滨海客家"特色，如深圳客家山歌唱道"今日脚踩新娘间，一句唐来一句番；今日新郎新娘 very good，明日转到艾斯湾"，表现了当年深圳客家华侨下南洋后回乡娶亲的情景。山歌中还嵌入了英文，具有独特的风味。而沙头角吴氏客家人将自己原乡梅州大埔县的鲤鱼灯舞带到迁居地，通过创新打造出面向大海的沙头角鱼灯舞，成为深圳首个国家级"非遗"项目。

为了对兼具山地文化与海洋文化的滨海客家文化进行探讨，2007 年 12

月，笔者之一的杨宏海在主持第二届深圳客家文化节期间，在深圳大学召开了首届"滨海地区客家文化学术研讨会"，邀请国内部分客家文化知名学者，首次开展了对"滨海客家"这一命题的研讨。

作为"客家学"的一个新学术命题，"滨海客家"的概念和内涵引发了广泛的关注，针对这一命题也举办过多次理论研讨。杨宏海认为，所谓"滨海客家"，是指历史上从闽粤赣聚居地迁向沿海地区的客家人。他们走出大山来到滨海，与当地原住民交融，过着渔农结合的生活，经济上亦农亦商，从"山客"变为"海客"。作为滨海客家，"海客"将原乡客家文化与海洋文化融为一体，既保留山地客家的耕读传统和勤劳坚韧的精神，又吸纳海洋文化中开放、重商、包容、进取的元素，从而形成与山地客家文化有所不同的新质文化，即"滨海客家"文化。我国 14 个沿海省份包括广东、广西、海南、港澳台等地，都有"海客"的存在。其中，广东地区的"海客"集中分布在深圳、惠州、汕尾等地，而深圳客家是滨海客家中最引人注目的一支，也是发展最好、影响最大的一支。可以说，"滨海客家"是深圳客家的代名词，深圳成为"滨海客家"的代表区域。

在研究客家文化的过程中，我们梳理出自清朝"迁海复界"事件后三百多年来深圳客家人创造的六个可歌可泣的深圳故事。

其一是"复界垦殖"。因为解除"海禁"，清朝初年各地客家人响应政府"复界"号召，迁徙至深港滨海地区开荒垦殖，艰苦创业，重建家园。其中梅州人罗瑞凤来深后亦农亦商，艰苦创业，发家致富，创建了两百年前的"京基大厦"——鹤湖新居，也将"创造财富、和睦家庭、崇文重教"的客家精神传承给后代。

其二是"九龙海战"大鹏所城守将赖恩爵奋起抗英，在九龙海战中打赢鸦片战争前哨战。林则徐特地向道光皇帝为赖恩爵请功。道光皇帝对赖恩爵封官嘉奖，后提拔其为广东水师提督。由道光皇帝御笔赐的"振威将军第"匾额至今保存良好。

其三是"李朗开放"。鸦片战争之后，西风东渐，龙岗布吉镇李朗村

村民主动与西方文化交融，在村内建起新学堂和教堂，使该村成为中国第一个对外开放的客家村；创办中国第一家讲客家话的大学"存真书院"（后改为"传道书院"）；尔后又在浪口村创办"虔贞女校"，培养出一批卓越的人才，其中包括凌道扬在内的一批走向世界的知名专家。

其四是"庚子首义"（又称"三洲田起义"）。在辛亥革命前夕，郑仕良、黄福以及三洲田廖姓和马峦山罗姓的客家人，配合孙中山进行武装起义，打响推翻清王朝第一枪。孙中山对此次起义给予高度评价。

其五是"东纵抗日"。曾生领导的东江纵队点燃南方抗日烽火，战功显赫，涌现出刘黑仔、蓝造、袁庚等一批客家英杰，实施举世瞩目的"文化大营救"。现留有东纵纪念馆与羊台山文化营救纪念碑，以及茅盾、邹韬奋等文化名人的手迹。

其六是"蛇口试管"。改革开放之初，邓小平在南海边"画了一个圈"。袁庚从香港招商局踏海而来，创办蛇口工业区，提出"时间就是金钱，效率就是生命"的观点，大胆实施各项改革试验，在蛇口开启中国改革开放的先河。现在蛇口"海上世界"广场有袁庚雕像，以及邓小平当年参观"海上世界"的照片。

以上所述充分展示了滨海客家人自近代以来对中国历史所作出的重大贡献。通过这些典型人物和文化地标，可以让"滨海客家"获得一种气吞山河的底蕴和锐气，足以让每一个深圳人感到自豪！

二、深圳客侨文化的主要特点

客侨文化，是指客家人在下南洋闯世界，移民到侨居国谋生创业，又反哺故乡的过程中所形成的具有客家传统特色的华侨文化。客侨文化既包括精神文化、物质文化，又包括非物质文化，其精神特质在于"爱国、爱乡、开拓、包容、重商、求新"。

客侨文化将客家文化与海洋文化相结合，令来自山区的"山客"变为"海客"，使他们成为那个时代"睁眼看世界"的弄潮儿与先行者。近代以来，每当国家民族处于危难之际或重要的历史关头，深圳华侨都能挺身而出，敢为人先。如辛亥革命前，为配合孙中山推翻清王朝，来自马来西亚的客籍华侨黄福充当"三洲田起义"大元帅，登高一呼，奋勇杀敌；而来自美国旧金山的客籍华侨钟水养带领妻子潘氏率领会党义士参与反清起义，痛失妻儿后杀出重围，再经香港返回檀香山。这些高举反清大旗的华侨义士可谓铁骨铮铮、义薄云天。抗日战争时期，出身于坪山镇客家归侨家庭的曾生创立东江游击队并任总司令，积极组织青年华侨加入东江华侨回乡服务团，参与指挥举世瞩目的"文化大营救"，立下了不朽的功勋。同时，出生于牙买加的深圳观澜牛湖村人陈英豪，少年时期随父母回国并就读于观澜广培学校，1950年任牙买加中华会馆主席。他爱国爱乡，不忘祖根，为华人社区和牙买加以及中国外交部都作出了巨大贡献。

回顾历史，可以说勇于开拓是客家华侨最具特色的文化性格，所谓"客人开埠、广人旺埠、潮人占埠"。历代客商诸如罗芳伯、张弼士、姚德胜等都是既勇于开拓创新，又以"和"为贵，新和包容，深谙商道。其中"以诚待人""让人共赢""利者义之和"等理念得到侨居国人民的赞誉，为他们赢得极大商机，尤为后人所称颂。深圳、香港、惠阳、东莞等地的客家华侨，大都能秉承这种文化传统。据《客家与龙岗》一书记载，深圳（龙岗）客家人移居海外者，有马来西亚、牙买加、法属大溪地、印度尼西亚、苏里南等。深圳客家人移居海外后，与侨居地居民和睦相处，合作开发，为当地社会经济发展作出重要贡献。与此同时，他们身在海外，心系原乡，在侨居地艰苦创业后积极反哺故国家园，或捐款捐物做慈善公益，或筹资兴办学校医院，其一片热心甚为感人。此外，客家华侨为维护自己的合法权益，先后建立了华侨华人社团。据不完全统计，深圳客属海外社团有苏里南广义堂、美国纽约大鹏同乡会、大溪地中华会馆、美国纽约大鹏育英总社、马来西亚肖氏总会、旅荷华人联谊会、荷兰大鹏同乡会、德国大鹏同乡会、美国费城崇正会等。这些社团以爱国爱乡、服务侨胞为宗旨，团结互助，热心公益，积极弘扬中华优秀传统文化。

625

为了加强与海外侨胞、港澳台同胞的团结与交流，深圳（龙岗）各区、镇都建立了侨办、侨联组织。仅以葵涌镇为例，1986 年，"侨港葵涌同乡会"筹得捐款 400 多万元，扩建葵涌中学；筹资 100 多万元，扩建葵涌镇人民医院。镇侨务部门也积极与华侨同乡会联系，并创办"葵涌侨史馆"，以侨史、侨乡、侨胞为主题，成为葵涌联系海内外乡贤的纽带，进一步汇集侨心、侨智，发挥侨智，维护侨益。"葵涌侨史馆"共分为"行走天下""以身许国""桑梓情深""携手腾飞""共筑梦想"和"群英谱"六大主题篇章。

客侨文化在物质方面的表现，包括中西合璧的建筑、街区、码头、商埠、村落等。以建筑为例，不少华侨海纳百川，善于取长补短，将外国的建筑形式与客家传统民居结合并加以创新。比较典型的是位于广东省深圳市龙岗区横岗街道茂盛路的茂盛世居，它是融合了西洋风格的传统客家围屋。茂盛世居始建于清嘉庆年间（1796—1820），已有约 200 年历史，其建筑格调中混有欧式风格构件和单元。建成数十年后，西方列强用大炮打开中国大门，不管是被动谋生，还是主动走出去开阔眼界，何氏后人都得以看到更广袤的世界。何氏家族在横岗扎根之后，将生意拓展到海外。二十世纪初，何氏家族的华侨何国璋在海外创业致富后便回到家乡，仿造西洋建筑建了系列题写着"积善余庆、如意吉祥"的洋楼，距今有一百多年历史。当时这些洋楼非常时髦，使茂盛世居变成别具一格的客家围，其中在最为神圣的中轴祠堂建筑结构中混有欧式大拱，是龙岗地区目前所知最早注入欧陆文化元素的建筑之一。由南洋华侨黄子光等人捐资创办的坑梓"光祖学堂"建筑中西合璧，是深圳最具特色的学校建筑之一。此外，坪山的"南中学堂""坪山学校"等，都是仿照南洋风格建造的教学楼，不同于其他纯粹的客家民居建筑。这是地处沿海接受海洋文化影响的痕迹。这些西洋风格的建筑和构件都是后来在修缮时建造的，逐步改变了世居的风格。这也体现了客家人善于包容接纳不同文化的品性。此外，著名版画家陈烟桥也是出身华侨世家，他的祖父、父亲都漂洋过海远赴牙买加打工，赚钱后回到家乡，建起一座客家排屋，也就是现存的陈烟侨故居。

深、港、惠、莞的每一座客家围，几乎都有一部漂洋过海的华侨史，深深地镶刻着海洋文化符号。特别是清末以来华侨回乡兴建的炮楼、排屋，其结构、造型，特别是绘画、灰塑等艺术装饰，许多具有欧陆风情、南洋格调，这是抹不掉的海洋文化印记。

三、海外来客回乡寻根的轰动效应

牙买加，又称占美加，据 1963 年刊发的《占美加华侨年鉴》第五章"占侨开辟草莱"称：本埠之有华侨，始自 1854 年（咸丰四年），系由巴拿马而来。第一批同来者 472 人，唯因在巴拿马时已沾疾疫，及抵牙买加，乃死亡相继，幸存者仅约 30 人……

又据 1957 年出版的《牙买加中华会馆会刊》记述，早年移居牙买加的移民中就有新安县（今深圳）客家人的身影。1884 年 5 月 6 日，在第三批 680 名"契约华工"当中，以新安县籍人最多。他们是在澳门搭"钻石号"后转乘德国"亚历山大太子号"，于 10 月 12 日到达京斯敦。曾任牙买加总督的霍华德·库克的夫人戴氏，其父亲戴国昌就是当年移居牙买加的深圳布吉镇人。

鸦片战争后，从 19 世纪中叶开始，许多客家人因为贫穷不得不漂洋过海，成为"契约华工"。当年，深圳的龙岗和东莞的凤岗就有不少客家人，从香港或澳门搭乘轮船前往牙买加等地。深圳客家歌谣《月光华华》"针眼细，过安南，安南么米煮，回来牵猪牯"中，安南即越南，反映了当年客家人为生活所迫，过番到海外谋生的历史。

客家人是喜欢四海为家、落地生根的民系，所谓"有太阳的地方就有中国人，有中国人的地方就有客家人"。如同歌曲中唱的那样，"不要问我从哪里来，我的故乡在远方"。2012 年一个发生在深圳龙岗的百年离散、万里寻亲的传奇故事，让深圳"滨海客家"引起世人的关注。

2012 年 8 月 15 日，一位来自美国的身材高大、皮肤黝黑的黑人女士，

走进广东最大的客家围屋——深圳龙岗鹤湖新居祠堂，向罗氏祖先上香祭拜。这位女士名叫葆拉·威廉姆斯·麦迪逊，是鹤湖新居开基祖瑞凤公六代孙定朝公在牙买加时与一位牙买加女子所生女儿的后代，即是罗定朝的外孙女，中文名叫罗笑娜。

罗笑娜回乡寻根问祖的消息一传开，马上引起罗定朝海外两支血脉后人的关注，并达成了同年圣诞假期一同返回中国认祖寻根的共识。同时，罗笑娜组建了一支专业的摄制团队陪同拍摄。2012 年 12 月 21 日，龙岗罗氏定朝公海外血亲 100 余人，回乡寻根祭祖。海内外罗氏族人等待了近一个世纪、跨越万里海峡的寻根之旅终于美梦成真。2017 年 11 月 5 日，鹤湖新居隆重举行"缅怀先祖、聚乡情——鹤湖新居落成 200 周年庆典"。据粗略统计，罗氏后人现在有 8 540 人，散布在 18 个国家或地区。此次祭祖，不少宗亲从海外赶回来，罗氏在鹤湖新居禾坪上摆下 250 桌大盆菜宴席，运用电子设备播放罗氏迁播海外的史迹和著名人物风采，播放由罗笑娜主持拍摄的她本人寻访外祖父的纪录片《寻找罗定朝》；来自美国斯坦福大学的文学博士、北美知名学者罗金生专程回乡参加庆典，并接受记者采访；深港两地的音乐人罗永源带着自己出资组建的韵鹏民乐团，来鹤湖新居现场表演；深圳作家罗敏军专门撰写《鹤湖新居落成 200 周年庆典祭文》，并组织专人将鹤湖罗氏整理的族谱以电子翻书的形式进行呈现，让宗亲们借此找寻自己的血脉来源，感受血浓于水的家乡亲情。

"血缘是根，文化是魂"作为一种文化的价值观，已深深地扎根于客家群体之中。海外客家后裔罗笑娜的回乡寻根，引发了一连串的轰动效应：大批记者采访这个新闻事件，罗笑娜主持拍摄的《寻找罗定朝》分别在加拿大多伦多和麦城国际电影节上荣膺"最受观众欢迎奖"；罗笑娜的《寻找罗定朝》和罗敏军的《远赴加勒比》均由深圳报业集团出版社出版；罗敏军的《祖父的故事》则由世界图书出版公司出版……至此，深圳滨海客家历史与客侨文化引起广泛关注。

四、挖掘滨海客侨文化，助力人文湾区建设

深圳客家文化在中国改革开放的窗口起到了特殊作用。同时，"深莞惠"地区（即历史上的"惠东宝"地区）的客家人，由于地缘和交通便利的因素，在历史上大批地迁徙海外，足迹覆盖了80多个国家和地区，其中大部分人都入籍侨居国。"深莞惠"地区的客家人活动于"一带一路"沿线所有国家和地区。在这些国家和地区中，身世类似罗笑娜的人不在少数。据深圳著名客家文化研究学者张卫东教授回忆，1990年底，他应邀到马来西亚关丹市做客家文化专题讲座，演讲结束后，一群老华人围上来，热情地告知他们是历史上迁徙过来的"宝安客家"，但不知"宝安"在哪里。当张教授告诉他们，昔日的"宝安"就是今日的深圳特区时，他们非常兴奋，并对故乡送上美好的祝愿。由此可见，客家人虽然散播于世界各地，但都有明显的文化向心力和强烈的身份认同感。"树高千丈不离根，天下客家一家亲"，海外侨民特别注重饮水思源、念祖追宗，这是客侨文化的显著特征。

2013年，联合国教科文组织确定"中国移民纪念项目"落户梅州松口，标志着客家移民开拓海上丝绸之路的历史得到国际社会的关注与承认。同年8月1日，经杨宏海提议，由梅州市外事侨务局、梅州市文化旅游特色区管委会、梅县区人民政府主办，梅州日报社、《客家人》杂志社承办的"客家移民文化学术研讨会"在梅州市举行，来自深圳大学、嘉应学院以及梅州本地的学者共30多人出席了会议，正式拉开了在海上丝绸之路背景下对"客侨文化"研究的序幕。杨宏海的论文《海上丝绸之路与梅州"客侨文化"》也引起关注。当前，国家正实施"一带一路"倡议，建设"粤港澳大湾区"，祖籍深莞惠的海外客家同胞以及有客家人血统的外籍人士，是实施"一带一路"倡议，建设大湾区战略"人心相通"的重要对象。

加强深莞惠地区与海外客侨之间的文化交流，挖掘人文湾区"滨海客

家"的岭南文化特色，可增强大湾区的岭南文化圈的文化认同，并从历史文脉的角度塑造文化新优势、城市新形象，增强大湾区"人文湾区"的文化凝聚力，提升粤港澳大湾区的文化自信与文化动能。我们认为，在新的历史发展时期，加强对"滨海客家"和"客家文化"的研究，对实施粤港澳大湾区"人文湾区"建设意义重大，具体有如下几项对策建议：

其一是注重依托深圳在大湾区的核心地位，发挥深圳客家民间组织的作用，加强与"一带一路"、粤港澳大湾区城市群的客家社团组织的交流，从滨海客家与客侨文化研究、文艺创作、文化交流、文创产业等角度，将海内外客家文化学术界知名学者汇集在一起，为滨海大客家文化建立智库，共谋合作之路，共商发展大计。

其二是立足深圳（龙岗）鹤湖新居、甘坑小镇等客家古迹与特色小镇，创建粤港澳大湾区客家文化交流中心，做好客家历史文化遗产保护工作，创办"深圳滨海客家与客侨文化纪念馆"，促进文旅事业与文创产业发展。通过对客家古建的活化利用，打造文艺精品与展览场馆，并在旅游、教育、文创等领域发展，使之成为深圳本土特色文化项目，吸引更多市民参与其中。

其三是以"抢救原生态，精品留后代；创新原生态，吸引新一代"为原则，传承和创新客家文化，建立深圳高校青年文化传承基地（联盟），建立粤港澳湾区城市之间的高校交流机制，加强对青年学生的中华优秀传统文化及中国历史和国情教育。通过建立爱国主义教育基地和学生校外实践基地，吸引更多粤港澳年轻人参与其中，传续历史文化，维系情感纽带，厚植家国情怀，增进文化认同。此外，办好深圳客家书院，讲好深圳故事，传承客家文化，以"滨海客家"和客侨文化为素材，创作更多的艺术精品；寻找粤港澳三地共通的主题，进行学术对话、文化交流和文化创新，让青少年和市民群众更好地了解大湾区滨海城市深圳的"根"与"魂"。在实施"双区驱动"战略过程中，传承与弘扬滨海客家文化，打造深圳东部文化高地，为建设粤港澳大湾区"人文湾区"作出贡献。

客家山歌在东南亚国家的传承与创新发展

陈 彦 宋 唐①

一、文化背景

（一）客家人迁徙东南亚的时代背景

在中国，客家人是汉族的一个重要分支，其人口众多，至今仍保留着一部分古代中原口音。约一千年前，由于朝代更迭或天灾战乱等，客家人从中原一带迁徙到广东、福建、江西等地，并在那里定居。十九世纪中叶，受到国内的太平天国运动失败株连以及西方诱导契约劳工的双重影响，客家人开始不断地大批向"南洋"（明清时期对东南亚一带的称呼）迁徙，尤其是广东梅县地区，有民谚云："梅县番客（华侨）断家不断屋"。进入 20 世纪，由于经济贸易、政治迫害、贸易往来等一系列影响，越来越多的客家人开始漂洋过海，向邻近的东南亚国家迁徙并留在当地发展，与当地讲其他方言的华人群体相融合，组成了东南亚华人社会。当今，世界各地都有着客家人的踪影，其中五千余万人分布在广东、福建、浙江、江西以及台湾等省份，另有超过两千五百万人分布在新加坡、马来西亚、泰国、印度尼西亚等东南亚国家。

（二）客家山歌在东南亚国家的发展及传播现状

（1）代表性国家。

客家山歌是客家文化的精神载体，有客家人的地方就有客家山歌的存

---

① 陈彦，广东技术师范大学音乐学院硕士生；宋唐，广东技术师范大学音乐学院讲师。

在。客家山歌是中原文化与本地土著文化融合的产物，是中国民歌体裁中的一种。其运用客家方言演唱，具有当地人的语言、文化特色，蕴含着浓厚的乡土生活气息。古时候客家人在劳动或休闲时就喜欢唱山歌放松、抒情，为平淡的生活增添一丝乐趣。后有客家人在长途迁徙中四处传播、传唱客家山歌，将客家音乐带往祖国和世界各地，至今已有一千余年的历史。客家山歌历来被人们称为"汉族歌曲的活化石"。

客家人迁徙到东南亚，也把客家山歌传播到了东南亚国家。在二十世纪三十年代，马来西亚遭遇了百年一遇的经济大萧条，导致大量客籍华侨劳工失业，国家经济发展遭受严重打击。失业浪潮的来袭，矿场、橡胶厂的倒闭，使不少客籍矿工和胶工只好在马来西亚的大街小巷四处游走，沿街乞讨以维持生计。因此，当时流行的客家山歌大多数是在诉说劳动的艰苦和生活的艰难，唱出了在异国他乡不幸失业的客籍劳工们的痛苦和绝望的心声。自 1937 年全面抗日战争爆发后，救亡图存成了最重要的事，这也是马来西亚的客家山歌传唱最活跃的一个时期。演唱者们以客家山歌作为传播手段，鼓舞当地的抗日救亡精神。在一些筹款义演或宣传活动中，客家山歌都曾担任重要角色，并成为当时社会上很大一部分人的精神支撑。[①]

二十世纪五十年代，客家山歌曾在新加坡得到迅速的传播和发展。在客家人聚居的小坡美芝路，开展了很多自发性的山歌传唱等相关活动。[②]而在 1965 年新加坡正式独立建国后，客家山歌的传播开始逐渐弱化，后来到了销声匿迹的程度。到了二十一世纪初，随着经济社会的发展，生产方式不断进步，当地客籍华人的生活也得到了逐步的改善和提升，一些客家山歌相关的活动和创作也随之兴起，出现了客家歌唱班、小型客家歌谣演唱会、观摩会等，同时在一定程度上加入了境外现代通俗乐曲。

自 2004 年以来，马来西亚每年都会举办客家文化节，由当地政府和客

①　张自中：《客家山歌在马来半岛》，《三明侨报》，2009 年 9 月 3 日。
②　黄贤强编著：《跨域研究客家文化》，新加坡：八方文化出版社，2015 年。

属社团负责推动，是一个以客家文化为主题，以弘扬、发展、创新客家文化为目的的节日盛会。至今，客家文化节已举办十余届，获得了马来西亚客籍华人的大力支持和赞赏。在许多活动和客家山歌演唱会的现场，来自世界各地的山歌爱好者和歌手联动，他们即兴对歌，放声歌唱，美妙的歌声与爽朗的笑声交融在一起，使得活动现场的气氛十分热烈、活跃。

（2）代表性音乐家。

客家山歌在东南亚国家的传唱和传播，孕育了不少有名的客语创作家、歌唱家，如在东南亚影响较大的客家山歌演唱者、创作者丘惠中先生。因生长于马来西亚这个客家文化浓厚之地，丘惠中先生从小就受到客家山歌潜移默化的影响，他的一生都在为延续客家山歌的生命而努力奋斗。在二十世纪九十年代，丘惠中先生就常在东南亚各地的客籍华人社区进行客家山歌的演唱活动。他还组织了一批当地的歌曲创作者，将客家山歌曲调和歌词与马来西亚当地的歌曲相融合，创作了一批具有马来西亚风情的客语歌曲，并得到了广泛的传唱。

633

此外，还有被誉为客家语流行之父、客家歌王的张少林先生，他同样是马来西亚客籍山歌的代言人。张少林出生于马来西亚，祖籍广东惠州。他所作词的客语歌曲《阿婆买咸菜》《客家人一条心》曾轰动整个东南亚，此后他又创作了上千首客语歌曲。这些人物都对客家山歌在东南亚国家的传承和发展起到了非常强有力的推动作用，也为客语歌曲在东南亚的广泛传播打下了坚实的群众基础。

二、东南亚国家新客语山歌的音乐形态

改革开放以来，中国的外交开始逐渐活跃起来，许多海外客属公会组织邀请中国内地的客家歌手前来东南亚进行演出交流。在这个时期，客家山歌开始从田野乡间走向音乐殿堂，产生了一大批优秀的客家音乐人。他们四处收集客家山歌，并将其中调性相近的歌曲有机组合在一起，通过组合乐段、运用复合拍子以及变化速度等音乐创作手法，将原有的四局体乐

段结构的客家山歌编创成一首完整的歌曲。这些传统的中国客家山歌在东南亚国家生根发芽，并与东南亚本土文化借鉴交流、融合发展，最终形成了极具东南亚特色的新客语山歌。

（一）与当地民间音乐曲调结合

《拉沙沙央唱山歌》是这一类型新客语山歌的典型代表。这首歌曲的旋律来自马来西亚的班顿民歌，而歌词则是中国传统客家山歌《客家山歌特出名》的唱词。

马来西亚新客语山歌《拉沙沙央唱山歌》

客家山歌特出名，条条山歌有妹名，条条山歌有妹份，一条有妹，唱唔成。

客家山歌《客家山歌特出名》

客家山歌特出名，山歌无脚万里行。

山歌无翅飞过个坳，人人听了都欢迎。

《客家山歌特出名》起源于广东梅县松口镇，曲调丰富多彩而有特色。这首歌属于七言体结构，唱起来朗朗上口，歌词朴实简单却富有诗意，多用修辞手法。客家山歌的风格形成与其历史和当地文化生活联系在一起，歌曲往往具有诗韵，体现音韵美。创作者在自编自唱的过程中，也会受到客家方言腔调的影响。总的来说，松口山歌的曲调平稳而旋律忧伤，整体上比较抒情，而其抒发的情绪通常是比较哀怨的。

马来西亚的班顿通常是由四行组成，也被称为"马来四行诗"，歌词以抒情为主。由于客家山歌的歌词排编与其相似，班顿民歌的旋律与客家山歌的歌词十分契合，两者融合到一起，使新客语山歌具有了一种浓郁的东南风情。马来西亚的客籍华人常常如此说道："山歌是客家人的班顿，班顿是马来人的山歌。"《拉沙沙央唱山歌》这首歌曲可以说是客家文化与马来西亚当地文化的完美融合，也是客家人情感在海外的生动体现。

（二）采用流行音乐风格创作客语歌曲

《共建美好新家园》这首歌曲出自二十世纪八十年代拍摄的纪录片《客家风情录》，是广东著名客家山歌大师——张振坤先生创作的主题曲。

新客语山歌《共建美好新家园》

要问客家哪里来，哪里哟嘿。客家来自黄河边。

客家来自黄河边，要问客家哪里住，逢山有客客住山，客住山。

这是一首具有新时代特色的新客家山歌风格作品，它改变了客家山歌原有的乐段结构，将曲式完整化，采用了现代流行音乐的创作风格。此外，张振坤还将演唱方式丰富化，有伴唱、对唱等方式，使得歌曲的整体更加生动有趣。正因为融合了现代流行音乐的创作风格，原本相对枯燥的客家山歌经过改编后紧跟时代潮流，受众群体更加广大，在东南亚国家一直广为传唱、经久不衰。

《客家人寻根之歌》是一首流行山歌，歌词的大意是讲述当地客家人艰苦维持生计、四处漂泊的血泪史，生动形象地表达了客家人对家乡的无限怀念和对祖先的感激之情。

客家山歌《客家人寻根之歌》

山歌一唱一大箩，游子回到母亲词。

河南福建走一转，才知祖先苦难多，翻山越岭受折磨。

这首歌曲的曲调起伏不大，因此被认为与说唱式的歌谣类似。整首歌曲保留着客家山歌的古老传统——用客家话演唱，唱词与唱腔紧密结合，装饰音风格特别，强调衬词、自由和混合拍子，口语化等特点。不少东南

亚国家为岛国，且属海洋性气候，相对久居大山的客家人而言，其"山"的概念会淡薄许多。正因为如此，在东南亚传播的新式客语歌曲相比传统客家山歌少了一丝高亢嘹亮的韵味，但又多了一丝平和铺陈的口语化。

（三）传播学习中国新创作的客语歌曲

随着近年来中国与新加坡、马来西亚、印度尼西亚官方与民间的交流日益频繁，世界客属恳亲大会也多次在中国召开，如1971年第一届世界客属恳亲大会就在香港崇正总会召开，① 二十一世纪以来更是每年举办一次。世界客属恳亲大会不仅是海内外客属乡亲情感沟通的重要途径，而且为世界各地客家人开展经济合作、政治交流以及文化传播提供了广阔的平台。目前，世界客属恳亲大会已从最开始单纯的恳亲联谊，发展成为今天集经济合作、文化交流和学术探讨为一体的活动载体，并成为国际上最具影响力的华人盛会之一。这些活动在一定程度上促进了全球客家群体间的文化交流，尤其在客家山歌的传播方面，大量中国的新创作作品被介绍到东南亚，并获得了当地客家人的认同和喜爱。举例如下：

广西贺州曾龙城的《月光光》创作于二十世纪八十年代，是一首中国新创作的客语歌曲。这首歌后来被山歌剧团带到广东梅州演出后，得到迅速传播，至今仍在国内外客家地区广泛流行。这是一首跨越时空的客家童谣，很大程度上为国内外客家人建立起了沟通联系的桥梁。《月光光》是一首非常具有代表性的客家歌曲，有客家人的地方就会有《月光光》，吟唱着《月光光》就能找到客家人。因为那是客家人的摇篮曲和思乡曲，是千年中华古韵的乡音回响。

台湾现代客家音乐先驱涂敏恒于1989年创作的歌曲《客家本色》是一首新客语流行曲。歌词讲述的是客家人不能忘却祖辈开拓的艰辛，要听取先人的教诲，做一个有道德人。这首《客家本色》描述出了客家祖辈们

---

① 1971年9月28日香港乃至亚太最具影响的客属组织——香港崇正总会为庆祝其成立五十周年暨"崇正大厦"落成典礼，特邀请世界各地客属社团和乡亲代表参与。

历尽风霜、在台湾落地生根经历过的艰难岁月，也因此成为客家人聚会必唱的经典曲目，在台湾传唱多年仍然经久不衰。

广东著名客家山歌大师张振坤的《歌声飞过淡水河》同样是一首新创作的客语歌曲。淡水河在台湾北部地区，这里的客家人与原乡的同胞一样纵情地唱着山歌。张振坤根据台湾民歌《山歌仔》改编了这首《歌声飞过淡水河》，"客家同胞亲骨肉，我的歌儿你听见么"传遍了台湾各地，为两岸客家人建立起了精神文化沟通的桥梁。

三、客家山歌在东南亚国家的发展方向及趋势

（一）积极融合本地音乐——继承性、包容性

客家山歌是我国独特的非物质文化遗产，也是客家文化的生动呈现。时代的发展和社会的进步，对客家山歌造成了一定的冲击，因此寻求发展和创新是当今客家山歌面临的巨大难题。面对新时期环境的不断变化，我们需要做到在继承客家山歌传统的基础上进行创新，也就是"继承传统，推陈出新"。与此同时，也要有效识别客家山歌中蕴含的文化内涵，保留其积极的、有意义的、符合时代发展的部分，摒弃消极的、落后的、陈旧的内容，也就是"取其精华，去其糟粕"。

客家人迁徙到东南亚国家以后，生活条件、环境发生了翻天覆地的变化，但这并没有影响客家人融入当地。客家人历来具有包容的优秀品质，他们不断吸收当地文化，与当地的原住民友好地沟通交流。东南亚国家的客家文化与众不同，一方面保留了中原文化本身的特征，另一方面吸收了当地民族文化的精华。这里的客家人将本土的客家山歌与当地优秀的文化艺术风格相结合，取其精华，去其糟粕，不断地创造发展，最终形成我们今天所看到的独特的新客语山歌。曾任马来西亚青年与体育部副部长的廖中莱曾这样说道："我们的文化，虽然源之于中华文化或华夏文化，可是当我们先辈在这片土地落地生根，在客观的环境中，经过长期的演变，在形式或内容上，不但继承中华文化的精粹，而且和其他友族文化互相交

流、融合与丰富，早已经形成马华文化的独特性。如今天大家学习的客家山歌，很多都是本地创作，已经形成了具有'本土性'的客家山歌。"①

（二）充分利用现代媒体技术——创新性、时代性

随着时代潮流的发展，世界逐渐迈入了新媒体时代，传播方式也逐渐变得信息化、多样化。然而此时的客家山歌的传播方式仍然停留存在"口传心授"的阶段。也就是说，客家山歌的传播方式还是传统的民间"口口相传"，并没有随着时代发展而发生变化。这也使得客家山歌的传播面临着传播困境，受到了很大的阻碍。

众所周知，客家山歌是客家人在生产劳动中传唱的。在古代，客家人大多居住于山区，平日在田野山岭间劳作，跟外界没有过多交流，缺乏大众化娱乐，只能通过唱唱山歌抒发自己内心的情感。随着改革开放的不断推进，经济飞速发展，交通条件也得到了很大的改善。居住于田野山岭的客家人开始离开祖祖辈辈生活的农村和田地，移居东南亚国家，这也直接导致客家山歌失去了长久以来赖以生存的土壤和环境而日渐式微。与此同时，现代技术的快速发展使得大众有了更多渠道满足自身文化需求，不再局限于单一地演唱、欣赏客家山歌来直抒胸臆，而是通过电视、电台、互联网等欣赏来自海内外四面八方的美妙歌声。

此时，对于东南亚国家客家山歌的发展问题，我们需要寻求创新性，而不是局限于客家山歌传统的传播方式。现代媒体技术的发展，就是一个很好的切入点。比如为客家山歌制作伴奏，并将其刻录成 VCD、DVD 光碟传播或发售，让更多东南亚当地人民接触、聆听客家山歌，让客家山歌走入东南亚的千家万户，让大众感受客家山歌独特的文化魅力。再比如，近年来短视频应用程序火爆，诸如抖音、快手、火山小视频等，已经逐渐成为当今文化传播的重要渠道。客家传统山歌可以借助这些新媒体渠道，提高自身的大众认可度和接纳度，还能借此向东南亚民众宣传客家文化，乃至中华文化，可谓是一举两得。

---

① 2007 年 6 月 24 日廖中莱在隆雪客家总会会所举办的"客家山歌培训班"开课礼上的致词。

四、结语

从文化联系的角度上看，客家山歌在东南亚国家的发展，是海内外客家人同根同源、一脉相承的精神纽带，也是中华民族凝聚力的重要体现。客家山歌在东南亚国家的传承与发展，不仅能在一定程度上体现我国强大的民族自信和文化自信，而且能展现出中华文化的软实力，促进我国优秀传统文化真正地走出国门、走进世界、走向未来。

客家华侨与侨乡

越南东川与东莞清溪的客家人

张卫东①

一、越南东川发现大量清溪客家人墓碑

为了确认深圳草埔村英烈梁金生同志（客家人）的越南出生地，2018年2月24日，我们从胡志明市驱车西行140公里赶到安江省省会东川市（现名龙川市），通过东川市华人相济会会长利锦章先生介绍，见到东川市客家、广府、潮州、福建等各帮理事，确定了梁金生同志的出生地就是越南南方湄公河三角洲上游的安江省东川市。②

趁此机会，我们对东川的客家人做了一番调查，主要收获有：一是由利锦章会长陪同参观考察了玉虚宫暨广东会馆——东川华人会馆。二是由崇正福利会副会长谢坤双先生③陪同参观考察了东川市崇正义祠，于义祠墓地摄得全园70余座墓主墓碑照片。当时我们就发现，90%的东川客家人是惠东宝（即惠州、东莞、宝安）客家人，其中东莞清溪人尤其多。三是谢坤双先生介绍说：东川客家人，早前多从西堤（西贡、堤岸）过来。红色高棉时期，大量华人从柬埔寨进入东川。经过这些年的战乱，人都跑散了，华人剩下不到两千，族谱没了，跟原乡联系也断了。东川原来有华文

---

① 张卫东，山东荣成人，深圳大学人文学院教授。

② 梁金生同志履历自填为"东川南圻"。依汉语语序是"南圻东川"。法国殖民政府将越南分为南圻（交趾支那）、中圻（安南）、北圻（东京）三部分。南圻，位居越南湄公河三角洲。南圻至1889年有5.6万华侨，中圻、北圻华侨较少。

③ 谢坤双先生，当时71岁。他生于柬埔寨金边，父亲潮州人，母亲客家人。他本人会说潮州话、客家话、华语、越语、柬埔寨语。红色高棉时期，他随大量华人来到了东川。

学校（成功学校、博爱学校），1975 年收归政府。最近几年，允许博爱学校晚上 7—9 点开 5 个班的华语课，每班 30～40 人，学生有华人子弟，也有越南人。四是东川华人营生有分工，客家人原来大多经营中草药兼坐堂行医，东川成了越南中草药的集散地，其规模之大，几乎是一种"垄断"态势。从广东会馆的碑文可以看到，清光绪二十三年（1897）东川已有仁和堂、锦生堂、普安堂、延寿堂等 13 家中医药店堂；在 1961 年东川市崇正义祠的碑文中可确认，东川中西医药店堂至少有 29 家。五是 1975 年以后，官方因经营中草药利润大，便以极高的税率逼迫华人放弃而转手给越南人。东川客家人只好改行做家用电器、五金建材、日用百货等，经过三四十年的艰苦奋斗，其经济实力近年才恢复到接近 1975 年前的水平。六是东川曾是中草药集散地的历史背景，也让我们明白梁金生烈士在中医药学方面为什么会有那么深的造诣。1938 年到延安后不久，他就成为"延安名医"，为八路军解决缺医少药问题而白手起家创办根据地第一个"光华制药厂"，在党内第一次提出"中西医合作"的发展中国医药事业的方针性主张，并得到毛泽东主席的首肯。中华人民共和国成立后，我们党发展中国医药事业的方针就一直是提倡"中西医合作"。[①]

东川寻访回来后，我们据东川市崇正义祠 71 方墓碑简单制作了《越南东川崇正义祠义山墓主名录》（以下简称《名录》）。这些墓碑在墓主姓名、籍贯与生卒年月方面提供了大量可靠的历史信息。原来，东川华人各帮都有自己的义山，后来都被收走了，唯有客家福利会筹款买了新的义山。1975 年华人跑了十分之九，原来有两三万人，现在不到两千（客家籍 300 多人，潮籍 200 多人，其余粤籍 500～600 人，闽籍 200 多人，琼籍 100 多人）。旧义山的坟大多没有迁过来。非客家人过世、墓地有困难的，可以申请葬入崇正义祠的义山，所以墓主有少量非客家人。《名录》第 71

---

① 《滨海客家英雄梁金生：他是深圳历史上最早中共党员》，《深圳商报》，2018 年 10 月 16 日读创版。

号"烈士陵"纪念碑只列姓名而未列籍贯（东川华人抗美救国不惜牺牲，遗憾的是当时未问明其中哪些是清溪人），第 29 号"广东东莞县开莞马步村"无法确定是哪个村，故 71、29 号不参与统计，其余 69 方墓碑墓主的籍贯情况如下：

（1）标明"广东东莞"的墓碑 42 方，其中标明"广东东莞清溪"的 32 方。

（2）标明"广东宝安"的 1 方。

（3）标明"广东惠州/惠阳"的 12 方。

（4）广东梅州的 7 方（大埔 3 方，梅县 4 方）。

（5）广东省南海县的 1 方。

（6）海南省文昌县的 4 方。

（7）湖北省天门县的 2 方。

从这 69 位墓主的籍贯可以初步推断，除第 5（南海县）、第 6（文昌县）、第 7（天门县）的 7 位不是客家人，62 位为客家人，占比 89.86%，其中惠东宝客家人（55 位）占 79.71%。惠东宝客家人，无论在国内还是在海外，三位一体近乎常态，有似一个"命运共同体"。[①]

东川这些墓碑所书籍贯，有的因历史演变而写法不同。通过熟人、电话、上网、实地踏勘了解到：海南省文昌县罗豆乡（今罗豆农场）有客家。海南文昌杨氏字辈"昭兹来许，绳其祖武……"，墓主杨来琚、杨来珍、杨来璋等，同为"来"字辈。广东省宝安县乌石岩廖坑村（第 44号），后廖姓外迁陈姓徙入而今作料坑村。《名录》第 45、46、47 号"惠州大尾乡"即今惠州市博罗县泰美镇；第 48 号惠阳县白石村淡洞，为今惠州市惠阳区秋长街道白石村；第 50 号惠阳淡水乡，即今惠阳区淡水街道；第 52、53 号惠阳县鲁州乡，即今惠城区芦洲镇[②]；第 54、55、56 号

---

① 越南法属时期，崇正会馆将客家人划为"八大分支"：惠东宝、大埔、梅县、紫金、揭阳（河婆）、兴宁、钦廉、饶平。

② 广东惠州/惠阳地名，是惠州市大亚湾霞涌街道办事处王彪龙同志代为查询的，特此鸣谢。

海丰县青草区石美村，今为汕尾市海丰县赤坑镇社美村。

观澜牛湖，原属东莞，1952 年 2 月划归宝安。第 39 至 43 号共 5 位，为观澜牛湖陈氏族人，无疑。① 在越南的"观澜牛湖村"人并未注意到这一行政区划变更，仍依离乡时所记祖籍"东莞"。陈氏为观澜牛湖主姓。清康熙年间，观澜陈氏一世祖牛湖振芹公、松元下振能公带领族人由五华（长乐）徙入观澜立村。经五代人努力，到第六代便发展到二百男丁，财丁两旺，成为观澜望族。

未标清溪而属清溪的，有 3 方：《名录》第 18 号广东东莞黄麻布（杨志明），已经更名连屋村，是清溪圩的一个自然村；第 30 号广东东莞县（李伦），应是清溪村或清溪牛湖村的李姓；第 31 号广东东莞铁场（韩府阮氏月），即清溪镇铁场村。今属东莞而不属清溪镇的有 1 位，即第 32 号广东东莞县樟木头镇（陈门林运红）。

如此算来，可以确认为东莞清溪的为 35 位，占今东莞 37 位的 92.11%。东莞清溪人数较多，占比高，是重点。为进一步获取信息，2021 年 10 月 19、20 日，我们到清溪镇进村调查。

二、东莞清溪越南移民调查②

东川墓主祖籍清溪的 35 位，主要涉及浮岗村、重河村、清溪圩、清厦村、铁松村、铁场村、杨梅岗、铁矢岭、九乡村、三星村、三中村等行政村及其下属十多个自然村。村名有的有变化，如《名录》第 4 至 7 号"浮冈村"，今作浮岗村，且分浮岗老围和浮岗新围；第 8 号"埔江村"就是"浮冈村"，乃客语音同而笔异；清溪圩鹧鸪堂，本作鹧鸪塘，今改属铁松村委并与水尾埠下围村合并（民国清溪乡 16 保水尾埠下围与鹧鸪塘并

① 观澜牛湖材料核实，获深圳市龙华区观澜街道广培社区陈伟东同志和深圳市牛湖股份合作公司陈泽伟同志协助，特此感谢。

② 清溪调查获得东莞市侨联、东莞市文广旅体局、清溪镇人民政府、各村村委和侨务部门干部，特别是清溪镇侨联殷惠茹和尹巧玲二同志的大力支持与精心安排，谨此衷心感谢！

列）；夏屋村曾有下屋、夏屋、厦屋等多种写法，今统作厦屋村；铁场村，今有铁场上围、铁场下围、西门三个自然村（都姓韩）。

清溪大姓是张、李、刘、杨，皆说客家话。东川墓主未见刘姓。张、李、杨三大姓分别是 6 位、11 位、6 位，共 23 位，占比 65.71%。据《东莞市清溪镇志》（以下简称《镇志》）载，张姓，主要一支明万历间由福建漳州平和县徙来（浮岗老围），另一支由五华徙来（三中村）；李姓有三支，一支明正德间由宝安龙岗徙来（大稔布），一支明崇祯间由梅县徙来（铁矢岭），一支清乾隆间由惠阳徙来（牛湖）；杨姓，明万历间由惠州府陆丰县徙来。其他姓氏：曾姓，明宣德间由五华徙来（婆岭、厦屋）；卓姓，清康熙、雍正间由五华徙来（三峰上围）；陈姓，明嘉靖、万历间先后由五华徙来；黄姓，明宣德间由五华徙来（清溪圩）；余姓，明万历间由福建漳州平和徙来（清溪新圩）；韩姓，明崇祯末年由福建漳州龙溪县城迁惠州海丰县（今陆河），崇祯十六年（1643）徙至东莞铁场乡铁场成村，筑室种峉，以卖生姜为生。至六世时，韩氏田产谷仓已经遍布惠东宝。今有铁场上、下围村并为西门村。

清溪客家，大体从两个方向徙来。一是广东五华、梅县，一是福建漳州平和、龙溪，且多为明代徙来。其跟深圳龙岗客家多是清代"迁海复界"之后徙来不同。[①] 清溪客家的徙入，可能跟明代南海卫和南头、大鹏守御千户所的屯田制有关（拟另文讨论）。

清溪不是纯客镇，有讲白话（粤语）的，主要是尹、殷、谢、梁等

---

① 东莞客家人的徙入，被罗香林先生列为第四次大迁徙："降至雍正时代，惠、韶、嘉及江西赣州等属的客民，又复盛向粤省广肇诸属迁移，凡今日花县、番禺、增城、东莞、宝安、四会、新兴、开平、恩平、台山、鹤山等县，当时均渐有客人杂居……要之，自康熙中叶，至乾隆之际，可说是客家迁移运动的第四时期。"（《客家研究导论·客家的源流》第 61-62 页）赖际熙《崇正同人系谱·源流》说法相同："广州属之增城、东莞、新安、番禺……等县，又西江之肇、阳、罗……在在皆有吾系，大抵皆在清初康、雍、乾各朝代，由梅州及循州之人，或以垦殖而开基，或以经商而寄寓。"而东莞客家与上述说法有所不同，一是迁徙出发地不止循梅二州，还有福建漳州；二是徙居东莞的时间多在明朝，且自明初持续到明末，到清康雍乾年间反而少了。这很可能与明初沿海大建防倭卫所带来的军事移民相关。

姓。他们多是较早徙入清溪的"本地人": 尹姓, 一支在南宋绍兴十八年 (1148) 徙入, 一支在南宋乾道间 (1165—1173) 徙入, 一支在清乾隆间 (1736—1795) 徙入, 三支皆由东莞常平司马徙入。殷姓, 明洪武十一年 (1378) 由东莞常平白石岗徙入。谢姓, 一支是明万历间 (1573—1619) 由五华徙来 (客家人), 另一支是由东莞谢岗徙来 (讲白话)。梁姓, 有两支, 北宋崇宁间 (1102—1106) 和宣和二年 (1120) 先后由东莞常平石板村徙来, 是清溪镇最早的居民。这些讲白话的姓氏, 未见于越南东川墓主《名录》。

经镇领导安排, 我们对上述这些村、这些姓, 分三个片区分组访谈。各片区都提前发放《名录》和调查要点, 提前选派人员了解情况并带上族谱。我们于 19、20 两日在厦屋村曾氏祠堂、重河村委、铁场村委展开访谈。其间, 我们还专程拜访钟围村钟云开老人。回到深圳后, 蒲草洞村徐少灵先生还主动要求做了电话访谈。这些访谈, 以许多生动的实例和历史信息, 为我们大体勾勒出"东川—清溪"历史与现实的关联, 解了"东川为什么这么多清溪人"之惑。

三、清溪客家确曾大量移民越南

(一) 清同治年间出去过一批人

《名录》有 4 位曾姓。我们访谈第一站就是厦屋村。《镇志》载: 曾姓, 明宣德间, 一世祖崇公从长乐 (五华) 徙入清溪婆岭。清乾隆十三年, 七世祖寅乔公携眷由婆岭村分居于清溪圩 (老圩) 之西, 俗称下边, 故名下屋, 后谐音而作夏屋、厦屋。寅乔公生五子, 振江、振海、振沼、振洋、振滔, 成了厦屋曾氏五大房。现全村 220 多户, 700 多人。我们到厦屋村曾氏祠堂时, 2020 年新编清溪镇厦屋村《曾氏族谱》刚刚运抵, 我们获赠的可能是新族谱发放的第一本。

厦屋村老村长曾日权, 字可廉, 十五世可字辈, 77 岁。老村长介绍: 清同治年间出去过一批人, 去了安南、泰国、老挝、柬埔寨、马来亚, 此

后陆陆续续还有出去的。二十世纪五十年代粗略统计有五六百人。后又有从越南去了美国的，到处走。1949年回来一些，主要是女人和孩子，回来分田地，没再出去，知道这事的都不在了。男人没有回来。1957年还有几个从越南、柬埔寨回来，村里还摆酒招待。老村长说："我姑姑就在堤岸，姑丈是铁矢岭的，有一个儿子，失联已久。"对于《名录》第19号"曾东乐"，老村长说："村里没有这个人。可是有个'曾东寿'，民国时抓壮丁，他逃去越南了。不知是不是一个人，也许改名了？"

（二）清溪客家，有经营中草药的

老村长曾日权证实："清溪客家，有经营中草药的，有同裕堂（曾运生经营）、同安堂（曾学荣经营），开在圩场上。最早的圩，是清厦开的。后来到民国时，收费太贵了，厦屋领头开了新圩，废了老圩。同裕堂和同安堂还开在圩上，到土改时就没了。清溪客家人，有懂中草药的，到了东川，开中药店铺经营中草药，应该没问题。"

（三）曾氏五房，房房都有"过安南"

曾锦伦，64岁，厦屋村退休农民。2019年七、八月时去过一趟东川。他有个堂弟在东川，做电器生意，有微信，还会点客家话。曾锦伦说，他家是在爷爷辈去的越南。奶奶是广州番禺人。他父亲叫曾月华，有六个兄弟姊妹，五个在越南胡志明市和东川，都是其姑姑和叔叔。仅其一支在东莞。在东川，其叔叔姑姑现在经营水电、修车、建筑、建材等。估计爷爷一去就到了东川，因为那边有他许多房子。他父亲是老大，很想看看祖国是什么样子的，1949年18岁时从越南回来，赶上新中国成立，后来就没回去。其他人都留在越南了。这次他去越南，东川的人多数都不会说客家话和白话了，他路过胡志明市时请了一个翻译（广州人）随同，能说白话、越南话。去了一个月，一天一家，还有五六家，来不及了。厦屋曾氏五房，房房都有"过安南"！这一趟，光利是就派了90多份！

这次的往返，是这么走的：清溪到深圳，坐动车到广州，再坐动车到南宁，过友谊关，坐火车、汽车到河内，坐飞机到胡志明市，坐汽车到东川。

（四）"东川，没徐姓人，没有道理!"

蒲草洞村徐少灵先生见《名录》里没有徐姓人，很激动，说："东川，没徐姓人，没有道理!"我们查了相关文献，东川确实有徐姓人：清光绪二十四年（1898）《越南龙川市新建玉虚宫碑　倡建广东省会馆碑记》"东川辖众商捐银芳名"有"徐泰"在列；1961年《越南东川兴建崇正义祠各地善长仁翁乐捐芳名》"东川辖众商捐银芳名"有"徐玉柏"在列。然而，今东川义山又确实未见徐姓墓主。徐先生还曾提点道：清溪南洋华侨多，而相邻的凤岗镇西洋华侨多。《名录》里不见有凤岗人，是有道理的，因为他们去往南洋的少。

（五）去越南的清溪人，东川最集中，又遍布越南的多个省市

钟围村的钟云开老人说："我爷爷一人去越南，奶奶是越南人。我爸在越南槟榔省平大县（作者注：客家话音'平太县'）种椰树。我有五兄弟三姊妹，都生在越南。我是老三，6岁开始在越南学校上学。我10岁时，越南发生战乱，母亲担心，把我送回国了，为了给家里留个根。我是1947年回国的，从平大坐火车到西贡。从平大到西贡的铁路，后来被炸了，到现在也没修复。到了西贡，由水客钟茂带着，坐船（'大中华'船）到香港，再坐小船上岸，轮渡到九龙，坐火车到樟木头，步行回清溪。目前，我尚有一弟一妹（最小的）在越南，一弟一妹在美国。老弟老妹现在还在那里种椰树，另种田2亩。弟、妹现在都不会中国话了。2003、2006年，我带儿子去过。大儿钟建发，1954年8月生；小儿钟建新，1969年生。从前，那里有很多华人，2003年去时，已所剩不多。钟围村'过越南'的人很多，在西贡和西贡以西、以南的朱笃、东川、槟榔、美萩都有。"

（六）确认"杨斯章是本村人"

在重河村委会，我们见到了杨梅坑、铁松村、水尾墩等村选派代表，

进行了访谈。杨梅村罗志雄同志确认《名录》第 13 号杨斯章是本村人，有后代在；第 14 号杨谭财，本村人，是杨斯章他哥。本村是杂姓村，杨姓最多，其他姓有黄、王、曾、刘、罗、张、徐、林。本村去马来西亚的多，去越南的也有。罗志雄说："我爷爷就去了胡志明市槟椥县，我爸 10 岁跟其他人回来。"

水尾墩村林伟权同志证实，《名录》第 12 号的"鹧鸪堂"，一般作"鹧鸪塘"。民国时还有鹧鸪塘，后来跟水尾墩村合并了。林氏是本村主姓，"林门黄氏有"应该是本村的。

（七）1975 年排华，都去了美国（这与我们在东川所闻相符）

铁场村韩向明，46 岁，村委司机，本村人。其父韩容发，1936 年出生于铁场村，今年 86 岁。韩容发小时随父去越南，1947 年 11 岁时，随其父跟伯公韩冠华回国。韩向明的爷爷叫韩冠猷，字猷求，为族中第十二世，其长子容发、三子乐民皆在美国（1975 年前都在西贡，后去了美国）。现在西贡已无韩家人。爷爷大哥韩冠群，字任求，五子六女都是在越南出生的，越南排华时都去了美国。伯公韩冠华的长子、次子，分别在佛山、广州工作，皆已过世。

（八）蒲草洞村徐姓在越南的粮油加工生意做得很大

《名录》墓主中无徐姓。蒲草洞村徐少灵先生来电反映："清溪徐姓，明永乐间，徐氏兄弟三人由福建迁梅州再徙清溪，老大老三在蒲草洞成村。徐姓村，还有百家牟、江背等村。蒲草洞村徐氏过越南，最有名的是徐智权（《镇志》有传）。他的父母先去，有 10 个孩子，回来建过祠堂。徐智权经营粮油加工生意，其粮食加工厂规模很大。清溪人路过，他都招待。弟徐智光，是我爷爷，在清溪做粮油加工，也挣了钱，买了地，在清溪镇上有房子。徐智权的粮食加工厂很大，稻谷都是一大船一大船运来，做过崇正工商会会长。他和杨亚年（清溪花边岭村人）、张镜康（清溪下塘村人），都是西贡堤岸的富商。1929 年他们回乡赞助建成了鹿鸣学校（1952 年改制为清溪中心小学）。徐智权后来被人害了，大船被凿沉，稻谷浸了水，彻底破产了，人也疯了，回了香港，50多岁就死了，葬在杨梅坑。"①

（九）清溪人在东川、朱笃经营中草药

铁场村韩伟昌，88岁，其太太86岁，现住清溪。他是清溪医院内科医生（西医），60岁退休。他四五岁时随父亲从越南朱笃（在东川西50公里）回来。朱笃现还有亲戚（叔叔的后代），两边一直有电话往来。伯伯的儿子先在西贡，后移民澳大利亚了。过去，他的父亲做生意，卖杂货；叔父开中药铺；爷爷的弟弟也开中药铺。以下是韩伟昌的口述内容：

> 第一代，是爷爷去越南朱笃。他先到西贡，后到朱笃。我父亲韩佛送带我去过东川，专门联系同胞"寄东西"回东莞。后来才知道，这就是"水客"。我爷爷先在西贡卖布，做了十五六年；后来去了朱笃，仍开布店。有一个亲戚（叔叔的儿子）在东川生活。若无疫情，去年他就回来了。爷爷比较穷，与亲戚结队去的。朱笃有很多铁场人。父亲做水客生意，做了几十年，二十多岁做到1949年。1975年排华，大多数中国人被赶走了。我的一个伯伯韩卓强（亦名韩官松）的儿子韩汉某（名字记不全了），1975年前在西贡南越政权任交通局局长，1975年时移民澳大利亚。我爷爷有三个儿子：韩卓强、韩一添、韩佛送。

> 我们当年的回国路线是：从朱笃坐船到西贡，再从西贡坐船到香港九龙，九龙坐火车到樟木头，坐农用车回清溪。

---

① 1858—1886年法国占领了整个越南，实行殖民统治，通过诸多政策限制华侨在经济上的发展。除碾米业以外，不准华侨投资其他工业。华侨凭借艰苦奋斗的精神，终于在狭缝中闯出一条出路，甚至垄断了南圻的米业。食米是越南最大的输出品，米业促进了南圻的开发与繁荣。1876年，华商拥有了第一家机械碾米厂。后来，堤岸35家碾米厂中有33家是华侨开办的。华商还有很多运米的大木船，在南圻约有3 000艘。由于经营米业，华侨代理商深入整个南圻农村，奠定了华商投资与积累的基础，同时带动其他行业的发展。徐智权是否这33家机械碾米厂的老板之一呢？

四、以另一种身份"过越南"

（一）因为懂越南话而奉调出征抗美援越

铁松村黄雪青同志带我们到钟围村专程拜访了钟云开老人。

钟云开，1947年时10岁左右，高小毕业，由同村人从越南南方槟榔省平大县带回来，半年后学会中国话。1965年奉调出征抗美援越给高炮部队当翻译。

老人虽说已是耄耋之年，然话音洪亮，底气十足。他的口述内容如下：

> 1965年我28岁，东莞县委组织部找会越南话的人，把我介绍到部队。1965年下半年，去桂林步兵学院学习。1966年经友谊关出国，在高炮部队当翻译，负责三个连的翻译。最远到过海防。1968年1月随部队回国。获得越南政府颁发给"翻译钟云开同志"的奖状，以及"援越抗美－中越友谊纪念章"一枚，"八五纪念章"① 一枚，是越南政府专门颁发给中国援越军人的。随部队出国时发的地图《越南人民抗美救国形势图解》一幅，我完好保存至今。
>
> 清溪有四个人去桂林步兵学院学习。这些人都是从越南回来的，会越南话，后来两人出国了。我从友谊关出国。另一个从云南河口出国，是三星村百家拳的，叫徐金山，与我同一年回国。出国时人人都穿蓝色海军装，戴越南帽。回国时，一过友谊关，就全换成中国军装。那三位，皆已去世了。
>
> 回来后我进了铁松村村委，任村治保主任，民兵营长。1969年入党。

① 1965年8月5日，美国以北部湾事件作借口，开始轰炸越南北方，越南人民奋起抗击，中国秘密派出支援部队，开始了长达3年的援越抗美战争。32万中国军人秘密出国，涉及陆海空三军工程、铁道、通信、高炮部队，击落美军飞机千余架，牺牲千余人，就地安葬。"八五纪念章"即援越抗美纪念章。老人记的是另一版本："越南军民用步枪打下美国飞机"的纪念章。

（二）1949 年前后回国，投身革命与共和国建设

在越南出生，或在越南读过书，后来回国升学、参加革命和建设并在《镇志·人物》有传的有王浩、王奋等多人。

王浩，别名王伯祥，1927 年 6 月在越南出生①，清厦村委鹿湖坝村人。幼年在越南美萩市崇正小学读书，后在越南义安中学、南侨中学读书。1948 年 9 月入读广州国民大学西语系法语专业。1949 年 1 月参加地下青年团，5 月被组织派回清溪以清溪中心小学教师的身份开展地下学运，7 月参加粤赣湘边纵队东江第一支队司令部工作。惠州解放后调东江公学任干事……1970 年调任塘厦中学校长，1986 年 7 月离休（2020 年逝世）。

王奋，别名王伯勤，1930 年出生在鹿湖坝村，1937 年随家人到越南，先后在美萩崇正学校和丐礼华侨学校读书。1946 年冬回国，在清溪中学继续读书，1949 年 4 月 22 日加入粤赣湘边纵队东江第一支队，11 月转入两广纵队炮兵团……1950 年 6 月参加解放万山群岛战斗……1956 年冬入朝在炮兵 34 团任见习参谋……1978 年任炮兵 35 团司令部副参谋长。1983 年 8 月从部队离休。

曾士杰，1932 年 2 月出生于三星村牛路头村，出生后几个月随母亲到越南茶荣省乾隆县丐合乡，入读华人私塾，后入读茶荣市华人崇正小学、侨光小学至高小毕业，1948 年初随母回国并入读清溪中学，1949 年 5 月与学校师生二十多人一起加入粤赣湘边纵队东江第一支队。1954 年转业到广东省公安厅，1982 年调任深圳市公安局南头分局负责人。1992 年离休。

曾荣东，1932 年 2 月出生于三星村牛路头村，1948 年前在越南茶荣省华侨小学读书，1948 年 3 月回国在清溪中学读书，1950 年 2 月入党，同年12 月参军，曾荣立三等功。1988 年 7 月任广东省贸易中心副总经理。1992

653

---

① 东莞市文广旅体局殷柱华同志大力协助查询到了王浩校长的出生地：越南南方美萩省（今前江省）丐礼市。其在越南读书，曾用名王伯祥，后更名王浩。

年2月退休。

曾谭金，1937年7月出生于越南西贡堤岸，同年随母回到家乡清溪厦塘村。1951年起入读清溪中学、东莞中学，1957年考入武汉中南财经学院，1961年毕业后从事审计工作，1999年2月退休。

（三）出生于清溪而出国参加抗美援越、对越自卫反击战

卓官和，三峰村人，1932年7月出生，1949年1月参加粤赣湘边纵队，1953、1954年在中国人民志愿军高炮533团修理所任技工、技师。1967年12月至1968年10月在抗美援越3554部队技术处任枪弹助理员。1984年7月离休。

黄铜山，土桥村人，1949年5月出生于部队，1968年毕业于广州华师附中，同年2月入伍，4月至次年2月参加抗美援越战斗。1979年初参加对越自卫反击战。1981年任炮兵第70师642团司令部参谋长，1983年7月任团长。荣立三等功二次。

吕蔚，1936年10月出生于三星村吕屋围，1956年进空军航校学领航。1966年2月至1980年2月调广州组建新的运输部队，任领航员、作训参谋，1979年全过程参加对越自卫反击战。1996年11月退休。

谢秋文，1946年6月出生于三中村下围，1963年参军，1979年参加对越自卫反击战。2006年7月退休。

李官生，1954年10月出生于铁场村。中学肄业，1974年12月应征入伍，在汽车团服务。越南排华时，曾参加运送越南归侨工作。1979年参与对越自卫反击战，1984年参加攻打茅山作战。荣立三等功三次。

张敏良，1956年5月出生于松岗村。中学毕业。1976年3月入伍，炮兵，历任战士、排长、连长，1979年在对越自卫反击战中英勇顽强、战绩显著，荣立二等功一次。1986年转业到深圳市财政局工作，直至退休。

旅马华侨谢氏昆仲
清末在粤东的"民主革命实践"述略

房学嘉①

  马来亚华侨谢逸桥、谢良牧是民族意识较强的知识分子代表，在1894年中日甲午战争失败以后，赴日本留学。本文旨在钩沉有关史料，就谢氏昆仲赴日留学期间，在孙中山革命救国思想的影响下，走上民主革命之路，并在推翻清封建王朝的斗争中作出极大贡献的经历作一述略。行文除引言外，分留日期间的革命实践、在松口的革命实践、在潮汕的革命实践和思考四个部分。华侨华人研究所强调的，一是知古而鉴今，二是关注当下与未来。在方法论上，本文以文化人类学的微观视角，以重点侨乡松口古镇及粤东地区为考察重点，将官方档案与地方史料结合，试探清末华侨的"民主革命实践"。

  马来亚华侨谢逸桥、谢良牧昆仲祖籍粤东松口铜琶村，现村中还有他们投资兴建的房产，如爱春楼等。粤东嘉惠潮地区自明清易代以降，一直是秘密反清会党"三点会"活跃之区，而松口古镇则是三点会的重要据点。谢逸桥是三点会的主要成员，被尊为"大哥"②，曾创办"松口团防局"与自立军通声气。谢氏昆仲于清末赴日留学，尔后与正在横滨一带活

---

  ① 房学嘉，广东梅县人，嘉应学院客家研究院原院长，美国哥伦比亚大学访学研究学者。先后任新加坡国立大学、日本东京都立大学、台湾大学、（新竹）交通大学等高校的客座教授，南昌大学、中南民族大学兼职硕士生导师。主要研究方向为客家历史与文化。

  ② 房学嘉、谢剑：《围不住的围龙屋——记一个客家宗族的复苏》，广州：花城出版社，2002年。

动的洪门会首领梁慕光、冯自由取得联系。① 谢良牧则由其兄在日本介绍加入洪门会，被尊为"三哥"。当时，与谢良牧一起宣誓入会的还有秋瑾等人。

革命先行者孙中山则是会党专家，他在联络华侨支持革命之初，曾因未加入会党而只有寥寥响应者。后来，其在美国加入了致公堂（其中客籍旅美华侨刘佛奇是牵线人之一），并被封为"洪棍"（即先锋），与华侨的联系面便迅速扩展。据他估计，当时约有"数千万会员散布在整个华南"，而海外华侨，几乎80%都已加入会党。

1905年夏，孙中山结束了对欧美留学界的革命串联活动后来到日本。谢逸桥、谢良牧、何天炯、廖仲恺等人先后见到孙中山。孙中山对谢逸桥关于曾创办"团防"并利用会党力量，策划武装反清实践的介绍尤感兴趣。他还向客籍同志详细了解分布于粤东地区的会党力量。谢逸桥介绍：会党在粤东北地区活动的历史较早，在明亡时，一批明朝遗臣曾拥明太子朱慈烺遁居松口，以图积聚力量反清。后不得志，一部分人退居深山，以洪门组织作联络，联卫共济，世代相传，平时分散，但有统一号令，必要时可发动数十万之众；另一部分人则避走海外，主要分布于南洋英、荷两属，约数十万。日后，大批客籍同志接受孙中山的派遣，奔赴南洋各埠，从事联络华侨的工作，动员华侨为革命捐助军饷，积极投身于推翻清王朝的武装斗争中。

一、留日期间的革命实践

谢逸桥、谢良牧、何天炯等在留学日本期间，积极协助孙中山组织中国同盟会。

当时，孙中山与黄兴等商议，以兴中会、华兴会为基础，联合光复会，组成革命同盟。这段时间，留日革命志士先后召开了几次具有历史意

① 梁慕光是广东惠阳客家人，冯自由是旅日华侨富商子弟。

义的会议，谢良牧、何天炯等人不但出席了这些会议而且参与了筹划工作。

一次是革命同盟会筹备会。时间是 1905 年 7 月 30 日，地点是东京赤阪区桧町黑龙会会所，孙中山等革命志士召集有关同志研究革命同盟会成立的筹备会议。参加会议者并不多，据邹鲁《中国国民党史稿》载，当时共有 17 省的代表参加，分别是孙中山、黄兴、谢良牧、冯自由、何天炯、马君武、蒋尊簋、刘道一、宋教仁、张继、陈天华、汪精卫、朱执信、古应芬、胡毅生等 73 人。会议将革命联合组织定名为"中国同盟会"，确立"驱除鞑虏、恢复中华、创立民国、平均地权"16 字为革命纲领，并推举孙中山为同盟会总理。旋即由孙中山拟出盟书，经大会推举黄兴、陈天华二人审定后，由各人填写。谢良牧、何天炯、古应芬、胡毅生等客籍同志当场填写。谢良牧填写的盟书如下：

联盟人——广东嘉应州人谢延誉（即谢良牧——引者注），当天发誓：

驱除鞑虏，恢复中华，创立民国，平均地权。矢信矢忠，有始有卒。如渝此盟，任众处罚。

中国同盟会会员谢延誉，主盟人孙文。[①]

谢逸桥、何天瀚、李勒等因故未出席筹备会的客籍同志，于 8 月 6 日赶到横滨孙中山住所进行宣誓入盟。

另一次会议是留日学生欢迎孙中山大会。时间为 1905 年 8 月 13 日，地点为东京曲町区富士见楼。中国同盟会筹备会为了进一步扩大影响，于是日召开留学界欢迎孙中山大会，孙中山到会发表演说。据邹鲁在《中国

657

国民党史稿》载，是日到会1 300多人，迟到者根本无法进入会场。孙中山富有鼓吹性的演说，一再激起人们不绝的掌声，使人们更加明白改良主义的错误，更加相信革命道路的正确。热血沸腾的客籍同志被大会盛况及反清救亡的革命热情触动，在会后纷纷要求加盟。这段时间入会的客籍同志有谢辉元、谢适群、谢逢元（以上分别是谢逸桥的四弟、五弟、二弟）、饶一梅（以上为松口留日学生）、刘维濂、刘维焘、李定区、李荫区、何卓麟等人（均为嘉应州人）。当时，嘉应客籍加盟人数为广东之冠。

还有一次是中国同盟会正式成立大会。时间是8月20日，地点为东京赤坂区霞关子爵坂本金弥邸宅。自8月13日的留日东京同学举行欢迎孙中山大会，孙中山在会上作精彩的革命理论宣传以后，革命形势发展很快。孙中山的民主革命思想在留日学界引起强烈的共鸣，要求宣誓加盟的络绎不绝。孙中山、黄兴等根据形势发展进行分析，认为时机已成熟，决定召开中国同盟会正式成立大会。据孙中山在关于同盟会革命史的著文中介绍，这次会议假东京赤坂区霞关子爵坂本金弥邸宅召开，莅会者有已加盟或准备加盟者三百余人。会议首先通过会章，然后选举干事。会章采用三权分立制，设执行、司法、评议三部。各部干事除总理一职已于第一次筹备会公推孙中山担任外，其余依会章分别进行票选。在整个领导核心成员中客籍同志占46%。继孙中山之后，有外务部长廖仲恺、会计部长谢良牧（谢良牧归国后由何天炯继任）、司法部判事何天潮、评议部议员胡汉民和梁慕光等。会计部长的职责与现在的财政部长职责相当。孙中山将这副重担交给客籍同志，与客籍同志和海外华侨关系密切有关。当时革命党人的活动经费，全靠海外侨界募捐解决。而谢良牧出身于华侨富商之家，其伯父谢梦池又是南洋侨领、驻槟榔屿领事。如能利用这一特殊关系，不但便于革命工作的开展，而且更有可能争取广大华侨的赞助。同盟会成立以后，孙中山旋于同年秋赴南洋宣传革命，因经费短缺，特向东京留日学界募集3 000元，"谢逸桥、谢良牧昆仲率先认捐"。胡汉民、谢良牧亲随孙中山赴海外活动于华侨界，在华侨比较集中的社区建立书报社或学堂等革命机关，筹组成立同盟会海外支部，以及在华侨界为革命筹集经费、军饷等，受到孙中山倚重。

谢逸桥则接受派遣，回岭东地区从事革命联络工作，兼作主盟人。中国同盟会成立以后，各领导核心成员根据自己所负的职责从事革命工作。谢逸桥与留日学成归国的温靖侯、林修明、温奋立、饶一梅、梁少慎等同志根据孙中山的革命方略，先后在松口创办松口师范传习所、松口公学、松口体育传习所等新式学校，为粤之潮梅、闽之漳汀培养了大批新学师资及革命干部。尔后，这些毕业生返回原乡，以办新学为掩护，暗中进行革命宣传，联络会党，发展同盟会势力，积极参与策划潮州起义、黄冈起义、云南河口之役、广州新军之役、辛亥广州"三二九"之役，策划和平光复广东等各州、县等。这一次次的群众运动大大动摇了清封建王朝的根基。

二、在松口的革命实践

粤东松口是谢逸桥、谢良牧的祖籍家乡。作为岭东地区代理主盟及军事联络员的谢逸桥肩负孙中山赋予的特殊使命，其回到祖籍家乡进行民主革命实践主要工作有两项：一是联络地方会党领袖，创办革命学校——松口学堂；二是联络潮汕会党领袖，策划潮汕革命。谢逸桥于 1906 年春节前夕从日本回国后，先在本邑联络温靖侯、黎亚常等人。黎亚常是本邑三点会的头目，其他人则是留日归国同学、同盟会员。

在潮州，谢逸桥联络潮安会党领袖许雪秋、陈芸生、余丑等。当时，许雪秋等正在筹划潮州暴动，为了便于集结力量，谢逸桥多方活动，以承包潮汕铁路的土建工程为名，安排了几百名会党成员做工，并派陈芸生、余丑等人为工头，以此团结筑路工人。

在闽粤边山区，谢逸桥从日本回到家里，行装甫卸，即与温靖侯同赴兴宁联络肖惠长，长乐（即今五华县）联络张谷山、李济民，此外还有平远的林鲁传、姚雨平、姚希尧，镇平（即今蕉岭县）的丘逢甲，大埔的郭

659

志陆，上杭的丘学尧以及州属比较开明、在地方上较有声誉的吴登初、卢耕甫、江柏坚、谢鲁倩等。

在兴宁县，谢逸桥联络兴民学堂校长肖惠长。肖惠长是当地三点会会首。当年谢逸桥在松口创办团防局与自立军通声气时，彼此就有来往。两人还同是丘逢甲的门生，他们同进岭东同文学堂，同受新学熏陶。谢逸桥受孙中山革命救国思想影响，于1904年赴日本留学，走上革命之路。肖惠长则效法丘逢甲，走教育救国之路，回到家乡创办兴宁县第一间新式学校——兴民学堂。在兴宁，谢逸桥先后吸收肖惠长、张花谷、张禄村、张则通等人加入同盟会，并在兴民学堂建立起以肖惠长为首的中国同盟会在岭东的第一个革命联络据点，负责与兴宁、龙川等县会党的联络。

谢逸桥在蕉岭县淡定村拜访老师丘逢甲。丘逢甲于1900年在汕头创办岭东同文学堂，谢逸桥是其得意门生。当时"丘仙根（丘逢甲）虽未加入同盟会，但对谢逸桥所示同盟会反清革命宗旨却颇表同情"①，这表现在他亲自介绍谢逸桥到上杭县丘氏宗祠联络丘学尧，到大埔县联络郭志陆等行动上。谢逸桥这次在各县联络的人不是等闲之辈，都是反对清王朝的活跃人士。

为扶植革命力量，谢逸桥向松口兴学会争得办学的领导权。1906年春，在全国各地掀起办新学高潮的推动下，松口兴学会不甘落后，但因筹办新学缺乏师资，经申报嘉应州署同意，先行筹办松口初级师范讲习所，以培训办新学的师资。

松口初级师范讲习所的创办，得到两广方言学堂丘逢甲的支持，并很快由两广学务处批准立案。"消息传出，广东潮梅，福建漳汀一带青年纷纷前来就读，惟恐落后。光绪三十二年（1906）三月，松口初级师范讲习

---

① 温翀远：《同盟会在梅州的活动和梅城光复经过》，转引自赖绍祥、房学嘉编著：《客籍志士与辛亥革命》，广州：广东人民出版社，1992年，第37页。

所开学，共选学生 123 名，限六个月毕业。"① 讲习所参考日本弘文学院师范速成科的教学设置，开设伦理、教育、教授管理、心理、国文、历史、地理、数学、化学、物理、生理、动物、植物、体操、唱歌、品行十六科目。

据温翀远说："松口师范的教员谢逸桥、温靖侯、饶真、梁维岳、李任、林凤人、张谷山等，都是同盟会员，除张谷山外，又都是清一色的留日学生。他们朝气蓬勃，满腔革命热情，给学生感染极深。……我和丘哲、陈啸桥、梁龙四人，就是在松口初级师范讲习所学习时由谢逸桥主持宣誓入盟的。"②

松口师范只办了一期，于同年 8 月 13 日结束。"毕业之期，由嘉应州谕饬该堡兴学会会长兼该所监督饶绅集蓉会同监学谢逸桥、温靖侯和教员对学生进行分科试验"，"谨遵奏定章程"，"将其所得分数及每月积分平均计算，学生的成绩分为极优、最优、优、中、下五等，以满百分为极优，则满八十分以上至九十九分为最优等，满六十分以上至七十九分以下者为优等，满四十分以上至五十九分者为中等，四十分至二十分止为下等"。学生毕业，学校概"给学生相应填给凭照，交该生收执"③。

松口初级师范讲习所办学结束时，谢逸桥召集加盟或准备吸收加盟的学生开展骨干座谈会。正如当年的学员陈蓬士在撰文中指出："谢逸桥等在师范学堂传播革命思想，待学生毕业，革命思想即遍布潮梅矣。"④

———

① 温翀远：《同盟会在梅州的活动和梅城光复经过》，转引自赖绍祥、房学嘉编著：《客籍志士与辛亥革命》，广州：广东人民出版社，1992 年，第 38 页。

② 温翀远：《同盟会在梅州的活动和梅城光复经过》，转引自赖绍祥、房学嘉编著：《客籍志士与辛亥革命》，广州：广东人民出版社，1992 年，第 38 – 39 页。

③ 赖绍祥、房学嘉编著：《客籍志士与辛亥革命》，广州：广东人民出版社，1992 年，第 39 页。

④ 赖绍祥、房学嘉编著：《客籍志士与辛亥革命》，广州：广东人民出版社，1992 年，第 39 页。

三、在潮汕的革命实践

松口师范结业后，谢逸桥南下潮州，在潮汕铁路公司任协理、铁路总巡。① 当时，铁路工人中有不少是地方上的会党分子。谢逸桥利用铁路之便，暗中为会党传递信件、运送物资，吸收会党分子加入同盟会，从而加强了与潮汕会党的联系，又团结了广大的铁路工人。

孙中山明确提出革命党人武装反清夺取政权，建立民主共和国的基本方针，要求"义师所指，覆彼政府，还我主权"。从此，中国同盟会领导的革命活动进入武装斗争的新阶段。1906年冬，谢逸桥领导的同盟会与许雪秋、陈芸生、余丑领导的潮汕会党商议认为，粤东地区的革命形势很好，可以利用湘赣地区武装起义的声势和影响，凭借粤东现有的革命力量，进行武装起义，并且确定第一个革命目标是进攻潮州城。谢逸桥及时将岭东同盟会配合会党筹划潮州起义的计划报告香港同盟会分会及东京同盟会总部。孙中山对此非常重视，旋即从日本东京专门派遣同盟会会员谢良牧、张喻、郭公接、梁鸣九、李思唐等人返国协助；并写信指示谢逸桥组织潮梅同盟会同志利用绝好时机，协助潮汕会党许雪秋等人组织潮州起义。

潮州起义于1907年正月初七晚上举行。许雪秋是当地大绅、会党领袖，被孙中山委为东军都督，作为策划潮州之役的总指挥。根据当时的战略部署，由谢逸桥暗率同志，分别藏匿于潮州火车站、蔡家祠、敌山台、潮安内城，预备响应；谢良牧则协助许雪秋指挥各路人马；陈芸生等策动揭阳炮台兵弁反正；蔡全福、李思唐、郭公接、张煊往饶平浮山埠联络组织会党于夜间袭击潮州城；余丑、陈涌波等赴黄冈……一切准备就绪。是晚适逢风雨大作，浮山集合起来的几千人的会党队伍因缺乏革命纪律，旋

① 潮汕铁路是中国第一条侨办铁路，由松口华侨张榕轩、张耀轩、谢荣光三家合股创办。谢逸桥作为谢家代表之一，参与潮汕铁路公司的管理，担任协理、铁路总巡。

聚旋散。谢良牧偕许雪秋策马来到东城门,潜伏于湘子桥墩下,忍饥受冻一直等到天明,见仍无动静,知道机会已失,只好撤离现场。结果,这次由潮梅同盟会与潮汕会党联合组织的岭东第一次武装起义宣告流产。

黄冈起义于 1907 年 4 月举行。潮梅同盟会和潮汕会党吸取潮州起义失败的教训,于同年 4 月又组织了一次更大规模的黄冈起义。黄冈是潮州府城的东大门,距其 20 余公里。当时根据孙中山的统一部署,黄冈革命要与惠州及钦廉的革命同时举行,以便牵制清军。由于黄冈革命党多次集会都被清军侦缉发现,两位同志被捕,革命党人被迫将起义提前。

据是役参加者之一的温翀远说:"四月初旬,我和郭守毅分别得到谢逸桥的通知,到汕头参与许雪秋领导的黄冈起义。"① 张禄村也回忆说:"我和丘哲等人接到谢逸桥的指示后,旋即赶赴潮汕铁路公司。"② 为了加强对这次起义的领导,孙中山事前已从东京增派林国英、熊越山等回国协助。温翀远说,当时他"在汕头赞和兴旅店与从日本派回来的熊越山住在一起"③。

黄冈起义军由几千名会党成员和农民组成。这次起义吸取潮州起义失败教训,加强了对起义军的革命纪律教育。战斗于晚上 11 时打响,革命军与守城清军即展开"剧战,由戌至寅,胜负未分",后"分兵攻城内各衙署……须臾各署清吏或逃或死或被执,而党军亦将协署头门焚毁,守军失其屏障遂降,党军复入柘林司署,擒其司官巡检"④。终于克复黄冈城,革命军当即在都司署成立军政府,并以孙中山的名义发布文告安民。

当黄冈起义发动之时,许雪秋虽挂衔东军都督,但其正远在香港由谢良牧协助募集军饷,未能参加。为适应革命形势发展的需要,在内地的谢

① 赖绍祥、房学嘉编著:《客籍志士与辛亥革命》,广州:广东人民出版社,1992 年,第 41 页。

② 赖绍祥、房学嘉编著:《客籍志士与辛亥革命》,广州:广东人民出版社,1992 年,第 41 页。

③ 赖绍祥、房学嘉编著:《客籍志士与辛亥革命》,广州:广东人民出版社,1992 年,第 42 页。

④ 赖绍祥、房学嘉编著:《客籍志士与辛亥革命》,广州:广东人民出版社,1992 年,第 42 页。

逸桥、林国英、陈芸生、余丑等人联合召开了革命和会党紧急会议，研究对策。为巩固新生的革命政权，会议决定由谢逸桥利用其在铁路局任铁路总巡之便，负责起义军和军政府所需物资的调度和联络工作，陈芸生为前敌指挥，林国英为后方指挥，余丑总负责。

黄冈起义来势迅猛，顷刻间克复黄冈城并宣告成立军政府，使清廷大为震惊。但由于这次起义被迫提前，行动仓促，革命军及军政府一时处于孤立无援的恶劣环境之中。清两广总督从容地从广州等地调集重兵前往围剿。温翀远等回忆说："起义军在武器弹药极端缺乏，处境极端困难的情况下，继续进军，与强大的清军进行了七天七夜的殊死搏斗，终因敌我力量悬殊，最后在弹尽援绝的恶劣情况下，被迫宣布解散。"①

黄冈起义失败后，"清军按图索骥，惨杀革命党及乡民二百多人"②。谢逸桥的革命党身份此时未公开暴露，他临危不惧，或利用自己在潮汕的声望，及时通知同志远避，或挺身而出，保释被捕同志，从而保存了大批革命骨干。因此，他在潮梅同盟会及整个岭东洪门会党中获得了极高的威望。"当时在粤东地区，凡言革命的同志都尊称谢逸桥为大哥，其弟谢良牧为三哥。"③ 每逢聚会，必请他们坐首席。

谢逸桥是中国同盟会成立以后，由孙中山直接派遣回岭东地区从事革命联络工作兼作主盟的第一人。他牢记孙中山的指示，组织同盟会同志联合会党策划潮州、黄冈起义。起义的规模虽然不大，且革命烈火刚刚点燃即被清军扑灭，但在当时满天阴霾的情况下，使人民看到了一缕阳光，其意义是无可估量的。孙中山在总结革命经验时提到，潮州之役、黄冈之役乃同盟会干部直接发动，"潮州、黄冈之师不得利，以为第三次之失败

---

① 赖绍祥、房学嘉编著：《客籍志士与辛亥革命》，广州：广东人民出版社，1992年，第42页。

② 赖绍祥、房学嘉编著：《客籍志士与辛亥革命》，广州：广东人民出版社，1992年，第42页。

③ 赖绍祥、房学嘉编著：《客籍志士与辛亥革命》，广州：广东人民出版社，1992年，第42页。

也"①。可见谢逸桥自日本归国后策划的岭东革命是孙中山领导中国革命的一个重要组成部分。这场革命在史册上留下了光辉的一页。

四、思考

华侨华人研究者不要忘记历史,要知古而鉴今。清末中国由于国弱而屡被列强欺凌,被逼卖国割地赔款,使得海外华侨华人即使为当地国家的生产建设作出了贡献,仍无尊严、无社会地位、无话语可言。他们因受尽压迫剥削,从心底渴望提高中华民族的国际地位。十九世纪末二十世纪初,民族意识较强的谢逸桥、谢良牧等华侨知识分子,在严重的民族危机社会背景下,顺应历史发展的潮流,追随孙中山革命思想开展民主革命实践。不管他们在赴日前有无反清的革命实践,最初的思想不论是革命也罢,维新也罢,兴学也罢,都有一个共同点——救国,希望学成以后,为振兴中华服务,这就是当年留日客籍同志的归宿。据此,笔者建议创建松口华侨辛亥革命纪念馆、潮汕铁路纪念馆、两谢(谢逸桥、谢良牧)纪念馆、两张(张榕轩、张耀轩)纪念馆、伍氏(伍佐南、伍森南)纪念馆等,通过纪念碑亭、纪念馆,华侨自建或捐建房地产、学校、桥梁等串珠成链。

华侨华人研究要关注当下与未来。改革开放以来,有大批赴海外留学、务工、经商的华侨群体。在纽约、多伦多、东京、伦敦、新加坡、吉隆坡、曼谷等大都市区的唐人街,都有五六十万以上的华侨群体。这些新移民、新华侨大都在国内或在海外受过良好的教育,如能吸引他们将新知识、新技术、新成果贡献于家乡、为祖国社会经济发展服务,不但功在当代,而且对未来具有不可估量的影响。

引玉之石,方家正之。

---

① 广东省社会科学院历史研究室编:《孙中山全集》(第一卷),北京:中华书局,1981年。

附录：中国同盟会 1905 年客籍留日学生会员录①

姓名	籍贯	入会时间	备注
谢延誉	嘉应	7 月 30 日	即谢良牧
黄超如	嘉应	同上	
古应芬	番禺	同上	
何天炯	兴宁	同上	
胡毅	番禺	同上	即胡毅生
谢元骥	嘉应	8 月 6 日	即谢逸桥
何天瀚	兴宁	同上	
梁慕光	归善	同上	
李勒	嘉应	同上	
谢延美	嘉应	8 月 14 日	谢逸桥弟
梁揆通	嘉应	同上	
谢延惠	嘉应	8 月 18 日	谢逸桥弟
谢延祉	嘉应	同上	谢逸桥弟
温士珏	嘉应	同上	即温靖侯
饶真	嘉应	同上	即饶一梅
何卓麟	大埔	同上	
刘维濂	兴宁	同上	
刘群立	兴宁	同上	
李定区	兴宁	同上	
李荫区	兴宁	同上	
李敬熙	兴宁	8 月 28 日	

① 冯自由：《中国同盟会史略》，转引自赖绍祥、房学嘉编著：《客籍志士与辛亥革命》，广州：广东人民出版社，1992 年，第 10 – 11 页。

（续上表）

姓名	籍贯	入会时间	备注
胡汉民	番禺	9月1日	
廖仲恺	归善	同上	
梁笙圃	嘉应	9月14日	
李天麟	嘉应	9月15日	
陈志凯	嘉应	同上	
张仁任	嘉应	9月26日	
李华伟	嘉应	11月10日	
饶齐公	兴宁	12月4日	即饶景华（号诗野）
何成	兴宁	12月4日	

华侨华人对梅县松口教育发展与变迁的影响

罗迎新　　莫俊贤①

　　松口镇作为梅州客家地区的千年名镇，见证了客家人的生活发展变迁。清朝末期对外政策发生改变后，松口镇逐渐成为梅州地区的重要侨乡。民国时期华侨华人已经对松口镇人民的方方面面产生了深刻的影响。本文重点探讨清末至民国时期华侨华人对松口镇教育事业发展、变迁的影响。

一、松口镇地理概况

　　松口镇位于具有"华侨之乡"之称的梅州市梅县区东北部，地处粤、闽、赣三省交界处，东邻大埔县清溪镇，西接梅县区白渡镇，南与大埔县英雅镇、梅县区雁洋镇接壤，北与梅县区桃尧镇、隆文镇相连。

　　松口镇河流众多，其中有梅江、松源河等，梅江衔接韩江在汕头入海。梅江将松口镇分为南北两边，造成地势西北高东南低，山地占整个松口镇面积的80％，盆地、丘陵则占其余的20％，素有"八山一水一分田"的说法。

　　梅州市作为客家人在国内南迁的最后落脚点，同时也是明清以来客家人迁往海外的主要出发地。自古以来，松口镇水运发达，逐渐发展成为岭

---

　　①　罗迎新，广东大埔人，嘉应学院客家研究院教授；莫俊贤，嘉应学院地理科学与旅游学院学生。

南四大古镇之一,许许多多的客家人都随着梅江一路顺着江面经过韩江,途经潮州,最后到达汕头出海口,前往南洋或者更远的地区谋生。在宋朝,来自全国各地的客家人迁居于松口镇,松口镇逐渐被开发成为商贸集散地。至清末民国时期,松口镇不仅成为梅州当地客家人向海外谋生的驿站,甚至已经成为世界客家侨乡"海上丝绸之路"的始发地和客家人下印度洋的第一站。①

由于松口镇地理位置的特殊性,再加上有限的土地资源难以种植足够的农作物养活日益增多的人口,于是为了寻求更大的发展机会,松口客家人把目光放到了海外。从明朝末年开始,松口镇开始陆陆续续地有客家人前往海外发展,他们在海外从事体力劳动或者商业贸易等,将赚得的钱一部分汇到松口镇给家人作为生活费。还有一部分的海外客家人开始无偿捐款,兴办学校、医院等公共设施,或回乡投资建厂,带动了松口镇的经济发展。

669

二、华侨华人回乡兴办教育事业的驱动因素

清末民国时期,梅州地区各县政府对于教育的投资很少,所以松口镇的办学费用大部分来自海外华侨。在海外,客家华侨华人通过辛勤劳动对当地社会经济发展起到重大作用。同时,他们也非常重视松口镇学校教育的发展。例如谢益卿、梁映堂、陈蓬士等有名的松口籍华侨华人筹款兴办学校,促进了松口镇教育事业的发展,让松口镇的年轻一辈有机会接受教育,为家乡乃至国家的发展培养了众多的人才。

根据文献分析和实地调查,松口籍华侨华人回乡兴办教育事业的主要原因有下面四点。

(一)"崇文重教"理念

从北方迁移至梅州地区时,不少客家先民出身书香门第,本身就具有

---

① 李建伟:《百年侨批对晚清民国梅州侨乡教育文化多元化的影响研究——以广东松口古镇为对象》,《浙江档案》2020年第3期,第45-49页。

较高的文化素养，他们将重视文化教育的传统带到了梅州。崇尚文化、推崇教育的思想理念深入民间，即使原本出身普通家庭的客家先民也深受影响，认为想要改变自己和后代的命运就要接受教育，即使自己辛辛苦苦耕种、砍柴也要供子女上学。

梅州地区地理条件较为恶劣，使得客家人必须想办法走出大山才能够获得更好的发展。他们认为走出大山过上好生活的办法就是接受教育，发奋图强，以便日后金榜题名，改变命运，光耀门楣。旧时，梅州地区客家人重视教育不仅仅体现在普通百姓中，而且很多官员也非常重视自己的政绩，怀着兴办教育事业、改变后代命运的理想大力支持教育事业的发展，有的地方甚至出现地方官员资助一些家庭条件困难的学生上学的景象。

在客家地区，宗族文化占据非常重要的地位。在过去，客家人往往都会集中整个宗族的力量来培养子弟读书学习，各个宗族都将兴办教育事业、供宗族子弟读书视为光宗耀祖的事情。客家人会将本族的祠堂作为办学的地方，让本族子弟在祠堂接受教育。宗族中还会有专门为兴办教育事业提供经费的公田，公田得到的收入大部分都会用于教育费用，[①] 这也是客家地区的独特之处。

梅州地区的客家人会在过年和冬祭期间粘贴一些本姓氏独特的堂号和堂联，作为激励子弟读书学习的方式之一。这些堂联内容涵盖广泛，着重突出勤俭、读书和孝的精神，这也是客家人民激励后代子弟努力读书的一种独特方式。无论是从客家先民自北方迁移之前的家庭背景来看，还是从地方官员和宗族对读书教育的重视程度来看，客家人都十分推崇教育，为后来华侨华人回乡兴办教育事业奠定了思想基础。

（二）国内大环境背景

梅州地区山多地少，交通闭塞。松口镇乃至整个梅州地区一直处于发

---

① 刘加洪：《客家人"耕读传家、崇文重教"的优良传统》，《教育评论》2009 年第 1 期，第 134 – 137 页。

展比较落后的状态。随着人口的逐渐增多，有限的耕地已经无法供养日益增多的人口，于是一些有闯荡精神的客家人在松口镇从梅江出发，顺着韩江江面一路航行，一直到出海口，搭上前往海外的船只，赴海外谋生。

鸦片战争后，中国传统教育的统治地位受到了来自西方新式教育的冲击，清政府乃至不少当时思想开放的中国人都在思考，如何才能通过教育来使得国家变得强大。然而，很多地方政府对于传统教育和西式教育的认识非常模糊，一方面试图通过保存传统教育维持清王朝岌岌可危的统治，另一方面又想通过西式教育来使人民学习西方的先进技术，于是很多地方教育出现教育结构失调或混乱的局面。[①] 而梅州地区，尤其是松口镇，教育事业的兴办与其他非侨乡地区形成了鲜明的对比，这离不开华侨华人对于松口镇教育事业的大力支持。

松口镇教育事业发展初期，很多华侨华人的家眷未能够一同去海外生活，于是华侨华人通过侨汇的方式为远在家乡的家人提供生活和教育费用。在这个时候，松口镇教育事业的发展还只是停留在个人通过侨汇给予侨乡孩子教育经费的层面，还没有出现建立学校、兴办新学的盛况。后来，随着一部分杰出的海外客家人，如张榕轩、张耀轩、谢梦池、廖煜光、梁映堂、伍佐南等在海外取得不俗成绩，他们开始考虑自己家乡的发展问题，特别是针对孩子不能接受良好教育的状况，想通过捐款兴办学校、发展教育事业使孩子能接受良好教育。

（三）华侨华人在迁居国所处的环境

起初，到达海外的客家人大多也没有什么知识和技术，但有着吃苦耐劳的精神，比当地的原住民更加勤劳能干。前往海外谋生的客家人往往都能够找到一份工作，给庄园主打工，例如在橡胶园种橡胶等。

华侨华人中的一些佼佼者会在工作的时候思考如何才能摆脱打工的日

---

① 魏明枢：《华侨与清末梅州新学教育的兴起》，《嘉应大学学报》2001 年第 4 期，第 112 – 115 页。

子。慢慢地，他们就开始发展自己的产业。随着产业做大、财富积累，他们的生活条件得到了改变。然而，由于文化水平低，他们在海外还是被外国人看不起，身份地位不高，于是就只能通过家书和侨汇的形式叮嘱和支持家里的小孩好好读书，希望后代不会再因为没有文化受到他人的欺辱。也因此，他们开始重视家乡教育事业的发展，造福后代。

（四）松口镇当时的经济发展状况

由于梅江穿过松口镇腹地，松口镇靠近梅江边的地方都建起了港口。这些港口承担着将更多的松口镇居民送到位于韩江出海口的汕头，或者是将货物通过梅江运往其他地方的重任。一直到中华人民共和国成立后，松口镇的航运仍然扮演着至关重要的角色。

自古以来，松口镇的人们都是以种植业为主，水稻、柚子、林业种植为当地居民最主要的收入来源，更是整个松口镇的经济支柱。随着清政府对移民政策的放开与重视，越来越多的松口镇人民开始前往海外谋生，再加上松口镇有着独特的地理位置优势，使其不仅成了当地居民前往海外的出发点，而且成了梅州其他县区人们下南洋的聚集点。随着侨汇的增多，松口镇居民的生活水平也得以提高。同时，很多侨商会选择返乡投资工商业，由此获得的收益一部分也会为侨办教育提供经费，这也成为民国时期松口镇侨办教育经费的重要来源之一。

三、松口镇教育发展结构多元化

（一）女子学校

中国传统社会有一句老话"女子无才便是德"，中国传统社会中绝大多数的女性无法接受教育。

松口镇的女子教育非常发达。松口镇侨乡教育与传统教育最大的差别就在于对女子教育的重视上。随着前往海外发展的客家人数量的增多，许多在外国开拓了视野、思想变得更加开放的华侨回到家乡松口镇后，开始重视自己女儿的教育，回乡筹办专门的女子学校，不仅使华侨的女儿能够接受教育，而且使松口镇的其他女子都能够接受一定程度的教育。尽管这些教育一开始仍然是基于管理生意，即让女子学会如何在商业上助自己父亲或丈夫一臂之力的，但是这仍开创了松口镇侨办女子教育的先河。

华侨华人创办的女子学校不仅在教学的内容上要更优于传统的私塾教育，而且设立了数理科目和刺绣、织布等能够帮助女子培养自身独立生活能力的课程，使得即使没打算接受正式教育的一部分女子也被吸引到学校接受教育，扩大了女子教育的受众对象。清末民国时期，不仅松口镇出现了女子学校，梅州客家地区也都出现了不少的女子学校，如大埔县立女子小学校、松口女子学堂等。

（二）侨办私立学校

19 世纪以来，松口籍的华侨华人通过汇款的方式将自己在海外辛苦赚得的钱汇到家乡，作为家乡亲人们的生活开支费用，于是就出现了以侨批作为资助松口镇发展主要方式的状况。后来，热爱祖国、热爱家乡的客家华侨华人开始联合起来筹资回乡兴办私立学校，而那些在海外没能成为富商的华侨华人回乡探亲后，会回到南洋向同乡亲友们募捐，做到无钱出力，于是松口籍华侨华人在松口镇教育事业发展的第一种形式——侨办私立学校就诞生了，其中李次温就在松口镇兴建了第一所新式学校。可见，华侨华人对松口的教育事业起到了极大的促进作用（见表1）。

表1　清末民初华侨捐资或兴办的学校

时间	学校	捐资华侨
1903 年	梅东书院原址新建高级小学	温慕柳、饶芙裳
1905 年	大宗高等小学	李次温
1906 年	师范传习所	饶芙裳
1907 年	松口体育传习所	谢逸桥、温靖侯
1911 年	崇文中学	温靖侯

（续上表）

时间	学校	捐资华侨
1912 年	溪南公学	张榕轩、张耀轩、伍佐南
1913 年	松口公学	谢益卿、伍淼源、张榕轩、廖煜光、谢梦池
1915 年	松口女子学堂	谢益卿、伍淼源、张榕轩、廖煜光、谢梦池
1915 年	松口区立第一国民学院	谢益卿、伍淼源、张榕轩、廖煜光、谢梦池

　　松口镇这些侨办私立学校，如松口中学，其大部分开支都是由华侨华人捐资而来的（见表2），很多华侨华人通过变卖家产或者出租铺面、田地等方式为学校的日常开支提供经济来源。由于大多数开支来自侨资，于是这些侨办的私立学校都秉持着"有教无类"的办学方针，使得松口镇的大多数儿童都能够入学接受文化教育，有的学校收费低廉，有的甚至免除学杂费，使得很多家庭条件拮据的儿童都能够入学接受教育。这些侨办私立学校打破了官方统一办学的局面，有力地改善了山区教育的落后局面，一定程度上缓解了官方办学的压力，对提高松口镇乃至整个梅州地区人民整体素质起到了推动作用。

表2　晚清民国时期松口中学华侨捐资助学表

捐资者	时间	金额
谢益卿封翁	1908 年	2 000 银元
伍淼源翁	1908 年	2 000 银元
张绅榕轩	1908 年	2 000 银元
张绅耀轩	1908 年	2 000 银元
谢绅梦池	1912 年	1 000 银元

（续上表）

捐资者	时间	金额
伍绅佐南	1912 年	1 000 银元
梁绅映堂	1914 年	1 000 银元
张绅耀轩	1914 年	1 000 银元
廖绅煜光	1914 年	1 000 银元
傅毓君翁	1926 年	1 000 银元
丘映芙翁	1926 年	1 000 银元
张济轩公	1926 年	1 000 银元
丘允臣翁	1926 年	500 银元
潮汕铁路公司	1926 年	500 银元
吧城坼完阅报社	1926 年	240 银元
古汉宗君	1926 年	500 银元
李安奎君	1926 年	500 银元
余淑伟君	1926 年	500 银元
其他	1926 年	1 000 银元

675

侨办学校与传统学校有着很大的不同。传统学校的教学内容仍然是四书五经、伦理纲常，这对于当时处于半殖民地半封建社会的中国来说已经不适宜了。而客家华侨华人在海外见识了西方先进文化思想后，试图回乡利用教育达到传播海外先进思想和科学知识的目的，使自己的后代们不再遭受没有文化的痛苦，因此侨办学校会聘请当时在海外接受过教育的同胞回乡担任教师，开设理化学、算数、农业、外语等课程，使侨办教育成为一种传授多方面知识和传播先进思想的教育，为松口镇培养出了数量众多的人才。这些人才在日后为国家、为家乡都作出了不同程度的贡献。

四、松口镇侨办教育的影响

华侨华人捐资办学的侨办教育事业极大地促进了松口镇人民文化素养

的提升，对松口镇人民的文化水平和思想意识观念等方面产生了积极影响，同时促进了当地社会经济发展。

（一）文化教育水平得以提升

华侨华人兴建的侨办学校很好地填补了山区教育的空白，做到了使松口镇当地大多数的青少年都能够接受一定程度的教育，极大程度上提高了松口镇当地人民的思想素质，打破了教育由当地政府统一办学的局面。松口镇的人们不仅仅接受了中国传统教育，还可以学习到来自西方的先进思想和科学知识。

在以往华侨们还没回乡兴办教育事业的时候，松口镇只有少数人能够接受教育，教育普及率较低，内容十分狭隘，仅限于中国传统教育内容中的四书五经。侨办教育的出现使得绝大多数的青少年都能够接受教育，甚至使经济条件较为拮据的家庭也能够将自己的小孩送往学校读书学习、接受教育，使得教育的普及率大为提升。

（二）社会经济得到较大发展

接受了侨办教育的松口镇青少年们更容易接受新思想，他们会选择去接受先进的西方思想，而他们在家庭中又将这些思想传播给了他们的父辈们，使得更多的松口镇人民的生活习惯以及整个松口镇的经济发展出现了变化。在二十世纪二三十年代时，松口镇拥有的商店超过1 000家，涵盖了旅店、酒楼、汇兑庄、百货店等等。镇上出现了很多售卖洋货的商店，而且很多商店的洋货就是华侨华人从海外寄回的，这在一定程度上改变了松口镇人民的消费观念和经济发展状况。这些都是侨办教育兴办后给松口镇当地社会经济发展带来的影响。

（三）思想意识观念不断更新

华侨华人还没有兴办教育的时候，只是想通过教授自己的子女后代基本的经商知识，让他们能够继承自己的产业，将自己的事业进一步扩大。后来，华侨华人在与西方人打交道时接触到了先进的思想文化，意识到自己不应该只将教育看成是简单的传授经商知识，也不能够只顾着自己身边的子女，而应该把目光放到松口镇的乡亲们身上，于是就回到松口镇兴办教育事业。随着侨办教育事业的蓬勃发展，很多当初接受了侨办教育的年轻一代后来又回到了松口镇，有的人成为教师继续为自己家乡的教育事业作出贡献，有的人则在商业上取得了不俗的成就，回乡兴办商业投资事业，大大地促进了松口镇经济的发展，间接地改变了松口镇当地的经济结构与居民的收入状况。

侨办教育不仅仅使松口镇青少年有机会接受教育，它对松口镇乃至全国最大的影响还在于它传播了很多西方先进的思想文化，改变了松口镇年轻一代的思想意识观念，使得接受过侨办教育的人中涌现出一大批年轻的杰出人才。辛亥革命时期，孙中山先生1918年从潮汕搭乘船只来到松口时就住在华侨谢逸桥、谢良牧兄弟的家中，谢氏兄弟非常支持孙中山先生组建中国同盟会，并以松口镇为基地在粤东招揽会员，为辛亥革命提供鲜活的革命力量。[1] 后来随着时间的推移，越来越多的松口人成了辛亥革命和无产阶级革命的坚实力量，为中华民族的伟大复兴作出了贡献（见表3）。

表3　松口籍革命骨干力量

籍贯	姓名
大黄村	陈蓬士、廖介和、丘哲、陈可风
车田村	饶一梅、梁龙
大唐村	温靖侯
铜琶村	谢逸桥、谢良牧
大力村	梁密庵
石盘村	梁鸣九、梁文信

---

① 李建伟：《百年侨批对晚清民国梅州侨乡教育文化多元化的影响研究——以广东松口古镇为对象》，《浙江档案》2020年第3期，第45-49页。

（续上表）

籍贯	姓名
到车村	李次温、李公剑
盘龙村	李柏存、李荟
山口村	梁国材、梁特锋
圳头村	古亮初
其他	周增、饶辅廷……

五、松口镇侨办教育的衰落

松口镇侨办教育的发展始于十九世纪末。到了二十世纪二三十年代，侨办教育的发展逐渐繁荣并达到了顶峰。在中华人民共和国成立后，基于各种原因，华侨华人对于松口镇的投资越来越少，于是松口镇侨办教育也开始逐渐走向衰落。其原因如下：

民国时期，政府允许华人持有双重国籍，虽然有时会造成国家之间的纠纷，但是对于华人往返于松口镇和外国还是十分方便的。中华人民共和国成立后，国家取消了双重国籍政策，再加上当时西方国家对新中国采取封锁政策，导致华侨华人回乡投资、兴办教育事业受到了不同程度的影响。同时，在中华人民共和国成立后的一段时间内，华侨华人兴建的学校在某些较为激进的活动中遭到破坏，有些侨办学校甚至消失。

六、结语

松口镇侨办教育在清朝末年开始起步。随着清政府的海外政策开放，松口镇的侨办教育事业发展速度与日俱增，到二十世纪二十年代至三十年代，发展达到了鼎盛，出现了不少侨办学校。中华人民共和国成立后，由于国内外大环境的变化，华侨华人与松口镇的联系越来越少，众多的侨办学校由于失去了资金来源被迫停办，只有少数幸存下来被改成公办学校。

由此可见，松口镇侨办教育历程呈现出倒"U"字形。

过去，松口镇华侨华人为松口镇的侨办教育作出了巨大贡献，并留下了来自西方世界文明的印记。现在，我们要保护好松口镇仅存的与华侨华人有关的学校与历史文物，只有这样，才能让后人永远记得华侨华人为松口镇的侨办教育作出的贡献，并让后人更加关注家乡的教育事业发展，为家乡教育事业尽自己的绵薄之力。

试论粤籍侨胞的家国情怀*

——由广东华侨博物馆藏民国梅县旅毛里求斯族人捐建修路石碑说起

亓延坤①

粤籍侨胞历来秉承"念祖爱乡、重信明义、敢为人先、团结包容"的粤侨精神，其中，"念祖爱乡"包含了浓厚的家国情怀。本文拟由广东华侨博物馆藏的1919年梅县旅毛里求斯（下文简称旅毛）族人捐题毛银重修本岭大路记石碑说起，从粤籍侨胞家国情怀的形成原因，粤籍侨胞家国情怀的集中体现——粤侨精神，以及历史与当下视角下的粤籍侨胞家国情怀等方面，结合新时代进行的脱贫攻坚、乡村振兴伟大战略中粤籍侨胞的参与与贡献，论述粤籍侨胞的家国情怀，以期抛砖引玉，对相关研究有所助益。

一、梅县旅毛族人捐题毛银重修本岭大路记石碑介绍

该石碑通高65.5厘米、宽32.9厘米、厚5.5厘米，石质。于民国八年（1919）元月八日立，记载了旅毛梅县乡亲回乡集资修建家乡道路的经过，共计捐银305元，最多者捐银15元，最少者捐银2.5元。碑文中的"毛"指毛里求斯，非洲东部岛国。1968年毛里求斯正式宣告独立，是英联邦成员国。早期毛里求斯华侨华人大多来自广东的南海和顺德，十九世

* 本文系国家社会科学基金项目"新时代海外侨胞的集体记忆与铸牢中华民族共同体意识研究"（项目编号：21BKS147）阶段性研究成果。
① 作者简介：亓延坤，山东莱芜人，广东华侨博物馆馆员，研究方向为华侨华人历史与文化、华侨文博。

纪中期以后逐渐以梅县客家人为主。中华民国成立以后，华侨华人在异国他乡奋斗的同时，支持家乡和中国各项事业发展的热情高涨。侨乡的许多教育、文化、卫生事业，道路、桥梁建设，赈济灾荒等各种公益慈善举措，更是经常得到海外华侨华人的捐助。旅毛族人捐题毛银重修本岭大路记石碑是广东籍海外华侨华人心系家乡、热心家乡公益事业的一个缩影和印记。

图1　1919年梅县旅毛族人捐题毛银重修本岭大路记石碑

二、粤籍侨胞的家国情怀及形成原因

数据显示，全世界有6 000多万海外侨胞分布在世界近200个国家和地区，其中粤籍侨胞有3 000多万。华侨华人是中华民族大家庭的一员，"根魂梦"将大家连接在一起。华侨华人具有浓厚的家国情怀，对中国革命、新中国建设、改革开放事业、中国社会发展作出重要贡献。中华人民

共和国成立 70 多年来取得了令世界刮目相看的伟大成就，正接近实现中华民族伟大复兴的目标，华侨华人是助力实现这一目标的重要力量。深入研究华侨华人历史和文化，激励华侨华人参与祖（籍）国建设发展，对更加自信地讲好中国故事具有重要意义。粤籍华侨华人家国情怀的形成原因有以下几个主要方面。

一是海外排华。排华，是海外侨胞多年来遭遇的共同命运。当中国人民饱受西方列强欺凌，陷入空前的民族危机和灾难之时，一些国家掀起排斥华侨的风潮，海外侨胞备受苛待、刁难和打击。那时，绑架华商、哄抢华侨商店乃至枪杀华侨小企业主的事件时有发生。在这种情况下，华侨的处境日趋恶化，海外的排华行为使得华侨有心向祖居地转移资金，以求资金的安全性。

二是华侨对促进祖国繁荣富强的强烈责任感。早期，海外华侨生活在别的国度，饱受歧视与排斥。由于当时我国还处于贫穷落后阶段，华侨们深知，只有国家强大繁荣，他们才不会受到排挤与歧视。因此，在漫长的岁月里，海外侨胞们都与祖国、祖籍地的命运紧紧地联系在一起。国运兴则侨运旺。国家处于"落后就要挨打"的时期，华侨把家国命运与自身命运融合成一个共同体。为报效祖国，很多华侨以家乡的急需为首要任务。他们总是乐善好施、慷慨解囊，始终不忘自己的"摇篮"。

三是教育救国思想的影响。鸦片战争后，中国沦为半殖民地半封建社会，民族危机不断加深。十九世纪末，中国社会掀起教育救国的社会思想。在这种思想的影响下，粤籍华侨积极参与捐资兴建学校。

四是落叶归根的心态。早期移民海外的粤籍华侨，多为躲避战乱、经商或是被拐骗，作为海外侨胞都会有种"孤儿"的痛切之感。在国家羸弱的时期，海外侨胞在排挤中艰难谋生，乡情族念成为早期华侨维系感情、增进团结的纽带。因此，老一代华侨骨子里的"乡土"观念都十分强烈，他们对子女的华文教育都极为重视。"保持自身中华文化和传统"的观念也始终熏陶着世代粤籍海外侨胞，形成了粤籍侨胞的一种显著特征。

五是深入人心的宗族观念。宋代之后形成的宗族观念，让粤籍侨胞从内心深处重视自身宗族的发展。粤籍侨胞在海外赚取钱财之后，往往会慷慨解囊，为建设自己的家乡出力。这样既能让自己的家乡得到发展，其自身在宗族中的地位也会得到提升。

三、粤籍侨胞家国情怀的集中体现——粤侨精神

近代侨胞在海外长期的生存中逐渐形成团体意识、民族意识，开始关注家乡的发展，积极参与家乡建设。二十世纪三十年代，社会学家陈达在其《南洋华侨与闽粤社会》一书中指出，闽粤华侨"在南洋所获得的深刻而悠久的经验，使他们的思想和行为，逐渐顾到社会的利益；使他们由兹兹为利的私自观念，转变到为大众谋幸福的社会观念；使他们的目光放得远大，乐于经营或建设祖国的乡村与市镇"。近代以来，华南侨乡的诸种建设，举凡修筑铁路公路、举办学校医院、投资工商、兴建圩镇，都离不开侨胞的贡献。粤侨精神就是粤籍侨胞家国情怀的集中体现。

粤侨精神的表述于 2013 年 10 月 11 日经过近一年半的全球讨论后在澳门正式对外发布。该表述包括"念祖爱乡、重信明义、敢为人先、团结包容"十六字。粤侨精神自 2012 年下半年启动全球大讨论以来，得到广大海外乡亲、粤籍社团、海外华文媒体等响应，陆续征集到几百组内涵表述语。广东邀请海内外专家学者和侨领对征集到的内涵表述语进行梳理研究，在反复推敲提炼和广泛征求意见的基础上，确定了粤侨精神的表述。粤侨精神是对海外粤籍侨胞移民史、奋斗史、贡献史的深刻总结，是对中华文化、岭南文化和广东精神的传承和发扬，也是世界粤籍侨胞建设侨社、共赢发展、共圆"中国梦"的共同思想基础。加拿大温哥华华埠商业促进会会长霍启恩说："它的发布，对海外的广东华侨华人有着重要的意义，'念祖爱乡'，尤其他们这些新生代，他们的祖辈移民到外国去，现在他们回到祖国有特别的感觉，尤其是在受到西方教育之后，更感觉寻到自己的'根'、看到自己的发源地，特别有意义。'重信明义、敢为人先、团

结包容'是我们华人的传统。"

四、历史与当下视角下的粤籍侨胞家国情怀

从辛亥革命、抗日战争、新中国建设到改革开放，海外侨胞厥功至伟。中华人民共和国成立之后，华侨华人冲破重重阻碍，回国投身社会主义建设。当时，海外侨胞对中华人民共和国的成立非常欣喜，身在大洋彼岸，却时刻心系祖国，希望尽快回到祖国。台山县第一任县长谢永宽在1950年给美国华侨的回信中写道："月来由于政府与人民密切合作，四乡治安已趋安谧……尤可告慰者，全国物价月来纷纷下跌，币值稳定，以我县而言，市面港币黑市，已不复存在。"

改革开放以后，华侨华人为中国经济腾飞、科技文化发展作出了重要贡献。海外侨胞和归侨侨眷，包括广大粤籍侨胞，在中国改革开放和现代化建设中作出了独特贡献，他们是开拓者、参与者、贡献者，厥功至伟。

进入新时代，华侨华人积极参与全球治理体系改革和建设，促进"一带一路"沿线国家合作交流，构建人类命运共同体。"一带一路"重在民心相通，广大粤籍华侨华人对中华民族的自尊、自信、自豪感之强烈前所未有；坚决拥护中国特色社会主义制度以及对推动"一国两制"祖国统一大业的爱国向心力前所未有；参与中国建设、推动中国走向世界舞台中心的磅礴力量前所未有；做好民间外交，促进中外人文交流的成效前所未有。

五、新时代脱贫攻坚乡村振兴伟大战略之粤籍侨胞家国情怀

党的十八大以来，党中央把脱贫攻坚摆在治国理政的突出位置，把脱贫攻坚作为全面建成小康社会的底线任务，组织开展了声势浩大的脱贫攻坚人民战争。2021年2月25日，全国脱贫攻坚总结表彰大会在北京隆重举行，习近平总书记庄严宣告中国脱贫攻坚战取得了全面胜利。

在脱贫攻坚战中，华侨华人作为一支独特力量，积极参与其中。通过

产业扶贫、教育扶贫、就业扶贫、健康扶贫等，为贫困地区带去了资金、技术、人才、市场以及开放理念，为助力中国打赢脱贫攻坚战、全面建成小康社会发挥了重要作用。

同样，在脱贫攻坚战中广东肩负着重要使命，广大粤籍华侨华人亦为脱贫攻坚作出了重要贡献。他们纷纷捐款捐物，支持建设民生项目，发展农村产业，充分体现出了其念祖爱乡的家国情怀。以中共广东省委统战部帮扶的新丰县梅坑镇长江村为例，在统战部的统筹下，在驻村工作队的具体协调下，该村村委积极发挥侨务资源优势，发动广东省侨心慈善基金会、广东籍侨胞完美（中国）有限公司等，筹款几百万元，捐给村里建设太阳能路灯、办理自来水管网入户、整治人居环境、挖掘红色资源、一对一入户慰问帮扶等，使长江村的面貌焕然一新，人民生活安居乐业，为乡村振兴建设打下了坚实基础。

从早期粤籍侨胞捐款修路热心公益慈善事业，到捐输救国侨汇对国家家乡建设所起的重要作用，再到新时代脱贫攻坚乡村振兴伟大战略中粤籍侨胞的积极参与，每一个时代均体现出了粤籍侨胞的家国情怀。

685

清末民初梅州侨乡与海外华侨教育互动研究

叶梦楠①

一、梅州：客都与侨乡

梅州是广东省重点侨乡，也是中国著名侨乡，有"华侨之乡"之称。同时，梅州也是客家人的大本营，被称为"世界客都"。梅州华侨作为客家民系的重要组成部分，集客家、山区、华侨三个特点于一身，颇具区域特色。

梅州地区文风极盛，传统教育比较发达，私塾、社学、义学等各种学校遍及城乡。至清朝末年，梅州全市有学宫47间、书院24间、义学14间、社学14间和民间私塾数千间。② 学宫现保存完好的有齐昌学宫和长乐学宫，是梅州文风极盛的历史见证。梅州客家社会崇尚读书、重视教育，考取功名、入仕为官成为客家读书人的首要选择。浓厚的崇文重教之风使客家弟子读书参加科举考试者愈来愈多，历朝登科人数相当可观，有"五科连解""一科五进士""父子四进士""一腹三翰院""公孙三进士""三代三翰院"等佳话。

梅州作为侨乡，相较于其他地区而言，受教育人数更多，文化教育事业比较发达，这在很大程度上得益于众多华侨的资助。梅州地处山区，山多地少，有"八山一水一分田"的说法，但是人口稠密，仅靠单一的农耕

---

① 叶梦楠，南昌大学/嘉应学院联合培养中国史专业客家文化方向硕士研究生。
② 梅州市教育局教育志编写办公室编：《梅州教育志》，内部发行，1989年，第255页。

生活难以养家。在这样的历史地理条件影响下，近代以来随着"海禁"开放，梅州地区的客家人不断奔赴东南亚各国谋生，形成了"下南洋"的风气。客家人素有耕读传家的传统，对子女的教育尤为重视。移居海外的华侨秉承家乡崇尚文化、重视教育的传统，以读书为荣，积极从事和发展教育。

二、华侨与梅州侨乡教育

清末民初中国社会发生巨大变革并开始转型，自鸦片战争之后西学东渐的风气日盛，西方文化对中国社会造成了巨大冲击。为了挽救民族于危亡，思想先进的中国人先后探索救亡图存之路，"教育救国论"逐渐为人所推崇，学习西式学堂的呼声日渐高涨。西方的强盛在于其人才的优秀，而西方人才胜于中国人才是因为西方采取现代的科学教育制度，而非以科举培养人才。在这样的认知判断下，清政府革废科举，企图通过效仿西方学堂培养人才来挽救清朝统治，达到强国的目的。1901 年清政府实施"新政"，同年八月下诏废除八股取士，九月下令改各省书院为学堂。1902 年和 1903 年先后提出了"壬寅学制"和"癸卯学制"后，学堂在国内逐渐发展。1905 年清政府下诏"立停科举""兴办学堂"。

随着国内外局势变化，清政府意识到海外华侨的地位及其影响，也意识到华侨教育的重要性，因此逐步加强对华侨教育的引导发展。清政府原先的海禁政策以及对海外移民采取的歧视态度使得华侨在外的生活充满艰辛。在清政府派遣大臣与南洋联系的过程中，大臣们了解到华侨的经济实力以及在外生活的艰辛。驻新加坡总领事黄遵宪向清廷上书提议解除海禁。1903 年清政府宣布废除海禁，不再限制国民出国经商的同时，允许在国外的华侨归国经营实业。1909 年清政府颁布《大清国籍条例》，规定"生而父为中国人者"，"不论是否出生于中国地方，均属于中国国籍"，由此确立华侨作为中国国民的法律身份。清政府对华侨态度的转变以及政策的宽松化调整在使华侨取得国民身份的同时笼络了华侨爱国爱乡的心。而

海外华侨向来有爱国爱乡的传统，一些出国谋生经商的华侨深感出门在外不易，其中文化水平较低的华侨主要以体力劳动为生。他们因为特殊的经历更加深刻认识到文化教育的重要性，所以热心桑梓，捐款修建学校，促进了梅州教育的发展。

受到新学思潮和政府政策调整的影响，在全国新学教育兴盛发展的大背景之下，梅州籍华侨捐资助学、办学的新式学校的数量明显上升。

新旧交替之间，地方开明士绅与华侨合作兴办新式教育。光绪二十九年（1903），萧惠长、罗幼山、何子渊等人在兴宁学宫创办了兴民学堂，爱国志士丘逢甲担任学校首任校长，开创了兴宁新学的先河。宣统元年（1909），兴宁官立公学堂迁入兴宁学宫。梅县的潘立斋与潘祥初叔侄于1902年捐资在南口创办"毅成公家塾"，塾学所教授内容以文言文为主，办学经费以"发永街"店铺的大部分店租为主。[1] 富商张榕轩与其弟张耀轩对于祖国家乡文教事业亦十分热心。据《岭东日报》记录："嘉应张榕轩观察，报捐广东武备学堂八万两"；"嘉应崇实书院经费无多，张榕轩京卿爱士情殷，特捐资加奖，以为鼓励"；"昨报纪松口蒙学堂建设一节，兹复闻该款系由张榕轩京卿昆仲、谢观察梦池各先捐金五千言为建造者诸费"[2]。1902年，马来西亚华侨姚德胜就有为家乡办学堂的打算，"近又传平远姚君德胜有在本县独力捐办学堂之说，姚君亦南洋巨商也"[3]。1910年，姚德胜回平远定居后，捐资10万银元为平远中学兴建新校舍。平远中学创办于1906年，曾因学生家长无力负担上学费用而不得不停学。除了在平远兴建学校，他还资助了东山中学和蕉岭中学。1905年，在丙村堡，谢颂平（谢鲁倩）、江伯坚（江承乾）、温佐才（温灏）在梅县旅印尼华侨

---

① 魏明枢、韩小林：《客家侨商》，广州：暨南大学出版社，2015年，第93页。

② 肖文评、夏远鸣、王濯巾等编：《〈岭东日报·潮嘉新闻〉梅州客家侨乡史料选编》，广州：广东人民出版社，2018年。

③ 肖文评等编著：《〈岭东日报·潮嘉新闻〉梅州史料选编》，广州：暨南大学出版社，2021年，第7页。

丘燮亭的支持下，创办覆盖雁洋、锦州、金盘的三堡学堂。① 1913 年 4 月
1 日，丘燮亭又与暹罗华侨叶子彬、新加坡华侨陈镜秋等捐大洋近万元资
助东山中学兴建校舍。私立东山中学从 1913 年创办至 1947 年的建校费和
常年经费，基本是客家华侨捐赠的。

新式学校的创办与客家乡贤黄遵宪、温仲和、丘逢甲等人的积极倡导
密切相关。黄遵宪很早就认识到新学的重要意义并付诸实践，因曾参与戊
戌变法，其与戊戌变法主要人物梁启超交往密切。黄遵宪在与梁启超往来
的书信中说道："专以普及教育为目的，既发端于一乡，并欲运动大吏，
使遍及全省。虽责效过缓，然窃谓此乃救中国之不二法门也。"② 他在《敬
告同乡诸君子》中指出："鄙人环游海外，历十数年，深知东西诸大国之
富强，由于兴学，而以小学校为尤重，名之曰普及教育，谓无地无学，无
人不学也，又名之曰义务教育……救国之策，莫善于兴学。"黄遵宪在家
乡积极倡办新学，1905 年东山书院经其改建成师范学堂。"嘉应黄公度京
卿，归田以来，组织学务公所，创办东山学堂。"③

丘逢甲参加保台抗日失败后于 1895 年内渡广东，先在梅州和潮州、汕
头等地兴办教育，倡导新学。其在家乡丘姓族中办起两间新式小学，一为
在今附城东山村办了城东创兆学校，一为在蕉岭文福镇之创兆学校。"逢
甲家居，办一家族学堂，颜曰：创兆学堂。"④ 丘逢甲和《光绪嘉应州志》
编纂者梅县松口人温仲和在潮汕讲学，并于 1899 年在潮州创办了同文学
堂。1901 年，丘逢甲迁同文学堂于汕头，改为岭东同文学堂，大胆突破传
统，采用现代分班教授的方法，坚持"以中学为体，西学为用"，开设格
致、化学、生理卫生、经学、史学、算学等课程，并聘请日本学者担任日

689

---

① 郭真义主编：《梅州文化通史》，北京：中国文联出版社，2018 年，第 436 页。

② 《黄遵宪致梁启超书》（光绪三十年七月初四），北京图书馆善本组整理。

③ 肖文评、夏远鸣、王濯巾等编：《〈岭东日报·潮嘉新闻〉梅州客家侨乡史料选编》，广
州：广东人民出版社，2018 年。

④ 杞忧生（托名）：《广东学棍说略》，1907 年，第 6 页。

文教学。"丘逢甲任学堂监督、主持校务后对学校进行了力度很大的改革。日文教习写回国的报告说，起初只有小学部，中文课以抄写为主，日文为选修课。1902 年 3 月，新学期开始，课程设置大改革，中文仍是主课，日文也成为必修课。历史、地理以日文新译本教授，其他新学科也尽量采用日语授课。又增加体操课，并向台湾洽购体育器材。"① 温仲和自己所撰的《同文学堂章程》则分列了中文主课应读的经、史、子诸书和《御制数理精蕴》等新学课本。② 同文学堂是广东第一所新式学堂，广泛传播了西方文明和改革思潮。"岭东之兴学也，自汕头之同文学堂始。"③ 之后，岭东同文学堂改办为师范学堂。1906 年，"岭东同文学堂陈廖二副办，近以科举已废，学堂亟宜认真整顿，拟以明年考选学生之后，其中年少者，当援照中学堂学生卒业程度办理。如年纪稍大，不合卒业程度者，拟酌办师范，归入示范班肄业云"④。

身处侨乡的客家乡贤们通常都相当重视华侨且了解华侨的经济实力，在创办新学时他们积极动员华侨通过捐资参与家乡新学教育。城内公学校长杨向梓曾下南洋募捐。梅县县长江璇所题："城内公学两年来已办理完善，人数骤增，教室不敷，企图增筑。曾两次派人往南邦募矣……校长杨君向梓欲只身南渡重乞助于海外侨胞，以冀新校之落成。余以杨君热心教育颇壮，其行南邦不乏明达之士，对于兴学育才之举必能襄助为理。"⑤

新学兴起的背景下，客家乡贤的倡导极其重要，海外华侨的响应也尤为重要。清末，清政府政策改变，借着清政府开展新式教育的契机，海外华侨参与侨乡的教育事业，纷纷捐资办学，发展侨乡教育。当时不仅有富

---

① 陈荆淮：《丘逢甲与岭东同文学堂若干史实考证》，《汕头大学学报》（人文社会科学版），2006 年第 6 期，第 84 页。
② 温仲和：《同文学堂章程》，《求在我斋集》（卷二），1927 年刻本。
③ 黄志平、丘晨波主编：《丘逢甲集》，长沙：岳麓书社，2001 年。
④ 肖文评、夏远鸣、王濯巾等编：《〈岭东日报·潮嘉新闻〉梅州客家侨乡史料选编》，广州：广东人民出版社，2018 年。
⑤ 《广东梅县城内公学第三期连提募捐特刊》（民国二十年七月），第 6 页。

有的侨商资助侨乡办学，一些普通华侨也热心教育。他们有钱出钱，没钱出力，共同促进了梅州侨乡教育发展。

在华侨与侨乡日渐密切的联系中，华侨对侨乡社会的认同感和责任感更加强烈，促使他们更加积极参与办学活动。华侨对侨乡社会的认同感和责任感由地缘和血缘关系而起，华侨因地缘认同而对侨乡产生的情感是华侨影响侨乡的心理因素。海外华侨作为移民群体，他们的地缘认同会由其祖籍地向侨居地迁移。客家梅州华侨主要侨居在东南亚地区，该地区的地缘组织活动相当活跃。"华侨的地缘认同从他们移居国外这一刻就已经发生，不同时期其强烈程度不同。清末民国时期，华侨心态处于'落叶归根'时期，此时华侨对祖籍地的认同尤为强烈。"①

清末民国时期梅州华侨的地缘认同涉及社会生活的各个领域，其地缘组织活动相当活跃。根据记载，1801年在槟城设立的嘉应会馆由梅县、蕉岭、兴宁、五华、平远的客家人组成，是新马地区最早的地缘性会馆，可能也是东南亚地区最早的华侨会馆。② 华侨通过同乡关系牵引而来，会馆为从同乡来的移民提供住宿、介绍工作，这为下南洋谋生的华侨提供了便利。同时，会馆也关注梅州侨乡发展并赈济家乡，强化华侨对侨乡社会的心理认同，推动华侨与侨乡社会的联系。清末民国时期，华侨处于强烈认同祖籍地时期，大多数华侨希望能够"叶落归根"。血缘上的关系使得华侨办学一般都在本土本乡，许多华侨回家乡出资办学的最初目的是为本家族本地区培养人才，使得家族内部有人可以出人头地从而光宗耀祖，具有浓厚的宗族血缘色彩。汇款回国、捐资办学助学是惠及家族和家乡的举动，虽然建立侨办学校的华侨最初是为了本家族利益，但是后来侨办学校逐步发展，打破家族限制，使得外族以及外地学生也可以就学。例如，前

---

① 肖文燕：《地缘认同：客家华侨与侨乡社会的心理共识——以清末和民国时期广东梅州为例》，《江西社会科学》2012年第11期，第135–136页。

② 林远辉、张应龙：《新加坡马来西亚华侨史》，广州：广东高等教育出版社，1991年，第252页。

文提到的潘立斋与潘祥初捐资在南口合建的"毅成公家塾"，所教授内容以文言文为主，招收潘氏子弟就读，扩建校舍后接纳邻近各族姓子弟入学。民国后改为全日制小学，邻里各姓子弟均可就读。[①] 华侨创办侨乡教育在主观上有相当明确的家族目的，但在客观上打破了家族内部限制，从而使得超越家族的新式学校得到发展，促进梅州地区教育近现代化发展。

侨乡侨办学校的办学理念受到海外华侨谋生和商业需求的影响，教学内容和教学方向对比传统教育有所改变，增加了训练学生谋生技能的课程。侨乡教育由海外华侨资助，为适应华侨子弟出国工作与生活的需要，侨乡的学校一般都很重视华侨居留地语言的教育。由于海外华侨社会是个商业社会，面向海外的商业教育也成为侨乡教育的一大特色，侨乡教育在很大程度上成为对华侨子弟出国前的经商训练。

总体来说，梅州地区的侨商在晚清兴办新学思想与实践活动中起到了相当重要的作用。侨办教育逐渐成为侨乡教育的重要组成部分，不仅侨办学校多，而且侨助学校也很多。从某种程度上说，侨乡教育的繁荣是建立在侨办学校基础之上的。

三、华侨与南洋华侨教育

在海外的华侨同样受到国内兴学的影响而大力发展新学。十九世纪末二十世纪初下南洋的华侨之所以在侨居地兴办华文教育，有多方面的原因，当时对东南亚地区华侨办学的主要推动力有来自国内的以康有为为代表的维新派、以孙中山为首的革命派以及当时的政府。

随着鸦片战争后大批华侨前往东南亚，其子女的教育在侨居地急需实现。华侨教育的出现与海外华侨数量增加以及华侨经济得到发展密切相关。东南亚地区华侨数量日益增多和侨商经济逐渐发展，以及华侨在殖民地受到歧视、子女被剥夺受教育的权利，使得华侨们开办学校教育子女的

---

① 魏明枢、韩小林：《客家侨商》，广州：暨南大学出版社，2015年，第93页。

想法愈发强烈。

与国内开展新式教育相呼应的是维新派和革命派都在东南亚华侨聚居地区鼓动兴学、激发华侨办学热情。维新派的"戊戌变法"时间虽短，但是在教育方面的改革对海外华侨教育产生相当大的影响，如鼓励私人开办学堂，派遣留学生等举措。康有为在"百日维新"变法运动失败后于1900年来到南洋，鼓动当地华侨开展变法运动，号召华侨爱国，鼓吹兴办学校。革命派领袖孙中山也在同一年前往新加坡宣传革命思想，鼓励兴学育才。其中，革命派有不少人曾经留学欧美和日本，他们认为近代欧美和日本的富强在于新式教育，希望中国通过教育改变严峻局势。有些革命党人在当地开设华侨学校作为其革命场所。虽然这两派的政治主张不同，但是他们的变法或者革命活动都希望得到华侨的支持，因而维新派和革命派都大力支持华侨创办新式学堂。维新派和革命派在海外侨居地的宣传活动，鼓动了华侨的爱国之心，激起华侨办学热情。

与此同时，清政府对维新派和革命派这两股势力产生恐惧心理。在清政府看来，维新派和革命派都是借着教育手段向华侨进行思想渗透。为了争取海外华侨以防其被反清思想影响，清政府不得不改变对华侨的策略，对华侨的教育政策也进行调整。清廷从以往对华侨教育不闻不问的态度，转而开始重视华侨教育发展，派遣朝臣下南洋视学劝学，这种措施既可以促进华侨华文教育发展，也可以借考察教育状况的契机监视当地是否有反清举动。二十世纪初清政府就曾派官员陆续到东南亚考察工商业发展情况，同时督查当地学务状况，但由于中央层面的政策尚未形成，也没有设立专门的视学官职，被派遣出去的官员对于海外华侨教育大多只是顺道考察。1904年清政府派新加坡著名的侨商张振勋作为考察海外的商务大臣兼南洋学务大臣前往南洋考察商务兼理南洋华侨学务。张振勋到槟榔屿后，立即发动当地华侨绅商创立第一所华文新式学校——中华学校，并代表清政府赐给槟榔屿平章会馆所办的中华学校匾额和珍藏的《图书集成》一

套。在他的推动宣传下，华商们纷纷解囊，从而推动了兴学之风。① 官员士绅这种非正式的海外视学经验为清政府正式实施华侨视学制度奠定了一定基础。

被派遣到东南亚考察的官员受到当地华侨的欢迎，这与海外华侨对新式教育的需求有着极大关系。由于部分华侨在海外受到当地政府歧视，子女被禁止进入当地学校学习，他们只能将子女送到教会学校或者是华侨仿照国内设立的私塾就学。实际上，早期的海外华侨教育在十七世纪便产生了。东南亚地区的梅州籍华侨在外谋生秉承了家乡兴学重教的传统。自身对教育的重视使得他们在清政府"劝学"之前就仿照家乡的情况开办私塾，教授的内容主要是传统的四书五经。印尼最早的华侨教育场所是"1691 年在巴城的华人会馆倡议下建立的私塾式的义学。它 1729 年附设于华侨办的医院兼养老院——养济院内，经费由公馆承担，学生有三四十名。东印度公司曾派几名荷童来此学习汉文。后因管理不善而停办。至 1787 年，华侨甲必丹又在华侨庙宇金德院内重办义塾，称明德书院，后称明诚书院"②。尽管办学时间早，但是当地教育事业仍然落后。机构规模很小，仅限于"蒙学""义学"和"私塾"，教师大都是在国内科举考试中不得志而前往海外谋生的士子。③ 这种教育存在相当大的局限性：一方面，在语言上无法满足华文和英文双语的教育；另一方面，私塾的教育内容以传统的四书五经为主，无法提升华侨子女在海外的谋生技能。这些局限性使得侨民"每与外人相较，则形绌立见；于是渐觉学识之恐慌，而有教育之必要"④。

1905 年，广西知事兼两广学务处委员刘士骥被派往南洋英、荷所属各

---

① 刘锦藻编撰：《清朝续文献通考》，杭州：浙江古籍出版社，1987 年，第 8717 页。
② 李学民、黄昆章：《印尼华侨史》，广州：广东高等教育出版社，2005 年，第 371 页。
③ 刘利：《论晚清时期的华侨教育》，《暨南大学华文学院学报》2007 年第 4 期，第 2 页。
④ 凌翔：《三十年来英属华侨教育》，《小吕宋华侨中西学校卅周年纪念刊》，1929 年。

埠视学，开启了清廷专门派员视学海外的序幕。① 在刘士骥视学南洋后不久，清廷学部颁布了《学部奏酌拟学部官制并归国子监事宜改订缺额折》，规定："拟设视学官暂无定员，约十二人以内，秩正五品，视郎中。专任巡视京外学务。"② 由此，视学官一职正式确定下来。在此之后的1907年，两广学务公所议绅丘逢甲派罗福星赴南洋视察华侨教育状况。

华侨创办的私塾虽然在教学内容上仍然属于旧学，但是为开办新学提供了文化背景。清政府在南洋的"劝学"能够顺利开展，与当地华侨的支持密不可分。清政府实施的华侨视学尽管在主观上蕴含着笼络华侨、扼杀海外革命萌芽的政治目的，但在客观上促进了当地华侨教育的发展。

除了派官员到南洋各地视学劝学，清政府还采取了其他措施笼络侨心。随着海外华侨学校数量的增加，这些学校面临着师资不足的境况。针对这一情况，清政府鼓励国内教员和师范生到海外侨校任教，从而推动华侨学校的发展。同时，清政府为了维系和拉拢侨胞，防止其走上反清道路，为华侨学堂制定规则，把华侨教育纳入清末的教育系统，加强对华侨教育的全面管理。到1905年，中国国内废除科举制度，兴办新式学堂，海外华侨也纷纷效仿，改私塾为新学堂，建立了一套从小学到中学的教育体制，并得到教育当局的指导。在民族意识逐渐觉醒之时，部分海外华侨要求回国学习，接受中国传统文化教育，清政府也积极鼓励华侨回国，并为其创办学堂提供教育环境。1906年，两江总督端方在南京建立暨南学堂，次年招收华侨学生，首批学生来自爪哇，学宿膳费全免。梁映堂以中华会馆副会长身份领导"遴选委员会"，负责考选来自印尼各地的第一批二十一名华侨学生前往南京暨南学堂。1908年10月5日，梁映堂等由巴城亲送"中华学堂"第二批毕业生十多人至南京入学。1909年以后，东南亚其

---

① 胡耿：《晚清华侨视学：意外的王朝"掘墓人"》，《华侨华人历史研究》2019年第4期，第80－87页。

② 《大清光绪新法令》（第三册），上海：商务印书馆，1910年，第37页。

他各国的华侨学生也开始进入该校学习。① 所有这些活动，对华侨教育事业的发展无疑都起到了一定的推动作用。

在民国时期，政府成立侨民教育处专门管理海外华侨学校，采取加强海外华侨教育的举措，为华侨学校确定教育管理方针、筹措经费以及派遣教师等。此外，政府还重视在国内开展对海外华侨的教育，并制定了一系列优待回国侨民入学的政策。1914 年，教育部颁布了《侨民子弟回国就学规程》，规定国内学校从宽录取回国侨生入学。

梅县有许多到了学龄时期从南洋归国读书的侨生。如梁铣佑，祖居梅县松北乡大力村，是著名爱国华侨梁密庵之子，家中排行第三，1917 年生于印尼，六岁时返乡就读于村中小学堂，后毕业于省立第一高级中学高中部。② 张君燮是石坑镇龙头村人，出身于小康华侨之家。他幼年在本村读私塾，后进入国文专科学校攻读古文，毕业后赴印尼从教。③ 在侨办重点学校——东山中学，1927 年有学生 600 余人，其中侨生子女 170 人，成为梅县侨生比例较高的学校。④

热心东南亚华侨教育的华侨中很大一部分来自梅州，如丘燮亭、梁映堂、张榕轩、张耀轩等都是梅州人。为教育华侨子弟、兴学育才，梁映堂协同丘燮亭、潘立斋等华侨于 1901 年 3 月 17 日在巴城中华会馆内创办中华学堂，这是当时荷属东印度第一间正规华侨学校。学校采用普通话教学，课程以中文为主，还设有算术、地理、体操等现代课程。巴城中华学堂的诞生，对荷属东印度华侨社会的教育起了很大的促进作用。1903 年 9月，康有为应巴城中华会馆的邀请，从新加坡到爪哇视察新学。梁映堂迎接抵达巴城的康有为，于当年 9 月 20 日访问中华学堂。康有为在各地发表

① 李学民、黄昆章：《印尼华侨史》，广州：广东高等教育出版社，2005 年，第 377 页。
② 朱明：《梁铣佑》，《梅县文史》（第 25 辑），内部发行，1993 年，第 71 页。
③ 梅县地方志编纂委员会编：《梅县志》，广州：广东人民出版社，1994 年，第 1144 页。
④ 梅县地方志编纂委员会编：《梅县志》，广州：广东人民出版社，1994 年，第 862 页。

演说，鼓吹保皇的同时，大力号召华侨爱国办学。① 不久，梁映堂又与潘景赫等倡办义成学堂，以巴城石桥头客属总义祠为校舍。

张榕轩、张耀轩兄弟乐善好施，对于侨居地的公益事业鼎力资助。他们曾在棉兰独资创建学校，捐建各埠中华学校校舍。"张榕轩京卿素慷慨好义，且谊关桑梓。"② "嘉应巨商张耀轩为张榕轩京卿之同怀弟，性慷慨好施，凡有公益之事，恒尽心力为之。日前槟榔屿闽广诸巨绅议设中华学校，以教育子弟，观察闻信之，下即电请张弼士侍郎代题五千金，供给经费，急公好义可见一斑。"③ 光绪三十四年（1908），张榕轩兄弟捐资在棉兰创办了敦本学校，实行免费入学。这是苏门答腊岛的第一间华文学校，也开创了棉兰地区民办华文学校的先河。张榕轩兄弟还捐款给荷兰人的子弟学校以改善教学条件，并为当地原住民创办了一间女工学校。

前文提到的平远旅马来西亚华侨姚德胜不仅热心侨乡教育，还在怡保独资或合资创办育才学校、明德小学，在新加坡开办应新小学。此外，还有梅县的知识分子在华侨学校任教。从鸦片战争到民国时期，大量梅州人下南洋，除了卖苦力的劳工之外，还有很多读书人下南洋从事教育事业。例如，绍德堂杨氏家族的杨衡南曾前往印尼"若夜"等埠任教。④ 当然还有一部分人与以往的海外移民相同，下南洋只是为了谋生计，因其在国内接受过学校教育，在国外有机会谋得教师一职。

海外的华侨教育蓬勃发展，新的教育制度与海外华侨社会相联系。在内外多种因素的作用下，华侨学校在海外兴办发展。晚清的视学劝学在一定程度上振兴了华侨教育，为当地侨民的教育作出重要贡献，促进了海内外民众的思想解放。东南亚华侨办学既迎合清政府的"劝学"，又受到维

697

---

① 李学民、黄昆章：《印尼华侨史》，广州：广东高等教育出版社，2005年，第375页。

② 肖文评、夏远鸣、王濯巾等编：《〈岭东日报·潮嘉新闻〉梅州客家侨乡史料选编》，广州：广东人民出版社，2018年。

③ 肖文评、夏远鸣、王濯巾等编：《〈岭东日报·潮嘉新闻〉梅州客家侨乡史料选编》，广州：广东人民出版社，2018年。

④ 《先君杨衡南手稿（旅印尼）》，1924年抄本。

新派和革命派的政治影响，同时也吸取了外来文明的成果，顺应清政府的政策，创办新式学校。新创办的学堂很大程度上参照国内学堂的办学机制。从文献资料来看，很多海外华校都处于中国政府的间接控制之下，教学所用的课程、课本乃至部分教师都来自国内。但是东南亚地区的华侨学校在接受晚清政府劝学的同时，结合当地华侨的实际，尤其是谋生技能方面的需要，增加了具有当地特色的教学内容，增设华侨所需的语言和商业教育，各地的中华学堂开设了国语、经济、历史、地理、体操等传统私塾所没有的科目，在新旧结合方面实现平衡，顺应时代变化，学习谋生手段。对于华侨来说，让子女接受传统中华文化是不可动摇的选择；与此同时，让子女接受现代的教育文明成果也是他们的选择。

四、结语

清末民初的海内外华侨教育相互影响、相互促进。国内的华侨教育是海外影响的结果，华侨在家乡捐资办学助学、引进国外办学理念；而海外华侨教育是国内学校教育在海外的延伸发展，并因华侨在侨居国的生存发展需要而做了一定的调整，返回梅州的华侨创办的新式学校是国内传统教育和西方现代教育的结合。在这个互动发展过程中，梅州侨乡教育与海外华侨教育在多种因素的共同促进下实现了迅速发展。

后　记

　　2021 年是印度尼西亚华侨领袖、中国第一条商办铁路潮汕铁路创办人张榕轩先贤诞辰 170 周年暨逝世 110 周年、张耀轩先贤诞辰 160 周年暨逝世 100 周年，以及潮汕铁路通车 115 周年。为了纪念这一对客家先贤兄弟的丰功伟绩，在张榕轩后裔张洪钧伉俪、张耀轩后裔张海晖先生的大力支持下，嘉应学院客家研究院联合梅州市归国华侨联合会、印度尼西亚苏北客属联谊会等，于 2021 年 12 月 23—26 日在梅州市共同举办了"客家华侨与梅州侨乡社会"学术研讨会。广东省归国华侨联合会、梅州市归国华侨联合会和嘉应学院的领导，以及来自北京、天津、福建、四川、江西、广东等省市的学者代表共 100 余人出席会议，中国华侨国际文化交流促进会、中国驻棉兰总领事馆等为会议发来贺信。

　　会议共收到学术论文 90 余篇，知名华侨史研究学者张国雄、张应龙、曾玲、王琛发、黄晓坚、罗可群等参会。学者们围绕"客家华侨与中国现代化""客家华侨与梅州文史""客家华侨与海上丝绸之路"等主题展开了深入研讨和交流。我们还组织与会学者赴梅县松口的中国（梅州）移民纪念广场和张榕轩故居、大埔西河的张弼士故居等进行实地考察。梅州深厚而丰富多样的侨乡文化资源，给学者们留下了深刻印象。会议引起了海内外的广泛反响，央广网、中央广播电视总台《台海之声》、《南方日报》、《梅州日报》、梅州电视台、《梅县侨声》、印度尼西亚《印华日报》等媒体对会议进行了详细报道。

　　张榕轩、张耀轩先贤虽然在海外致富，但他们的根在家乡梅县。为促

进家乡经济文化发展，他们先后投入巨资，建成了中国第一条商办铁路潮汕铁路、创办松口公学、编印《光绪嘉应州志》《梅水诗传》等，为中国现代化作出独特贡献。张榕轩后裔张洪钧伉俪等为传承和弘扬先辈文化传统，先后出巨资修缮张榕轩故居"幹荫堂"、创设张榕轩纪念馆、重印《梅水诗传》、编印《海峤飞鸿——晚清侨领张榕轩奏牍书信集》等。

为扩大这次学术研讨会的社会影响，在张洪钧伉俪支持下，我们对 90 余篇参会论文进行了初选和编辑。经论文作者修改后，我们挑选出和张榕轩张耀轩家族与侨乡社会文化发展相关的研究论文 60 篇。最后经出版社审定，确定研究论文 54 篇，编成《张榕轩张耀轩家族与梅州侨乡社会研究》，作为嘉应学院客家研究院的客家学研究系列特辑出版。

"客家华侨与梅州侨乡社会"学术研讨会的成功召开和《张榕轩张耀轩家族与梅州侨乡社会研究》的顺利出版，首先要感谢的是《梅州侨乡月报》原主编饶淦中先生，他是侨属，一生也以研究和宣传华侨华人为志业，他多次出访海外侨团侨社，与张洪钧伉俪是多年的好朋友，经他的大力推荐和筹划，得以玉成此事。遗憾的是饶先生因病于 2023 年 1 月去世。其次，特别要感谢的是张洪钧伉俪和张海晖先生，他们对先辈为家乡所作贡献高度认可，一往情深，对挖掘、整理和研究先辈事功慷慨解囊。遗憾的是，88 岁高龄的张洪钧先生也因病于 2023 年 9 月去世。我们谨以此书的出版，对他们表达崇高敬意，对逝者深怀无限思念！最后要感谢的是梅州市归国华侨联合会多年来对我们工作的关心和大力支持、《梅州侨乡月报》编辑部为本次会议的举办和研究成果的出版所付出的大量心血、"客家华侨与梅州侨乡社会"学术研讨会与会学者对我们工作的大力支持，还有暨南大学出版社副社长杜小陆、责任编辑刘宇韬等的辛勤付出。

编　者

2024 年 5 月 30 日